高等学校交通运输与工程类专业规划教材

River Crossing Engineering
渡 河 工 程

王建平　主　编

程建生　黄新磊　副主编

内 容 提 要

本书围绕渡河工程的基本知识，渡河时浮(门)桥荷载，浮桥特点、结构、组成，以及渡河基本方法，渡河工程计算，渡河组织实施，特殊地区渡河等进行系统阐述。本书共十四章，包括渡河概述、浮桥荷载、桥脚舟计算、门桥渡河及计算、浮桥渡河、简支体系浮桥、铰接体系浮桥、连续体系浮桥、浮桥锚定、就便器材渡河、动力舟桥、其他渡河方法、特殊地区渡河以及渡河组织实施等。书后附录的主要内容有：长征途中的渡河典型案例、民船资料、部分渡河材料的性能资料、风区、航道资料、动力舟桥标准和渡河作业常用信号等。

本书是高等院校道路桥梁与渡河工程专业在渡河方向上的一本系统性教材，可供道路桥梁与渡河工程专业的院校或者相近专业的师生使用，也可作为相关专业技术人员参考书。

图书在版编目(CIP)数据

渡河工程 / 王建平主编. — 北京 : 人民交通出版社股份有限公司, 2018.7

ISBN 978-7-114-14584-1

Ⅰ. ①渡… Ⅱ. ①王… Ⅲ. ①桥梁工程—高等学校—教材 Ⅳ. ①U44

中国版本图书馆 CIP 数据核字(2018)第 052897 号

高等学校交通运输与工程类专业规划教材

书　　名：**渡河工程**
著 作 者：王建平
责任编辑：李　喆
责任校对：刘　芹
责任印制：张　凯
出版发行：人民交通出版社股份有限公司
地　　址：(100011)北京市朝阳区安定门外外馆斜街 3 号
网　　址：http://www.ccpress.com.cn
销售电话：(010)59757973
总 经 销：人民交通出版社股份有限公司发行部
经　　销：各地新华书店
印　　刷：北京鑫正大印刷有限公司
开　　本：787 × 1092　1/16
印　　张：24.75
字　　数：585 千
版　　次：2018 年 7 月　第 1 版
印　　次：2018 年 7 月　第 1 次印刷
书　　号：ISBN 978-7-114-14584-1
定　　价：60.00 元
(有印刷、装订质量问题的图书由本公司负责调换)

序

渡河，通常来讲就是保障人员、车辆、物资等克服江河障碍的活动。公元前11世纪，周武王为伐纣，曾率军在盟津（今河南孟津）用舟楫横渡黄河，是我国最早有记载的渡河实例；《史记·秦始皇本纪》中“又使蒙恬渡河取高阙、北假中，筑亭障以逐戎人”；1949年中国人民解放军发起的大规模渡江战役，主要是用木质舟船渡送百万大军跨过滔滔长江，解放全中国的。由此可见，从古至今渡河工程都是十分重要的。

不仅军队在高速机动中克服江河障碍需要渡河，在国民生产、日常生活和抢险救灾的活动中，也需要渡河。在战争中，军队采用浮桥、门桥、轻便器材以及冰上加固技术、浅水徒涉技术等，快速通过各种类型的沟渠、江河、湖泊；在人们生活中，宽大的江河上常常见到各种渡船进行摆渡渡河；在季节性断流的江河中，也偶尔见到有架设的浮桥以方便车辆通行和人员通过；很多施工河段也见到用浮箱、舟船等器材架设临时施工浮桥或结合漕渡门桥来渡送建筑材料和施工人员；尤其是在地震、飓风等自然灾害面前，更需要应急的漕渡门桥、就便器材的浮桥来疏散群众、抢救物资。随着科学技术的进步和渡河装备的更新，如两栖装备渡河、坦克潜渡、直升机吊运渡河等方法层出不穷。

《渡河工程》这本书，理论与实践紧密结合，既有渡河工程的基本知识、发展历史的介绍，又有渡河方法和浮（门）桥结构的分析；既有门桥码头的结构介绍和漕渡方法的阐述,又有浮桥渡河的设计计算和架设方法的总结;既有渡河器材结构物的介绍,又有渡河工程的组织实施的归纳;除此之外,本书还介绍了其他渡河方法(冰上渡河、徒涉渡河、泅渡等)、特殊地区渡河(包括长江流域、黄河流域、高寒地区、山林重丘地区、水网地区和沿海地区等区域的渡河)等。综上,这本书体系完整、内容丰富,非常适合军队和地方相关院校的道路桥梁与渡河工程专业本科生作为专业教材使用。

本书的作者王建平教授、程建生教授、黄新磊高级工程师等几位同志几十年来坚持不懈地从事渡河工程的教学、科研、产品研制和服务部队等工作,他们分别获得国家级科技进步奖和多项省部级(军队级)科技进步奖,并获得12项国家发明专利,发表与渡河工程有关的学术文章150余篇,培养了50多名研究生,在本书中融入了他们在教学和科研工作中的最新成果。

我相信本书的出版,将对渡河工程专业知识的传授和专业人才的培养起积极的推动作用。

中国工程院院士:王景全

2018年3月

前言

渡河是军队通过江河障碍的行动。纵观人类的历史，有关渡河的史料记载可以追溯到六七千年以前。在古老的原始社会，人类如果遇上水浅的小河，他们就蹚水而过，水稍深些就得浮游而行。后来人们利用中间腐朽的圆木进行渡河，就形成了独木舟的雏形，随之而来，在新石器时代，人们开始“刳木为舟”，将树干制成独木舟来开疆辟土、开拓天地；后来又发展了木筏、竹筏、牛皮筏等渡河器材，逐步摆脱天然木材原始形状的约束，制造和发展了木板船。武王伐纣时，姜子牙就组织了大批船舶，使四万多人的军队从河南孟津渡过黄河。红军长征时期，在毛泽东指挥下，四渡赤水河，彻底摆脱了反动军阀的围追阻击，在危难中挽救了红军。

渡河方法有浮桥渡河、门桥渡河、轻便器材渡河、徒涉渡河、冰上渡河、泅渡等，采用带有固定桥脚简易便桥的渡河方法在其他书籍中有介绍。在战争中保障军队的快速机动、克服江河障碍需要渡河；在和平时期的江河两岸车辆通行、人员渡江需要渡河；在部分河段上进行施工物资的转运、人员的输送需要渡河；尤其是地震、台风、洪灾等自然灾害区域抢救人员物资、抢修交通设施更需要应急渡河。

道路桥梁与渡河工程专业被列为特色专业以来，全国有许多高校纷纷开设本专业，对人才培养工作做出了重要贡献。当前，道路工程、桥梁工程方面的书籍很多，各高校也纷纷编写了符合本学校特色的教科书，但是，渡河方面的书籍基本没有。作者也是基于这个情况着手编写本书，以供相关学校教学选用。

本书的主要内容包括：渡河概述、浮桥荷载、桥脚舟计算、门桥渡河及计算、浮桥渡河、简支体系浮桥、铰接体系浮桥、连续体系浮桥、浮桥锚定、就便器材渡河、动力舟桥、其他渡河方法、特殊地区渡河以及渡河组织实施等；书后的附录内容包括：长征途中的渡河典型案例，民船资料，部分渡河材料的性能资料，风区、航道资料，动力舟桥标准和渡河作业常用信号等。

作者王建平教授、程建生教授所工作的陆军工程大学，源自哈尔滨军事工程学院六十多年来一直开设有道路桥梁与渡河工程（或道路桥梁与渡河濒海工程、舟桥工程等）专业，在1986年获得“桥梁与隧道工程”硕士学位授予权，1998年获得“桥梁与隧道工程”博士学位授予权，2007年“桥梁与隧道工程”学科被评为国家重点（培育）学科，培养了大批道路桥梁与渡河工程的技术人才，也取得了渡河桥梁技术与装备的丰硕研究成果。作者黄新磊高级工程师所在的中国船舶重工集团应急预警与救援装备股份有限公司（国营第四四六厂），隶属于中国船舶重工集团公司，是中船重工面向全军及国内外提供应急交通保障装备的重要企业，公司技术研发中心设有舟桥、机械化桥、特种钢桥、军用特种专用车等设计室，充分利用渡河桥梁装备器材“机械化程度高、架桥速度快、机电一体技术先进、环境适应性能好”等特点，加快应急桥梁军民融合式发展，不仅国内拥有大批用户，还先后出口亚洲、非洲、拉丁美洲的几十个国家，在国际桥梁界拥有较高的知名度。

本书由王建平教授任主编，程建生教授、黄新磊高级工程师任副主编。其中，程建生教授编写了第三章和第十章，黄新磊高级工程师编写了第四章、第十一章和第九章的部分内容，陈启飞副教授编写了第五章，李峰副教授编写了第十三章，段金辉讲师和洪娟讲师参与编写了第二章，焦经纬讲师参与编写了第九章部分内容，其余章节由王建平教授编写，部分研究生参与文字校对、绘图和文稿编辑等工作。

本书融合了作者几十年来的相关研究成果，在编写过程中得到了中国工程院王景全院士的指导，并承蒙王院士为本书作序，在此表示衷心的感谢。

由于编者水平和资料原因，书中难免存在疏漏及不足，欢迎读者批评指正。

编 者

2018年3月

目录

第一章
渡河概述

在战时或者抢险救灾时，支援力量或抢险力量克服江河、水渠、湖泊等水障碍的行动过程，叫作渡河。它是保障交通机动的一种应急手段。为了保证支援力量或抢险力量顺利实施渡河所采取的一系列周密有效的工程技术措施，诸如江河工程侦察，排除水中和岸上的工程障碍物，架设各种类型的浮桥，结合可以渡送车辆、物资和人员的门桥、码头，构筑通向渡口的应急道路和车辆的下河坡路等，统称为渡河工程保障。

第一节　渡河的基本概念

江河障碍一般泛指天然的水障碍（江河、湖泊）和人工的水障碍（运河、水库、沟渠等），尤其是宽大的、不能徒涉的江河，对应急机动有严重的影响。支援力量或抢险力量的应急机动中需要前输后送，不可避免地要跨越这些水障碍。和平时期建造的各类桥梁和渡运设施，战时将遭到严重的破坏，渡河行动将在敌人的侦察、严密监视及地面、空中火力破坏封锁的条件下进行。所有这些，将给人员高速机动以及各种物资的运送带来很大的限制，或者使作战部队不能按时集结，或者造成后勤补给中断，以致贻误战机；不能徒涉的江河，以及敌军预先组织防御固守的江河，不仅能减缓部队进攻速度，减少进攻的纵深，甚至使进攻速度受挫，不得不转入防御。因此，克服江河障碍的行动效果，直接影响到战役战术行动的成败。防御的军队要利用江河的障碍力加强自己防御阵地的稳固性,进攻的军队要渡过江河消灭对方,这就是历史上许多较大的战役,往往发生在江河地区的原因。在现代战争中,大范围的机动和快速变换位置,经常需要克服江河障碍,在进攻作战和运动战中,没有渡河的成功,就不可能取得行动的自由,由此可见,渡河工程保障在战争中具有重要地位。

随着高效能武器的不断出现,部队机械化、信息化水平的提高,现代战争必然是高度机动的战争。要取得未来战争的胜利,必须在广阔的战场上进行高强度的运动战,迅速地前进、后退,迅速地集中、分散。要保证机械化部队和各种技术兵器实施高速度、大幅度的机动,要保证数量相当大的军用物资的运输,克服江河障碍的任务无疑是相当频繁和十分艰巨的,渡河在现代战争中的地位更加重要。

直升机在战场上的广泛运用,使大规模的空中机动成为可能。但是,这并不意味着地面机动和渡河保障地位的降低。大多数战斗支援部队和后勤支援部队由于数量的关系,也不可能完全空运进行机动,而必须实施地面机动,因此渡河工程保障任务仍然是艰巨和重要的。

第二次世界大战以后,各国军队都十分重视提高军队的渡河能力,大力发展新型渡河装备器材,大力研究各种渡河方式,加强渡河技术的培训,并逐步增强装甲部队和摩托化部队自身的渡河能力,以利于实施行进间渡河,以利于连续克服江河障碍。

我国为了适应未来战争的需要,在组建相当数量的舟桥部队、分队装备大量的舟桥器材的同时,对我国江河状况进行了全面调查,加强了重要战备渡口的建设,不断改进和生产渡河装备器材,深入研究未来战争中渡河工程保障的特点。逐步组建和培训舟桥预备役及民兵,积累了克服大小江河的许多宝贵经验,克服江河障碍的能力得到迅速提高。

在未来的反侵略战争中,由于战场广阔,情况复杂多变,部队机动频繁,加之我军装备不断改善,技术兵器、车辆不断增多,机动能力大大增强,因此,广泛运用各种渡河手段,保障人员或武器装备迅速克服江河障碍,实施机动和发展进攻,对取得战役战斗的胜利具有更加重要的意义。

第二节　江河的基本常识

一、江河各部分的主要名称

与渡河有关的江河各部分主要名称(图 1-1、图 1-2)包括江河断面和水文方面的有关名称。

河岸:约束河水的两岸陆地。面向下流,左侧为左岸,右侧为右岸。出发岸为我岸,另一岸为对岸。

河床:河流高水位以下的部分。

河槽:河床被水淹没的部分。河槽随水位的涨落而变化。

岸滩(河滩):高水位时被水淹没的河岸地区。

河幅:水面的宽度。

沙洲:河槽内露出水面的泥沙地区。

沙脊:河槽内未露出水面的泥沙堆。

暗礁:突出河底而未露出水面的岩石。

流线:主流,河水流动速度最大的部位。

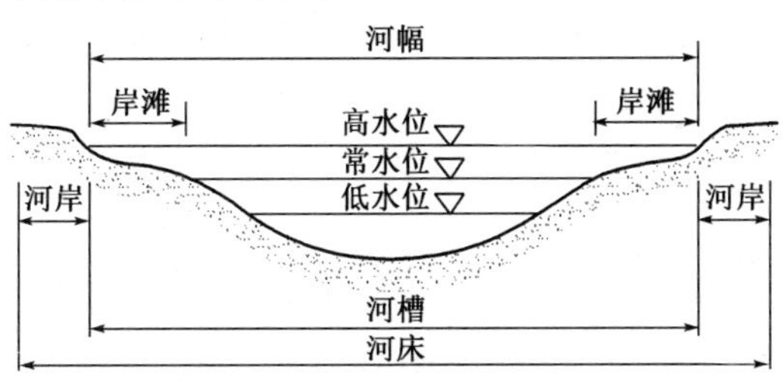

图 1-1 江河断面图

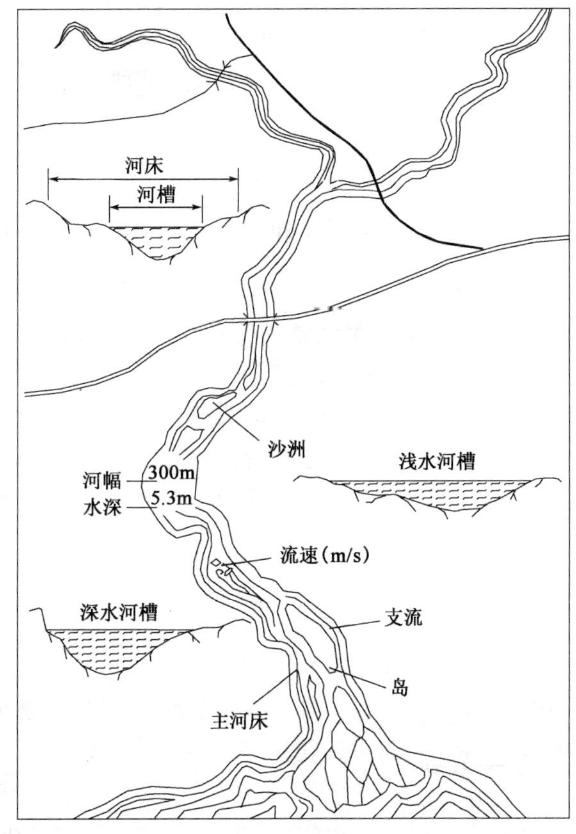

图 1-2 江河各部分的主要名称

二、其他常用术语

流速:河水流动的速度,以 m/s 为计算单位。

流向:河水流动的方向。在河槽弯曲复杂的江河上,流向常发生变化,产生涡流和回流。

流量:在单位时间内流过河槽横断面的水流体积,以 m^3/s 为计算单位。

水位:江河水面所在位置的高程。通常分为高水位(洪水位)、常水位和低水位(枯水位)三种。

潮汐:由于月球和太阳的引力作用,海水发生的周期性涨落现象。海水上涨称涨潮,海水下落称落潮。每昼夜涨落各两次。在白天称为潮,夜间称为汐。近海江河常受潮汐影响,形成河水周期性的涨落。

水工建筑物:河道上为了抗洪、发电、输水而修建的各种水闸、水电站、分水渠、船闸等,战时或灾时一旦遭到破坏会急剧改变河道的水位、流速等。

支流:宽大江河上由于江心洲的存在,将河道分为主河道与支流,一般支流较窄,不便于通航,便于部队隐蔽。

河汊:由于河流分出或别的河流的汇入,形成的河流交叉的地带,便于渡河器材从水上各个区域集中或应急分散隐蔽。

含沙量:指每立方米河水中泥沙的含量,在黄河的汛期,含沙量较大,会增加水上浮桥或门桥等渡河器材的水阻力,泥沙的淤积也增加了渡河工程保障的复杂性。

风速:空气相对于地上某一固定地点的运动速率,常用单位是m/s,风力大小用等级描述,风速是风力等级划分的依据,风速越大,风力等级越高,风速对渡河工程保障的影响不容忽视。

第三节　江河主要特征及其对渡河的影响

在军队装备现代化的技术兵器特别是装备坦克的情况下,江河作为障碍物的作用目前并未降低。为了顺利克服江河障碍,不仅需要全面保障部队的战斗行动,而且需要确切了解江河障碍的性质及渡河过程中可能的变化,江河障碍对部队渡河及对敌作战有着直接影响。它是研究渡河工程保障的重要基础,其影响程度又取决于江河本身的特性。江河的特性包括:河幅、水深、流速、河底土壤性质、河床状况、两岸高度及坡度、两岸附近的地形及水工建筑物等。

一、河幅

河幅是指江河水面宽度。河幅的宽窄是衡量其障碍程度和渡河工程保障难易的重要参数。按河幅对江河进行分类是渡河工程对江河分类的重要方法,以其宽度不同可分为:特大江河(>500m)、大江河(300~500m)、中等江河(50~300m)、小江河(<50m)。

河幅的宽度在一条江河上并不是每处都一样。一般地说,上游窄,中、下游宽;山地、丘陵部分窄,平原部分宽;弯曲部分窄,直线部分宽。而且,河幅随季节而变化,一般冬季为枯水期,夏季为洪水期,还可能受到水工建筑物的影响。

河幅宽窄亦是选择渡河方法的主要依据之一,它对强渡江河的组织也有很大影响。例如,狭窄江河门桥渡河时,因门桥难以转向而不宜采用。在这种情况下,只要一占领对岸,就需立即架设浮桥或其他固定桥梁;反之,在中等和宽大江河上则适宜采用门桥渡河。

各种渡河器材的需求量,在很大程度上也取决于江河宽度。在渡河进攻中,为了有利于部队在对岸的战斗,必须在一定时间内渡送足够的人员、兵器过河。河幅窄,每航次的时间短,需要渡河器材少;河幅宽,每航次时间长,需要渡河器材多。以往的战争经验一再证明,在渡过宽大江河的进攻作战中,渡河器材很少是够用的,这就大大增加了渡河的难度。

二、水深

水深是指水面到河底的垂直深度。江河的深度一般是指最大水深。水深对选用渡河方法有直接影响。水深在 1.5m 以下且河底土壤较为坚固时可以采用徒涉渡河;水深在 5m 以内时可以架设就便材料的桥梁或实施坦克潜渡;水深超过 5m,一般来说只能采用门桥漕渡或架设浮桥渡河。由于水深对选用渡河方法有直接影响,因此按水深对江河分类是另一种江河分类方法。

在一条江河上各段的水深并不相同,水的最深处也不一定在河中间。它与河床状况、河幅宽度、河道的弯曲程度、河底纵坡的变换以及流速的大小等有关。通常两岸狭窄的河段水较深,两岸平坦而宽阔的河段水较浅,弯曲河道凹岸水较深,凸岸水较浅。深水河段,上流水浅,下流水深;流速大的部位水较深,反之水浅。在江河的横断面上,深水也并不是在同一部位。在河底松软的弯曲河道上,水量变化时常常引起主流线位置的变更,因此深水处的位置也常常变化。在江河纵断面上,水深的变化与江河流经的地区特征有关:流经平原时,水深度变化较小,而其变化也是逐渐的;流经山区时,水深变化大,而且往往是突然的。江河的深浅与季节也有密切关系:雨季水较深,旱季水较浅。

水深的变化,也会给渡河带来影响。水深减小到一定深度时,可能造成舟、门桥、浮桥搁浅,码头无法使用。当水深小于 1m 时,不宜继续实施门、浮桥渡河。水深增加对于轻便器材渡河没有多大影响,但门桥渡河时需要改变码头的位置,或提高码头的高度;浮桥渡河时需要提高栈桥的高度或移动其位置,有时还增加浮桥投锚的锚纲长度;对徒涉渡河影响较大,甚至造成徒涉场不能使用。

三、流速

流速是指河水流动的速度。流速对各种渡河方法都有影响。流速大于 1m/s 时,难以实施泅渡;大于 3m/s 时,门桥渡河和桥梁渡河都比较难以实施;大于 4m/s 时,徒涉渡河都无法实施。由于流速对渡河方法有着重要影响,因此按流速大小进行江河分类也是一种重要方法:超急流江河(>3m/s)、急流江河(2 ~3m/s)、常流江河(1 ~2m/s)、缓流江河(<1m/s)。

流速在江河横断面水平方向上、垂直方向上均不相同。主流线上的流速最大,而且越靠近岸越小,河底流速最小。流速大小对浮桥的稳性、锚碇有影响,从制式器材适应流速范围来看,当流速大于容许值时都无法使用。门桥渡河时流速大于容许值,造成偏流影响过大,码头设置困难。

四、河底土壤性质

河底土壤性质对于徒涉渡河、桥梁渡河都有影响。在浅水且河底土壤性质中等坚硬(砂土、黏土)和坚硬(石子、砂砾等)的江河上可以实施徒涉渡河。坚硬的河底又难以植桩和投锚。在细砂淤积的河底上构筑固定栈桥或码头极易受到冲刷,平原地区江河的河底多由泥沙淤积而成。由于水位的涨落,不同时期会形成岸滩,克服它们远比想象的要困难得多,有时克服岸浅滩障碍可能比克服江河障碍还要困难。

五、岸高、岸坡、两岸地形

岸高、岸坡及两岸地形的因素，对渡河的影响早为人们所重视。现代条件下大量装备及车辆需要渡河，这种影响越来越大。在选择渡河地段时，岸高、岸坡以及两岸地形因素，所占的地位将更加重要。它是评价江河障碍的重要条件。在岸高、岸坡陡的地段渡河，构筑进出路是极为困难的问题。这样的河段即使河幅不很宽，其难度往往不亚于两岸平坦而较宽的河段。

选择渡河地段时要考虑到河流的弯曲度和分汊情况，面向进攻者的凸出部地段便于构筑渡口，并使渡河器材具有最大的机动自由。但是河岸弯曲过大会给渡河造成新的困难。河岸直线地段通视良好，便于组织实施，但直线地段渡河器材机动困难。评价江河障碍的两岸情况时，应考虑到防护伪装性能，有无隐蔽的接近地和森林地，道路处河岸和岸滩的通行程度，道路设备状况、河岸可接近的程度。

六、沙洲、暗礁、水工建筑物

江河中的沙洲，对于架设就便器材的固定桥梁比较有利，较大的沙洲不仅可以减少架桥器材，提高架桥速度，如果利用得当，还可以减少敌空袭的损失，但沙洲对于轻便器材渡河、门桥渡河不一定有利。因为利用沙洲就可能增加靠离岸、上下载的时间。现使用的舷外机、牵引工具，在河中漕行的速度都比较快，不比人员跃进的速度低。利用沙洲很可能会增加总的渡河时间。只有有利于隐蔽迅速地渡河，能大大减少渡河器材使用量的情况下，才可以利用。

江河中水下的暗礁，对于轻便器材渡河、门桥渡河、浮桥渡河、坦克潜渡、徒涉渡河都很不利。特别是突出水面的暗礁，对渡河影响最为严重，所以在组织渡河时要尽量避开。

水工建筑物以及水库，对渡河分队的行动有较大的影响。它会给渡河进攻作战带来很复杂的成分，破坏河堤、水闸、水电站的大坝，可以突然改变江河的水位，造成很大范围的江河水泛滥，从而达到破坏渡河行动的目的。随着工业、农业的发展，水工建筑物还会不断增加，因此在研究和执行渡河工程保障时，对水工建筑物的影响必须予以足够的重视。

七、季节、天候

季节是选择渡河进攻作战时机的重要因素。洪水期渡河工程保障难度很大，应尽可能避开，多雨季节会使渡场的接近路、进出路变得泥泞，渡河人员及装备、车辆接近和离开渡场都十分困难。

天候对渡河工程保障也有很大影响，如阴雨、多雾会增加漕渡作业的困难，特别是在大雾中漕渡，可能比晴朗的夜间遇到的困难还要多。

综上所述，在组织渡河时，必须充分掌握江河资料，以及天候季节给渡河带来的影响，并采取有效措施，以保障顺利渡河。

第四节　渡河基本方法

一、徒涉渡河

徒涉渡河是人员、车辆和技术兵器以涉水方式渡河的一种方法。这种渡河方法，只需进行标示徒涉场通路位置、构筑进出口和平整加强河底等简单作业。使用器材少，方法简单，作业量小。江河对人员、车辆和物资最大的影响是迟滞行动，降低行进速度。徒涉渡河的速度快，可不降低行进速度，在江河条件允许时，应尽量广泛采用。

二、冰上渡河

冰上渡河是人员、车辆和技术兵器利用冰层渡河的一种方法。这种渡河方法简单、作业量小，可在广正面上实施，但是要气温适宜。冰层厚度和强度符合要求时，应广泛采用。有时冰层的厚度与荷载通行的要求有少量的差距时，根据当时的天气温度、现场条件，可以选择冰上浇水凝固、就便材料车辙式加固等方法。

三、泅渡

泅渡是人员、马匹以游泳的方式渡河的一种方法。这种渡河，可不使用渡河器材或只用少量辅助器材，便于少量人员秘密渡河。在气温适宜、流速不大的江河上，经过训练的人员可广泛采用，在通过较宽的江河或实施大规模泅渡时，为了渡河安全，应尽量广泛利用各种制式、就便器材。浮具的浮力，游泳技术较好的人员需 50 ~ 120N，游泳技术差的人员需 120 ~ 300N。

四、轻便器材渡河

轻便器材渡河，是人员、随伴轻武器装备利用舟、筏、徒步浮桥等轻型渡河器材渡河的一种方法。这种渡河器材轻便，易于搬运，工程作业量小，适宜正面隐蔽突然实施。轻型渡河器材包括就便材料的各种器材，也包括制式的各种轻便渡河器材，主要有橡皮舟、冲锋舟、侦察舟、轻型门桥、徒步浮桥等，再配合以舷外机，便可快速、灵活地执行渡河任务。

轻便渡河器材最显著的特点是，长距离运输时可以采用专用车辆或普通车辆运输，而短距离运输或运送到车辆不便达到的河岸时，可以利用人工搬运、展开、充气、拼装、连接和撤收。随着新材料的发展，轻便渡河器材有越来越广阔的应用前景。

五、门桥渡河

人员、车辆和技术兵器利用门桥渡河的一种方法。这种渡河的主要结构是门桥和码头，与浮桥渡河相比，使用器材目标小，机动性大，便于疏散隐蔽和转移渡口，但渡送能力小，主要用于部队强渡江河时，或要求渡河的车辆、装备数量较少而重量较大时，也可在缺乏架桥器材、架桥时间不足或敌情顾虑大，不能使用桥梁渡河时采用，以及桥梁载重不够时，渡送超载的技术兵器和车辆。门桥渡河在抗震救灾、抗洪抢险的行动中运用广泛。

门桥通常是由两个或两个以上的浮体和上部结构构成的结构物，用于门桥渡河的称为漕渡门桥，用于架设浮桥的称为桥节门桥，可在一个正面上展开多个渡口。另外还有自行门桥。

六、桥梁渡河

桥梁渡河是人员、车辆和技术兵器利用桥梁进行渡河的一种方法。这里所说的桥梁包含军队使用的桥梁，一种是固定桥脚的桥梁，另一种是浮游桥脚的浮桥。本书后面以浮桥渡河为主。这种方法渡河通行能力大，适于军队行军纵队连续渡河，但使用器材、时间和人员较多，目标较大，易受敌人破坏，主要用于渡河时在主要方向的主要道路上保障主力渡河，也用于后方江河上保障人员、物资和器材的前送后运。

七、潜渡和两栖装备渡河

坦克直接涉水或潜水过河可提高强渡速度，达到战争的突然性，特别是河底坚固时可构筑坦克深水徒涉场和潜渡场。这种方法是从第二次世界大战中逐渐发展起来的，第二次世界大战以后各国对坦克潜渡都极为重视，进行了大量的试验。这种方法是将坦克的某些部位加以密封，并增加必要的附属设备（排气筒、单向排水活门等），使坦克在水下渡河。这种方法有很多优点，特别是在组织周密的情况下，可在短时间内，在宽大正面上达到大量坦克渡河的突然性。同时，这种方法也有许多局限性，只能在接近路、上岸斜坡，以及河底平坦、土质坚硬的河段使用。

第五节　渡河工程的发展

一、渡河的历史

纵观人类的历史，有关渡河的史料记载可以追溯到六七千年以前。在古老的原始社会，人类的祖先经常在森林、草原、江河、湖泊等一带活动，以采集野果、猎捕动物、打鱼等为生。如果遇上水浅的小河，人们就蹚水而过，水稍深些就浮游而行。然而，这种原始的渡河方式，难以满足人类日益发展的需要，比如深水区的鱼群可望而不可即；河对岸的野兽可见而不可猎；在暴雨季节、洪水泛滥，时常威胁人们的生命安全。后来，人们就依托自然倒塌横卧在小河上的枯木跨越小河，便形成桥梁的雏形；利用中间腐朽的圆木进行渡河，就形成独木舟的雏形。

进入新石器时代，人们开始"刳木为舟"，将树干剖开挖空作为舟，其为人类进一步认识和改造自然提供了条件，人类的活动范围日益扩大，可以逐步地开疆辟土、开拓天地。后来人们又逐步摆脱天然木材原始形状的约束，随之而来，逐步发展了木筏、竹筏、牛皮筏等渡河器材。

远在三千多年前的西周、春秋时期，在我国的内河和近海，曾出现庞大的水师，大小船只不可胜数；武王伐纣时，周军统帅姜子牙就组织了 47 艘船舶，使四万多人的军队从河南孟津渡过汹涌咆哮的黄河，攻陷商都朝歌，灭掉商朝。

公元前 1134 年，传说周文王为了娶妃子，兴师动众地将舟与桥统一运用，在渭水河上用船作为浮墩架设了世界上第一座有记载的浮桥，并在《史记》上留下了"亲迎于渭，造舟为梁"的文字记录，充分体现了我国劳动人民的无比智慧和创新力量。

公元前 287 年，秦昭襄王在山西蒲坂（现永济市）的黄河上架通了著名的军用浮桥——蒲津桥。

公元 35 年，称帝于蜀的公孙述派任满、田戎在湖北荆门至虎牙的长江上，首次架设了跨越长江的军用浮桥，后被东汉刘秀军焚毁。

开宝年间（公元974年）赵匡胤在樊若冰的建议下，在安徽采石矶附近的长江上架设浮桥，浮桥两岸石柱系缆绳，缆绳上绑千艘舰船，船上铺木板，连接成桥。各船下碇石为锚，沉于江底，一举破灭了南唐皇帝李煜的美梦。

公元1243—1276年，蒙古军兼并南宋进攻四川时，专门组织了船桥水手军，在我国这是首次组建的专业舟桥部队，装备了木船、革囊、浑脱（用整只羊皮充气的浮囊），先后架桥20余次，对平定四川，“浮桥之功居多”。

1851—1854年，清朝太平天国也多次在武汉等地的长江上架设军用浮桥，其中有一次的架桥点就是目前武汉长江大桥的桥址；1881年，直隶总督李鸿章呈光绪皇帝的奏章中报告：“查天津机器制造局……西局……上年造成行军桥船130余只，百丈之河，顷刻成为平地”，这是近代工业制造舟桥的最早记录。

二、渡河器材的发展

1. 早期发展

公元前326年，希腊统治者亚历山大率兵远征印度时，用可以充气的皮囊和能够分解成几部分的木舟架设浮桥，保障部队征服了赫达斯底河。公元前49～45年，古罗马统治者恺撒在克服江河障碍时，架设浮桥采用柳条编织，然后覆盖动物皮；17世纪初，俄国在军队中开始使用制式舟桥纵列，隶属于炮兵指挥；18世纪俄国创建了世界上首支舟桥部队，采用木质骨架外包铁皮的桥脚舟来架设浮桥，舟的自重仅为350kg，载重量达到28kN；1759年，俄国军队又装备了钢质骨架的帆布舟，运输时将帆布卷起，使用时展开连接，自重为230kg，载重量为58kN，器材自重降低而载重量大大增加。

2. 桥脚分置式舟桥器材

到了19世纪，美国将法国的木质舟作为重型舟桥，采用俄国的帆布舟作为轻型舟桥，定名为“1869式”舟桥。

在第一次世界大战期间，俄国第一次将发动机用于舟桥的动力，于1916年研制成功了木质带动力的摩托化舟桥纵列。第一次世界大战结束后，法国军队第一次装备了新式的全钢浮桥，舟的重量为12kN，浮桥载重量为140～440kN。

美国军队在1924年第一次采用铝质材料做桥脚舟，舟桥为75kN级（1926年式）。由于需要渡河的军用车辆越来越重，在此基础上发展了100kN级舟桥（1938年式）和250kN级舟桥（1940年式），这两种舟桥均参加了第二次世界大战。1938年苏联也研制成功了钢质的恩二波（Н2П）重型舟桥纵列。

随着第二次世界大战的爆发，对渡河桥梁器材提出了全新的要求，因为受到运输的限制，促使美军开始了对橡皮舟的研制，参战不久就将一套载重量60kN橡皮舟与1938年式10吨级舟桥的上部结构合成制式舟桥器材，载重100kN，以后又经过改进，舟桥载重量为200kN，并命名为M3橡皮舟桥。

以往的舟桥都是开口式的，在第二次世界大战中，苏联首次将开口式桥脚舟改为闭口式桥脚舟，研制了特波波（ТПП）重型舟桥纵列（图1-3），克服了炮弹在浮桥一侧爆炸溅起的水波或浪花进入舟中引起浮桥沉没的缺点。

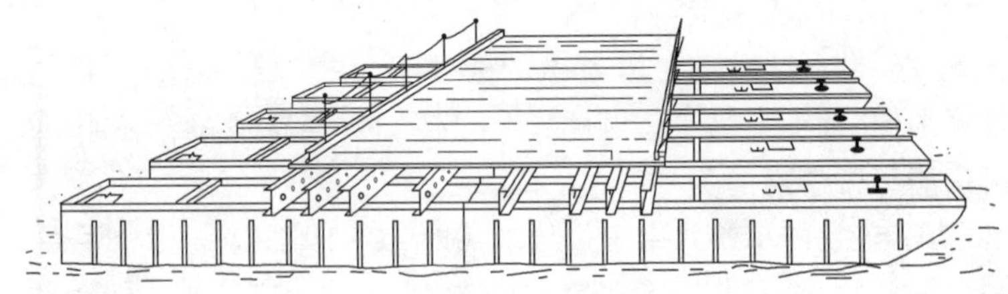

图 1-3　苏联 TПП 重型舟桥的桥节门桥

在第二次世界大战期间，美军还发展了“M2 钢质车辙浮桥”以保障轻型坦克渡河，“M4 浮桥”保障重型坦克渡河，苏联也研制了“ДЛП 木质轻型舟桥纵列”等。

第二次世界大战以后，各国的军事装备都有了很大的发展，军队迅速向机械化、摩托化发展，无论是从数量上还是载重量上都大大增加，原来的舟桥器材已经不能适应。尤其是核武器的发展，要求舟桥器材有高度的机动性，加快浮桥的架设速度，提高门桥和登陆器材的航行速度等，同时还要求舟桥器材有良好的稳定性和隐蔽性。美国军队首先发展了“60 吨级舟桥”，接着在“60 吨级舟桥”和“M4 舟桥”基础上，发展了“M4T6 舟桥”，这种舟桥于 1956 年定型为制式装备，在以后的很长一段时间里是有关国家的主力装备。

3. 带式舟桥器材

（1）苏联和俄罗斯的舟桥

20 世纪 60 年代初期，苏联首创研制成功了桥脚舟、桥桁和桥板三合一的舟桥器材，由于架设在河面上像一条“带子”一样，故称为带式舟桥。带式舟桥结构集成化高、零部件少、作业速度快、桥面宽敞、稳定性好，并逐步发展取代了普通舟桥。苏联将其命名为 ПМП 带式舟桥（图 1-4），后来在 ПМП 带式舟桥的基础上，俄罗斯也研制了 ПП-91 带式舟桥（图 1-5 ~ 图 1-8）和 ПП-2005 带式舟桥（图 1-9）。

图 1-4　苏联 ПМП 带式舟桥结合门桥

图 1-5　俄罗斯 ПП-91 舟桥 60t 浮桥

图 1-6　俄罗斯 ПП-91 舟桥双车道门桥

（2）美国舟桥

美军在 1969 年左右才仿制 RB 带式舟桥（Ribbon Bridge）（图 1-10），并于 2002 年研制了改进型 IRB 带式舟桥（图 1-11、图 1-12），美国的带式舟桥仿制初期就采用了铝合金作为主体材料,因此结构自重轻,载重量大,而改进的 IRB 带式舟桥与 RB 舟桥可以混合连接使用。

图 1-7 俄罗斯 ПП-91 舟桥河中全型舟

图 1-8 俄罗斯 ПП-91 双车道 1200kN 浮桥

图 1-9 俄罗斯 ПП-2005 舟桥的门桥

图 1-10 美军 RB 带式舟桥舟车

图 1-11 美军 IRB 带式舟桥河中舟

图 1-12 美军 IRB 带式舟桥浮桥

(3)德国舟桥

德国的 FSB2000 舟桥主要用于架设浮桥和结合门桥,保障车辆和技术兵器渡河。它是由原联邦德国研制的带式舟桥的基础上发展的第二代带式舟桥(图 1-13),其在舟首部加装了防水动力板,适应流速有所提高。

(4)法国舟桥

法国于 1981 年也独自研制了"PFM F1 带式舟桥",该舟桥为五折式结构,利用拖车运输,具有以下特点(图 1-14 ~ 图 1-19):①架设速度快,机械化部队通过迅速。②有自航能力,泛水

图 1-13 德国 FSB2000 舟桥

和撤收时对河岸的要求不高。③由于每个单元都是高强度铝合金结构并具有良好的水上稳定性，所以在大流速时仍能获得极好的使用操作性能。④尽管 PFM F1 带式舟桥机械化程度很高，但其结构简单，易于维护，具有极好的可操作性和适中的维护成本。⑤PFM F1 带式舟桥具有良好的战术和战略地面机动能力，抗沉性好。⑥PFM F1 带式舟桥结构灵活，不仅适用于较平坦的岸边（通过短跳板），也能用于较高的岸边（通过长跳板），它既可作为 70 军用荷载级桥（主要用途），也可以携带各种附加装置组合成门桥。最小的为 30 吨级，承载能力为 270kN，而最大承载能力可以超过 1500kN。⑦根据其性能特点，PFM F1 带式舟桥既可作为战术快速推进中的渡河器材，也可作为后勤支援桥或救生桥。

图 1-14 法国 PFM F1 摩托化舟桥全型舟

图 1-15 法国 PFM F1 摩托化舟桥展开

图 1-16 法国 PFM F1 摩托化舟桥的岸跨

图 1-17 法国 PFM F1 摩托化浮桥通载

4. 自行舟桥器材

外军自行门（舟）桥的发展，先后共出现过几十种型号，其中法军 BAC 自行舟桥和前苏军 ГСП-55 自行门桥已被淘汰。现装备有苏联 ПММ-2 自行门桥，美军 MAB 自行舟桥，德军 M2 自行舟桥，法军季洛瓦自行舟桥、季洛瓦-2 自行门桥和 EFA 自行舟桥，日军 70 式自行舟桥以及德军与英国联合研制的 M3 自行舟桥等。

图 1-18 法国 PFM F11 摩托化舟桥门桥漕渡

图 1-19 法国 PFM F1 摩托化舟桥展开后泛水

(1)法国自行舟桥

法国是自行舟桥的首创国家,首先在第二次世界大战的后期研制了 BAC 自行舟桥,然后在其基础上研制了季洛瓦自行舟桥(图 1-20),该自行舟桥熟练操作员可在 25min 内做好泛水准备。入水后,桥车由螺旋桨推进。桥车上部结构由两块钢制车辙和一块铝合金填隙板组成,其有效长度为 8m。行军状态时,上部结构纵向放于车体的上部。架设浮桥时,季洛瓦自行舟桥可架设 600kN 的浮桥,适应流速 2.98m/s。它可以结合单舟门桥、两舟门桥、三舟门桥和四舟门桥,2 ~ 4 舟门桥载重量为 300 ~ 1100kN。季洛瓦-2 自行门桥是季洛瓦自行舟桥的发展形式,主要作为门桥使用,与季洛瓦自行舟桥的主要区别在于门桥承载能力达到了 450kN,使用准备时间减少到 5min。

图 1-20 法国季洛瓦自行舟桥

法国的 EFA 自行舟桥(图 1-21、图 1-22)主要用于替代季洛瓦自行舟桥。其采用了前后展开、辅助气囊增浮的技术,EFA 自行舟桥的车体由轻合金制成。车辆的顶部两侧各有一块 12m 长的跳板,跳板亦为轻合金制成。入水前,两侧挡板下的气囊充气并浮起。该车有四个大的低压轮胎。在水中行进时,用两个喷水泵推进。这两个喷水泵在车尾两侧各有一个,均可作 360°旋转。该舟车既可架设浮桥,也可结合门桥。架设浮桥时,有 23.68m 的净跨,承载力达 700kN,适应流速为 3.1m/s。结合门桥时,承载力可达 950kN。是当今世界上性能指标最优

图 1-21 法国 EFA 自行舟桥行军状态

图 1-22 法国 EFA 自行舟桥展开状态

越的自行舟桥装备，但其存在浮桥桥面较为狭窄、横向稳定性较差等问题。

(2)苏联自行门桥

苏联首先研制了 ГСП 自行舟桥，在其基础上又研制了 ПММ-2 自行门桥(西方国家称为 PMM-2 自行舟桥)，主要用于保障坦克、自行火炮等技术兵器通过江河障碍。它主要由车体、侧翼浮体、连接和拉紧装置、动力装置、行走部分、水上推进器、液压和电气设备等组成(图 1-23)，是世界上少有用履带式装甲车作为底盘的自行舟桥，因此自重大、陆上行军体积庞大。行军时，两个侧翼浮体叠放在车体上；入水时，两个浮体用液压装置展开，配置在车体两侧。车体和浮体均为水密壳体，用以提高门桥在水上的承载力和稳定性(图 1-24)。

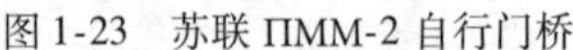

图 1-23 苏联 ПММ-2 自行门桥

图 1-24 苏联 ПММ-2 自行门桥展开状态

ПММ-2 主要作为门桥使用，它行军状态宽度为 3.35m，两个侧翼浮体展开时宽度为 10.05m，加载跳板使用长度 5m，单个门桥使用长度为 20.05m，可以克服 17m 宽的障碍。它可以架设浮桥，浮桥架设长度不受限制。ПММ-2 在水中由尾部的两个钢制焊接螺旋桨推进；在陆上，它使用的是 MT-T 履带牵引车的底盘推进。

(3)美军自行舟桥

美军 MAB 自行舟桥主要由基础车、河中桥节上部结构和岸边桥节上部结构组成。基础车为轮式四轮驱动水陆两用车，外壳呈雪橇形，为铝合金焊接结构。河中桥节上部结构由焊接钢桁梁和冲压铝制甲板组成，行军时纵向置于车体的上部，入水后旋转 90°。展开后长为 7.924m，宽为 3.657m，加上两侧的缘材，其宽度可达 4.224m。河中桥节上部结构和岸边桥节上部结构可利用吊车在 15min 内进行互换(图 1-25)。

图 1-25 美国 MAB 自行舟桥

(4)德国自行舟桥

德国的 M2 自行舟桥主要由浮体、跳板、底盘、液压系统、起重吊臂和辅助设备组成。浮体由主浮体(即车体)和两个液压折叠的侧翼浮体构成。浮体均为铝合金焊接结构。主浮体不仅可提供浮力，也是主要的承载结构，其甲板即为车行道。侧翼浮体为一对加强的箱形结构，铰接在主浮体的两侧。行军时侧翼浮体折叠平行放在主浮体上，水上航行时通过液压机构展开，以提供浮力。全部展开后，车行部长 8.7m,宽 5.6m。在两个侧翼浮体中各安有一个侧翼螺旋桨,操纵跳板的液压机构和舱底泵。每个侧翼浮体上均有一个凹槽,其中放置两块跳板。陆上行驶机构为四轮驱动形式。在陆上行驶时,车底距地面高及接近角和离去角,可根据地形条件变化而调节。水上航行和铁路运输时,车轮可完全收回车体内。轮胎采用无内胎的越野轮胎(图 1-26)。M2 自行舟桥用于克服 35m 以上的水障碍,可结合漕渡门桥和架设浮桥,保证 600kN 的军用履带和轮式车辆通过。桥车越野性能良好,水陆转换不需任何辅助器材。桥车放下侧翼浮体后,既可以在水中机动,也可以在陆上机动。桥车既可从行驶状态直接泛水,也可展开后泛水。泛水后的门桥结构形式分密接无节间和开式有节间两种。可结合单舟、双舟、三舟门桥,共三类、五种门桥。桥车泛水后,将开式有节间门桥连接起来即可架成 600kN 的浮桥。

图 1-26 德国 M2 自行舟桥

(5)德国和英国联合研制的自行舟桥

在 M2 自行舟桥的基础上,德国和英国联合研制了 M3 自行舟桥(图 1-27、图 1-28),其无论结构还是架设方法都大体相同。M3 自行舟桥较 M2 自行舟桥的主要改进有:在驾驶方面,M3 自行舟桥不论在水中还是在陆上,驾驶室都在车体的前面。M3 自行舟桥的跳板由 M2 自行舟桥的 4 块变为 3 块,并且每一个桥车在架设长度方面都增加了 2.3m。M3 自行舟桥也采用四轮全操纵,轮胎气压可调节。M3 自行舟桥的承载力达 700kN,M3 自行舟桥主要用于取代早期的 M2 自行舟桥,目前我国台湾地区的军队有该装备。

图 1-27 德英联合研制的 M3 自行舟桥

图 1-28 德英联合研制的 M3 自行舟桥的门桥

(6)日本 70 式自行舟桥

日本的 70 型自行舟桥类似于德国的 M2 自行舟桥。桥车材料采用铝、镁、锌合金制成,桥上装有三块桥面板,两边有可折叠的侧翼浮体,入水前,液压系统将浮体旋转 180°置于车体的两侧。车体一旦浮起,车轮即收入车体内部以减小吃水深度。轮胎为宽低压轮胎。为增加浮力,轮胎也可充气。舟车有轮胎气压调节装置,以此来调节轮胎接地压力,以适应不同的土质情况(图 1-29)。车体浮起后,车上的起重设备即可将三块跳板道安装就位(起重设备也可用来安置跳板)。浮桥可通过 300kN 以内的重型车辆,可结合单舟、双舟和三舟门桥,用以漕渡 100 ~ 380kN 的车辆或兵器。行车道宽 3.9m。

图 1-29　日本 70 式自行舟桥

5. 我国渡河器材的发展

我军的渡河舟桥器材经过近半个多世纪的发展，走过了进口、仿制阶段，自行研制、更新换代阶段，稳步发展、科技创新阶段等道路，使我军的舟桥装备跻身于国际较先进水平，提高了我军渡河工程保障的能力。

(1)新中国成立以前

在新中国成立以前，我军渡河工程保障大都采用就便器材进行，例如，1927 年 8 月南昌起义部队撤出南昌，南下广州途经广东韩江三河坝渡口时，利用拖轮牵引自编木筏，将部队全部渡过韩江；1930 年 11 月，红军一军团工兵连在江西袁水河罗坊渡口利用就便器材架设了浮桥；1935 年 1 月红军先遣部队抵达贵州天险——乌江岸边，对岸驻有白军一个旅封锁乌江渡口，红军以二十余勇士组成突击队，泅水过江占领了滩头阵地，工兵分队随即在密集的敌火下，强行架设了 300 多米的浮桥，红军顺利渡过了乌江，胜利占领了遵义；在长征中，红军多次在于都河、湘江、赤水、金沙江、大渡河等江河上架设浮桥或构筑门桥。在解放战争中，解放军利用缴获日军的各种渡河舟桥器材，包括百式舟、99 式舟、乙车载式、折叠舟、舷外机、木棉浮囊等在松花江、辽河的通江口、三江口等架设浮桥和构筑门桥渡口，保障作战部队的通行。解放战争时期的保障部队渡河作战更是不胜枚举。在百万雄师渡江战斗中，我军工兵部队在西起安庆，东至江阴的几百公里的广大正面上，配合步兵、炮兵，强渡长江成功，为中国人民的解放事业立下了不朽的功绩。

(2)新中国成立初期

新中国成立以后，在 20 世纪 50 年代，为了抗美援朝从苏联进口了恩 2 波(Н2П)舟桥、德勒波(ДЛП)舟桥等(开口式)6 套，依此组建了工程兵舟桥部队，并且在国内的有关厂家对上述舟桥进行了仿制。但是这些舟桥器材不能适应中国江河的特点，不能有效在流速较大的江河上进行渡河工程保障。

1957 年利用这些苏制的舟桥装备在黄河开展了渡河训练(图 1-30)，而在 1958 年黄河洪水暴发冲垮郑州黄河大桥后，用这些器材勉强地架设了浮桥，但难以在较为恶劣的条件下保障渡河(图 1-31)，主要原因：一是开口式舟桥总体性能趋于落后，二是舟桥器材难以适应黄河的江河环境，三是舟桥锚定设备不能在黄河的泥沙河床正常工作。

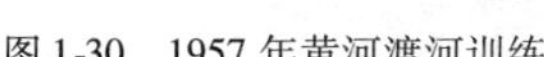
图 1-30　1957 年黄河渡河训练

图 1-31　1958 年黄河抗洪时架设浮桥

因此在 20 世纪 60 年代开始仿制性能较为先进的舟桥器材，在仿制特波波（ТПП）重型舟桥器材的基础上我军定型了某重型舟桥器材（图 1-32），在仿制勒波波（ЛПП）轻型舟桥的基础上我军定型了某轻型舟桥器材（图 1-33），这些舟桥器材仿制成功，为我军渡河工程的发展起到了关键作用。某重型舟桥、某轻型舟桥在作战、训练、抢险救灾等方面，发挥了重要作用，仿制的第一套某重型舟桥就用在援越抗美的战场；在 1979 年的中越自卫反击战中，我军利用某重型舟桥、某轻型舟桥器材在克服红河、南溪河、盘龙江、西江、北江、平江等江河障碍中，共架设浮桥 21 次（图 1-34、图 1-35），渡送了大量的战斗人员、坦克车辆和武器装备物资等，确保了战争的胜利。

图 1-32　某重型舟桥（长江浮桥）

图 1-33　某轻型舟桥

图 1-34　中越自卫反击战中红河摆坚渡口浮桥

图 1-35　中越自卫反击战中平江渡口浮桥

(3)快速发展期

进入20世纪70年代,随着我国国民经济的发展和我军装备的不断更新,先后自行研制了两种带式舟桥,即某两折带式舟桥器材(图1-36)、某四折带式舟桥器材(图1-37)等。带式舟桥具有桥脚舟、桥桁、桥板合一,所需人员、车辆少,作业机械化程度高,架设和撤收速度快等优点,适用于克服大中江河障碍(图1-38、图1-39)。另外,在20世纪70年代还研制了某型特种舟桥器材,用于克服长江等宽大江河(图1-40、图1-41)。

图1-36　某两折带式舟桥

图1-37　某四折带式舟桥

图1-38　在黄河上利用四折带式舟桥架设浮桥

图1-39　利用四折带式舟桥进行1100kN门桥的漕渡

图1-40　利用特种舟桥架设长江浮桥1

图1-41　利用特种舟桥架设长江浮桥2

在20世纪80年代,我军又研究设计了轻型门桥(图1-42)、新型橡皮舟、架桥汽艇、某改进型带式舟桥、新型特种舟桥等装备。其中,轻型门桥主要装备步兵分队,是保障轻型装备、人员克服中小江河障碍的轻型渡河器材，可以用来结构漕渡门桥、架设浮桥、架设徒步桥及作冲锋舟使用，具有多用性、灵活性和便于人工作业的特点，该装备大大提高了我军渡河的保障能力。

新型橡皮舟主要装备我军渡河部队和分队；用于在强渡江河战斗中渡送登陆抢滩人员，克服江河湖海（近海）的水上障碍，实施快速机动作战，也可以用于侦察、通信、救护和登陆作战，该装备在研制中其舟底结构采用V字形，大大增加了整体刚性；舟底曲线呈滑翔阻力曲线，改善了航行性能，提高了航速；采用了高强度胶布（芳伦胶布）作为舟体材料，提高了抗撕裂性能和抗磨性能；采用了新工艺，以冷黏胶液和冷硫化工艺代替了热硫化工艺，提高了黏结强度。

图1-42　轻型门桥

于1999年研制成功的架桥汽艇，在技术上取得了新的突破，性能上有了明显的提高，其综合技术处于国际先进水平。其舟体采用合金结构，减少了艇的自重及吃水深度；采用喷水推进系统，提高了浅水航行能力；采用电液伺服控制系统，提高了水上的操纵性。因此，架桥汽艇的主要特点有：吃水浅、稳性好、使用范围广；浅水动力性能好，可以冲越浅滩；水上机动性能好，操纵灵活，可以原地回转、高速定位急停；汽艇可以单机作业，大大提高了水上作业的可靠性。

1992年定型的某改进型重型舟桥，能够区域性地替换某两折带式舟桥，以装备舟桥部（分）队，装备性能有明显提高，特别是装备造价较低，陆上机动灵活，是我军舟桥部队的骨干装备；舟车由东风EQ240底盘车改装，因此陆上机动灵活、方便，对道路要求低，铁路运输不超限；可靠性高、维修性好，装卸载作业利用舟车自身动力靠单钢索完成，不用液压系统，方便部队使用。

1996年定型新型特种舟桥，专用于克服长江等特大江河障碍。新型特种舟桥是考虑定点保障、水上机动性强、平战结合的装备，它战时用于结合门桥或架设浮桥，保障重装备克服特大江河障碍，也可以用于战略后方的交通保障，平时结合部队训练，开设车辆渡口，直接进行运营，支援国民经济建设。该装备采用带舵桨推船带大截面、浅吃水驳船的设计方案，大幅提高了在特大江河上的保障能力；采用主机弹性支撑，骨架和壳板局部加强等措施，解决了高速柴油机的振动问题；设计了新颖的无吊臂型滑道连杆式跳板翻转机构，方便门桥、浮桥的相互转换；特种驳船之间的纵横向连接全部采用电液操纵，结合、分解迅速可靠等。因此，该装备有门桥渡送能力强、江河适应性能好、水上机动能力强、机械化程度高的特点，大大提高了在宽大江河上的保障能力。1995年定型的侦察橡皮舟、班用橡皮舟，由于采用了新材料（芳纶）、新结构、新工艺，使用性能比以前的同类轻型渡河装备有明显提高。

（4）新世纪创新期

进入21世纪以来，舟桥装备得到了长足的发展，2010年定型的新型重型舟桥是更新换代装备（图1-43、图1-44），已装备于舟桥部队，构筑门桥渡口和架设浮桥，保障武器装备、人员物资克服300m以上的大江河障碍。该装备集成了可变结构体系舟桥总体技术、桥跨浮游自展架设技术、多功能动力舟及其控制技术、集成化锚定门桥技术、过程可控的运载车装卸载技术等优势于一体。

图 1-43　新型重型舟桥门桥

图 1-44　新型重型舟桥长江浮桥

2014 年,湖北华舟重工应急装备股份有限公司在国内首先研制成功了动力舟桥(图 1-45、图 1-46),其在带式舟桥的基础上进行了全新的改进,具有以下特点:①动力舟桥自带水上推进动力,解决了拼组门桥和架设浮桥桥需汽艇配合的问题,提高了门桥机动性和浮桥架设速度;②河中舟体长度加长到 10m,提高单车架桥长度,减少了器材单元数量,缩短了行军队列长度,架桥速度提高;③河中舟宽度增加,设置了防浪板,提高浮桥适应流速;④岸边舟长度加长到 10m,提高了通载适应的岸高;⑤岸边舟用机动液压提升,减轻劳动强度,提高提升速度;⑥舟车具有移动架和翻转架功能,提高了架设和撤收适应岸高。

动力舟桥在国内部分单位和国外目前都有采购和装备。湖北华舟重工应急装备股份有限公司以此为基础制定了《动力舟桥》(GB/T 33197)的国家标准。

图 1-45　动力舟桥河中舟

图 1-46　动力舟桥的门桥

2016 年 8 月 29 日,舟桥某部队预有准备的情况下在长江武汉段主航道架设 1150m 长的浮桥,用时仅为 26min40s(图 1-43、图 1-44);仅仅隔了十多天,即 2016 年 9 月 10 日,另外一支舟桥部队预有准备的条件下,夜晚在长江南京段主航道架设 1090m 长浮桥(图 1-47、图 1-48),用时为 26min10s。

在近期我国还研制成功了履带式自行舟桥,填补了国内空白,并正在研制轮式自行舟桥。

综上所述,目前我军渡河桥梁装备门类相对齐全,渡河装备基本系统配套,部分装备的综合性能已跻身世界先进行列。

6. 民用浮桥或就便器材浮桥

在战时根据需要临时征集各种就便器材用来架设浮桥、构筑门桥等,这些就便器材主要包括:作为浮游桥脚舟主要征集钢质民船(浮箱、运输船、驳船、拖船、工程船等)(图 1-49、

图 1-50)、木质民船(运输船、捕鱼船、工程船)、钢筋混凝土民船等,还可以用具有一定浮力的汽油桶、木筏等构筑小吨位的浮桥或者徒步桥(图 1-51);作为桥桁主要征集各类型钢、施工脚手架、万能杆、钢轨、木材等,作为桥板,主要征集各种钢板、木板等材料用于加工。

图 1-47　利用夜晚架设的长江浮桥

图 1-48　利用夜晚架设的混合浮桥

图 1-49　就便箱式浮桥

图 1-50　正在通车的公路浮桥

铁路浮桥必须在特定的条件下运用,它主要用于战时铁路抢修,平时抢险救灾,克服江河障碍,保障铁路运输畅通,是短期应急通车的一种临时手段。它还可以用于新建铁路临时通车和新建铁路施工。

铁路浮桥一般设计成桥脚分置式浮桥,它的基础是浮墩。荷载是通过浮墩而传到水面,依靠水对浮墩的浮力来承受。因而铁路浮桥不需修建复杂的深水固定基础,浮桥的结构和架设方法,不受水深和河床地质的影响。铁路浮桥的拼组架设方法简单,可以有较多的作业面,并且浮节和其他结构可预先在远距桥址处结合好,然后由水路运到桥址就位,拼架速度快,施工工期短。铁路浮桥还可以根据需要及时拆除和架设,具有一定的快速性和机动性。图 1-52 所示为 1993 年研究成功的多用途浮箱铁路浮桥,以多用途箱作浮墩,就便桥梁器材作浮桥上部结构,并研究设计了带式铁路浮桥、六四式铁路军用梁分置式铁路浮桥、拆装式桁梁分置式铁路浮桥。

图 1-51　就便人行浮桥

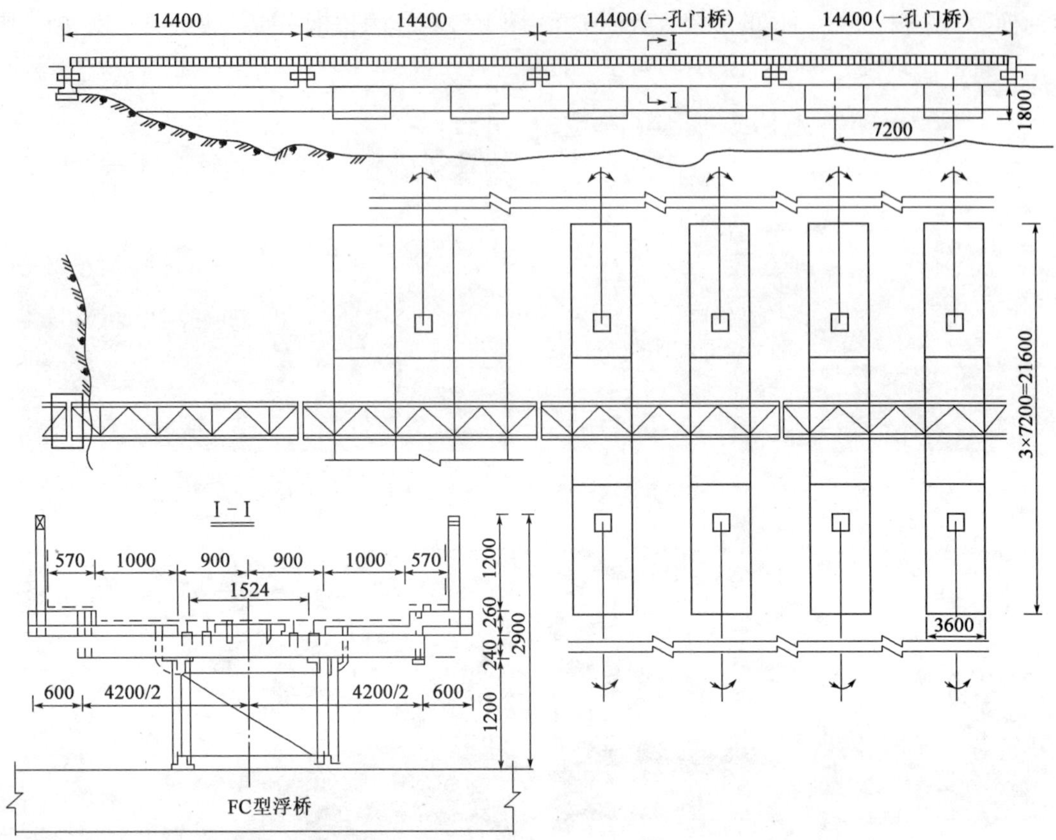

图 1-52　KC 型万能浮桥架设的铁路浮桥(尺寸单位:mm)

在长江上利用甲板式驳船和装配式钢桥(梁),可以架设铁路浮桥,例如图 1-53 所示的长江铁路浮桥方案,它用 87 型长梁与 5000 ~ 10000kN 级的民船组成高架固定门桥,以保证长江流域大量的中小吨位船舶不间断的通航;仍设通航孔,定期或不定期开启,放行大吨位船舶;用既有数量很大的 1000 ~ 5000kN 级的民船和 64 式军用梁和其他铁路钢梁拼组浮桥的其他部分。

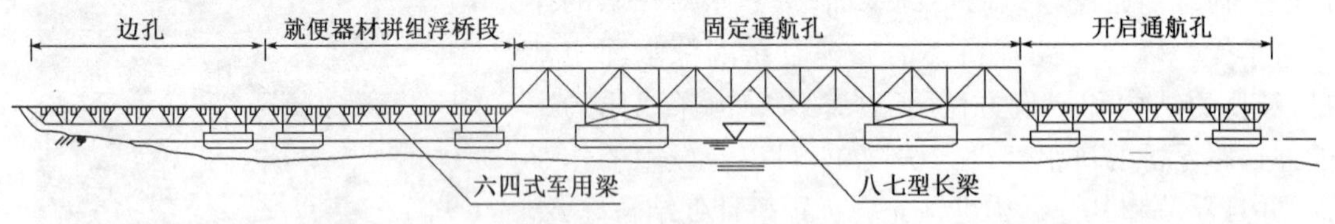

图 1-53　长江铁路浮桥总体方案

我国在非通航的江河上,还有很多浮桥。例如,江西赣州的惠民浮桥(图 1-54),又称东津桥、东河浮桥。该浮桥长约 400m,由 100 多只小舟板并束之以缆绳相连而成。始建于南宋乾道年间(1163—1173 年),至今已有 800 多年历史。在宋代就先后建造铺就了东河、西河、南河三座浮桥以沟通城乡。新中国成立以后,西河、南河浮桥因修建了公路大桥而被拆除,东河浮桥就成了现今赣州市的"国宝"级文物。

浙江金华兰溪市在兰江上的悦济浮桥(图1-55)存在了上千年,为兰溪市新区与老城区的便捷通道,极大地方便了当地的居民出行和交通,该桥2017年已拆除,成为了历史。

图1-54 江西赣州惠民浮桥

图1-55 浙江兰溪悦济浮桥

2016年4月3日,华盛顿州西雅图SR520浮桥通车,浮桥长度达到了2350m,成为当今世界最长浮桥(图1-56)。浮桥双向六车道,两侧有专用人行道和自行车道。由77个钢筋混凝土浮舟作为下部结构,跨度约为30m(图1-57)。每个浮箱高8.5m、宽18m、长90m,设置了隔舱增加抗沉性。该桥设置58个锚,最重的锚有1050kN,用直径7.62cm的锚索固定,可抵御140km/h风力(相当于12级台风)。

图1-56 美国西雅图SR520浮桥正面

图1-57 美国西雅图SR520浮桥侧视

三、渡河技术的发展趋势

1.渡河舟桥器材的新结构

现代战争要求机动的速度越来越快,战场越来越透明,因此渡河舟桥器材总体上向载重量大、架设速度快、陆上机动迅速、水上航行快捷、隐蔽性好、战场抗沉性高等方面发展,因此,折叠式结构、充气式结构、模块化结构等新结构层出不穷,铝合金、碳纤维、玻璃纤维、复合橡胶、填充泡沫等新材料将广泛运用。其舟桥器材的功能也不断扩展,除了在内河架设公路浮桥、门桥外,还可以架设铁路浮桥、铁路轮渡,水上施工平台,在沿海或濒海构建浮式码头、登陆栈桥、换乘平台、作业平台等。

2.渡河舟桥器材的模块化

为了既保证各种渡河舟桥器材有足够的承载力,又具有良好的机动性,因此都采用拼装式舟体的结构形式，即将舟体划分为首舟、尾舟、中间舟、岸边舟、动力舟（或者尖舟、方舟）等，舟体划分的样式和大小主要取决于运输车辆的情况。利用上述各种舟节，可以架设和拼装各种水上工程物。目前我军的渡河舟桥器材一般可以架设 2 种以上的浮桥、结构多种吨位门桥以及构筑码头、栈桥等。

但是，目前的渡河舟桥器材的主要是架设浮桥、结构门桥，因此对模块化的要求不高，一般只考虑同种舟体之间的互换性，并且连接方式的纵横向也是固定的。在未来的高技术战争中，特别是信息化战争中，渡河舟桥器材不但要考虑浮桥、门桥的工程保障，还要考虑其他工程保障任务。例如，执行水上浮吊、水上驳运、水上换乘、水上冲滩、水上设障、水上排障等任务，需要多种形式的水上工程结构物，因此要在更深层次上考虑渡河舟桥器材的模块化。

舟桥渡河装备如果实现单箱模数化尺度、高效可靠的连接机构、优化的主体尺度、适应多种工况的强度条件以及多级调整的岸滩适应性能，便可以实现高效、快速拼组搭设各种水上工程结构物。未来研制的舟桥渡河装备在执行濒海工程保障时，还要根据任务来结合构筑其他海上工程结构物。例如，工程方驳、换乘门桥、高架栈桥、定位门桥、冲滩门桥、海上登陆门桥、浮游趸船、布雷扫雷平台、破障机动平台、减浪防浪结构和浮式保障平台等，甚至舟桥结构的主要模块可以作为伴随桥梁的上部结构而架设桥梁，作为路面器材克服海岸滩涂等。

3. 渡河舟桥器材的机电化

未来渡河舟桥器材的发展必须向机电一体化发展，才能更大程度地提高渡河舟桥器材的总体性能。机电一体化在舟桥装备执行任务的各个阶段中可以体现在不同方面。

在渡河舟桥器材的泛水作业时，利用舟桥装备上的自动泛水作业机构进行迅速泛水和装车，提高作业效率，减少作业手的作业量。特别是舟桥的泛水装车作业机构需要摈弃目前几十年来沿用的钢索绞盘机构，代之性能更加可靠的机电控制系统，减少泛水和装车过程的故障。

在渡河舟桥器材的作业过程时，需要研究可靠的自动架设、自动撤收系统，特别是跳板架设、锚定设置等，目前的人工作业量较大、作业步骤较烦琐，而且还经常出现作业故障，需要研究自动架设展开作业机构，应在液压、闭锁、连接、解脱等方面有所突破。

在渡河舟桥器材的使用中也有许多需要实现机电化的方面，例如自动锚定、自动平衡、自动维护、自动抢修等技术手段。特别是自动维护和自动抢修技术有许多值得研究的方面，当渡河舟桥器材发生被枪弹贯穿等故障时可以通过自动检测、自动报警、及时堵漏、自动排水等技术手段来确保渡河舟桥器材的总体稳定性。

逐步实现上述机电一体化技术来研制新型渡河舟桥器材，使渡河舟桥器材的具有自动展开功能、自动连接功能、自动锚定功能、自动撤收功能、水上自行功能等，将促进渡河舟桥器材向自行舟桥过渡，为研制成功真正的自行舟桥奠定基础。

4. 渡河舟桥器材的新材料

材料科学始终是各个工程领域的先导科学，渡河舟桥器材的发展也与材料科学紧密相关，多年来，我们利用各种性能优良的高强度合金钢、低碳钢和相关材料研制了大批高性能的舟桥、桥梁和路面装备，但是在新世纪，随着材料科学的不断发展，新材料将不断地运用到渡河舟桥器材中。这些新材料主要包括铝合金、碳纤维、硼纤维、复合材料、玻璃钢等，它们各自都有其特点，特别是在未来战场上，像碳纤维、硼纤维、复合材料、玻璃钢等非金属材料具有强度高、密度小，尤其在敌人的侦察仪器设备下，暴露征候小，隐身性能好，有效减少敌人侦察的可能性,提高战场的生存能力。另外,这些新型材料在舟桥军桥装备中的运用,也会提高装备的可靠性、可维修性、机动性等总体性能。

渡河舟桥器材的每一步发展都与材料技术的发展密切相关,在19世纪初期,俄国沙皇为了远征周边的疆土,利用木质框架和外蒙牛皮制造了世界上第一代制式舟桥(也称为舟桥纵列),开创了渡河舟桥发展的历史;当高强度钢材大量用于渡河舟桥器材,各种性能优异的渡河舟桥器材的纷纷面世时,克服长江、黄河这样的宽大江河将不再是奢望;当美军将铝合金用于渡河舟桥器材时,他们将原本性能优越的四折带式桥的总体性能又大大推进了一步;在未来,当各种新材料用于渡河舟桥渡河装备中时,势必带来渡河舟桥器材新的一轮革命。因此我们在对渡河舟桥器材的其他方面进行综合研究时,不能忽视材料科学的每一个变革和进步可能对舟桥渡河装备发展的影响。

5. 渡河舟桥器材的集成化

舟桥装备的陆上机动性能一直是困扰设计人员的重要因素之一,我军的舟桥装备的发展也受到了运输车辆的限制和牵制,有的舟桥装备往往舟体等性能尚可,但是由于舟车落后导致装备性能降低甚至淘汰。工程装备的研究要紧密结合市场经济的发展,工程装备的设计也需要考虑市场经济的发展水平,将社会运输力量纳入我军工程装备的保障能力之中,是我军工程装备迅速提高保障能力的捷径之一。

未来的重型舟桥以长江、黄河的渡河工程定点保障为主,其执行任务的范围主要在长江、黄河流域,因此陆上需要一定的机动能力,如果将重型舟桥的舟体、桁架等上部结构进行集成化,利用集装箱灵活、机动的装卸、运输方式,则在底盘车的选择上空间大得多。

舟体或者桁架进行集成化,即以集装箱的基本尺寸作为舟体的主尺度模数,设计与集装箱相同的锁闭装置和吊装设备,就可以直接利用各种专用和通用的集装箱运输车来运输转移。在陆上小范围进行运输转移时,利用集装箱运输车进行;在陆上大范围转移时,可以利用铁路集装箱运输车来进行;在水上小范围转移时可以利用渡河舟桥器材的自身水上动力进行;当在水上大范围转移时,可以利用集装箱专用内河船舶进行;当需要越海输送、越洋输送时(作战需求、军援需求)可以直接采用集装箱海船来输送;有时根据需要还可以采用航空运输。

对于装卸作业,可以按照集装箱装卸作业的正常方式进行,在全套装备中,适当编配集成化舟桥的吊装作业机具。在长江沿线、铁路沿线、大型厂矿,都有集装箱的吊装设备和机具,根据执行任务的需要可以拟制计划,制定租用、征用作业机具计划来进行装卸。

为了减少装备的车辆、减少相应的兵力、减少车辆各种故障和维护、维修工作,并确保部队的训练,对于整套器材可以按照一定的需要基数来配备底盘车;当平时需要大规模行动时,可以与地方运输部门签订长期协议,租用相应车辆来保障;装备部门在进行装备列装时,按照每年正常训练的需要计算需要租用的车辆台班,预留专项经费;当战争爆发全国转入战时机制时,则根据《中华人民共和国国防动员法》先征用各种车辆、机具投入使用,后进行战争赔偿。

重型舟桥属于区域定点保障装备,需要一定的陆上机动努力,但是既考虑部队装备的陆上机动保障能力来满足最低限度的训练,又将全社会的运输保障能力纳入装备的大规模机动保障中,可以大幅降低装备成本、减少平时大量的士兵、减少库房建设的规模、减少平时对于车辆的维护维修的工作,实现一定程度的社会化保障,提高装备的可靠性和运输方法的多样性。

6. 渡河舟桥器材的隐身化

利用渡河舟桥器材的遂行渡河工程保障任务,无论是在装备的集积、开进、展开过程,还是在浮桥架设、门桥结合和使用维护、撤收转移过程，由于渡河舟桥器材的体积庞大、目标明显，因此容易受到敌人的侦察和攻击。其战场的抗损性很差，战场的生存力很低。因此要努力研究渡河舟桥器材在各个环节的隐身技术。

在开进、运输过程中的隐身技术。渡河舟桥器材由于其结构的特殊性，其体积庞大，特别是为了确保渡河舟桥器材具有良好的陆上机动性，因此多采用薄板制作。渡河舟桥器材的舟车一般是越野车辆。数量多、车距大，行军途中先头车辆与结尾车辆之间距离有时达到几公里，这样的队形极易被敌人发现，往往是部队刚出营房，敌人已经侦察到动向；先头部队还没有到达目的地，攻击敌机已经到了头顶。一方面，将渡河舟桥器材集成化，在运输开进过程中，尽量不暴露渡河舟桥器材的特性，另一方面将民用车辆征集来运输渡河舟桥器材，并将渡河舟桥器材的外表颜色平民化，也会提高渡河舟桥器材的运输、开进的安全性。

在架设、使用过程中的隐身技术。渡河舟桥器材无论是架设浮桥还是结构门桥，其都是在江河上使用的，江河上的工程结构物由于目标明显，舟桥装备与江河水面的介质反差大，各种侦察仪器侦察容易，因此架设、使用过程的隐身技术同样十分重要。利用新材料将有助于浮桥或者门桥在江河上的隐蔽，因为非金属材料对于各种侦察波源的反射率小，成像率低，造成高空特别是太空侦察的“死角”；在装备的涂料技术上也可以下功夫，目前装备的外表颜色主要为草绿色，从白雪皑皑的东北乌苏里江，到茫茫一色的黄河；从碧波荡漾的内陆湖泊，到奔腾不息的长江，其周围环境的色差区别大，因此同样为草绿色的舟桥，在不同环境下的分辨率却大不一样。在未来信息化战场上，应使渡河舟桥器材具有“变色龙”性能。在架设使用前先进行工程侦察，获取周围环境的主要颜色，确定渡河舟桥器材的伪装颜色，然后使用该颜色进行喷涂伪装，最后再进行架设，这样将有效降低浮桥或门桥的水上暴露性，提高渡河舟桥器材的战场生存能力。

另外，还要研究渡河舟桥器材的示假技术，在第二次世界大战末期，苏联红军为了强渡第聂伯河时尽量伪装真实渡口，而在渡口的上下游各设置了假渡口，吸引德军的轰炸和封锁，而掩护了真实渡口的正常使用。同样在未来的信息化战场上，要完全进行隐身是不现实的，也是不可能的，还要靠示假技术，包括假渡口、假浮桥的设置等，来吸引敌人的注意力，浪费他们的侦察、轰炸、打击的资源，达到保护真渡口的目的。

第二章
浮桥荷载

第一节 军用荷载

一、设计荷载

渡河器材,包括各种类型的浮桥、漕渡门桥、临时码头等,都按照表 2-1 的设计荷载选用,其中总体结构计算选用履带式荷载,局部结构的设计计算选用轮式荷载。

二、车辆荷载等级

在渡河器材的设计中,如果要详细的荷载参数,则车辆荷载分为履带式荷载(LD)和轮式荷载(LT)两种,各等级对应的荷载总重力见表 2-2。

三、履带式车辆荷载主要技术指标

图 2-1 中,H 为履带式荷载车辆重心离地高度,一般取 1.1m;G 为履带式车辆总重力;L 为履带式车辆底盘车长度;W 为履带式车辆履带外缘宽度;C 为履带中心距;B 为履带宽度;S 为履带着地长度。

设 计 荷 载　　表 2-1

	荷载(kN)	区分		
		履带接地长(m)	履带轴线间距离(m)	履带宽(m)
		尺寸		
履带式	160	3.1	2.4	0.4
	250	3.5	2.4	0.4
	400	4.1	2.6	0.6
	500	4.5	2.6	0.7
	轴压力(kN)	区分		
		轮距(m)	轴距(m)	车轮宽度(m)
		尺寸		
轮式	70	1.7	4.0	0.3
	90	1.8	4.0	0.4
	120	1.9	4.0	0.7

军用车辆荷载等级表　　表 2-2

荷载等级		总重力(kN)	荷载等级		总重力(kN)
履带式	轮式		履带式	轮式	
LD-5	LT-5	50	LD-20	LT-20	200
LD-10	LT-10	100	LD-25	LT-25	250
LD-15	LT-15	150	LD-30	LT-30	300
LD-40	LT-40	400	—	LT-80	800
LD-50	LT-50	500	—	LT-100	1000
LD-60	LT-60	600	—	LT-120	1200

注:1. LD-5 表示履带式荷载 50kN 级,LT-5 表示轮式荷载 50kN 级,以此类推。

2. 该表不表示履带式荷载与轮式荷载同等级必须对应的关系,而是在设计时自主选用。

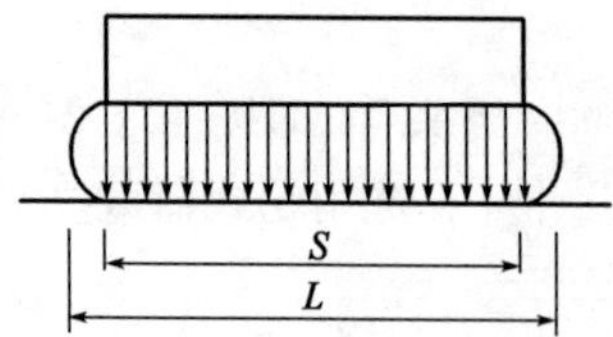

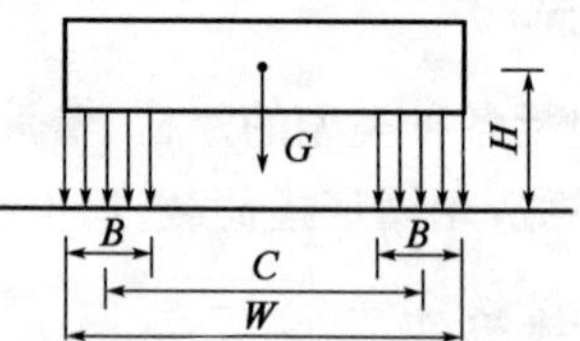

图 2-1　履带式荷载主要参数示意图

履带式车辆荷载主要技术指标见表 2-3。

履带式车辆荷载主要技术指标　　表 2-3

参数	单位	LD-5	LD-10	LD-15	LD-20	LD-25	LD-30	LD-40	LD-50	LD-60
G	kN	50	100	150	200	250	300	400	500	600
S	m	2.7	3.6	3.6	3.6	3.8	4.0	4.2	4.5	5.0

续上表

参数	单位	LD-5	LD-10	LD-15	LD-20	LD-25	LD-30	LD-40	LD-50	LD-60
B	m	0.3	0.3	0.4	0.4	0.4	0.5	0.6	0.7	0.7
C	m	1.9	2.5	2.6	2.6	2.6	2.6	2.6	2.6	2.8
L	m	4.5	5.5	5.5	6.0	6.0	6.0	6.0	7.0	7.5
W	m	2.2	2.8	3.0	3.0	3.0	3.1	3.2	3.3	3.4

四、轮式车辆主要技术指标

图 2-2 ~ 图 2-6 中：g_i 为轮式车辆第 i 轴的轴压力；l_i 为轮式车辆第 i 轴和第 $i+1$ 轴的中心距；c_1 为轮式车辆前轮中心距；c_2 为轮式车辆后轮中心距；l 为轮式车辆长度；w 为轮式车辆宽度；b 为前轮轮胎着地宽度；s 为前轮轮胎着地长度；b'为后轮轮胎着地宽度；s'为后轮轮胎着地长度。

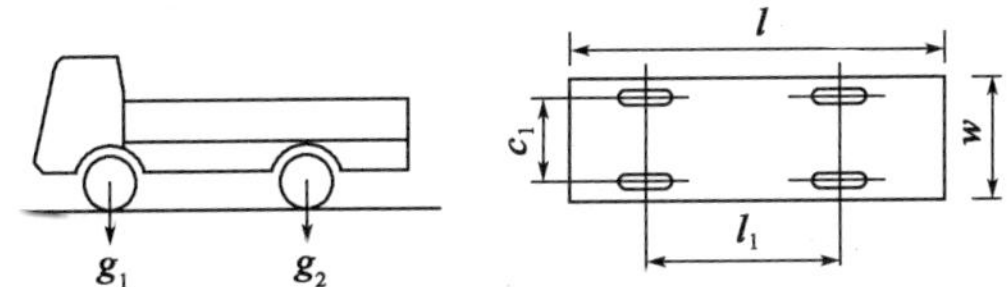

图 2-2 LT-5 至 LT-20 军用汽车

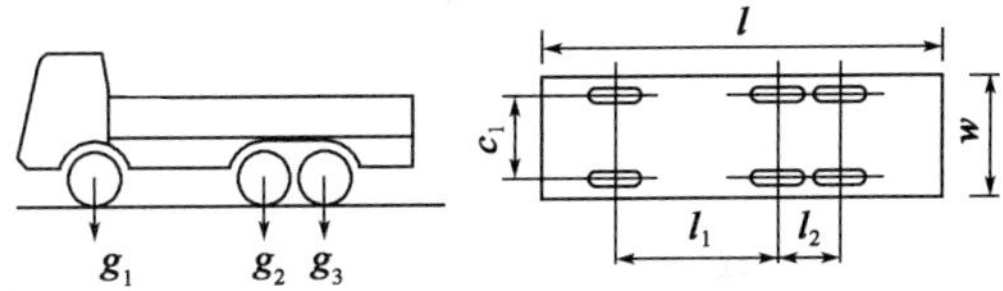

图 2-3 LT-25 军用汽车

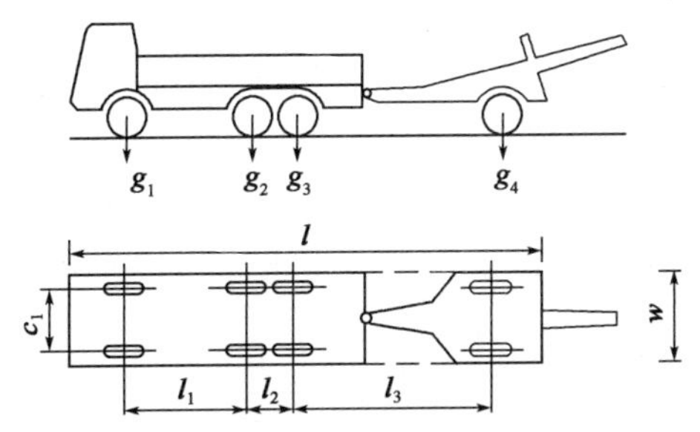

图 2-4 LT-30 军用汽车

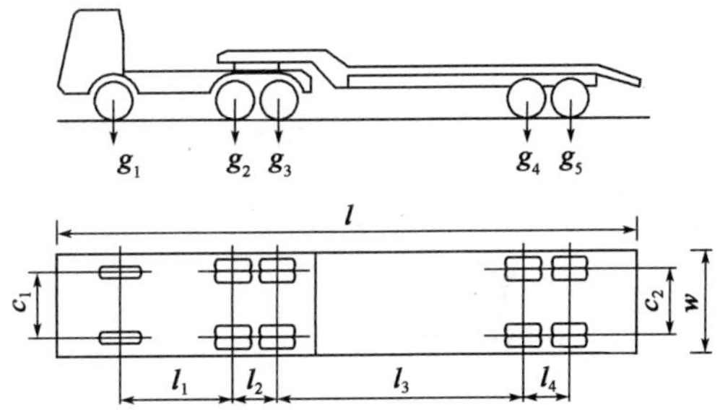

图 2-5 LT-40 至 LT-60 军用汽车

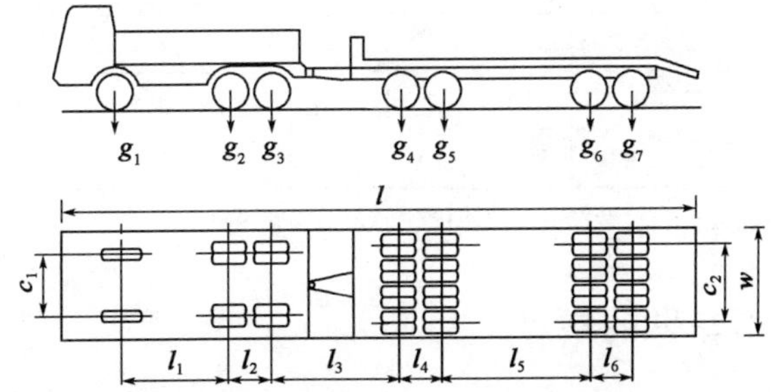

图 2-6 LT-80 至 LT-120 军用汽车

轮式车辆主要技术指标见表 2-4。

轮式车辆主要技术指标　表 2-4

参数	单位	LT-5	LT-10	LT-15	LT-20	LT-25	LT-30
g_1	kN	20	30	50	70	70	70
g_2		30	70	100	130	90	70
g_3		—	—	—	—	90	70
g_4		—	—	—	—	—	90
l_1	m	3.3	4.0	4.0	4.0	3.0	3.5
l_2		—	—	—	—	1.45	1.45
l_3		—	—	—	—	—	5.0
c_1 / c_2		1.6	1.8	1.8	1.8	2.0	2.0
$b \times s$	m^2	0.25×0.2	0.25×0.2	0.25×0.2	0.30×0.2	0.35×0.2	0.35×0.2
$b' \times s'$		0.25×0.2	0.50×0.2	0.50×0.2	0.60×0.2	0.35×0.2	0.35×0.2
$l \times w$		5.5×2.3	7.0×2.5	7.0×2.5	7.0×2.5	8.0×2.5	12.0×2.5
参数	单位	LT-40	LT-50	LT-60	LT-80	LT-100	LT-120
g_1	kN	60	70	70	60	60	60
g_2		70	85	125	70	70	70
g_3		70	85	125	70	70	70
g_4		100	130	140	150	200	250
g_5		100	130	140	150	200	250
g_6		—	—	—	150	200	250
g_7		—	—	—	150	200	250
l_1	m	3.5	3.5	3.5	3.5	3.5	3.5
l_2		1.4	1.4	1.4	1.4	1.4	1.4
l_3		8.5	8.5	8.5	4.0	4.0	4.0
l_4		1.3	1.4	1.4	1.2	1.2	1.2
l_5		—	—	—	4.0	4.0	4.0
l_6		—	—	—	1.2	1.2	1.2
c_1 / c_2		2.0/2.4	2.0/2.5	2.0/2.5	2.0/2.7	2.0/2.7	2.0/2.7
$b \times s$	m^2	0.3×0.2	0.3×0.2	0.3×0.2	0.3×0.2	0.3×0.2	0.3×0.2
$b' \times s'$		0.6×0.2 (0.5×0.2)	0.6×0.2 (0.6×0.2)	0.6×0.2 (0.6×0.2)	0.6×0.2 (0.5×0.2)	0.6×0.2 (0.5×0.2)	0.6×0.2 (0.5×0.2)
$l \times w$		16.0×3.0	16.0×3.0	16.0×3.0	20.0×3.5	20.0×3.5	20.0×3.5

注：表中 $b' \times s'$ 栏括号内的数据表示半挂或全挂车的轮胎着地宽度和长度。

五、对于车辆荷载车队的规定

军用固定桥的单跨长度不大于 50m 时，只考虑单辆车辆荷载作用，大于 50m 时，应考虑车辆荷载车队的作用，车队按同级别履带式车辆或轮式车辆考虑。

在考虑车辆荷载车队的作用时，对于浮桥和桁架式固定桥，车辆荷载距离取 30m；对于吊桥车辆荷载距离取 30～80m；此外的车辆荷载距离，对于履带式荷载指其中心距，对于轮式荷载指两荷载相邻轴的中心距。

六、车辆冲击力

车辆荷载冲击力等于车辆荷载乘以冲击系数，见表 2-5。

浮桥冲击系数 表 2-5

浮桥结构种类	冲击系数 μ
连续体系浮桥河中部分	0.05（总体强度计算） 0.10（桥面系局部强度计算）
铰接体系、简支体系河中部分	0.10（总体强度计算） 0.15（桥面系局部强度计算）
铰接接头	0.20～0.25
过渡部分、带式浮桥岸边部分	0.10（总体强度计算） 0.20（桥面系局部强度计算）
岸边部分、固定栈桥及限制桥脚构件、跳板	0.20～0.25

注：各种木质桥梁不计冲击系数。

对于简支的主梁、主桁，L 为计算跨度；对于悬臂梁、连续梁、刚构、桥面系，仅受局部荷载的构件及桥脚等，L 为响应内力影响线的荷载长度（即为各荷载区段长度之和）。

七、人群荷载

军用固定桥、浮桥的人行道上的人群荷载按 3kN/m^2 计算，人行道板每块按 1.2kN 的集中竖向力计算，栏杆立柱顶上水平推力按 0.75kN/m 计算，栏杆扶手上的竖向力按 1kN/m 计算。徒步桥上每名战斗负荷的单人按 0.95kN 计算，间距一般按 1.5m 计算。

八、上部结构的静载

在渡河桥梁器材的设计初期，上部结构的静载给出一个估计值（表 2-6），一旦具体的结构确定后，则可以按照具体使用的材料、结构进行精确计算。

1 延米上部结构重量概算值（10kN/m） 表 2-6

类别	载重量（kN 级）	舟数（只）	桥桁材料	跨度（m）				
				3	4	5	6	7
漕渡门桥	160	2	木	0.65	0.75			
		3	木	0.70	0.80	0.90		
	250	3	木	0.95	1.10			
		4	木	0.95	1.15	1.30		
	400	3	木		1.20	1.35		

续上表

类别	载重量(kN级)	舟数(只)	桥桁材料	跨度(m)				
				3	4	5	6	7
铰接体系浮桥	160	2	木		0.75	0.85		
			金		0.60	0.65	0.70	
		3	木	0.75	0.86	0.95		
			金	0.60	0.68	0.75		
	250	2	木			1.05		
			金			0.77	0.82	0.87
		3	木	0.90	1.05	1.25		
			金	0.70	0.78	0.85		
	400	2	金					
		3	木					
			金					
连续体系浮桥	160		木	0.60	0.60	0.60		
	250		木	0.75	0.75	0.75		
	400		木		1.10	1.10		
简支体系浮桥	160		木		0.65	0.70		
	250		木			0.88	1.00	

第二节　公路桥梁车辆荷载

一、汽车荷载等级与组成

汽车荷载等级:汽车荷载分为公路—Ⅰ级和公路—Ⅱ级两个等级。

汽车荷载组成:汽车荷载包括车道荷载和车辆荷载两部分组成。

汽车荷载等级见表2-7。

汽车荷载等级　　表2-7

公路等级	高速公路	一级公路	二级公路	三级公路	四级公路
汽车荷载等级	公路—Ⅰ级	公路—Ⅰ级	公路—Ⅱ级	公路—Ⅱ级	公路—Ⅱ级

二级公路作为干线公路而且重型车辆较多时,可采用公路—Ⅰ级汽车荷载等级。

车道荷载:虚拟荷载。桥梁结构的整体设计计算采用车道荷载。

车辆荷载:单车荷载,也是一个虚拟荷载,桥梁结构的局部加载、涵洞、桥台和挡土墙土压力等的计算采用车辆荷载。

车道荷载与车辆荷载的作用不得叠加。

车道荷载纵向形式为均布荷载(表2-8)加单个集中荷载(表2-9),见图2-7,均布荷载在桥梁结构响应影响线同一正负符号的长度范围进行布置，单个集中荷载作用在影响线的最大峰值处。

横向形式：两条、横向相距 1.8m、数值均等（分别为 $q_k/2$ 及 $P_k/2$）见图 2-8。

桥涵跨径大于 5m、小于 50m 时，采用内插方式（表 2-9）。

均布荷载标准值 表 2-8

汽车荷载等级	公路—Ⅰ级	公路—Ⅱ级
q_k（kN/m）	10.5	7.875

集中荷载标准值 表 2-9

计 算 跨 径	P_k（kN）	
	公路—Ⅰ级	公路—Ⅱ级
$l \leqslant 5$m	180	135
$l \geqslant 50$m	360	270

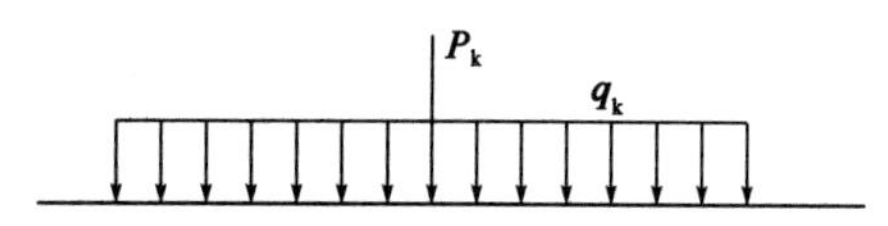

图 2-7 车道荷载纵向布置

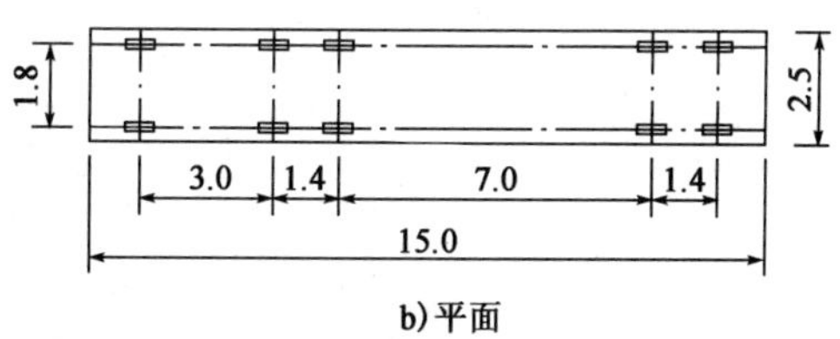

图 2-8 车道荷载横向布置（尺寸单位：m）

二、汽车荷载计算图式及标准值

车辆荷载计算图式（图 2-9）及标准值（表 2-10）。

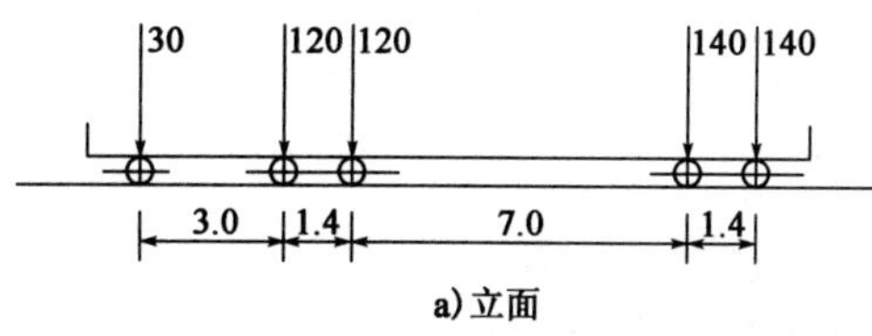

图 2-9 车辆荷载布置图（轴压力单位：kN；尺寸单位：m）

车辆荷载主要技术指标 表 2-10

项 目	单位	技术指标	项 目	单位	技术指标
车辆重力标准值	kN	550	轮距	m	1.8
前轴重力标准值	kN	30	前轮着地宽度及长度	m	0.3×0.2
中轴重力标准值	kN	2×120	后中轮着地宽度及长度	m	0.6×0.2
后轴重力标准值	kN	2×140	车辆外形尺寸（长×宽）	m×m	15 ×2.5
轴距	m	3+1.4+7+1.4			

其计算图式：单车 5 轴。其标准值：550kN。

公路—Ⅰ级与公路—Ⅱ级相互关系见表 2-11。

汽车荷载标准值一览表(kN)　　表 2-11

级别类别与要素				公路—Ⅰ级	公路—Ⅱ级	Ⅰ、Ⅱ级关系
类别	计算图式	符号	计算跨径	①	②	
车道荷载	均布	q_k	不区分	10.5	7.875	①×0.75 = ②
	单个集中	P_k	$L \leqslant 5$m	180	135	①×0.75 = ②
			$L \geqslant 50$m	360	270	①×0.75 = ②
车辆荷载	单车 5 轴	—	不区分	550	550	① = ②

三、车道布置及车辆荷载横向分布系数

车辆实际行驶需要足够的行车道宽度，具体见表 2-12，车辆横向布置如图 2-10 所示。

考虑车辆实际行驶需要足够的行车道宽度　　表 2-12

桥面宽度 W(m)		桥涵设计车道数
车辆单向行驶	车辆双向行驶	
$W<7.0$	$7.0 \leqslant W<14.0$	1
$7.0 \leqslant W<10.5$		2
$10.5 \leqslant W<14.0$	$14.0 \leqslant W<21.0$	3
$14.0 \leqslant W<17.5$		4
$17.5 \leqslant W<21.0$	$21.0 \leqslant W<28.0$	5
$21.0 \leqslant W<24.5$		6
$24.5 \leqslant W<28.0$	$28.0 \leqslant W<35.0$	7
$28.0 \leqslant W<31.5$		8

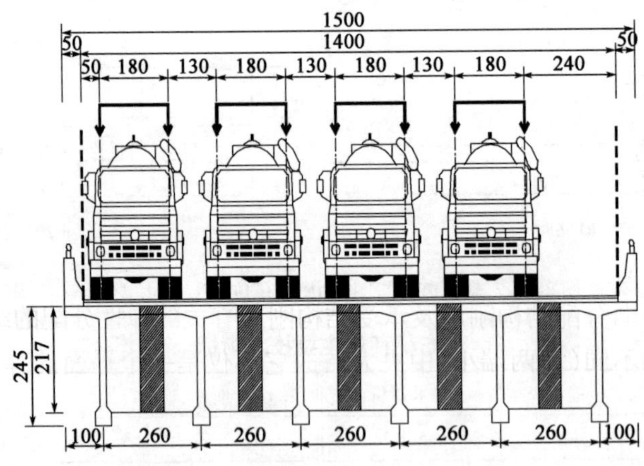

图 2-10　车辆横向布置(尺寸单位:cm)

四、汽车荷载折减

(1)横向车道折减

横向布置车队增加，则车道内同时出现最大荷载的概率减小，因此可以进行折减(表 2-13)。

横向车道折减系数　　表 2-13

车道数	2	3	4	5	6	7	8
横向折减系数	1	0.78	0.67	0.60	0.55	0.52	0.50

(2)纵向跨径折减

纵向随着桥梁跨度增加,则桥梁上通行高密度和重载的概率减小,因此可以进行折减(表 2-14)。

纵向跨径折减系数　　表 2-14

计算跨径(m)	$150 < L_0 < 400$	$400 \leqslant L_0 < 600$	$600 \leqslant L_0 < 800$	$800 \leqslant L_0 < 1000$	$L_0 \geqslant 1000$
纵向折减系数	0.97	0.96	0.95	0.93	0.92

五、汽车荷载其他力

对于浮桥设计来说,其汽车冲击力、汽车离心力、汽车引起的土侧压力等都可以忽略不计。

第三节　荷载的横向分布

无论是固定桥、还是浮桥,桥跨的横截面内部有多根桥桁(梁),桥梁上的可变荷载直接作用在桥面上。由于桥跨结构的整体性和连续性,荷载将通过横向分配结构(一般指桥面板)分配到各个承受结构上。永久荷载(即结构的自重)是按照平均分配到每个承受结构上。对于活载(履带载或轮式载),由于它的宽度比桥面车行道宽度窄,可以左右移动一定距离,即存在一定的偏心行驶,因此它是不能平均分配的,它的分配与分配结构及承受结构的刚度比值有关。

考虑荷载横向分配时,把履带载或轮式载纵向放置在主梁(或主桁)最不利位置,只计算横向受力最大的那个承重结构。假设该承重结构所分配到的荷载为 P_1,则 P_1 与全荷载重 P 的比值,即 K_{df}称为横向分配系数。

$$K_{df} = \frac{P_1}{P} \tag{2-1}$$

横向分配结构具有一定刚度,又是连续的,它支承在具有一定刚度的承受结构上。所以横向分配系数应是与横向分配结构刚度及承受结构刚度有关的弹性分配的结果。又因为承受结构每个截面的挠度均不同(即两端小,中央大),故它不仅是一个平面的弹性分配结果,而且是一个立体的弹性分配结果,它的计算非常复杂。因此,到目前为止,横向分配系数也只是采用一些近似的计算方法,最常用的有下述三种方法,即杠杆法、偏心受压法、弹性分布法。在桥桁数量较少时,采用杠杆法,桥桁数量较多时,采用偏心受压法;只有在精确计算设计时,才采用弹性分布法。

一、杠杆法

1. 假定

根据杠杆原理计算的方法。这种方法假定承受结构的刚度很大,横向分配结构在支承点

(即主梁或主桁)上的刚度很小,小到两个刚度的比值(即 $I_{承受}/I_{分配}$)趋近于无限大,故把横向分配结构看成是不连续的,只起到一个杠杆作用。也就是假定横向分配结构在主梁或主桁上是简支的,其跨径为相邻两根主梁或主桁的间距,如图 2-11 所示。

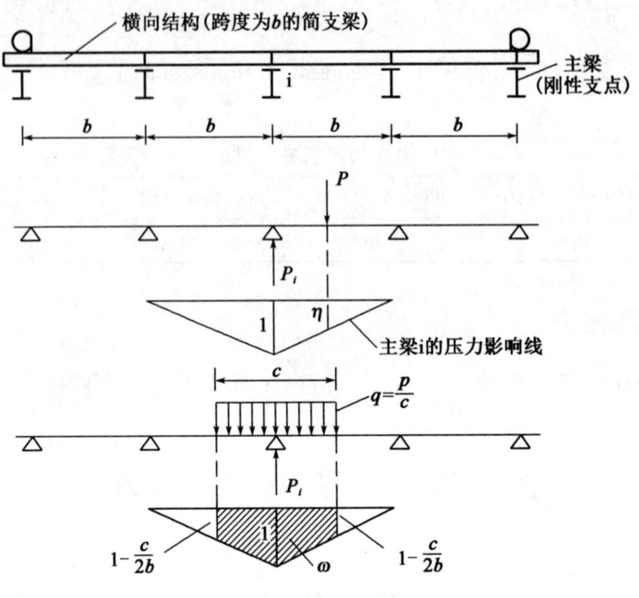

图 2-11　杠杆法计算简图

2. 计算公式

用这种方法计算时,荷载作用在某一根主梁或主桁上,则该主梁或主桁所分配的荷载最大,因此用这种方法计算时,跨中任何一根主梁或主桁均有可能是最不利的。

横向分配系数可由每一根主梁的压力影响线求出。

(1)集中荷载

当荷载为集中荷载时,主梁的压力(即主梁所分配到的荷载)为

$$P_i = P \cdot \eta \tag{2-2}$$

所以根据分配系数的概念,可以得到

$$K_{df} = \frac{P_i}{P} = \frac{P \cdot \eta}{P} = \eta \tag{2-3}$$

式中:P_i——第 i 根主梁所分配到的荷载重;

P——可变荷载的全重;

η——可变荷载 P 对应下主梁压力影响线的纵坐标值。

(2)一段均布荷载

当荷载为一段均布荷载时,第 i 根主梁压力 $P_i = q \cdot \omega$。因为荷载集度 $P_i = P/s$,一段均布荷载对应下的影响线面积,如图 2-11 中阴影线所示,ω 为

$$\omega = 2\left[1 + \left(1 - \frac{c}{2b}\right)\right] \times \frac{c}{2} \times \frac{1}{2} = C\left(1 - \frac{c}{4b}\right) \tag{2-4}$$

即有

$$P_i = q\omega = \frac{P}{c} \times c\left(1 - \frac{c}{4b}\right) = P\left(1 - \frac{c}{4b}\right)$$

根据横向分配系数的概念,可以得到

$$K_{df} = \frac{P_i}{P} = \frac{P\left(1 - \frac{c}{4b}\right)}{P} = 1 - \frac{c}{4b} \tag{2-5}$$

上式中:P ——履带荷载的全重;

c ——履带荷载的宽度;

q———一段均布荷载;

ω ———一段均布荷载对下的影响线面积。

3. 实际应用

因为这种方法的假定与实际情况相差较远,所以根据这种假定,计算得出的结果与实际情况也相差较大,故一般只适用于两根主梁之间或两片桁架之间的分配。

二、偏心受压法

1. 假定

根据偏心受压原理计算的方法。这种方法是假定横向分配结构具有很大的刚度,大到可以把横向结构看成是刚体,即不会产生变形的结构。这样在偏心荷载作用下,横向结构只产生一种不弯曲的沉降和转动,因此主梁所分配的荷载成直线的规律分配,如图 2-12 所示。这样边主梁或边主桁受力最大,最不利。

这种方法在渡河器材的设计计算中被广泛采用,其计算结果比第一种方法精确一些,也就是说更接近于实际情况。

2. 计算公式

现在以一个具有 6 根主梁的桥跨结构为例,来研究它的横向分配系数,再将其结果推广应用到桥跨中具有更多根主梁(或主桁)。

假设在桥面上作用一个荷载 P ,其偏心矩为 e ,两根边主梁的间距为 b_1 ,其他中间一对主梁的间距分别为 b_2 、b_3 ,如图 2-12 所示。根据假定,只要荷载稍微一偏心,则边主梁的挠度最大,中间的主梁挠度总是小于边主梁的挠度。

为了推导方便,在桥跨结构的正中央加上两个大小相等方向相反的垂直力 P ,其数值等于偏心荷载 P ,结构效果不变。因为横向分配结构假设为不变形的刚体,所以中间由上向下作用的垂直力 P ,可平均分配给每根主梁,即

$$N' = N'_1 = N'_2 = \cdots = N'_6 = \frac{P}{n} \tag{2-6}$$

式中:P ——可变荷载的全重;

n ——桥跨横截面内主梁或主桁的数量。

中央由下向上作用的垂直力 P 与偏心距为 e 的荷载 P 组成一个力偶,此力偶围绕横截面之中点转动,力矩为 $P \cdot e$ 。因梁的布置是左右对称,因此有

$$[N''_1] = [N''_6],[N''_2] = [N''_5],[N''_3] = [N''_4]$$

在力矩 $P \cdot e$ 的作用下,结构产生一个抵抗力矩 M'其值为

$$M' = N''_1 \times b_1 + N''_2 \times b_2 + N''_3 \times b_3 \tag{2-7}$$

式中：N''_1、N''_2、N''_3——由偏心力矩产生的在边主梁上、第二对主梁和第三对主梁上的压力。

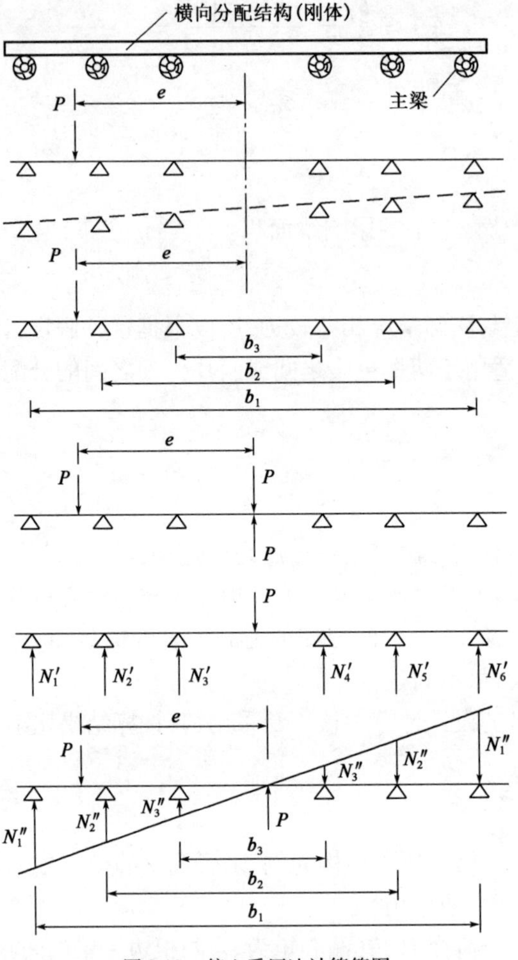

图 2-12 偏心受压法计算简图

因为结构处于平衡，所以偏心力矩应等于结构的抵抗力矩，即

$$P \cdot e = N''_1 \times b_1 + N''_2 \times b_2 + N''_3 \times b_3 \tag{2-8}$$

根据假定，因为横向分配结构为不变形的刚体，所以 N''_1、N''_2、N''_3 呈直线变化关系，再根据相似三角形原理，可以得到

$$N''_2 = \frac{N''_1 \times b_2}{b_1}、N''_3 = \frac{N''_1 \times b_3}{b_1}$$

所以

$$P \times e = N''_1 \times b_1 + \frac{N''_1 \times b_2}{b_1} + \frac{N''_1 \times b_3}{b_1} = \frac{N''_1 (b_1^2 + b_2^2 + b_3^2)}{b_1}$$

$$N''_1 = \frac{P \times e \times b_1}{(b_1^2 + b_2^2 + b_3^2)} = \frac{Peb_1}{\sum b^2}$$

边主梁受力最大，其压力 N_1 为

$$N_1 = N_1' + N_1'' = \frac{P}{n} + \frac{Peb_1}{\sum b^2} = P\left(\frac{1}{n} + \frac{eb_1}{\sum b^2}\right) \tag{2-9}$$

根据横向配系数的概念可以得

$$K_{df} = \frac{P_i}{P} = \frac{N_1}{P} = \frac{P\left(\frac{1}{n} + \frac{eb_1}{\sum b^2}\right)}{P}$$

故

$$K_{df} = \frac{1}{n} + \frac{eb_1}{\sum b^2} \tag{2-10}$$

式中：K_{df}——边主梁的横向分配系数，其他符号意义同上。

下面根据这个原理，将上部结构中的主梁数推广到 n 根。当两根相邻主梁间距均相等时，即均为 b_0，则两根边主梁的间距为

$$b_1 = (n-1)b_0$$

依次中间的各对主梁间距为

$$b_2 = (n-3)b_0、b_3 = (n-5)b_0$$

所以

$$\begin{aligned}\sum b^2 &= b_1^2 + b_2^2 + b_3^2 + \cdots \\ &= (n-1)^2 b_0^2 + (n-3)^2 b_0^2 + (n-5)^2 b_0^2 + \cdots \\ &= b_0^2[(n-1)^2 + (n-3)^2 + (n-5)^2 + \cdots]\end{aligned}$$

而

$$[(n-1)^2 + (n-3)^2 + (n-5)^2 + \cdots] = \frac{n(n-1)(n+1)}{6}$$

所以

$$\sum b^2 = \frac{n(n-1)(n+1)}{6} \times b_0^2$$

则

$$K_{df} = \frac{1}{n}\left(1 + \frac{6e}{b_1} \cdot \frac{n-1}{n+1}\right) \tag{2-11}$$

在渡河器材（门桥、码头、浮桥等）设计中，因为主梁的根数较多，横向分系数除了按偏心受压方法计算外，还要考虑主梁受力超过弹性极限以后压力分配问题。因受弯的钢、木质构件，当超过弹性极限后，在受压区开始产生塑性变形，这样可使主梁的荷载分配更趋于均匀。在偏心荷载作用下，边主梁受力最大，当它开始超过弹性极限时，而其他主梁还处在弹性变形阶段，这时由于边主梁产生了塑性变形，随之刚度减小，与边主梁相邻的主梁则分担比原来更多的荷载，也就是更大程度地发挥了中间主梁的作用。在这种情况下，分配给边主梁的荷载要比以弹性阶段为计算基础所计算出的结果小一些。因此在计算横向分配系数的公式中要乘上一个小于 1 的系数 α，桥跨结构中主梁根数越多，α 值越小。α 值根据主梁根数查表 2-15 得到。

弹性极限后的 α 系数　　表 2-15

序号	主梁根数(n)	系数 α 值	序号	主梁根数(n)	系数 α 值
1	2	1.000	4	10~11	0.875
2	3~7	0.950	5	>11	0.850
3	8~9	0.900			

考虑 α 值后的横向分配系数公式如下

$$K_{df} = \alpha\left(\frac{1}{n} + \frac{eb_1}{\Sigma b^2}\right) \tag{2-12}$$

或

$$K_{df} = \frac{\alpha}{n}\left(1 + \frac{6e}{b_1} \cdot \frac{n-1}{n+1}\right) \tag{2-13}$$

计算横向分配系数公式中,单行道桥梁的荷载偏心距 e 可用下列公式求之。

$$e = \frac{1}{2}(b_1 - B_0) \tag{2-14}$$

式中:b_1——两侧边桁纵向轴线之间的距离,$b_1 = B + 20\text{cm}$;

B——桥面车行道宽度;20cm 为一根桥面缘材的概略宽度;

B_0——车辆荷载的全宽。

双行道桥梁车辆荷载偏心距,一般取 $e = 75\text{cm}$。

3. 实际应用

这种方法在渡河器材的设计计算中应用最广泛,主要原因是:履带荷载作用在桥面上时,由于履带荷载的履带接地长度较长,能压很多块横桥板,因此横向分配结构的刚度也就相当大,故可以采用偏心受压法计算。其计算结果比杠杆法的误差小,更接近于实际情况。

三、弹性分布法

1. 假定

根据弹性分布原理计算的方法,这种方法是假定横向分配结构与承受结构都具有一定的刚度,在荷载作用下,都产生不可忽略的变形,其结果是把分配结构视为支承在弹性支座上的连续梁。

2. 计算公式

关于弹性支座上的连续梁计算,一般用三弯矩方程、五弯矩方程或有限元法计算。在结构力学中作过详细的讲述,这里不再叙述。在实际计算时,三弯矩方程、五弯矩方程计算工作量较大,针对渡河器材结构的特点,下面介绍一种简化的计算公式。

荷载的弹性分布与桥板及横梁、主梁的相对刚度有关,先介绍"弹性传递系数 α",它包括桥桁、桥板的刚度,以它的大小来确定可能分配到几根梁。

$$\alpha = \frac{8Ib^3}{I'n'L^3} \tag{2-15}$$

式中:b——相邻两主梁的间距;

I——主梁(或主桁)的惯性矩;

L——主梁(或主桁)的计算跨径;

I'——一块桥板的惯性矩;

n'——参加分配的桥板块数。

当 $\alpha \geqslant 1/3$ 时,垂直活载分配到 3 根主梁(或主桁)上;

当 $0.055 \leqslant \alpha < 1/3$ 时,垂直活载分配到 5 根主梁(或主桁)上;

当 $\alpha < 0.055$ 时,垂直活载分配到 7 根主梁(或主桁)上。

如图 2-13 所示,假定垂直活载分配到 3 根梁上,其条件是 2 号主梁和 2′号主梁的刚度相同,两梁到中间主梁的间距相等,截面尺寸也相等。这样所分得的活载也相等。

即 $P_2 = P_2'$。

则

$$P = P_1 + 2P_2 \tag{2-16}$$

$$f_3 = f_1 - f_2$$

$$f_1 = \frac{P_1 L^3}{48EI}$$

$$f_2 = \frac{P_2 L^3}{48EI}$$

式中:f_1、f_2——在 P_1、P_2 作用下,简支梁所产生的挠度。

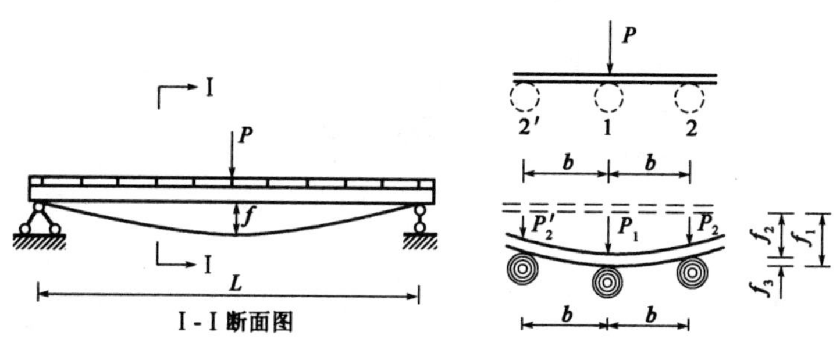

图 2-13 弹性分布法计算简图

桥板在中间主梁处的转角可近似视为零,因此桥板可以看成是跨度为 b 的悬臂梁,在 P_2 作用下,其挠度为

$$f_3 = \frac{P_2 b^3}{3EI'n'}$$

由

$$f_3 = f_1 - f_2$$

可得到

$$\frac{P_2 b^3}{3EI'n'} = \frac{P_1 L^3}{48EI} - \frac{P_2 L^3}{48EI} = \frac{L^3}{48EI}(P_1 - P_2)$$

因

$$P = P_1 + 2P_2$$

则将 $P_1 = P - 2P_2$ 代入上式,得

$$\frac{P_2 b^3}{3EI'n'} = \frac{L^3}{48EI}(P - 3P_2)$$

解上述方程，可得

$$P_2 = \frac{P}{3 + (16Ib^3/I'n'L^3)}$$

令

$$\alpha = \frac{8Ib^3}{I'n'L^3} \tag{2-17}$$

则

$$P_2 = \frac{P}{3 + 2\alpha}, P_1 = \frac{1 + 2\alpha}{3 + 2\alpha}P$$

根据横向分配系数的概念，得

$$\begin{cases} K_1 = \dfrac{1 + 2\alpha}{3 + 2\alpha} \\ K_2 = \dfrac{1}{3 + 2\alpha} \end{cases} \tag{2-18}$$

同理可以推导分配到5根梁上的计算公式

$$\begin{cases} K_1 = \dfrac{1 + 18\alpha + 7\alpha^2}{5 + 34\alpha + 7\alpha^2} \\ K_2 = \dfrac{1 + 11\alpha}{5 + 34\alpha + 7\alpha^2} \\ K_3 = \dfrac{1 - 3\alpha}{5 + 34\alpha + 7\alpha^2} \end{cases} \tag{2-19}$$

分配到7根梁上的计算公式

$$\begin{cases} K_1 = \dfrac{1 + 72\alpha + 131\alpha^2 + 26\alpha^3}{7 + 196\alpha + 193\alpha^2 + 26\alpha^3} \\ K_2 = \dfrac{1 + 57\alpha + 46\alpha^2}{7 + 196\alpha + 193\alpha^2 + 26\alpha^3} \\ K_3 = \dfrac{1 + 23\alpha - 18\alpha^2}{7 + 196\alpha + 193\alpha^2 + 26\alpha^3} \\ K_4 = \dfrac{1 - 18\alpha + 3\alpha^2}{7 + 196\alpha + 193\alpha^2 + 26\alpha^3} \end{cases} \tag{2-20}$$

如果集中力没有直接作用在主梁(或主桁)上，如图2-14所示，这时可以先利用求简支梁反力的公式，把集中力 P 分配到相邻两根主梁(或主桁)上，然后再利用弹性分布法计算，最后把每根梁所分配的荷载迭加起来。

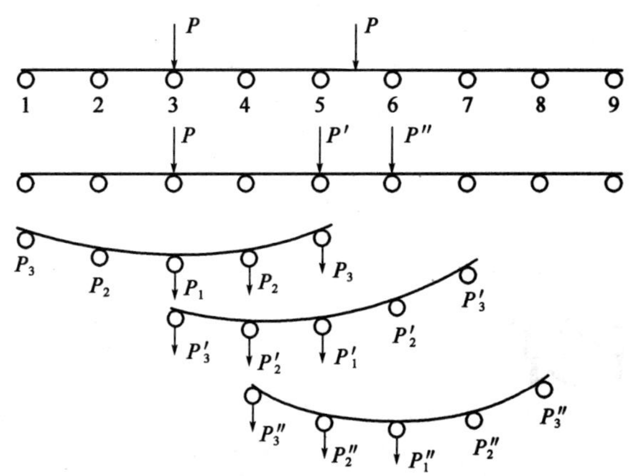

图 2-14 集中力 P 未作用在主梁上

在图 2-14 中的 3 号主梁和 4 号主梁的受力分别为

$$Q_3 = P_1 + P'_3; Q_4 = P_2 + P'_2 + P''_3$$

3. 实际应用

此方法的优点是计算结果较精确,缺点是要先假定构件的尺寸,反复试算,计算工作量较大。只有在要求精确计算、优化计算时才采用。

第三章

桥脚舟计算

第一节　桥脚舟的形状与主尺度

一、型线图

一般舟艇舟体的外表面形状是一个具有双重曲率的复杂曲面。为了准确而清晰地表达舟体外表面的几何形状,通常以作图方法来显示,这种表示舟体几何形状的图形称为“型线图”,如图 3-1 所示。舟体型线图是舟艇设计和制造的原始资料,它可提供舟艇有关性能计算的基本数据。因此,要求完整而正确地表达舟体型线,以适应计算的准确度,对舟艇设计和制造都是很重要的。

型线图是根据画法几何的基本原理来绘制的。绘制时首先选择三个互相垂直的平面作为基准面,它们是中线面、中站面和基平面,如图 3-1 所示。

中线面是通过舟体宽度中央的纵向垂直平面。中线面将舟体分为左右舷两个对称的部分。基平面是通过舟体底部龙骨线的水平面。中站面是在舟体长度中央垂直于中线面和基平面的横向垂直平面。中线面与基平面相交的直线称为基线。

以三个基准面为基本投影面。通过舟体平行于三个基准面并等间距截取若干个剖面,把这些剖面与舟体相交所剖切的曲线投影到相应的基准面上，可得到组成型线图的三组线段。平行于中线面的平面所剖切的曲线投影到中线面上的线段称为纵剖线；中线面与舟体的交线常称为中纵剖线。平行于中站面的剖面所剖切的曲线投影到中站面上的线段称为横剖线，中站面与舟体的交线常称为中横剖线。平行于基面的剖面所剖切的曲线投影到基平面上的线段称为水线；通过设计吃水的水平面与舟体的交线称为设计水线，由诸纵剖线、横剖线和水线组成型线图的纵剖线图、横剖线图和水线图。

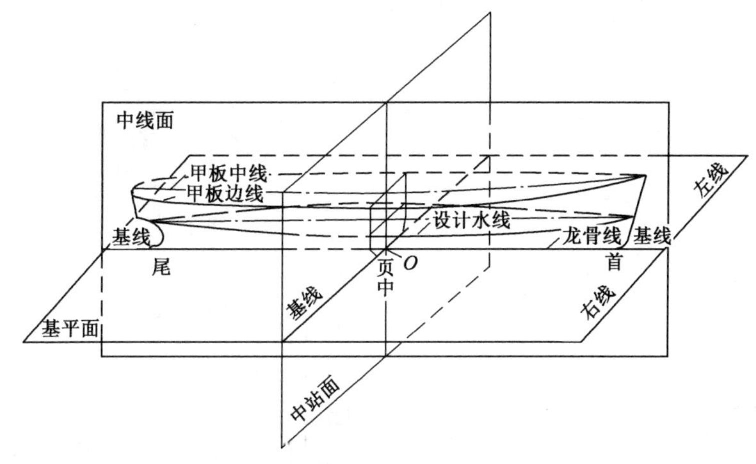

图 3-1　桥脚舟三个互相垂直的基准面

纵剖线在纵剖线图中为曲线，显示了纵剖面的实形。纵剖线图上的一组纵剖线反映了舟体表面形状沿舟宽方向的变化规律。纵剖线在横剖线图和水线图上则均为直线(图 3-2)。

横剖线在横剖线图上为曲线，显示了横剖面的实形。横剖线图上的一组横剖线反映舟体自首至尾各横剖面沿舟长方向的变化规律。由于舟体形状左右对称，故各横剖线可只绘出 1/2。在横剖线图左半部表示舟中部至尾部的各横剖面，右半部表示舟中部至首部的各横剖面。横剖线在纵剖线图和水线图上则均为直线(图 3-2)。

水线在水线图上为曲线，显示了水线面的实形。水线图上的一组水线反映了水线面沿舟高方向的变化规律。由于舟体形状的左右对称，故水线可只绘出 1/2，称为半宽水线图，水线在纵剖线图和横剖线图上则均为直线(图 3-2)。

纵剖线的数量可根据舟宽的大小、舟体形状的复杂程度以及对型线图精确度的要求而定。一般除中纵剖线外可每舷再绘制 2 ~ 4 根。纵剖线间距可取舟体半宽的等分值。纵剖线可以纵剖线距中线的距离(mm 数)作为编号，如纵剖线距中线面距离为 1000mm，则该纵剖线编号为 1000 纵剖线，或自中至舷部标示Ⅰ、Ⅱ、Ⅲ……，其编号在纵剖线图中标注在纵剖线的首尾部分，沿着曲线并写在其上方；在半宽水线图中标注在格子线的首尾两端；在横剖线图中标注在基线下方。

横剖线的数量通常根据对舟体形状的要求而定。一般将舟体长度分为 10 ~ 20 等分。每个横剖线处称为“站”，相邻两横剖面之间的距离称为“站距”。中横剖线站常以符号“⚇”表示。当舟体首尾形状变化较大时，为提高表达的精确性，可在首尾部分再增加 1/2 站或 1/4 站的横剖线。横剖线的编号可从尾部开始按站以 0、1、2、…、10(或 20)等数字表示；对增加的站则以

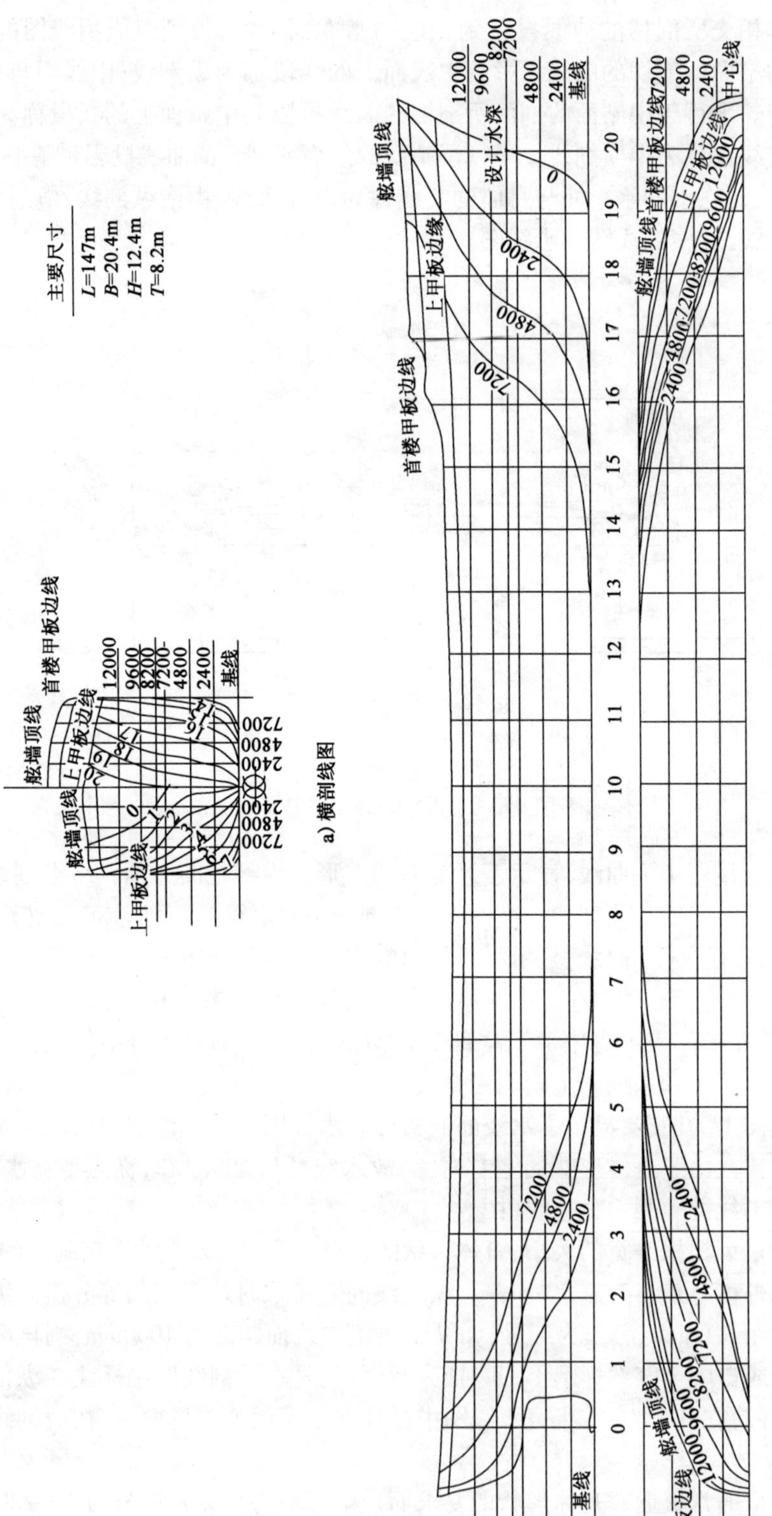

a) 横剖线图

b) 半宽水线图

图3-2 桥脚舟的型线图

$\frac{1}{4}$、$\frac{1}{2}$、$1\frac{1}{4}$、$1\frac{1}{2}$等表示。在纵剖线图中,其编号标注在基线下方;在半宽水线图中标注在舟体中线的下方;在横剖线图中标注在横剖线上方。

水线的数量根据舟高和吃水大小、线形变化以及对型线图的精确度要求而定。舟体在设计水线以下形状变化较大,对其表达要求较高,所取水线数量较多些,一般不少于6~7根;在设计水线以上部分舟体线型变化趋于平缓,一般取1~2根水线即可。水线间距通常取设计吃水的等分值。水线以上距基线的距离(mm数)作为编号,如水线距基线500mm,则该水线编号为500WL(WL表示水线)。在纵剖线图和横剖线图中水线的编号标注在格子线外侧相应的水线上方。在半宽水线图中,水线编号标注在水线首尾部分,沿着型线并写在其上方。

型线图的比例根据对型线图的精确度和舟艇尺度而定,常用的比例为1:50、1:25、1:20等,对于小型舟艇也可采用1:10。

舟艇的各种型线均可投影到相应的基准面上。各型线上点的投影由表示点的位置的坐标确定,决定舟体型线空间位置的各点的坐标值称为"型值"。为了确定舟体型线上点的型值,通常将舟体置于一个直角坐标系内。取中线面、中站面和基平面为坐标平面,以中线面与基平面交线为x轴,作为舟长方向的坐标轴;以中站面与基平面的交线为y轴,作为舟宽方向的坐标轴;以中线面与中站面的交线为z轴,作为舟高方向的坐标轴。三根坐标轴的交点为坐标原点O(图3-1)。在此直角坐标系中,舟体型线上任一点的位置均可由x、y、z三个型值确定。根据点的投影规律,点在某一视图中的投影只需三个型值中的两个值就可确定。于是在纵剖线图中定点只需x、z两个型值;在半宽水线图中定点只需x、y两个型值;在横剖线图中定点只需y、z两个型值;任意一根型线的另一型值均可用坐标的对应关系求得。

表3-1所示为总长49.94m、型宽8.50m、型深4.00m舟艇的型值表。通常,型值表提供横剖线与水线、甲板边线、舷墙顶线交点的高度值,所以型值表常分为两部分。根据型值表中该两部分型值即可绘制舟体型线图中各水线、纵剖线和横剖线。某舟桥浮游桥脚舟(总长4.615m、型宽2.40m、型深1.70m)的艏舟型线图和型值表分别见图3-3、表3-2。

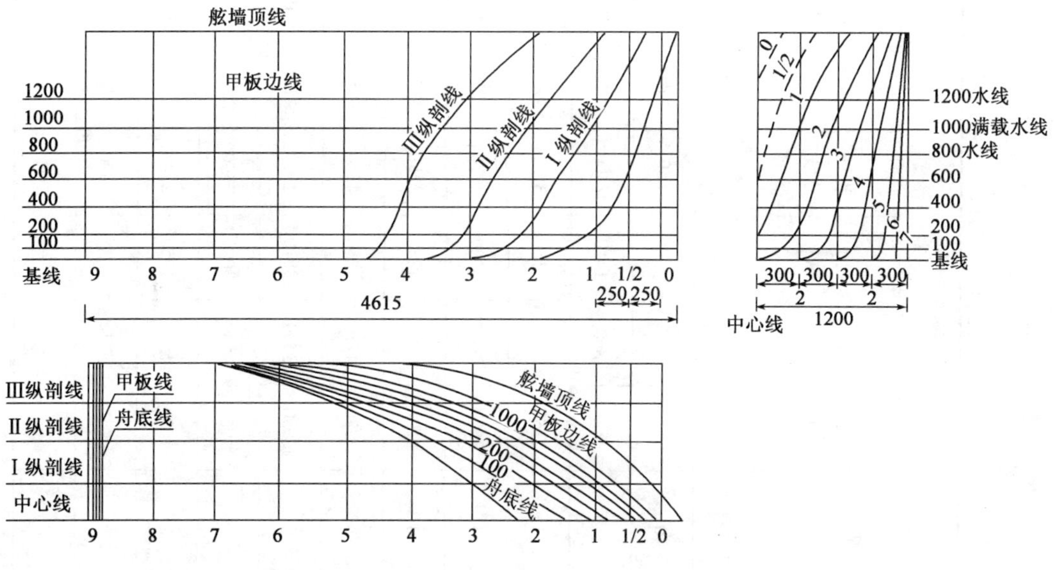

图3-3 某桥脚舟型线图(尺寸单位:mm)

桥脚舟的型值表

表 3-1

站号	半宽值(mm)											高度值(mm)					
	700 WL	1400 WL	2100 WL	设计水线	3500 WL	甲板边线	尾楼甲板边线	首楼甲板边线	外板顶线	舷樯顶线	1500纵剖线	3000纵剖线	甲板边线	尾楼甲板边线	首楼甲板边线	外板顶线	舷樯顶线
尾封板	—	—	—	—	1390	2280	3080	—	3080	—	3600	6100	4170	6270	—	6345	—
0	—	—	—	850	2080	2850	3620	—	3620	—	3180	4390	4100	6200	—	6275	—
1	560	860	1410	2400	3300	3810	4200	—	4200	—	2150	3250	4050	6150	—	6225	—
2	2150	2720	3150	3550	3920	4150	4250	—	4250	—	250	1850	4000	6100	—	6175	—
3	3520	3940	4100	4170	4220	4250	—	—	—	4250	80	300	4000	—	—	—	5450
4	4100	4200	4250	4250	4250	4250	—	—	—	4250	80	180	4000	—	—	—	4900
5	3770	4110	4250	4250	4250	4250	—	—	—	4250	80	200	4000	—	—	—	4900
6	2930	3500	3810	4000	4120	4190	—	—	—	4250	80	790	4020	—	—	—	4920
7	1960	2580	3020	3340	3580	3800	—	—	—	4090	370	2050	4170	—	—	—	5070
8	1020	1530	1950	2340	2660	3150	—	—	—	3600	1370	4190	4440	—	—	—	5350
9	320	560	810	1090	1460	2110	—	3200	—	3330	3180	6360	4790	—	6690	—	6940
10	—	—	—	70	280	840	—	1740	—	1960	6620	—	5240	—	7140	—	7560

表 3-2

某舟桥艏舟型值表

站号	半宽值(mm)															高度值(mm)					
	100 WL	200 WL	300 WL	400 WL	500 WL	600 WL	700 WL	800 WL	900 WL	1000 WL	1100 WL	1200 WL	底线	甲板边线	舷樯顶线	中纵剖线	Ⅰ	Ⅱ	Ⅲ	甲板边线	舷樯顶线
0	—	—	—	—	—	—	—	—	—	—	—	—	—	—	165	1335	—	—	—	—	1700
1/2	—	—	—	—	—	12	34	59	85	119	153	185	—	193	463	560	1435	—	—	1200	1700
1	—	6.5	54	93.5	129.5	162.5	195.5	230	265	302	343.5	375	—	387	672	195	1000	1595	—	1200	1700
2	217.5	286	334	373.5	410.5	446.5	482.5	518	554.5	593	635	675	—	679	931	0	225	1015	1635	1200	1700
3	515	567.5	606.5	640	670	699	727.5	759.5	792.5	825.5	859	880	317	895	1086	0	0	280	1210	1200	1700
4	795.5	830.5	855	876	885.5	917	937.5	960	982.5	1006	1029.5	1045	659	1053.5	1171.5	0	0	0	575	1200	1700
5	1017.5	1031	1045	1057.5	1070	1082	1095	1107	1117.5	1192.5	1192.5	1193	973	1149.5	1200	0	0	0	0	1200	1700
6	1161	1165.5	1171	1175.5	1179	1182	1184	1186.5	1189	1191.5	1192.5	1193	1155	1194	1200	0	0	0	0	1200	1700
7	1200	1200	1200	1200	1200	1200	1200	1200	1200	1200	1200	1200	1200	1200	1200	0	0	0	0	1200	1700
8	1200	1200	1200	1200	1200	1200	1200	1200	1200	1200	1200	1200	1200	1200	1200	0	0	0	0	1200	1700
9	1200	1200	1200	1200	1200	1200	1200	1200	1200	1200	1200	1200	1200	1200	1200	0	0	0	0	1200	1700

二、主尺度

1. 主尺度

桥脚舟的主尺度是表示指桥脚舟的外形大小的基本量度，如图 3-4 所示。

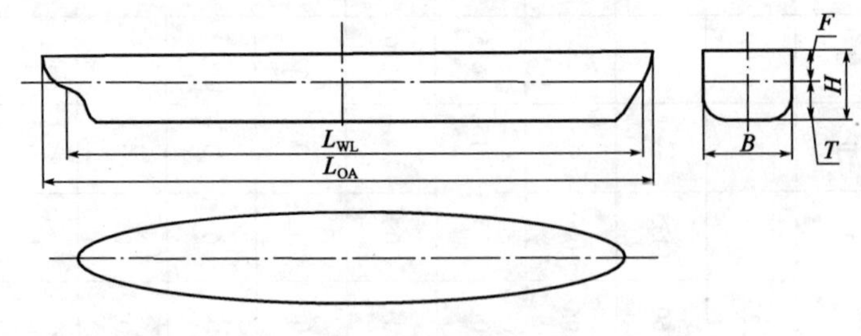

图 3-4　桥脚舟的主尺度

主尺度有如下几项：

(1)桥脚舟长度

①总长

舟艇首端和尾端间的最大水平距离，即舟艇的最大长度，称为总长，以符号 L_{OA}表示。

②设计水线长

设计水线与首尾轮廓线交点之间的水平距离，称为设计水线长，以符号 L_{WL}表示。设计水线长也称满载水线长。

③垂线间长

舟艇首垂线与尾垂线之间的水平距离，即两柱间长，称为垂线间长，以符号 L_{PP}表示。

首垂线是通过设计水线前端与首柱前缘中线的交点所作的垂直于水平面的垂线。

尾垂线是通过设计水线后端与尾柱后缘中线的交点所作的垂直于水平面的垂线。

(2)舟艇宽度

①型宽

沿设计水线在中横剖面处的两舷型表面之间的水平距离，称为型宽，以符号 B 表示。

②总宽

总宽即舟艇的最大宽度，包括舟体壳板外的护舷，或舷边延伸甲板等外缘间最大水平距离。

(3)型深

在舟艇的中站面处，由基线至甲板边线的垂直距离，称为型深或舷高，以符号 H 表示。

(4)吃水

在舟艇的中站面处，水线至基线的垂直距离称为吃水，以符号 T 表示。

①艏吃水

沿首垂线自设计水线量至龙骨上缘延长线的垂直距离，以符号 T_s表示。

②艉吃水

沿尾垂线自设计水线量至龙骨上缘延长线的垂直距离，以符号 T_w表示。

③满载吃水

满载吃水即设计吃水，设计水线量至基线的垂直距离。

对具有纵倾的舟艇，其吃水是指首尾吃水的平均值，称为平均吃水 T_p，即

$$T_p = \frac{T_s + T_w}{2} \tag{3-1}$$

首尾吃水的差值，称为吃水差 ΔT，即

$$\Delta T = T_s - T_w \tag{3-2}$$

(5)干舷

通常指设计水线量至中站面处甲板边线间的最小垂直距离，即型深与设计吃水的差值，称为干舷高度，以符号 F 表示，则

$$F = H - T \tag{3-3}$$

2. 主尺度比

舟艇的主尺度只表示舟艇的大小，主尺度之间的关系通常用主尺度比表示，主尺度比在一定程度上可以概略地表达舟艇的某些性能。

(1)长宽比 L/B：为舟艇长度与宽度之比值。该值与舟艇的速航性能有关。

(2)宽吃水比 B/T：为舟艇的型宽与设计吃水的比值。该值与舟艇的稳性、速航性有关。

(3)深吃水比 H/T：为舟艇的型深与设计吃水的比值。该值与舟艇的稳性、抗沉性能有关。

(4)长深比 L/H：为舟艇长度与型深之比值。该值与舟艇的强度、稳性有关。

(5)宽深比 B/H：为舟艇型宽与型深之比值。该值与舟艇的强度、稳性有关。

三、舟艇型系数

舟艇型系数，是用以表示舟艇水下部分的形状和肥瘦程度的无因次系数。它用无尺度的系数，把舟艇的水线面积、中横剖面面积和浸水体积与简单的平面和立体的几何形状相比较，可概略地表征舟艇形状及其某些性能。舟艇的型系数主要有以下几种：

1. 设计水线面系数

设计水线面系数为设计水线面积 A_s 与舟艇主尺度之设计水线长度 L 与型宽 B 所组成的矩形面积之比值(图 3-5)，即

$$\alpha = \frac{A_s}{L \cdot B} \tag{3-4}$$

水线面系数的大小，表达出设计水线面两端的尖瘦程度。它与舟艇的稳性和速航性能有关，如浮游桥脚舟之水线面积两端较丰满，其 α 值越大；汽艇之水线面积两端较尖瘦，其 α 值越小。

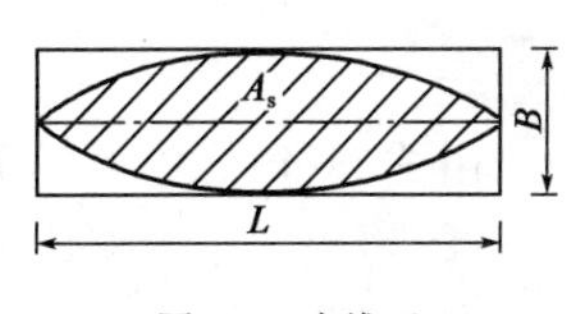

图 3-5 水线面

2. 中横剖面系数

中横剖面系数为设计水线下的中横剖面面积与舟艇主尺度型宽 B 与吃水 T 所组成的矩形面积之比值(图 3-6)，即

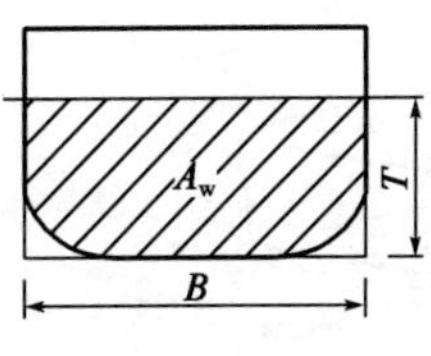

图 3-6 中横剖面

$$\beta = \frac{A_w}{B \cdot T} \tag{3-5}$$

中横剖面系数的大小，表示中横剖面的丰满程度。

3. 排水体积系数

排水体积系数也称方形系数，为设计水线下排水体积 V 与舟艇主尺度舟长 L、型宽 B 及吃水 T 所组成的长方形体积的比值（图 3-7），即

$$\delta = \frac{V}{L \cdot B \cdot T} \tag{3-6}$$

排水体积系数主要用来表示舟艇体积的肥瘦程度，其大小影响到舟艇的速航性能。在主要尺度相同时，δ 值可说明舟艇排水量的大小；δ 值愈大，表示舟艇排水体积丰满；δ 值愈小，表示舟艇排水体积瘦狭。浮游桥脚舟排水量大，则 δ 值较大；汽艇排水量较小，则其 δ 也较小。如某轻型舟桥的桥脚舟方形系数，尖形舟 $\delta = 0.8$，方形舟 $\delta = 1.0$；某特种舟桥的艉舟 $\delta = 0.3 \sim 0.5$ 左右。

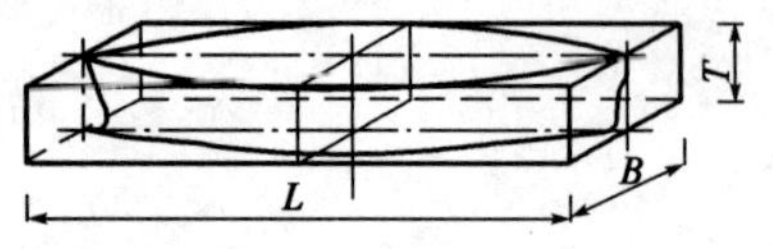

图 3-7 排水体积与长方形体

4. 棱形系数

棱形系数为设计水线下的排水体积 V 与以中横剖面 A_{ω} 及舟长 L 所组成的棱柱体积的比值（图 3-8），即

$$\varphi = \frac{V}{A_{\omega} \cdot L} \tag{3-7}$$

棱形系数的大小，与舟艇的速航性能有关。它表达出舟艇水下体积沿舟艇长度方向的变化情况。φ 值较大时，表示排水体积在舟艇长度方向上分布比较均匀；φ 值较小时，则说明舟艇中部丰满，两端瘦狭。

由式(3-5)、式(3-6)及式(3-7)，可导出如下关系式

$$\varphi = \frac{\delta}{\beta} \tag{3-8}$$

5. 竖向棱形系数 X

竖向棱形系数为在设计水线下的排水体积 V 与以设计水线面积 A_s 与吃水 T 所组成的棱柱形体积的比值（图 3-9），即

$$X = \frac{V}{A_s \cdot T} \tag{3-9}$$

由式(3-4)、式(3-6)和式(3-9)，可导出如下关系式：

$$X = \frac{\delta}{\alpha} \tag{3-10}$$

竖向棱形系数表达出舟艇水下体积沿吃水方向的变化情况。X 值越大，说明舟艇两舷越近于垂直，相应底部趋近于平坦。

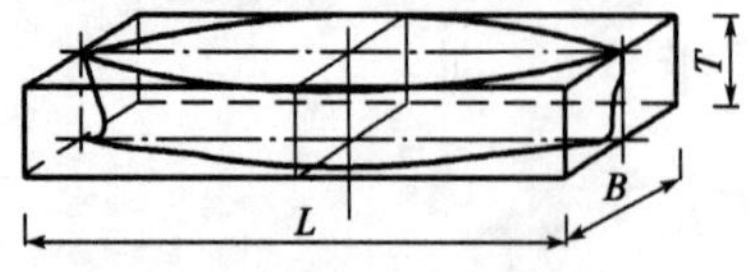

图 3-8 排水体积与纵向棱柱体

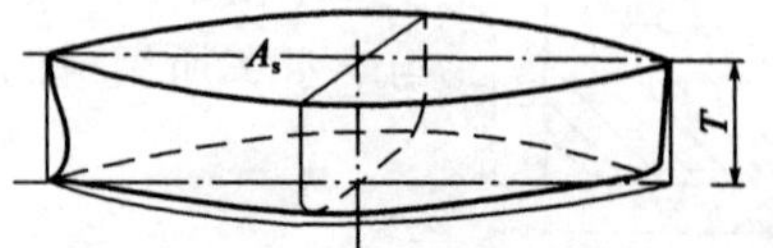

图 3-9 排水体积与竖向棱柱体

第二节 桥脚舟的浮性

一、舟艇的平衡条件

舟艇是一种浮体，它具有浮性。所谓浮性是指舟艇在受一定数量的载重时，能够在水中漂浮的能力。为准确描述舟体形状和运动，需建立坐标系，在本教材中，除特别指出外，都约定 Ox 轴为沿基线并沿舟首方向为正，Oy 轴沿舟的横向，并向左舷为正，Oz 轴竖直向上为正，O 点为中站面、中线面和基平面的交点（图 3-10）。

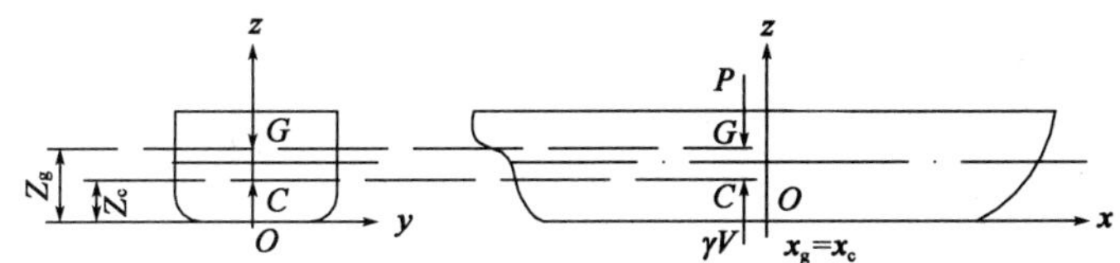

图 3-10 舟艇的平衡

舟体漂浮在水中，它的水表面都受到静水压力的作用。该压力的大小随舟体的吃水深度而定，即单位面积上的压力为 γT（γ 为水的重度：江河，$\gamma = 10\text{kN/m}^3$；海洋 $\gamma = 10.25\text{kN/m}^3$。$T$ 为舟艇的吃水，单位：m）。在舟体表面静水压力的水平分力左右对称而相互抵消，即水平分力的合力为零；静水压力的垂向分力的合力向上作用，这种作用力称为浮力。浮力可使舟艇漂浮于水面一定的位置。根据浮性原理可知，舟体浸沉在水中所受到的浮力大小等于舟体水下部分所排开相同体积的重量。它所排开水的体积称为排水体积，以符号 V 表示；所排开水体积的重量称为排水量，以符号 D 表示。舟艇的排水量用公式表达如下

$$D = \gamma V \tag{3-11}$$

排水体积的重心，即浮力的作用点，称为浮心，用符号 C 表示。

舟艇除了受浮力作用外，还受到重力作用。所谓重力就是舟艇全部重量的合力，以符号 P 表示。舟艇的全部重量包括结构自重以及动力装置、舾装设备、载荷等。重力的作用是垂直向下的。重力的合力作用点称为重心，以符号 G 表示。

舟艇在浮力与重力的作用下保持平衡（图 3-10），故在水中漂浮的舟艇其平衡条件为

（1）重力与浮力大小相等，方向相反，即

$$P = D = \gamma V \tag{3-12}$$

（2）重心 G 与浮心 C 必须在同一直线上，即

$$x_g = x_c; y_g = y_c = 0 \tag{3-13}$$

式中：x_g——舟艇重心沿坐标轴 Ox 方向的纵坐标；

x_c——排水体积浮心沿坐标轴 Ox 方向的纵坐标；

y_g——舟艇重心沿坐标轴 Oy 方向的横坐标；

y_c——排水体积浮心沿坐标轴 Oy 方向的横坐标。

对于舟艇其重力和浮力总是同时存在的。当 $P > D$ 时，舟艇则下沉，吃水增加；当 $P < D$ 时，舟艇则上浮，吃水减少。

式(3-12)为舟艇处于正浮状态情况,因舟艇左右两舷形状对称,故有 $y_c=0$。如果 $y_g\neq0$,则舟艇的正浮状态由于 P 和 D 所组成的力偶作用,使舟艇产生横倾,如图 3-11 所示。舟艇的横倾状态需要由吃水 T 和横倾角 θ 两个参数表示,这时由于横倾后水下舟体形状改变,浮心位置移动,则有 $y_g\neq y_c\neq0$。当重心和浮心的纵向位置 $x_g\neq x_c$ 时,舟艇将产生纵倾,如图 3-12 所示。当 $x_g<x_c$ 时,则舟艇尾倾,即尾吃水大于首吃水;当 $x_g>x_c$ 时,则舟艇首倾,即尾吃水小于首吃水。舟艇的纵倾状态需要由平均吃水 T_p 和纵倾角 ψ 和横倾角 θ 三个参数表示。

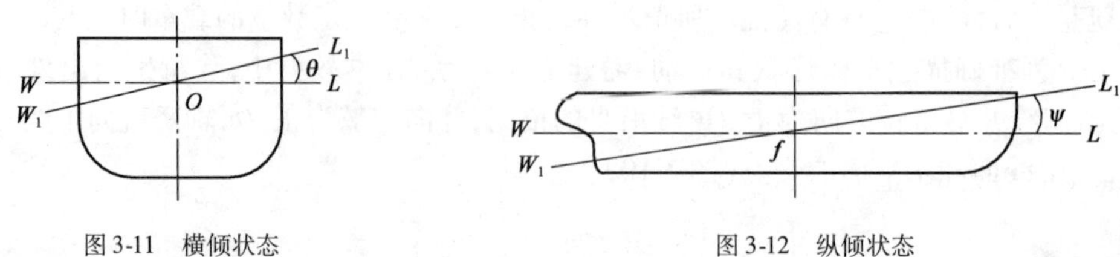

图 3-11　横倾状态　　　　图 3-12　纵倾状态

舟艇在纵、横倾时的平衡条件,仍然为重力和浮力大小相等,方向相反;重心和浮心必须在同一垂直线上。

二、近似计算原理

在讨论舟艇的浮性时,将涉及舟体有关面积和体积的计算。如水线面积、横剖面积及其形心,排水体积及其浮心等。这些计算都要依据舟艇的型线图。由于舟体表面是一个具有双重曲率的复杂曲面,目前还没有精确的数学方程来表达其函数关系,多数还是根据型线图所给出的型值利用近似方法进行计算。舟体近似计算的任务就是求出曲线所围的面积。舟体近似计算常用到的有梯形法则和辛氏法则,这里我们只介绍梯形法则。

在计算时首先确定坐标系,坐标系通常采用三轴直角坐标系,其坐标原点取在中线面、中站面和基平面的交点 O,如图 3-13 所示。中线面和基平面的交线为 x 轴,为舟体的纵向轴,中站面和基平面的交线为 y 轴,为舟体的横向轴。中线面和中站面的交线为 z 轴,为舟体的竖向轴,多数计算都是按直角坐标取在舟体中部,也有少数计算将坐标原点取在舟体尾垂线上(图 3-14)。

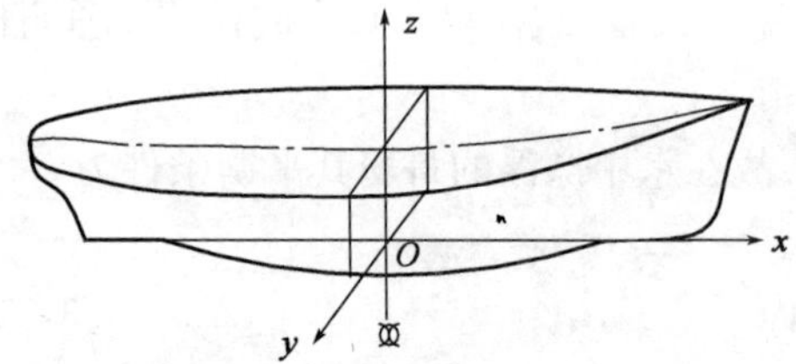

图 3-13　原点取在舟体中部的坐标系

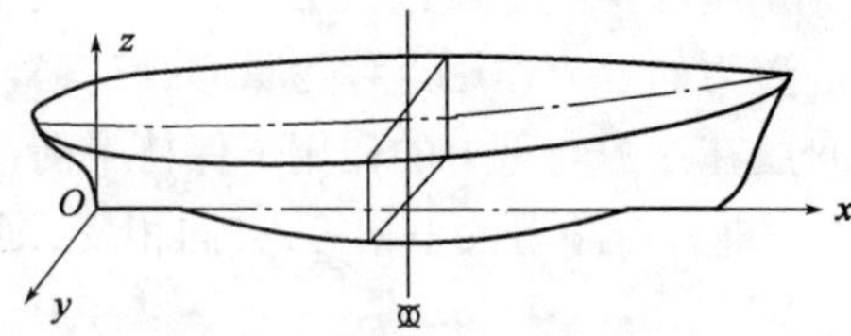

图 3-14　原点取在舟体尾部的坐标系

坐标轴方向通常 x 轴向舟首为正;y 轴以向左舷为正;z 轴以向上为正;反之则为负。

梯形法则的原理:将某曲线等分成若干线段,并以直线取代各曲线段,则各曲线段所围面积用等高梯形的面积取代。最后计算出各梯形面积的总和,即代表所求用曲线所包围的面积。

设有某一曲线 DB (图 3-15)。曲线 DB 下所围面积为 A,其积分式为

$$A=\int_0^l y\mathrm{d}x \tag{3-14}$$

式中,被积函数 $y=f(x)$。

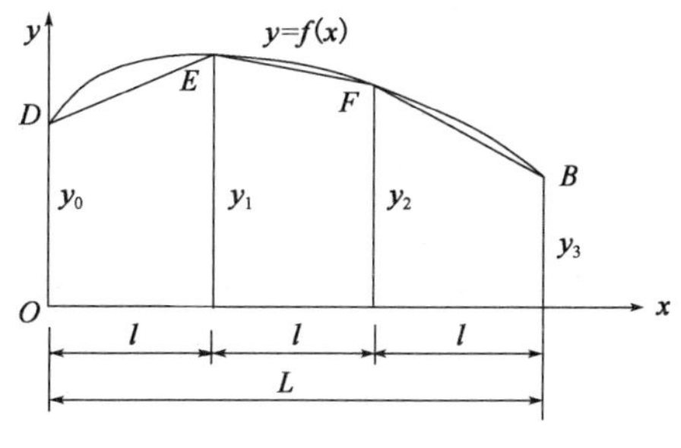

图 3-15　梯形法则

利用梯形法则求曲线 DB 下所围面积:将曲线 DB 分成若干等分,设分成三等分,坐标间距 $l = L/3$,用直线 DE、EF 和 FB 取代曲线 DE、EF 和 FB。折线 $DEFB$ 下所围面积就是曲线 DB 下所围面积的近似值。每一梯形的面积用公式表示如下:

$\frac{l}{2}(y_0 + y_1)$ 、$\frac{l}{2}(y_1 + y_2)$ 和 $\frac{l}{2}(y_2 + y_3)$,故曲线 DB 下所围面积为

$$A = \int_0^L y\mathrm{d}x \approx \frac{l}{2}(y_0 + y_1) + \frac{l}{2}(y_1 + y_2) + \frac{l}{2}(y_2 + y_3)$$

$$= l\left(y_0 + y_1 + y_2 + y_3 - \frac{y_0 + y_3}{2}\right)$$

$$= l\left(\sum_{i=0}^{3} y_i - \frac{y_0 + y_3}{2}\right)$$

若将曲线分成 n 等分,则有

$$A \approx l\left(\sum_{i=0}^{n} y_i - \frac{y_0 + y_n}{2}\right) \tag{3-15}$$

式中:$\sum_{i=0}^{n} y_i$——各坐标 y_0、y_1、y_2、…、y_n 的代数和;

$\frac{y_0 + y_n}{2}$——曲线两端坐标和的一半,称为修正值。

式(3-15)为梯形法则的一般公式,该式运算简便。显然,曲线的等分数越多,其精确度越高。

三、水线面积及其漂心、惯矩的计算

1. 水线面积的计算

舟艇的水线都绘制在型线图的半宽水线图上。水线的型值在型值表中均可查得。设某水线各站的半宽值为 y_0、y_1、y_2、…、y_n ,各站间距相等,为 $l = L/n$,应用梯形法则的一般式(3-15),即可求得水线面积,其式为

$$A_s = 2\int_{-\frac{L}{2}}^{\frac{L}{2}} y\mathrm{d}x = 2l\sum_{i=0}^{n}\left(y_i - \frac{y_0 + y_n}{2}\right) \tag{3-16}$$

若将 L 分成 10 等分,各站号由 0 到 10(图 3-16),其计算可列表进行,计算结果可按表 3-3 中第Ⅱ项公式求得。

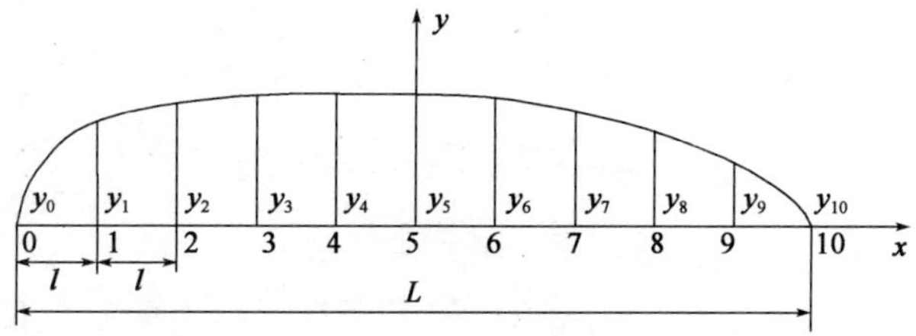

图 3-16　半宽水线面的分站

A_s、x_f、J_y 及 J_x 计算表

表 3-3

站号	坐标值 y_i (m)	k_i	静矩函数 $k_i y_i$	k_i^2	对 y 轴惯性矩函数 $k_i^2 y_i$	对 x 轴惯性矩函数 y_i^3
(Ⅰ)	(Ⅱ)	(Ⅲ)	(Ⅳ)=(Ⅱ)×(Ⅲ)	(Ⅴ)=(Ⅲ)^2	(Ⅵ)=(Ⅱ)×(Ⅴ)	(Ⅶ)=(Ⅱ)^3
0	y_0	-5	$-5y_0$	25	$25y_0$	y_0^3
1	y_1	-4	$-4y_1$	16	$16y_1$	y_1^3
2	y_2	-3	$-3y_2$	9	$9y_2$	y_2^3
3	y_3	-2	$-2y_3$	4	$4y_3$	y_3^3
4	y_4	-1	$-1y_4$	1	$1y_4$	y_4^3
5	y_5	0	$0y_5$	0	$0y_5$	y_5^3
6	y_6	1	$1y_6$	1	$1y_6$	y_6^3
7	y_7	2	$2y_7$	4	$4y_7$	y_7^3
8	y_8	3	$3y_8$	9	$9y_8$	y_8^3
9	y_9	4	$4y_9$	16	$16y_9$	y_9^3
10	y_{10}	5	$5y_{10}$	25	$25y_{10}$	y_{10}^3
总和Σ	$\sum y_i$	—	$\sum k_i y_i$	—	$\sum k_i^2 y_i$	$\sum y_i^3$
修正值	$\frac{y_0+y_{10}}{2}$	—	$\frac{5(y_{10}-y_0)}{2}$	—	$\frac{25(y_0+y_{10})}{2}$	$\frac{y_0^3+{y_{10}}^3}{2}$
修正后之和	Σ-修正值	—	Σ-修正值	—	Σ-修正值	Σ-修正值
结果	$A_s=2\cdot l(\sum Ⅱ)$	—	$x_f=l\cdot\frac{\sum Ⅳ}{\sum Ⅱ}$	—	$J_y=2\cdot l^3(\sum Ⅵ)$	$J_x=\frac{2}{3}\cdot l(\sum Ⅶ)$

2. 漂心的计算

漂心指水线面积的形心，以符号 F 表示，因漂心在 xOy 平面内，其位置可用 x_f 和 y_f 表示。由于舟艇一般左右两舷对称，则漂心位置在中纵剖面上，即 $y_f=0$，因而对漂心只需计算坐标 x_f 的值。

根据理论力学原理可知，整个图形的总面积的静矩等于组成该面积的各分面积的静矩之和，即

$$A_s\cdot x_f=M_{Oy}$$

$$M_{Oy}=2\int_{-\frac{L}{2}}^{\frac{L}{2}}xy\mathrm{d}x\approx 2l\left(\sum_{i=0}^{n}x_i y_i-\frac{x_0y_0+x_ny_n}{2}\right)$$

则：

$$x_f=\frac{M_{Oy}}{A_s}=\frac{\sum_{i=0}^{n}x_i y_i-\frac{x_0y_0+x_ny_n}{2}}{\sum_{i=0}^{n}y_i-\frac{y_0+y_n}{2}} \tag{3-17}$$

由型线图之型值表可知各站之 x、y，按式(3-17)可计算出坐标 x_f 的值。如将 L 分为 10 等分，其计算可用表 3-3 第 4 列进行。

式(3-17)中之分母仍按表中第Ⅱ项结果,分子为

$$\sum_{i=0}^{10}x_iy_i-\frac{x_0y_0+x_{10}y_{10}}{2}$$

$$=l\left[0\cdot y_5+1(y_6-y_4)+2(y_7-y_3)+\cdots+5(y_{10}-y_0)-\frac{5y_{10}-5y_0}{2}\right]$$

计算结果可按表3-3中第Ⅳ项的公式求得。

3. 惯性矩 J_y、J_x 和 J_f 的计算

在舟艇浮性计算中,常要用到对水线面积各轴的惯性矩值,以下分别求出对 y 轴、x 轴和通过漂心 F 之 f 轴的惯性矩。

(1)水线面积对 y 轴的惯性矩 J_y

根据惯性矩定义,水线面积各分面积对 y 轴的惯性矩(图3-17)可表达为

$$j_y=x^2(2y\mathrm{d}x)$$

则水线面积的总面积对 y 轴之惯性矩为

$$J_y=2\int_{\frac{L}{2}}^{\frac{L}{2}}x^2y\mathrm{d}x=2l\sum_{i=0}^{n}\left(x_i^2y_i-\frac{x_0^2y_0+x_n^2y_n}{2}\right)\tag{3-18}$$

如将 L 分成10等分,则式(3-18)为

$$J_y=2l^3\left[0\cdot y_5+1^2(y_6+y_4)+2^2(y_7+y_3)+\cdots+5^2(y_{10}+y_0)-\frac{5^2(y_0+y_{10})}{2}\right]$$

该式结果可用表中第Ⅵ项的公式求出。

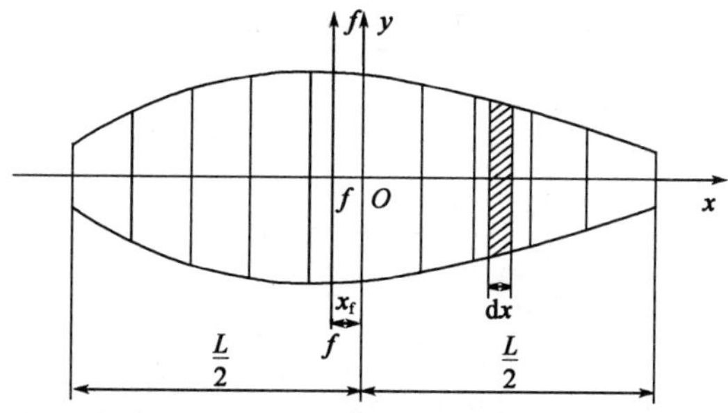

图3-17 水线面积惯性矩计算

(2)水线面积对 x 轴的惯性矩 J_x

水线面积某分面积对 x 轴的惯性矩可表达为

$$j_x=\frac{(2y)^3\mathrm{d}x}{12}=\frac{2}{3}y^3\mathrm{d}x$$

则水线面积的总面积对 x 轴的惯性矩为

$$J_x=\frac{2}{3}\int_{-\frac{L}{2}}^{\frac{L}{2}}y^3\mathrm{d}x\approx\frac{2}{3}l\left(\sum_{i=0}^{n}y_i^3-\frac{y_0^3+y_n^3}{2}\right)\tag{3-19}$$

如将 L 分成10等分,则式(3-19)为

$$J_x=\frac{2}{3}l\left(y_0^3+y_1^3+y_2^3+\cdots+y_{10}^3-\frac{y_0^3+y_{10}^3}{2}\right)$$

该式结果可用表中第Ⅶ项的公式求出。

(3)对通过漂心 F 之 f 轴的惯性矩 J_f

因 f 轴与 y 轴平行,应用移动原理可得

$$J_f = J_y - A_s \cdot x_f^2 \tag{3-20}$$

式中:水线面积 A_s、漂心坐标 x_f 及惯性矩 J_y 均为已知数据。

四、利用水线面面积曲线计算排水体积和浮心坐标

根据型线图上的半宽水线图,按式(3-16)求出各不同吃水处的水线面面积值,分别按 $A_s = f(t)$ 的关系画出曲线,即水线面面积曲线,如图 3-18 所示。故水线面面积曲线是表示舟艇的水线面随吃水变化的曲线。图中 t 为总吃水的等分值,即

$$t = \frac{T}{n}$$

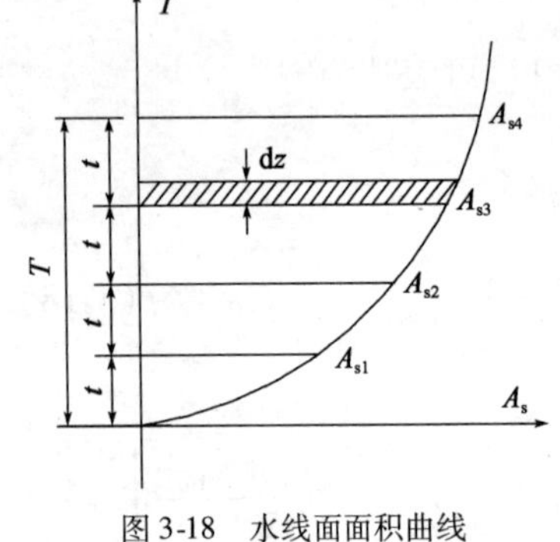

图 3-18　水线面面积曲线

由水线面面积曲线可知,该面积曲线所围面积即舟艇的排水体积。由图中分面积得

$$dV = A_s \cdot dz$$

则

$$V = \int_0^T A_s dz \approx t\left(\sum_{i=0}^{n} A_{si} - \frac{A_{s0} + A_{sn}}{2}\right) \tag{3-21}$$

其计算结果见表 3-4 中第Ⅲ项。

利用水线面积求 V、x_c、z_c 的计算表　　表 3-4

水线号 k_i	吃水 T(m)	水线面积 A_s(m^2)	静矩函数 M_{xOy}	漂心坐标 x_f(m)	静矩函数 M_{yOz}
(Ⅰ)	(Ⅱ)	(Ⅲ)	(Ⅳ)=(Ⅰ)×(Ⅲ)	(Ⅴ)	(Ⅵ)=(Ⅲ)×(Ⅴ)
0	0	A_{s0}	$0A_{s0}$	x_{f0}	$A_{s0}x_{f0}$
1	t_1	A_{s1}	$1A_{s1}$	x_{f1}	$A_{s1}x_{f1}$
2	t_2	A_{s2}	$2A_{s2}$	x_{f2}	$A_s x_{f2}$
⋮	⋮	⋮	⋮	⋮	⋮
n	t_n	A_{sn}	nA_{sn}	x_{fn}	$A_{sn}x_{fn}$
总和Σ	—	$\sum A_{si}$	$\sum k_i A_{si}$	—	$\sum A_{si}x_{fi}$
修正值	—	$\frac{A_{s0}+A_{sn}}{2}$	$\frac{nA_{sn}}{2}$	—	$\frac{A_{s0}x_{f0}+A_{sn}x_{fn}}{2}$
修正后之和	—	Σ－修正值	Σ－修正值	—	Σ－修正值
计算结果公式	—	$V=t(\sum Ⅲ)$	$z_c = t\frac{\sum Ⅳ}{\sum Ⅲ}$	—	$x_c = \frac{\sum Ⅵ}{\sum Ⅲ}$

排水体积的浮心坐标 (x_c, y_c, z_c)($y_c = 0$)仍根据总体积对坐标平面的静矩等于各分体积的静矩之和,可得浮心 C 的纵向坐标 x_c 和竖向坐标 z_c 的公式为

$$z_c = \frac{M_{xOy}}{V} = \frac{\int_0^T A_s \cdot z\mathrm{d}z}{\int_0^T A_s \mathrm{d}z} \tag{3-22}$$

式中:分子 $\int_0^T A_s \cdot z\mathrm{d}z \approx t^2\left(\sum_{i=0}^{n} k_i A_{si} - \frac{0 \cdot A_{s0} + n \cdot A_{sn}}{2}\right)$

则

$$z_c = \frac{t\left(\sum_{i=0}^{n} k_i A_{si} - \frac{0 \cdot A_{s0} + n \cdot A_{sn}}{2}\right)}{\sum_0^n A_{si} - \frac{A_{s0} + A_{sn}}{2}} \tag{3-23}$$

同理

$$x_c = \frac{M_{yOz}}{V} = \frac{\int_0^T (A_s \cdot x_f)\mathrm{d}z}{\int_0^T A_s \mathrm{d}z} \tag{3-24}$$

式中:分子 $\int_0^T A_s \cdot x_f \mathrm{d}z \approx t\left(\sum_{i=0}^{n} x_{fi} A_{si} - \frac{x_{f0} \cdot A_{s0} + x_{fn} \cdot A_{sn}}{2}\right)$

则

$$x_c = \frac{\sum_{i=0}^{n} x_{fi} A_{si} - \frac{x_{f0} \cdot A_{s0} + x_{fn} \cdot A_{sn}}{2}}{\sum_{i=0}^{n} A_{si} - \frac{A_{s0} + A_{sn}}{2}} \tag{3-25}$$

式(3-23)和式(3-25)的计算结果见表3-4中第Ⅳ项和第Ⅵ项。

【例3-1】 某舟艇 $L = 54\mathrm{m}$, $B = 7.6\mathrm{m}$,满载吃水 $T = 2.4\mathrm{m}$。已知满载水线面半宽水线值如表3-5所示。

半宽水线值 表3-5

站号	0	1	2	3	4	5	6
半宽(m)	0	2.32	3.48	3.80	3.36	1.71	0

满载水线下各水线面积及其漂心纵坐标见表3-6。

水线面积及漂心纵坐标值 表3-6

水线号	水线面积 A_s(m^2)	漂心纵坐标值 x_f(m)	水线号	水线面积 A_s(m^2)	漂心纵坐标值 x_f(m)
0	0	—	3	251	-1.11
1	147	-0.06	4	264	-0.82
2	217	-1.15			

求该舟艇在满载水线下的排水体积、浮心坐标值及方型系数。

解:

(1) $l = \frac{L}{n} = \frac{54}{6} = 9\mathrm{m}$

列表3-7求满载水线的 A_s 和 x_f。

静矩计算 表3-7

站　号	纵坐标值 y_i（m）	k_i 系　数	静矩函数 k_iy_i
（Ⅰ）	（Ⅱ）	（Ⅲ）	（Ⅳ）=（Ⅱ）×（Ⅲ）
0	0	-3	0
1	2.32	-2	-4.64
2	3.48	-1	-3.48
3	3.80	0	0
4	3.36	1	3.36
5	1.71	2	3.42
6	0	3	0
总和Σ	14.67	—	-1.34
修正值	0	—	0
修正后之和	ΣⅡ=14.67	—	ΣⅣ=-1.34

由表中数据，则计算结果为

$$A_s=2l(\sum \text{Ⅱ})=2\times 9\times 14.67=264(\text{m}^2)$$

$$x_f=l\cdot\frac{\sum \text{Ⅳ}}{\sum \text{Ⅱ}}=\frac{9\times(-1.34)}{14.67}=-0.82(\text{m})$$

$$(2)\ t=\frac{T}{n}=\frac{2.4}{4}=0.6\ (\text{m})$$

列表3-8，求舟艇的排水体积 V 和浮心坐标值 z_c、x_c。

漂心计算 表3-8

水线号 k_i	吃水 T(m)	水线面积 A_s(m^2)	静矩函数 M_{xOy}	漂心坐标 x_f(m)	静矩函数 M_{yOxz}
0	0	0	0	0	0
1	0.6	141	141	-0.06	-8.46
2	1.2	217	434	-1.15	-249.55
3	1.8	251	753	-1.11	-278.61
4	2.4	264	1056	-0.82	-216.48
总和Σ		873	2384		-753.1
修正值		132	528		-108.24
修正后之和		ΣⅢ=741	ΣⅣ=1856		ΣⅥ=-644.86

由表中数据，则计算结果为

$$V=t\sum \text{Ⅲ}=0.6\times 741=445(\text{m}^3)$$

$$z_c=t\frac{\sum \text{Ⅳ}}{\sum \text{Ⅲ}}=\frac{0.6\times 1856}{741}=1.5(\text{m})$$

$$x_c=\frac{\sum \text{Ⅵ}}{\sum \text{Ⅲ}}=\frac{-644.86}{741}=-0.87(\text{m})$$

（3）舟艇之方型系数为

$$\delta=\frac{V}{LBT}=\frac{445}{54\times 7.6\times 2.4}=0.45$$

五、储备浮力

为了保证舟艇的安全和良好的浮性，要求舟艇必须具备一定的储备浮力。储备浮力是指舟艇满载吃水线至甲板水密部分的体积所能提供的浮力。

舟艇储备浮力的大小可通过舟艇干舷高度来观察，干舷高度越大，储备浮力越大，但干舷高度过大会影响舟艇的有效载重能力和稳性等。因此，为了保证舟艇安全又最大限度地利用舟艇的载重能力，可根据舟艇使用条件和航行条件，对于干舷高度作出适当的规定。内河舟艇的干舷高度，由国家有关航运的技术监督部门依据载重吃水线相关规范确定，在舟艇中部的两舷绘出“载重线标志”，如图 3-19 所示。图中圆环中心的水平线即载重吃水线至甲板线的距离即干舷高度，ZC 为中华人民共和国船舶检验局的标志。

水尺是吃水深度的标志，通常在舟艇首尾及中部的两舷。如图 3-20 所示，吃水到达水尺数字下缘时，即表示该数字的吃水。

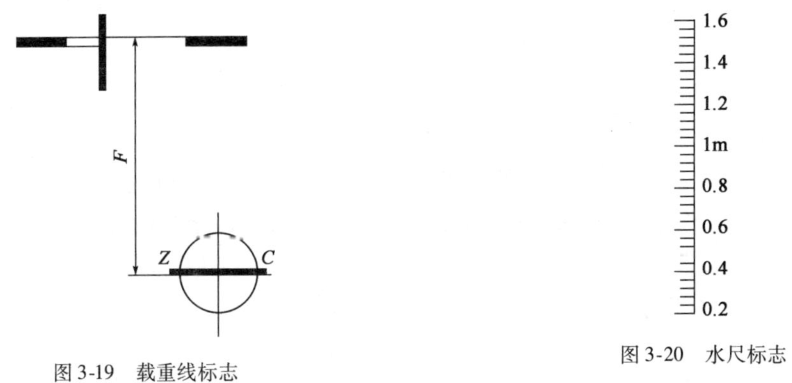

图 3-19 载重线标志

图 3-20 水尺标志

渡河时内河用舟艇有关干舷高度的规定，应根据对舟艇技术要求而定。在设计新型舟艇时，还可以参考内河舟艇的有关规定适当选用。

舟艇对干舷的标志一般不像内河舟艇那样的载重标志，通常只在舟艇首部两舷用水尺标志吃水。有的可在舟艇两舷沿全长画出两条白色水平线，一条标志空载吃水线，一条标志满载吃水线。

第三节 桥脚舟的稳性

一、概述

由舟艇的平衡条件知道，舟艇在水面上正浮时其重力和浮力大小相等、方向相反，且重心和浮心在同一垂线上，如图 3-21a）所示。当舟艇受到外力产生的力矩作用后，这种平衡可能被破坏而使舟艇发生倾斜，当舟艇倾斜后，由于排水体积形状的变化，浮心的位置将产生移动，如图 3-21b）所示，浮心由 C 移至 C_1。这时重心和浮心不再在同一条垂线上，而使重力和浮力间形成一对力偶。这对力偶具有抗拒舟艇倾斜而使其回复到平衡位置的作用，故可称为复原力矩。所谓稳性，就是指舟艇受到外力作用偏离平衡状态而倾斜，当外力消除后，舟艇所具有的能回到平衡位置的能力。稳性是舟艇一项非常重要的性能,要求舟艇具有足够的稳性。

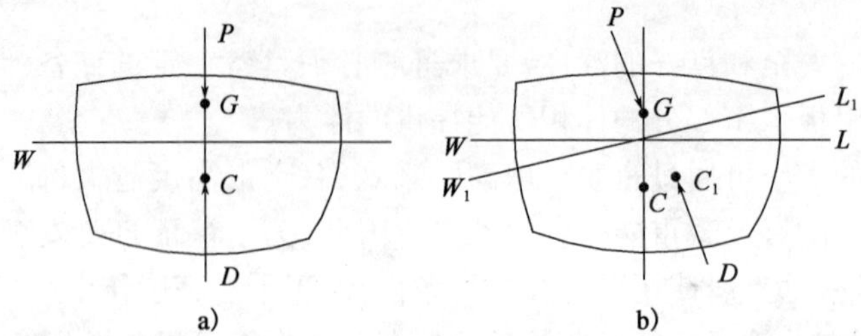

图 3-21 舟艇的平衡与倾斜

产生舟艇作用力矩的外力因素很多,如风力的作用、波浪冲击、拖索牵引、舟艇回转时的离心力、舟艇内载重的移动和装卸等。

稳性按其倾斜方向分为横稳性和纵稳性。横稳性指舟艇绕 x 轴横向倾斜时的稳性;纵稳性指舟艇绕 y 轴纵向倾斜时的稳性。

通常稳性按其倾斜角的大小分为初稳性和大倾角稳性。初稳性指舟艇在小角度范围内的稳性,即倾斜角一般不超过 15°;大倾角稳性指舟艇的倾角超过 15°时的稳性。大倾角倾斜通常只在横倾时产生。对军用渡河舟艇稳性的讨论主要为初稳性。

舟艇无论如何倾斜,其倾斜水线下的排水体积恒等于正浮水线下的排水体积,即排水体积数值保持不变,仅体积形状发生变化,这种倾斜称为等体积倾斜,相应的作用水线称为等体积水线。

根据重力和浮力平衡的条件

$$P = \gamma V_1 = \gamma V_2$$

则有

$$V_1 = V_2$$

式中:V_1——正浮水线 WL 下的排水体积;

V_2——横倾水线下 W_1L_1 下的排水体积。

因此

$$v_1 = v_2$$

式中:v_1——出水楔形体 WOW_1 的体积;

v_2——入水楔形体 LOL_1 的体积。

在小角度倾斜时,倾斜前后的两个等体积水线面的交线(称为等体积倾斜轴线)必通过初始水线面的漂心,如图 3-22a)为横倾状态,两水线交于 O 点;图 3-22b)为纵倾状态,两水线交于 f 点。

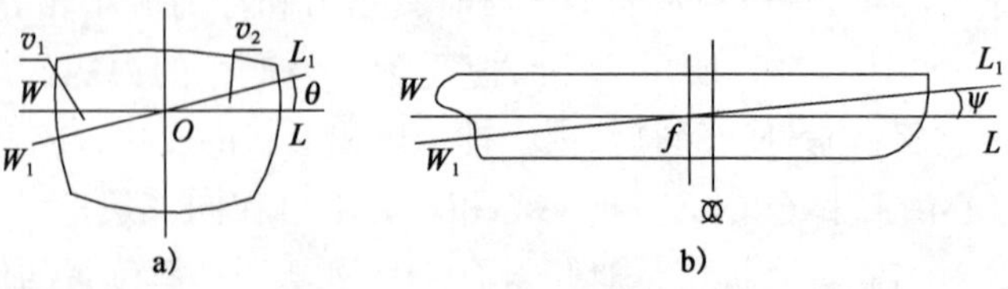

图 3-22 舟艇等体积倾斜

该结论很容易得到证明，由图 3-22 可以看出，出水楔形面积 $\Delta WOW_1 = y_1^2\theta/2$，入水楔形面积 $\Delta LOL_1 = y_2^2\theta/2$，则楔形体积分别为

$$v_1 = \frac{1}{2}\int_{\frac{L}{2}}^{\frac{L}{2}} y_1^2\theta \mathrm{d}x ; v_2 = \frac{1}{2}\int_{\frac{L}{2}}^{\frac{L}{2}} y_2^2\theta \mathrm{d}x$$

则

$$\frac{1}{2}\int_{-\frac{L}{2}}^{\frac{L}{2}} y_1^2\theta \mathrm{d}x = \frac{1}{2}\int_{-\frac{L}{2}}^{\frac{L}{2}} y_2^2\theta \mathrm{d}x \tag{3-26}$$

式(3-26)说明水线面在等体积倾斜轴线两边的面积对 x 轴的静矩相等，故倾斜轴线必通过初始水线面的漂心。

二、初稳性方程式

1. 横倾的初稳性方程

当舟艇横倾 θ 角后，其排水体积之浮心由 C 移至 C_1，新的浮心 C_1 与重心 G 不再在同一垂直线上。通过浮心 C_1 的浮力作用线与正浮状态的浮力作用线相交于点 M。如图 3-23a）所示，M 点称为稳心。在小角度倾斜时，在一定的排水体积下，可以认为稳心的位置是不变的，浮心的移动轨迹则是：以稳心 M 为圆心，稳心至浮心的距离为半径的一段圆弧。$\overline{MC}$长度称为稳心半径。横倾时的稳心称为横稳心，其稳心半径称为横稳心半径，用符号 r 表示。

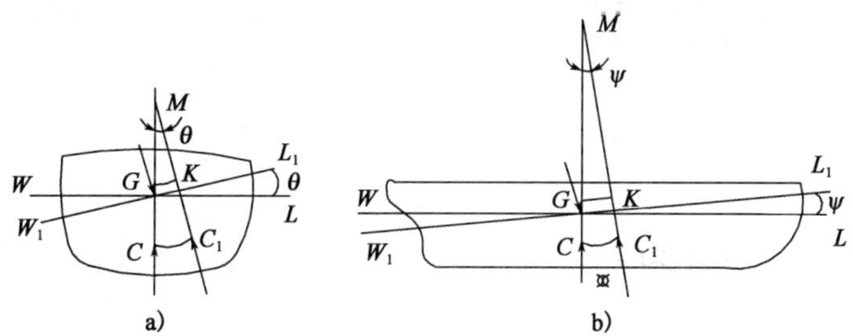

图 3-23 舟艇的横倾和纵倾

自重心 G 向新的浮力作用线作垂线$\overline{GK}$，$\overline{GK}$即为重力 P 与浮力 D 所形成的复原力矩的力臂。$\overline{GK}$与横倾角的函数关系为

$$\overline{GK} = \overline{MG} \cdot \sin\theta$$

式中：$\overline{MG}$——稳心 M 至重心 G 的距离，称为稳心高度。横倾时则称为横稳心高度，通常用符号 h 表示。

因此，舟艇横倾时的复原力矩用 M_H可表达为

$$M_H = D \cdot \overline{G}\,\overline{K} = D \cdot h \cdot \sin\theta \tag{3-27}$$

当为小角度横倾时，可近似地以 θ 角代替 $\sin\theta$，而用弧度来计算，即

$$M_H = Dh\theta \tag{3-28}$$

由式(3-27)可知，当舟艇发生小角度倾斜时，在一定排水量情况下，复原力矩 M_H的大小与横稳心高度成正比。舟艇的横稳心高度值越大，复原力矩值也越大，则舟艇抗倾斜的能力越强。因此，横稳心高度值是衡量舟艇初稳性的一个重要指标，在设计舟艇时，应适当选取横稳心高度值。

式(3-27)和式(3-28)称为横倾时的初稳性方程式。该式为舟艇稳性计算时的基本公式。

2. 三种平衡状态

从式(3-27)中可以看到,舟艇倾斜后能否回复到原位置及其能力的大小与复原力矩的大小和方向有关。而复原力矩的大小和方向则随重心和稳心的相对位置而定。按重心和稳心的相对位置,有三种平衡状态:

(1)舟艇倾斜后,浮心移动后其稳心 M 高于重心 G 。这时,重力和浮力所形成的复原力矩方向与倾斜方向相反,具有使舟艇回复到原位置的能力。当外力消除后,在此复原力矩作用下舟艇可以回复到正浮平衡位置。这种情况,舟艇始终处于稳定状态,属稳定平衡,如图 3-24a)所示。设计要求舟艇能达到此种状况。

(2)舟艇倾斜后,稳心 M 低于重心 G 。这时复原力矩方向与倾斜方向一致,它不仅不能使舟艇回复到原位置,反而会促使舟艇继续倾斜,从而使舟艇发生倾覆。这种情况,舟艇则处于不稳定状况属不稳定平衡,如图 3-24a)所示。

(3)舟艇倾斜后,稳心 M 与重心 G 重合,这时重力作用线与浮力作用线重合在一条直线上。这时复原力矩等于零,舟艇则始终保持在倾斜状态,属于随遇平衡状态,如图 3-24b)所示。对于这种情况,认为仍属不稳定状态,它不符合稳性的要求。

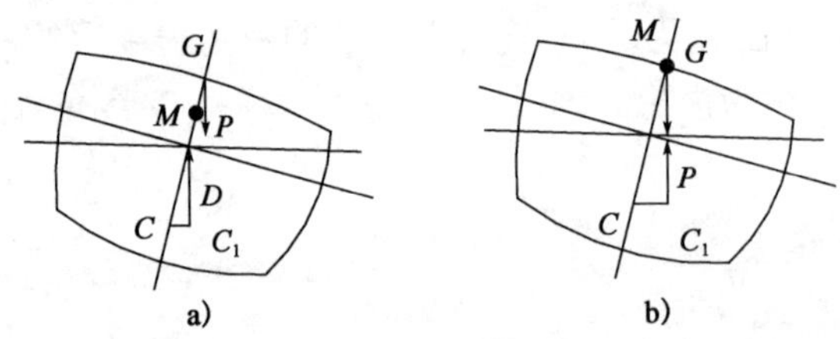

图 3-24 舟艇的稳定状态

由上述情况可见,根据舟艇的稳心和重心的相对位置及其距离大小,可以判别舟艇稳定与否以及优劣。

3. 纵倾的初稳性方程

同理,对于舟艇的纵向倾斜可得出相同的结论。当舟艇纵倾 ψ 角时,浮心 C 也移动至新位置 C_1,通过 C_1 的浮力作用线与正浮状态的浮力作用线也交于一点 M,此点即纵稳心,如图 3-24b)所示,纵稳心 M 至浮心 C 的距离称为纵稳心半径,用符号 R 表示。纵稳心 M 至重心 G 的距离称为纵稳心高度,以符号 H 表示。

舟艇纵倾时的初稳性方程为

$$M_Z = D \cdot H \cdot \sin\psi \tag{3-29}$$

或

$$M_Z = D \cdot H \cdot \psi \tag{3-30}$$

式中:M_Z——纵倾时的复原力矩。

为了计算方便,通常以首尾吃水差 ΔT 表示纵倾角 ψ,即

$$\psi \approx \tan\psi = \frac{\Delta T}{L}$$

式中：L——舟艇长度。

则式(3-29)可表达为：

$$M_Z = D \cdot H \frac{\Delta T}{L} \tag{3-31}$$

4. 两个常用的量

(1)横倾1°力矩

设 M_θ 为舟艇横倾1°所需的横倾力矩。

应用式(3-28)并使 $\theta = 1° = 1/57.3$ 弧度，可得

$$M_\theta = D \cdot h \cdot \theta = \frac{D \cdot h}{57.3} \tag{3-32}$$

如要求当舟艇受横倾力矩 M_{HQ} 作用后所产生的横倾角，则可用下式计算

$$\theta° = \frac{M_{HQ}}{M_\theta} \tag{3-33}$$

(2) 纵倾1cm力矩

设 M_{cm} 为纵倾1cm所需的纵倾力矩。应用式(3-30)并使 $\Delta T = 1\text{cm} = 1/100\text{cm}$，可得

$$M_{cm} = D \cdot H \cdot \psi = \frac{D \cdot H}{100L} \tag{3-34}$$

如果求当舟艇受纵倾力矩 M_{ZQ} 作用后所产生的纵倾值 ΔT，则可用下式计算

$$\Delta T = \frac{M_{ZQ}}{M_{cm}} \tag{3-35}$$

三、稳心高度的计算

首先讨论横倾的情况，如图3-25所示，可看出重心、浮心与稳心之间的关系为

$$\overline{MG} = \overline{MC} + \overline{OC} - \overline{OG}$$

用符号表示，即

$$h = r + z_c - z_g \tag{3-36}$$

令 $a = z_g - z_c$，则

$$h = r - a \tag{3-37}$$

式中：h——横稳心高度；

r——横稳心半径；

z_g——舟艇重心竖向坐标值；

z_c——舟艇浮心竖向坐标值。

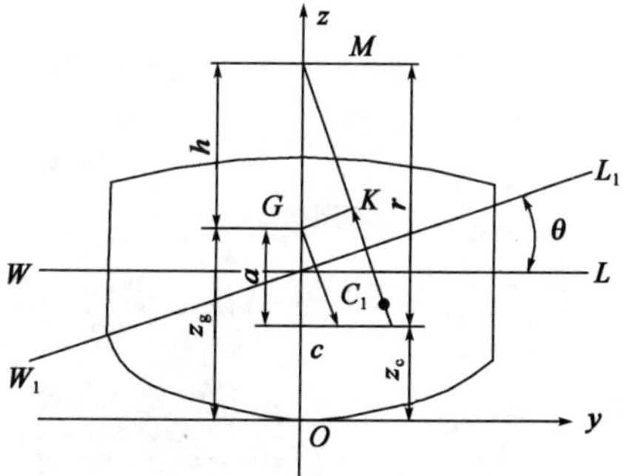

图3-25 横稳心高度计算图

如求得稳心半径 r，则可知稳心高度。现在我们讨论 r 值的计算。

由图3-26可以看出，当舟艇横倾 θ 后，浮心 C 移至 C_1，楔形体积重心 g_1 将移至 g_2，楔形体积属水下排水体积的分部体积，根据重心移动原理可知

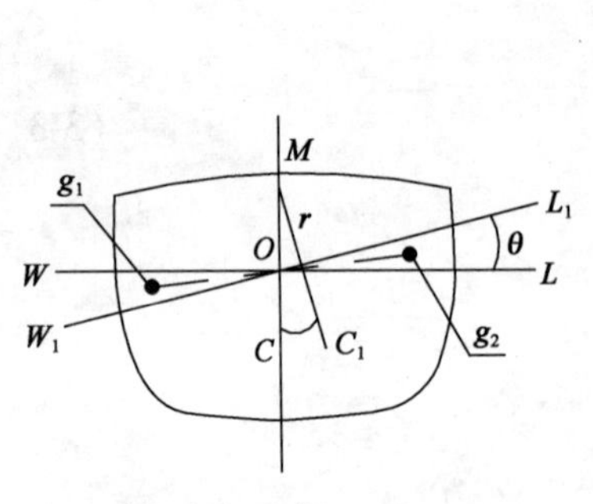

图 3-26 楔形体积重心移动

$$\overline{CC_1} \parallel \overline{g_1g_2}$$

且

$$\frac{\overline{CC_1}}{\overline{g_1g_2}} = \frac{v}{V}$$

故

$$\overline{CC_1} = \overline{g_1g_2} \times \frac{v}{V} \tag{3-38}$$

由前述可知出水和入水楔形体积分别为

$$v_1 = \frac{1}{2}\int_{-\frac{L}{2}}^{\frac{L}{2}} y_1^2\theta \mathrm{d}x ; v_2 = \frac{1}{2}\int_{-\frac{L}{2}}^{\frac{L}{2}} y_2^2\theta \mathrm{d}x$$

对小角度倾斜,楔形体积重心距倾斜轴的距离等于 $2y_1/3$ 和 $2y_2/3$,则出水和入水楔形体积对倾斜轴的静矩为

$$v_1 \cdot \overline{g_1 O} = \frac{1}{3}\int_{-\frac{L}{2}}^{\frac{L}{2}} y_1^3\theta \mathrm{d}x ; v_2 \cdot \overline{g_2 O} = \frac{1}{3}\int_{-\frac{L}{2}}^{\frac{L}{2}} y_2^3\theta \mathrm{d}x$$

两式相加,得到:

$$v_1 \cdot \overline{g_1 O} + v_2 \cdot \overline{g_2 O} = \frac{\theta}{3}\int_{-\frac{L}{2}}^{\frac{L}{2}} (y_1^3 + y_2^3)\mathrm{d}x$$

由于出水和入水楔形体积以及倾斜水线面半宽均相等,即

$$v_1 = v_2 = v, y_1 = y_2 = y$$

则有

$$v \cdot \overline{g_1g_2} = \frac{2}{3}\theta\int_{-\frac{L}{2}}^{\frac{L}{2}} y^3 \mathrm{d}x$$

由浮性计算中可知水线面积的总面积对 x 轴的惯性矩为

$$J_x = \frac{2}{3}\int_{-\frac{L}{2}}^{\frac{L}{2}} y^3 \mathrm{d}x$$

则得

$$v \cdot \overline{g_1g_2} = J_x \cdot \theta$$

代入式(3-38),可得浮心横向移动的距离为

$$\overline{CC_1} = \frac{J_x}{V} \cdot \theta \tag{3-39}$$

由图 3-26 可知: CC_1 弧 $= r \cdot \theta$

因横倾角 θ 很小,可近似地表示为 $\overline{CC_1} = CC_1$ 弧,则式(3-39)可表达为

$$r = \frac{J_x}{V} \tag{3-40}$$

在得知横稳心半径后，则横稳心高度可求得，即

$$h = \frac{J_x}{V} - a \tag{3-41}$$

同理，对舟艇纵倾时，其纵稳心半径 R 和纵稳心高度 H（图 3-27）可求得

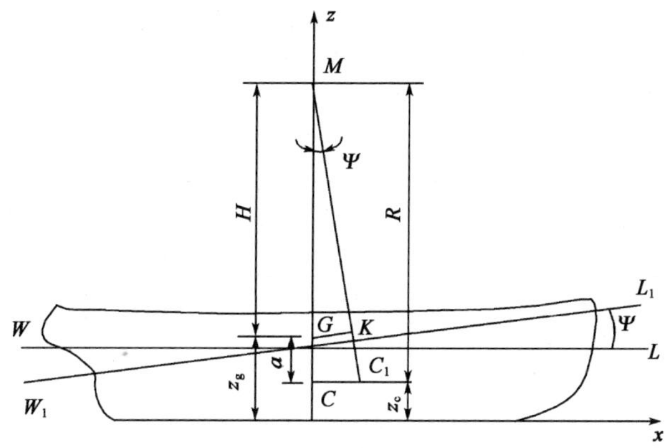

图 3-27 纵稳心高度计算

$$R = \frac{J_f}{V} \tag{3-42}$$

$$H = R - a = \frac{J_f}{V} - a \tag{3-43}$$

式中：J_f——舟艇水线面积对通过漂心横轴的惯性矩。

因为 R 比 a 值大得多，纵倾时可认为 $H = R$。一般纵稳心半径都很大，故舟艇纵倾要比横倾稳定得多。

【例 3-2】 某舟艇 $L = 78\text{m}$，$B = 12.5\text{m}$，在满载吃水 $T = 4.0\text{m}$ 时排水体积 $V = 2670\text{m}^3$。已知其载重吃水线半宽水线值如表 3-9 所示。

半 宽 水 线 值 表 3-9

站号	0	1	2	3	4	5	6	7	8	9	10
半宽水线值(m)	0.38	3.40	5.45	6.25	6.25	6.25	6.25	6.22	5.80	3.40	0

求该舟艇的初横稳心半径和纵稳心半径。

解：

$$l = \frac{L}{n} = \frac{78}{10} = 7.8(\text{m})$$

由表 3-9 中数据，可列表 3-10，计算结果如下：

$$A_s = 2l(\sum \text{II}) = 2 \times 7.8 \times 49.46 = 772(\text{m}^2)$$

$$x_f = l\frac{\sum \text{IV}}{\sum \text{II}} = 7.8 \times \frac{0.04}{49.46} = 0.01(\text{m})$$

$$J_y = 2l^3(\sum \text{VI}) = 2 \times 7.8^3 \times 277.18 = 263073(\text{m}^4)$$

$$J_x = \frac{2}{3}l(\sum \text{VII}) = \frac{2}{3} \times 7.8 \times 1652.82 = 8595(\text{m}^4)$$

则

$$J_f = J_y - A_s \cdot x_f^2 = 263073 - 772 \times 0.01^2 = 263073(\mathrm{m}^4)$$

可得

$$R = \frac{J_f}{V} = \frac{263073}{2670} = 98.5(\mathrm{m}); r = \frac{J_x}{V} = \frac{8595}{2670} = 3.2(\mathrm{m})$$

列表求出满载水线之 A_s、x_f 及 J_y、J_x 表 3-10

站　号	半宽水线值 y_i (m)	系数 k_i	静矩函数 $k_i y_i$	系数平方 k_i^2	对 y 轴惯性矩函数 $k_i^2 y_i$	对 x 轴惯性矩函数 y_i^3
Ⅰ	Ⅱ	Ⅲ	Ⅳ	Ⅴ	Ⅵ	Ⅶ
0	0.38	-5	-1.90	25	9.50	0.06
1	3.40	-4	-13.60	16	54.40	39.30
2	5.54	-3	-16.35	9	49.05	161.88
3	6.25	-2	-12.50	4	25.00	244.14
4	6.25	-1	-6.25	1	6.25	244.14
5	6.25	0	0	0	0	244.14
6	6.25	1	6.25	1	6.25	244.14
7	6.22	2	12.44	4	24.88	240.64
8	5.80	3	17.40	9	52.20	195.11
9	3.40	4	13.60	16	54.40	39.30
10	0	5	0	25	0	0
总和Σ	49.65		-0.91		281.93	1652.85
修正值	0.19		-0.95		4.75	0.03
修正后之和	49.46		0.04		277.18	1652.82

四、重物移动对稳性的影响

舟艇上的重物向任意方向移动都会引起舟艇稳性的变化，也就是会使舟艇产生纵倾、横倾以及稳心高度的变化。在讨论重物向任意方向移动对舟艇稳性的影响时，先用三个平行于坐标轴的重物移动来进行分析。这里应当指出，我们所讨论的是小量载荷的重物移动，舟艇的排水量保持不变。

1. 重物竖向移动

设某重物 P 自位置Ⅰ(坐标 z_1)向Ⅱ(坐标 z_2)竖向移动，如图 3-28 所示，根据重心移动原理，重心 G_1 将移至 G_2，而舟艇仍正浮于原水线 WL 位置。重心的位移值可由下式确定

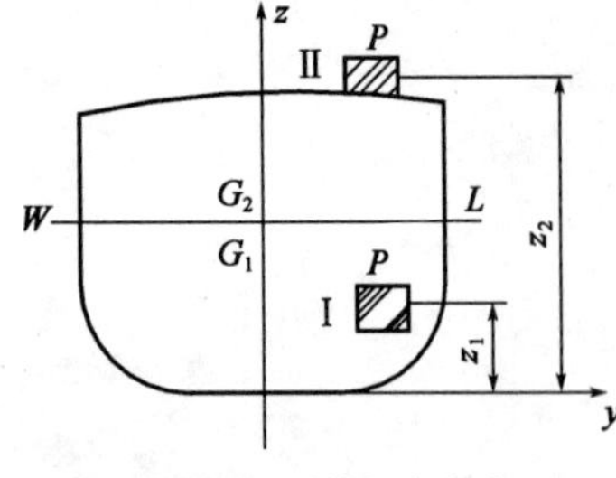

图 3-28　重物竖向移动

$$\overline{G_1G_2} = \frac{P(z_2 - z_1)}{D} \tag{3-44}$$

式中：D——舟艇在 WL 水线下的排水量。

显然，由于重心发生位移，稳心高度会随之改变，新横稳心高度为

$$h_1 = h - \overline{G_1G_2} = h - \frac{P(z_2 - z_1)}{D} \tag{3-45}$$

新纵稳性高度为

$$H_1 = H - \overline{G_1G_2} = H - \frac{P(z_2 - z_1)}{D} \approx H \tag{3-46}$$

式中，$z_2 - z_1$ 的正负，应视重物移动的方向而定，若重物向上移动，即 $z_2 - z_1 > 0$，则 $h_1 < h$，横稳性降低；若重物向下移动，即 $z_2 - z_1 < 0$，则 $h_1 > h$，横稳性增强。

2. 重物横向移动

设某重物 P 自位置Ⅰ（坐标 y_1）向Ⅱ（坐标 y_2）横向移动，如图 3-29 所示，舟艇重心位置由 G_1 移至 G_2，则

$$\overline{G_1G_2} = \frac{P(y_2 - y_1)}{D}$$

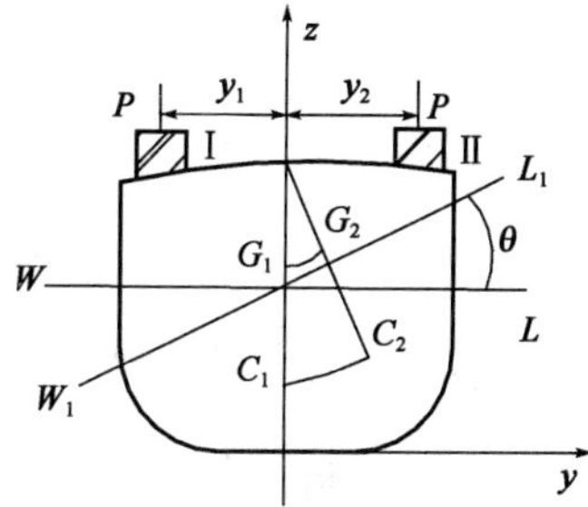

图 3-29　重物横向移动

如在重物原位置Ⅰ处加一对大小相等方向相反的力 P，其中 $+P$ 可看作与原重物位置未移动前的情况一样，而 $-P$ 则与重物在位置Ⅱ的重力 P 形成一对力偶。对舟艇来说，可设想为重物 P 没有移动，但要附加一个力矩 $P(y_2 - y_1)\cos\theta$，这个力矩是横倾力矩，使舟艇横倾 θ，即

$$M_{HQ} = P(y_2 - y_1)\cos\theta$$

由前述可知，当舟艇横倾 θ 后，其复原力矩为

$$M_H = Dh\sin\theta$$

因舟艇处于平衡状态，即 $M_H = M_{HQ}$，则有

$$\tan\theta = \frac{P(y_2 - y_1)}{D \cdot h} \tag{3-47}$$

同理，式中 $y_2 - y_1 > 0$，舟艇向左舷倾斜；$y_2 - y_1 < 0$，舟艇向右舷倾斜。

由于舟艇横倾，浮心 C_1 也相应随之移动至 C_2 点，在小角度倾斜时，稳心 M 位置保持不变，这时稳心 M 与重心 G_2、浮心 C_2 仍处于同一垂直线上，横稳性高度与纵稳性高度保持不变。

3. 重物纵向移动

设某重物 P 自位置Ⅰ（坐标 x_1）向Ⅱ（坐标 x_2）纵向移动，如图 3-30 所示。

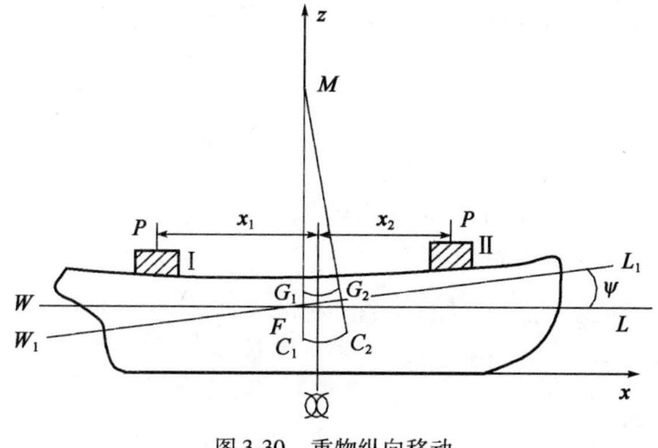

图 3-30　重物纵向移动

重物移动后舟艇产生纵倾,纵倾角为 ψ,倾斜后两水线 WL 与 W_1L_1 相交于水线面积漂心 F,使舟艇产生的纵倾力矩为

$$M_{ZQ} = P(x_2 - x_1)\cos\psi$$

当舟艇纵倾 ψ 后,其复原力矩为

$$M_Z = DH\sin\psi$$

因舟艇处于平衡状态,即 $M_Z = M_{ZQ}$,则有

$$\tan\psi = \frac{P(x_2 - x_1)}{D \cdot H} \tag{3-48}$$

同理,式中 $x_2 - x_1 > 0$,舟艇首纵倾,首部吃水增加;$x_2 - x_1 < 0$,舟艇尾纵倾,尾部吃水增加。

舟艇纵倾后,首尾吃水发生变化。由图 3-30 可以看出,其变化值为

$$\Delta T_s = \left(\frac{L}{2} - x_f\right)\tan\psi;\Delta T_w = -\left(\frac{L}{2} + x_f\right)\tan\psi \tag{3-49}$$

式中:ΔT_s——首吃水变化量;

ΔT_w——尾吃水变化量;

x_f——水线面积漂心纵坐标。

于是可得舟艇纵倾后的首尾吃水为

$$T_{s1} = T_s + \Delta T_s \qquad T_{w1} = T_w + \Delta T_w \tag{3-50}$$

如果重物在舟艇上任意方向移动,即自位置Ⅰ(坐标为 x_1, y_1, z_1)向位置Ⅱ(坐标为 x_2, y_2, z_2),可分别按以上三个移动方向分解计算,所得结果就是沿任意方向移动的情况。

五、重物装卸对舟艇稳性的影响

在舟艇上装卸重物,可能产生几种后果,即引起排水量变化、引起平均吃水的变化、引起横倾和纵倾。由于浮态的变化,会使初稳性发生变化。

设舟艇上装载某重物,其重量为 P,放置位置坐标为(x_p, y_p, z_p),如图 3-31 所示。

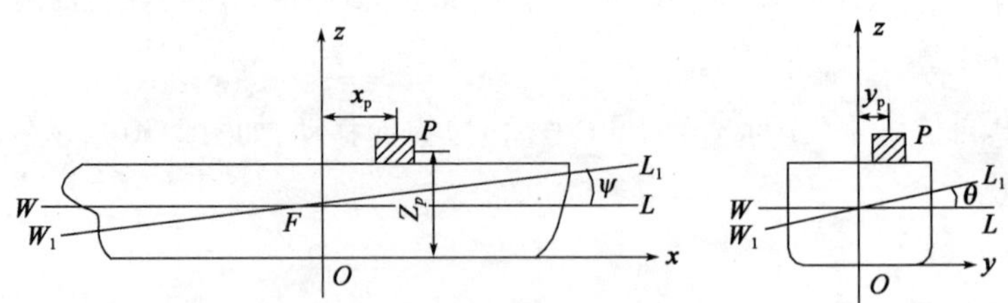

图 3-31　重物在任意位置的装载

对于重物装卸对稳性的影响,可以分两步讨论。

第一步:把重物放在使舟艇不产生纵、横倾的位置上来讨论浮性和稳性的变化情况。

第二步:再把重物移动到任意指定的位置,讨论重物移动后的横倾和纵倾情况。

现分述如下:

1. 舟艇不产生倾斜的装载

根据舟艇的平衡条件,要使舟艇不产生横倾或纵倾,所装载的重物重心必须在通过水线面

积漂心的垂直线上，即重物应放在坐标为 $x=x_f$、$y=0$ 及 z 的位置上。这时引起平均吃水的变化，即

$$\Delta T = \frac{P}{\gamma A_s} \tag{3-51}$$

式中：A_s——水线面积。

同时引起稳心高度的变化。已知原横稳心高度为 $h_1 = r_1 + z_{c1} - z_{g1}$，变化后则为 $h_2 = r_2 + z_{c2} - z_{g2}$，其变化量 Δh 可表达为

$$\Delta h = h_2 - h_1 = (r_2 - r_1) + (z_{c2} - z_{c1}) - (z_{g2} - z_{g1}) = \Delta r + \Delta z_c - \Delta z_g \tag{3-52}$$

式中：Δr、Δz_c、Δz_g——横稳心半径、浮心竖坐标及重心竖坐标的变化量。

从式(3-52)看出，要求得横稳心高度变化量，必须先求出 Δr、Δz_c、Δz_g 的值，现分别求之。

(1)求 Δr

$$\Delta r = r_2 - r_1 = \frac{I_{x2}}{V_1 + \Delta V} - \frac{I_{x1}}{V_1}$$

式中：I_{x2}、I_{x1}——重物装载前后水线面积对 x 轴的惯性矩；

V_1——重物装载前的排水体积；

ΔV——排水体积增量。

由于是小量增载，前后水线面积差值很小，可以认为 $I_{x2} \approx I_{x1}$，将其代入上式，并对各部分体积值乘以水的重度 γ。

$$\Delta r = -\frac{P}{D_1 + P} \cdot r_1 \tag{3 53}$$

(2)求 Δz_c

按重心移动原理，以装载重物后的排水体积和排水体积增量对通过原浮心的水平面取静矩，可导出如下表达式

$$\Delta z_c = \frac{\Delta V}{V_1 + \Delta V}\left(T_1 + \frac{\Delta T}{2} - z_{c1}\right) \tag{3-54}$$

式中：T_1——重物装载前的吃水；

ΔT——吃水增量。

把式中各部分体积乘以水的重度 γ，则得

$$\Delta z_c = \frac{P}{D_1 + P}\left(T_1 + \frac{\Delta T}{2} - z_{c1}\right) \tag{3-55}$$

(3)求 Δz_g

以装载重物后得排水体积和排水体积增量对通过原重心的水平面取静矩，可导出如下表达式

$$\Delta z_g = \frac{P}{D_1 + P}(z_p - z_g) \tag{3-56}$$

将式(3-54)、式(3-55)和式(3-56)代入式(3-52)，得

$$\Delta h = \frac{P}{D_1 + P}\left(T_1 + \frac{\Delta T}{2} - h_1 - z_p\right) \tag{3-57}$$

故

$$h_2 = h_1 + \Delta h = h_1 + \frac{P}{D_1 + P}\left(T_1 + \frac{\Delta T}{2} - h_1 - z_p\right) \tag{3-58}$$

同法，可以导出纵稳心高度的变化量 ΔH，即

$$\Delta H = \frac{P}{D_1 + P}\left(T_1 + \frac{\Delta T}{2} - H_1 - z_p\right) \tag{3-59}$$

式中：H_1——重物装载前的纵稳心高度。

由于式(3-59)中 $T_1 + \frac{\Delta T}{2} - z_p$ 与 H_1 相比是很小的，可略去不计，则

$$\Delta H = -\frac{P}{D_1 + P}H_1$$

故

$$H_2 = H_1 + \Delta H = \frac{D_1 H_1}{D_1 + P} \tag{3-60}$$

2. 重物移到任意位置

当把重物重心从通过漂心下的垂线上移至坐标(x_p, y_p, z_p)位置时，则有

(1)重物横向移动

设重物由 $y=0$ 移至 y_p 处，则装载重物后的横倾角为

$$\theta \approx \frac{P y_p}{(D_1 + P)h_2} \tag{3-61}$$

(2)重物纵向移动

设重物由 $x = x_f$ 移至 x_p 处，则装载重物后的纵倾角为

$$\psi \approx \frac{P(x_p - x_f)}{(D_1 + P)H_2} \tag{3-62}$$

(3)首尾倾斜吃水变化

根据式(3-54)可得

$$\left.\begin{aligned} \Delta T_s &\approx \left(\frac{L}{2} - x_f\right)\frac{P(x - x_f)}{(D_1 + P)H_2} \\ \Delta T_w &\approx -\left(\frac{L}{2} + x_f\right)\frac{P(x - x_f)}{(D_1 + P)H_2} \end{aligned}\right\} \tag{3-63}$$

故装载重物后首尾新的吃水为

$$\left.\begin{aligned} T_{s2} &= T_{s1} + \Delta T + \Delta T_s \\ T_{w2} &= T_{w1} + \Delta T + \Delta T_w \end{aligned}\right\} \tag{3-64}$$

对于卸载，可用同样方法计算，只需将重量 P 取为负值代入以上各式即可。

六、横倾力矩

稳性的良好与否是舟艇的内在因素，它决定于舟艇的重量和重心位置及舟艇形状，引起舟艇横倾的横倾力矩则是外在因素，其大小主要由外力对舟艇的作用来决定。横倾力矩按其作用性质可分为静力横倾力矩和动力横倾力矩。

静力横倾力矩的作用过程缓慢，如稳定风力作用，可用静平衡条件来确定其横倾角。

如图 3-32 所示,舟艇受横向稳定风力的作用作等速横移。这时风力 P_f 与水对舟体的横向阻力 R 相平衡,则风力横倾力矩 M_f 为

$$M_f = P_f(z_p - z_R) \tag{3-65}$$

式中:z_P——风力作用点距基线高;

z_R——水阻力作用点距基线高,一般 z_R 取为

$$z_R = \frac{T}{2} \tag{3-66}$$

其中:T——满载吃水。

横向风力可按下列公式求得

$$P_f = pA \tag{3-67}$$

式中:P_f——横向风力(N);

A——承受风压面积(m^2);

p——风压强(Pa),可按下式算出:

$$p = \frac{1}{2}\rho c_p v^2 \tag{3-68}$$

式中:ρ——空气密度,取 1.226kg/m³;

c_p——风压系数,取 1.25;

v——横向稳定相对风速(m/s),可按有关风力等级表确定。

动力横倾力矩主要指突然作用在舟艇上的横倾力矩,如横向突风作用、拖索急牵产生的横倾力矩,其横倾角需用动平衡条件确定。

如舟艇在拖索横向急牵的拖力 P_t 作用下(图 3-33),开始时,舟艇尚无横移速度,这时横向水阻力 $R = 0$,而在舟艇重心 G 处存在惯性力 F,故拖索急牵横倾力矩 M_t 为

$$M_t = P_t(z_p - z_g) \tag{3-69}$$

式中:z_p——拖力作用点距基线高;

z_g——舟艇重心距基线高,可取 $z_g \approx T$。

确定拖索急牵拖力尚无确切数据,可用如下公式估算:

$$P_t = 160P_e \tag{3-70}$$

式中:P_t——拖索拖力(N),P_e 为牵引舟艇主机功率(kW);

160——拖力系数。

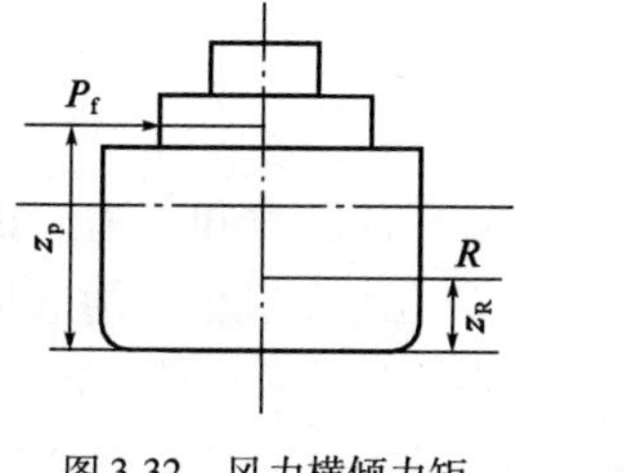

图 3-32 风力横倾力矩

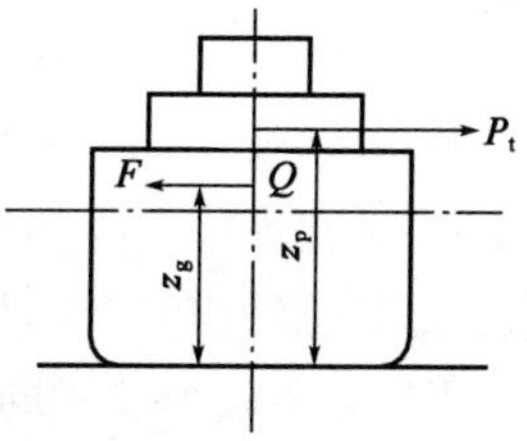

图 3-33 拖索急牵力矩

七、稳性衡准标准

舟艇的稳性衡准标准应参考《船舶检验管理规定》的要求执行。《船舶检验管理规定》由中华人民共和国交通运输部2016年1月公布,2016年5月1日起执行,根据舟艇执行任务的航区、类型等因素选择相应船舶对稳性的最低要求,确保舟艇受到风浪、风压作用后具有足够的稳性而不致倾覆。

稳性的基本衡准应满足下式要求:

$$K = \frac{M_Q}{M_f} \geqslant 1 \quad 或 \quad K = \frac{l_Q}{l_f} \geqslant 1 \tag{3-71}$$

式中:K——稳性衡准数;

M_Q——最小倾覆力矩(N·m);

M_f——风力横倾力矩(N·m);

l_Q——最小倾覆力臂(m);

l_f——风力横倾力臂(m)。

式(3-71)表明,当风力产生的横倾力矩 M_f 大于 M_Q 时,则舟艇倾覆;如 M_f 小于 M_Q,则舟艇处于安全状态。

由前面所述,可以知道影响舟艇稳性的因素很多。稳性要素包括初稳性高度、复原力矩以及产生最大复原力矩的横倾角。如舟艇稳性不够,一般可采用以下办法予以提高:

(1)降低舟艇重心。

(2)降低横倾力矩,如减小受风面积;舟艇要有足够的干舷以增大甲板边的进水角;降低舟艇拖钩的位置以减小急牵横倾力矩等。

(3)在设计时就要考虑适当增加舟艇宽度,以改善大倾角稳性。

第四节　桥脚舟的强度

一、舟体总纵弯曲的弯矩和剪力计算

1.概述

舟艇是由外板和内部骨架所组成的一个水上工程结构物,同所有的工程结构物一样,对舟艇的要求之一就是要保证其结构应具有足够的强度和刚度,即在各种外力作用下舟艇结构不致破坏或者发生不能容许的变形。舟艇必须具有足够的浮性、稳性、抗沉性、耐波性、适航性,同时还要有足够的强度、刚度。通常,由于军用舟艇的尺寸较小,在满足所要求的强度条件下,舟体所产生的变形一般不会超过所容许的标准,因此,对舟艇的刚度可以不予考虑,主要考虑舟艇的强度是否满足要求。

舟艇漂浮于水面以上,它在水中所受到的外力主要有重力和浮力。由舟艇的浮性原理可知,作用在舟体上的总重力与总浮力是大小相等、方向相反,相互平衡。但是由于舟体上各个载重分布的位置不同以及舟体各段形状不同,引起浮力大小沿舟长方向是变化的,则有可能在舟艇长度方向的某一段上,重力与浮力并不一定相互平衡,于是沿舟体总长方向会发生弯曲

变形。

舟艇上的重量与舟艇上荷载、壳板、骨架、主机、附属设备等有关。而舟艇上的浮力与舟艇的浸水部分、形状和尺寸有关。

在外力作用下沿舟体长度方向所产生的弯曲称为总纵弯曲，总纵弯曲可能引起舟艇结构破坏甚至导致舟体折断。舟体抵抗总纵弯曲的能力称为总纵强度。此外，在相应的荷载作用下会发生局部弯曲变形，该构件抵抗局部弯曲的能力称为局部强度。当然，舟体的总纵弯曲和局部弯曲是同时存在的，因此，对舟体的总纵强度计算和局部强度的计算相互联系。在舟体强度计算中，要考虑各构件(如舟体底部板架)在外力作用下，既有总纵弯曲变形，又有局部弯曲变形。对这类构件的强度计算，需要分别求出总纵强度的应力和局部强度的应力，并按照叠加原理进行综合考虑，以校核其合成应力。

由于舟艇受力和结构情况的复杂性，目前对舟艇的强度是以舟艇航行试验经验作出一定的假设为前提，并根据结构力学原理进行计算。其基本假设有：

(1)在考虑舟体外力时，把舟体置于静水上作静力弯曲，舟体是处于静力平衡的。

(2)在考虑舟体的应力时，把舟体当作一根沿舟长方向变剖面的空心薄壁箱形梁，这样就可以将普通梁的弯曲计算公式应用于具有复杂结构的舟体。

因此对舟体的强度计算与普通梁相同，需要解决以下几个问题：

(1)确定作用于舟体沿舟长方向重力 P 和浮力 D 的分布。

(2)计算总纵弯曲时的剪力 Q、弯矩 M。

设：重力沿舟长方向按 $p(x)$ 分布，浮力沿舟长方向按 $d(x)$ 分布，所以舟体总纵弯曲的荷载为

$$q(x) = p(x) - d(x) \tag{3-72}$$

$$Q(x) = \int_0^x q(x)\,\mathrm{d}x \tag{3-73}$$

$$M(x) = \int_0^x \int_0^x q(x)\,\mathrm{d}x\mathrm{d}x \tag{3-74}$$

(3)计算等值梁惯性矩 J、抵抗矩 W 和静矩 S。

(4)强度验算：

$$\sigma = \frac{M(x)}{W} \tag{3-75}$$

$$\tau = \frac{Q(x) \cdot S}{J \cdot t} \tag{3-76}$$

【例 3-3】 某船长 44m，船宽 9m，型深 4m。其各站实际水下半横剖面面积 $a(x)$ 和各站距分布质量见表 3-11，求 Q_{max}、M_{max}，并作浮力图、重量图、载重图、剪力图、弯矩图。

解：列表 3-12，计算如下：

根据列表计算结果，该船的重量曲线图、浮力曲线图、载重曲线图、剪力曲线图和弯矩曲线图分别见图 3-34 中的各分图。

分站质量表　　表3-11

站名	$a(x)$	站段	$m(x)$	站名	$a(x)$	站段	$m(x)$
0	0.10	0～1	2.98	11	7.90	10～11	16.64
1	0.34	1～2	4.46	12	7.55	11～12	12.06
2	1.21	2～3	4.68	13	6.15	12～13	12.31
3	1.38	3～4	7.81	14	5.10	13～14	11.73
4	4.15	4～5	8.30	15	3.99	14～15	9.05
5	5.90	5～6	16.76	16	2.86	15～16	10.66
6	6.99	6～7	9.94	17	1.80	16～17	4.13
7	7.82	7～8	14.74	18	0.85	17～18	3.80
8	7.92	8～9	12.10	19	0	18～19	2.77
9	8.24	9～10	9.76	20	0	19～20	1.98
10	8.22						

分站计算表　　表3-12

Ⅰ	Ⅱ	Ⅲ	Ⅳ	Ⅴ	Ⅵ	Ⅶ	Ⅷ	Ⅷ
站距	p	a	q			Q		M
0—1	6.556	0.968	5.588	5.588	5.588	5.634	6.15	5.56
1—2	9.812	3.410	6.402	11.990	23.166	12.02	25.48	24.30
2—3	10.296	5.698	4.598	16.588	51.744	16.63	16.92	55.15
3—4	17.182	12.166	5.016	21.604	89.936	21.67	98.93	96.57
4—5	18.260	22.110	-3.850	17.754	129.30	17.831	142.22	139.27
5—6	36.872	28.358	8.514	26.268	173.32	26.36	190.65	187.11
6—7	21.956	32.582	-10.63	15.642	215.23	15.74	236.75	232.62
7—8	32.428	34.625	-2.200	13.442	244.31	13.57	268.74	264.02
8—9	26.620	35.552	-8.932	4.51	262.26	4.65	288.44	283.13
9—10	21.472	36.212	-14.74	-10.23	256.54	-10.08	282.20	276.29
10—11	36.608	35.464	1.144	-9.085	237.23	-8.92	260.95	254.45
11—12	26.532	33.990	-7.458	-16.54	211.60	-16.36	232.96	225.87
12—13	27.082	30.140	-3.058	-19.60	175.45	-19.40	193.00	185.32
13—14	25.806	24.750	10.56	-18.55	137.30	-18.33	151.03	142.76
14—15	19.910	19.998	-0.088	-18.63	100.12	-18.40	110.13	101.29
15—16	23.452	15.070	8.382	-10.25	71.236	-10.00	78.36	68.91
16—17	9.086	10.252	-1.166	-11.42	49.566	-11.16	54.52	44.48
17—18	8.360	5.830	2.530	-8.888	29.260	-8.61	32.19	21.56
18—19	6.094	1.870	4.224	-4.664	15.708	-4.37	17.28	6.06
19—20	4.365	0	4.356	-0.308	10.736	0	11.81	0

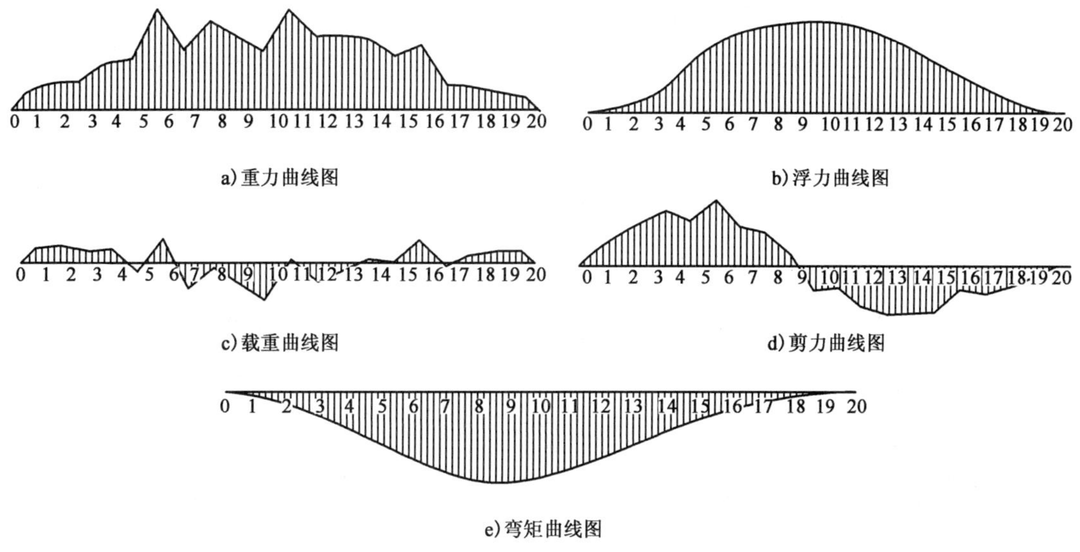

图3-34 重力、浮力、载重及弯矩、剪力曲线图

2. 静水中的弯矩和剪力

1)重量曲线

重量沿舟长方向各站距内分布的曲线称为梯级重量曲线。重量曲线可显示重量沿舟长方向的变化规律,它的竖坐标表示舟体单位长度的重量值。

绘制重量曲线时需要具备如下资料:舟艇重量明细表和舟体纵中剖面图。

舟艇重量明细表是绘制重量曲线的原始资料,它列出各项重量大小及重心位置,并可由此表确定舟艇的总重量及其重心坐标。通常,舟艇的重量包括:舟艇自重为舟体壳板、骨架等。外部载重为根据舟艇的用途不同确定,如浮游桥脚舟主要承受桥跨结构传递的载重量和桥跨结构重量,登陆渡河用的舟艇则承受各种轻重武器、弹药及乘员的重量等。舟艇动力装置重量,对于自航舟艇则有主机及推进器等装置和重量。

舟艇纵剖面图用以确定各项重量的位置及其分布范围。

重量曲线的绘制方法:在舟艇纵剖面图上将其分成若干理论站距,通常可分为10~20个理论站距,对于小型渡河舟艇一般分成10个理论站距。再按照舟艇重量明细表中各项重量的数据,将它们分配到纵剖面图上各理论站距内的相应位置内,各项重量在理论站距内应该使其均匀分布,即将任意荷载换算成均布荷载。

在进行各项重量的分配时应遵循等效原则,即:

①分配后的重量大小应与实际重量相等,即重量曲线下所包含的面积数据应等于该项重量;

②重量曲线下的面积形心与该重量重心一致,重量曲线的总重心与舟艇总重心相一致;

③重量分配的范围应与该重量实际占据的范围相对应。

例如:

(1)荷载 P 位于理论肋距 l 的中点,可将其均匀分配到该理论肋距长度上,均布荷载 $p=P/l$,如图3-35a)所示。

(2)集中荷载 P 位于两个理论肋距交界处,可将荷载均匀分配到两个肋距中,每个肋距内分配到 $P/2$,均布荷载 $p=P/2l$,如图 3-35b)所示。

(3)设集中荷载 P 的重心距中心站为 a,如图 3-35c)所示,现将 P 分配到相邻两个理论肋距中,依据以上原则可列出如下方程组

$$P_1 + P_2 = P, \frac{1}{2}(P_1 - P_2)l = Pa$$

由此可解得

$$\left.\begin{aligned} P_1 &= P\left(0.5 + \frac{a}{l}\right) \\ P_2 &= P\left(0.5 - \frac{a}{l}\right) \end{aligned}\right\} \tag{3-77}$$

因此各理论站距内均布荷载分别为

$$p_1 = \frac{P_1}{l} \qquad p_2 = \frac{P_2}{l} \tag{3-78}$$

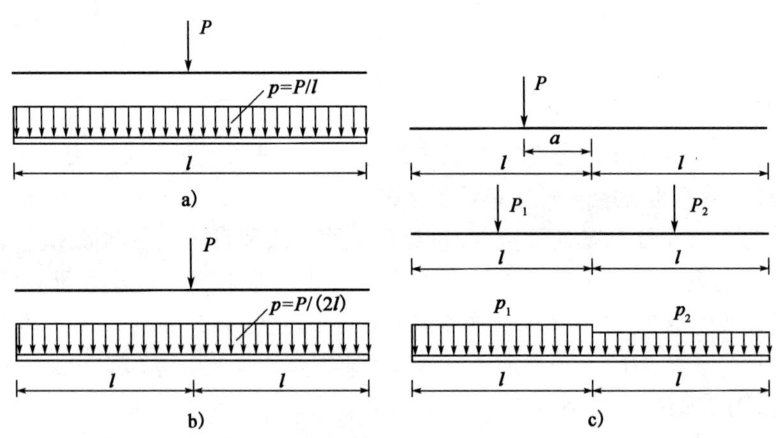

图 3-35　荷载的等效分配

对于其他各种荷载分布情况,可根据具体情况,按静力等效原则灵活处理。

按照上述原则将舟艇各项重量分配之后,可编制出一个重量在各理论站距内分配表(表 3-13),表中列有各项重量在理论站距内的分配情况。最后可用此表中的数据检查重量分配是否正确。

重量在理论站距内的分配表　　表 3-13

序号	载重名称	理论站距										每行之和
		0—1	1—2	2—3	3—4	4—5	5—6	6—7	7—8	8—9	9—10	
1	舟体自重											
		底板										
		甲板										
2	外部重量											

续上表

序号	载重名称	理论站距										每行之和
		0—1	1—2	2—3	3—4	4—5	5—6	6—7	7—8	8—9	9—10	
⋮												
n												
Ⅰ	在站距内的重量（等于每列内的重量之和）	$p_{0\text{-}1}$	$p_{1\text{-}2}$	$p_{2\text{-}3}$	$p_{3\text{-}4}$	$p_{4\text{-}5}$	$p_{5\text{-}6}$	$p_{6\text{-}7}$	$p_{7\text{-}8}$	$p_{8\text{-}9}$	$p_{9\text{-}10}$	Σp
Ⅱ	对于舟体中部的假设力臂	4.5	3.5	2.5	1.5	0.5	-0.5	-1.5	-2.5	-3.5	-4.5	
Ⅲ	假设的力矩	C_{0-1}	C_{1-2}	C_{2-3}	C_{3-4}	C_{4-5}	C_{5-6}	C_{6-7}	C_{7-8}	C_{8-9}	C_{9-10}	ΣC

注：1. 实际力臂应等于假设力臂乘 $l = L/10$。

2. 实际力矩应等于假设力矩乘 l。

3. 舟艇排水量 $D = \Sigma p$。

4. 相对于舟艇中部的重心位置 $x_g = \dfrac{\Sigma C}{\Sigma p} l$。

如果分配正确的话则能满足：舟艇重量之和等于舟艇的排水量，重量分配后的总重心位置应与分配前的位置相符合，即

$$D = \Sigma p \tag{3-79}$$

$$x_g = \frac{\Sigma C}{\Sigma p} l \tag{3-80}$$

根据表3-13中的数据可以绘制出舟艇的重量曲线，如图3-36所示。由于在每个理论站距内将重量均匀分配，所得重量曲线呈阶梯形状，称此曲线为梯级重量曲线。

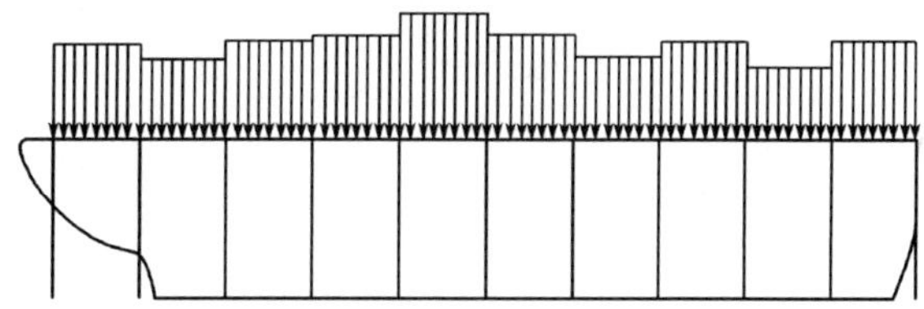

图3-36 各分站载荷梯级曲线

2）浮力曲线

浮力沿舟长方向分布状况的浮力曲线。浮力曲线可显示浮力沿舟长方向的变化规律，它的竖坐标表示舟体单位长度的浮力值。浮力曲线所包围的面积大小等于舟体的总浮力，该面积的形心坐标即为浮心的纵向位置。

绘制浮力曲线时需具备如下资料：舟艇排水量及其浮心坐标值，舟艇的静水性能曲线和邦津曲线图（由舟艇各站的横剖面面积曲线所组成的曲线群）。这些资料均在舟艇原理浮性和稳性计算中可以获得。利用这些资料就可以绘出浮力曲线，具体方法如下：

（1）按已知的排水量，在静水性能曲线上求得平均吃水 T_p、舟体的浮心坐标 x_c、设计水线面积漂心坐标 x_f 及纵稳心半径 R。

如果浮力位置与重心位置相重合，即 $x_c = x_g$，则是正浮，即表示舟艇没有吃水差，这时可按平均吃水 T_P 在邦津曲线上绘出作用水线，并量出各站的浸水面积值，就很容易绘出浮力曲线（因为舟艇单位长度上的浮力值等于浸水面积值乘以水的重度），具体计算方法可按表3-14进行。

浮力分布在理论站距内的计算表　　表 3-14

理论站号	各站浸水面积(m^2)	浸水面积成对和(m^2)	在理论占据内的浮力值(t)	理论占据
1	Ⅱ	Ⅲ	Ⅳ = Ⅲ × 1/2	Ⅴ
0	$A\omega_0$			
		$A\omega_0 + A\omega_1$	$d_{0\text{-}1}$	0—1
1	$A\omega_1$			
		$A\omega_1 + A\omega_2$	$d_{1\text{-}2}$	1—2
2	$A\omega_2$			
		$A\omega_2 + A\omega_3$	$d_{2\text{-}3}$	2—3
3	$A\omega_3$			
		$A\omega_3 + A\omega_4$	$d_{3\text{-}4}$	3—4
4	$A\omega_4$			
		$A\omega_4 + A\omega_5$	$d_{4\text{-}5}$	4—5
5	$A\omega_5$			
		$A\omega_5 + A\omega_6$	$d_{5\text{-}6}$	5—6
6	$A\omega_6$			
		$A\omega_6 + A\omega_7$	$d_{6\text{-}7}$	6—7
7	$A\omega_7$			
		$A\omega_7 + A\omega_8$	$d_{7\text{-}8}$	7—8
8	$A\omega_8$			
		$A\omega_8 + A\omega_9$	$d_{8\text{-}9}$	8—9
9	$A\omega_9$			
		$A\omega_9 + A\omega_{10}$	$d_{9\text{-}10}$	9—10
10	$A\omega_{10}$			

注：舟艇排水量 $D = \sum d$；$l = L/10$。

(2)如果 $x_c \neq x_g$ 时，则舟艇首尾产生吃水差将有总倾，其倾角为：

$$\psi_1 = \frac{x_g - x_c}{R} \tag{3-81}$$

这时可求得舟艇的首尾吃水差为

首吃水

$$T_{s1} = T_{P1} + \left(\frac{L}{2} - x_f\right)\frac{x_g - x_c}{R} \tag{3-82}$$

尾吃水

$$T_{w1} = T_{P1} - \left(\frac{L}{2} + x_f\right)\frac{x_g - x_c}{R} \tag{3-83}$$

按 T_{s1}、T_{w1} 在邦津曲线图上绘出第一次近似吃水线 W_1L_1，利用各站的浸水面积值表(3-15)计算可得第一次近似的排水量 D_1 及浮心坐标 x_{c1}。

舟艇在静水中的平衡位置计算表　　表 3-15

理论站距	假设力臂	第一次近似		第二次近似	
		各站浸水面积(m^2)	(Ⅱ)×(Ⅲ)	各站浸水面积(m^2)	(Ⅱ)×(Ⅴ)
Ⅰ	Ⅱ	Ⅲ	Ⅳ	Ⅴ	Ⅵ
0	5	$A_{\omega 0}$	$5A_{\omega 0}$		
1	4	$A_{\omega 1}$	$4A_{\omega 1}$		
2	3	$A_{\omega 2}$	$3A_{\omega 2}$		
3	2	$A_{\omega 3}$	$2A_{\omega 3}$		
4	1	$A_{\omega 4}$	$A_{\omega 4}$		
5	0	$A_{\omega 5}$	0		

续上表

理论站距	假设力臂	第一次近似		第二次近似	
		各站浸水面积(m^2)	(Ⅱ)×(Ⅲ)	各站浸水面积(m^2)	(Ⅱ)×(Ⅴ)
6	-1	$A_{\omega 6}$	$-A_{\omega 6}$		
7	-2	$A_{\omega 7}$	$-2A_{\omega 7}$		
8	-3	$A_{\omega 8}$	$-3A_{\omega 8}$		
9	-4	$A_{\omega 9}$	$-4A_{\omega 9}$		
10	-5	$A_{\omega 10}$	$-5A_{\omega 10}$		
Σ					
修正值					
修正后总和		Σ(Ⅲ)	Σ(Ⅳ)	Σ(Ⅴ)	Σ(Ⅵ)

注:$D_1=l\Sigma(\text{Ⅲ})$;$D_2=l\Sigma(\text{Ⅴ})$;$x_{c1}=\frac{\Sigma(\text{Ⅳ})}{\Sigma(\text{Ⅲ})}l$;$x_{c2}=\frac{\Sigma(\text{Ⅵ})}{\Sigma(\text{Ⅴ})}l$;$l=\frac{L}{10}$。

(3)当 $D_1=D$ 及 $x_{c1}=x_g$ 时,所得曲线即为实际水线,如果 D_1 与 D,x_{c1} 与 x_g 相差较大,则需要第二次近似:

平均吃水

$$T_{P2}=T_{P1}-\frac{D_1-D}{\gamma A_s} \tag{3-84}$$

倾角

$$\psi_2=\frac{x_g-x_{c1}}{R} \tag{3-85}$$

再重复(2),并验算,直到 D 的误差不超过 0.5%,x_c 不超过 0.1% 为止。对于浮力分配,假设浮力均匀分布于每个理论站距的长度上,可用在每个理论站距内取平均值的方法进行分配,即令

$$\frac{A_{\omega i}+A_{\omega i+1}}{2}l=(A_{\omega i}+A_{\omega i+1})\frac{l}{2} \tag{3-86}$$

浮力分配时,假设浮力均匀分布在每个理论站距上,具体用表进行浮力分配。

3)静水中的剪力与弯矩

在绘制出浮力曲线和中重力曲线后,将在同一剖面处重量曲线上的竖坐标值减去浮力曲线上的竖坐标值,就可得到载重曲线。因为重量曲线和浮力曲线均为梯级曲线,因此,载重曲线也是一条梯级曲线。利用梯级载重曲线就可绘制梯级载重曲线图。

$$q(x)=p(x)-d(x) \tag{3-87}$$

按照梯级载重曲线的数据就很容易求得舟艇各剖面的剪力与弯矩。因为舟艇被当成是一根两端完全自由的变剖面梁,则剖面 x 处的剪力值可用剖面 x 以前的梯级载重曲线的面积值之和来求得,这样就可以沿舟艇长度方向上绘制剪力曲线。而剖面 x 处的弯矩值等于剖面 x 处之前的剪力曲线的面积之和,这样也可以沿舟艇长度方向绘出弯矩曲线。

在应用表进行计算时,由于舟艇两端为自由端,因此剪力与弯矩在第 0 号和第 10 号理论站距处应为零,其剪力曲线和弯矩曲线在第 0 号和第 10 号理论站距处应封闭。但是,在实际计算中有一定误差,通常在第 10 号处没有封闭。设在实际的剪力曲线第 10 号处的不封闭值

为 n_{10}，实际的弯矩曲线第10号处的不封闭值为 m_{10}。当误差值小于表中最大 n 值和最大 m 值的5%时可以修正，修正时将 n_{10} 值 m_{10} 值分为10等分，在每项上都进行修正，即按照表中第Ⅶ项及第Ⅹ项数据分配。当误差值大于表中最大 n 值和最大 m 值的5%时不能修正，说明误差太大，需要调整吃水线，以便获得较为准确的浮力曲线后，再进行计算（图3-37）。

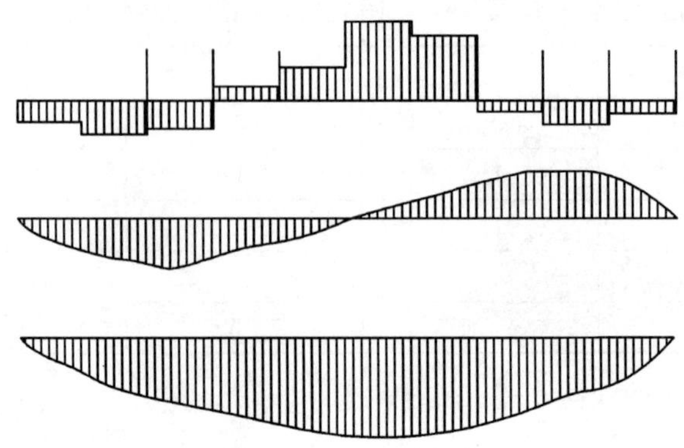

图3-37 弯矩、剪力曲线

3. 浮游桥脚舟的剪力和弯矩计算

对于浮游桥脚舟，其总纵强度计算原理及方法与一般类型的舟艇完全一致，但是根据其结构特点和载荷的特点，计算时将其看成是一根置于水中的空心薄壁梁，在计算时，它的特点表现在以下方面：

（1）浮游桥脚舟线型简单，多呈长方形箱体结构；舟体结构的布置与形状都是对称的，而且多是等剖面梁，各理论站距处的横剖面均相同，因而自重分布均匀，其浮力也均匀分布。

（2）浮游桥脚舟上的桥跨结构对称地布置在舟体中央，所以外载的分布也是均匀、有规律的。由于以上特点，给浮游桥脚舟的计算带来了很多方便之处，可以采用经典的公式分析计算方法进行。

1）作用在浮游桥脚舟上的重量

（1）浮游桥脚舟的自重

因舟体结构与形状均为对称，可以认为自重沿舟体长度方向均匀分布，即

$$g = \frac{G_0}{L} \tag{3-88}$$

式中：G_0——浮游桥脚舟的总重量；

L——浮游桥脚舟的总长度。

由于舟体自重沿其长度均匀分布，则它产生的水压力大小分布也是均匀的，它们在各个剖面处的大小与浮力相等，而方向相反，相互抵消，因此在计算舟体切力和弯矩时可以不考虑自重的影响。

（2）桥跨自重及荷载重

设 R_1 为桥跨结构自重分配到一个舟上的重量，R_2 为活荷载分配到一个舟上的重量。而 R_1 和 R_2 对于舟体的作用，根据桥跨结构的数量来定。

当桥桁数量较少时（$n \leqslant 4$），取 n 个集中荷载，$P = (R_1 + R_2)/n$，按位置放置；当桥桁数量较多时（$n > 4$），取均匀载集度，$p = (R_1 + R_2)/b_0$，在 b_0 内分布；当带式舟桥无桥跨时，取

两段均布荷载，$p = R_2/2b_1$，分两处均布。

(3)浮力(除自重引起的浮力以外)

因为浮力大小是由浮游桥脚舟的浸水面积而定，对于浮游桥脚舟某一小段长度上受到的浮力为 $d = \gamma A_{\omega}\Delta x$，当 $\Delta x = 1$ 时，d 表示单位长度上所受到的浮力。当浮游桥脚舟为长方形箱体时，各理论站距处的浸水面积 A_{ω} 均相等，其大小可以表示为

$$A_{\omega} = BT \tag{3-89}$$

式中：B——舟体宽度(m)；

T——活载荷和桥桁结构重量引起的舟体吃水(没有考虑舟体自重产生的吃水)。

当浮游桥脚舟两端呈雪橇形，可将舟体长度 L 换算为计算长度 L_1 的长方体进行计算，即

$$L_1 = \frac{R_1 + R_2}{d} = \frac{R_1 + R_2}{\gamma A_{\omega}} \tag{3-90}$$

对于舟舷为直壁的舟体，则计算长度为

$$L_1 = \frac{R_1 + R_2}{\gamma BT} = \delta L \tag{3-91}$$

已知作用于舟体的重力和浮力沿其长度的分布情况后，即可求得作用于舟体载重的分布情况，然后应用公式很容易求得舟体的剪力和弯矩。对于各种不同布载情况的剪力和弯矩计算及其结果分别介绍如下。

2)各种布载的剪力和弯矩计算

(1)舟体中央一段对称的均布荷载(表3-16)

舟体中央一段对称的均布荷载时的剪力和弯矩 表3-16

载重类型	舟体中央一段对称的均布荷载		
简图			
范围	$0 < x < \frac{L_1 - b_0}{2}$	$\frac{L_1 - b_0}{2} < x < \frac{L_1 + b_0}{2}$	$L_1 > x > \frac{L_1 + b_0}{2}$
剪力	$Q(x) = -dx$	$Q(x) = -dx + p\left(x - \frac{L_0 - b_0}{2}\right)$	$Q(x) = -dx + pb_0$
弯矩	$M(x) = -\frac{dx^2}{2}$	$M(x) = -\frac{dx^2}{2} + \frac{p}{2}\left(x - \frac{L_1 - b_0}{2}\right)^2$	$M(x) = -\frac{dx^2}{2} + pb_0\left(x - \frac{L_1}{2}\right)$

续上表

载重类型	舟体中央一段对称的均布荷载
最大剪力	$Q_{\max}=\pm\dfrac{pb_0}{2L_1}(L_1-b_0)\quad\left(x=\dfrac{L_1\pm b_0}{2}\right)$
最大弯矩	$M_{\max}=-\dfrac{pb_0}{8}(L_1-b_0)\quad\left(x=\dfrac{L_1}{2}\right)$

注:$p=\dfrac{R_1+R_2}{b_0}$;$d=\dfrac{pb_0}{L_1}$;$L_1=m_2\delta L_2+m_3L_3$;m_2 为尖舟数量;m_3 为方舟数量;L_2 为尖舟长度;L_3 为方舟长度。

(2)舟体中央受 2 个对称集中荷载(表 3-17)

舟体中央受 2 个对称集中荷载时的剪力和弯矩 表 3-17

载重类型	舟体中央受 2 个对称集中荷载		
简图	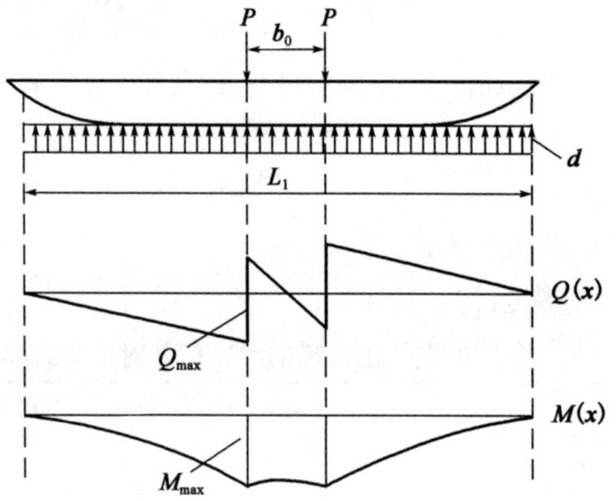		
范围	$0<x<\dfrac{L_1-b}{2}$	$\dfrac{L_1-b_0}{2}<x<\dfrac{L_1+b_0}{2}$	$L_1>x>\dfrac{L_1+b_0}{2}$
剪力	$Q(x)=-dx$	$Q(x)=-dx+P$	$Q(x)=-dx+2P$
弯矩	$M(x)=-\dfrac{dx^2}{2}$	$M(x)=-\dfrac{dx^2}{2}+P\left(x-\dfrac{L_1-b_0}{2}\right)$	$M(x)=-\dfrac{dx^2}{2}+pb_0\left(x-\dfrac{L_1}{2}\right)$
最大剪力	$Q_{\max}=-P+\dfrac{Pb_0}{L_1}\quad\left(x=\dfrac{L_1-b_0}{2},L_1>2b_0\right)$ $Q_{\max}=P-\dfrac{Pb_0}{L_1}\quad\left(x=\dfrac{L_1+b_0}{2},L_1>2b_0\right)$		
最大弯矩	$M_{\max}=-\dfrac{P}{L_1}\dfrac{(L_1-b_0)^2}{4}\quad x=\dfrac{L_1-b_0}{2}$ 或 $x=\dfrac{L_1+b_0}{2}$		

注:$P=\dfrac{R_1+R_2}{2}$;$d=\dfrac{2P}{L_1}$;$L_1=m_2\delta L_2+m_3L_3$;m_2 为尖舟数量;m_3 为方舟数量;L_2 为尖舟长度;L_3 为方舟长度。

(3)舟体中央受3个对称集中荷载(表3-18)

舟体中央受3个对称集中荷载时的剪力和弯矩 表3-18

载重类型	舟体中央受3个对称集中荷载			
简图	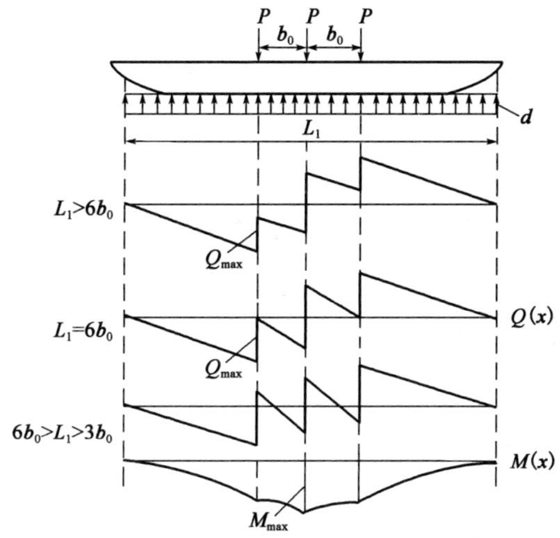			
范围	$0 < x < \frac{L_1 - 2b_0}{2}$	$\frac{L_1 - 2b_0}{2} < x < \frac{L_1}{2}$	$\frac{L_1}{2} < x < \frac{L_1 + 2b_0}{2}$	$\frac{L_1 + 2b_0}{2} < x < L_1$
剪力	$Q(x) = -dx$	$Q(x) = -dx + P$	$Q(x) = -dx + 2P$	$Q(x) = -dx + 3P$
弯矩	$M(x) = -\frac{dx^2}{2}$	$M(x) = -\frac{dx^2}{2} + P\left(x - \frac{L_1 - 2b_0}{2}\right)$	$M(x) = -\frac{dx^2}{2} + 2P\left(x - \frac{L_1}{2}\right) + Pb_0$	$M(x) = -\frac{dx^2}{2} + 3P\left(x - \frac{L_1}{2}\right)$
最大剪力	$Q_{\max} = -\frac{3P}{2} + \frac{3Pb_0}{L_1} \quad \left(x = \frac{L_1 - 2b_0}{2}, L_1 > 3b_0\right)$ 或者 $Q_{\max} = \frac{3P}{2} - \frac{3Pb_0}{L_1} \quad \left(x = \frac{L_1 + 2b_0}{2}, L_1 > 3b_0\right)$			
最大弯矩	$M_{\max} = \frac{3PL_1}{8} + Pb_0, \left(x = \frac{L_1}{2}\right), L_1 > 3b_0$			

注:$P = \frac{R_1 + R_2}{3}$;$d = \frac{3P}{L_1}$;$L_1 = m_2 \delta L_2 + m_3 L_3$;$m_2$ 为尖舟数量;m_3 为方舟数量;L_2 为尖舟长度;L_3 为方舟长度。

(4)舟体中央受4个对称集中荷载(表3-19)

舟体中央受4个对称集中荷载时的剪力和弯矩 表3-19

<table>
<tr><td>载重类型</td><td colspan="6">舟体中央受4个对称集中荷载</td></tr>
<tr><td>简图</td><td colspan="6">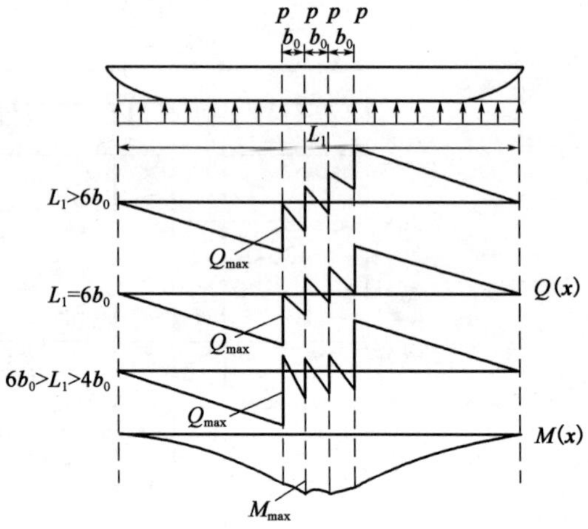
</td></tr>
<tr><td>范围</td><td>$0 < x < \frac{L_1 - 3b_0}{2}$</td><td>$\frac{L_1 - 3b_0}{2} < x < \frac{L_1 - b_0}{2}$</td><td colspan="2">$\frac{L_1 - b_0}{2} < x < \frac{L_1 + b_0}{2}$</td><td>$\frac{L_1 + b_0}{2} < x < \frac{L_1 + 3b_0}{2}$</td><td>$\frac{L_1 + 3b_0}{2} < x < L_1$</td></tr>
<tr><td>剪力</td><td>$Q(x) = -dx$</td><td>$Q(x) = -dx + P$</td><td colspan="2">$Q(x) = -dx + 2P$</td><td>$Q(x) = -dx + 3P$</td><td>$Q(x) = -dx + 4P$</td></tr>
<tr><td>弯矩</td><td colspan="2">$M(x) = -\frac{dx^2}{2}$</td><td colspan="2">$M(x) = -\frac{dx^2}{2} + P\left(x - \frac{L_1 - 3b_0}{2}\right)$</td><td colspan="2">$M(x) = -\frac{dx^2}{2} + P(2x - L_1 + 2b_0)$</td></tr>
<tr><td>弯矩</td><td colspan="3">$M(x) = -\frac{dx^2}{2} + P\left(3x - \frac{3L_1 - 3b_0}{2}\right)$</td><td colspan="3">$M(x) = -\frac{dx^2}{2} + P(4x - 2L_1)$</td></tr>
<tr><td>最大剪力</td><td colspan="6">$Q_{max} = -2P + \frac{6Pb_0}{L_1}$ $\left(x = \frac{L_1 - 3b_0}{2}, L_1 > 4b_0\right)$或者$Q_{max} = 2P - \frac{6Pb_0}{L_1}$ $\left(x = \frac{L_1 + 3b_0}{2}, L_1 > 4b_0\right)$</td></tr>
<tr><td>最大弯矩</td><td colspan="6">$M_{max} = -\frac{PL_1}{2} + 2Pb_0 - \frac{Pb_0^2}{2L_1}$ $\left(x = \frac{L_1 - b_0}{2}, x = \frac{L_1 + b_0}{2}\right)$</td></tr>
</table>

注:$P = \frac{R_1 + R_2}{2}$;$d = \frac{2P}{L_1}$;$L_1 = m_2\delta L_2 + m_3 L_3$;$m_2$ 为尖舟数量;m_3 为方舟数量;L_2 为尖舟长度;L_3 为方舟长度。

(5)舟体中央受 2 个对称均布荷载(表 3-20)

舟体中央受 2 个对称均布荷载时的剪力和弯矩 表 3-20

载重类型	舟体中央受 2 个对称均布荷载				
简图	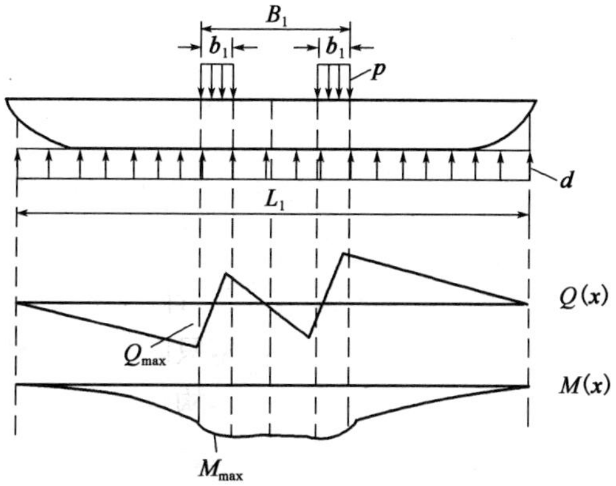				
范围	$0 < x < \frac{L_1 - R_1}{2}$	$\frac{L_1 - B_1}{2} < x < \frac{L_1 - B_1}{2} + b_1$	$\frac{L_1 - B_1}{2} + b_1 < x < \frac{L_1 + B_1}{2} - b_1$	$\frac{L_1 + B_1}{2} - b_1 < x < \frac{L_1 + B_1}{2}$	$\frac{L_1 + B_1}{2} < x < L_1$
剪力	$Q_1 = -dx$	$Q_2 = -dx + p\left(x - \frac{L_1 - B_1}{2}\right)$	$Q_3 = -dx + p(2x - L_1 + B_1 - b_1)$		
剪力	$Q_4 = -dx + p\left(3x - \frac{3L_1 - B_1}{2}\right)$	$Q_5 = dx + p(4x - 2L_1)$			
弯矩	$M_1 = -\frac{x^2}{2}$	$M_2 = -\frac{x^2}{2} + \frac{p}{2}\left(x - \frac{L_1 - B_1}{2}\right)^2$	$M_3 = -\frac{x^2}{2} + pb_1\left(x - \frac{L_1 - B_1 + b_1}{2}\right)$		
弯矩	$M_4 = -\frac{x^2}{2} + pb_1\left(x - \frac{L_1 - B_1 + b_1}{2}\right) + \frac{p}{2}\left(x - \frac{L_1 + B_1 - 2b_1}{2}\right)^2$	$M_5 = -\frac{x^2}{2} + pb_1(2x - L_1)$			
最大剪力	$Q_{max} = -pb_1\left(1 - \frac{B_1}{L_1}\right) \quad \left(x = \frac{L_1 - B_1}{2}\right)$；$Q_{max} = pb_1\left(1 - \frac{B_1}{L_1}\right) \quad \left(x = \frac{L_1 + B_1}{2}\right)$				
最大弯矩	$M_{max} = \frac{p(L_1 - B_1)^2}{32(L_1 - 2b_1)^2}[(L_1 + 2b_1)^2 - 16b_1]$，当 $x = \frac{L_1(L_1 - B_1)}{2(L_1 - 2b_1)}$； 或者 $M_{max} = \frac{-pb_1 L_1}{4} + \frac{pb_1}{2}(B_1 - b_1)$，当 $x = \frac{L_1}{2}$				

注：$P = \frac{R_1 + R_2}{2}$；$d = \frac{2P}{L_1}$；$L_1 = m_2 \delta L_2 + m_3 L_3$；$m_2$ 为尖舟数量；m_3 为方舟数量；L_2 为尖舟长度；L_3 为方舟长度。

二、舟体总纵弯曲强度计算

1. 舟体总纵弯曲应力计算

在获得舟体的剪力曲线和弯矩曲线后，就可以按照式(3-92)、式(3-93)计算剖面处的剪应力和正应力。显然最大正应力值发生在弯矩值最大而抗弯截面模数最小的剖面。浮游桥脚舟大多为等剖面结构，各剖面的模数均相等，故其计算剖面多选在弯矩值最大的舟体中部，剪力最大值多在桥跨结构边桁所处的舟体剖面处。

由公式

$$\sigma = \frac{M}{W} \tag{3-92}$$

$$\tau = \frac{QS}{Jt} \tag{3-93}$$

可以看出，要计算舟体的剪应力和正应力，在已知剪力和弯矩的条件下，还必须求出舟体计算剖面的惯性矩及剖面模数，即还需要计算 W、S、J 等。因为舟体剖面是由板和骨架等多种构件组合而成，其剖面要素的计算较普通梁要复杂一些，计算时按照剖面的组合图形来考虑。当舟体剖面中总纵弯曲的各构件面积一定时，其惯性矩只随这些构件至中和轴之间的距离不同而变化，而与构件在宽度上的位置无关。如果把这些构件的面积集中于纵中剖面处而保持高度不变，可以组成与舟体剖面抗弯能力完全相当的梁，对具有这种剖面的梁我们称为等值梁（或者相当梁），如图 3-38a）为舟体剖面组合图形，图 3-38b）为等值梁剖面。该等值梁的惯性矩、剖面模数与舟体剖面组合图形的惯性矩及剖面模数是相等的。

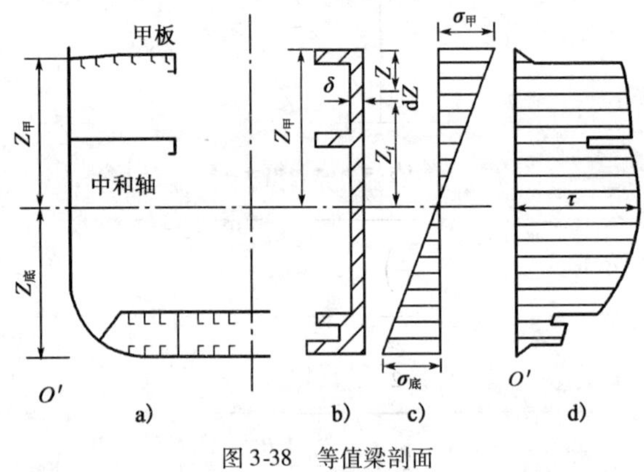

图 3-38　等值梁剖面

现在讨论舟体中那些构件具有抵抗总纵弯曲的能力，也就是说有哪些构件应包括在舟体等值梁剖面中。

可以认为：

（1）舟体纵向骨架（刚性构件），如浮游桥脚舟的底板纵桁、舷底间滑铁、甲板纵桁、甲板边板、舷缘角钢等构件，它们一方面具有抵抗总纵弯曲的能力，另一方面还支持舟体的外板以增强其稳定性。因此，对于舟体贯穿全长的连续纵向构件，都具有抵抗总纵弯曲的作用，即这些构件的横剖面都应该计入等值梁剖面中。对于较短的不连续的纵向构件（如短的基座梁等），因为其抗弯作用不大，则不必计入等值梁剖面中。

（2）外板（柔性构件），如底板、甲板和舷板等可以认为是舟体的纵向连续构件，一般应将其考虑到等值梁的剖面之中。但是由于外板的抗弯刚度较纵向骨架的小，特别是在受压情况下，纵向骨架一般不会失去稳定性而外板容易失去稳定性。因此，在舟体受压部分，外板与纵向骨架（如甲板与纵桁）所起的作用是不同的。试验和理论证明：板在承受很大压力时（超过临界载重）即失去稳定性，板在失去稳定性后，板上的压应力分布得很不均匀，在板与构件相毗邻的地方压应力很大，而在板的中央部分压应力较小，随着压力的增加，其压应力分布越来越不均匀。因此板在未失去稳定性时与骨架的抗弯作用一样，应将其全部计入等值梁剖面中。当板失去稳定性时，则外板只有部分面积可计入等值梁剖面中，这部分面积要根据所受压力大小进行换算。其换算方法如下：

认为只有与刚性构件相毗邻部分的外板可以承受总纵弯曲应力，而其余部分最大只承受等于其临界应力的压应力，这时，按照柔性构件所受压力与刚性构件所受压力相等的条件，将板的面积予以折减，即按照以下公式进行换算

$$\sigma A_0 = \sigma_k A \tag{3-94}$$

$$A_0 = \frac{\sigma_k}{\sigma} A = \varphi A \tag{3-95}$$

式中：A——柔性构件的实际面积；

A_0——柔性构件折减后的面积；

σ_k——柔性构件的临界应力；

σ——与柔性构件距中和轴等远处的刚性构件的压应力；

φ——面积折减系数，变化范围为 $0 < \varphi < 1$。

对于舟体钢板，其临界应力可采用如下公式

当 $a < b$ 时

$$\sigma_k = 2000 \left(\frac{100t}{a}\right)^2 \left(1 + \frac{a^2}{b^2}\right)^2 \tag{3-96}$$

当 $a > b$ 时

$$\sigma_k = 8000 \left(\frac{100t}{b}\right)^2 \tag{3-97}$$

式中：σ_k——临界应力（N/cm^2）；

t——板厚度（mm）；

a——横梁间距（cm）；

b——纵梁间距（cm）。

根据理论分析和试验可知，受拉伸的板与骨架一样参加抵抗总纵弯曲，受压时，由于板与骨架的稳定性相差较大，板不能完全有效地参与抗弯工作。在纵骨架间距较大时，对厚度为 t 的板，只在与骨架毗连的部分对抗弯是有效的，其范围为每边约 $25t$（两边共 $50t$，t 为板厚，单位取 mm），计算时把该部分板作为骨架的附连翼板。由于浮游桥脚舟的外板均为薄板，在舟体等值梁计算中，对板可只计入与刚性构件相毗连的那一部分，对其余部分可忽略不计，这样可使计算工作简化而强度偏安全。

此外，舟体横向骨架，如底板与甲板上的肋骨、甲板横梁，它们具有增强外板及纵向骨架的稳定性作用，但是对于抵抗舟体总纵弯曲并不起作用，因此在舟体等值梁剖面中对其可不计入。

在确定了参加抵抗总纵弯曲的构件以后，就可以按照组合图形计算等值梁的惯性矩和剖面模数，其确定方法如下：

(1)选取比较轴

在舟体横剖面中可选取任意一条水平轴线为比较轴,一般取基线、甲板线均可以。如图3-38所示选择的比较轴为O'-O'轴。

(2)确定中和轴位置

计算等值梁中各构件对比较轴的静矩,然后根据各构件对比较轴静矩总和及各构件面积总和,按照下列公式确定等值梁剖面中和轴的具体位置O-O,即中和轴至比较轴的距离z_0

$$Z_0 = \frac{\sum A_i z_i}{\sum A_i} \tag{3-98}$$

式中:A_1、A_2、…、A_n——等值梁中各构件的面积;

z_1、z_2、…、z_n——等值梁中各构件面积重心至比较轴的距离;

$\sum A_i z_i$——等值梁中各构件对比较轴的静矩总和;

$\sum A_i$——等值梁中各构件面积总和。

(3)求等值梁之惯性矩

设舟体等值梁各构件对比较轴O'-O'的惯性矩分别为$j_i + A_i z_i^2$,则等值梁剖面对比较轴的惯性矩为$\sum j_i + A_i z_i^2$,则对中和轴的惯性矩为

$$J = \sum j_i + \sum A_i z_i^2 - Z_0^2 \sum A_i = \sum A_i Z_i^2 - Z_0 \sum A_i Z_i \tag{3-99}$$

由于$\sum j_i$较小,可以忽略不计。

利用表3-21中数据可以求得中和轴至比较轴的距离z_0及惯性矩J值

$$z_0 = \frac{B}{A} \tag{3-100}$$

$$J = C - \frac{B^2}{A} \tag{3-101}$$

等值梁剖面中和轴位置及惯性矩计算表 表3-21

序号	等值梁剖面各构件名称	构件尺寸(cm)	面积A_i(cm^2)	构件重心至比较轴的距离z_i(cm)	静矩$A_i z_i$(cm^3)	惯性矩	
						移轴惯性矩(cm^4)	自身惯性矩(cm^4)
Ⅰ	Ⅱ	Ⅲ	Ⅳ	Ⅴ	Ⅵ	Ⅶ = Ⅵ × Ⅴ	Ⅷ
1	底板						
2	纵桁						
⋮							
总和			(A)		(B)	(C)	

(4)求等值梁的面模数

$$W_{甲} = \frac{J}{H - z_0}; W_{底} = \frac{J}{z_0} \tag{3-102}$$

(5)计算应力

$$\sigma_{甲} = \frac{M_{max}}{W_{甲}} \tag{3-103}$$

$$\sigma_{底} = \frac{M_{max}}{W_{底}} \quad (3\text{-}104)$$

式中：$\sigma_{甲}$——等值梁甲板上边缘处的正应力值；

$\sigma_{底}$——等值梁底板下边缘处的正应力值。

如果有些构件并不在上下边缘处，则可以按照距中和轴实际位置计算相应的剖面模数，再按公式计算其正应力值。

舟体总纵弯曲的最大剪力一般由舷板承受（如果有纵舱壁板时，则与舷板共同承受）。等值梁中舷板的剪应力值可以按照下式计算

$$\tau = \frac{Q_{max}S}{Jt} \quad (3\text{-}105)$$

式中：Q_{max}——舷板所承受的最大剪力；

J——等值梁剖面的惯性矩；

S——等值梁剖面中和轴上部或者下部各构件对中和轴的静矩总和；

t——舷板的总厚度。

对舷板的稳定性验算可采用如下公式

$$\tau_k = 1020\left(\frac{100t}{a}\right)^2 \quad (3\text{-}106)$$

式中：τ_k——舷板的剪应力，单位取 N/cm^2；

a——舷板肋骨间距。

最后还需要说明，当舟体横剖面内有不同材料的构件组成时，因为各种材料的弹性模量不同，则在等值梁计算中必须将不同材料构件剖面按基本材料加以换算。其换算方法可按下列公式进行

$$E_nA_n = EA \quad (3\text{-}107)$$

$$A_n = \frac{E}{E_n}A = \varphi_nA \quad (3\text{-}108)$$

式中：A——需要换算构件的实际面积；

A_n——按基本材料换算后的构件面积；

E——需换算构件的弹性模量；

E_n——基本构件的弹性模量；

φ_n——面积换算系数。

2. 计算例题

【例 3-4】 已知浮游桥脚舟的结构与尺寸如图 3-39 和图 3-40 所示，求舟体底板所受的总纵弯曲正应力。

基本数据：

（1）浮游桥脚舟尺寸

浮游桥脚舟为三节舟组成，每节舟尺寸为：

$LBH = 6.5m \times 2.4m \times 1.0m$(尖形舟);

$LBH = 5.6m \times 2.4m \times 1.0m$(方形舟)。

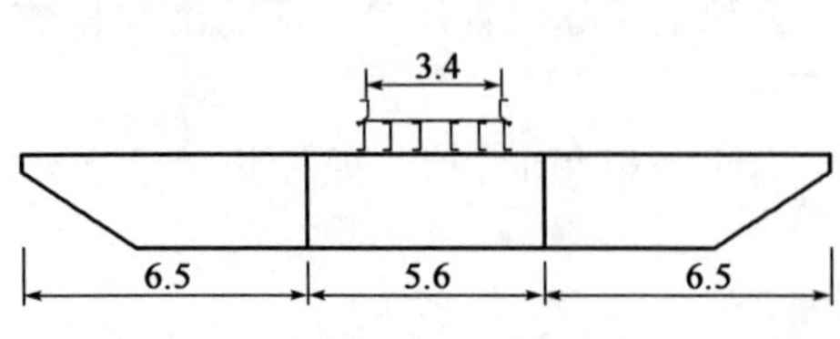

图 3-39 桥脚舟(尺寸单位:m)

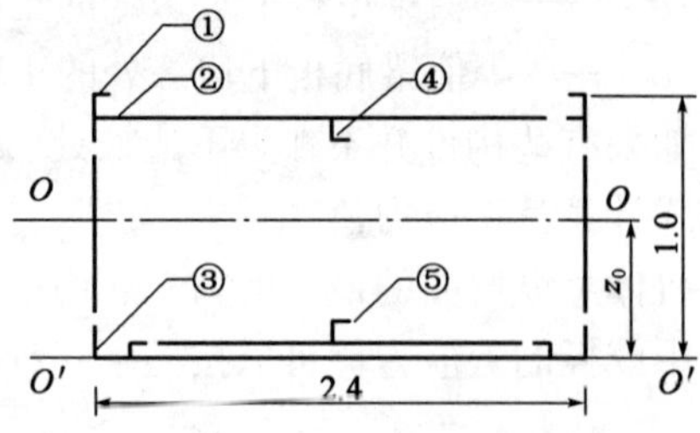

图 3-40 舟横断面(尺寸单位:m)

①~⑤为舟体中横剖面相应编号

舟舷均为直壁,尖形舟方型系数 $\delta_0 = 0.86$ 。

(2)舟体中横剖面

舟体中横剖面各构件尺寸为

①舷缘角钢:9cm×5.6cm,厚度 6mm;

②甲板边板:由钢板制成 8×8cm 角钢,厚度 4mm;

③舷底滑铁:由钢板弯制成槽型尺寸为 10cm×12cm×5cm×5cm,厚度 4mm;

④甲板下纵桁,由钢板折边制成,尺寸为 10cm×6cm,厚度 3mm;

⑤底板纵桁,采用同甲板纵桁构件;

⑥外板:底板厚 3mm,甲板、舷板厚度 2mm。

(3)荷载

静载:桥跨结构重量 $R_1 = 22\text{kN}$;

舟体自重:$P_0 = 14\text{kN}$(尖形舟);$P_0 = 12\text{kN}$(方形舟);

活载:$R_2 = 300\text{kN}$。

(4)桥面宽度

$b_0 = 3.4\text{m}$(两外桁间距离)。

解:

(1)确定重力与浮力

桥跨结构与活载在舟上的分布值为

$$P_0 = \frac{R_1 + R_2}{b_0} = \frac{22 + 300}{3.4} = 94.7(\text{kN/m})$$

舟体计算长度为

$$L_0 = 2\delta_0 L_1 + L_2 = 2 \times 0.86 \times 6.5 + 5.6 = 16.78(\text{m})$$

浮力分布值为

$$d = \frac{R_1 + R_2}{L_0} = \frac{22 + 300}{16.78} = 19.2(\text{kN/m})$$

(2)求最大弯矩

应用表 3-16 中公式得

$$M_{\max} = \frac{p_0 b_0}{8}(L_0 - b_0) = \frac{94.7 \times 3.4}{8} \times (16.78 - 3.4) = 538.5(\text{kN} \cdot \text{m})$$

(3)求舟体横剖面对中和轴的惯性矩

选择横剖面的计算剖面如表3-22中构件形状图所示，剖面中各组合构件的面积中心 z_0 及其自身惯性矩计算结果列于表3-22中，并由表3-23可求得舟体横剖面中和轴位置(至基线距离)，即

$$z_0=\frac{\sum A_i z_i}{\sum A_i}=\frac{4126.76}{85.72}=48.14(\text{cm})$$

由此，舟体横剖面中各构件中心至中和轴的距离 z_{0i} 可求得。

舟体横剖面中各组合构件几何要素计算 表3-22

序号	构件名称	构件尺寸	构件形状	构件面积 (cm^2)	构件面积中心 (cm)	构件自身惯性矩 (cm^4)
①	舷缘角钢	9cm×5.6cm，厚度6mm	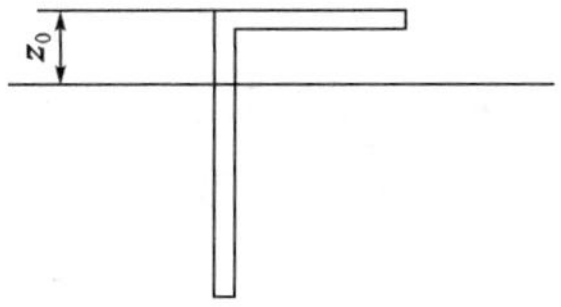 z_0	8.76	2.89	118.53
②	甲板边板	8×8cm角钢，厚度4mm	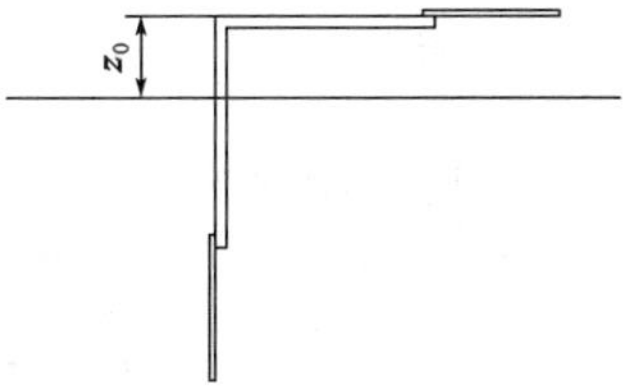 z_0	8.40	2.84	111.13
③	舟底滑铁	10cm×12cm×5cm×5cm，厚度4mm	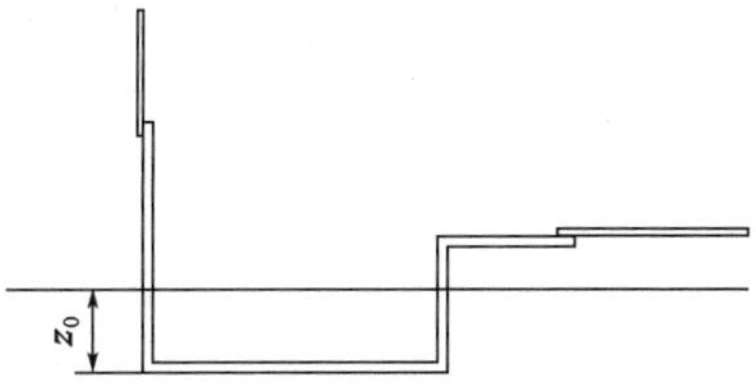 z_0	16.05	3.74	191.20
④	甲板纵桁	10cm×6cm，厚度3mm	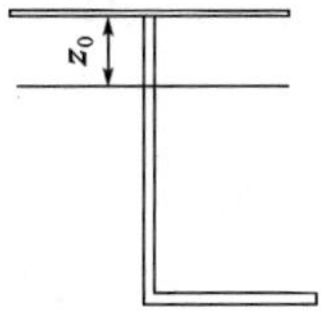 z_0	8.40	5.47	150.00
⑤	底板纵桁	10cm×6cm，厚度3mm	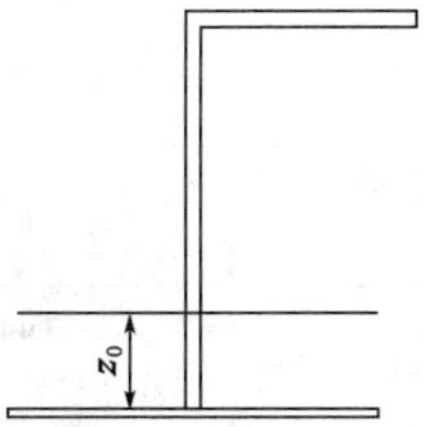 z_0	10.90	4.32	206.90

舟体横剖面对中和轴的惯性矩计算表　　表 3-23

序号	等值梁构件名称	构件尺寸(cm)	面积(cm^2)	构件质心至比较轴的距离(cm)	静矩(cm^3)	惯性矩(cm^4)	
						移轴惯性矩	自身惯性矩
Ⅰ	Ⅱ	Ⅲ	Ⅳ	Ⅴ	Ⅵ	Ⅶ = Ⅵ × Ⅴ	Ⅷ
①	舷缘角钢	见上表	2×8.76	97.11	1701.36	165219	118.53×2
②	甲板边板		2×8.40	88.16	1481.00	130565	111.13×2
③	舟底滑铁		2×16.05	3.74	120.00	448.80	191.20×2
④	甲板纵桁		8.40	85.53	718.45	61449.00	150.00
⑤	底板纵桁		10.90	9.72	105.95	1029.80	206.90
合计			85.72		4126.76	359910.3	

依据表中数据可得

$J = 359910.3 - 85.72 \times 48.14^2 = 161257.3(\text{cm}^4)$

舟体底板所受总纵弯曲应力(在底板厚度中心,即离中和轴距离处)为

$$W = \frac{J}{Z_0} = \frac{161257.3}{48.14} = 3349.8(\text{cm}^3);\sigma = \frac{M_{\max}}{W} = \frac{538.5 \times 10^6}{3349.8 \times 10^3} = 160.8(\text{MPa})$$

三、舟艇强度的许用应力选择

舟艇结构强度是以构件的应力值来衡量的。其强度校核采用普通梁的校核方法,即在已知外力下求出结构构件的应力并与其相应的许用应力相比较。许用应力是舟艇结构设计时预计的各种工况下,结构构件所容许承受的最大应力值,许用应力值通常小于结构发生危险状态时材料所对应的极限应力值,以保证强度有足够的储备。当结构构件的应力小于其许用应力值时则满足强度条件,认为舟艇结构强度是安全可靠的,由于在舟艇强度计算中均带有某些假设条件,因此计算所得的应力值有一定的近似性。在理论上,材料的极限应力除以安全系数即为许用应力值。在实际上,舟艇的许用应力 σ 是根据舟艇设计、使用以及航行试验的结果,再按安全和经济的原则综合分析确定的。在校核舟艇结构构件的强度时需要合理地选取与之相适应的许用应力标准。

在舟艇强度计算中许用应力[σ](表 3-24)一般用小于构件材料的屈服极限 σ_s 的大小作标准,即

$$[\sigma] = K\sigma_s \tag{3-109}$$

式中:K——构件的强度储备系数,$K \leqslant 1$。

许用应力标准　　表 3-24

序号	舟体构件的名称及受载特点	计算应力	强度储备系数 K 值
1	参加总纵弯曲,但是不承受局部载重作用的等值梁的刚性构件	总纵弯曲应力 σ	0.75
2	参加总纵弯曲,但是局部载重作用的等值梁的刚性构件	总纵弯曲应力 σ	0.60
3	参加总纵弯曲和板架局部弯曲的构件(有载重的甲板纵桁和底板纵桁)	总纵弯曲和板架弯曲的合成正应力 $\sigma_1+\sigma_2$ 在跨距中 在支座处	 0.75 1.00

续上表

序号	舟体构件的名称及受载特点	计 算 应 力	强度储备系数 K 值
4	参加总纵弯曲并承受局部载重作用的横骨架式舟体壳板	总纵弯曲和板弯曲的合成正应力 $\sigma_1+\sigma_2$ 在跨距中 在支座处	 0.85 未定
5	作为有限刚性板计算的舟体壳板	总纵弯曲应力，板的局部弯曲应力和板的链锁应力的合成正应力	1.00
6	总纵弯曲时承受剪力作用的舟体构件（舷板）	总纵弯曲剪应力 τ	0.30
7	舟体横向普通骨架：横骨架式的舟底肋骨，舷部肋骨和横梁	局部载重引起的正应力： 在跨距中 在支座处	 0.85 1.00
8	舟体横向宽骨架：宽肋骨和宽横梁	局部载重引起的正应力： 在跨距中 在支座处	 0.75 0.85
9	压筋组成的横向刚架	在跨距中 在支座处	0.80 1.00
10	支柱与斜撑		0.80

在确定构件的强度储备时所考虑的因素很多，如有：

（1）载重性质，经常性小，偶然性大；动载小，静载大。

（2）结构的重要性，整体破坏、局部破坏。

（3）计算的准确性，是简化计算还是精确计算。

（4）建造质量，是否有残余变形。

（5）使用年限、条件等。

表3-24 所列数据为与舟艇计算有关的内河舟艇（钢质船体）许用应力标准，供舟艇结构设计时参考。

四、舟体挠度

对于使用高强度钢或者铝合金的舟艇以及舟长与型深之比很大的舟艇，应注意考虑挠度问题。挠度过大时，对舟艇舾装件的安装，特别对桥节舟的相互连接都有很不利的影响。

舟体总纵弯曲时的挠度包括弯曲挠度和剪切挠度两部分。

如果取舟体尾部为原点，x 轴沿舟长方向，z 轴垂直向上，则作用在舟体任意剖面上的弯矩 $M(x)$ 与挠度 z 之间具有下列关系

$$EJ(x)z'' = -M(x) \tag{3-110}$$

对式(3-110)积分两次得到

$$z(x) = -\int_0^x\int_0^x \frac{M(x)}{EJ(x)}\mathrm{d}x\mathrm{d}x + ax + b \tag{3-111}$$

式中：a、b——积分常数，可根据舟体首尾端挠度为零的条件决定，经计算，则

$$b = 0;a = \frac{1}{L}\int_0^L\int_0^x \frac{M(x)}{EJ(x)}\mathrm{d}x\mathrm{d}x \tag{3-112}$$

于是，舟体弯曲挠度方程式为

$$z(x)=\frac{1}{E}\left[\frac{x}{L}\int_0^L\int_0^x\frac{M(x)}{J(x)}\mathrm{d}x\mathrm{d}x-\int_0^x\int_0^x\frac{M(x)}{J(x)}\mathrm{d}x\mathrm{d}x\right] \tag{3-113}$$

式中：E——舟体材料弹性模量；

$J(x)$——舟体剖面惯性矩。

可用表3-25计算。在用表计算时，可以将舟艇分为10站或者20站。

弯曲挠度计算表　　表3-25

理论站号	弯矩 $M(x)$ (kN·m)	惯性矩 $J(x)$ (m^4)	$\frac{M(x)}{J(x)}$ (kN/m^3)	第Ⅳ项成对和 (kN/m^3)	第Ⅴ项自上而下和 (kN/m^3)	第Ⅵ项成对和 (kN/m^3)	第Ⅶ项自上而下和 (kN/m^3)	(Ⅷ)×$\left(\frac{L}{40}\right)^2$ (kN/m)	(Ⅸ)×$\frac{l}{20}$ (kN/m)	$\frac{(Ⅹ)}{(Ⅸ)}$	挠度 z (Ⅺ)/E (m)
Ⅰ	Ⅱ	Ⅲ	Ⅳ	Ⅴ	Ⅵ	Ⅶ	Ⅷ	Ⅸ	Ⅹ	Ⅺ	Ⅻ
0											
1											
2											
⋮											
20											

对于舟体因为剪力作用而产生的剪切挠度，一般约为弯曲挠度的10%，故通常可不计算。舟体的挠度一般应小于舟长的1/400。

第四章

门桥渡河及计算

第一节　门桥结构

当外荷载作用在门桥上时,将引起它的下沉和弯曲这两种主要现象。当荷载重心偏离门桥重心时,还会使门桥倾斜。要安全漕渡载重物必须一方面保证门桥有足够的载重量和稳性;另一方面门桥承重结构要有足够的强度。因此,这三方面成为门桥计算的主要内容。

从静力学观点讲,门桥是作为分置式桥脚上的梁或带式桥脚(连续基础)上的梁来计算的。在荷载作用下门桥产生吃水和弯曲,因为桥跨的弯曲变形与桥脚舟吃水相比通常是很小的,在多数情况下可忽略不计,所以可认为门桥是具有绝对刚性的承重结构的刚体。门桥越短,这种假定越准确。一般桥脚分置式门桥的桥脚舟数在3~4个以下时,是较准确的。通常结构的门桥舟数多在这个范围内,因此,这个假定对我们是适用的。以下介绍用绝对刚性假设来计算门桥的浮性、稳性和桥桁强度。

第二节 门桥浮性

浮游桥脚的吃水包括静载和活载共同作用时桥脚的吃水。静载包括桥跨结构的自重和桥脚舟的自重，吃水包括门桥的中心载引起的平均吃水和偏心荷载引起的附加吃水。先来研究中心载吃水，中心载吃水是活载重心位置配置在门桥的浮游中心线上，浮游桥脚上各点的吃水均为

$$\left.\begin{aligned} T_1 &= \frac{G}{\gamma F_m} \\ T_2 &= \frac{Q}{\gamma F_m} \end{aligned}\right\} \tag{4-1}$$

式中：G、Q——静载和活载总重，对于分置式桥脚的门桥 $G = mG_0 + gL_0$，对于带式门桥 $G = gL_0$；

m——门桥中桥脚舟数量；

G_0——单个桥脚舟重量；

g——门桥桥跨结构或带式门桥结构的每延米重量；

L_0——门桥全长；

γ——水的重度；

F_m——门桥内 m 个桥脚舟的计算水线面面积之和，对分置式桥脚门桥 $F_m = mF_0$，对带式门桥 $F_m = B_0L_0$；

F_0——单个桥脚舟的水线面面积；

B_0——带式门桥的计算宽度，$B_0 = \delta B$；

B——带式门桥全宽；

δ——门桥桥脚舟的排水体积系数[式(3-6)]。

门桥浮性计算简图如图4-1所示。

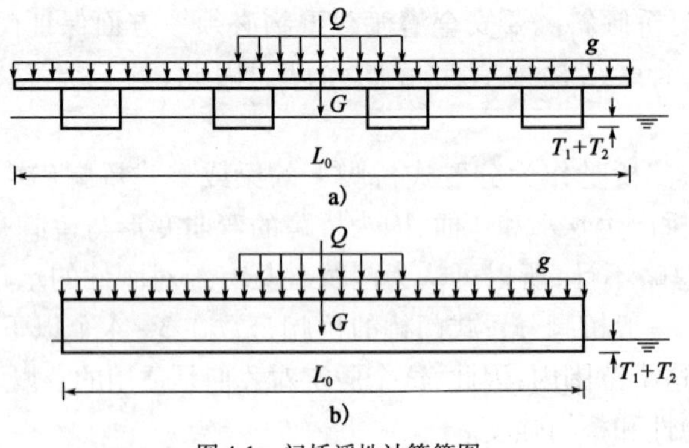

图4-1 门桥浮性计算简图

门桥的总吃水深度校核(图4-1)为

$$T = T_1 + T_2 \leqslant [T] \tag{4-2}$$

式中：[T]——容许吃水深度，一般情况下，对于开口式桥脚[T] = $2H/3$，但干舷不得小于30cm，对于闭口式桥脚[T] = $4H/5$，但干舷不得小于20cm，H为干舷的计算高度，如果在长江等宽大的、有风浪影响的江河中运用，还要考虑到风浪的作用，例如在长江上运用时其安全干舷值应在上述值的基础上再增加50cm。

第三节 门 桥 稳 性

由于活载在门桥上装载后，活载的重心对于门桥的浮游中心经常产生一定的横方向和纵方向的偏心，其重力和浮力对于此偏心产生一个力矩。在此力矩的作用下，门桥倾斜后连同桥脚舟一起产生了纵倾和横倾，由此产生门桥的稳性计算问题，桥脚舟在纵横两个方向上有了附加吃水，必须将此附加吃水在计算桥脚舟的总吃水时计入。活载偏心位置在计算时可这样选定，活载在门桥x轴方向受到缘材的限制，而在y轴方向虽不受结构物的限制，但因装载是慢速进行的，并尽可能使桥脚舟获得均匀吃水，经验证明一般不超过1m。

活载沿x轴和y轴的偏心值分别可取

$$e_x = \frac{b_0 - B_c}{2};e_y = 1$$

式中：b_0——桥跨车行部宽度；

B_c——活载全宽。

在计算桥脚舟的附加吃水可用舟艇原理中初稳性公式，对于门桥的纵倾角θ_x和横倾角θ_y可用式(4-3)计算(图4-2)。

$$\theta_x = \frac{M_x}{\gamma J_x \psi_x};\theta_y = \frac{M_y}{\gamma J_y \psi_y} \tag{4-3}$$

式中，$M_x = Qe_y, M_y = Qe_x$；Q为活载全重；J_x和J_y为门桥计算水线面面积分别对于x轴和y轴的惯性矩；γ为水的重度；ψ_x和ψ_y为门桥稳心高度与稳定半径的比值，对于x轴和y轴在多数情况下可分别取1.0和0.9。

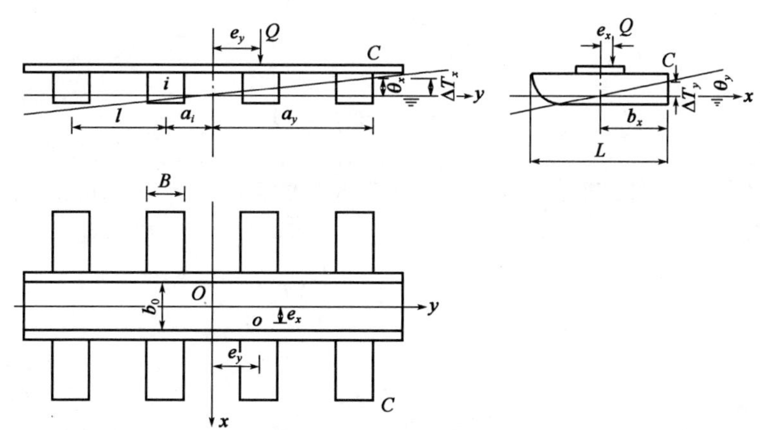

图4-2 门桥稳性计算简图

在分置式桥脚的门桥的计算水线面面积对x轴的惯性矩计算中，略去桥脚舟对自身轴线

的惯性矩后,可按下式确定

$$J_x = \sum_m F_0 a_i^2$$

式中:F_0——一个桥脚舟的计算水线面面积;

a_i——每个桥脚舟 i 的轴线到门桥轴线的距离(图 4-2);

m——门桥中桥脚舟的数目。

分置式桥脚门桥的水线面面积对 y 轴的惯性矩等于全部桥脚舟的水线面面积惯性矩之和,即

$$J_y = mJ_y^0$$

式中:J_y^0——一个桥脚舟的计算水线面面积对 y 轴的惯性矩。

带式门桥的水线面面积惯性矩按只有一个桥脚舟的门桥计算。

现将各种门桥的水线面面积的惯性矩列于表 4-1。

各种门桥的水线面面积的惯性矩 表 4-1

惯性矩	二舟门桥	三舟门桥	四舟门桥	五舟门桥	带式门桥
J_x	$F_0 l^2/2$	$2F_0 l^2$	$5F_0 l^2$	$10F_0 l^2$	$B_0 L_0^3/12$
J_y	$2J_y^0$	$3J_y^0$	$4J_y^0$	$5J_y^0$	$B_0^3 L_0/12$

注:l 为门桥跨度,其余符号意义同前。

由纵倾和横倾引起距门桥中心最远点的附加吃水等于

$$\left.\begin{aligned}\Delta T_x &= \theta_x a_y\\ \Delta T_y &= \theta_y b_x\end{aligned}\right\} \tag{4-4}$$

式中,a_y 和 b_x 是门桥最大吃水点的坐标(图 4-2),对于分置式桥脚的门桥等于

$$\left.\begin{aligned}a_y &= \frac{(m-1)l+B}{2}\\ b_x &= \frac{L}{2}\end{aligned}\right\} \tag{4-5}$$

B 和 L 为浮脚桥脚的的宽度和长度。对于带式门桥有:$a_y = L_0/2$;$b_x = B_0/2$

最大吃水为

$$T' = T + \Delta T_x + \Delta T_y$$

要求

$$H - T \geqslant h_0$$

式中:H——门桥中桥脚舟的型深;

h_0——容许干舷高度,对于开口式舟:$h_0 = 10\text{cm}$;对于闭口式舟:$h_0 = 0\text{cm}$。同样,在长江等有风浪影响的江河中,干舷应增加 50cm。

第四节 桥 桁 强 度

一、桥跨弯矩

门桥的强度计算内容主要是桥跨强度和舟体强度，舟体强度已在第三章中阐述，这里只介绍桥桁强度计算的方法。

在求桥桁弯矩之前，必须先作桥脚舟反力影响线，当载重 $P = 1$ 作用在离门桥中心轴 x 时，桥脚舟 i 的反力可通过以下方法求得。

在不破坏平衡的条件下在坐标原点 O 上作用一对等值的反向力 $P = 1$（图 4-3），这样，单位偏心力的作用可由作用在坐标原点的单位力 $P = 1$ 和 $M = 1 \times x$ 的力偶来代替。桥脚舟 i 的反力可看作由两部分组成

$$R_{ix} = \frac{1}{m} + \frac{xa_i}{rJ_x}F_0$$

引入惯性半径 r 的公式

$$r = \sqrt{\frac{J_x}{F_m}} \text{ 或 } J_x = F_m r^2 \tag{4-6}$$

R_{ix} 式经过整理后写成

$$R_{ix} = \frac{1}{m}\left(1 + \frac{a_i}{r^2}x\right) \tag{4-7}$$

式中：a_i ——在分置式桥脚门桥中桥脚舟 i 的轴线到门桥轴线的距离。

根据式(4-7)可求出当 $P = 1$ 分别作用在 A、O、B 时的桥脚 i 反力影响线的各坐标。

$P=1$ 在 A 点时，$R_{iA} = \frac{1}{m}\left(1 + \frac{a_i L_0}{2r^2}\right)$；

$P=1$ 在 O 点时，$R_{iO} = \frac{1}{m}$；

$P=1$ 在 B 点时，$R_{iB} = \frac{1}{m}\left(1 - \frac{a_i L_0}{2r^2}\right)$。

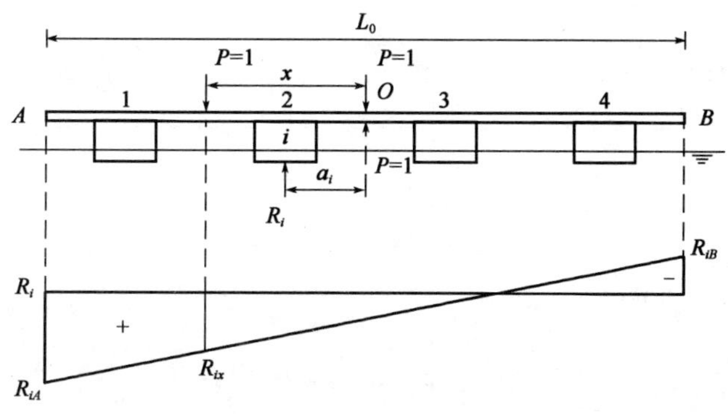

图 4-3 桥脚舟 i 的反力影响线图

因此对于各种舟数的门桥的桥脚反力影响线都可求出，如以二舟门桥为例，门桥跨度为l，$m=2$，$a_i=l/2$，$r=l/2$代入式(4-7)，得桥脚舟1[图4-4a)]的反力影响线纵坐标方程及纵坐标值。

$$R_{ix}=\frac{1}{2}\left(1+\frac{2x}{l}\right)\ ;\ R_{1A}=\frac{L_0+l}{2l}\ ;\ R_{11}=1\ ;\ R_{12}=0\ ;\ R_{1B}=\frac{L_0-l}{2l}$$

做具体影响线图时只要将$R_{11}=1$和$R_{12}=0$两点坐标连成直线即可，其他各舟门桥反力影响线坐标可用同样方法求得，影响线见图4-4。

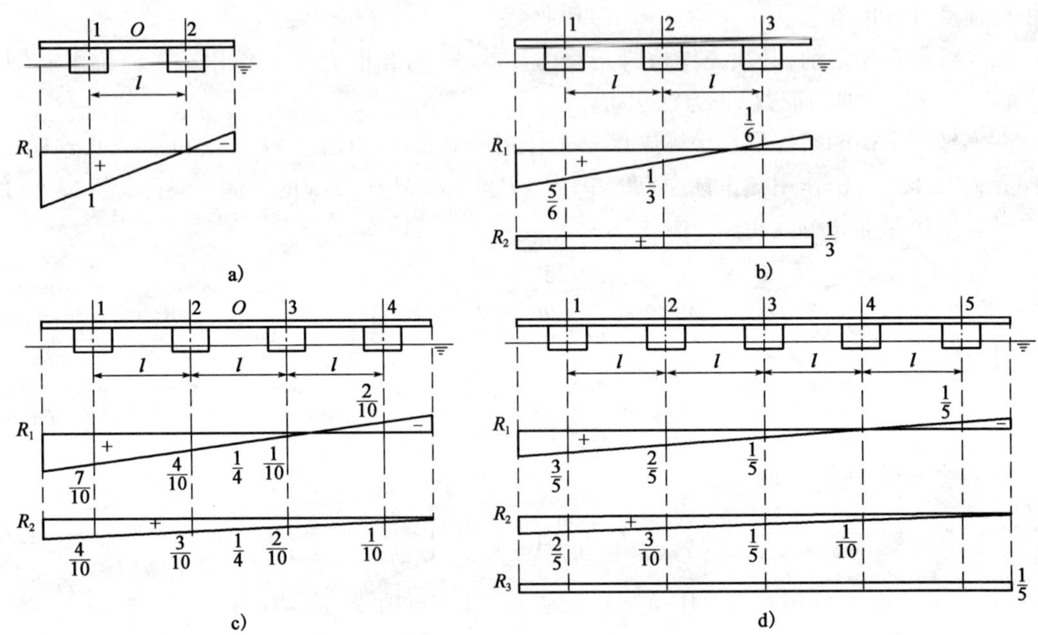

图4-4　门桥反力影响线图

根据浮游桥脚舟的反力可以计算门桥桥跨上任一点的弯矩，一般只计算门桥中央截面的弯矩，以四舟门桥为例，如$P=1$作用在距中央点O为x时，O点的弯矩可从下式求出(图4-5)

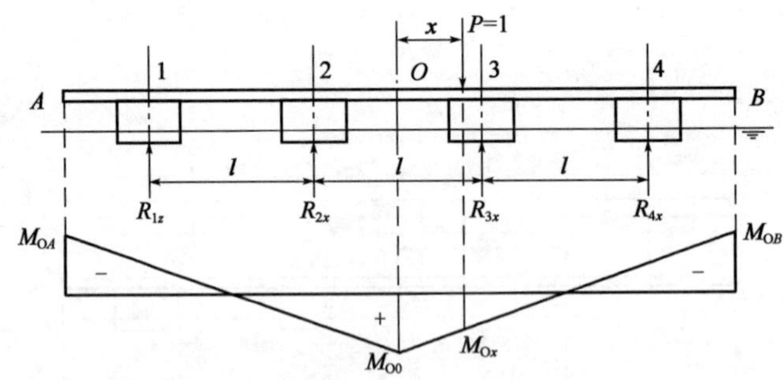

图4-5　门桥桥跨中央点弯矩影响线图

如$P=1$位于断面O的右侧，则为

$$M_{Ox}=R_{1x}\cdot\frac{3l}{2}+R_{2x}\frac{l}{2}$$

如$P=1$位于断面O的左侧，则为

$$M_{Ox} = R_{1x} \cdot \frac{3l}{2} + R_{2x} \cdot \frac{l}{2} - x$$

以上公式中 R_{1x} 和 R_{2x} 表示由 $P = 1$ 作用在距中央点 O 为 x 时，桥脚 1 和 2 的反力。如 $P=1$作用在桥脚 1 上，则为

$$M_{O1} = R_{11} \cdot \frac{l}{2} - 1 \cdot \frac{l}{2} = 0$$

如 $P= 1$ 作用在门桥中央，则为

$$M_{O0} = R_{10}\frac{l}{2} = \frac{1}{2} \cdot \frac{l}{2} = \frac{l}{4}$$

用同样方法可求出二、三、四、五舟桥中央点弯矩影响线的各主要坐标值，见图 4-6。由于桥桁在舟上一般采用舟舷支撑的方法，因此当门桥的舟数为奇数时（如三舟门桥、五舟门桥），与以上的计算稍有不同，这时中间舟的舟舷反力对门桥中央点产生一部分弯矩（图 4-7），舟舷反力等于桥脚反力的 1/2。

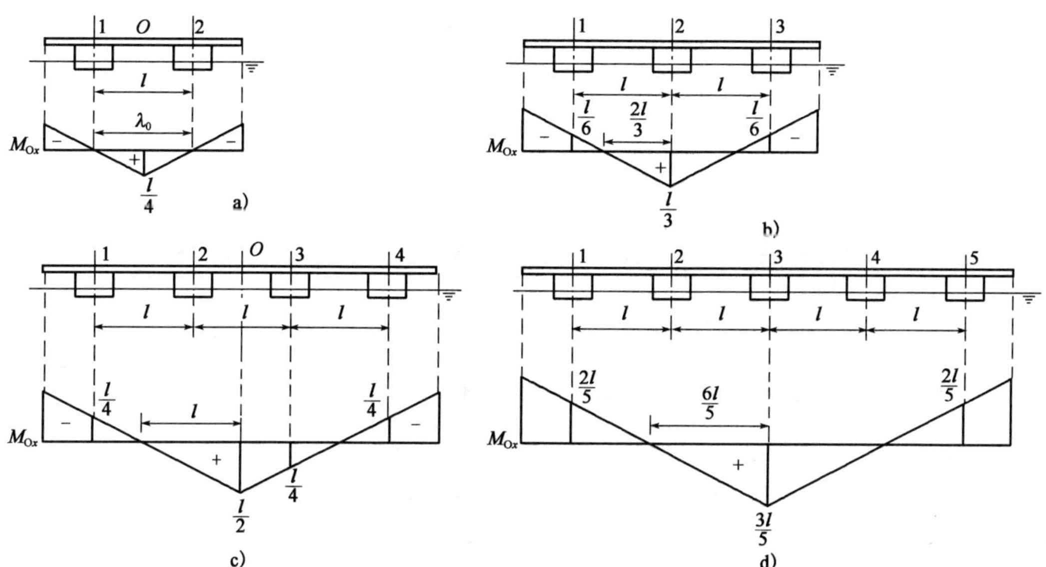

图 4-6　二舟至五舟门桥中央点的弯矩影响线

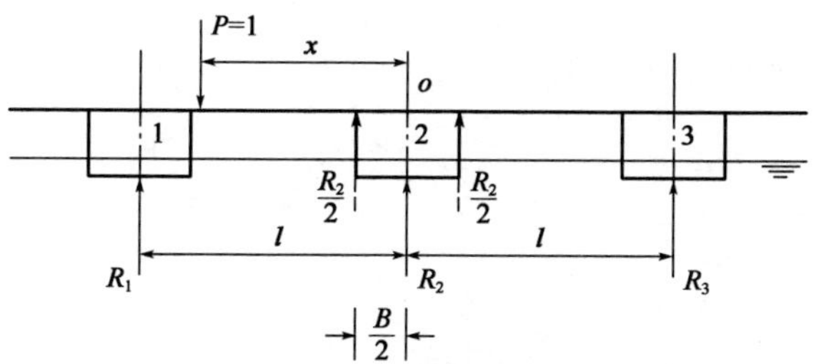

图 4-7　三舟门桥中间桥脚的舟舷反力图

如舟宽与跨度之比 $\eta = B/l$，则三舟门桥桥跨中央点弯矩影响线坐标为

当 $P= 1$ 作用在桥脚 1 上时，$M_{21} = R_{11} \cdot l + R_{21} \cdot \frac{l}{4} \cdot \eta - 1 \cdot l = -\frac{l}{12}(2 - \eta)$；

当 $P= 1$ 作用在桥脚 2 上时，$M_{22} = R_{12} \cdot l + R_{22}\frac{l}{4} \cdot \eta = \frac{l}{12}(4 + \eta)$。

用同样方法可求出五舟门桥中央点弯矩影响线坐标。

当 $P=1$ 作用在桥脚 1 上时，$M_{31}=-\frac{l}{20}(8-\eta)$；

当 $P=1$ 作用在桥脚 2 上时，$M_{32}=\frac{l}{20}(2+\eta)$；

当 $P=1$ 作用在门桥中央时，$M_{33}=\frac{l}{20}(12+\eta)$。

这种弯矩影响线坐标比桥跨在舟上中央支撑的要大些，对于三舟门桥，增大 $\eta/12$；对于五舟门桥，增大 $\eta/20$（图 4-8）。

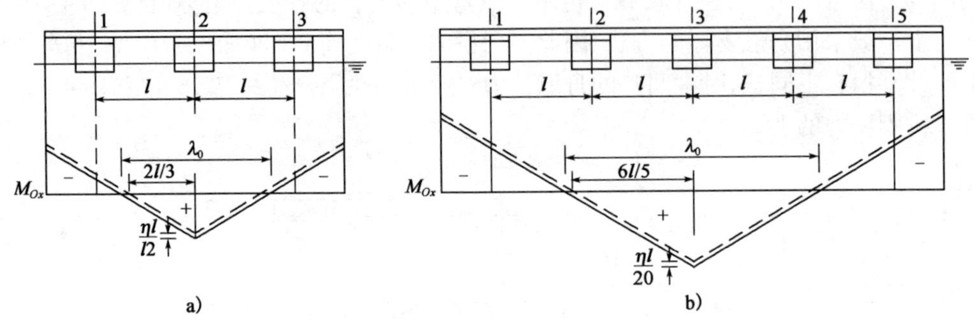

图 4-8　三舟门桥与五舟门桥中央点弯矩影响线图

在假定桥跨为绝对刚体的情况下，桥跨中央点弯矩影响线的正段长度 λ_0，不难得出：

$$\lambda_0=4M_{00}$$

式中：M_{00}——门桥中部弯矩影响线的最大坐标。

这样，无论是几舟门桥，都可以作为二支点的梁来计算，其计算跨度为 $\lambda_0=4M_{00}$。

$$\left.\begin{aligned}&\text{二舟门桥}\quad \lambda_0=l\\&\text{三舟门桥}\quad \lambda_0=\frac{1}{3}(4+\eta)l\\&\text{四舟门桥}\quad \lambda_0=2l\\&\text{五舟门桥}\quad \lambda_0=\frac{1}{5}(12+\eta)l\end{aligned}\right\}\tag{4-8}$$

在以上公式中 l 为门桥中桥脚轴线间的距离。在近似估算中，可用以下公式计算：

$$\lambda_0=\frac{m}{2}l$$

式中：m——门桥中桥脚舟数。

在活载作用下的桥跨弯矩可以用下式计算

$$M_2=\frac{Q}{8}(2\lambda_0-s)\tag{4-9}$$

式中：Q——活载全重；

λ_0——计算跨度；

s——履带接地长度。

静载作用下的桥跨中部的弯矩可按下式计算

$$M_1 = \Omega_m \cdot g = \frac{gL_0}{8}(2\lambda_0 - L_0) \tag{4-10}$$

弯矩影响线总面积 $\Omega_m = \frac{1}{2} \cdot L_0 \cdot \frac{L_0}{4} - \frac{L_0 - \lambda_0}{4} \cdot L_0 = \frac{L_0}{8}(2\lambda_0 - L_0)$，因为 $2\lambda_0 - L_0$ 的值很小，而且有时可能得出负值，所以在近似计算时由于自重引起的弯矩值可以忽略不计。

二、单根桥桁的弯矩

一根桥桁中的弯矩为

$$M = \frac{M_1}{n} + K_{df} \cdot M_2 \tag{4-11}$$

式中：M_1——在静载作用下的桥跨中产生的弯矩；

M_2——在活载作用下的桥跨中产生的弯矩；

n——桥跨横断面中桥桁的数量；

K_{df}——横向分配系数。

横向分配系数用下式计算：

当桥桁的间距相同时

$$K_{df} = \frac{1}{n}\left(1 + \frac{6e}{b_1} \cdot \frac{n-1}{n+1}\right) \tag{4-12}$$

当桥桁的间距不同时

$$K_{df} = \frac{1}{n} + \frac{eb_1}{\sum b_i^2} \tag{4-13}$$

式中：b_1——边桁的间距；

b_i——对称于桥轴线的每对桥桁的间距；

e——活载重心对桥轴线的偏心矩；

n——桥桁的根数。

三、单根桥桁的强度

门桥边桁的弯曲应力为

$$\sigma = \frac{M}{W} \leqslant [\sigma]$$

式中：W——桥桁的断面系数；

$[\sigma]$——桥桁的容许应力。

四、带式门桥的强度

对于长度为 L_0 的带式门桥：

$$M_1 = 0; M_2 = \frac{Q}{8}(L_0 - S) \tag{4-14}$$

在求带式门桥中央点 O 的弯矩影响线时，如单位力 $P = 1$ 作用在距中央点 O 为 x，在不破坏平衡条件下，在 O 点作用两个等值反向的单位力 $P = 1$［图 4-9a)］，然后用中心力 $P = 1$ 和力偶 $M = 1 \times x$ 的组合作用来代替偏心力的作用。截面 O 内的弯矩由中心力引起的弯矩 M'_{Ox}

和力偶 M''_{Ox} 引起的弯矩迭加而成。

由中心力引起的弯矩等于作用在 O 点以左的浮力的合力 D' 引起的弯矩[图 4-9b)]

$$M'_{Ox} = D'c_0 = \frac{1}{2}c_0$$

式中:c_0——门桥中心到半个水线面面积的重心的距离,在带式门桥为 $L_0/4$。

由力偶矩引起门桥倾斜,此时浮力图为两个三角形[图 4-9c)],这些浮力的合力作用在三角形的重心处,并组成力矩 $D''a$ 与外力矩 $M = 1 \times x$ 平衡,即

$$D'' = \frac{x}{a}$$

由力偶引起的弯矩等于 O 截面以左的浮力的合力 D'' 的力矩和外力 $P = 1$ 引起的力矩之和,因此

$$M''_{Ox} = \frac{D''a}{2} - x = \frac{x}{2} - x = -\frac{x}{2}$$

单位偏心力作用引起的总弯矩等于

$$M_{Ox} = M'_{Ox} + M''_{Ox} = \frac{1}{2}(c_0 - x) = \frac{1}{2}\left(\frac{L_0}{4} - x\right)$$

上式是截面 O 的弯矩影响线左肢的方程式,右肢是和左肢对称的[图 4-9d)]。

当 $x = 0$ 时, $M_{O0} = \frac{1}{2}\left(\frac{L_0}{4} - 0\right) = \frac{L_0}{8}$;

当 $x = \frac{L_0}{4}$ 时, $M_{Oc_0} = \frac{1}{2}\left(\frac{L_0}{4} - \frac{L_0}{4}\right) = 0$;

当 $x = \frac{L_0}{2}$ 时, $M_{OA} = M_{OB} = \frac{1}{2}\left(\frac{L_0}{4} - \frac{L_0}{2}\right) = -\frac{L_0}{8}$。

门桥中央点弯矩影响线图见图 4-9d)。

因此,门桥中央弯矩影响线与以门桥的半水线面面积重心为支点的刚性桥脚上的简支梁的跨中弯矩影响线具有相同的形状和纵坐标值[图 4-9e)]。

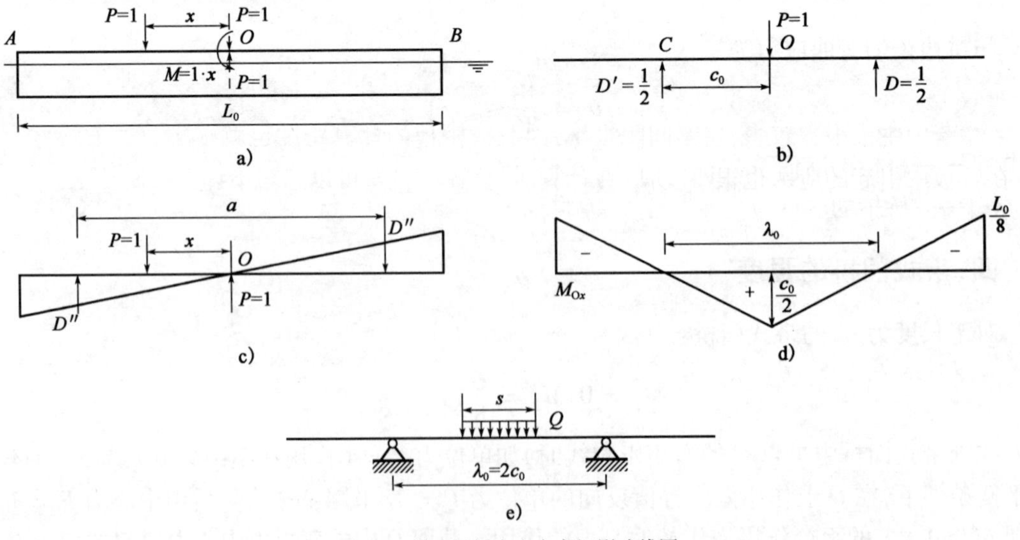

图 4-9 带式门桥中央点弯矩影响线图

静载是沿整个门桥长度假定为均匀分布的，在任一截面内，由静载所引起的弯矩都被浮力所引起的弯矩平衡，所以在门桥中央点由静载所引起的弯矩也就为零。在计算由活载所引起的弯矩时，将活载设置在门桥中央，由图4-9e）即可得出式（4-14）。

$M'_{Ox} = \frac{1}{2}(c_0 - x)$ 实际上就是各种门桥中央点弯矩影响线纵坐标的普通算式，将各 c_0 值代入后同样可作出图4-6的各弯矩影响线，c_0 值即各种门桥作为简支梁计算时的1/2计算跨度。

$$c_0 = \frac{\lambda_0}{2}$$

当 $x = 0$ 时，$M_{OO} = \frac{1}{2}c_0$；

$x = \frac{L_0}{2}$ 时，$M_{OA} = -\frac{L_0 - 2c_0}{4}$。

第五节 桥板计算

桥板有横桥板和纵桥板两种，而在浮桥上用横桥板居多。横桥板是支承在主梁（桁）上的连续梁，但因为主梁（桁）在受力后产生垂直挠度，即主梁（桁）不是刚性支点，所以在计算时，把桥板简化为简支梁，其计算跨度为主梁（桁）的间距（图4-10）。

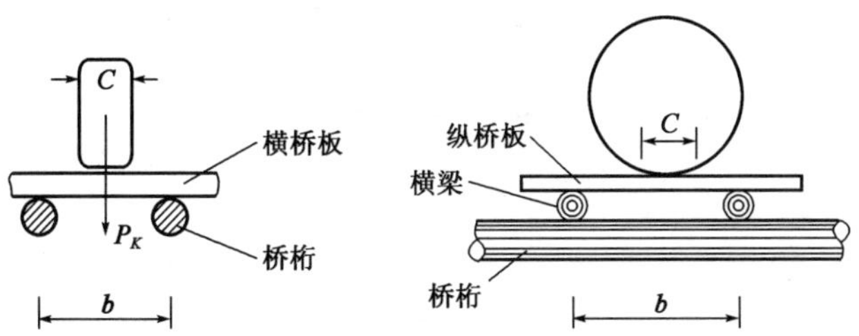

图4-10 桥板计算简图

桥跨中主梁根数较多，主梁间距很小，因此横桥板的计算跨度也就很小。因为跨度小，自重在桥板中引起的应力也很小，所以在计算时，桥板的自重可以忽略不计。控制桥板强度的计算活载为车轮式载。

桥板是一受弯构件，设计时主要验算它的弯曲应力，其计算弯矩为静载弯矩和活载弯矩之和，即

$$M = M_1 + M_2$$

式中：M_1——结构引起的静载弯矩；

M_2——活载引起的动载弯矩。

由于桥板的自重可以忽略不计，故在计算时，一般只考虑活载产生的弯矩。桥板最大弯矩可用下式计算

$$C \leqslant b \qquad M = \frac{P_K}{8}(2b - C)$$
$$C \geqslant b \qquad M = \frac{P_K b^2}{8C} \tag{4-15}$$

式中：P_K——轮式荷载的重轴压力的1/2；

b——计算横桥板时，为相邻两桥桁轴线间距离；计算纵桥板时，为相邻两横梁轴线距离；

C——计算横桥板时，为车轮着地宽度；计算纵桥板时，为车轮纵向接地长度，一般 $C =$ 20 ~ 30cm。

用下式校核桥板的应力

$$\sigma = \frac{M}{nW} \leqslant [\sigma_w] \tag{4-16}$$

或用下式选择桥板的断面

$$W = \frac{M}{n[\sigma_w]} \tag{4-17}$$

式中：M——活载所引起的最大弯矩；

$[\sigma_w]$——木材的容许弯曲应力；

W——桥板的抗弯断面系数：矩形断面桥板，$W = bh^2/6$；圆木断面桥板，$W = \pi d^3/32$；

n——承受车轮压力的桥板块数：对于横桥板，有车辙板或有铺装层时 $n=2$，无车辙板时 $n=1$；纵桥板的 n 值按表4-2确定。

纵桥板的计算 *n* 值 表4-2

车轮宽度(cm)	桥板类型	
	有车辙板或有铺装层	无车辙板或无铺装层
30	2.5	2.0
40	3.0	2.0
70	5.0	4.0

【例4-1】 桥梁的设计荷载为履带150kN，轮式载重100kN，桥桁间距为49cm，构件用安徽柳杉制作，试设计计算带车辙板的横桥板截面。

解：根据上述分析，桥板计算为轮式控制设计。

(1)分析题意

$P = 35\text{kN}, C = 50\text{cm}, b = 49\text{cm}, n = 2$；

弯曲应力修正系数为0.8；

圆木：$[\sigma_w] = 19 \times 0.8 \times 1.0 = 15.2$(MPa)；

板材：$[\sigma_w] = 14.5 \times 0.8 \times 0.9 = 10.44$(MPa)。

(2)计算最大弯矩

因为 $b > C$

所以 $M_{\max} = \frac{1}{8}ql^2 = \frac{1}{8} \times \frac{35}{0.5} \times 0.49^2 = 2.1$ (kN·m)

(3)计算一块桥板所需截面系数及截面尺寸

板材：$W = \dfrac{M_{\max}}{n[\sigma_w]} = \dfrac{2.1 \times 10^3}{2 \times 10.44 \times 10^6} = 0.0001\ (\mathrm{m}^3) = 100\mathrm{cm}^3$

圆木：$W = \dfrac{M_{\max}}{n[\sigma_w]} = \dfrac{2.1 \times 10^3}{2 \times 15.2 \times 10^6} = 0.000069\ (\mathrm{m}^3) = 69\mathrm{cm}^3$

假设桥板宽度用20cm，则

$$h = \sqrt{\frac{6W}{b}} = \sqrt{\frac{6 \times 100}{20}} = 5.47(\mathrm{cm})$$

若用小圆木桥板，则直径为

$$d_{计} = \sqrt[3]{\frac{32W}{\pi}} = \sqrt[3]{\frac{32 \times 69}{3.14}} = 8.89(\mathrm{cm})$$

取 $\begin{cases} b \times h = 20\mathrm{cm} \times 5.5\mathrm{cm} & W = 100.8\mathrm{cm}^3 \\ d_{计} = 9\mathrm{cm} & W = 71.6\mathrm{cm}^3 \end{cases}$

(4)验算应力

板材：$\sigma_w = \dfrac{M_{\max}}{nW} = \dfrac{2.1 \times 10^3}{2 \times 100.8 \times 10^{-6}} = 10.42 \times 10^6(\mathrm{Pa}) = 10.42\mathrm{MPa} < 10.44\mathrm{MPa}$

圆木：$\sigma_w = \dfrac{M_{\max}}{nW} = \dfrac{2.1 \times 10^3}{2 \times 71.6 \times 10^{-6}} = 14.66 \times 10^6(\mathrm{Pa}) = 14.66\mathrm{MPa} < 15.2\mathrm{MPa}$

第六节 码头计算

在用门桥进行渡河时，通常在两岸构筑码头来保证安全地装卸载重物。

码头一般做成固定桥脚码头或浮游桥脚码头，浮游桥脚码头的计算和铰接悬臂梁体系浮桥的浮游栈桥相似，可参阅第七章相关内容。本节只介绍固定桥脚码头的计算。

固定桥脚码头的桥桁末端有一个支架，门桥的一端支撑在支架上，码头支架顶面与门桥桥跨底面之间的间隙应能够保证门桥装载后能自由地离开码头和停靠码头(图4-11)，即间隙 $h \geqslant T_2 + 0.02\mathrm{m}$；又应保证门桥装载时边舟还有容许的干舷高度，($h \leqslant H - T_1 - h_0$)；这样，门桥桥跨弯矩和桥脚吃水两方面都能保证不超过门桥未停靠码头时的弯矩和吃水，门桥就不必另行验算。以上确定 h 值范围的算式中，T_1 和 T_2 分别由静载和由活载作用在门桥中央时引起的吃水深度，H 为舟有效高度，h_0 为容许干舷高度，在计算码头时，取

$$h = T_2 \tag{4-18}$$

h 值的调整方法可通过在码头支架上增减桥板数目，当荷载 P 作用在门桥中央时

$$T_2 = \frac{P}{\gamma F_m}$$

此时支架对门桥端部无反力，即 $Y = 0$，当 P 距门桥中央为 x 时，支架上产生反力 Y，此反力可由门桥末端变位条件决定(图4-12)。

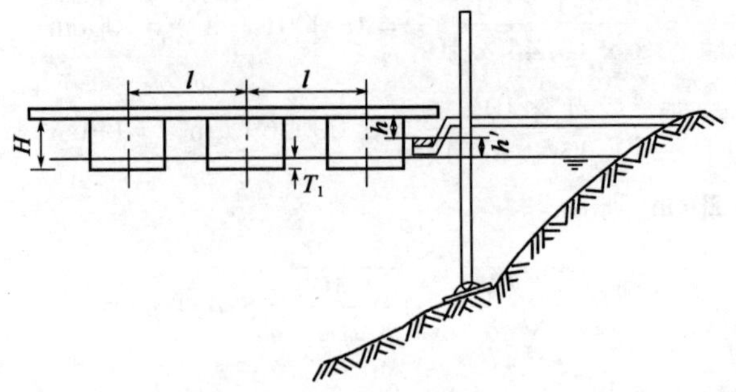

图 4-11 门桥和码头简图

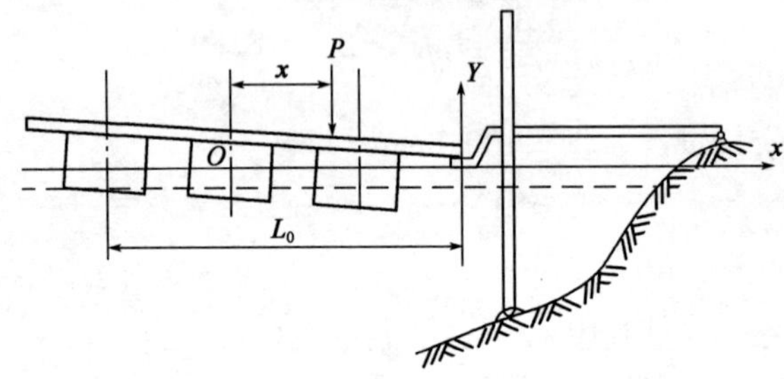

图 4-12 支架反力 Y 图

$$\left(\frac{P}{\gamma F_m}+\frac{PxL_0}{2\gamma J_x\psi_x}\right)-\left(\frac{Y}{\gamma F_m}+\frac{YL_0^2}{4\gamma J_x\psi_x}\right)=\frac{P}{\gamma F_m} \tag{4-19}$$

式中：L_0——门桥全长；

ψ_x——系数，取 1；

J_x——门桥计算水线面面积的惯性矩；

F_m——门桥计算水线面面积；

γ——水的重度。

由单位力作用时，Y 值可用下式表示

$$Y=\frac{2x}{L_0+(4\psi_x J_x/L_0F_m)}$$

因 $J_x=F_mr^2$，r 为门桥水线面面积惯性半径，$\psi_x=1$，得

$$Y=\frac{2l_0x}{L_0^2+4r^2} \tag{4-20}$$

由式(4-20)可计算 Y 力影响线的坐标值：$x=0$ 时，$Y=0$；$x=\frac{L_0}{2}$ 时，$Y=\frac{L_0^2}{L_0^2+4r^2}$，具体见图 4-13a)。

利用 Y 值的影响线可以作出码头的桥脚反力和桥跨弯矩的影响线。桥脚 A 的反力影响线如图 4-13b)所示

如 $P=1$ 作用在码头范围内，则

$P=1$ 作用在桥脚 A 上，$A=1$；$P=1$ 作用在桥脚 B 上，$A=0$；$P=1$ 作用在支架悬臂 c' 上，$A=\frac{c'+l'}{l'}$；

如 $P=1$ 作用在门桥范围内，则

$P=1$ 作用在门桥中央，$A=0$；$P=1$ 作用在门桥端部，$A=\frac{c+l'}{l'}\cdot\frac{L_0^2}{L_0^2+4{r_0}^2}$。

桥脚 B 的反力影响线如图 4-13c）所示。

如 $P=1$ 作用在码头范围内：

$P=1$ 作用在桥脚 B 上，$B=1$；$P=1$ 作用在桥脚 A 上，$B=0$；$P=1$ 作用在支架悬臂 c' 上，$B=-c'/l'$；

如 $P=1$ 作用在门桥范围内：

$P=1$ 作用在门桥中央，$B=0$；$P=1$ 作用在门桥末端，$B=-\frac{c'}{l'}\cdot\frac{L_0^2}{L_0^2+4{r_0}^2}$

码头桥跨中央的弯矩影响线如图 4-13d）所示。

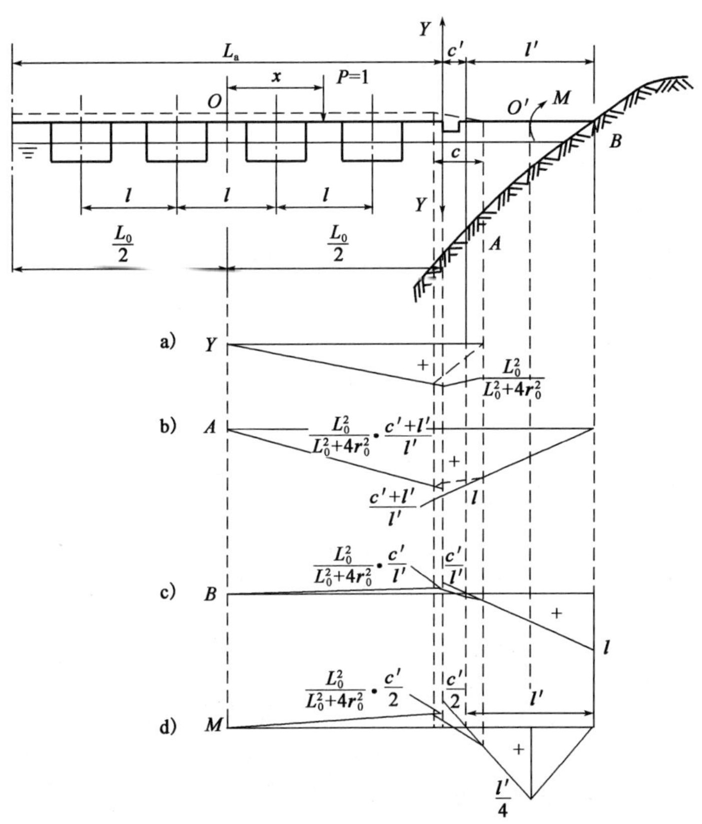

图 4-13 码头计算中各影响线图

如 $P=1$ 作用在码头范围内：

则和一般简支梁相同，最大坐标在 $l'/2$ 处，$M=l'/4$。

$P=1$ 作用在支架悬臂 c' 上，则 $M=\frac{l'}{2}$。

如 $P=1$ 作用在门桥范围内：

$P=1$ 作用在门桥中央：$M=0$；

$P=1$ 作用在门桥末端：$M=\frac{c'}{2}, Y=-\frac{c'}{2}\cdot\frac{L_0^2}{L_0^2+4{r_0}^2}$。

以上影响线在支架有一突变，左边值为右边值乘以 Y 值，而 $Y<1$，实际荷载上下门桥时，往往铺上跳板，因此坐标值不再产生突变，即图上虚线部分所示。

在反力 A、B 和弯矩 M 的影响线上布载，就可以求出在活载作用下的最大反力 A_2、B_2 和最大弯矩 M_2，然后和一般固定桥脚桥梁一样计算在静载作用下的反力 A_1、B_1 和弯矩 M_1，根据这些数值计算码头构件。

在桥脚 B 的反力影响线负段内布载就产生桥脚 B 的负反力 B'_2，使整个码头有绕 A 点转动的情况，因此要使由码头桥跨静载产生的反力 B_1 和最大负反力 B'_2 之比满足以下条件

$$\frac{B_1}{B'_2}\geqslant 1.15\sim 1.2 \tag{4-21}$$

第七节　跳板计算

有时为了使漕渡门桥在岸边任何地点可以装卸载，不用码头而用跳板，这就增大了漕渡门桥的机动性，但使门桥结构因附设跳板更加复杂。跳板与门桥的连接可以是刚性连接、铰接或利用限制铰连接，目前使用广泛的是后两种。现将这两种跳板的计算特点介绍如下。

一、铰接跳板

为了限制门桥装卸载时边舟的吃水，必须在跳板上固定有带础板的支柱，础板底到河底土壤之间的距离 h 可取

$$h\geqslant T_2+\Delta T \tag{4-22}$$

式中：T_2——荷载位于门桥中央时所引起的门桥吃水深度。

ΔT——当跳板翻转成悬出门桥状态时，由于跳板自重引起门桥端部的变位，取以上 h 值是为了荷载作用在门桥中央时边舟浮起，并将跳板抬起，础板离开土壤，然后将跳板自由地抬到门桥上。但跳板的础板到河底间的距离不能过大。

根据边舟吃水条件，h 可取

$$h\leqslant H-T_1-h_0 \tag{4-23}$$

式中：H——舟舷高度；

T_1——门桥在静载时的吃水深度；

h_0——容许干舷高度。

跳板本身按简支梁的方法计算。

二、限制铰连接跳板

用限制铰连接门桥和跳板时，当荷载接近铰时，限制装置参与工作，此时铰连接结构转化为能承受弯矩的刚性连接。在限制装置参加工作后，门桥通过跳板末端支承在岸上，这就避免了门桥末端出现很大的吃水。在采用上述方法时不必在门桥末端设备辅助支柱，但连接节点较复杂。

对于用限制铰连接跳板与门桥时，根据门桥的浮性和使用条件确定原始的角间隙的上下限。在带式门桥中，假定门桥和跳板都是绝对刚性的，当空载门桥靠岸时，以使跳板末端 C 正好接触到岸上为准，而铰 A 的角间隙张开至总值 φ，门桥只有静载吃水，其值为 T_1。［图 4-14a）］。

在门桥靠岸和离岸时，位于门桥中央的荷载引起吃水 T_2［图 4-14b）］，此时跳板末端 C 仍接触到岸边，还未支撑在河岸上，要使角间隙完全闭合时跳板末端 C 支撑在岸边，因此根据荷载作用在门桥中央时靠离岸的可能条件，确定容许预留角间隙下限值为

$$[\varphi]_{\min} \geqslant \frac{T_2}{c} \tag{4-24}$$

式中：c——跳板长度。

当荷载的重心位于铰上时［图 4-14c）］，产生荷载上门桥时的门桥末端最大吃水，此时角间隙闭合，跳板末端 C 支承在岸边，A 点的最大容许吃水由舷高 H 确定，由活载引起的 A 点容许吃水为

$$[T_A] = H - T_1$$

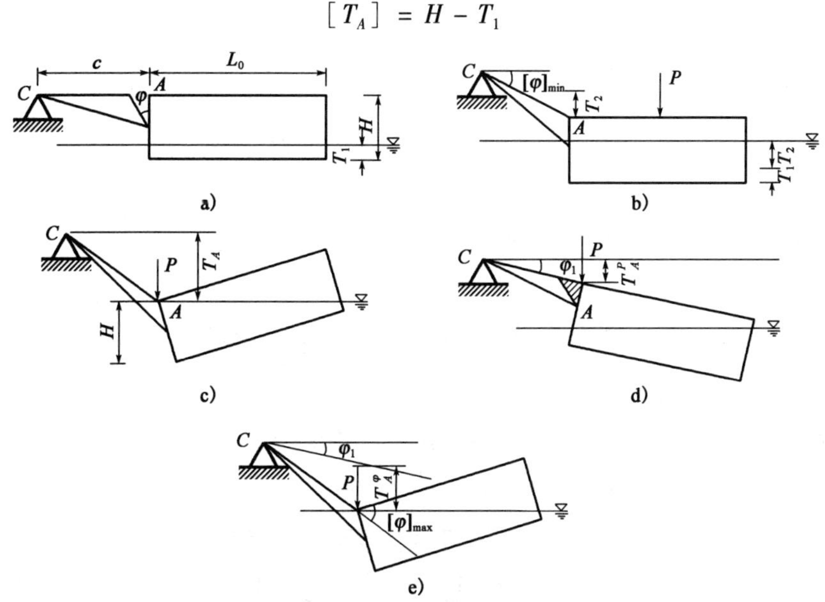

图 4-14　带有限制铰的带式门桥跳板计算简图

由荷载 P 作用和角间隙 φ 闭合两部分组成的 A 点吃水应小于［T_A］值，即

$$T_A^P + T_A^\varphi \leqslant [T_A] \tag{4-25}$$

式中：T_A^P——由荷载 P 作用的吃水；

T_A^φ——由角间隙闭合引起的吃水。

上式第一项即假定在角间隙中插入楔块，在 A 截面上作用荷载 P，门桥绕 C 点转动 φ_1。

根据平衡条件，门桥纵倾角 φ_1 等于［图 4-14d）］

$$\varphi_1 = \frac{Pc}{\gamma J_C} \tag{4-26}$$

式中：J_C——对于通过 C 点的旋转轴的门桥水线面面积惯性矩。

因此 A 点吃水等于

$$T_A^P = \varphi_1 c = \frac{Pc^2}{\gamma J_C} \tag{4-27}$$

将角间隙 φ 闭合[图 4-14e)]，即可得到第二项 T_A，此时门桥绕着通过其水线面面积重心的轴转动。闭合角可用 A 点的吃水表示为

$$\varphi = \frac{T_A^\varphi}{c} + \frac{2T_A^\varphi}{L_0} \tag{4-28}$$

由此得出由角间隙闭合引起的附加吃水

$$T_A^\varphi = \frac{L_0 c}{2c + L_0}\varphi \tag{4-29}$$

根据 T_A^P 和 T_A^φ，由浮性条件，得

$$\frac{Pc^2}{\gamma J_c} + \frac{L_0 c}{2c + L_0}\varphi \leqslant [H - T_1] \tag{4-30}$$

由此方程即可确定容许角间隙的上限值

$$[\varphi]_{\max} \leqslant \left[H - T_1 - \frac{Pc^2}{\gamma J_C}\right] \cdot \frac{2c + L_0}{L_0 c} \tag{4-31}$$

跳板本身的计算根据跳板的结构而定。

第八节　门桥设计示例

【例 4-2】 计算三舟门桥的吃水和桥桁强度，总体结构如图 4-15 所示。

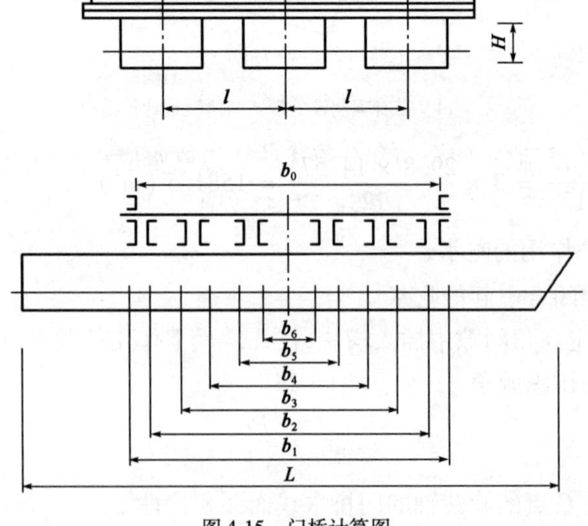

图 4-15　门桥计算图

已知数据：

(1)荷载：履带式荷载全重 $Q = 400$ kN，履带接地长度 $s = 4.0$ m，活载宽度 $B_c = 3.2$ m。

(2)桥脚舟：闭口式舟，长 $L = 14.57$ m，宽 $B = 2.2$ m，计算舷高 $H = 0.80$ m，计算水线面面积 $F_0 = 29.8\text{m}^2$，自重 17.8kN。

(3)上部结构：桥桁数量 $n = 12$ 根，型号为[18a，容许应力$[\sigma] = 340$MPa，每根桁的惯性矩 $J = 1273\text{cm}^4$，断面系数 $W = 141.4\text{cm}^3$，桥桁不等间距排列，$b_1 = 3.78$m，$b_2 = 2.94$m，$b_3 = 2.48$m，$b_4 = 1.63$m，$b_5 = 1.09$m，$b_6 = 0.25$m。上部结构自重为5.5kN/m。

(4)三舟门桥跨度 $l = 4.0$m，门桥全长 $L_0 = 12$m，车行部宽为 $b_0 = 3.84$m。

解：

(1)桥脚吃水

由静载、活载引起的吃水由式(4-1)可得

$$T_1 = \frac{G}{\gamma F_m}, T_2 = \frac{Q}{\gamma F_m}, G = mG_0 + gL_0$$

将 $m = 3$，$G_0 = 17.8$kN，$g = 5.5$kN/m，$L_0 = 12$m 代入得

$G = 3 \times 17.8 + 5.5 \times 12 = 119.4(\text{kN})$

$F_m = mF_0 = 3 \times 29.8 = 89.4\ (\text{m}^2)$

$$T_1 = \frac{G}{\gamma F_m} = \frac{119.4}{10 \times 89.4} = 0.134(\text{m})$$

$$T_2 = \frac{Q}{\gamma F_m} = \frac{400}{10 \times 89.4} = 0.447\ (\text{m})$$

门桥总吃水

$T = T_1 + T_2 = 0.134 + 0.447 = 0.581\ (\text{m})$

$$[T] = \frac{4}{5}H = \frac{4}{5} \times 0.80 = 0.64\ (\text{m})$$

$T < [T]$，且 $H - T = 0.80 - 0.581 = 0.219\text{m} > 0.20\text{m}$

由活载偏心引起的距门桥中心最远点的附加吃水计算

$$e_x = \frac{b_0 - B_c}{2} = \frac{3.84 - 3.2}{2} = 0.32\ (\text{m})$$

$e_y = 1\text{m}$

$J_x = 2F_0 l^2 = 2 \times 29.8^2 \times 4^2 = 953.6\ (\text{m}^4)$

$$J_y = 3J_y^0 = 3 \times \frac{F_0 L^2}{12} = 3 \times \frac{29.8 \times 14.57^2}{12} = 1581.5\ (\text{m}^4)$$

$\psi_x = 1.0, \psi_y = 0.9$

$$a_y = \frac{(n-1)l + B}{2} = \frac{(3-1) \times 4.0 + 2.2}{2} = 5.1\ (\text{m})$$

$$b_x = \frac{L}{2} = \frac{14.27}{2} = 7.29\ (\text{m})$$

$$\theta_x = \frac{Qe_y}{\gamma J_x \psi_x} = \frac{400 \times 1}{10 \times 953.6 \times 1} = 0.042$$

$$\theta_y = \frac{Qe_x}{\gamma J_y \psi_y} = \frac{400 \times 0.32}{10 \times 1581.5 \times 0.9} = 0.009$$

$\Delta T_x = \theta_x a_y = 0.042 \times 5.1 = 0.214\ (\text{m})$

$\Delta T_y = \theta_y b_x = 0.009 \times 7.29 = 0.066\ (\text{m})$

干舷高度

$\Delta H = H - T - \Delta T_x - \Delta T_y = 0.80 - 0.581 - 0.214 - 0.066 = -0.061\ (\text{m})$，超过容许值0.061(m)。

(2)桥桁强度

由静载引起的弯矩

$$\eta = \frac{B}{l} = \frac{2.2}{4} = 0.55, \lambda_0 = \frac{1}{3}(4 + \eta)l = \frac{1}{3} \times (4 + 0.55) \times 4 = 6.07\ (\text{m})$$

$$M_1 = \frac{gL_0}{8}(2\lambda_0 - L_0) = \frac{5.5 \times 12}{8} \times (2 \times 6.07 - 12) = 1.155\ (\text{kN} \cdot \text{m})$$

由活载引起的弯矩

$$M_2 = \frac{Q}{8}(2\lambda_0 - s) = \frac{400}{8} \times (2 \times 6.07 - 4) = 407\ (\text{kN} \cdot \text{m})$$

单根桥桁的弯矩

$$K = \frac{1}{n} + \frac{eb_1}{\sum b^2} = \frac{1}{12} + \frac{0.32 \times 3.78}{3.78^2 + 2.94^2 + 2.48^2 + 1.63^2 + 1.09^2 + 0.25^2} = 0.12$$

$$M = \frac{M_1}{n} + KM_2 = \frac{1.155}{12} + 0.12 \times 407 = 48.9\ (\text{kN} \cdot \text{m})$$

弯曲应力：

$$\sigma = \frac{M}{W} = \frac{48.9 \times 10^6}{141.4 \times 10^3} = 346.1\ (\text{MPa})$$

σ 超过容许应力，但 $\frac{\sigma - [\sigma]}{[\sigma]} \times 100\% = \frac{346.1 - 340}{340} = 1.8\% < 5\%$，可认为仍然安全。

第五章

浮桥渡河

第一节 浮桥结构与组成

一、浮桥架设点的选择

通常,在上级规定的河段,架设能够通过规定荷载的浮桥,要求满足以下要求:

(1)河段的江河参数适合架设浮桥,即河幅较为狭窄、流速较小且平稳、河底土壤容许进行投锚固定等。

(2)由于浮桥的标高较小,因此架设点的岸坡不宜太高,或者便于进行土工作业的场地。

(3)架设浮桥的河岸较为开阔,便于器材的泛水、门桥的结合等。

(4)尽量远离大型城市的重要建筑物,远离水库、水坝、水闸等大型水利设施。

(5)不要紧靠大型桥梁的下游,以免敌方对大型桥梁轰炸时影响下游的浮桥架设。

(6)可以充分利用河汊、河湾等地形,进行器材的隐蔽和转移。

(7)要考虑民船征集、就便器材加工的场地和材料集散地。

二、桥轴线和投锚线的标定

1. 桥轴线的标定

桥轴线(图5-1)是浮桥纵方向中心线,作为架设作业的基准。标定时,桥轴线应与主流线垂直,通常在两岸各用两面白旗(或标杆)标示。旗(标杆)与旗(标杆)之间的距离应根据岸边状况而定,通常第一面白旗距水边8~10m,旗的间距为20m。

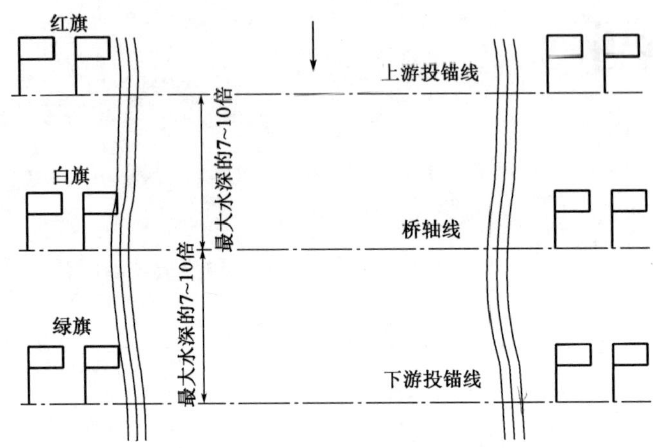

图5-1 桥轴线和投锚线的标定

2. 投锚线的标定

投锚线(图5-1)分为上、下游投锚线,是投锚的基准线。投锚线应与桥轴线平行,桥轴线与投锚线的距离为桥轴线上最大水深的7~10倍,但不得小于30m。如最大水深超过10m,应在上、下游各标定两条投锚线,其中一条以10m水深的7~10倍计算,另一条以最大水深的7~10倍计算。上游投锚线、两岸各用两面红旗标示,下游投锚线、两岸各用两岸绿旗标示。

第二节 浮桥的特点与使用

一、浮桥的特点

1. 浮桥的优点

与固定桥脚桥梁比较,浮桥具有下列优点:

(1)不需要在水深较大的河底上设置中间的固定桥脚,只设置预先制作好的浮游桥脚,河流的水深、河底地形和土壤性质对浮桥的架设不会带来很大的困难,因而浮桥对各种各样的河流适应性强。

(2)浮游桥脚的设置简单而迅速。它的设置过程实际上又是浮运桥跨结构架设桥段的过程,使浮桥的架设和分解都具有简单性和快速性,比固定桥脚桥梁设置快,可以在短时间内开设好渡场。

(3)根据战斗情况的需要可以将浮桥拆成若干桥段,灵活地变浮桥渡河为宽大正面上的门桥渡河,或者相反。在需要变更架桥点时还可实施水上转移。

(4)架设浮桥的主要构件,即浮游桥脚舟,其易于获得,而且在损坏后也易于补充和更换,使浮桥具有广泛使用的可能性。

2. 浮桥的缺点

在长期使用中,浮桥也存在以下缺点:

(1)江河冰冻期和流冰期,浮桥难以生存,特别是流冰期,浮桥上游流冰的壅塞将导致其水平固定设施的破坏。

(2)江河水位的变化,将导致浮游部分标高的改变,浮桥必须增减桥段或者变更桥础的高度。在水位变化较大、较频繁的时期(洪水期),保证浮桥正常使用的维护作业是相当艰巨的。

(3)浮桥桥面高出水面很少,浮桥的使用将中断江河的通航。为了保证通航,必须分解浮桥中部并引出若干桥节门桥开放桥门,而桥门的开放又必然使浮桥的通载停顿。

(4)通过载重时浮桥有较大的变形,这将限制载重通过浮桥的速度,会影响浮桥的通行能力。

从以上浮桥的优缺点不难看出,将浮桥作为永久性民用桥梁长期使用,上述缺点是难以克服的,与固定桥脚桥梁相比,架设浮桥是不利的。但是在战争中经常需要在短时间内快速架设所需使用的桥梁,并且要能迅速分解、撤收和转移,在这种情况下,浮桥的缺点是不显著的,而它的优点则十分突出,采用浮桥作为军用桥梁是很适宜的。

尽管浮桥存在某些重大的缺点,然而当现地条件有利于架设浮桥而不利于架设固定桥脚桥梁时,例如在河水很深、河底松土层很厚的江河条件下,仍然可以使用浮桥作为民用桥梁。

军用浮桥可以由部队装备的车载式制式舟桥器材架设,也可以完全用当地浮游工具和就便材料架设;有的情况下还可用制式舟桥器材和当地浮游工具、就便材料混合架设。这样架设的浮桥分别称作制式浮桥、就便器材浮桥和混合浮桥。

二、浮桥的使用时机

浮桥通常在下列时机中使用:

(1)当敌军的直射火器不能射击我岸浮桥架设场地时,可迅速架设浮桥保障主力渡河。特别是强渡河幅在 100m 以内的江河。

(2)在部队机动路线上的主要渡口,有可靠的对空中、水面和地面防御措施时,可在夜暗和能见度不良时架设浮桥,保障部队渡河。

(3)在战争的后方,渡口因水深、河底土壤坚硬而不适宜固定桥脚桥梁或该种桥梁缺乏时,而有大量可以利用的民舟等时,可架设制式浮桥、民舟浮桥或混合浮桥。

(4)在地震灾区、洪灾的区域,大面积交通受到严重破坏后,利用制式装备或者就便器材,快速架通浮桥,进行应急抢险,是抢修救灾的重要工作。

第三节　浮桥的主要体系

浮桥的体系由其河中部分的结构力学体系来确定。在桥脚分置式浮桥中,其河中部分可以采用简支梁体系、铰接悬臂梁体系和连续梁体系;除此之外,在制式浮桥中还可采用带限制铰的铰接体系[图 5-2f)],它是介于铰接悬臂梁体系和连续梁体系之间的一种体系。

在带式浮桥中,河中部分的结构力学体系只有两种,即铰接体系和连续体系。用纵轴垂直水流方向设置的渡船或驳船架设的带式浮桥,其河中部分只能采用铰接体系[图 5-2c)],由于船只的衔接处构成刚性连接是很困难的,因而不能采用连续体系。制式的带式浮桥中常用承载能力较强、通行性能好的连续体系[图 5-2e)];在由浮箱架设的带式海岸长浮栈中采用长门桥铰接体系。

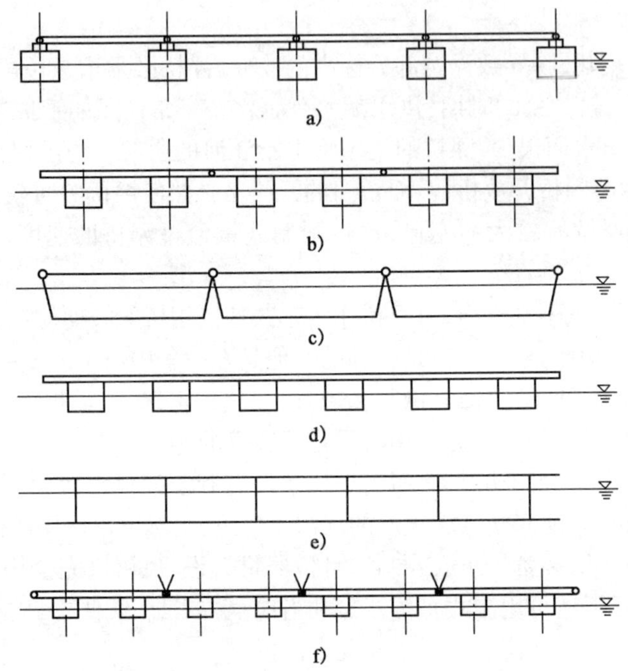

图 5-2 浮桥体系简图

下面分别介绍各种体系的特点:

一、简支体系浮桥

简支体系河中部分是浮游桥脚上的多跨简支梁桥(图 5-3),它的浮游桥脚可以是民舟和筏,还可以是门桥和纵轴垂直水流方向设置的驳船和渡船;桥跨结构自由地支承在上述这些浮游桥脚上。其支承方式可以支承在浮游桥脚的中央,也可以支承在桥脚的中央两侧。后一种支承方式只在桥脚舟宽度较大,例如门桥和驳船、渡船等情况采用(图 5-4)。

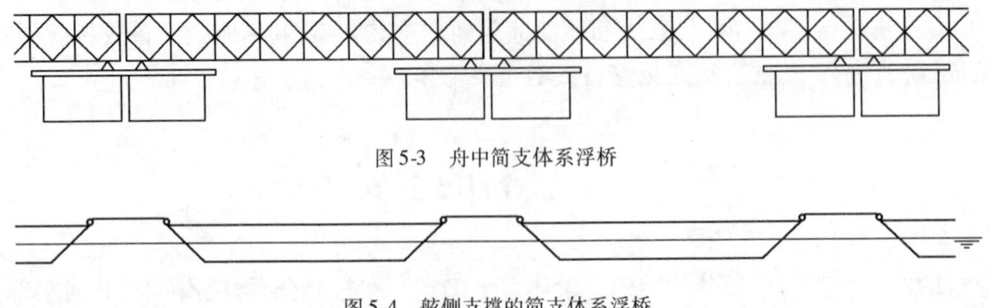

图 5-3 舟中简支体系浮桥

图 5-4 舷侧支撑的简支体系浮桥

简支体系是静定体系，每跨的工作与其他跨无关，其受力与变形既简单又明确。由于简支体系浮桥结构简单，受力与变形明确，在第一次世界大战中，国外曾广泛采用这种体系作为军用制式浮桥。但是简支体浮桥在单个活载作用下，其浮游桥脚所受到的压力和刚性支座简支梁一样，接近于活载的重量。对于重量较大的活载，浮游桥脚舟必然具有很大尺寸，以至于无法用车辆载运这种桥脚舟实施机动。这是简支体系的主要缺点，也是现代制式浮桥器材中不采用这种体系的重要原因之一。

简支体系不适于快速架设浮桥，是它的另一缺点。在绝大多数情况下，这种体系的浮桥不能采用门桥架设法，而必须在桥头配桁以逐次推出的方式逐跨架设，显著地缩小了作业正面，增加了架设时间。只有采用民舟门桥和驳船、渡船作为浮游桥脚的情况下，才可以对此缺陷作一些弥补，不可能从根本上克服。这一缺点使简支体系不能满足浮桥迅速由门桥渡河转变为浮桥渡河和由浮桥渡河转变为门桥渡河的使用要求。

在跨度比较小而桥脚吃水比较大时，简支体系浮桥上的活载会使相邻桥跨相互形成很大的折角，桥面形成很大的纵向坡度，这就会降低车辆沿浮桥行驶的速度并增大车辆对浮桥的动载冲击作用。

简支体系浮桥的抗损性很低。一个浮游桥脚的损坏会导致两个桥跨的破坏，进而导致浮桥停止使用。

上述一系列缺点使这种体系在现代制式浮桥器材中不能被采用。但是在由当地浮游工具和就便材料组成的浮桥中，简支体系仍然有其价值。在可以获得载重量较大的船只和可分解钢桁架桥（如装配式公路桁架桥）的桁架时，采用简支体系架设载重量较大的大跨度浮桥，应当认为是适宜和切实可行的，不仅减少了浮游桥脚的使用数量，而且减少了桥面的纵向坡度，可以改善简支体系浮桥的通行性能。

用载重量很大、甲板首尾平齐的驳船和渡船，以其纵轴垂直水流方向设置，船只衔接处以跳板或梁式桥跨简单连接，这样组成的简支梁体浮桥具有结构简单、架设方便和使用浮游工具少的特点，在流速不大的条件下，其使用效果较好。

简支梁体系浮桥的连岸部分采用梁式过渡桥跨（图5-5）。该桥跨一端简单支承在岸边浮游桥脚上，另一端支承岸边桥础上。它的特点是结构简单，能适应水位的变化；从组成上来看，它是河中部分的延长，可以采用相同的桥跨组成。

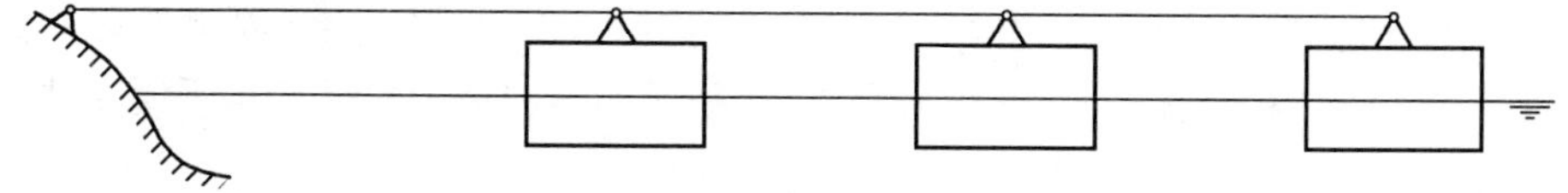

图5-5　简支体系浮桥连岸部分

二、铰接体系浮桥

浮桥河中部分各桥节彼此用铰连接所组成的体系称为铰接体系。铰接体系的每个桥节又是浮桥的架设单位，它可以是桥脚分置式的门桥或连续的长桥段。由于这种桥节的桥跨结构两端伸悬在边浮游桥脚外，铰安装在此悬臂上，故称这种铰接体系为铰接悬臂梁体系；在流速不大的江河上，还可以是纵轴垂直水流方向设置的渡船和驳船，此时组成的铰接体系浮桥是带式浮桥。

在由桥脚分置式门桥组成的铰接体系浮桥中,由配置在一个桥节门桥范围内的单个活载所引起的压力,会通过铰传递到相邻的桥节门桥上,因此桥节门桥中每个浮游桥脚所受到的压力比简支体系小得多。纵垂直水流方向设置的渡船和驳船,在组成铰接体系浮桥时,由活载引起的吃水值也小于组成简支体系浮桥时由同一活载引起的吃水值,这是它比简支体系优越的一个方面。

铰接体系的每个桥节是浮桥准备好了的桥段,架设浮桥时只需在桥轴线上用铰把桥节连接起来,这就允许以宽大的正面高效率地准备桥节用以架桥,还可以迅速地将铰解除而由浮桥渡河变为门桥(或渡船)渡河。而且由于每个桥节的载重能力和整个浮桥的载重量是相同的,变为门桥(或渡船)渡河时,不会降低载重能力,这是铰接体系的最主要优点。

铰连接的存在还使这种体系浮桥具有较好的抗损性,其中一个桥节门桥(通常 2 舟以上)的一个桥脚舟破损后不至于使整个桥节沉没,也不会使桥节完全失去承载能力,因而可以不停顿桥上的通载,只需降低载重量。

因此,桥脚分置式铰接体系在第二次世界大战中被采用作为制式浮桥的主要体系。当时,它的上述优点在很大程度上满足了军用制式浮桥的战术技术要求。

但是它和简支体系一样,荷载沿浮桥行驶时,桥面会在铰接接头处形成折角,因而降低了车辆的行驶速度,桥面纵向坡度值较大是这种浮桥的主要缺点(图 5-6)。此外,这种体系中由活载引起的弯矩比同样跨度或者同样驳船、渡船组成的简支体系要大。

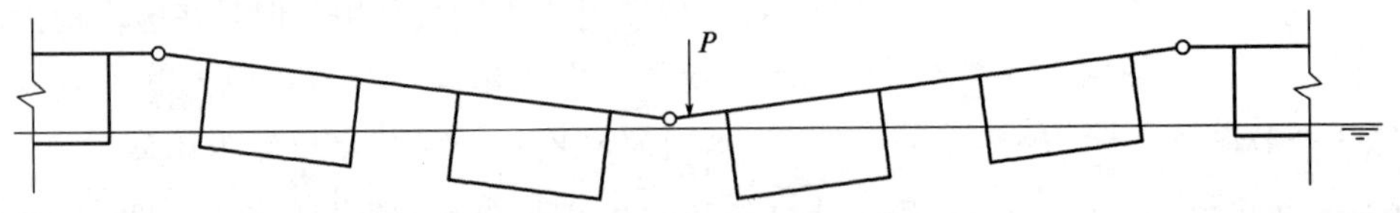

图 5-6 铰接体系浮桥的变形

随着通行荷载重量的增加,铰接体系在现代已经不被制式浮桥所采用,原因是铰接体系浮桥承受现代军用荷载时,每个浮游桥脚的压力仍然很大,不得不采用尺度较大、不便于车辆运输的桥脚舟。所以,铰接体系只在就便器材浮桥中得到使用,在可获得较大载重能力的民舟时,利用铰接体系的上述优点架设铰接体系浮桥是很适宜的。为了克服上述缺点,国外军队制式浮桥中曾采用带限制器铰的铰接体系。带限制器铰的典型样式如图 5-7 所示,当载重 P 作用在限制器铰上时,可以看成先有一部分活载重量迫使铰转动 φ 角,此铰接接头变成刚性接头,铰两边的桥节成为一个加倍长的桥节。它们共同承受剩下的那一部分活载重量。因此,活载作用位置下的浮游桥脚获得较小的压力和吃水,桥面的纵向坡度也会变得平缓一些。

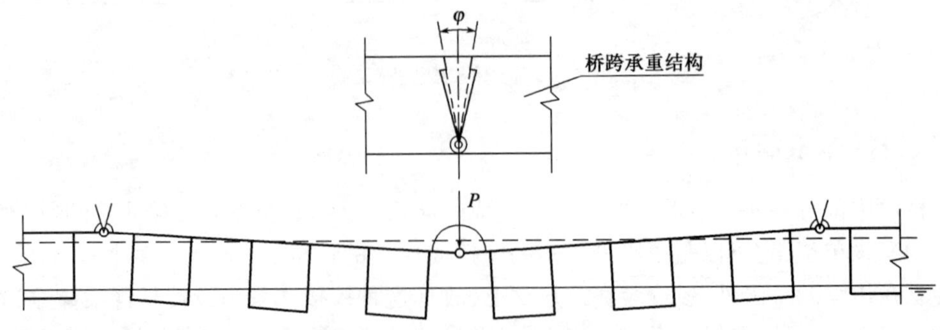

图 5-7 有限制铰的铰接体系浮桥

但是,这种铰接接头只适于桥跨承重结构内只有两片桁架或者两片钣梁的情况。在每片桁架或钣梁的端部构成这种接头比较容易;对于高度较低的桥桁,这种接头很难构成,即使能够构成,由于每根桥桁端部都要构成这种接头,当桥跨横断面内桥桁数量较多时,很难保证它们同时参与工作。这是这种体系没有得到推广使用的直接原因。

桥脚分置式铰接体系浮桥的连岸部分可以单独由浮游栈桥构成,也可以由固定栈桥和浮游栈桥联合组成,这主要取决于浅滩的长度和桥础基面与河中部分浮游桥脚顶面的高差。

图 5-8 中浮游栈桥的悬臂端用铰和河中部分末端连接,栈桥内引入浮游桥脚的目的是为了使浮游栈桥起到支承河中部分末端的作用,使河中部分末端桥节和远处的桥节有相似的工作条件,减少河中部分最边上的浮游桥脚的吃水值,不使它的吃水值超过河中部分中央的浮游桥脚吃水值。根据此目的,有时栈桥内只引入一个浮游桥脚是不够的,而需要引入两个桥脚。

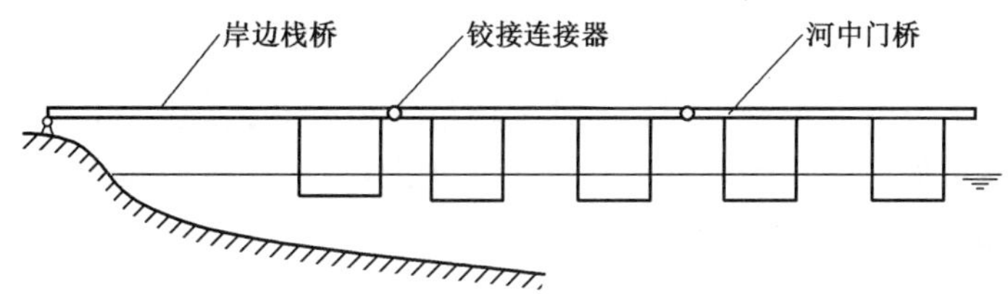

图 5-8　铰接悬臂梁体系浮桥的过渡部分

这种连岸部分还可以保证河中部分末端在承载时能自由地垂直移动,并且在水位变化不大时能保障浮桥正常工作。因此,它不仅在制式浮桥中使用,而且也在就便器材浮桥中得到采用。

这种连岸部分的缺点在于活载位于河中部分末段上时,栈桥的岸端有脱离桥础而翘起的可能,因而必须采取牢靠的固定措施。

由纵轴垂直水流方向设置的驳船和渡船组成的带式铰接体系浮桥,其连岸部分可以单独由梁式过渡桥跨组成,也可以由固定栈桥和梁式过渡桥跨联合组成。无论是单独使用还是联合组成,梁式过渡桥跨的水侧一端都简单支承在岸边船只上,其船只上的支承点应选在尽量离开岸边的位置上,以便减少活载上下浮桥时所引起的岸边船只的纵倾角。

三、连续体系浮桥

1. 河中部分

河中部分承重结构从始至终在结构上一直是刚性连续的浮桥被称为连续体系浮桥。桥脚分置式浮桥和制式的带式浮桥都可以采用这种体系,前者需要在每根桥桁或每片桁架的两端接头处都构成刚性接头,后者需要在所有相邻接的河中舟之间构成刚性接头。连续体系已经成为现代制式浮桥的唯一体系,这是因为这种体系具有一系列优点,能够满足保障现代军用载重渡河的军用浮桥的战术技术要求。连续体系浮桥的承重结构具有较大的刚度,而且是连续的,它能把位于浮桥上的活载压力分配给更多的浮游桥脚来承受,随着承重结构刚度的增大,承受活载压力的桥脚舟也增多,每个浮游桥脚所承受的压力减少,因此允许采用尺寸较小的浮游桥脚来架设浮桥。对于制式浮桥来说,即可采用适于车辆运输、尺寸较小的制式舟来架设载重能力较大的浮桥。

制式的连续体系带式浮桥,河中舟的箱形浮体就是浮桥的承重结构,整个横断面都参与工作,它的刚度更大,在刚性接头的保障下,带式浮桥可以把上面的活载压力分布在更长的桥段上,因此带式浮桥可以得到更小的吃水,箱形浮体的宽度和高度都可能减小,以至于允许把箱形浮体沿宽度方向折叠起来装载在载重汽车上进行运输,一辆汽车可以载运一节长度为6~10m的桥段,从而显著地减少了整套器材所需的运输车辆数。

连续体系浮桥与简支体系和铰接体系浮桥相比,它具有优越的使用性能。在活载作用下连续体系浮桥的挠曲线具有平滑的曲线形状(图5-9)。

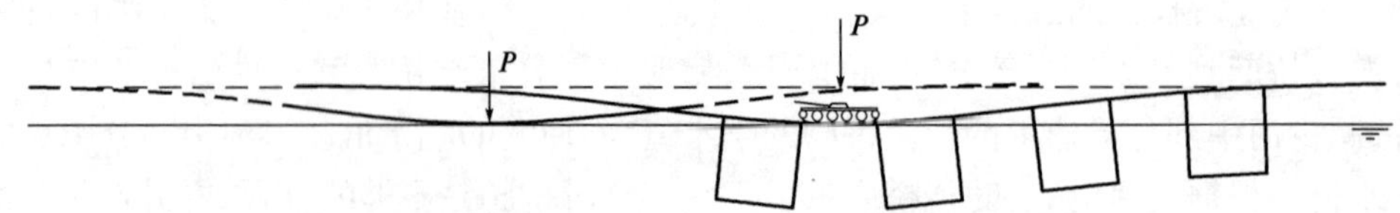

图5-9 连续体系浮桥的变形特点

这种变形特点可以允许车辆以较高的速度通过浮桥,同时也减少了车辆对浮桥的动力冲击作用。沿浮桥通行的车辆实际上不克服纵向坡度,因为具有最大挠度的点始终位于此车辆下并且随车辆一起沿桥长方向移动。

但是,挠曲线这样的移动会引起水的阻抗,从而阻碍荷载的运动,这种阻抗的大小随着浮桥承重结构刚度的减小而增大,也随着荷载运动的速度增大而增加。

比其他体系有较好的抗损性是这种体系的另一优点。浮桥内一个浮游桥脚或一个河中舟浮体的破损,还不会使浮桥完全停止通行,此时承重结构的刚性和连续性还可以将浮桥上活载的压力分布在其他浮桥桥脚上或者其他的箱形浮体上,在降低浮桥载重量的条件下还可以继续使用浮桥。

连续体系浮桥承重结构内各构件弯曲工作的均匀性比简支体系和铰接体系都要好,这对于减轻承重结构的重量以及承重结构的单个构件的重量是有利的。

承重结构以其较大的刚度和连续性将浮桥上的活载压力分布到较长的桥段上,必然增大连续体系浮桥承重结构内的弯矩,和同一载重量的另外两体系浮桥相比,连续体系承重结构内由活载引起的弯矩是最大的。

承重结构的刚性接头在保障承重结构连续性的同时,它将承受很大的弯矩。这就使刚性接头在结构上要复杂化,特别是在由一些单根桥桁所组成的桥跨承重结构中,为了保障每根桥桁的连续,必须在每根桥桁的所有接头处设置刚性接头。数量繁多的刚性接头必然降低在桥轴线上进行连接作业的顺利程度,其后果是延长了架桥的时间。这一缺点在一定程度上限制了连续体系在就便器材浮桥中的广泛使用,特别是在木质桥桁的就便器材浮桥中,构成刚性接头是比较困难的。在这方面连续体系不如铰接体系,铰接体系只需在相邻桥节之间以2~4个铰进行连接,连接作业也比较简单,允许在桥轴线上快速连接和分解。

连续体系带式浮桥在很大程度上克服了上述缺点。它的承重结构不是由零散的单根桥桁组成,而是由宽度和高度(和桥桁相比)都较大的1~2个中空箱形截面梁组成,这种梁的截面整体性很强,能像一根梁一样工作。因此,浮桥横断面内刚性接头的数量可以大大减少,只需在每个箱形截面梁的接头处集中构成一个刚性接头,于是整个横断面内只有1~2个集中构成的刚性接头。这就使带式浮桥在桥轴线上的连接作业量大幅降低,连接作业既简单又迅速,促成了带式浮桥架设和分解的快速性。

2. 连岸部分

连续体系浮桥的连岸部分由三种基本形式构成，即固定栈桥、一端固定的岸边浮游桥节和梁式过渡桥跨。但是河中部分末端与上述连岸部分的连接样式是多种多样的，形成了连岸部分对河中部分末端的多种样式的支承，其目的是为了使连续体系河中部分末段由活载引起的最大吃水和最大弯矩小于或等于河中部分中间段，从而使河中部分全部采用同样的结构形式。

(1)桥脚分置式连续体系浮桥

①刚性支承河中部分末端的固定栈桥连岸部分（图 5-10）。

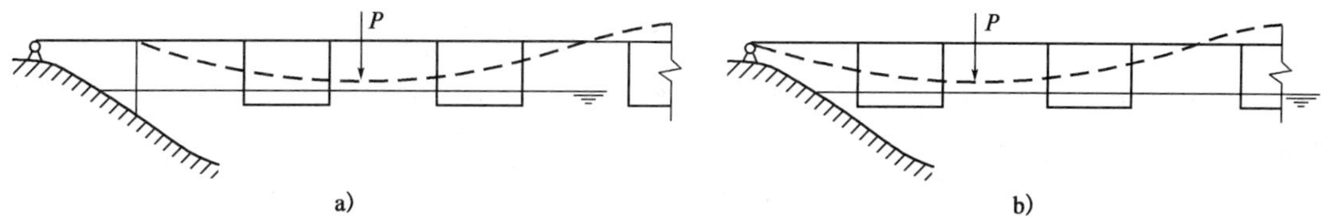

图 5-10 连续体系浮桥河中部分末端刚性支承时的变形

在这种连岸部分里，河中部分末端与连岸部分的连接最简单。固定栈桥的水侧固定桥脚是河中部分末端的刚性支点，河中部分末端直接支承在此固定桥脚上。当岸边水深比较大，河中部分末端可以直接达到桥础位置时，这种连岸部分具有最简单的样式，连岸部分内只有桥础和跳板，而河中部分末端直接支承在桥础上。

这种连岸部分和连接样式的缺点在于：活载 P 行驶到末段上时，末段承重结构由于一端刚性支承而具有很大弯曲度，承重结构由活载引起的弯矩会超过河中部分中间段，从而要求末段的承重结构比中间段的承重结构更刚强，两部分不能采用组成形式相同的承重结构。

这种连岸部分只能在河中部分中间段承重结构的强度有较大富余时采用，例如浮桥上通行的活载小于设计活载时，此时末段采用和中间段相同的承重结构组成形式，其强度上也是足够的。

在水位变化时，如果不调整固定桥脚（桥础）的高度，会导致末端出现较大的附加弯矩，因此固定栈桥的水侧固定桥脚（桥础）应做成高度上可以调整的，以便适应水位的变化，保证浮桥不间断使用。

②带预留垂直间隙的固定栈桥连岸部分（图 5-11）。

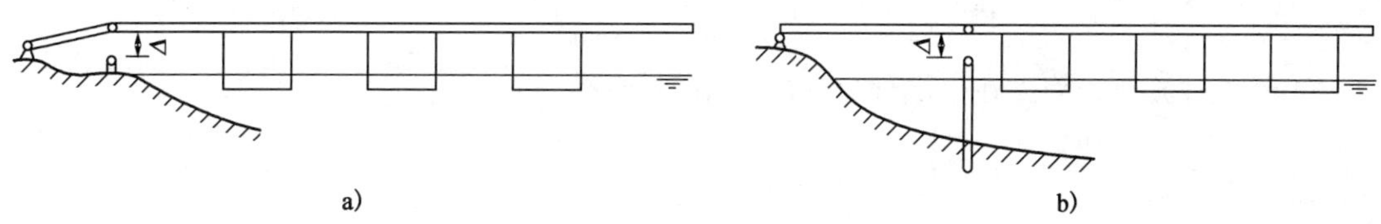

图 5-11 带预留间隙的连岸部分

将固定栈桥的桥跨承重结构用铰与河中部分末端桥跨承重结构连接起来，在固定栈桥水侧固定桥脚上表面与河中部分末端承重结构的下表面之间预先留间隙 Δ，这样就构成了这种结构连岸部分。当岸边水深较大、河中部分末端可以直接达到桥础位置时，连岸部分具有最简单的样式，只有桥础和跳板，河中部分末端与跳板连接，末端与桥础上表面之间预留间隙 Δ。在这两种情况下，水侧固定桥脚（桥础）起到限制末端过大沉降的作用，被称作限制桥脚。

这种连岸部分和连接样式不仅在制式器材里使用,而且在就便器材浮桥里也广泛使用,这首先是由于其结构和设置都比较简单,而它的另一个优点是正确选择预留间隙 z 值以后,河中部分末段浮游桥脚由活载引起的最大吃水和承重结构中由活载引起的弯矩值都不会超过河中部分中间段,因而末端和中间段可以由完全相同的结构组成。这是因为和无预留间隙的刚性支承末端相比(图 5-10),限制桥脚上预留间隙的存在将导致固定桥脚由活载引起的压力大大减小,而末段几个浮游桥脚的吃水和反力增大,以浮游桥脚的充分吃水换取固定桥脚的压力(或反力)减小,因而这种情况下河中部分末段某一断面的弯矩将比相同条件下无预留间隙连岸部分中的小,而某一浮游桥脚的吃水却相应地要大。正确地选择预留间隙值,将会使河中部分末段的最大弯矩、最大吃水和河中部分中间段的相应值基本相同。

在水位变化时,限制桥脚应保持上述预留垂直间隙值不变,因此限制桥脚应做成高度上可以调整的。

③带限制角的梁式过渡桥跨连岸部分(图 5-12)。

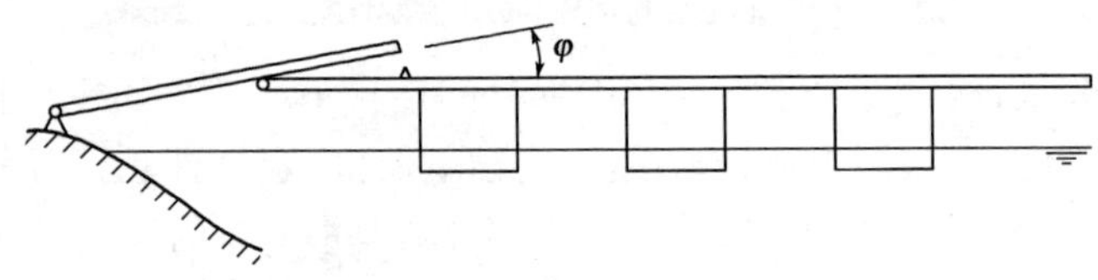

图 5-12　带限制角的梁式桥跨连岸部分

过渡桥跨连岸部分梁式过渡桥跨的承重结构用铰与河中部分末端连接,过渡桥跨的一端伸向末段范围内,与末段组成角度 φ,末段上设置一根限制过渡桥跨承重结构转动时超过 φ 角的横梁,构成这种带限制角的连岸部分。当末段在活载作用下沉降到一定程度时,限制角 φ 闭合,梁式过渡桥跨与末端的铰接转变为刚性接头,梁式过渡桥跨变成末段桥跨延长部分,使河中部分末段直接支承在河岸上,从而起到限制末段浮游桥脚吃水过大的作用。

这种连岸部分和带限制桥脚固定栈桥连岸部分一样,也能使河中部分末段最大弯矩和最大吃水被限制在中间段的相应值以内,从而使末段和中间段采用同一结构组成。这点是通过正确选择限制角 φ 值来达到。

采用这种连岸部分可以不需要构筑固定桥脚,避免了在水中设置固定桥脚的作业,这是它的另一个优点。但是,限制角 φ 的构成带来一些诸如限制横梁和调整 φ 角用的千斤顶一类辅助构件,并且过渡桥跨承受的弯矩值较大,需要增加承重结构的抗弯能力,使广泛采用受到一定的限制。

④梁式过渡桥跨简支在末端部分上的连岸部分(图 5-13)。

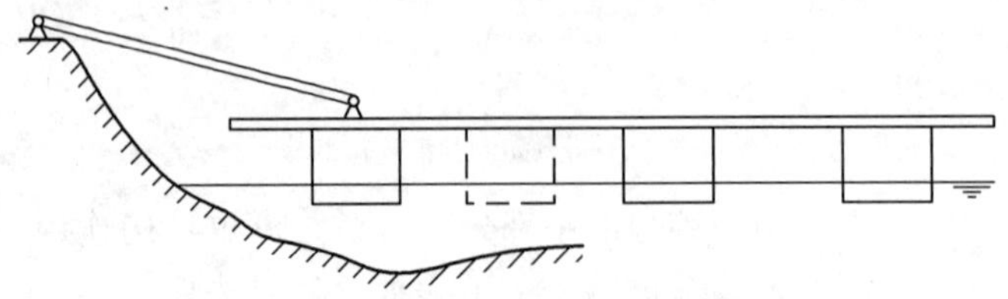

图 5-13　带辅助舟的梁式桥跨连岸部分

采用这种连岸部分时,应在过渡桥跨支承点下增设辅助桥脚,支承点也应尽量离开河中部分的端部,以减少末端的吃水。它的优点是结构简单;其缺点是增设辅助舟和不能充分利用河中部分长度,在河岸比较低的情况下使用也有一定的困难。通常只在河岸高于桥面较多时采用。

⑤浮游栈桥连岸部分。

它和铰接体系的浮游栈桥连岸部分相同,浮游栈桥的水侧一端用铰与河中部分末端连接,岸侧一端支承在岸边的桥础上。在连续体系浮桥中浮游栈桥不和固定栈桥联合使用,因为既然设置了固定栈桥,那么完全可以用第 2 种连岸部分来解决河中部分末端与岸边的连接,没有必要再设置浮游栈桥。

(2)带式连续体系浮桥

①用带限止器铰连接的岸边舟连岸部分(图 5-14)。

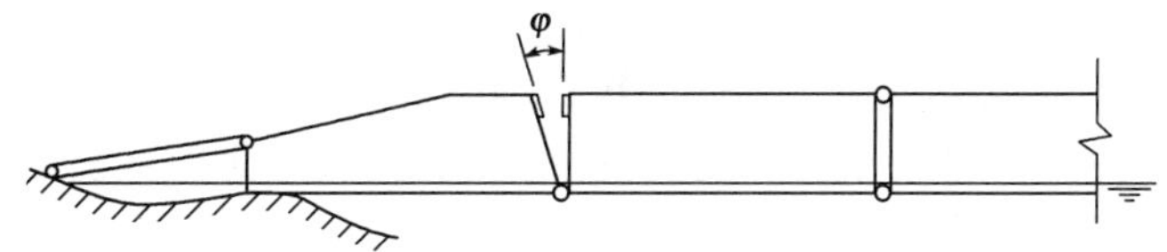

图 5-14 带限制角的岸边舟

这种连岸部分中的制式岸边舟,用安装在下弦的铰接接头与河中部分末端连接,而它们的上弦用限止器保持一定的距离,构成限制角,岸边舟的一端直接支承在河岸上(不需设置桥础),用跳板和此端部连接,以便于车辆上下浮桥。

在活载作用下,连岸部分中的预留限制角 φ 会逐渐减小。当 φ 角尚未完全闭合时,岸边舟的工作情况与浮游栈桥相类似,起到弹性支承河中部分末端的作用;当 φ 角完全闭合、结合部的上弦顶紧承压时,整个结合部转变成刚性接头,岸边舟成为河中部分末段的延长部分。通过它,河中部分末段得以支承在河岸,此时连岸部分的工作情况又类似于带限制角的梁式过渡桥跨。

它和完全铰接的连岸部分比较,限制角 φ 的存在,限制了河中部分末段吃水过大,φ 角关闭后可以使活载的一部分被传递到河岸上,从而减轻河中部分末段的负担。

和刚性结合部比较,预留限制角 φ 又会减少岸端的支反力,而使河中部分末段的浮游桥节多承受一点活载,获得比较充分的沉降吃水,其结果是使末端部分由活载引起的弯矩值比刚性结合部连岸部分的末段弯矩要小。

因此,这种连岸部分具有一定的优点,正确地选择限制角 φ 的大小,完全可以使河中部分末段的最大弯矩、最大吃水不超过河中部分中间段,整个河中部分可以由相同的河中舟组成,不必对末段采用特殊的河中舟。

岸边舟的浮游性和与河中部分末端的连接简单也是这种连岸部分的优点,它使架设岸边桥节的作业既方便又迅速,在岸边桥节和河中部分同时开始架设的情况下不会影响河中部分的架设作业。

应当指出,随着水位的变化,原有限制角会增大或减小,因此结合部上弦的距离应能进行调整,使水位变化时限制角保持不变,这通常是用带螺纹的顶紧装置限止器来实现。

②河中部分末端与河底有预留垂直间隙的跳板连岸部分(图 5-15)。

在这种连岸部分内,河中部分末端的舟底与河底之间预留有一定的间隙值 Δ,此值小于浮桥只有静载时的水上舷高。当活载作用在末段上时,河中部分端部的舟底会直接被河底支承,并将活载的一部分传递至河底,因此河底应进行加固。为了使活载便于上下浮桥,还要用跳板和岸边相连。

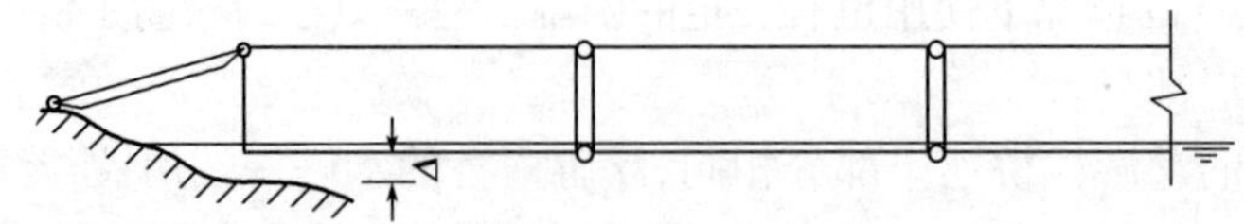

图 5-15 有预留垂直间隙的跳板连岸部分

这种连岸部分的工作情况和桥脚分置式浮桥的第②种连岸部分简单形式相同,它既简化了架桥作业,又使得整个河中部分可以采用相同的河中舟组成。但是,由于舟底的端部要直接承压在河底上,带式浮桥每个河中舟的两端必须加强,在某种程度上增加了每个河中舟的重量。

③河中部分末段直接支承在岸边河底的跳板连岸部分。

它和桥脚分置式浮桥第①种连岸部分工作原理相同,只在河中舟强度有较大富余时才采用。浮桥的结构组成和连岸部分的样式不断发展,随着技术的发展,将会创造出更新的样式。

第四节 浮桥的组成及确定

一、浮桥的组成

无论哪种浮桥,在总体上它们都有河中部分、连岸部分和水平固定系统三部分组成。下面分别介绍河中部分、连岸部分的组成确定,其水平固定系统(主要是锚定设施)见第九章有关内容。

1. 河中部分

河中部分是浮桥跨越水障碍的浮游主体部分,直接决定整个浮桥的承载能力和使用性能。它通常位于桥轴线上水深较大的地段上。

浮桥的河中部分可以由若干彼此相距一定距离的浮游桥脚,以及被它们支承的桥跨结构组成;也可以由一系列既能提供浮力、又能作为承重结构和载面部分的箱形浮体沿桥轴线方向密接而成。前者被称为桥脚分置式浮桥,后者叫作带式浮桥(图 5-16)。

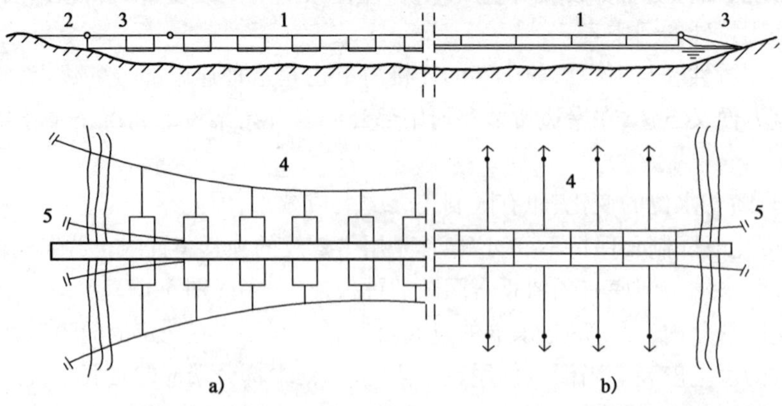

图 5-16 浮桥的组成

1-河中部分;2-固定栈桥;3-浮游栈桥;4-横向固定(投锚和横张纲);5-纵向固定

(1)桥脚分置式浮桥

桥脚分置式浮桥的浮游桥脚可以是制式舟、民舟和浮游材料组成的筏。舟的结构材料可以是金属的、木质的、纤维增强塑料和气密的橡胶织物。筏的结构材料通常采用木材、竹材及诸如汽油桶之类的就便浮游材料。

支承在桥脚舟中央或舟舷上的桥跨结构,又由载面部分(车行部)和支持它的承重结构组成。承重结构通常由各种型钢桥桁、木质桥桁或桁架组成,桥桁或桁架可以成对地用横向联结系连成桁联,也可以单根、单片地使用。有时桥跨的承重结构和截面部分被预制成整体构件,组成车辙或直接做成整体式桥跨结构。无论是何种桥跨结构,单个承重构件在桥跨横断面的配置,可以是等间距排列、不等间距排列以及车辙式配置。

桥脚分置式河中部分的跨度,即桥轴线上浮游桥脚轴线间的距离,可以在较大的幅度内变化。在由型钢和方木、圆木桥桁组成的浮桥中,跨度通常在4~6m内变化;而承重结构是金属桁架的浮桥,其跨度可达10m以上。

桥脚分置式浮桥的优点在于单个构件的结构简单、重量轻、便于制造和更换。另一个最大的优点在于可结合成不同载重量的浮桥方面,具有较大的灵活性。它可以通过改变桥跨横断面内的桥桁、桁架的数量来达到变化浮桥载重能力的目的,也可以通过增减浮游桥脚内舟节的数量和变化跨度值来达到变化载重能力的目的。

但是这种浮桥的构件种类繁多,形成大量的连接件,因而在架设浮桥时要花费较多的时间来完成大量细小的工序,而且难以实现机械化作业。

(2)带式浮桥

带式浮桥的河中部分直接由一系列被称为河中舟的箱形浮体组成,每个河中舟本身就是浮桥的承重结构,其甲板面就是浮桥的载面部分。这种浮游桥脚、承重结构、载面部分三位一体的结构组成,使浮桥在架设中不需要预先接合桥节,只需要在桥轴线上逐次接长桥段,拼装工序的减少使得带式桥架设所用的人力和时间大大减少,保证了快速架设和显著地缩短渡口准备时限。同时,带式桥箱形浮体的整个横断面参与工作,因而浮桥的垂直刚度很大,载面部分很宽阔,这不仅允许单向行驶的车辆以较高的速度通过浮桥,而且可以给轮式车辆提供双行道。

带式浮桥在结构处理上比桥脚分置式浮桥复杂得多,在用作漕渡门桥时水阻力也将增大,而载重量变化的灵活性更不如桥脚分置式浮桥,往往只能采用改变带式桥横向宽度的办法来实现。

用当地浮游工具组成的带式浮桥,其河中部分是用载重吨位200t以上的驳船或公路渡船组成。将其纵轴(长方向)垂直水流方向设置,车辆沿其甲板纵方向行驶。对于载重量较大、甲板面首尾齐平的相同驳船或渡船,在流速不大的江河上架设这种带式桥既经济又简单,将大大减少在甲板面上构筑车行部的作业量。

2. 连岸部分

浮桥的边岸部分是支承河中部分末段并使之与河岸平缓过渡,保障浮桥在通载和水位变化时正常使用的两岸端部分。

连岸部分有三种基本形式:即梁式过渡桥跨、一端固定的岸边浮游桥节和固定栈桥。前两种又称为浮桥的过渡部分,第三种称为岸边部分,根据河岸的实际情况,连岸部分可由其中一种单独组成,也可以由固定栈桥和岸边浮游桥节或者固定栈桥和梁式过渡桥跨组成。

在单独使用固定栈桥作为连岸部分时,它的水侧固定桥脚就是河中部分末端的支承。在联合组成连岸部分的情况下,固定栈桥设置在岸边,它可看成是河岸的延伸,而它的水侧桥脚是岸边浮游桥节和梁式过渡桥跨岸侧一端的刚性支点。

由于固定栈桥的架设作业比较费时费力,通常只有浅滩过长不能设置浮游桥脚或者河岸高陡需要由较高的接近路向较低的河中部分末段平缓过渡,以及浮游桥脚数量不足等三种情况下才采用这种形式。

(1)连岸部分固定栈桥

连岸部分固定栈桥由岸边桥础、固定桥脚和梁式桥跨组成(图5-16),整个栈桥根据岸滩情况和浮游桥脚数量,可以设置成单跨或多跨栈桥。它们的水侧固定桥脚通常设置在水深不大于1~1.5m的地方。为了适应水位的变化,水侧的几个固定桥脚被构筑成高度上是可以调整的,并且有升降桥跨结构的装置。这种桥脚的数量根据水位变化幅度和桥面允许纵向坡度值来确定。在制式舟桥器材中,固定桥脚被预制成架柱桥脚、滚筒桥脚和三角形桥脚等形式,在就便器材中则常常采用列柱、架柱桥脚和木杆层桥脚作固定栈桥的桥脚。

为尽量缩短固定栈桥的长度,桥础设置在尽量靠近水边的干硬地点,并且离岸边陡坎有一定的安全距离,以防止被水淹没或陡坎塌方。

固定栈桥的桥跨结构可以采用浮游部分桥跨结构相同的组成,整个固定栈桥可以容许有不大于8%的纵向坡度,大于此值的纵向坡度将会妨碍车辆的通行并增大车辆对栈桥的冲击。

(2)岸边浮游桥节

岸边浮游桥节可以被认为是河中浮游部分的合乎实际的延伸(图5-16),它既能适应水位的变化,又能支承河中部分末段,保障河中部分末段不至于出现比河中部分中央大的吃水和应力。在桥脚分置式浮桥里,岸边浮游桥节由配置在水侧一端的一个或两个浮游桥脚和支承在它们上面的桥跨结构组成(图5-16)。它的一端刚性支承在岸边桥础上或者固定栈桥的水侧固定桥脚上,而它的水侧一端伸出在浮游桥脚舟舷之外,形成悬臂,用铰和河中部分末端连接,这种岸边浮游桥节称为浮游栈桥。在带式浮桥中岸边浮游桥节是由一端直接支承在岸滩上(没有桥础),另一端与河中部分末端连接的"岸边舟"组成。此种岸边舟的端部具有加强的舟舷和舟底,以便能直接将活载的压力传递到岸滩上。

(3)梁式过渡桥跨

梁式过渡桥跨是连岸部分的一种简单形式。它由载面部分和若干根桥桁或数片桁架组成,一端支承在岸边桥础上或固定栈桥的水侧桥脚上,另一端支承在河中部分末段。

当梁过渡桥跨简单支承在河中部分末端上时(图5-12),它不能起到支承河中部分末段的作用。反而使河中部分末端负载。因此必须在河中部分末段增设辅助浮游桥脚,以减少末端的沉降吃水,此时梁式过渡桥跨主要以其长度减少连岸部分的纵向坡度。只有当梁式过渡桥跨采用特殊的铰接装置为带限制器铰和河中部分末端连接时,它才能起到支承河中部分末段的作用(图5-11)。

上述连岸部分与河中部分末端连接时,其连接形式是多种多样的,它主要取决于河中部分的体系和结构组成。

实际上,有的浮桥无固定栈桥部分,有的浮桥可以没有过渡部分,而且近代浮桥中(尤其在连续梁体系浮桥中)这两部分已融合成整体难以区分。

3. 水平固定系统

平衡浮桥所受的各种水平力,保持浮桥在水平面稳定的一系列固定设施,统称为浮桥的水平固定系统。它由横向固定和纵向固定两部分组成,横向固定部分平衡浮桥所受到的垂直桥轴线方向的水阻力和风阻力;纵向固定部分承受车辆沿桥运动时的制动力和斜向水流对浮桥的冲击力以及顺桥轴线方向的风力。

浮桥的横向固定通常采用锚定、横张纲系留固定和斜向控制纲固定等形式。采用投锚固定型式时,横向固定由若干个彼此相距一定距离、在浮桥上下流投下的锚,和相应数量的顺水流方向固定在浮桥两侧固定装置上的锚纲组成。将浮桥牢固地固定在河底上。

用横张纲系留固定浮桥,是将浮桥固定在河岸上,此时横向固定是由在浮桥上流和下流,横过河面张拉的主索和一系列顺沿水流方向设置的系留索组成,系留索一端固定在主索上,

另一端固定在浮桥上,主索在岸上用塔架支持并固定在埋设在土壤中的固定装置上。

采用斜向控制纲固定浮桥时,是用一系列与水流方向成一定角度的斜张纲将浮桥固定在两岸,它也分为上流固定和下流固定。

浮桥的纵向固定通常由岸边系留纲和在桥础前后植入土壤中的系留桩所组成,此时桥础与桥桁的末端应牢固联结。

浮桥的水平固定系统是浮桥赖以生存的重要组成部分,应该根据当时当地的河流水文、地质、气象和固定的材料等情况慎重确定。

浮桥由河中部分和岸边部分组成。

(1)河中部分:由若干个河中舟连接而成,是浮桥的主要部分。在流速较高的江河上,河中部分的水深一般不应小于1.5m,局部水浅处的水深可以减小到0.8m;对局部浅水,但河底松软处可减小到0.4m。

(2)岸边部分:由岸边舟和跳板组成,是浮桥的接岸部分。岸边舟与河中舟连接处的水深不得小于0.4m。在地面上的支承长度可在1.0~2.5m范围内变化。跳板陆侧一端接岸长不小于0.5m(土质坚硬时)或1m(土质较松软时)。当岸边水深0.4m处距水沿线在2m之内而岸边舟数量不足时,可不使用岸边舟而直接利用河中舟的跳板与河岸搭接。也可一岸用岸边舟,另一岸用河中舟跳板。但靠岸的第1个河中舟陆侧的水深必须在0.4~0.7m之间。

二、浮桥组成的确定

(1)河中部分的确定

①河中舟数量:

$$m = \frac{B}{l} \tag{5-1}$$

式中:m——河中舟数量(个);

B——河幅(两岸水沿至水深0.4m处的距离);

l——一个河中舟架设浮桥的长度(m)。

计算中出现余数(m),在确定岸边部分时处理。

②河中部分长度:

$$L_2 = l \times m \tag{5-2}$$

式中:L_2——浮桥河中部分长度(m)。

③桥节门桥数量：

$$m_1 = \frac{m}{n} \tag{5-3}$$

式中：m_1——桥节门桥数量；

n——一个门桥中舟的数量，如果计算中出现余数时，其中一个门桥可增加或减少 1～2 个舟，也可作为闭塞门桥。

(2)岸边部分的确定

岸边部分的长度根据其组成不同，有以下几种情况：

①两岸均由岸边舟组成时：

$$L_1 = (l_1 + c_1) \times 2 \tag{5-4}$$

式中：L_1——岸边部分长度；

l_1——岸边舟架设浮桥长度；

c_1——岸边舟跳板长度。

②一岸由岸边舟、另一岸由河中舟跳板组成时：

$$L_1 = l_1 + c_1 + c_2 \tag{5-5}$$

式中：c_1——河中舟跳板长度。

③两岸均由河中舟跳板组成时：

$$L_1 = 2c_2 \tag{5-6}$$

(3)闭塞方案的确定

当确定浮桥河中部分舟的数量出现余数时，通常用增减河中舟，调整岸边舟搭岸长度使浮桥闭塞。

①当余数(剩余河幅)较大，而岸边条件允许岸边舟向岸上移动时，可增加一个河中舟；反之，则减少一个河中舟或进行填、挖作业。

②当余数(剩余河幅)较小，而岸边条件允许岸边舟向水侧移动时，可直接移动岸边舟闭塞。

(4)浮桥的长度

$$L_0 = L_1 + L_2 \tag{5-7}$$

【例 5-1】 在某渡口架设 500kN 浮桥一座，测得河幅为 213m，左岸水沿线至水深 0.4m 处距离为 5m，右岸为 3m，一个河中舟架设浮桥的长度 6.74m，岸边舟架设浮桥长度 5.63m，岸边舟跳板长度 2.06m。试确定浮桥的组成，一个桥节门桥由 3 个舟组成。

解：

(1)河中部分的确定

$$\text{河中舟数量} = \frac{213 - (5 + 3)}{6.74} = 30.4(\text{个})$$

取 30 个，余数待处理。

河中部分长度 = 6.74 × 30 = 202.2(m)

因水深超过 0.4m 的河幅(205m)大于河中部分长(202.2m)，所以河中部分末端处水深不小于 0.4m。

桥节门桥数量 = 30/3 = 10(个)

(2)岸边部分的确定

根据岸边条件,确定浮桥两岸均使用岸边舟。

岸边部分长度 =(5.63 +2.06)×2 =15.38(m)

河幅余数 =213 -202.2 =10.8(m)

两岸的岸边舟陆侧一端各伸出水沿线长度≈ $(5.63\times 2-10.8)\times\frac{1}{2}=0.23$(m)

(3)浮桥长度

浮桥长度 =202.2 +15.38 =217.58(m)

第五节　浮桥渡送效率计算

一定数量的荷载通过浮桥所需要的时间,按以下公式计算:

$$T_1=\frac{m(L+a)+L_0+L_1}{[V]}\times K \tag{5-8}$$

式中:T_1——全部荷载通过浮桥所需的时间;

m——需要通过浮桥的荷载数量;

L——荷载的概略长度,履带式荷载时取 6m,牵引车辆时取 17m,轮式荷载时取 7m;

a——荷载通过浮桥的间距,取 25 ~40m,流速较小时取大值,流速较大时取小值;

L_1——各荷载梯队之间的间距,一般取 500 ~1000m;

$[V]$——荷载通过浮桥是的容许行驶速度,取 10 ~25km/h,浮桥性能较好时取大值,浮桥性能一般时取小值;

K——通载影响系数,取 1.0 ~2.0,当荷载数量较多时(200 辆)取大值,当荷载数量较少时(10 辆)取小值。

在限定时间内通过浮桥的荷载数量按下列公式计算。

$$m=\frac{T_1[V]/K-L_0-L_1}{L+a} \tag{5-9}$$

第六章

简支体系浮桥

第一节　浮桥河中部分的计算

简支梁体系浮桥是静定结构，是支撑在浮游桥脚上的多跨简支梁。这种体系桥梁有各种不同的形式（图 6-1），其中应用最广泛的是桥跨末端中央支撑在浮游桥脚上，浮游桥脚中央一般设置负桁材，桥跨结构和活载的重量通过负桁材传到桥脚上，使桥脚在沿桥梁轴线方向产生中心吃水，因此桥跨结构强度计算与刚性桥脚上的多跨桥类似（如低水桥），桥脚则必须计算吃水和强度，两相邻桥脚由于吃水不同产生桥面纵坡度。此外，活载在桥面上的横向偏心，产生了桥跨结构各承重构件的不均匀分配，还会引起桥脚舟的纵倾。

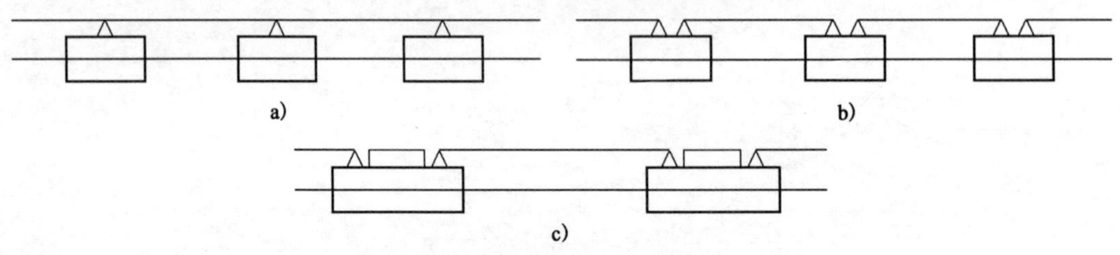

图 6-1　简支梁体系浮桥各种形式图

当桥跨中央支撑在桥脚舟上时，桥脚舟的反力影响线见图6-2。桥脚 n 的反力影响线做法与刚性桥脚桥梁类似，其纵坐标为［图6-2a)］

$$R_{nn} = 1; R_{n,n-1} = R_{n,n+1} = 0$$

因此：桥脚舟的总反力 R 为

$$R = R_1 + R_2 + G \tag{6-1}$$

式中：R_1——由桥跨自重生产的桥脚舟反力，$R_1 = gl$；

g——桥跨每延米重量；

l——桥梁跨度；

R_2——由活载作用产生的桥脚舟反力，$R_2 = Q\left(1 - \frac{s}{4l}\right)$；

Q——活载总重；

s——履带荷载接地长度；

G——桥脚舟自重。

桥脚舟的中心吃水

$$T = \frac{R}{\gamma F_0} \leqslant [T]$$

式中：F_0——桥脚舟的水线面面积；

γ——水的重度；

$[T]$——桥脚舟中心受载时的容许吃水。

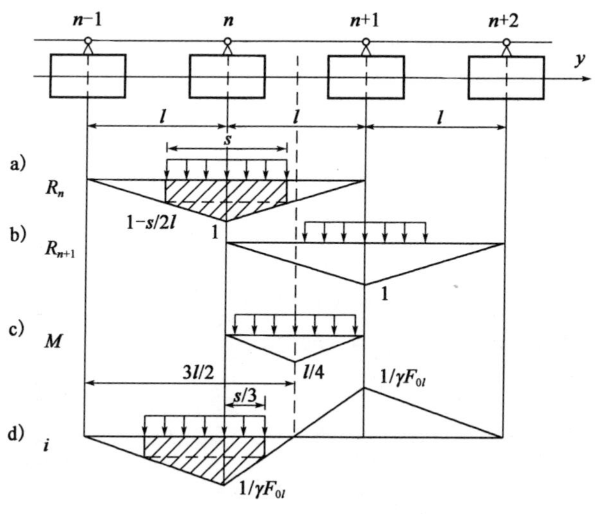

图6-2　简支梁体系浮桥河中各部分影响线图

第二节　稳定及坡度计算

当活载在桥面上行驶有横向偏心 e_x 时，则作用在桥脚舟上的反力与偏心距产生一个倾覆力矩 $M_y = R_2 e_x$，对桥轴线旋转引起舟的附加吃水为

$$\Delta T_y = \frac{R_2 e_x Z_x}{\gamma J_y \psi_y} \tag{6-2}$$

式中：J_y——桥脚舟计算水线面面积对桥轴线的惯性矩；

ψ_y——舟在活载作用时稳心高度与稳性半径的比值，一般可取 $\psi_y = 0.9$；

Z_x——计算水线面边缘在桥脚轴线方向上的坐标。

桥脚最大吃水为

$$T' = T + \Delta T_y$$

然后验算舟的干舷是否超过容许值。

以上计算是按桥跨结构中央支撑在桥脚上时的情况进行，如果在桥脚轴线上设置两根负桁材时，两相邻桥跨结构的末端分别支撑在两根负桁材上，桥脚的吃水除了必须按活载作用在桥脚上最不利位置进行上述验算外，还要验算活载作用在一跨的端部时（图 6-3）桥脚引起的附加吃水。

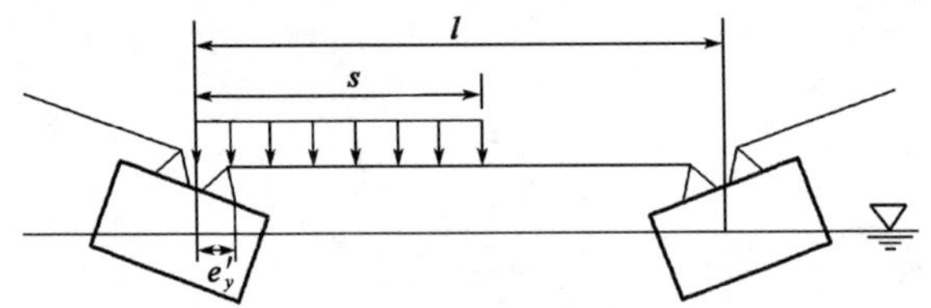

图 6-3　浮游桥脚上有两根负桁材时桥脚反力计算的活载位置

桥脚在图 6-3 所示的活载位置时的吃水为

$$R'_2 = Q\left(1 - \frac{s}{2l}\right) \tag{6-3}$$

桥脚产生横倾时的附加吃水

$$\Delta T'_x = \frac{R'_2 e'_y Z_y}{\gamma J_x \psi_x} \tag{6-4}$$

式中：e'_y——负桁材轴线到桥脚舟轴线的距离；

Z_y——计算水线面边缘在桥轴线方向上的坐标；

ψ_x——取 0.85。

$$\Delta T'_y = \frac{R'_2 e'_x Z_x}{\gamma J_y \psi_y} \tag{6-5}$$

桥脚在图 6-3 所示情况的最大吃水。

$$\Delta T''_x = \frac{R'_2}{\gamma F_0} + \Delta T'_x + \Delta T'_y$$

此 T'' 应和 T' 比较出最不利的情况。

简支梁体系浮桥桥面纵向坡度的形成是由两相邻桥脚吃水不均匀引起的，设桥脚 n 的吃水为 T_n，桥脚 $n+1$ 的吃水为 T_{n+1}，则 $n \sim n+1$ 桥跨的纵向坡度为 $i = (T_n - T_{n+1})/l$，即

$$i = \frac{R_n - R_{n+1}}{\gamma F_0 l} \tag{6-6}$$

式中：R_n、R_{n+1}——荷载在桥脚 n、$n+1$ 上产生的反力。

如果 $P=1$ 作用在桥脚 n 上，则纵坡度 $i=(\gamma F_0 l)^{-1}$；如果 $P=1$ 作用在桥脚舟 $n+1$ 上，则纵坡度 $i=-(\gamma F_0 l)^{-1}$；如果 $P=1$ 作用在桥脚舟 $n-1$ 和 $n+2$ 上，或作用在 $n-1$ 以左或 $n+2$ 以右，则桥脚舟 i 保持水平，即 $i=0$。

根据以上各 i 值，可作出 $n \sim n+1$ 跨的坡度影响线，该影响线的同号段等于$\frac{3}{2}l$［图 6-2d)］，将履带载布置在影响线上，即得最大纵坡度值

$$i_{\max} = \frac{Q}{\gamma F_0 l}\left(1 - \frac{s}{3l}\right) \leqslant [i];[i] = 6\% \tag{6-7}$$

第三节 强度计算

桥跨中部的弯矩影响线和一般刚性桥脚上简支桥跨的影响线相同，最大坐标为 $l/4$［图 6-2c)］将活载设置在影响线最不利位置，可得桥跨中部的最大弯矩为

$$M_2 = \frac{Q}{8}(2l - s) \tag{6-8}$$

在静载作用下的弯矩为

$$M_1 = \frac{gl^2}{8} \tag{6-9}$$

一根桥桁中的弯矩为

$$M = \frac{M_l}{n} + K_{\mathrm{df}} M_2 (1+\mu) \tag{6-10}$$

式中：$1+\mu$——冲击系数，对于金属桥跨结构的浮桥，$1+\mu=1.15$；

K_{df}——横向分配系数。

第四节 栈桥计算

简支梁体浮桥与岸边固定栈桥或桥础的连接是用梁式桥跨，其一端支撑在浮游桥脚负桁材上，另一端支撑在栈桥的刚性桥脚上，因此边舟在活载作用下的最大反力为(图 6-4)

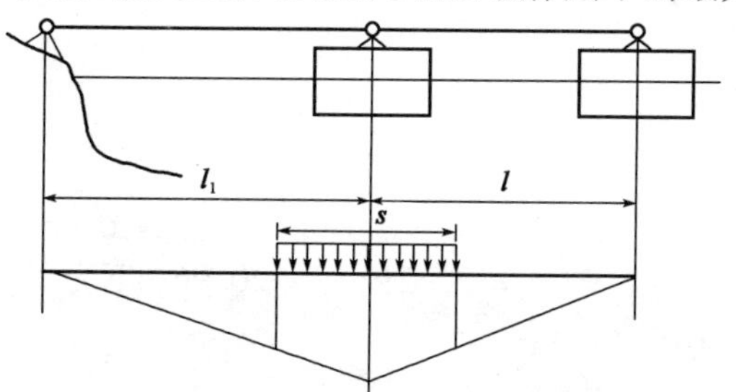

图 6-4 过渡部分浮游桥脚反力影响线图

$$R_2 = Q\left(1 - \frac{s}{2l_1 + 2l}\right) \tag{6-11}$$

由活载引起的岸边桥跨的最大纵坡度为(当 $s \leqslant l_1 + l$ 时)

$$i = \frac{Q}{\gamma F_0 l_1 l}\left(1 - \frac{s}{2l_1 + 2l}\right) \leqslant 8\% \tag{6-12}$$

式中:l_1——岸边桥跨的跨度;

l——河中桥跨的跨度。

过渡部分桥桁计算方法与河中部分相同。

第五节 简支体系浮桥计算示例

(1)已知数据

①活载:履带式活载全重120kN,宽 $B_c = 2.3\text{m}$,履带接地长 $s = 2.4\text{m}$。

②静载:桥跨自重2.62kN/m,一个桥脚舟自重 $G = 30\text{kN}$。

③上部结构:桥桁数目8根,18a[,惯性矩 $I = 12727 \times 10^3\text{mm}^4$,断面系数 $W = 1414 \times 10^2\text{mm}^3$,等间距排列,边桁间距 $b_1 = 3\text{m}$,容许应力$[\sigma] = 340\text{MPa}$,桥板长4050mm,宽400mm,高60mm。

④桥脚舟:开口式舟,自重 $G = 30\text{kN}$,$L = 10\text{m}$,宽 $B = 3.4\text{m}$,舷高 $H = 1.1\text{m}$,水线面面积 $F_0 = 30\text{m}^2$。

⑤浮桥跨度 $l = 8\text{m}$,车行部宽3.0m,桥桁在桥脚舟上采取中心支撑方式(图6-5)。

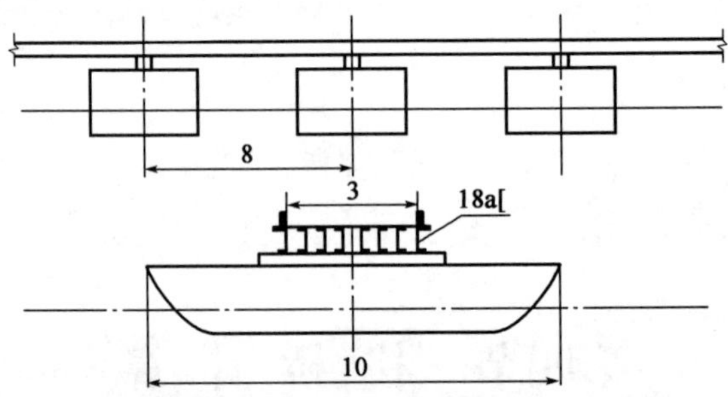

图6-5 例题示意图(尺寸单位:m)

(2)计算内容

简支梁体系浮桥河中部分的计算包括:桥脚舟吃水计算、桥桁强度计算、纵向坡度计算。

(3)计算过程

①桥脚舟吃水计算。

由静载引起的桥脚反力

$$R_1 = gl = 2.62 \times 8 = 20.96(\text{kN})$$

由活载引起的桥脚反力

$$R_2 = Q\left(1 - \frac{s}{4l}\right) = 120 \times \left(1 - \frac{2.4}{4 \times 8}\right) = 111(\text{kN})$$

桥脚总反力

$$R = R_1 + R_2 + G = 20.96 + 111 + 30 = 161.96(\mathrm{kN})$$

总吃水深度

$$T = \frac{R}{\gamma F_0} = \frac{161.96}{10 \times 30} = 0.54(\mathrm{m})$$

$$[T] = \frac{2}{3}H = \frac{2}{3} \times 1.1 = 0.73(\mathrm{m})$$

$$T < [T]$$

$$H - T = 1.1 - 0.54 = 0.56(\mathrm{m}) > 0.30(\mathrm{m})$$

活载偏心值

$$e_x = \frac{b_0 - B_c}{2} = \frac{3.0 - 2.3}{2} = 0.35(\mathrm{m})$$

纵倾引起的附加吃水

$$\Delta T = \frac{R_2 e_x z_x}{\gamma J_y \psi_y} = \frac{111 \times 0.35 \times 5}{10 \times 250 \times 0.9} = 0.086(\mathrm{m})$$

$$J_y = \frac{F_0 L^2}{12} = \frac{30 \times 10^2}{12} = 250(\mathrm{m}^4)$$

$$T' = T + \Delta T = 0.54 + 0.086 = 0.63(\mathrm{m})$$

干舷高度

$$h_0 = H - T' = 1.1 - 0.63 = 0.47(\mathrm{m}) > 0.1\mathrm{m} \quad 安全$$

②桥桁强度计算。

由静载引起的弯矩

$$M_1 = \frac{gl^2}{8} = \frac{2.62 \times 8^2}{8} = 20.96(\mathrm{kN \cdot m})$$

由活载引起的最大弯矩

$$M_2 = \frac{Q}{8}(2l - s) = \frac{120}{8}(2 \times 8 - 2.4) = 204(\mathrm{kN \cdot m})$$

横向分配系数

$$K_{\mathrm{df}} = \frac{1}{n}\left(1 + \frac{6e}{b_1} \cdot \frac{n-1}{n+1}\right) = \frac{1}{8}\left(1 + \frac{6 \times 0.35}{3.0} \times \frac{7}{9}\right) = 0.193$$

单根桥桁所受弯矩

$$M = \frac{M_1}{n} + M_2 K_{\mathrm{df}}(1 + \mu) = \frac{20.96}{8} + 204 \times 0.193 \times 1.15 = 47.89(\mathrm{kN \cdot m})$$

$$\sigma = \frac{M}{W} = \frac{47.89 \times 10^6}{14.14 \times 10^4} = 338.68\mathrm{MPa} < [\sigma] = 340\mathrm{MPa}$$

③纵坡度计算。

$$i_{\max} = \frac{Q}{\gamma F_0 l}\left(1 - \frac{s}{3l}\right) = \frac{120}{10 \times 30 \times 8}\left(1 - \frac{2.4}{3 \times 8}\right) = 0.045 = 4.5\% < [i]$$

安全。

第七章

铰接体系浮桥

第一节　基 本 假 设

铰接悬臂梁体系浮桥河中部分的结构是由各相邻门桥间用铰连接组成，铰能自由转动，它能使门桥间迅速分解和结合。由于铰接结构比刚性连接简单，故便于就便器材浮桥使用。从受力情况看，铰结构只传递剪力，不传递弯矩，该剪力称作铰力。如在某一门桥上作用有活载P，该门桥就产生桥脚吃水、桥跨弯矩和门桥桥面倾斜（图7-1），并通过铰力X_n和X_{n-1}（图中铰力方向假定是正号）传递到相邻门桥上，使那些门桥也产生吃水、弯矩和倾斜现象。门桥上的静载作为均匀分布，则不产生铰力。如果以门桥作为基本体系来考虑，铰接悬臂梁浮桥的河中部分是超静定体系，其超静定次数即河中部分铰的总数减去2，根据各门桥端部变位协调条件可以计算铰力，铰力求出后，其余问题根据门桥计算方法就可迎刃而解，即考虑在铰力的作用下求出门桥的桥脚吃水、桥跨弯矩和桥面倾斜的纵坡度。但这样计算铰力方法过于复杂，如果浮桥的河中部分不少于3～4个门桥组成时，假定浮桥的河中部分为无限长，可使计算简化，实际上可获得相当精确的结果，用于浮桥河中部分无限长时的计算方法称为焦点法。

除假定河中部分为无限长外，在计算中与门桥计算相同，还假定桥跨结构刚度为无限大，门桥中所有桥脚舟的水线面面积相等，并近似地认为门桥的重心与浮心重合。

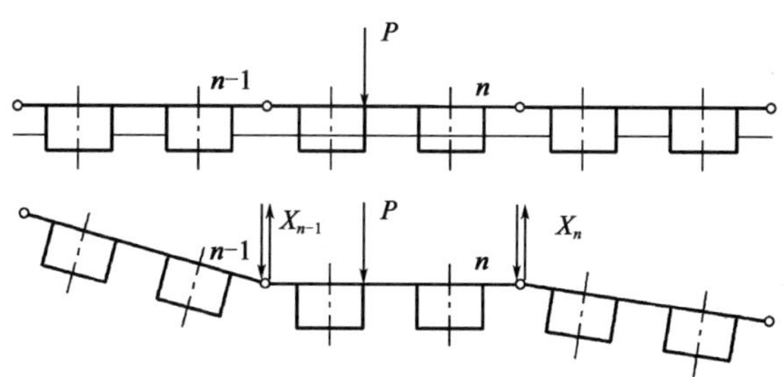

图 7-1 铰接悬臂梁体系浮桥河中部分门桥受力图

第二节 焦 点 比 法

先研究单个门桥变位情况，如在门桥端部 A 有 $P=1$ 力作用时，门桥端部 A 和 B 的变位为 δ_{AA} 和 δ_{BA}（图 7-2），采用公式（4-7）的结果，也可以算 δ_{AA} 和 δ_{BA} 的值。如 $P=1$ 作用 B 点时同样可以计算 δ_{AA} 和 δ_{BA} 的值。

$$\left.\begin{aligned}\delta_{AA}&=\delta_{BB}=\frac{1}{\gamma F_M}\left(1+\frac{L_0^2}{4r^2}\right)\\ \delta_{BA}&=\delta_{BA}=\frac{1}{\gamma F_M}\left(1-\frac{L_0^2}{4r^2}\right)\end{aligned}\right\}\tag{7-1}$$

如 P 值变为 P' 时，门桥变位线如图 7-2 中虚线所示。不论 P 值如何变化，门桥两端变位的比值不变，即变位线与水平线相交点的位置不变，是一个定点，该点类似光学中的焦点，用 f 表示，$\dfrac{\delta_{BA}}{\delta_{AA}}$ 或 $\dfrac{\delta_{AB}}{\delta_{BB}}$ 称为焦点比。

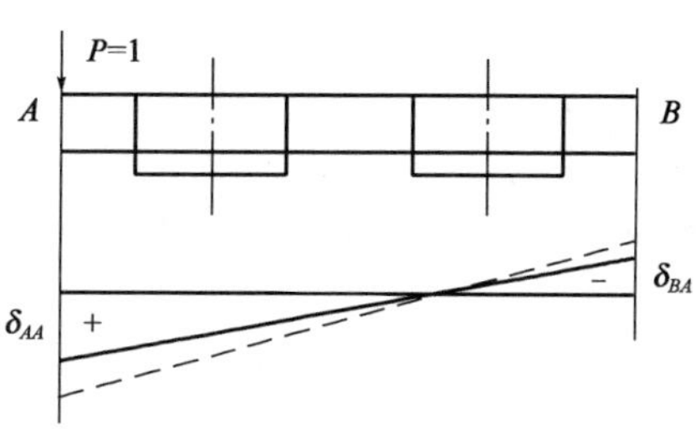

图 7-2 门桥 A 端有力作用时焦点位置图

在浮桥河中部分情况就比较复杂了，如 $P=1$ 作用在最右侧的自由端 n 上，河中部分的变位图如图 7-3所示，此变位线与桥跨的原始线（水平线）有一系列交点。如果 $P=1$ 作用在最左侧自由端上，此变位线与桥跨的原始线也有一系列交点。

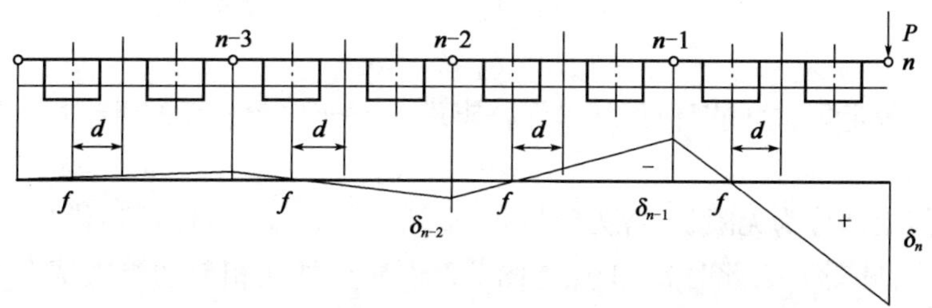

图 7-3 浮桥河中部分末端 n 有 $P=1$ 力作用时的变位图

在图 7-3 中，位于 P 左侧门桥的$\frac{\delta_{n-2}}{\delta_{n-1}}$、$\frac{\delta_{n-1}}{\delta_n}$的值不一定相等，如果河中部分为无限长时，舍去门桥 $n-1 \sim n$，河中部分仍是无限长，这时 $n-1$ 点的受力情况与原来 n 点相似，不同的只是力的大小，因此$\frac{\delta_{n-2}}{\delta_{n-1}}$、$\frac{\delta_{n-1}}{\delta_n}$可认为是相等的，以此类推，如果再不断地舍去右端的门桥 $n-2 \sim n-1$，门桥 $n-3 \sim n-2$……，通过类似的推理即可证明无限长的浮桥河中部分所有门桥的焦点位置都是相同的，因此在无限长的浮桥河中部分中，各门桥中的焦点比 k 值是相等的。

左焦点比

$$k = \frac{\delta_{n-2}}{\delta_{n-1}} = \frac{\delta_{n-1}}{\delta_n} = \frac{\delta_{n-3}}{\delta_{n-2}} = \cdots\cdots$$

同理，右焦点比

$$k = \frac{\delta_{n+2}}{\delta_{n+1}} = \frac{\delta_{n+1}}{\delta_n} = \frac{\delta_{n+3}}{\delta_{n+2}} = \cdots\cdots$$

$n+1, n+2$……为 $P=1$ 作用在河中部分最左侧的自由端 n 上时，各铰自左向右的相应编号。

由于相邻铰的变位总是有不同的符号，所以焦点比总是负的。其绝对值小于 1，即 $|k|<1$。焦点比同样可用由焦点分成的门桥长度内的两个线段来表示，因为在门桥范围内的变位图是由两个相似三角形组成，但要加一负号。

$$k = -\frac{\frac{L_0}{2} - d}{\frac{L_0}{2} + d} = -\frac{L_0 - 2d}{L_0 + 2d} \tag{7-2}$$

d 的长度见图 7-3。

浮桥的每个铰的变位可以用焦点比和单位力引起河中部分端部变位 δ_n 的关系来表示，δ_n 称为河中部分末端 n 点的柔度。

$$\delta_{n-1} = \delta_n k$$

$$\delta_{n-2} = \delta_{n-1} k = \delta_n k^2$$

$$\delta_{n-3} = \delta_{n-2} k = \delta_n k^3$$

如 $P=1$ 作用在河中部分最左侧的自由端 n 上，同理可得

$$\delta_{n+1} = \delta_n k$$

$$\delta_{n+2} = \delta_{n+1} k = \delta_n k^2$$

$$\delta_{n+3} = \delta_{n+2} k = \delta_n k^3$$

根据变位互等定理，这些变位值就是浮桥末端 n 点变位影响线的纵坐标，图 7-3 也是 n 点的变位影响线图。

由于假定河中部分为无限长，舍去门桥 $n-1 \sim n$ 后，$n-1$ 为自由端，其上有 X_{n-1} 作用 $n-1$ 点的变位为 δ_{n-1}，见图 7-4，此时 $n-1$ 点与图 7-3 中 n 点处在相似的受力情况下，即末端都是一集中力作用，左端为无限长，焦点的位置也相同，所以 n 与 $n-1$ 点的力和变位呈以下比例关系。

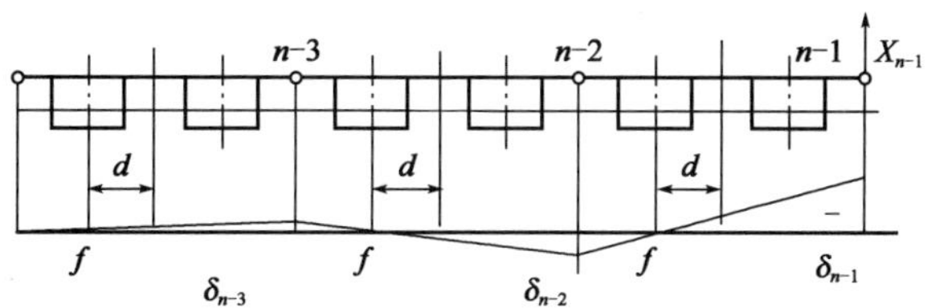

图 7-4　河中部分末端 $n-1$ 有 X_{n-1} 作用时的变位图

$$\frac{P}{\delta_n} = \frac{X_{n-1}}{\delta_{n-1}}$$

铰力的计算是假定铰力使门桥顺时针方向旋转为正号，反之为负号。以上的 X_{n-1} 是负号，而 $P=1$ 是正号；δ_{n-1} 是负号，δ_n 是正号。

则

$$X_{n-1} = \frac{\delta_{n-1}}{\delta_n} = k$$

又

$$\frac{X_{n-2}}{\delta_{n-2}} = \frac{X_{n-1}}{\delta_{n-1}}$$

则

$$X_{n-2} = \frac{\delta_{n-2}}{\delta_{n-1}} X_{n-1} - k^2$$

同理

$$X_{n-3} = k^3$$

这样，可以用焦点比值表示末端作用有 $P=1$ 时无限长浮桥河中部分的铰力。铰力的计算就在很大程度上得以简化。

如果 $P=1$ 作用在一系列铰接门桥的最左侧的自由端上，用同样的方法可以求出右焦点比 $k = \frac{\delta_{n+1}}{\delta_n} = \frac{\delta_{n+2}}{\delta_{n+1}} = \frac{\delta_{n+3}}{\delta_{n+2}} = \cdots\cdots$

铰力与铰的变位成正比，根据规定的铰力符号规则，$P=1$ 为负号，X_{n+1} 为正号；δ_n 是正号，δ_{n+1} 是负号。

$$X_{n+1} = -k; X_{n+2} = -k^2; X_{n+3} = -k^3$$

如在图 7-5 中 n 处作用 $P=1$，在 $n-1$ 处就有铰力 $X_{n-1}=k$，右端门桥在单位力 $P=1$ 和铰力 X_{n-1} 的作用下，铰 $n-1$ 和 n 的变位可看作由两部分迭加而成，即

$$\delta_n = P \cdot \delta_{AA} - X_{n-1} \cdot \delta_{AB} = \delta_{AA} - k\delta_{AB}$$
$$\delta_{n-1} = -X_{n-1} \cdot \delta_{BB} + P \cdot \delta_{BA} = \delta_{BA} - k\delta_{AA}$$

焦点比 k 值

$$k = \frac{\delta_{n-1}}{\delta_n} = \frac{\delta_{AB} - k\delta_{AA}}{\delta_{AA} - k\delta_{AB}}$$

由上式整理成确定 k 的二次方程式

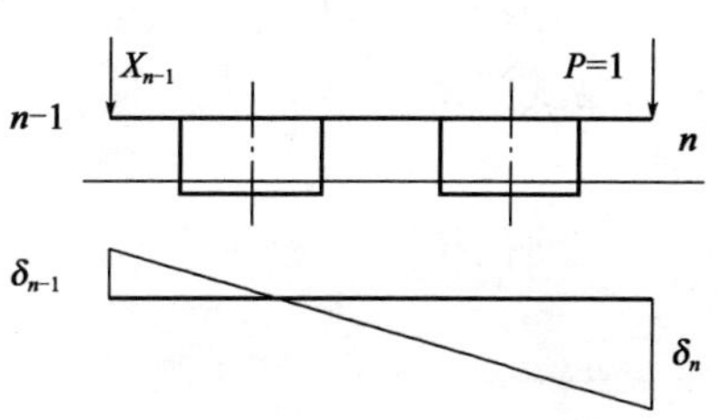

图 7-5　门桥中变位迭加图

$$k^2-2\frac{\delta_{AA}}{\delta_{AB}}k+1=0$$

$$k=\frac{\delta_{AA}}{\delta_{AB}}\pm\sqrt{\frac{\delta_{AA}^2}{\delta_{AB}^2}-1} \tag{7-3}$$

由式(7-1),可知

$$\frac{\delta_{AA}}{\delta_{AB}}=\frac{L_0^2+4r^2}{L_0^2-4r^2}$$

得

$$k=\frac{L_0-2r}{L_0+2r} \tag{7-4}$$

$\left(\text{舍去}|k|>1\text{的根 }k=-\frac{L_0+2r}{L_0-2r}\right)$

将此式与式(7-2)进行比较,得

$$d=r \tag{7-5}$$

利用门桥水线面面积的惯性半径计算焦点比值就更容易了。

现将各种门桥的 r 值列出,以便计算时应用,假定 l 表示门桥跨度,L_0 为带式门桥长度。

带式门桥

$$r=\sqrt{\frac{1}{12}L_0}$$

二舟门桥

$$r=\sqrt{\frac{F_0l^2}{4F_0}}=\frac{l}{2}$$

三舟门桥

$$r=\sqrt{\frac{2F_0l^2}{3F_0}}=0.8165l \tag{7-6}$$

四舟门桥

$$r=\sqrt{\frac{5F_0l^2}{4F_0}}=1.118l$$

五舟门桥

$$r=\sqrt{\frac{10F_0l^2}{5F_0}}=1.414l$$

设用符号 $u=l/L_0$ 将式(7-6)中 r 值代入式(7-4),则焦点比之值为

带式门桥

$$k=-0.268$$

二舟门桥

$$k=-\frac{1-u}{1+u}$$

三舟门桥

$$k = -\frac{1 - 1.633u}{1 + 1.633u} \tag{7-7}$$

四舟门桥

$$k = -\frac{1 - 2.236u}{1 + 2.236u}$$

五舟门桥

$$k = -\frac{1 - 2.828u}{1 + 2.828u}$$

第三节　铰 力 计 算

根据上述焦点法计算原理,即可计算浮桥中的铰力。首先要做铰力的影响线,最简单的方法是采用力学中的机动法。只要在所计算的铰处切开,并给相邻截面加一单位错动,方向与铰力的正方向相反即可。由于铰的两侧都是无限长铰力影响线的左右肢,而且都通过焦点,铰的左右肢是对称的,所以在铰处的最大坐标各为 -0.5 和 +0.5。图7-6是铰 n 和铰 $n+1$ 的铰力影响线图。

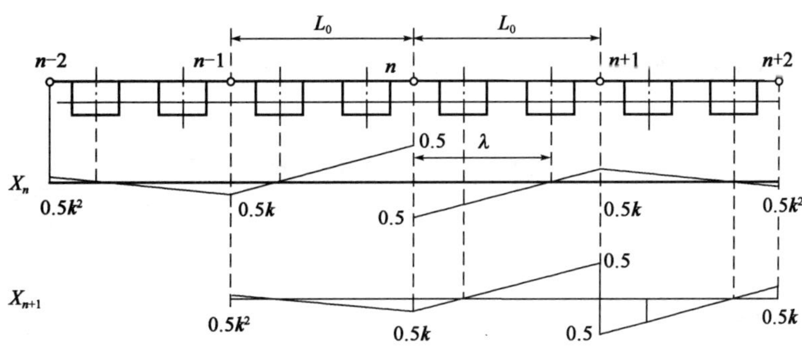

图7-6　铰力影响线图

对于铰 n 铰力影响线,各点的坐标为:

左肢

$$X_{nn} = 0.5, X_{n,n-1} = -0.5k, X_{n,n-2} = -0.5k^2, \cdots\cdots$$

右肢

$$X_{nn} = 0.5, X_{n,n+1} = 0.5k, X_{n,n+2} = 0.5k^2, \cdots\cdots$$

对于铰 $n+1$ 的铰力影响线只是将铰 n 的铰力影响线的坐标向右错动一个门桥的长度。

影响线的中间坐标可按直线内插法得出,铰力影响是反对称的,所以其总面积等于零。这就证明了在均布静载作用下的铰力等于零。具有最大坐标铰力影响线的正段或负段长度等于

$$\lambda = \frac{L_0}{2} + r \tag{7-8}$$

铰力影响线求出后,即可利用该影响线的坐标求出桥脚反力和桥跨弯矩影响线,同时也可用来计算铰本身的受力。

如活载全重为 Q,则铰力为

$$X_2 = \frac{Q}{2}\left(1 - \frac{s}{L_0 + 2r}\right) \tag{7-9}$$

对于由二舟门桥组成的铰接体系

$$X_2 = \frac{Q}{2}\left(1 - \frac{s}{L_0 + l}\right)$$

由其他各种门桥组成的浮桥的铰力 X_2 计算公式见表 7-1。

当活载在浮桥的横向有偏心值 e 时,铰有不均匀受力,作用在一个铰上的铰力的计算值为

$$X_p = \frac{KX_2}{n}(1 + \mu) \tag{7-10}$$

式中:K——铰力的不均匀系数;

n——在浮桥横断面内的铰数;

$1+\mu$——冲击系数,取 1.3。

在浮桥横断面中一般只布置两个铰,如铰之间的距离用 b 表示,此时可用下式计算铰力。

$$X_p = X_2 \cdot \frac{1}{2}\left(1 + \frac{2e}{b}\right)(1 + \mu) \tag{7-11}$$

式中:X_2——公式(7-9)计算得到的铰力;

e——活载在浮桥的横向有偏心值;

b——两侧铰之间的距离。

第四节　桥脚舟吃水

一、桥脚分置式浮桥的舟吃水

利用铰力影响线即可求出桥脚反力影响线,在作此影响线以前,首先研究单个门桥作为隔离体的桥脚受力情况。假定单个门桥无铰力作用,仅在门桥末端 A 作用一力 $P=1$,则门桥边舟内产生反力 R_{1A} 和 R_{mA}(图 7-7),即

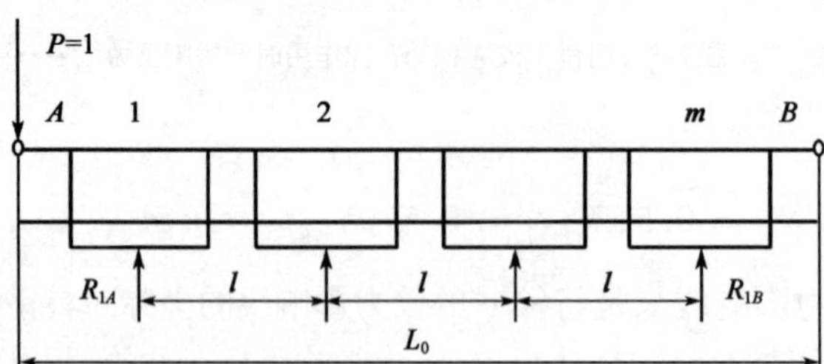

图 7-7　单位力作用在门桥端部时各桥脚的反力

$$\left.\begin{aligned} R_{1A} &= \frac{1}{m} + \frac{uL_0^2(m-1)}{4J_x}F_0 \\ R_{mA} = R_{1B} &= \frac{1}{m} - \frac{uL_0^2(m-1)}{4J_x}F_0 \end{aligned}\right\} \tag{7-12}$$

式中：L_0——门桥长度；

m——门桥中桥脚数；

F_0——单个桥脚的水线面面积；

J_x——门桥水线面面积的惯性矩；

u——门桥桥脚轴线间的距离和门桥长度之比，$u=l/L_0$。

利用公式(7-12)，可求得各种门桥的 R_{1A} 和 R_{1B}，其结果如下

二舟门桥

$$R_{1A}=\frac{u+1}{2u}\quad R_{1B}=\frac{u-1}{2u}$$

三舟门桥

$$R_{1A}=\frac{4u+3}{12u}\quad R_{1B}=\frac{4u-3}{12u}$$

四舟门桥

$$R_{1A}=\frac{5u+3}{20u}\quad R_{1B}=\frac{5u-3}{20u}\tag{7-13}$$

五舟门桥

$$R_{1A}=\frac{2u+1}{10u}\quad R_{1B}=\frac{2u-1}{10u}$$

如在门桥两端铰上有 X_n 和 X_{n+1} 作用，活载作用在该门桥之外时，则边舟的反力为

$$\left.\begin{aligned}R_1&=-R_{1A}X_n+R_{1B}X_{n+1}\\R_m&=-R_{1B}X_n+R_{1A}X_{n+1}\end{aligned}\right\}\tag{7-14}$$

边舟反力影响线即为 X_n 和 X_{n+1} 的影响线各乘一常数(R_{1A}或 R_{1B})，加上正负号迭加而成，图 7-8 是假定 X_n 和 X_{n+1} 都是正号时，得出 R_1 和 R_m 值。

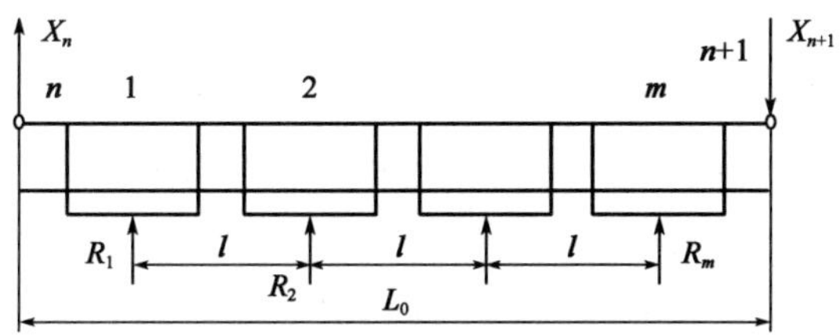

图 7-8　门桥在铰 X_n 和 X_{n-1} 作用时的桥脚反力

必要时，门桥中间舟反力影响线也可用相同的方法求出，即反力的大小取决于铰力，所以铰力求出后，反力即可很容易地计算出来。

由于铰力影响线通过焦点，通过焦点的图形乘上各 R 值仍通过焦点，所以在作桥脚 1 的反力影响线时，只要作出铰 n 和 $n+1$ 下的坐标，n 以左和 $n+1$ 以右通过焦点即可绘出。由于假定桥跨是绝对刚性的，故在该门桥内的影响线不必再用 $P=1$ 作用在该门桥上去求，只需将 $R_{1,n}$和 $R_{1,n+1}$的坐标用直线连接即可(图 7-9)。

如 $P=1$ 作用在铰 n 上(门桥 $n\sim n+1$ 之外)，则

$$X_{nn}=-0.5;X_{n+1,n}=-0.5k$$

如 $P=1$ 作用在铰 $n+1$ 上(门桥 $n\sim n+1$ 之外)，则

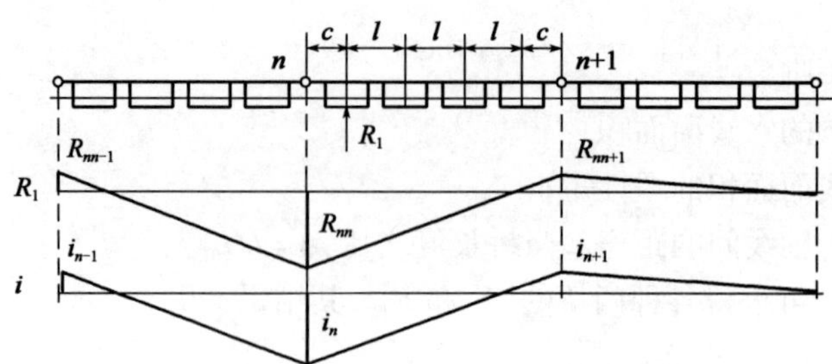

图 7-9 浮桥桥脚反力和纵坡度影响线图

$$X_{n,n+1} = 0.5k;X_{n+1,n+1} = 0.5$$

利用公式(7-14),将以上 X 值代入,得边舟 1 的反力影响线的主要坐标

$$\left.\begin{aligned} R_{1,n} &= -R_{1A}X_{n,n} + R_{1B}X_{n+1,n} = \frac{R_{1A} - R_{1B}k}{2} \\ R_{1,n+1} &= -R_{1A}X_{n,n+1} + R_{1B}X_{n+1,n+1} = \frac{R_{1B} - R_{1A}k}{2} \end{aligned}\right\} \tag{7-15}$$

将式(7-13)中的 R_{1A}、R_{1B} 以及各种门桥的 k 值代入上式,可得出各种门桥边舟反力影响线的主要坐标 R_{1n} 和 $R_{1,n+1}$ 的值。

二舟门桥

$$R_{1n} = \frac{1}{1+n} \quad R_{1,n+1} = 0$$

三舟门桥

$$R_{1n} = \frac{0.742}{1+1.633n} \quad R_{1,n+1} = -\frac{0.075}{1+1.633n} \tag{7-16}$$

四舟门桥

$$R_{1n} = \frac{0.585}{1+2.236n} \quad R_{1,n+1} = -\frac{0.085}{1+2.236n}$$

根据以上最大坐标值可作出反力影响线,其余各坐标可利用焦点比方法作出。

将履带活载放在影响线最不利位置,桥脚由活载产生的最大反力 R_2 即可求出。

二舟门桥

$$R_2 = Q\frac{L_0}{L_0 + l}\left(1 - \frac{s}{3L_0 + l}\right)$$

三舟门桥

$$R_2 = Q\frac{0.742L_0}{L_0 + 1.63l}\left(1 - \frac{s}{3.4L_0}\right) \tag{7-17}$$

四舟门桥

$$R_2 = Q\frac{0.585L_0}{L_0 + 2.24l}\left(1 - \frac{s}{3.3L_0}\right)$$

式中:Q——履带活载重;

s——履带接地长度;

L_0——门桥全长;

l——门桥跨度。

此外桥跨本身的重量引起桥脚的反力

$$R_1 = g_0 \frac{L_0}{m}$$

式中：g_0——每延米桥跨本身的重量；

L_0——门桥全长；

m——门桥内桥脚舟的数量。

因此桥脚总反力

$$R = R_1 + R_2 + G$$

式中：G——桥脚自重。

桥脚吃水深度

$$T = \frac{R}{\gamma F_0} \leqslant [T]$$

由荷载在桥梁横方向偏心所产生的附加吃水计算与简支梁体系浮桥相同。而在纵方向，将活载布置在最不利位置实际上已考虑到偏心问题，只是舟舷处的附加吃水要比舟轴线处的大些，但相差极小，计算时可不计及。

五舟以上的门桥在求得相应的 R_{1A}、R_{1B}和 k 值后，同样方法可求出边舟反力影响线的最大坐标和在活载作用下的最大反力 R_2。

二、带式浮桥的舟吃水

在带式门桥中，单个门桥在端部有 $P=1$ 力作用时，门桥两端的变位可用在门桥中央加一对等值的反力的方法求出（图 7-10）。

$$\delta_{AX} = \frac{1}{\gamma F_m}\left(1 + \frac{6x}{L_0}\right) \tag{7-18}$$

当 $x = \frac{L_0}{2}$时，$\delta_{AA} = \frac{4}{\gamma F_m}$；

当 $x = -\frac{L_0}{2}$时，$\delta_{AB} = \delta_{BA} = -\frac{2}{\gamma F_m}$。

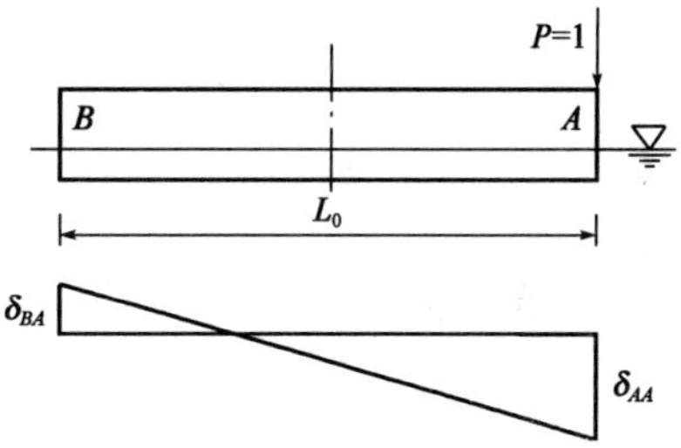

图 7-10 带式门桥上有单位力作用时的变位图

在门桥两端（n 和 $n+1$）各有铰力 X_n 和 X_{n+1} 作用时，n 端和 $n+1$ 端的变位式各有两部分迭加，即

$$\delta_n = -\delta_{AA}X_n + \delta_{AB}X_{n+1}$$

$$\delta_{n+1} = -\delta_{AB}X_n + \delta_{AA}X_{n+1}$$

利用上式可求出铰 n 的变位影响线。

如 $P=1$ 作用在 n 上（左侧），从门桥 n，$n+1$ 中得到

$$X_{nn} = -0.5;X_{n+1,n} = -0.5k;k = -0.268$$

$$\delta_{nn} = \frac{4}{\gamma F_m} \times 0.5 - \frac{2}{\gamma F_m} \times 0.5 \times 0.268$$

整理后得

$$\delta_{nn} = \frac{1.73}{\gamma F_m} \tag{7-19}$$

如 $P=1$ 作用在 $n+1$ 上，同样可求出

$$\delta_{n,n+1}=-\frac{0.46}{\gamma F_m} \tag{7-20}$$

$$\delta_{n,n-1}=\delta_{n,n+1}$$

此影响线在 $n-1$ 以左和 $n+1$ 以右部分通过焦点，在 $n-1$，n 和 $n+1$ 之间直线连接，见图 7-11。

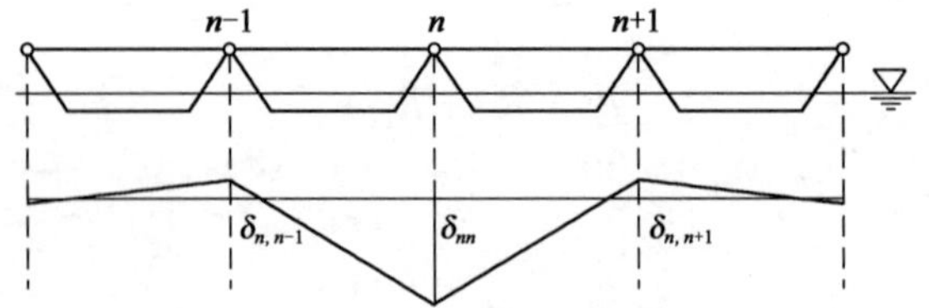

图 7-11　带式浮桥铰 n 的变位影响线图

影响线作出后，把活载置于最不利位置，由活载作用的 n 点最大吃水为

$$\delta_2=\frac{1.73Q}{\gamma F_m}\left(1-\frac{s}{3.16L_0}\right) \tag{7-21}$$

铰接悬臂梁体系浮桥中的主要参数计算公式列于表 7-1。

铰接悬臂梁体系浮桥河中部分主要参数计算公式表　　表 7-1

参　数	带式门桥	分置式桥脚浮桥中门桥舟数		
		2	3	4
铰力 X_2	$\frac{Q}{2}\left(1-\frac{s}{1.58L_0}\right)$	$\frac{Q}{2}\left(1-\frac{s}{L_0+l}\right)$	$\frac{Q}{2}\left(1-\frac{s}{L_0+1.6l}\right)$	$\frac{Q}{2}\left(1-\frac{s}{L_0+2.2l}\right)$
门桥边舟反力 R_2 或带式门桥铰的变位 σ_2	$\frac{1.73Q}{\gamma F_m}\left(1-\frac{s}{3.16L_0}\right)$	$Q\cdot\frac{L_0}{L_0+l}\left(1-\frac{s}{3L_0+l}\right)$	$Q\cdot\frac{0.742L_0}{L_0+1.63l}\left(1-\frac{s}{3.4L_0}\right)$	$Q\cdot\frac{0.585L_0}{L_0+2.24l}\left(1-\frac{s}{3.3L_0}\right)$
门桥纵坡度 $i_{\max}$	$\frac{2.2Q}{\gamma F_m L_0}\left(1-\frac{s}{2.58L_0}\right)$	$\frac{Q}{\gamma F_0}\cdot\frac{L_0}{l(L_0+l)}\left(1-\frac{s}{2L_0+l}\right)$	$\frac{Q}{\gamma F_0}\cdot\frac{0.408L_0}{l(L_0+1.63l)}\left(1-\frac{s}{2.5L_0}\right)$	$\frac{Q}{\gamma F_0}\cdot\frac{0.224L_0}{l(L_0+2.24l)}\left(1-\frac{s}{2.6L_0}\right)$
门桥中央弯矩 M_2	$\frac{Q}{s}(1.37L_0-s)$	$\frac{Q}{8}\left(\frac{4L_0l}{L_0+l}-s\right)$	$\frac{Q}{8}\left(2L_0-\frac{2.97l+0.333B}{L_0+1.63l}-s\right)$	$\frac{Q}{8}\left(\frac{8.47L_0l}{L_0+2.24l}-s\right)$

注：L_0 为门桥长度；l 为跨度；B 为桥脚舟宽度；Q 为活载全重；s 为履带接地长度；F_0 为一个桥脚舟的计算水线面面积；F_m 为带式门桥的计算水线面面积。

第五节　坡 度 计 算

纵向坡度等于两边舟吃水之差与其间距之比，用下式计算

$$i=\frac{R_1-R_m}{\gamma F_0 l_0}$$

式中：R_1、R_m——桥节门桥内边舟反力；

l_0——门桥边舟轴线间距离；

F_0——桥脚水线面面积。

根据计算结果，将各种门桥的纵向坡度影响线的主要坐标如下

二舟门桥

$$i_n = \frac{1+k}{2u}\cdot\frac{1}{\gamma F_0 l_0};\quad i_{n+1} = -\frac{1+k}{2u}\cdot\frac{1}{\gamma F_0 l_0}$$

三舟门桥

$$i_n = \frac{1+k}{2u}\cdot\frac{0.816}{\gamma F_0 l_0};\quad i_{n+1} = -\frac{1+k}{2u}\cdot\frac{0.816}{\gamma F_0 l_0} \tag{7-22}$$

四舟门桥

$$i_n = \frac{1+k}{2u}\cdot\frac{0.671}{\gamma F_0 l_0};\quad i_{n+1} = -\frac{1+k}{2u}\cdot\frac{0.671}{\gamma F_0 l_0}$$

根据影响线的主坐标可作出影响线，在 n 点以左和 $n+1$ 点以右通过焦点，在 n 和 $n+1$ 之间用直线连接，见图 7-9。

纵坡度的影响线作出后，把活载 Q 布置在最不利位置，可求出在活载作用下的纵坡度，对于二舟门桥组成的浮桥，有

$$i_{\max} = \frac{Q}{\gamma F_0}\cdot\frac{L_0}{l(L_0+l)}\cdot\left(1-\frac{s}{2L_0+l}\right) \tag{7-23}$$

由其他各种门桥组成的浮桥的 $i_{\max}$ 计算公式见表 7-1。

由静载引起的纵坡度显然等于零。

第六节 强 度 计 算

最大弯矩产生在门桥中央截面内，该截面的弯矩影响线方程可看作由单个门桥受力和两端铰力影响三部分组成。

$$M_{O,x} = M^0_{Ox} - M^0_{On}X_{nx} + M^0_{O,n+1}X_{n+1,x} \tag{7-24}$$

由图 7-11 和图 7-12 可知，不论带式门桥或分置式桥脚门桥，均是

$$M^0_{OO} = \frac{c_0}{2}$$

$$M^0_{On} = M^0_{O,n+1} = -\frac{L_0-2c_0}{4}$$

如 $P=1$ 作用在铰 n（左侧）上，则

$$\begin{aligned}M_{On} &= M^0_{On} - M^0_{On}X_{nn} + M^0_{O,n+1}X_{n+1,n}\\ &= -\frac{L_0-2c_0}{4}\cdot\frac{1}{2}+\frac{L_0-2c_0}{4}\cdot\frac{k}{2} = -\frac{L_0-2c_0}{8}(1-k)\end{aligned}$$

因

$$1-k = \frac{2L_0}{L_0+2r}$$

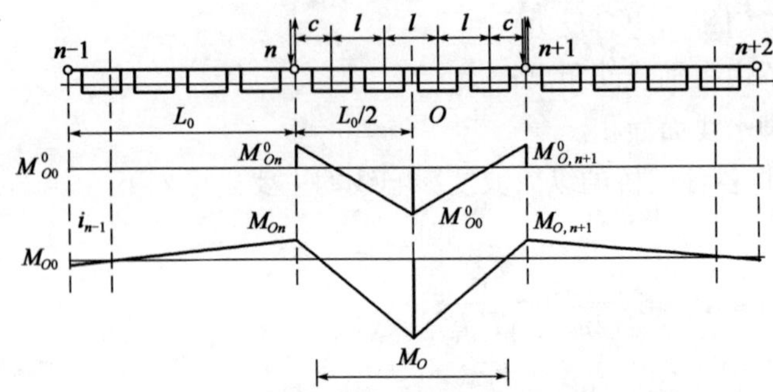

图 7-12　铰接悬臂梁体系浮桥的弯矩影响线

所以

$$M_{On}=-\frac{L_0}{L_0+2r}\cdot\frac{L_0-2c_0}{4}\tag{7-25}$$

如 $P=1$ 作用在铰 $n+1$（右侧）上，则

$$M_{O,n+1}=M_{On}$$

如 $P=1$ 作用在门桥中央点 O 上，则

$$X_{n0}=\frac{X_{nn}+X_{n,n+1}}{2}=\frac{\frac{1}{2}+\frac{k}{2}}{2}=\frac{1+k}{4}$$

$$X_{n+1,0}=\frac{X_{n+1,n+1}+X_{n+1,n}}{2}=\frac{-\frac{1}{2}-\frac{k}{2}}{2}=-\frac{1+k}{4}$$

$$\begin{aligned}M_{O0}&=M^0_{O0}-M^0_{On}X_{n0}+M^0_{O,n+1}X_{n+1,0}\\&=\frac{c_0}{2}+\frac{L_0-2c_0}{4}\cdot\frac{1+k}{4}+\frac{L_0-2c_0}{4}\cdot\frac{1+k}{4}\\&=\frac{c_0}{2}+\frac{L_0-2c_0}{8}(1+k)\end{aligned}$$

因

$$1+k=\frac{4r}{L_0+2r}$$

所以

$$M_{O0}=\frac{L_0}{L_0+2r}\cdot\frac{c_0+r}{2}\tag{7-26}$$

将各种门桥相应的 r 和 c_0 代入式(7-25)和式(7-26)，得以下结果

二舟门桥

$$M_{On}=-\frac{1-u}{1+u}\times\frac{L_0}{4};M_{O0}=\frac{2u}{1+u}\times\frac{L_0}{4}$$

三舟门桥

$$M_{On}=-\frac{L_0}{1+1.633u}\left(0.25-0.33u-\frac{\eta u}{12}\right)$$

$$M_{O0}=\frac{uL_0}{1+1.633u}\left(0.7416+\frac{\eta}{12}\right)\tag{7-27}$$

四舟门桥

$$M_{On}=-\frac{1-2u}{1+2.236u}\cdot\frac{L_0}{4}$$

$$M_{OO}=\frac{4.236u}{1+2.236u}\cdot\frac{L_0}{4}$$

带式门桥

$$M_{On}=-\frac{0.634}{8}L_0$$

$$M_{OO}=\frac{1.366}{8}L$$

利用 M_{On} 和 M_{OO} 可作出门桥中央点弯矩影响线。

n 点以左和 $n+1$ 点以右的弯矩影响线通过焦点。

弯矩影响线的正段长度等于 $\lambda_M=4M_{OO}$，因此在门桥中央由活载引起的最大弯矩为

$$M_2=QM_{OO}\left(1-\frac{s}{8M_{OO}}\right)=\frac{Q}{8}(8M_{OO}-s) \tag{7-28}$$

各种门桥的 M_2 算式列于表 7-1。

因为在静载作用下铰力等于零，所在静载作用下的弯矩与单个门桥的弯矩一样，见式(7-10)。

一根桥桁内最大弯矩为

$$M=\frac{M_1}{N}+K_{df}(1+\mu)M_2$$

式中：K_{df}——横向分配系数；

$1+\mu$——冲击系数，一般情况下取 1。

第七节 栈桥计算

铰接悬臂梁体系浮桥的过渡部分做成浮游栈桥的形式，它的一端用铰与河中部分相连，另一端支撑在岸边或固定桥脚上。在计算时应先算出铰力，然后再计算过渡部分的浮游桥脚反力、固定桥脚反力、纵坡度和桥桁弯矩，计算时一般作为绝对刚体考虑，即不计桥跨的柔度。

一、铰力影响线

铰力影响线的做法和河中部分相似，将铰切开后用一单位错动即作出铰力影响线。如以 δ_{nn} 表示河中部分末端在单位力作用下的变位，以 δ'_{nn} 表示过渡部分末端在单位力作用下的变位，则影响线的最大坐标可用下式表示。

当 $P=1$ 作用在铰上（河中部分一侧）时

$$X=\frac{\delta_{nn}}{\delta_{nn}+\delta'_{nn}} \tag{7-29a}$$

当 $P=1$ 作用在铰上（过渡部分一侧）时

$$X'=\frac{\delta'_{nn}}{\delta_{nn}+\delta'_{nn}} \tag{7-29b}$$

以上的主要坐标求出后,河中部分其他点的铰力影响线坐标可通过焦点法求出,过渡部分只要与岸边支点(或固定桥脚点)相连即可,见图 7-13a)。

现在先求 δ_{nn},在河中部分末端作用力 $P=1$[图 7-13a)],根据河中部分铰力计算原理,在铰 $n+1$ 处有铰力 X_{n+1},且 $X_{n+1}=-k$。

因此在左侧末端门桥上,作用着 $P=1$ 和 $X_{n+1}=-k$ 两个力,n 点的变位为这两个力引起的变位的迭加[图 7-13b)]

$$\delta_{nn}=\delta_{AA}-k\delta_{AB}$$

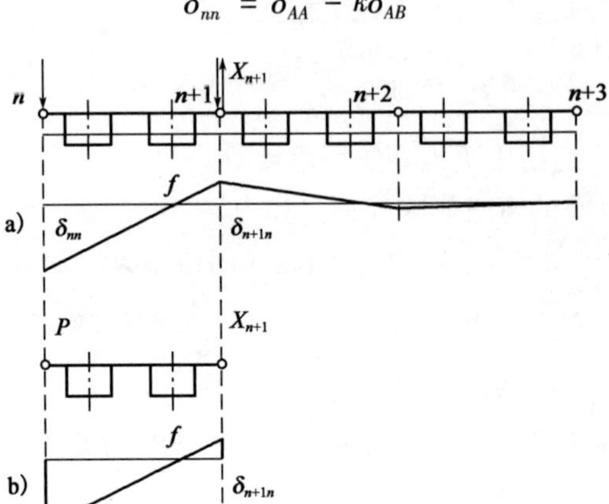

图 7-13　河中部分末端在 $P=1$ 作用下的变位

δ_{AA} 和 δ_{AB} 的意义同前,将

$$\delta_{AA}=\frac{1}{\gamma F_m}\left(\frac{L_0^2}{4r^2}+1\right),\delta_{AB}=-\frac{1}{\gamma F_m}\left(\frac{L_0^2}{4r^2}-1\right),k=\frac{L_0-2r}{L_0+2r}$$

代入 δ_{nn} 计算式,得

$$\delta_{nn}=\frac{1}{\gamma F_m}\frac{L_0}{r} \tag{7-30}$$

δ'_{nn} 的求法如图 7-14 所示。

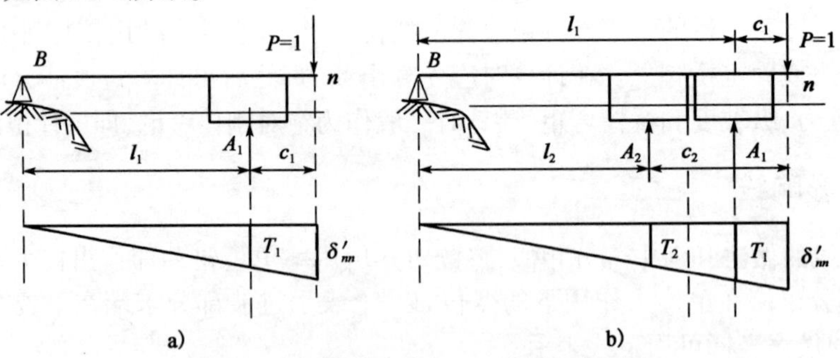

图 7-14　过渡部分末端在 $P=1$ 作用下的变位

$$\delta'_{nn}=\frac{L_1}{l_1}\cdot T_1$$

而

$$T_1=\frac{A_1}{\gamma F_1},A_1=\frac{l_1+c_1}{l_1}$$

则

$$\delta'_{nn} = \frac{L_1}{l_1} \cdot T_1 = \left(\frac{L_1}{l_1}\right)^2 \cdot \frac{1}{\gamma F_1} \tag{7-31}$$

对于有两个浮桥脚的过渡部分,因

$$T_2 = T_1 \cdot \frac{l_2}{l_1}$$

即

$$A_2 = A_1 \frac{l_2}{l_1}$$

对岸端取力矩

$$1 \cdot L_1 - A_1 \cdot l_1 - A_2 \cdot l_2 = 0$$

即

$$L_1 - A_1 \cdot l_1 - A_1 \cdot \frac{l_2^2}{l_1} = 0$$

则

$$A_1 = \frac{l_1}{l_1^2 + l_2^2} L_1$$

$$\delta'_{nn} = T_1 \cdot \frac{L_1}{l_1} = \frac{A_1}{\gamma F_1} \cdot \frac{L_1}{l_1} = \frac{L_1^2}{l_1^2 + l_2^2} \cdot \frac{1}{\gamma F_1} \tag{7-32}$$

二、浮游桥脚反力的计算

铰力影响线求出后,即可计算浮游桥脚的反力和纵向坡度。

以作用于过渡部分末端 n 点的铰力 X 来代替已被去掉的河中部分的作用,于是当 $P=1$ 作用在河中部分时,过渡部分浮游桥脚的反力如下。

当有一个浮游桥脚时,桥脚反力

$$A_1 = X \frac{L_1}{l_1}$$

当有两个浮游桥脚时,靠近铰的桥脚反力

$$A_1 = X \frac{l_1}{l_1^2 + l_2^2} L_1$$

因此反力影响线即铰力影响线乘一常数,见图 7-15b),因此,这部分影响线也通过焦点。

当 $P=1$ 作用在过渡部分上时,这部分的影响线只要把端部和铰处的坐标连成即可。将活载设置在影响线最不利位置可得最大反力 R_2。

反力影响线的最大正坐标 $A_{1n} = \frac{\delta_{nn}}{\delta_{nn} + \delta'_{nn}} \cdot \frac{L_1}{l_1}$,正段长度 $\lambda_R = L_1 + \frac{L_0}{2} + r$。由履带式荷载 Q 引起的浮游桥脚的最大反力为

$$R_2 = QA_{1n}\left(1 - \frac{s}{2L_1 + L_0 + 2r}\right) \tag{7-33}$$

当浮游栈桥由两个浮游桥脚组成时,靠近铰的桥脚 1 的反力影响线 A_{1x} 的形状与单式浮游

桥脚的相同，只是主坐标 A_{1n} 不同，为

$$A_{1n} = \frac{\delta_{nn}}{\delta_{nn} + \delta_{nn}^{1}} \cdot \frac{l_1 L_1}{l_1^2 + l_2^2} \tag{7-34}$$

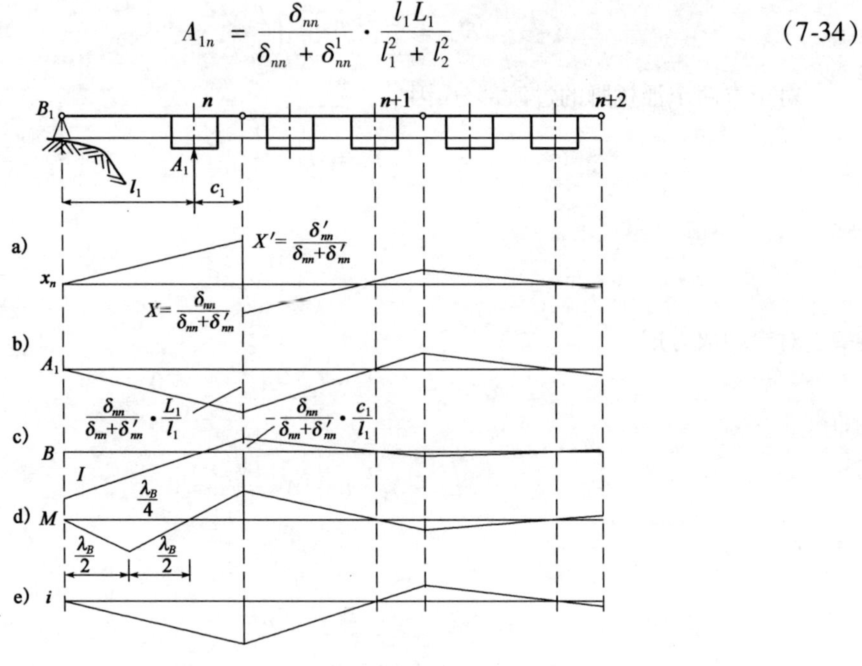

图 7-15　过渡部分各影响线图

活载引起的反力也按式(7-33)计算。通常在结合浮桥时，使要连接的过渡部分和河中部分末端位于同一水平面上，使浮桥河中部分的桥跨自重对过渡部分不引起任何压力。这样，过渡部分内由浮桥自重所引起的浮游桥脚反力如下（图 7-16）。

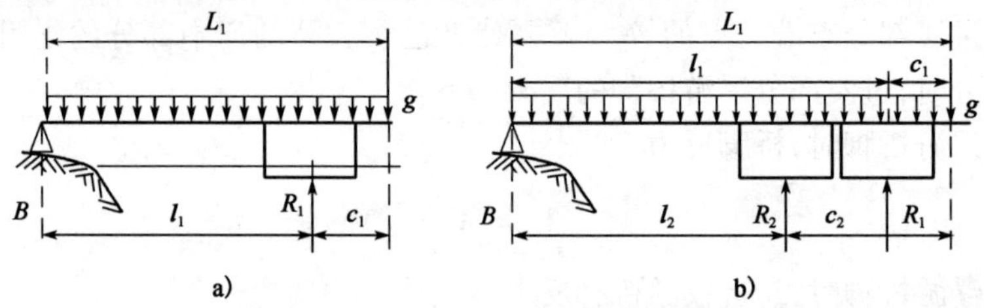

图 7-16　过渡部分在自重作用下桥脚反力的计算

当有 1 个浮游桥脚时

$$R_1 = gL_1 \cdot \frac{L_1}{2l_1} = g\,\frac{L_1^2}{2l} \tag{7-35}$$

当有 2 个浮游桥脚时

$$R_1 = \frac{gL_1}{2} \cdot \frac{L_1}{2l_0} = \frac{g}{2} \cdot \frac{L_1^2}{l_1 + l_2} \tag{7-36}$$

三、纵向坡度计算

浮游栈桥的纵向坡度

$$i = \frac{T_2}{l_1}$$

式中：T_2——离岸边桥脚 B_1 最远的浮游桥脚的吃水深度；

l_1——该浮游桥脚至岸边桥脚的距离。

但因

$$T_2 = \frac{R_2}{\gamma F_1}$$

所以

$$i = \frac{R_2}{\gamma F_1 l_1} \leqslant [i] \tag{7-37}$$

由此可见，纵向坡度影响线可将桥脚反力的影响线乘上系数 $1/\gamma F_1 l_1$ 而得。

以上是按过渡部分原为水平状态即初坡度为零时的情况计算的。

履带式活载 Q 引起的最大纵向坡度 i 按下式计算

$$i = \frac{QA_{1n}}{\gamma F_1 l_1}\left(1 - \frac{s}{2L_1 + L_0 + 2r}\right) \leqslant [i] \tag{7-38}$$

式中：$[i]$——容许纵坡度，取 8%。

四、固定桥脚的计算

根据上述方法也可求得固定桥脚（岸边桥脚）反力，当 $P=1$ 作用在河中部分上时，固定桥脚 B 的反力为

当浮游栈桥为一个浮游桥脚时

$$B = -X\frac{c_1}{l_1}$$

最大坐标为

$$B_{Bn} = -\frac{\delta_{nn}}{\delta_{nn} + \delta'_{nn}} \cdot \frac{c_1}{l_1} \tag{7-39}$$

当浮游栈桥为 2 个浮游桥脚时

$$B = -X\frac{c_1 l_1 + c_2 l_2}{l_1^2 + l_2^2}$$

最大坐标为

$$B_{Bn} = -\frac{\delta_{nn}}{\delta_{nn} + \delta'_{nn}} \cdot \frac{c_1 l_1 + c_2 l_2}{l_1^2 + l_2^2} \tag{7-40}$$

桥脚 B 在河中部分上的反力影响线其他坐标可通过焦点法求出。

当 $P=1$ 作用在过渡部分上时，$B_{BB}=1$，用 B_{BB} 和 B_{Bn} 连接，可绘出过渡部分范围内的桥脚 B 的反力影响线。

影响线正段长度为

$$\lambda_B = (1 - B_{Bn})^{-1} \cdot L_1$$

由履带式活载 Q 引起的桥脚最大反力为

$$B_2 = Q\left(1 - \frac{s}{\lambda_B}\right) \tag{7-41}$$

由履带式活载 Q 引起的桥脚最大负反力为

$$B'_2 = QB_{Bn}\left(1 - \frac{s}{2\lambda_B}\right) \tag{7-42}$$

影响线的负段长度为

$$\lambda'_B = L_1 - \lambda_B + \frac{L_0}{2} + r$$

由于桥脚负反力的作用，必须验算稳定，要使稳定系数 $K = \frac{B_1}{B'_2} \geqslant 1.2$。$B_1$ 为由桥跨自重引起的反力。

1 个浮游桥脚时

$$B_1 = \frac{gL_1}{2l_1}(l_1 - c_1) \tag{7-43a}$$

2 个浮游桥脚时

$$B_1 = \frac{gL_1}{l_1 + l_2}(l_2 - c_1) \tag{7-43b}$$

五、桥跨弯矩的计算

首先要确定产生最大弯矩截面的位置。

如 $P=1$ 作用于距离固定桥脚 x 远点处，则该点的弯矩 $M_x = B_{Bx} \cdot x$，此时根据桥脚 B_B 的影响线

$$B_{Bx} = \frac{1}{\lambda_B}(\lambda_B - x)$$

$$M_x = \frac{x}{\lambda_B}(\lambda_B - x) \tag{7-44}$$

求出最大弯矩处的位置

$$\frac{\mathrm{d}M}{\mathrm{d}x} = 0$$

得

$$x = \frac{\lambda_B}{2}$$

则

$$M_{\max} = \frac{\lambda_B}{4}$$

这样，M 的影响线就可画出[图 7-15d)]，即能求过渡部分的桥桁弯矩。

$P=1$ 作用在河中部分上时，影响线同样通过焦点。在离固定桥脚 $\lambda_B/2$ 处的截面的最大活载弯矩为

$$M_2 = \frac{Q}{2}(2\lambda_B - s) \tag{7-45}$$

由自重产生的弯矩按图 7-16 计算，即

$$M_1 = B_1 \cdot \frac{\lambda_B}{2} - \frac{g}{8}\lambda_B^2$$

第八节 铰接体系浮桥示例

已知数据：过渡部分全长 $L_1=9\text{m}$，设置两个浮游桥脚，跨度各为 $l_1=7.8\text{m}$，$l_2=5.5\text{m}$，悬臂梁 $c_1=1.2\text{m}$，$c_2=3.5\text{m}$，桥脚舟的水线面面积 $F_0=17.6\text{m}^2$，布置见图7-17，河中部分数据见例题4-2。

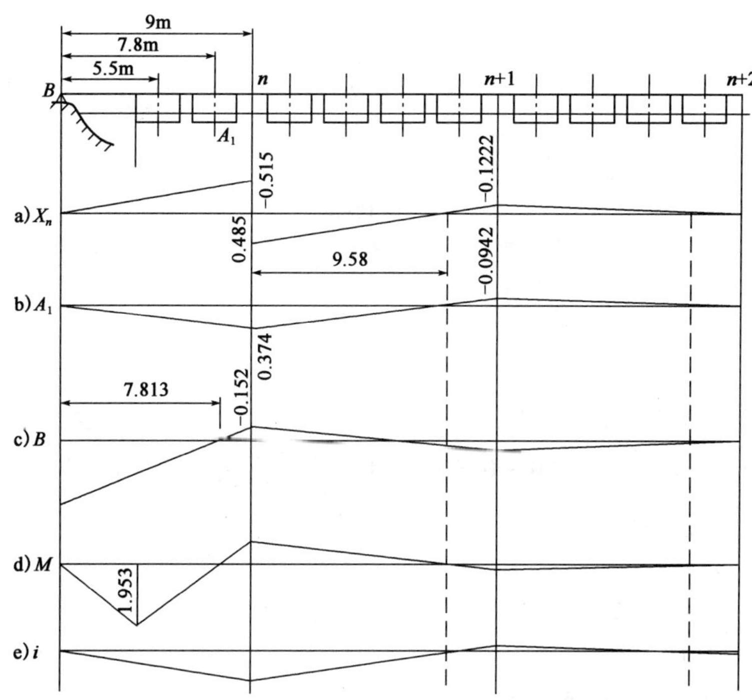

图7-17 过渡部分铰力、桥脚反力和弯矩影响线图

（1）铰力影响线

$$u=\frac{3.2}{12}=0.267$$

焦点比

$$k=-\frac{1-2.236u}{1+2.236u}=-\frac{1-2.236\times 0.267}{1+2.236\times 0.267}=-0.252$$

$$r=1.118l=1.118\times 3.2=3.578\text{m}$$

单位力作用在河中部分末端（自由端）时，末端的变位

$$\delta_{nn}=\frac{1}{\gamma F_m}\cdot\frac{L_0}{r}=\frac{1}{10\times 17.6\times 4}\times\frac{12}{3.578}=0.00476$$

单位力作用在过渡部分末端（无铰力作用）上时该末端的变位为

$$\delta'_{nn}=\frac{L_1^2}{l_1^2+l_2^2}\cdot\frac{1}{\gamma F_0}=\frac{9^2}{7.8^2+5.5^2}\times\frac{1}{10\times 17.6}=0.00505$$

过渡部分铰力影响线主要坐标，在 n 上为

$$X_{nn}=\frac{-\delta'_{nn}}{\delta_{nn}+\delta'_{nn}}=\frac{-0.00505}{0.00476+0.00505}=-0.515(左侧)$$

$$X_{nn}=\frac{\delta_{nn}}{\delta_{nn}+\delta'_{nn}}=\frac{0.00476}{0.00476+0.00505}=0.485(右侧)$$

在 $n+1$ 上为

$$X_{n,n+1}=-kX_{nn}=0.252\times0.485=0.1222$$

根据主要坐标值作出铰 n 的铰力影响线，见图 7-17a)。

(2)浮游桥脚反力的计算

$P=1$ 作用在铰 n 处，桥脚 1 的反力为

$$A_{1n}=\frac{\delta_{nn}}{\delta_{nn}+\delta'_{nn}}\cdot\frac{l_1}{l_1^2+l_2^2}\cdot L_1=0.485\times\frac{7.8}{7.8^2+5.5^2}\times9=0.374$$

$P=1$ 作用在铰 $n+1$ 处，桥脚 1 的反力为

$$A_{1,n+1}=0.374k=-0.374\times0.252=-0.0942$$

根据以上桥脚反力影响线主要坐标，可作出反力影响线，如图 7-17b)所示。

影响线在 $n+1$ 以左的正段长度 λ_R 为

$$\lambda_R=L_1+\frac{L_0}{2}+r=9+\frac{12}{2}+3.578=18.58(\text{m})$$

在活载作用下的最大桥脚反力

$$R_2=Q\cdot A_{1n}\left(1-\frac{s}{2\lambda_R}\right)=120\times0.374\times\left(1-\frac{2.4}{2\times18.58}\right)=42.0(\text{kN})$$

在静载作用下桥脚反力为

$$R_1=\frac{g}{2}\cdot\frac{L_1^2}{l_1+l_2}=\frac{3.5}{2}\times\frac{9^2}{7.8+5.5}=10.66(\text{kN})$$

桥脚舟总反力为

$$A=R_1+R_2+G_1=10.66+42.0+15.00=67.66(\text{kN})$$

舟的吃水

$$T=\frac{A}{\gamma F_0}=\frac{67.66}{10\times17.6}=0.384(\text{m})$$

由荷载在桥梁横方向偏心所产生的附加吃水

$$\Delta T=\frac{R_2e}{\gamma J^0}\cdot\frac{L}{2}=\frac{42.0\times0.45}{10\times146.7}\times\frac{10}{2}=0.064(\text{m})$$

$$T'=T+\Delta T=0.384+0.064=0.448(\text{m})$$

干舷高

$$h_0=H-T'=0.75-0.448=0.302(\text{m})>0.20\text{m}$$

安全。

(3)固定桥脚反力计算

固定桥脚影响线的主要坐标值

$$B_{BB}=1$$

$$B_{Bn}=-\frac{\delta_{nn}}{\delta_{nn}+\delta'_{nn}}\cdot\frac{c_1l_1+c_2l_2}{l_1^2+l_2^2}=-0.485\times\frac{1.2\times7.8+3.5\times5.5}{7.8^2+5.5^2}=-0.152$$

正段长度

$$\lambda_B = \frac{L_1}{1 - B_{Bn}} = \frac{9}{1 + 0.152} = 7.813(\mathrm{m})$$

在活载作用下固定桥脚的最大反力为

$$B_2 = Q\left(1 - \frac{s}{2\lambda_B}\right) = 120 \times \left(1 - \frac{2.4}{2 \times 7.813}\right) = 101.6(\mathrm{kN})$$

在静载和活载共同作用下，固定桥脚反力

$$B = B_1 + B_2 = 10.18 + 101.6 = 111.78(\mathrm{kN})$$

以此反力计算固定桥脚各部分构件。

在活载作用下的最大负反力

$$B'_2 = QB_{1n}\left(1 - \frac{s}{2\lambda'_B}\right)$$

负段长度

$$\lambda'_B = L_1 - \lambda_B + \frac{L_0}{2} + r = 9 - 7.813 + 6 + 3.58 = 10.767(\mathrm{m})$$

$$B'_2 = 120 \times 0.152 \times \left(1 - \frac{2.4}{2 \times 10.767}\right) = 16.2(\mathrm{kN})$$

稳定系数

$$K = \frac{B_1}{B'_2} = \frac{1.018}{1.62} = 0.628 < 1.2$$

不满足稳定要求，需用人工方法固定。

(4)桥面纵坡度的计算

过渡部分的纵坡度见图 7-17e)

$$i = \frac{R_2}{\gamma F_1 l_1} = \frac{42.0}{10 \times 17.6 \times 7.8} = 0.031 = 3.1\% < 6\%$$

安全。

(5)桥桁强度计算

桥跨弯矩最大点在离固定桥脚$\frac{\lambda_B}{2} = \frac{7.813}{2} = 3.907(\mathrm{m})$处，作其弯矩影响线，见图 7-17d)，其最大坐标值为

$$M = \frac{\lambda_B}{4} = \frac{7.813}{4} = 1.953$$

在活载作用下的最大弯矩

$$M_2 = \frac{Q}{8}(2\lambda_B - s) = \frac{120}{8} \times (2 \times 7.813 - 2.4) = 198.39(\mathrm{kN \cdot m})$$

在静载作用下的弯矩

$$M_1 = B_1\frac{\lambda_B}{2} - g\frac{\lambda_B^2}{8} = 10.17 \times \frac{7.813}{2} - 3.5 \times \frac{7.813^2}{8} = 13.02(\mathrm{kN \cdot m})$$

B_1 是静载作用下固定桥脚反力。

单根桥桁的弯矩

$$M' = \frac{M_1}{n} + K_{df}(1+\mu)M_2 = \frac{13.02}{6} + 0.267 \times 1.15 \times 198.39 = 63.09(\text{kN} \cdot \text{m})$$

弯曲应力

$$\sigma = \frac{M'}{W} = \frac{63.09 \times 10^6}{309 \times 10^3} = 204(\text{MPa}) < [\sigma] = 300\text{MPa}$$

安全。

第八章

连续体系浮桥

第一节　连续体系浮桥的力学模型

一、基本假设

对于连续梁体系浮桥的河中部分,就桥脚和桥桁的连接而言,其组成形式有两种情况:一种是桥脚分置式浮桥,它是由一系列舟作浮游桥脚,在舟上的结构是由刚度较大、在桥梁纵方向相互用刚性连接成的桥桁组成;另一种是带式桥,是由舟体在桥梁纵方向直接连接,舟体内有刚度很大的桁架,舟体上下连接部即组成桁架的刚性接头。

从受力计算情况看,以上两种情况均可采用无限长弹性基础梁(简称弹基梁)法计算。对于分置式桥脚的浮桥,桥脚舟实际上是弹性支座,由于浮游桥脚舟一般等间距配置,间距很小(一般 4 ~6m),且桥脚数目较多(一般在 5 ~6 个以上)时,可近似以无限长梁计算,因此可以简化成无限长弹性基础梁法计算,其计算误差在 5% ~10% 左右。如为带式桥,由于桥脚舟密集配置,河中部分则更可作为弹性基础梁计算。

由于弹性基础梁法的计算在一般力学书籍中都有详细的推导,这里只对其结果作必要的说明,并阐述如何应用在浮桥计算中。

二、弹性特征系数

如图 8-1 所示，在弹性基础无限长梁的中部，有一集中力 P 作用。根据弹性基础梁的挠曲轴微分方程

$$\frac{d^4y}{dx^4} + 4\beta^4 y = 0$$

其通解为

$$y = e^{\beta x}(A_1\cos\beta x + A_2\sin\beta x) + e^{-\beta x}(A_3\cos\beta x + A_4\sin\beta x) \tag{8-1}$$

式中：β——弯曲特征系数，计算时可作为常数。

$$\beta = \sqrt[4]{\frac{k}{4EJ}} \tag{8-2}$$

式中：EJ——梁的刚度；

k——弹基梁的基础刚度系数，即桥脚舟吃水 t 为 1 时桥脚舟的浮力，再将桥脚舟的浮力在桥脚舟的间距范围内均匀分布，则 $k=\frac{\gamma Ft}{l}$，在 $t=1$ 时，$k=\frac{\gamma F}{l}$；

则

$$\beta = \sqrt[4]{\frac{\gamma F}{4EJl}} \tag{8-3}$$

式中：F——一个桥脚舟的水线面面积；

l——桥脚舟的间距，即浮桥跨度；

γ——水的重度。

这样，当桥脚舟为直舷时（k 可作为常数），河中部分的 F 相等，梁的各跨 EJ 相等，且刚度很大，各桥脚舟的间距相同（l 相等）、数目很多，将浮桥的河中部分作为弹性基础无限长梁计算合乎实际情况。

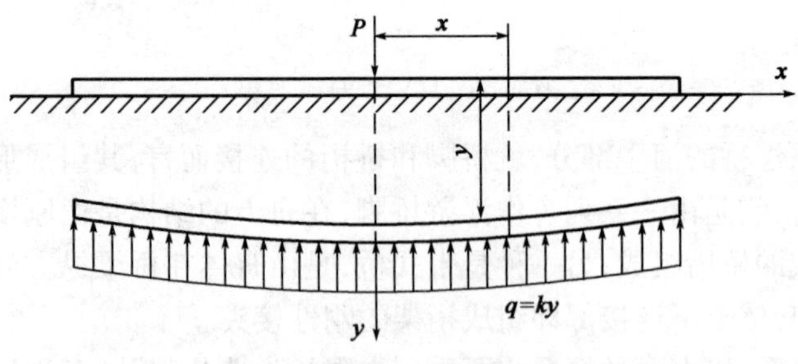

图 8-1　弹性基础梁图

三、微分方程的解

式（8-1）中，A_1、A_2、A_3 和 A_4 是 4 个积分常数，需根据边界条件确定。对无限长浮桥河中部分中段，其边界条件为：

（1）当 $x\to\infty$ 时，即在右端无穷远处，梁的变位为零，代入式（8-2），可得

$$A_1\cos\beta x + A_2\sin\beta x = 0$$

(2)当 $x\to\infty$ 时,梁的弯矩为零,根据式(8-2),可得梁的弯矩方程为

$$M = -EJ\frac{d^2y}{dx^2} = 2EJ\beta^2[e^{\beta x}(A_1\sin\beta x - A_2\cos\beta x) + e^{-\beta x}(-A_3\sin\beta x + A_4\cos\beta x)]$$

将 $x\to\infty$,$M=0$ 的条件代入,得

$$A_1\sin\beta x - A_2\cos\beta x = 0$$

由条件(1)和条件(2)很容易得到

$$A_1 = A_2 = 0$$

因此方程(8-1)变为

$$y = e^{-\beta x}(A_3\cos\beta x + A_4\sin\beta x)$$

(3)当 $x=0$,梁的倾角 $\theta=0$,由于左右对称无倾角,倾角方程为

$$\theta = \frac{dy}{dx} = \beta x^{-\beta x}[(A_3 - A_4)\cos\beta x + (A_3 + A_4)\sin\beta x] = 0$$

得

$$A_3 = A_4$$

(4)当 $x=0$,梁的剪力 $Q=-\frac{P}{2}$,由于左右对称,故在 P 力左右各负担$\frac{P}{2}$的剪力,剪力方程为

$$Q = -EJ\frac{d^3y}{dx^3} = -2EJ\beta^3e^{-\beta x}[(A_3 + A_4)\cos\beta x + (A_3 - A_4)\sin\beta x] = -\frac{P}{2}$$

再利用 $A_3 = A_4$ 的条件,解得

$$A_3 = A_4 = \frac{P}{8EJ\beta^3}$$

因此,式(8-1)变为

$$y = \frac{P}{8EJ\beta^3}e^{-\beta x}(\cos\beta x + \sin\beta x)$$

四、无限长弹性基础梁的解

在梁右半部的挠度、转角、弯矩和剪力的公式为

挠度公式

$$y = \frac{P}{8EJ\beta^3}e^{-\beta x}(\cos\beta x + \sin\beta x)$$

转角公式

$$\theta = -\frac{P}{4EJ\beta^2}e^{-\beta x}\sin\beta x \tag{8-4}$$

弯矩公式

$$M = \frac{P}{4\beta}e^{-\beta x}(\cos\beta x - \sin\beta x)$$

剪力公式

$$Q = -\frac{P}{2}e^{-\beta x}\cos\beta x$$

对于左半部梁，M 和 y 与右半部对称，θ 和 Q 与右半部梁反对称，浮桥的挠度、转角、弯矩、剪力见图 8-2。

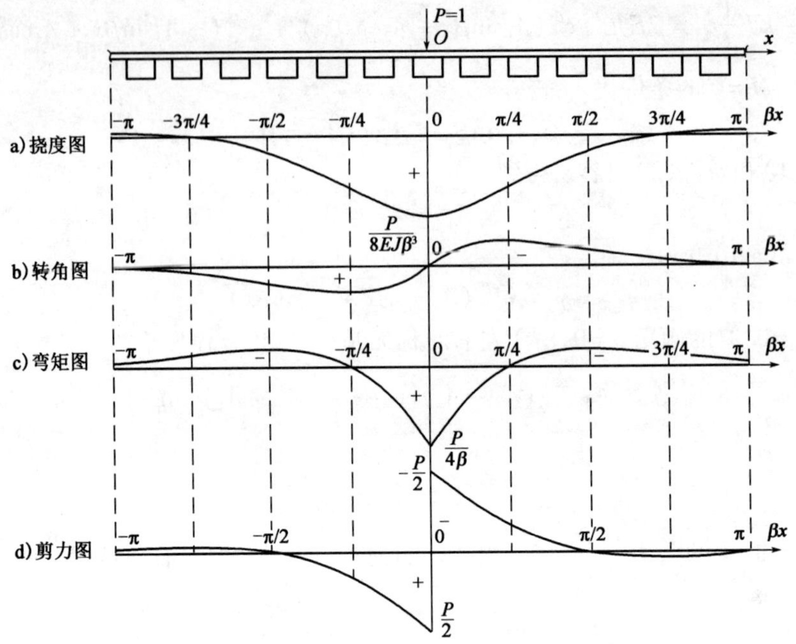

图 8-2 长桥中段在集中荷载作用下的变位及内力图

五、四个特殊函数

引入 4 个函数符号，即 η_1,η_2,η_3 和 η_4。

$$
\begin{aligned}
\eta_1 &= e^{-\beta x}(\cos\beta x + \sin\beta x) \\
\eta_2 &= e^{-\beta x}\sin\beta x \\
\eta_3 &= e^{-\beta x}(\cos\beta x - \sin\beta x) \\
\eta_4 &= e^{-\beta x}\cos\beta x
\end{aligned}
\tag{8-5}
$$

代入式(8-4)得

挠度

$$y = \frac{P}{8EJ\beta^3}\eta_1$$

转角

$$\theta = -\frac{P}{4EJ\beta^2}\eta_2 \tag{8-6}$$

弯矩

$$M = \frac{P}{4\beta}\eta_3$$

剪力

$$Q = -\frac{P}{2}\eta_4$$

式中各函数 η_1、η_2、η_3 和 η_4 可根据 βx 值计算后，得出各数值，其图形如图 8-3 所示，η_1、η_2、η_3 和 η_4 也可写成 $\eta_1(x)$、$\eta_2(x)$、$\eta_3(x)$ 和 $\eta_4(x)$。

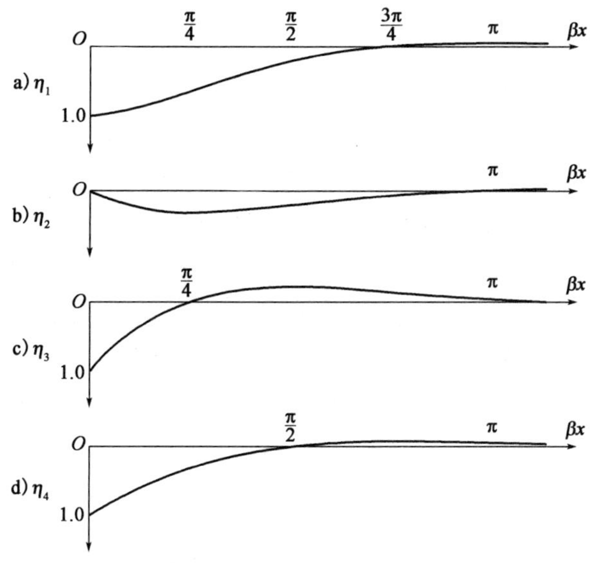

图 8-3 函数 η_1，η_2，η_3 和 η_4 图形

六、弯曲特征系数的初始值

另外，在连续体系浮桥设计的初期，需要架设一个弯曲特征系数 β 值。根据大量的试验和经验，有表 8-1 中的数据可以采用，一旦具体结构确定后，则用公式(8-2)或公式(8-3)计算。

弹性特征系数 β 初始值 表 8-1

荷载(kN)	桥桁类型(cm)	β 值(1/m)
160	木质桁(高或直径 17～24)	0.21～0.27
	型钢桁(桁高 14～22)	0.15～0.20
250	木质桁(高或直径 22～30)	0.17～0.21
	型钢桁(桁高 18～32)	0.11～0.15
400	木质桁(高或直径 27～35)	0.14～0.17
	型钢桁(桁高 28～36)	0.098～0.124

第二节 浮桥中段计算

一、河中部分中段的弯矩和吃水的影响线

以无限长弹基梁计算浮桥河中部分中段，虽然其计算理论合乎实际情况，但终究有误差。如何使误差小些，可在划分区段上作些规定。在该区段内其误差可以忽略不计，则作无限长梁

计算。长桥的中段部分如图 8-4 所示。从以上 4 个函数 η_1、η_2、η_3 和 η_4 来看,在 $x=\pi/\beta$(即 $\beta x=\pi$)时,各函数的影响值已是中间最大值的 4.3%,如连续梁体系浮桥河中部分的长度 L 超过 $2\pi/\beta$,则距离两端各大于 π/β 时,该部分都可以按无限长桥计算,两端支承条件和支承反力对这一区段的影响可以忽略不计,这一段称为中段,见图 8-4,而离端点在 π/β 以内的部分,称为末段。在末段的计算中当然要计及岸边支承的影响,这一部分将在本章第四节中讨论。

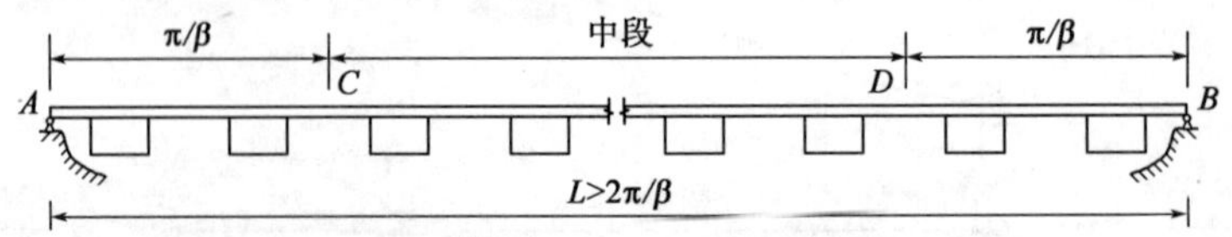

图 8-4　长桥的中段部分

由于桥梁承受移动荷载的作用,故必须先求内力和变位的影响线。在浮桥中一般先要作出舟的吃水和桥跨弯矩的影响线。单位垂直荷载作用在浮桥中段上时,根据变位互等定理,其下沉水图即吃水影响线图。当梁为无限长时其弯矩图亦即弯矩影响线图,现作简单证明如下:

图 8-5 表示了 O 点和 X 点的弯矩图。由图 8-5 可以看出,当 O 和 X 都处于浮桥河中部分中段上时,在 X 和 O 点的弯矩图中,$M_{OX}=M_{OX}$,在这种特殊情况下,其弯矩也互等。因此在图 8-5 中,图 8-5b)原为 O 的弯矩图,根据互等的性质,图 8-5b)也是 O 的弯矩影响线图。但在转角图和剪力图变为相应的影响线时需反号,因为其形状有反对称的性质。把荷载放在影响线最不利的计算位置,最大挠度(吃水)即可求出。如在浮桥上有若干个集中荷载以一定队形通过,在 O 点的最大挠度为

$$y_O=\frac{1}{8EJ\beta^3}\sum_{i=1}^{n}P_i\eta_1 \tag{8-7}$$

在 O 点的最大弯矩为

$$M_O=\frac{1}{4\beta}\sum_{i=1}^{n}P_i\eta_3 \tag{8-8}$$

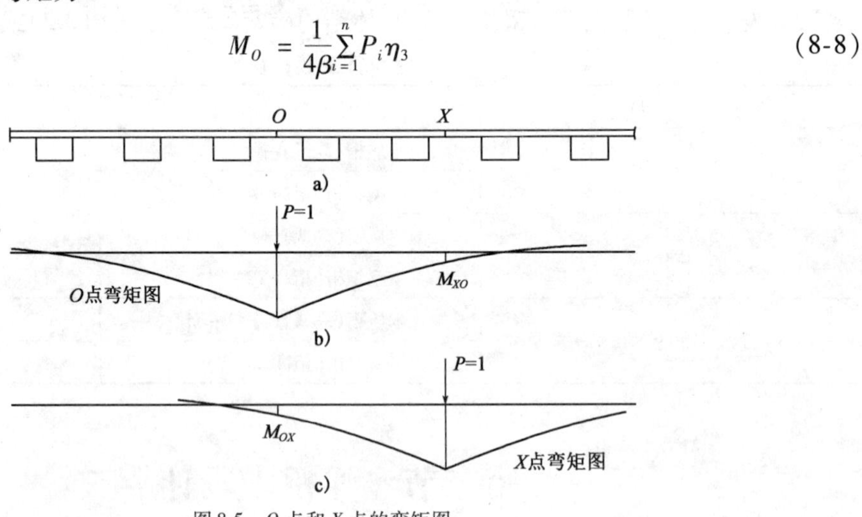

图 8-5　O 点和 X 点的弯矩图

移动集中荷载的影响值如图 8-6 所示。

二、浮桥上的挠度和舟反力计算

如在浮桥上有一履带式荷载通过时,在 O 点的最大挠度(图 8-7)为

$$y_O = \frac{Q}{s}\Omega = \frac{Q}{s}\frac{1}{8EJ\beta^3} \times 2 \times 2\int_0^{\frac{s}{2}} \eta_1 \mathrm{d}x$$

$$= \frac{Q}{s}\frac{1}{4EJ\beta^3}\left(-\frac{1}{\beta}\right) \times \eta_4 \Big|_0^{\frac{s}{2}} = \frac{Q}{sk}\left[1 - \eta_4\left(\frac{s}{2}\right)\right] \tag{8-9}$$

如再作进一步简化计算,略去影响线曲率的影响

$$y = \frac{Q}{sk}\left[1 - \eta_4\left(\frac{s}{2}\right)\right] \approx \frac{Q\beta}{2k}\left(1 - \frac{\beta^2 s^2}{12}\right) \approx \frac{Q\beta}{2k} \tag{8-10}$$

相应的桥脚舟的反力值为

$$R = \gamma F y = \frac{Q\beta}{2k}\gamma F = \frac{Q\beta l}{2} \tag{8-11}$$

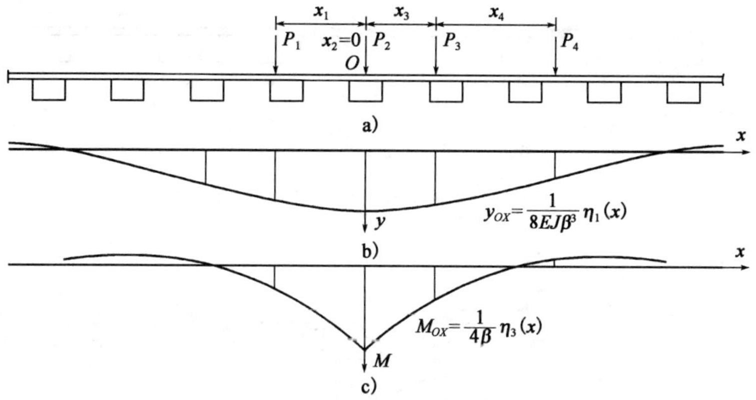

图 8-6 移动集中荷载的影响值

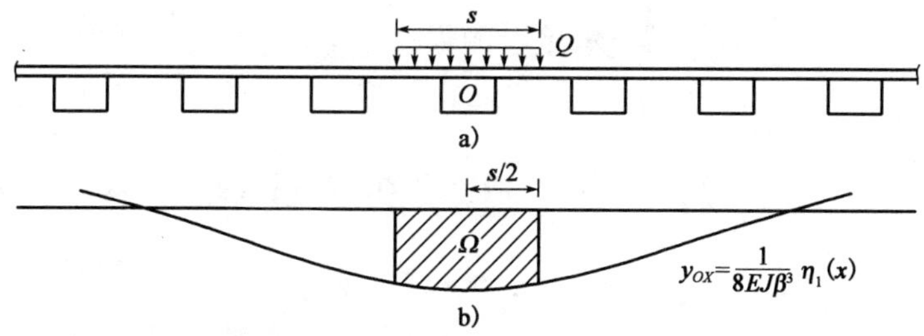

图 8-7 履带式荷载下最大挠度值

三、浮桥上的弯矩计算

浮桥上 O 点的最大弯矩(图 8-8)为

$$M = \frac{Q}{s}\Omega = \frac{Q}{s}\frac{1}{4\beta} \times 2 \times \int_0^{\frac{s}{2}} \eta_3 \mathrm{d}x = \frac{Q}{s}\frac{1}{2\beta}\frac{1}{\beta} \times \eta_2 \Big|_0^{\frac{s}{2}} = \frac{Q}{2\beta^2 s}\eta_2\left(\frac{s}{2}\right) \tag{8-12}$$

如再作进一步简化近似地计算,忽略影响线曲率的影响

$$M = \frac{Q}{2\beta^2 s}\eta_2\left(\frac{s}{2}\right) = \frac{Q}{4\beta}\left(1 - \frac{\beta s}{2} + \frac{\beta^2 s^2}{12}\right) \tag{8-13}$$

$$M = \frac{Q}{4\beta}\left(1 - \frac{\beta s}{2}\right) \tag{8-14}$$

式(8-14)可改写成

$$M = \frac{Q}{8}\left(\frac{2}{\beta} - s\right) \tag{8-15}$$

式(8-15)在形式上与简支梁的弯矩公式 $M = \frac{Q}{8}(2l_0 - s)$ 相似。l_0 为简支梁的跨度。

因此近似地可把 $1/\beta$ 作为无限长弹基梁的折算跨度，因此 β 值是连续梁体系浮桥的一个极为重要的参数。弯矩 M 值与 β 成反比，从公式 $\beta = \sqrt[4]{\frac{\gamma F}{4EJl}}$ 看，β 代表舟的抗沉刚度与上部结构抗弯刚度之比。β 值大意味着舟强桁弱，荷载只能分配到少数舟上，故弯矩值较小；反之，β 值小，意味着舟弱桁强，此时荷载被分配到较多的舟上，故弯矩值较大。

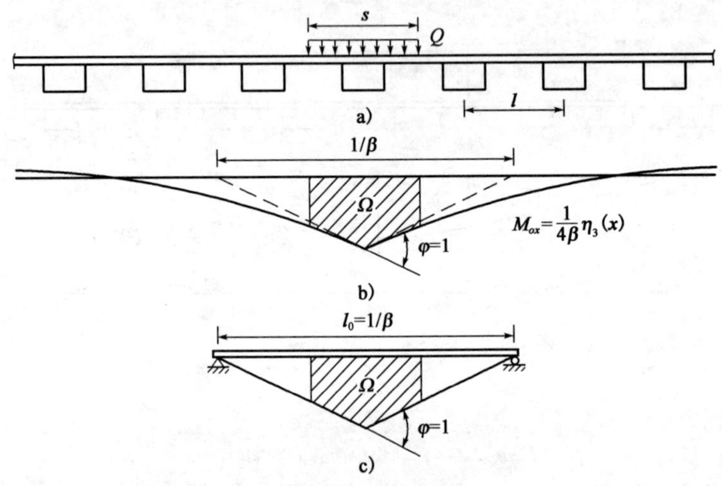

图 8-8　履带式荷载下最大弯矩图

第三节　连岸部分计算

一、末段在荷载作用下的基本方程式

如前所述，连续梁体系浮桥的末段，是指浮桥河中部分离支承末段距离小于 π/β 的桥段（图 8-4）。在荷载作用下，其受力情况要受到一端支承的影响，比河中部分中段复杂，而且端部的支承形式很多，如刚支座，刚支座上预留间隙、带限制铰、带浮游栈桥等，这是根据器材和地形情况确定的。在研究这些问题时都要用到半无限长弹基梁的末端计算公式。如有集中荷载 P 和弯矩 M 分别作用在半无限长弹基梁的末端上，如图 8-9 所示。

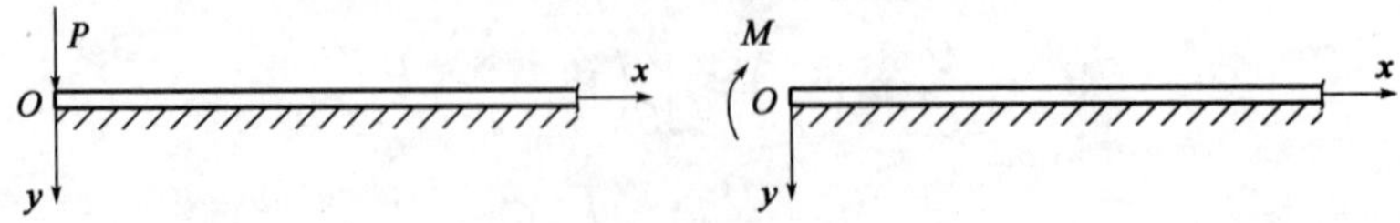

图 8-9　半无限长弹基梁末端

在 P 力作用下

挠度

$$y_x = \frac{P}{2EJ\beta^3}\eta_4$$

转角

$$\theta_x = -\frac{P}{2EJ\beta^2}\eta_1 \tag{8-16}$$

弯矩

$$M_x = -\frac{P}{\beta}\eta_2$$

剪力

$$Q_x = -P\eta_3$$

在 M 的作用下

挠度

$$y_x = \frac{M}{2EJ\beta^2}\eta_3$$

转角

$$\theta_x = \frac{M}{EJ\beta}\eta_4 \tag{8-17}$$

弯矩

$$M_x = M\eta_1$$

剪力

$$Q_x = -2M\beta\eta_2$$

二、自由端的浮桥末段

利用式(8-16)和式(8-17)可计算半无限长梁自由端末段上有一集中荷载 P 作用在某一点 A 上的受力情况，如图 8-10 所示。

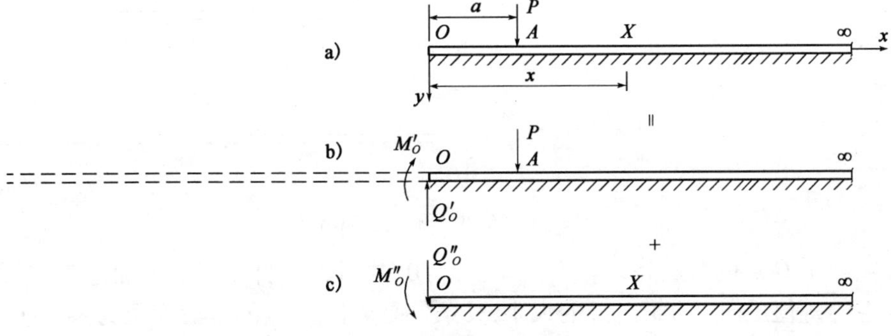

图 8-10 卸载法解自由端

现求任一点 X 的弯矩和变位，可用卸载法先将自由端向左延长为无限长梁，这延长部分对 O 以左的影响可以认为是 M'_O，Q'_O 的作用，再在 O 点作用 M''_O 和 Q''_O 以抵消 O 以左的半无限梁的影响。在任一点 x 处的弯矩应由以下三部分组成：

(1)由于 P 作用在无限长梁上所产生的,见图 8-10,其值为$\frac{P}{4\beta}\eta_3(x-a)$;

(2)由于 M''_O作用在半无限长梁末端所产生的 ,其值为$-\frac{P}{4\beta}\eta_3(a)\eta_1(x)$;

(3)由于 Q''_O作用在半无限长梁上所产生的,其值为$-\frac{P}{4\beta}\eta_4(a)\eta_2(x)$。

三部分相加得

$$M_{xa}^{P}=\frac{P}{4\beta}[\eta_3(x-a)-\eta_3(a)\eta_1(x)-2\eta_4(a)\eta_2(x)] \tag{8-18}$$

任一点 x 的变位也应由以下三部分组成:

$$y_{xa}^{P}=\frac{P}{8EJ\beta^3}[\eta_1(x-a)+\eta_3(a)\eta_3(x)+2\eta_4(a)\eta_4(x)] \tag{8-19}$$

三、刚支端的浮桥末段

浮桥末端直接支撑在固定桥脚上,这种支承形式最简单,只有当岸边有足够水深和水位变化不大,且末段的桥跨结构有足够的抗弯强度时,可以使用这种形式,因为末段的弯矩比河中部分的弯矩大得多。在集中荷载作用下,该末段的弯矩和变位仍可用卸载法来分析。当荷载 P 作用于任一点 A,如图 8-11 所示,假定将支座取消,并向左延长为无限长,则 O 以左部分的影响在 O 点为

$$M'_O=\frac{P}{4\beta}\eta_3(a);Q'_O=\frac{P}{2}\eta_4(a)$$

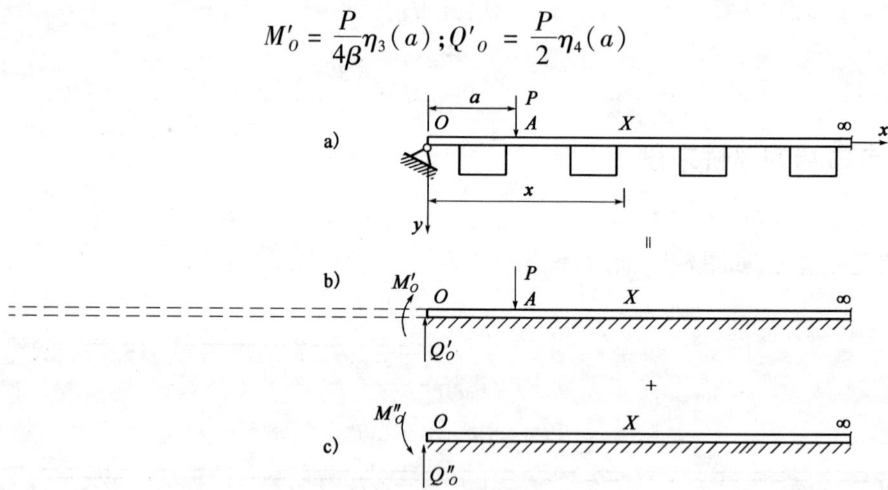

图 8-11　卸载法解刚支座末端

但在实际上 O 点的弯矩是 $M_O=0$,变位 $y_O=0$,故必须在自由端上另加弯矩 M''_O和垂直力 Q''_O,M''_O与 M'_O 等值反向,而确定 Q''_O的大小,其条件是要使 O 点的最后变位为零。O 点的变位由三部分组成:

(1)由于 P 在无限长梁上所产生的,其值为$\frac{P}{8EJ\beta^3}\eta_1(a)$;

(2)由于 M''_O在半无限长梁末端所产生的,其值为$-\frac{P}{4\beta}\eta_3(a)\left(-\frac{1}{2EJ\beta^2}\right)\eta_3(O)$;

(3)由于 Q''_O 在半无限长梁末端所产生的,其值为 $-\frac{Q''}{2EJ\beta^3}\eta_4(O)$。

由于 O 点最后变位为零,则

$$y_0 = \frac{P}{8EJ\beta^3}\eta_1(a) + \frac{P}{8EJ\beta^3}\eta_3(a) - \frac{Q''}{8EJ\beta^3}\eta_1(a) = 0$$

由此求出:

$$Q'' = \frac{P}{4}\eta_1(a) + \frac{P}{4}\eta_3(a) = \frac{P}{2}\eta_4(a)$$

在任一点 X 的弯矩由三部分组成,即

(1)由于 P 在无限长梁上所产生的,其值为 $\frac{P}{4\beta}\eta_3(x-a)$;

(2)由于 M''_O 在半无限长梁端所产生的,其值为 $-\frac{P}{4\beta}\eta_3(a)\eta_1(x)$;

(3)由于 Q''_O 在半无限长梁端所产生的,其值为 $\frac{P}{2\beta}\eta_4(a)\eta_2(x)$。

三部分迭加后,得

$$M_{xa}^P = \frac{P}{4\beta}[\eta_3(x-a) - \eta_3(a)\eta_1(x) + 2\eta_4(a)\eta_2(x)] \tag{8-20}$$

同理,可得

$$y_{xa}^P = \frac{P}{8EJ\beta^3}[\eta_1(x-a) - \eta_3(a)\eta_3(x) - 2\eta_4(a)\eta_4(x)] \tag{8-21}$$

刚支座的反力值为

$$R_0 = Q'_0 + Q''_0 = \frac{P}{2}\eta_4(a) + \frac{P}{2}\eta_4(a) = P\eta_4(a) \tag{8-22}$$

在实际情况下很少采用末端为刚支座的形式。为了减小末段的弯矩,一般常用以下几种方法,即在刚支座预留一定的垂直间隙,或在末段上设置限制铰,或改用浮游栈桥。

四、刚支座上预留垂直间隙的末段

图 8-12 为一浮桥末段,在末端刚支座上有一间隙,间隙值为 z_0,其中荷载作用于 A,以求末段任一点 X 的弯矩和变位。这类问题在实际计算时,往往根据舟桥器材本身的容许承载的桥跨弯矩和吃水条件,求得较合理的 z 值范围。现先求在 z 时的桥跨弯矩和桥脚吃水。

如果先在端点施加一力 $P_z = 2\beta^3 EJz$,根据公式(8-16),则末端正好产生变位 z 值,然后再在末段加上荷载 P,P 力就已经作用在刚支座的末端上。因此这种形式的末端计算可以看作刚支座末端和 P_z 作用于自由端末段两部分组成,根据式(8-16)和式(8-20)可得任一点 X 的弯矩和变位为

$$M_{xa}^{P+z} = \frac{P}{4\beta}[\eta_3(x-a) - \eta_3(a)\eta_1(x) + 2\eta_4(a)\eta_2(x)] - 2EJ\beta^2 z\eta_2(x) \tag{8-23}$$

$$y_{xa}^{P+z} = \frac{P}{8EJ\beta^3}[\eta_1(x-a) - \eta_3(a)\eta_3(x) - 2\eta_4(a)\eta_4(x)] + z\eta_4(x) \tag{8-24}$$

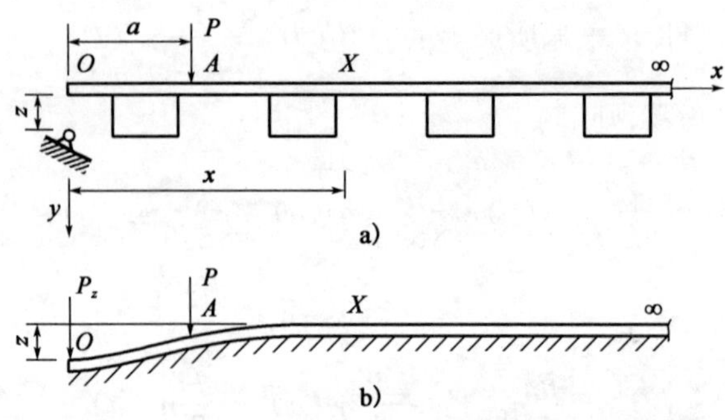

图 8-12 刚支座上预留垂直间隙

根据式(8-23)、式(8-24)在不同的 a 值位置可作出末段任一点 x 的 M 和 y 影响线坐标。

再把荷载放在影响线的最不利位置,可得出 a 点的 M 和 y 值,而 a 可取 $0.5l$、l、$1.5l$、$2l$、$2.5l$ 等值逐一计算,取其最大值,一般浮桥中 a 值在末段的第二跨、第三跨的范围中。

如要确定间隙的范围,先取某一 a 值在无间隙情况下 M、y 的最大值 M^0 和 y^0,再根据舟桥器材本身容许抗弯强度和吃水条件,求出 z 值的最大值与最小值。

即

$$M^0 - 2EJ\beta^2 z\eta_2(x) < [M_2];y^0 + z\eta_4(x) < [T_2]\ y^0 + z\eta_4(x) < [T_2]$$

式中:$[M_2]$——$[M_2] = \dfrac{n[\sigma]W - M_1}{(1+\mu)K \cdot n}$;

M_1——静载引起的弯矩;

n——桥梁横断面的桥桁根数;

$[T_2]$——对于活载的容许吃水。

$$z_{\min} = \frac{[M] - M^0}{-2\beta^2 EJ\eta_2(x)} \tag{8-25}$$

$$z_{\max} = \frac{[T_2] - y^0}{\eta_4(x)} \tag{8-26}$$

再取另外的 a 值,以同样的方法求出 $z_{\min}$ 和 $z_{\max}$,在诸多的 $z_{\min}$ 和 $z_{\max}$ 值中取其最不利的值。在极少数情况下出现 $z_{\min} > z_{\max}$,说明末段结构不合理,则必须修改末段结构的有关尺寸。

五、浮游栈桥的浮桥末段

这种末段的形式是用铰将浮游栈桥与河中末段连接起来[图 8-13a)],结构简单,在水位变化不大时能正常使用。从受力情况来看,河中部分末段支承在弹性支座上。

如图 8-13b)所示,因为浮桥末段的变位是和浮栈的支承反力成正比,即

$$R = C \cdot y_0$$

式中:C——浮栈的支承刚度系数,为使浮栈端点作单位下沉时所需的力。

如图 8-13c)所示,当 P 力作用浮游栈桥端点 B 时,栈桥舟反力 $R_1 = P\dfrac{L_1}{l_1}$,栈桥舟吃水 $T_1 = \dfrac{R_1}{\gamma F_1} = \dfrac{L_1 P}{\gamma \cdot l_1 \cdot F_1}$,$B$ 点的变位为 $\delta_B = \dfrac{P}{\gamma F_1} \cdot \dfrac{L_1^2}{l_1^2}$,故浮栈的支承刚度系数为

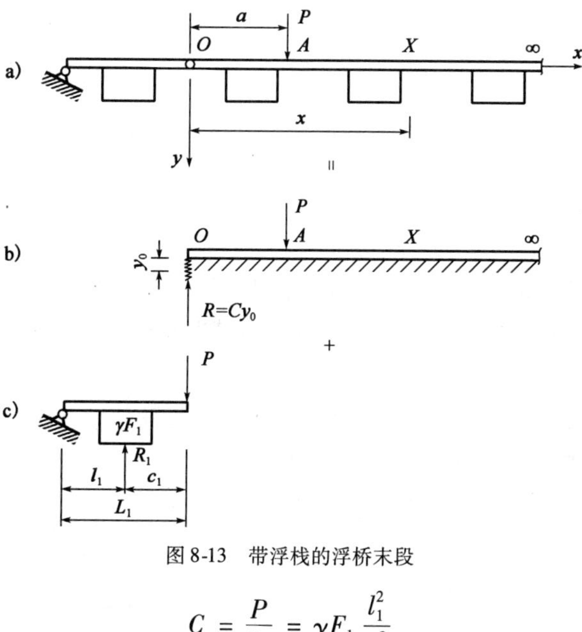

图 8-13 带浮栈的浮桥末段

$$C = \frac{P}{\delta_B} = \gamma F_1 \frac{l_1^2}{L_1^2}$$

C 值主要取决于浮栈舟水线面面积 F_1。

浮桥河中部分末段的受力情况可看作两部分组成，一部分是由荷载 P 作用于自由端浮桥末段的影响，其值为$\frac{P}{2EJ\beta^3}\eta_4(a)$；另一部分是由弹性反力 $R=C\cdot y_0$ 作用于自由端时的影响，其值为 $-\frac{R}{2EJ\beta^3}$。故得

$$y_0 = \frac{P}{2EJ\beta^3}\eta_4(a) - \frac{Cy_0}{2EJ\beta^3}$$

解得

$$y_0 = \frac{P}{2EJ\beta^3 + C}\eta_4(a)$$

支座弹性反力

$$R = Cy_0 = \frac{C\cdot P}{2EJ\beta^3 + C}\eta_4(a)$$

浮桥末段上任一点 X 处的弯矩和变位都是由 P 和 R 二力作用在半无限长梁上的影响迭加而成，即

$$M_{xa}^p = \frac{P}{4\beta}[\eta_3(x-a) - \eta_3(a)\eta_1(x) - 2\eta_2(a)\eta_2(x)] + \frac{R}{\beta}\eta_2(x) \tag{8-27}$$

$$y_{xa}^p = \frac{P}{8EJ\beta^3}[\eta_1(x-a) + \eta_3(a)\eta_3(x) + 2\eta_4(a)\eta_4(x)] - \frac{R}{2\beta^3EJ}\eta_4(x) \tag{8-28}$$

六、带限制铰的浮桥末段

为了减小刚支座浮桥末段的弯矩，也可以在距刚支座为 b 的地方，设置一个预留的角间隙，如图 8-14 所示，这个预留角间隙称为限制铰。现在求有限制铰（铰的角间隙为 ϕ）的条件

下,在集中荷载作用下的弯矩和变位。

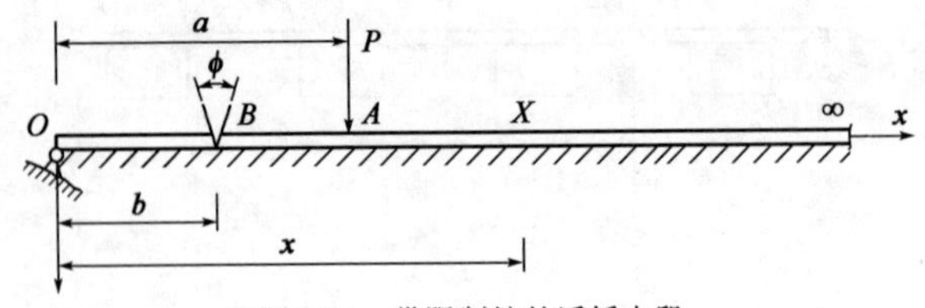

图 8-14　带限制铰的浮桥末段

如在浮桥末段 B 处施加一个相对转角 ϕ,使限制铰闭合,末段即成为刚支座的浮桥末段,因此带限制铰的浮桥末段在集中荷载作用下的受力情况是刚支座浮桥末段受集中荷载的作用和施加相对转角 ϕ 的作用两部分的迭加。

在 B 处施加相对转角 ϕ 时,在任意一处所产生的垂直变位 y_{xb}^{ϕ},根据变位互等定理,它应等于在 X 处施加一垂直力 P 在 B 处所产生的弯矩,即

$$y_{xb}^{\phi} = M_{bx}^{P}$$

根据公式(8-20),得

$$y_{xb}^{\phi} = M_{bx}^{P} = \frac{\phi}{4\beta}[\eta_3(x-b) - \eta_3(x)\eta_1(b) + 2\eta_4(x)\eta_2(b)] \tag{8-29}$$

在 B 处施加一相对转角 ϕ 在任一处 X 所产生的弯矩为

$$M_{xb}^{\phi} = -EJ(y_{xb}^{\phi})''x$$

将式(8-29)代入整理后可得

$$M_{xb}^{\phi} = -\frac{\beta EJ\phi}{2}[\eta_1(x-b) - \eta_1(x)\eta_1(b) + 2\eta_2(x)\eta_2(b)] \tag{8-30}$$

在 B 处有限制铰的条件下,A 处集中荷载 P 所产生的 X 处的弯矩为集中荷载 P 在刚支座浮桥末段上的作用再加上在 B 处施加相对转角 ϕ 的影响,即

$$M_{xa}^{\phi+P} = \frac{P}{4\beta}[\eta_3(x-a) - \eta_3(a)\eta_1(x) + 2\eta_4(a)\eta_2(x)] - \frac{\beta EJ\phi}{2}[\eta_1(x-b) - \eta_1(x)\eta_1(b) + 2\eta_2(x)\eta_2(b)] \tag{8-31}$$

$$y_{xa}^{\phi+P} = \frac{P}{8EJ\beta^3}[\eta_1(x-a) + \eta_3(a)\eta_3(x) - 2\eta_4(a)\eta_4(x)] + \frac{\phi}{4\beta}[\eta_3(x-b) - \eta_3(x)\eta_1(b) + 2\eta_4(x)\eta_2(b)] \tag{8-32}$$

使 $x=a$,得集中荷载作用处的弯矩和变位公式为

$$M_{aa}^{\phi+P} = \frac{P}{4\beta}[1-\eta_3(2a)] - \frac{\beta EJ\phi}{2}[\eta_1(a-b) - \eta_1(a)\eta_1(b) + 2\eta_2(a)\eta_2(b)] \tag{8-33}$$

$$y_{aa}^{\phi+P} = \frac{P}{8EJ\beta^3}[1-\eta_1(2a)] + \frac{\phi}{4\beta}[\eta_3(a-b) - \eta_3(a)\eta_1(b) + 2\eta_4(a)\eta_2(b)] \tag{8-34}$$

第四节　短浮桥计算

一、短浮桥基本概念

在一般情况下,浮桥均属长浮桥,按弹性地基上无限长梁计算已足够准确。但当浮桥长小

于 $2\pi/\beta$ 时，这时桥在荷载作用下的变位和内力，将会受到两岸支承条件的影响，浮桥必须按有限长弹基梁的方法计算。这种情况应用力学中的弹基梁的初参数解比较方便，梁的挠曲线微分方程式仍为

$$\frac{d^4y}{dx^4}+4\beta^4y=0$$

得其通解表达形式的另一写法

$$y=C_1\text{ch}\beta x\cos\beta x+C_2\text{ch}\beta x\sin\beta x+C_3\text{sh}\beta x\cos\beta x+C_4\text{sh}\beta x\sin\beta x \tag{8-35}$$

式中，4 个积分常数 C_1、C_2、C_3 和 C_4 根据边界条件求出，即用 4 个初参数确定，4 个初参数分别为初挠度、初转角、初弯矩、初剪力。

初挠度为 $x=0$ 时的 y 的值

$$y_0=y$$

初转角为 $x=0$ 时梁的转角

$$\theta_0=\frac{dy}{dx}$$

初弯矩为 $x=0$ 时梁的弯矩

$$M_0=-EJ\frac{d^2y}{dx^2}$$

初剪力为 $x=0$ 时梁的剪力

$$Q_0=-EJ\frac{d^3y}{dx^3}$$

用 4 个初参数 A、B、C、D 代替 4 个积分常数 C_1、C_2、C_3 和 C_4 后，挠曲轴的方程为

$$y=y_0A+\frac{\theta_0}{\beta}B-\frac{M_0}{EJ\beta^2}C-\frac{Q_0}{EJ\beta^3}D \tag{8-36}$$

式中，$A(x)$、$B(x)$、$C(x)$、$D(x)$ 称为弹基梁的发散型循环函数，即

$$\left.\begin{aligned}
A&=\text{ch}\beta x\cos\beta x\\
B&=\frac{1}{2}(\text{ch}\beta x\sin\beta x+\text{sh}\beta x\cos\beta x)\\
C&=\frac{1}{2}\text{sh}\beta x\sin\beta x\\
D&=\frac{1}{4}(\text{ch}\beta x\sin\beta x-\text{sh}\beta x\cos\beta x)
\end{aligned}\right\} \tag{8-37}$$

其相应的挠度、转角、弯矩、剪力的方程式为

$$\left.\begin{aligned}
y&=y_0A+\frac{\theta_0}{\beta}B-\frac{M_0}{EJ\beta^2}C-\frac{Q_0}{EJ\beta^3}D\\
\theta&=-4\beta y_0D+\theta_0A-\frac{M_0}{EJ\beta}B-\frac{Q_0}{EJ\beta^2}C\\
M&=4EJ\beta^2y_0C+4EJ\beta\theta_0D+M_0A+\frac{Q_0}{\beta}B\\
Q&=4EJ\beta^3y_0B+4EJ\beta\theta_0C-4\beta M_0D+Q_0A
\end{aligned}\right\} \tag{8-38}$$

初参数 y_0、θ_0、M_0 和 Q_0 的数值，实际上根据浮桥末端支座情况确定，以上齐次方程式的特

解部分，即式(8-38)，是当梁在计算区段中梁上没有荷载的情况下使用。当梁上有荷载时，还须增加非齐次方程的特解部分，所以计算相当复杂，还要计算梁上较多点的变位和弯矩，得出最大的变位值和弯矩值。

式(8-38)的运用范围，在理论上并不限于有限长梁，但由于它用的函数 A、B、C 和 D 是发散型的函数，浮桥较长时，函数值太大，计算误差太大，故只适用于有限长梁。

二、浮桥在临界长度吃水和弯矩的计算

在大多数情况下，浮桥作为无限长桥来计算。但是在某一长度时，其吃水和弯矩都可超过无限长桥时所计算的值，但在更短的浮桥时，其吃水和弯矩却减小。因为在桥梁很短时，挠度线比较平坦，浮桥的所有桥脚舟吃水较均匀，显然这时中点弯矩也会减小，因为舟反力引起的弯矩由于对中点断面力臂减小而减小。

当短浮桥逐渐增长时，中点断面的弯矩先是增加，当长度增到一定限度时，弯矩达到最大值，超过此限度，弯矩又开始减小，最后趋近于无限长梁的弯矩 $P/4\beta$。因此在已知集中荷载 P 作用下，浮桥中点可能出现最大弯矩是对应于这样一个长度：它的两端挠度刚好为零，这时弯矩最大，对弯矩最不利的长度，称为临界长度。图 8-15 是临界长度浮桥在集中荷载作用下的挠度曲线(实线)和长浮桥的挠度曲线(虚线)的对比图，下面将用初参数的公式来求该临界长度 L_K 和相应的弯矩和挠度值。

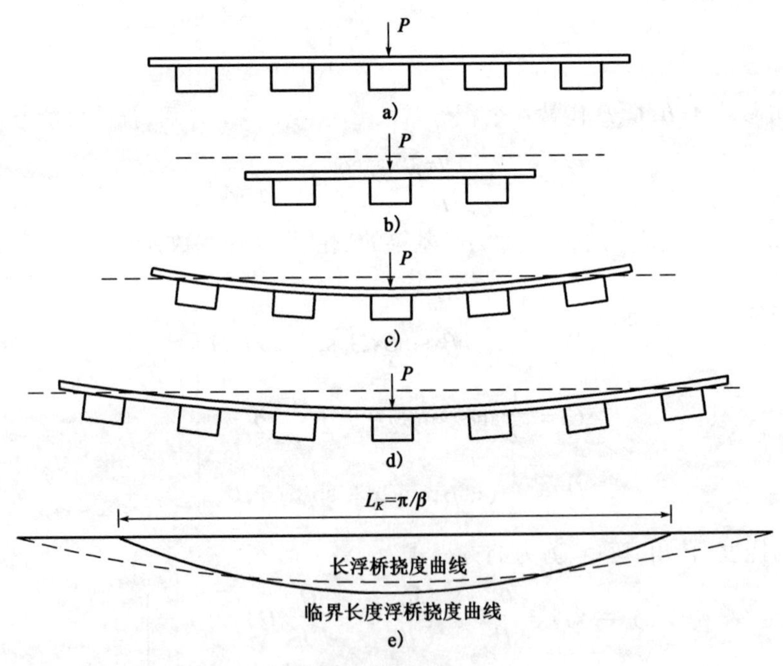

图 8-15　浮桥临界长度

图 8-16 为一临界长桥，荷载 P 作用于中点，以左端为原点。

桥的左半部的边界条件为

当 $x=0$ 时

$$\theta_0 = 0, M_0 = 0, Q_0 = 0$$

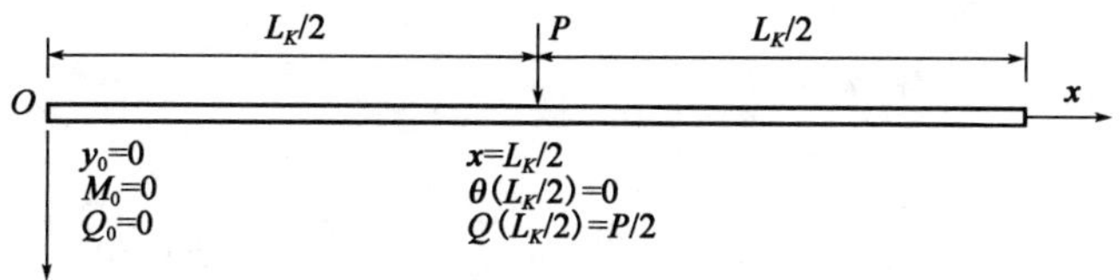

图 8-16 用初参数法计算临界长度图

当 $x=L_x/2$ 时

$$\theta\left(\frac{L_x}{2}\right)=0,Q\left(\frac{L_x}{2}\right)=\frac{P}{2}$$

4 个参数中，只有 $\theta_0\neq0$，代入式(8-38)的转角公式中，并使 $x=\frac{L_x}{2},x=\frac{L_K}{2}$，则

$$\theta\left(\frac{L_x}{2}\right)=\theta_0A\left(\frac{L_x}{2}\right)=0$$

即

$$\theta_0\mathrm{ch}\left(\beta\frac{L_K}{2}\right)\cos\left(\beta\frac{L_K}{2}\right)=0$$

只能是

$$\cos\left(\beta\frac{L_K}{2}\right)=0\quad 或\quad \frac{\beta L_K}{2}=\frac{\pi}{2}$$

故

$$L_K=\frac{\pi}{\beta}\tag{8-39}$$

再代入 $Q\left(\frac{L_K}{2}\right)=\frac{P}{2}$ 条件中，由式(8-38)求出未知初参数 θ_0

$$Q\left(\frac{L_K}{2}\right)=Q\left(\frac{\pi}{2\beta}\right)=4EJ\beta^2C\left(\frac{\pi}{2\beta}\right)=\frac{P}{2}$$

即

$$2EJ\beta^2\theta_0\mathrm{sh}\frac{\pi}{2}\sin\frac{\pi}{2}=\frac{P}{2}$$

得

$$\theta_0=\frac{P}{4EJ\beta^2\mathrm{sh}\frac{\pi}{2}}$$

中点弯矩为

$$\begin{aligned}M\left(\frac{L_K}{2}\right)&=4EJ\beta\theta_0D\left(\frac{\pi}{2\beta}\right)\\&=\frac{P}{\beta}\times\frac{1}{4}\left(\mathrm{ch}\frac{\pi}{2}\sin\frac{\pi}{2}-\mathrm{sh}\frac{\pi}{2}\cos\frac{\pi}{2}\right)/\mathrm{sh}\frac{\pi}{2}\\&=\frac{P}{4\beta}\mathrm{cth}\frac{\pi}{2}=1.090\times\frac{P}{4\beta}\end{aligned}\tag{8-40}$$

它是无限长梁在集中荷载作用下弯矩的 1.090 倍。

中点挠度为

$$y\left(\frac{L_K}{2}\right)=\frac{\theta_0}{\beta}B\left(\frac{\pi}{2\beta}\right)$$

$$=\frac{P}{4EJ\beta^3}\times\frac{1}{2}\left(\text{ch}\,\frac{\pi}{2}\sin\frac{\pi}{2}+\text{sh}\,\frac{\pi}{2}\cos\frac{\pi}{2}\right)/\text{sh}\,\frac{\pi}{2}$$

$$=\frac{P}{8EJ\beta^3}\text{cth}\,\frac{\pi}{2}=1.090\times\frac{P}{8EJ\beta^3} \tag{8-41}$$

它也是无限长梁在集荷载作用下挠度的1.090倍。

三、临界长浮桥近似计算公式

在履带式荷载作用下,可近似地得出

$$M=\frac{Q}{4\beta}\left(1.090-\frac{\beta s}{2}\right) \tag{8-42}$$

$$y=1.090\times\frac{Q}{8EJ\beta^3} \tag{8-43}$$

$$R=1.090\times\frac{Q\beta l}{2} \tag{8-44}$$

因此在设计浮桥时,由于要考虑器材需要适用各种不同宽度的河流,有时要考虑临界长度时的受力情况。

第五节　浮桥扭转计算

一、浮桥在偏心荷载下的扭转

在本章前几节中,都是认为活载作用在桥轴线上,浮桥在 x-y 平面内弯曲,浮桥各横断面只有垂直方向的平移,没有横向倾斜或转动,各个桥脚舟只有均匀沉降吃水,首尾吃水相同,舟没有纵倾,浮桥处于“纯弯曲状态”,这时多个桥桁具有相同的弯曲变形,浮桥截面内的总弯矩均匀分配给每根桥桁。但在活载偏离桥轴线行驶时,如偏心距为 e,见图8-17a),浮桥除了弯曲变形以外,还要产生扭转变形,这时桥脚舟会产生纵倾,舟首尾吃水不等,桥梁横断面上各桥桁的弯曲程度也不相同,各桥桁所负担的弯矩也不均匀,见图8-17b),荷载为 P,偏心距为 e,可把荷载分解为两部分,一部分是中心荷载 P,另一部分是偏心矩 Pe,在前一部分作用下,浮桥只产生弯曲变形,桥桁承受弯矩,桥脚舟首尾均匀下沉;在后一部分作用下,浮桥将产生扭转变形,桥桁各断面承受扭矩,桥脚舟首尾不均匀下沉。在以下计算中,假定桥面各断面的刚度无限大,由于浮游桥脚舟间距较密,舟的刚度很大,在结构上保证了浮桥横断面的横向刚度,该断面在扭矩 M 的作用下产生扭矩 L,在 L 作用下,整个横断面产生扭角 φ,每根桥桁产生剪力 Q_i[图8-17c)]。

$$L=\sum Q_i z_i \tag{8-45}$$

式中:z_i——各桥桁到桥轴线的水平距离。

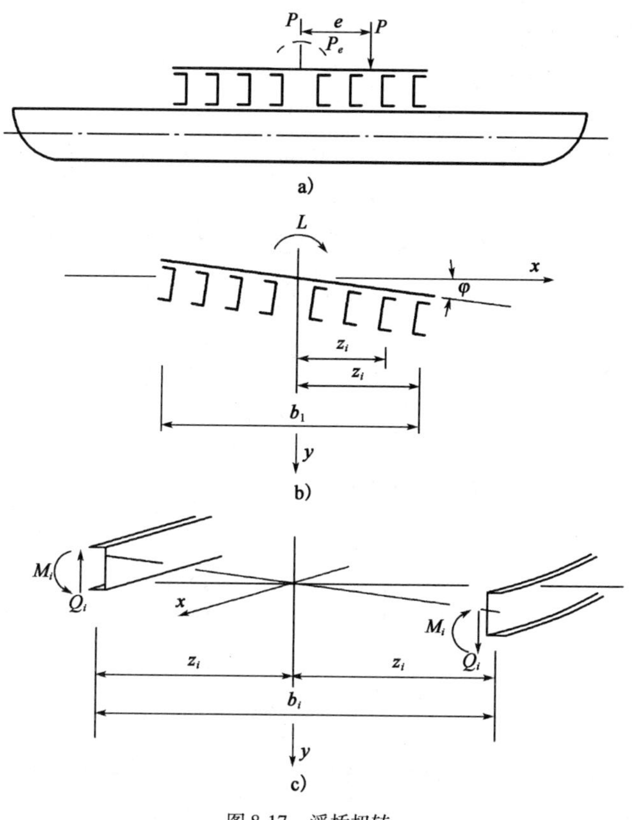

图 8-17 浮桥扭转

二、浮桥扭转的计算——拟梁法

图 8-18a）为无限长弹基梁受弯的情况，图 8-18b）为无限长弹基梁受扭的情况。浮桥扭转时扭角的微分方程式和梁弯曲时挠度的微分方程有相似性，见表 8-2。

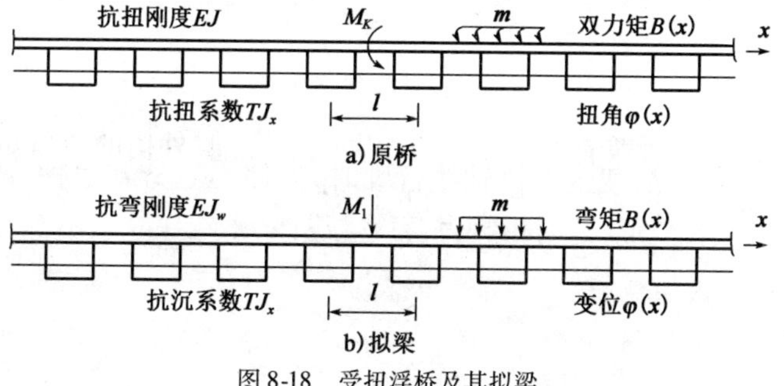

图 8-18 受扭浮桥及其拟梁

弯曲扭转各元素相互关系表

表 8-2

序号	浮桥扭转元素	主桁弯曲元素	相 互 关 系
1	扭角 φ	挠度 y_i	$y_i=\varphi z_i$
2	纵向扭率 φ'	纵向倾角 y_i'	$y_i=\varphi' z_i$
3	内扭矩 L	剪力 Q_i	$L=\sum Q_i z_i$
4	双力矩 B	弯矩 M_i	$B=\sum M_i z_i$
5	扇性惯性矩 J_w	轴惯性矩 J_i	$J_w=\sum J_i z_i^2$

表8-1中引进了两个新的概念：

(1)双力矩 B，它是与主桁弯矩 M_i 相对应的整桥中的元素

$$B = \sum M_i z_i \tag{8-46}$$

(2)扇性惯性矩 J_w，它是与主桁惯性矩 J_i 相对应的整桥中的元素。

$$J_w = \sum J_i z_i^2 \tag{8-47}$$

扭转时的抗扭刚度系数 k_ω，则抗扭特征系数 β_ω、α_ω 为

$$k_\omega = \frac{\gamma J_x}{l} \tag{8-48}$$

$$\beta_\omega = \sqrt[4]{\frac{\gamma J_x}{4EJ_w l}} \tag{8-49}$$

$$\alpha_\omega = \frac{\gamma J_x l^3}{6EJ_w} \tag{8-50}$$

双力矩

$$B = \frac{Qe}{4\beta_\omega}\left(1 - \frac{\beta_\omega s}{2} + \frac{\beta_\omega^2 s^2}{12}\right) \tag{8-51}$$

最大扭角

$$\varphi = \frac{Qe\beta_\omega}{2k_\omega} \tag{8-52}$$

式中，符号 J_x 为舟的水线面面积对浮桥轴线的惯性矩，其余符号意义同前。

由于外桁的附加弯矩

$$\Delta M_i = \pm \frac{B}{J_w} J_i z_i \tag{8-53}$$

式中：J_i——外桁的惯性矩；

z_i——外桁到桥轴线的距离。

桥脚舟的首尾附加吃水为

$$\Delta T = \pm \varphi \frac{L_1}{2} \tag{8-54}$$

在偏心荷载作用下，浮桥兼有弯曲和扭转两种变形，此时外桁的总弯矩为

$$M_i = \frac{M}{n} + \frac{B}{J_w} J_i z_i \tag{8-55}$$

桥脚舟的首尾总吃水

$$T + \Delta T = \frac{R}{\gamma F} + \varphi \frac{L_1}{2} \tag{8-56}$$

式(8-55)简易近似公式可写成

$$M_i = \frac{M}{n}\left(1 + \frac{nB}{MJ_w} J_i z_i\right) = \frac{M}{n} K_M \tag{8-57}$$

式中：K_M——外桁弯矩横向分配不均匀系数。

$$K_M = 1 + \frac{nB}{MJ_w} J_i z_i \tag{8-58}$$

由于

$$M = \frac{Q}{4\beta}\left(1 - \frac{\beta s}{2}\right);B = \frac{Qe}{4\beta_\omega}\left(1 - \frac{\beta_\omega s}{2}\right);J_w = \sum J_i z_i^2 = \frac{1}{2}J_i\sum_{i=1}^{n/2} b_i^2$$

b_i 为对桥轴线对称的一对主桁间距离，如外桁间距 $b_i = z_i$，将 M、B 和 J_w 代入式(8-58)得

$$K_M = 1 + \frac{neb_1}{\sum b_i^2}\frac{\beta(1 - \beta s/2)}{\beta_\omega(1 - \beta_\omega s/2)} \tag{8-59}$$

近似地可写成

$$K_M = 1 + \frac{neb_1}{\sum b_i^2}\frac{\beta}{\beta_\omega} \tag{8-60}$$

对于桥脚舟的首尾吃水

$$T + \Delta T = \frac{P\beta}{2k} + \frac{Pe\beta_\omega}{2k_\omega}\frac{L_1}{2} \tag{8-61}$$

第六节　连续体系浮桥计算示例

一、已知数据

(1)如图 8-19 所示，履带式荷载 500kN，履带接地长 s = 4.5m，车体宽 B = 3.3m，荷载在桥面上的最大偏心距 e = 0.4m。

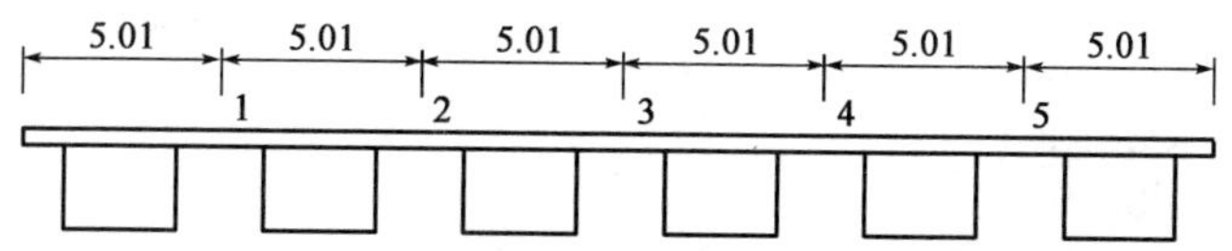

图 8-19　计算例题图(尺寸单位:m)

(2)桥脚舟:由一节方舟和一节尖舟组成，计算水线面面积 F = 24.45m²，全舟平均长度 L = 10.10m，舷高 0.964m，自重 24.3kN，舟宽 2.4m，舟的间距 5.01m。

(3)上部结构:桥桁为 8 根[30a，每根断面的惯性矩 J_1 = 6048cm⁴，断面系数 W = 403.2cm³，容许应力[σ] = 400MPa，各桥桁距中心线的距离为 2.06m、1.65m、1.24m、0.41m，上部结构每延米自重 6.14kN。

(4)连接接头为刚性接头，间隙 2.25mm，间隙角为 0.00585，每隔 5.01m 有一接头。

二、计算内容

(1)按无限长梁计算河中部分在活载作用下的桥跨弯矩和桥脚吃水；

(2)按临界长梁计算河中部分在活载作用下的桥跨弯矩和桥脚吃水；

(3)按临界长梁考虑浮桥扭转时外桁最大弯矩和桥脚舟首尾总吃水；

(4)近似计算连接间隙对桥跨弯矩和桥脚吃水的影响。

三、计算过程

(1)按无限长梁计算

①弯曲特征系数及其他参数：

$$\beta=\sqrt[4]{\frac{\gamma F}{4EJl}}=\sqrt[4]{\frac{10\times 24.25}{4\times 2.1\times 10^{2}\times 8\times 6048\times 10^{-8}\times 5.01}}=0.10451(1/\text{m})$$

$$k=\frac{\gamma F}{l}=\frac{10\times 24.25}{5.01}=48.400(\text{kN/m}^2)$$

$$\beta s=0.1045\times 4.5=0.470$$

②弯矩：

根据公式(8-12)得

$$M_2=\frac{Q}{2\beta^2 s}\eta_2\left(\frac{s}{2}\right)=\frac{500}{2\times 0.1045^2\times 4.5}\times 0.1841=936.66(\text{kN}\cdot\text{m})$$

根据公式(8-13)得

$$M_2=\frac{Q}{4\beta}\left(1-\frac{\beta s}{2}+\frac{\beta^2 s^2}{12}\right)=\frac{500}{4\times 0.1045}\times\left(1-\frac{0.47}{2}+\frac{0.47^2}{12}\right)=937.091(\text{kN}\cdot\text{m})$$

根据公式(8-14)得

$$M_2=\frac{Q}{4\beta}\left(1-\frac{\beta s}{2}\right)=\frac{500}{4\times 0.1045}\times\left(1-\frac{0.47}{2}\right)=915.072(\text{kN}\cdot\text{m})$$

③桥脚吃水：

根据公式(8-9)得

$$T_2=\frac{Q}{sk}\left[1-\eta_4\left(\frac{s}{2}\right)\right]=\frac{500}{4.5\times 48.4}\times(1-0.7689)=0.531(\text{m})$$

根据公式(8-10)得

$$T_2=\frac{Q\beta}{2k}=\frac{500\times 0.1045}{2\times 48.400}=0.540(\text{m})$$

(2)按临界长梁计算

①临界长度：

$$L=\frac{\pi}{\beta}=\frac{3.14}{0.1045}=30.063(\text{m})$$

②中点弯矩：

根据公式(8-42)，得

$$M_2=\frac{Q}{4\beta}\left(1.090-\frac{\beta s}{2}\right)=\frac{500}{4\times 0.1045}\times\left(1.090-\frac{0.47}{2}\right)=1022.727(\text{kN}\cdot\text{m})$$

③活载吃水：

根据公式(8-43)，得

$$T_2=1.090\times\frac{Q}{8EJ\beta^3}=1.090\times\frac{500}{8\times 2.1\times 10^{8}\times 8\times 6048\times 10^{8}\times 0.1045^{3}}=0.588(\text{m})$$

(3)考虑浮桥扭转的计算

①静载弯矩：

$$M_1=\frac{ga^2}{10}=\frac{1}{10}\times 6.14\times(5.01-2.4)^2=4.18(\text{kN}\cdot\text{m})$$

②活载弯矩按式(8-42)计算。

③考虑扭转时的外桁最大弯矩：

$$J_w = \sum J_i z_i^2 = 6048 \times 10^8 \times (2.06^2 + 1.62^2 + 1.24^2 + 0.41^2) \times 2 = 1.049 \times 10^3 (\mathrm{m}^4)$$

$$J_x = \frac{FL^2}{12} = \frac{24.25 \times 10.10^2}{12} = 206.145 (\mathrm{m}^4)$$

$$\beta_\omega = \sqrt[4]{\frac{\gamma J_x}{4EJ_w l}} = \sqrt[4]{\frac{10 \times 206.145}{4 \times 2.1 \times 10^8 \times 1.049 \times 10^3 \times 5.01}} = 0.147$$

根据公式(8-60),得

横向分配不均匀系数

$$K_M = 1 + \frac{neb_1}{\sum b_1^2} \frac{\beta}{\beta_\omega} = 1 + \frac{8 \times 0.4 \times 4.12}{4.12^2 + 3.3^2 + 2.48^2 + 0.82^2} \times \frac{0.1045}{0.147} = 1.270$$

外桁总弯矩

$$M = \frac{M_1}{n} + K_M \frac{M_2}{n} = \frac{4.18}{8} + \frac{1.27 \times 915.072}{8} = 145.79 (\mathrm{kN \cdot m})$$

④考虑浮桥扭转时的桥脚吃水:

静载吃水

$$T_1 = \frac{gl + G}{\gamma F} = \frac{6.14 \times 5.01 + 24.3}{10 \times 24.25} = 0.227 (\mathrm{m})$$

活载吃水按弯曲时的计算值。

考虑扭转时的桥脚吃水计算

$$k_\omega = \frac{\gamma J_x}{l} = \frac{10 \times 206.145}{5.01} = 411.467$$

纵倾角

$$\varphi = \frac{Qe\beta_\omega}{2k_\omega} = \frac{500 \times 0.4 \times 0.147}{2 \times 411.467} = 3.573 \times 10^{-2} (\mathrm{rad})$$

$$\Delta T = \frac{L}{2}\varphi = \frac{10.10}{2} \times 3.573 \times 10^{-2} = 0.180 (\mathrm{m})$$

总吃水

$$T = T_1 + T_2 + \Delta T = 0.54 + 0.227 + 0.18 = 0.947 (\mathrm{m})$$

(4)连接间隙影响的近似计算

①附加弯矩:

$$M_a^a = -0.6776 \times 2.1 \times 10^8 \times 8 \times 6048 \times 10^{-8} \times \frac{0.00585}{5.01} = -80.392 (\mathrm{kN \cdot m})$$

②附加吃水:

$$\Delta T_a^a = 0.1612 \times \frac{\alpha}{\beta^2 d} = 0.1612 \times \frac{0.00585}{0.1045 \times 5.01} = 0.017 (\mathrm{m})$$

第九章

浮桥锚定

第一节　浮桥水阻力

一、桥脚舟水阻力形成原因及有关因素

架设在江河上的浮桥和运动着的门桥，其桥脚舟均处于动水中。桥脚舟在静水中时，舟体浸水表面各点上均受到水静压力的作用。舟体表面水静压力的合力在水平方向的分力为零。桥脚舟在动水中时，舟体浸水表面各点上均受到水动力的作用，它包括黏性摩擦作用力和水动压力两部分。舟体表面水动力的合力在水平方向的分力称为桥脚舟的水阻力。

水阻力就物理现象分析，可认为是由三部分组成的，即摩擦阻力、涡流阻力和兴波阻力。

摩擦阻力是由水的黏度与舟体表面形成摩擦制动作用所产生的，它与水的黏度、流速、舟体浸水面积、舟体曲度及表面粗糙度等因素有关。

水阻力中除去摩擦阻力，剩余部分即为水动压力引起的阻力，称之为剩余阻力。由于舟体干扰具有黏性的水流，从而导致舟体周围水流能量的损耗及压能、势能和动能的重新组合。此时舟体周围水流的压能引起了剩余阻力。剩余阻力包括两部分，即涡流阻力和兴波阻力。

涡流阻力是由于水流在舟尾产生旋涡，使舟尾压力降低，从而引起舟体首尾之间存在压力

差额而形成的压力阻力。当具有黏性的水流绕流舟体时,紧贴舟体有一层相当厚度的水流(即边界层)都受到黏滞力的作用,在流动中不断消耗着水质点的动能。这些水质点到达舟尾时,其中有些水质点动能不足不能继续前进而停下来,它们在舟尾区外层水流较高的压力作用下,在舟尾形成一些作反向运动的水流,形成了涡流。涡流运动引起舟尾压力下降。涡流阻力与流速、舟型(尤其是尾型)以及水的黏度、舟体浸水部分尺寸(尤其是长宽比)等有关。舟尾呈流线型可以大幅降低旋涡的形成,从而可以大大减小舟体的涡流阻力。

兴波阻力是由于舟体的正面阻水兴波作用,造成舟首压力的增强而形成的压力阻力。由于舟体浸水部分正面阻碍水的流动,改变了舟体周围水流的速度和压力的分布情况,引起恒等于大气压的自由水面发生起伏,继而由于重力作用和惯性作用,水面发生周期性的振荡,此即波浪形成的原因。水面的起伏包括舟首隆起的壅水和舟首、舟尾两个波群,每个波群均包括两组波浪(散波和横波)。凡压力大处,水面升高;凡压力小处,水面跌落。因此壅水和波浪造成了舟首压力的增强、舟首尾压力的差额。兴波阻力与流速、舟型(尤其是首型)及舟体浸水部分尺寸等有关。舟首呈V形的尖形倾斜舟首,可以大幅降低舟首正面阻水兴波的作用,从而大大减小兴波阻力。舟首若做成与水流运动方向相垂直的封头,则会引起最严重的阻水兴波作用,从而使兴波阻力大增。

水流绕流桥脚舟时产生的涡流和波浪的状况,如图9-1所示。

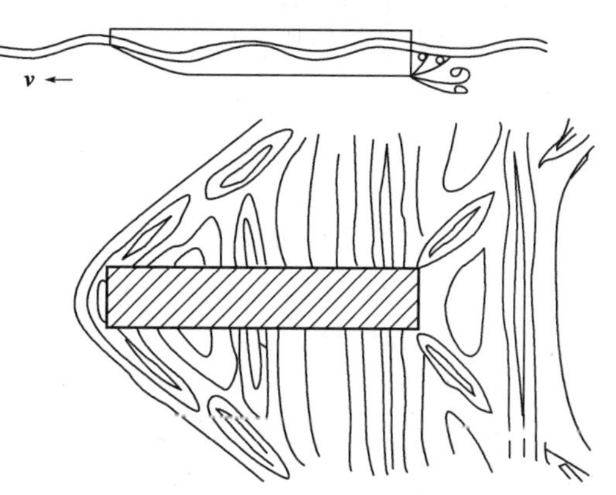

图9-1 水流绕流桥脚舟时产生的涡流和波浪

以上所述是裸舟体的水阻力。桥脚舟裸舟体之外还有一些突出部件,动水对它们的作用同样有上述三种物理现象。突出部引起的水阻力即是舟体突出部阻力。对于一般民用船只,突出部主要是舭龙骨、舵、推进器等,突出部阻力在总阻力中仅占很小一部分,约占5%~6%。在制式舟中,舟体突出部件主要是舟间连接设备及为满足陆上装车运输要求而设置的装卸车设备、固定设备等,它们体积小、尺寸小,引起的水阻力值极为有限,加上制式舟总水阻力较大(舟体线形差),因而突出部阻力在总阻力中所占比重就比民用船只更小。一般情况下,在计算舟体水阻力时不考虑突出部的影响,但是,在执行任务时如果另外装备了一些构件(如动水板等,构件尺寸较大)突出部阻力就可能相当可观了,此时应充分考虑突出部阻力。

当用民舟作桥脚舟时,由于舟体具有良好的流线型,总阻力较小,且在总阻力中摩擦阻力占有较大的比重,其值可达总阻力的70%~80%。当用制式舟作桥脚舟时,由于舟体线形较差,总阻力较大,且在总阻力中,摩擦阻力只占较小的比重,其值往往只占总阻力的5%~10%。因而,涡流阻力、兴波阻力是制式桥脚舟水阻力的基本组成部分,我们一定要注意这个特点。

桥脚舟的水阻力,实质上只取决于水流因素(以流速为主要特征)和舟体自身因素(以舟体浸水部分尺寸及首尾线形为主特征)。由于水流因素受到诸如河幅宽窄、河水深浅以及桥脚舟组合配置状况等条件的影响,因此,水阻力大小还与水的相对深度 T/h(T 为舟体吃水,h 为水深)以及 l/B(跨度 l 与舟宽 B 的比值)等因素有关,它们反映了浅水因素和波浪干扰因素的影响。

熟悉水阻力成因及有关因素具有重要意义，它不仅可以指导我们正确、合理地计算浮桥、门桥中的桥脚舟水阻力，而且还可以指导我们在必要时采取一系列技术措施（如合理处理首形、尾形，调整舟体长宽比，调整浮桥、门桥的跨宽比等），有效减小水阻力。

二、桥脚舟水阻力近似计算

1. 基本公式

我们能够定性地认识桥脚舟水阻力的成因及有关因素，但是要从理论上定量地计算水阻力却是困难的，因为水阻力与一系列水力因素和结构因素有着复杂的函数关系。在实践中，通常只要求确定桥脚舟的总水阻力，通常只运用经验公式进行近似计算。桥脚舟总水阻力计算的经验公式很多，它们都是通过试验得出的，因为试验中都有一定的条件，所以在运用公式时也必须注意满足其使用条件。否则，计算结果与实际情况相差较大。下面推荐一个常用的经验公式

$$R = C\frac{\rho}{2}v^2\Omega_{\mathrm{H}} \tag{9-1}$$

式中：R——桥脚舟的总水阻力（N）；

ρ——水的重度，淡水取 9800N/m^3；

Ω_{H}——桥脚舟浸水部分垂直于水流方向的最大横剖面面积（m^2）；

v——计算流速（m/s）；

C——总阻力系数（无因次）。

在运用此公式计算桥脚舟水阻力时必须注意该公式的特点。该公式用于具体计算单个桥脚舟的水阻力，但其着眼点却在于整个门桥、整个浮桥结构物。计算结果不是反映一个孤立的桥脚舟的水阻力值，而是反映在一个特定的门桥、一座特定的浮桥内呈船队性质工作的一系列桥脚舟的水阻力的合理值。因此，在计算桥脚舟水阻力时，必须着眼于门桥、浮桥整体结构物，合理确定 Ω_{H}、v 及 C 的数值。

（1）Ω_{H} 与桥脚舟吃水有关，而门桥、浮桥中各桥脚舟吃水不同，同一桥脚舟其吃水也与结构物上有无活载以及活载位置如何有关。因此，必须注意合理确定吃水值。在计算漕渡门桥的牵引动力以及为设计浮桥上游水平固定系统而计算桥脚舟水阻力时，均按照由静载和活载综合引起的吃水深度计算舟中剖面水下部分面积 Ω_{H}。其中活载吃水可以取最大活载吃水，也可以取平均活载吃水，按当时具体情况确定（详见后述）。在计算桥节门桥的牵引动力以及为设计浮桥下游水平固定系统而计算桥脚舟水阻力时，通常均按照仅由静载引起的吃水深度计算舟中剖面水下部分面积 Ω_{H}。

（2）v 值的确定与结构物类型及其具体运用条件有关。计算浮桥中的桥脚舟水阻力时，首先遇到的问题是各舟处于不同的水流速度中，不能每个舟都各取一个计算流速值。在实际计算时，全桥各舟都取一个共同的计算流速，这就是架桥前江河的平均流速，其值可按下述规律确定：

设江河主流上的最大表面流速实测得 v_M，则河幅较窄（小于 60m）时，v 值取 $0.75v_M$；河幅较宽时，v 值取 $0.65v_M$。

对于河幅较为宽阔，河中与岸边部分流速差异较大的江河，可将河幅分成三段（河中及两岸），分别测出各段最大表面流速，从而按上述规律得出各段的计算流速。

计算漕渡门桥和桥节门桥中的桥脚舟水阻力时，v 值取门桥的静水航速。因此，门桥逆水航行时，其值为门桥在航道相对岸边的运动速度加上航道上的流速，顺水航行时，其值为门桥相对岸边的运动速度减去航道上的流速。航道上的流速取表面流速。

2. 三个分系数

C 是浮桥和门桥桥脚舟的总水阻力系数，通常用三个分系数的乘积表示公式(9-2)，其中每一个分系数反映一定的因素对水阻力的影响。这些影响通过深入的理论分析和系统的实验已经得到明确。

$$C = C_0 C_l C_h \tag{9-2}$$

第一个分系数 C_0 是水流无限深时孤立的单个桥脚舟的阻力系数，它主要与桥脚舟的线形及其基本尺寸之比值有关。在表 9-1 中列出了几种不同桥脚舟的系数 C_0 值。从表中可看出，影响水阻力的基本因素是舟体的首形和尾形，另外，桥脚舟越瘦长，水阻力也越小，即长宽比值增大，阻力系数也有所减小。对于制式的带式浮桥（带式门桥）来说，当宽度为 4 ~ 5m 时，$C_0 = 0.6$；当宽度为 8 ~ 10m 时，$C_0 = 0.5$。平底船横水流方向放置时，$C_0 = 0.9$。

系 数 C_0 值 表 9-1

外形特征		长宽比 L/B	简图	系数 C_0
舟首	舟尾			
垂直封头		<3.0		1.25
		>4.5		1.00
雪橇形 $\alpha = 40° \sim 45°$		<4.5		0.50
雪橇形 $\alpha = 40° \sim 45°$	垂直封头	<3.0		0.60
		>4.5		0.42
雪橇形 $\alpha = 20 \sim 25°$		>4.5		0.38
滑雪板形		>4.5		0.32

续上表

外形特征		长宽比 L/B	简图	系数 C_0
舟首	舟尾			
熨斗形		>4.5		0.29
匙形		>4.5		0.26
V形	匙形	>4.5		0.23
以舟舷迎向水流时的阻力系数				0.90

第二分系数 C_l 是水流无深时桥脚舟因横向组合编成船队而相互干扰的阻力系数，它主要与浮桥（门桥）的跨度 l 和桥脚舟宽度 B 的比值（即跨宽比）有关，阻力系数 C_l 反映出跨度与舟宽比值的变化对桥脚舟总水阻力的影响，主要反映舟间波浪干扰对总阻力的影响。当跨宽比不当时，舟侧、舟后的波浪会由于相互干扰而得到增强，因而加大了兴波阻力；当跨宽比恰当时，波浪会由于相互干扰而减弱，因而减小了兴波阻力。在表9-2中列出随 l/B 值而变化的 C_l 值，从中可知：l/B 在2.5～3.0范围内时，波浪干扰产生最为不利的影响；当 $l/B=1$ 时，即桥脚舟密集配置时，就构成了带式浮桥，桥脚舟侧向的散波系统消失，只产生舟后的横波系统，因而减小了兴波阻力。对于带式门桥也有类似的情况。

系数 C_l 值 表9-2

跨宽比(l/B)	1～1.1	1.5～2	2.5～3	>4
C_l	0.8	1	1.2	1

第三个分系数 C_h 是浅水影响阻力系数，它主要与水的相对深度 h/T（其中，h 为水的平均深度，T 为桥脚舟重心位置吃水深度）、门桥的静水航速或浮桥渡口架桥前的平均流速 v 以及浮游结构物的类型有关。阻力系数 C_h 反映出桥脚舟由于相对水深的减小总阻力急剧增加的浅水影响作用，在实际计算桥脚舟水阻力时具有重大意义。在深水的江河中，门桥、浮桥的一系列桥脚舟的吃水，使水流受到的限制和挤压几乎可以忽略不计。但在浅水江河中，尤其是急流浅水江河中，过水断面很小，门桥、浮桥对水流的限制和挤压是十分严重的问题。首先，它使水流流速增加，以确保在被大大压缩了的过水断面上原流量不变。同时，在浅水中，舟体对水流的扰动加剧。围绕舟体的水流作用使桥脚舟产生进一步的下沉和严重的尾倾并产生很高的

波浪,从而进一步加大了阻拦水流的面积,进一步加大舟下流速,进一步使流态紊乱。水阻力的大小与流态有关,紊流中的摩擦阻力要比层流中的摩擦阻力大 50 ~ 100 倍;水阻力又与流速的高次方成比例,摩擦阻力大约为流速的 1.855 次方,涡流阻力大约为流速的 2 次方,兴波阻力则大约为流速的 4 ~ 6 次方。某轻型舟桥深水条件下实船水阻力实验资料表明,桥脚舟总水阻力为流速的 2.6 ~ 3.2 次方。浅水影响是严重的,桥脚舟在浅水中的总水阻力可以比在深水中大几倍甚至几十倍。因此,在实际架设浮桥和牵引门桥中,注意浅水影响是非常重要的。阻力系数 C_h 值可依表 9-3 查出。查表前应具体确定水的相对深度 h/T(其取值与计算 Ω_H 时一致,不考虑舟体倾斜,取重心位置处的吃水值;h 为水深,对于浮桥,h 为平均水深,即以浮桥河中部分区段的过水断面面积除以河中部分长度获得。若计算 v 分段时,h 为平均水深;对于门桥,h 为航道水深平均值)。当水的相对深度 $h/T \geqslant 10 \sim 12$ 时,对于实际遇到的流速来说,浅水的影响可以略去不计,而取 $C_h = 1$,即认为该处河流具有无限的深度。查表前还从表中可知,v 值增大时,系数 C_h 值也增大。浮游结构物的类型对 C_h 值影响很大。带式门桥和带式浮桥由于其桥脚舟密集配置,因而比桥脚分置式门桥和浮桥对水流的挤压大得多,浅水影响也就大得多。从表 9-3 中可以看出,浮桥的浅水影响系数远大于门桥,这是因为:

一是,浮桥在江河全宽内限制水流断面,它对水流的限制大大超过门桥;

二是,水深和流速沿江河全宽分布实际是不均匀的,对于浮桥很可能产生大的流速和浅的水深的不利组合影响,其中有些是由于主流线的往返摆动形成的。

所以,在其他条件都相同的情况下,浮桥的 C_h 值要比门桥的 C_h 值大得多。

公式(9-1)较全面、细致地反映了门桥、浮桥的结构特点、舟体线形尺度特点以及门桥、浮桥具体运用条件对桥脚舟水阻力的影响,因而用该公式计算门桥、浮桥的桥脚舟水阻力,计算结果较为接近实际情况。

系数 C_h 值(分子是指门桥,分母是指浮桥)　　表 9-3

结构物的类型	相对水深 h/T	门桥航速或断面平均流速 v(m/s)					
		0.5	1	1.5	2	2.5	3
桥脚分开配置的门桥和浮桥	2		1.60	1.65	2.25	3.80	4.50
		1.35	3.50	5.00	8.00	11.00	12.80
	3		1.23	1.27	1.69	2.57	3.58
		1.23	1.95	2.23	3.14	3.88	5.00
	4		1.05	1.07	1.30	1.75	2.70
		1.15	1.35	1.50	2.00	2.70	3.30
	5		1.00	1.02	1.13	1.32	1.77
		1.12	1.20	1.40	1.80	2.28	2.65
	6		1.00	1.02	1.05	1.12	1.25
		1.10	1.20	1.40	1.70	2.00	2.20
	8		1.00	1.00	1.00	1.01	1.05
		1.10	1.15	1.20	1.30	1.35	1.45
带式门桥和带式浮桥	3		1.90	2.90	4.60	7.00	10.00
			10.00	27.00	43.00	50.00	65.00

续上表

结构物的类型	相对水深 h/T	门桥航速或断面平均流速 v(m/s)					
		0.5	1	1.5	2	2.5	3
带式门桥和带式浮桥	4		1.50	2.00	2.65	3.34	4.16
			6.10	9.35	14.25	25.50	40.40
	5		1.24	1.36	1.62	1.88	2.11
			3.45	4.30	5.20	13.75	28.00
	6		1.10	1.10	1.15	1.25	1.35
			1.75	2.00	2.50	9.00	20.00
	9		1.01	1.03	1.05	1.08	1.10
			1.35	1.80	2.20	5.00	
	10		1.00	1.00	1.00	1.00	1.00
			1.15	1.30	1.45	1.50	

第二节　浮桥风阻力

架设在江河上的浮桥和运动着的门桥，其水面以上部分(结构部分及活载部分)均受到风压力的作用。在设计浮桥的水平固定装置、设计门桥漕渡设备及计算门桥牵引动力时，必须充分考虑到风压力的作用。

一、风压强度的确定

在计算浮桥和门桥的风压力之前，首先必须合理地确定风压强度。风压强度是风在某个最大风速时对垂直于风向的平面上所造成的压强，单位是 Pa。我们只考虑稳定风压，即在给定的时间间隔内，把风对浮桥、门桥的作用力看成不随时间而改变的，即风的速度、方向以及其他物理量都看成不随时间而改变的量。将风压强度定得过高，会使渡河设备及动力过于浪费，同时也不必要地加大了作业量；将风压强度定得偏低，会使渡河设备过弱、动力不足，使渡河变得不安全并难以完成任务。因此，按照具体的器材条件及渡河条件，进行具体分析。合理确定风压强度，是计算浮桥、门桥风压力的基础。

将风速变换为风压的计算，可由空气动力学上的伯努利方程来完成。设风速为 v，则基本风压 ω_0 可按下列标准风压公式求得

$$\omega_0 = \frac{5}{8}v^2 \tag{9-3}$$

作用于浮桥、门桥上的风压强度 ω 为

$$\omega = K \cdot K_z \cdot \omega_0$$

式中：ω_0——基本风压(Pa)；

K——风载体型系数，即风吹到浮桥、门桥表面引起的压力与原始风速计算得到的理论

风压的比值，它与浮桥、门桥的体型、尺度等有关；

K_z——风压高度变化系数。

对于一般浮桥、门桥，风压强度可用下式计算：

$$\omega = 0.8v^2 \tag{9-4}$$

式中：v——风速(m/s)。

根据我国的风力等级表，按式(9-4)计算的风速与风压对应关系如表 9-4 所示。

风力等级和相当风压值 表 9-4

风力等级	相当风速(m/s)		相当风压(Pa)	
	范围	平均值	范围	平均值
3	3.4 ~ 5.4	4.4	9 ~ 23	16
4	5.5 ~ 7.9	6.7	24 ~ 50	36
5	8.0 ~ 10.7	9.4	51 ~ 92	71
6	10.8 ~ 13.8	12.3	93 ~ 152	121
7	13.9 ~ 17.1	15.5	153 ~ 234	192
8	17.2 ~ 20.7	19.0	235 ~ 343	288
9	20.8 ~ 24.4	22.6	344 ~ 476	408
10	24.5 ~ 28.4	26.5	480 ~ 645	562

由于浮桥、门桥及其附属水上摩托器材抗风浪能力较小，同时它们建筑高度小，使用期短，因而考虑风荷载时，风压标准一般定得不高。在具体确定风压强度时，通常有两个途径，一是直接按给定的风压标准取值，二是按给定或实测的风级、风速间接换算风压。

(1)设计制式舟桥器材而考虑风荷载时，风压强度 ω 取 500Pa，约相当于 10 级风下的风压值。

(2)现场建筑高度较低的一般浮桥的水平固定装置及一般门桥的系留设备时，风压强度 ω 取 300Pa，相当于 8 级风下的风压值。

(3)现场设计建筑高度较大的浮桥(如桁架式浮桥、铁道浮桥等)的水平固定系统及建筑高度较大的门桥(如铁道门桥、高架作业门桥等)的系留设备、牵引动力时，风压强度应考虑风压高度变化的影响，按下式计算取值：

$$\omega = 240 + 27y_w$$

式中：y_w——迎风面重心高出水面的距离(m)，计算得出的 ω 值不应小于 350Pa。

对于门桥，上式结果应乘以系数 1.1，从而确保门桥在相当于 9 级大风的恶劣条件下仍能安全工作。

(4)临时执行任务或遇其他特殊情况(如时间紧迫、动力短缺、器材不足等)，对浮桥架桥点及门桥渡口在使用期间出现的最大风速确有把握时，可运用预计最大风速换算风压强度，即按公式(9-3)换算。由于此时风级通常在 6 ~ 7 级范围内，因此 ω 值一般不超过 200Pa。

(5)当执行实验任务，要求较为准确地反映出浮桥、门桥上的风压力值时，应通过浮桥、门桥上的风速计，实测出实际风速值，再按风压强度计算公式(9-3)算出风压值。

二、阻风面积的计算

计算阻风面积时，设风向与浮桥桥轴线和门桥车行部中心线相垂直。桥脚分置式浮桥阻风面积通常是以一个半门桥为计算单位,带式浮桥阻风面积通常是以一只桥脚舟为计算单位,门桥的阻风面积则是以整个门桥为计算单位。阻风面积与各计算单位的诸元有关,与有无活载及吃水值大小有关,在计算时,应根据设计要求进行具体分析。

(1)当设计浮桥上游横向水平固定装置时,考虑浮桥承受来自上游方向的风压,阻风面积按桥上有密布活载计算,活载为设计荷载,活载间距为浮桥通行规定的最小间距。此时浮桥桥脚舟吃水深度按静载吃水和活载吃水之和计算。对桥脚分置式浮桥(图 9-2),一个半门桥阻风面积 Ω 可看成由 Ω_1、Ω_2 和 Ω_3 三部分组成。

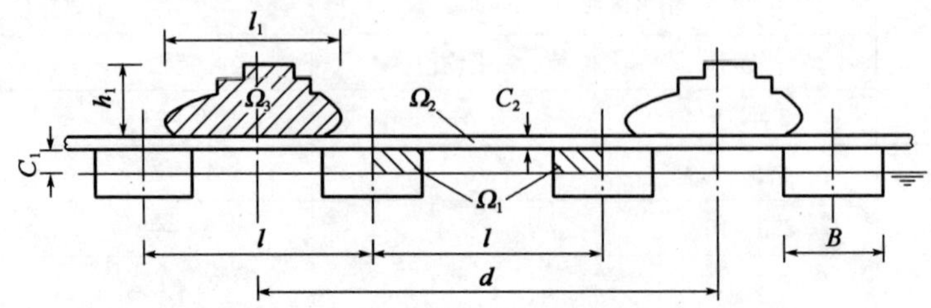

图 9-2 在桥脚分置式浮桥中一个半门桥阻风面积计算图

$$\Omega_1 = C_1B$$

$$C_1 = H - (T_1 + T_2)$$

$$\Omega_2 = KC_2l$$

式中:Ω_1——一只桥脚舟的阻风面积(m^2);

B——舟宽(m);

C_1——舟干舷高(m);

H——舟高;

T_1——静载吃水;

T_2——活载吃水;

Ω_2——单节间桥跨部分的阻风面积(m^2);

l——浮桥跨度(m);

C_2——桥跨结构物(含缘材、桥板等)高度(m);

K——桥跨结构密实系数。

梁式桥跨:

$$K = 1$$

桁架式桥跨:

桥跨断面内有 2 片桁架时,$K=0.4$,桥跨断面内有 3 片或 3 片以上桁架时,$K=0.5$。

$$\Omega_3 = 0.7 \times l_1h_1\frac{l}{d}$$

式中:Ω_3——活载阻风面积(m^3);

l_1——活载车体外廓长度(m);

h_1——活载车体外廓高度(m);

l——浮桥跨度(m);

d——活载间距(m);

0.7——活载结构密实系数。

故桥脚分置式浮桥一个半门桥计算单位的阻风面积 Ω 为

$$\Omega = \Omega_1 + \Omega_2 + \Omega_3 = C_1B + KC_2l + 0.7l_1h_1 \times \frac{1}{d} \tag{9-5}$$

对于带式浮桥，一个桥脚舟计算单位的阻风面积 Ω 为

$$\Omega = \Omega_1 + \Omega_3 = C_1B + 0.7 \times l_1h_1\frac{B}{d} \tag{9-6}$$

式中，各符号意义同前，其值为带式浮桥中相应的值。

(2)当设计浮桥下游横向水平固定装置时，考虑浮桥承受来自下游方向的风压，阻风面积通常按桥上无活载情况计算，即桥脚舟吃水按静载吃水 T_1 计算。

此时

$$\Omega_3 = 0; C_1 = H - T_1$$

对于桥脚分置式浮桥

$$\Omega = C_1B + KC_2l \tag{9-7}$$

对于带式浮桥

$$\Omega = C_1B \tag{9-8}$$

注意：有时由于桥下流速较小以及桥上按最小允许间距布满轻载车辆时，下游方向的风会对浮桥下游横向水平固定装置带来最不利的影响。此时，应按桥上密布轻型荷载的情况计算阻风面积，也按此情况计算水阻力值。

(3)当计算桥节门桥进入桥轴线的机械动力而考虑风压力时，应以整个门桥为计算单位，按空载情况计算来自上游风的阻风面积

$$\Omega = n(\Omega_1 + \Omega_2) \tag{9-9}$$

式中：Ω——桥节门桥阻风面积(m^2)；

n——桥节门桥中半门桥个数；

其余符号意义同前。

(4)当计算漕渡门桥的牵引机械动力或设计漕渡系留设备(滑纲渡及系留渡等)而考虑风压力时，应以整个门桥为计算单位，按满载情况计算来自上游风的阻风面积。以桥脚分置式门桥为例，则

$$\Omega = n\Omega_1 + \Omega_2' + \Omega_3' \tag{9-10}$$

式中：Ω——漕渡门桥阻风面积(m^2)；

Ω_1——单个桥脚舟阻风面积(m^2)；

n——门桥内桥脚舟数；

Ω_2'——门桥桥跨结构阻风面积(m^2)，$\Omega_2' = KC_2L$；

L——门桥长度(m)；

Ω_3'——活载阻风面积(m^2)，$\Omega_3' = 0.7l_1h_1$。

浮桥、门桥计算单位上的横向风压力 W_1：

$$W_1 = \Omega \cdot \omega \quad (\mathrm{N}) \tag{9-11}$$

即风压力为阻风面积与风压强度之积。

三、浮桥纵向风压力

浮桥横向压力与水阻力一起,引起浮桥的横向定位及水平弯曲问题,对浮桥工作的影响严重。浮桥纵向风压力,主要引起浮桥纵向定位问题。由于浮桥顺沿桥轴线方向(纵向)桥脚舟密集排列,投影重叠,桥跨结构连贯一线,因而阻风面积较小。加以纵向风来自陆岸,不同于横向风来自沿河水面,受地面粗糙系数条件的影响,同样风级条件下,风压较小(按横向最大风压强度的40%计算),因而纵向计算风压力是不大的。纵向风压力以及活载纵向制动力等均由浮桥岸边系留设备承受。但在计算时,纵向风压力不与活载纵向制动力叠加,它们分别单独进行计算,同时,前者又小于后者。因此,在设计计算浮桥岸边系留设备时,可以不计算浮桥纵向风压力。

第三节 浮桥固定方法

浮桥水平固定分为承受活载纵向水平力和纵向风力的纵向固定和承受水流压力、横向风力和活载侧向水平力的横向固定。

浮桥的纵向水平固定首先是由浮桥全长上部结构承重构件的连接物保证;即由纵向接头保证;其次是由浮桥两端的岸边固定装置保证。纵向水平固定时应估计到因水位变化和活载作用而引起的浮桥水平投影长度的变化。为此,在较长时间使用的浮桥中央设置一个纵向位移调整器,而在短浮桥上则在任一岸边设置。

在短时间使用的浮桥上通常不设置纵向位移调整器。上部结构的两端固定在桥础上,桥础本身则由固定桩固定,而岸边节间和河中部分的上部结构则用岸边固定钢索和固定桩固定到河岸上。固定钢索(图9-3)上有一可供大范围内改变(粗调整)其长度用的钢索调整器1和一个供拉紧用的螺旋紧定器2。这些固定装置不能承受活载的侧向水平力。类似制式的固定装置在很多情况下却不能保证浮桥长时间正常工作。它们在制动力的作用下很快损坏,浮桥开始产生很大的纵向位移,其进出口受到损坏。当桥础材设置在荷载通过浮桥而引起波浪的浸水区域内时,这种现象特别容易发生。在这些情况下,常使用器材对岸边固定装置进行加固,或以更长的固定钢索进行固定,以保证系留桩避开波浪的浸水区域。

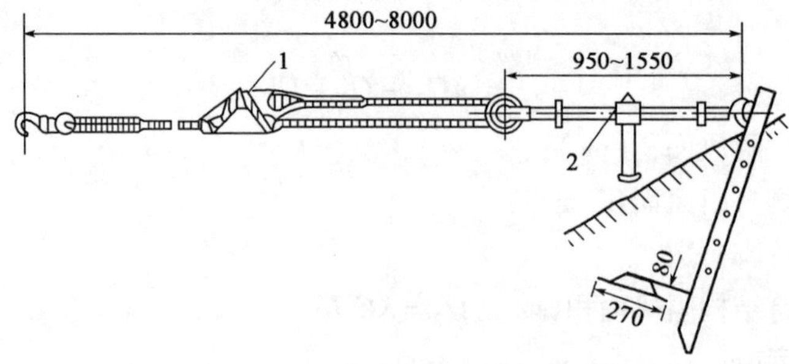

图9-3 固定钢索和桩(尺寸单位:mm)

1-钢索调整器;2-螺旋紧定器

在实际运用中,浮桥纵向水平固定通常是有保证的,只做结构上的考虑(如桥跨接头连接牢固、加强岸边固定装置、减缓浮桥进出口坡度,等等)即可,不必进行计算设计。

浮桥的横向水平固定可采用投锚固定、横张纲固定、斜张纲固定(即系留固定)、锚定门桥固定、动力固定以及混合固定等方法。每种固定方法都有自己的特点。具体运用时,在全面分析江河特点、器材条件、架桥时间、浮桥任务等因素的基础上,选择合适的固定方法。从我国江河情况来看,当水流速度在2m/s以下,且河底土壤性质良好,一般可以锚住。因此,投锚固定是我军架设浮桥时的基本固定方法。

浮桥横向固定可分为能承受水压力(浮桥水阻力)和上游风压力的上游固定,能承受水压力和下游风压力的下游固定。上游固定通常要比下游固定更为牢靠。横向水平固定装置应能保证浮桥在工作中桥轴线始终保持正直状态。当桥轴线发生水平方向弯曲时,水平固定装置应使浮桥水平弯曲强度得到保证。在实际运用中,浮桥横向水平固定按制式舟桥器材使用要求的规定(如有关投锚的具体规定)进行作业时,该固定通常是有保证的。但在特殊情况下(如河底土质不良、流速较大,等等)浮桥横向水平固定必须进行计算设计。

一、浮桥系留桥段的划分

浮桥横向水平固定的方法很多,不论采用哪种方法,浮桥在横方向上都是通过一系列点的固定达成全桥固定。这些点或者是投锚固定中的锚纲固定点,或是斜张纲固定中的斜纲固定点,或是横张纲固定及定位门桥固定中的系留纲的固定点,或是动力固定中的动力艇的顶推点。当桥轴线正直时,各个系留点都对应一个相应的系留桥段。

1. 系留点的布置

浮桥横向水平固定系留点的布置,应依据下列条件考虑:

(1)与系留点相对应的系留桥段上的计算横向水平力的大小

横向水平力(H)包括水压力(R)和风压力(W),则

$$H = R + W = n(R_1 + W_1) \qquad (\mathrm{N}) \tag{9-12}$$

式中:n——系留桥段中所包括的浮桥计算单位的个数(桥脚分置式浮桥为半门桥个数,带式浮桥为桥脚舟数);

R_1、W_1——一个浮桥计算单位上的水阻力和风压力。

当H值较大时,系留点布置较密;H值较小时,系留点布置较稀。由此可知:上游固定的系留点、主流部分的系留点、流速较大情况下的系留点布置较密;相反,下游固定的系留点、岸边部分的系留点以及流速较缓情况下的系留点应布置较稀。一般情况下,用制式舟桥器材作业时,系留点布置可参照有关器材作业教材的规定确定。

(2)浮桥横向水平固定装置的强度条件及锚定力条件

固定装置的强度较高、锚定力较大时,可以允许系留点稀疏布置,使之与较大的H值相对应。

(3)浮桥上系留点的局部结构强度条件

制式舟桥器材,系留点即为各桥脚舟的锚纲固定铁;应用器材浮桥中,系留点即为各舟的系留柱。布置浮桥系留点时,系留桥段上的H值应不超过系留点局部结构强度所能提供的安全系留力。

(4)相邻系留点间浮桥的横向水平弯曲强度条件

当允许系留点稀疏布置时,必须考虑由此而此起的浮桥横向水平弯曲强度。对于桥跨为型钢梁、木桁的桥脚分置式浮桥,由于横向水平弯曲刚度很小,允许有较大的弯曲变形,因此横

向水平弯曲强度问题不突出。对于桥跨为桁架的桥脚分置式浮桥,尤其是带式浮桥,由于横向水平弯曲刚度很大,不允许有较大的弯曲变形,因此控制系留点的布置,保证浮桥横向水平弯曲强度就是一个极为重要的问题。可以把浮桥看成是支承在一系列系留点上的有限刚度(水平刚度)连续梁,当浮桥在水平荷载作用下,会产生水平弯矩,产生水平弯曲应力。当浮桥上有活载通行时,浮桥会产生垂直方向的弯矩,产生竖向弯曲应力。水平弯曲应力和竖向弯曲应力的叠加构成了浮桥空间弯曲的强度问题。因此,浮桥容许水平弯矩值与桥上载重因素有关。

在布置系留点时,必须使浮桥横向水平荷载集度引起的两系留点间的水平弯矩值小于此规定值。

(5)浮桥架设作业及撤收作业要求

为了减小作业量、减少作业时间,应尽可能增大浮桥系留点的间距,尽量减少系留点的数量。

2. 系留桥段长度的划分

当桥轴线正直时,可以认为浮桥上各系留点共同均衡工作,与系留点相应的系留桥段由左右相邻的系留点间距中线来划分。

当桥轴线总体偏曲时或产生局部弯曲时,必为一些系留点发生松动所致。此时各系留点不能共同均衡工作,与系留点相应的系留桥段则发生变化,最不利的系留点(未发生松动或松动较少的系留点),其系留桥段长度大为增大。因此,在浮桥使用过程中,通过经常地观察和调整,保持桥轴线正直,是十分重要的。

二、浮桥投锚固定

在投锚固定浮桥时,系留桥段是以锚纲通过系留点而固定,锚纲则通过水下锚而固定。诸个锚投置在与桥轴线平行的投锚线上,锚纲方向应与投锚线相垂直,如图 9-4 所示。

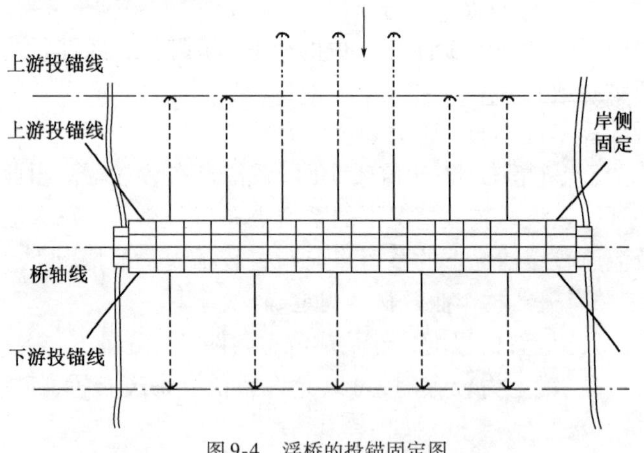

图 9-4 浮桥的投锚固定图

投锚线区分为上游投锚线和下游投锚线。投锚线到桥轴线的距离通常为最大水深的 7 ~ 10 倍,但不少于 30m。如果河中有很深的航道部分,则上下游各可标定两条投锚线,每条投锚线到桥轴线的距离根据河中相应地段的平均深度而确定。投锚线是投锚作业的基准。

在用投锚固定的浮桥中可以设置一个或两个引出桥节,以通过船只。引出桥节(或引出门桥)的固定特点是采用交叉锚纲,以便更好地操纵桥门开放作业。门旁的桥段,其端部应加强固定(图 9-5)。

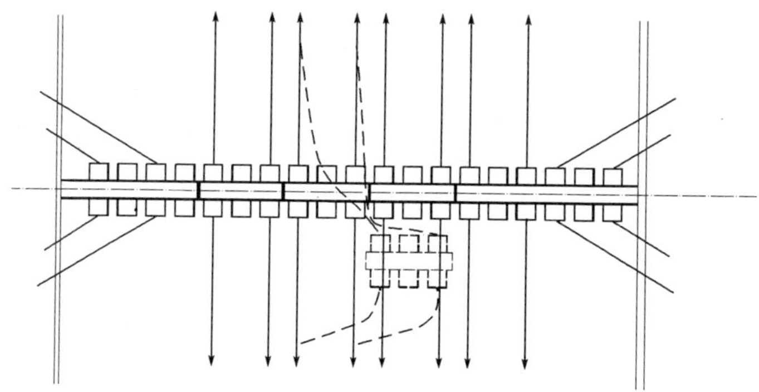

图 9-5 引出桥节的投锚固定

投锚固定的特点是结构简单操作方便;作业准备时间短,完成作业费时少;便于紧急开放桥门和紧急撤收浮桥;安全程度高,锚多且分散工作,一锚松动,其邻近锚可以参加工作,并不立即危及全桥的安全;锚定的质量与江河水深、流速、河底土质关系密切,同时与锚型的选择以及投锚作业的正确与否有关。

第四节 浮桥投锚固定计算

一、锚和锚纲的工作状态

受水平力 H 作用的系留桥段,用单位长(在水中)重 p_0 的锚纲固定,如图 9-6 所示。

锚和锚纲的正常的状态应当是:锚爪确实抓住河底,邻近着锚的锚纲有一段长度(C'—C)是平卧河底的(谓之为卧链长度),然后悬于水中的锚纲(C—B)段,B 为系留桥段的系留点。这种工作状态依靠合理控制投锚线到桥轴线的距离及正确进行投锚作业来保证。锚纲的 C—B 段即为一段悬索,一段斜抛物线。

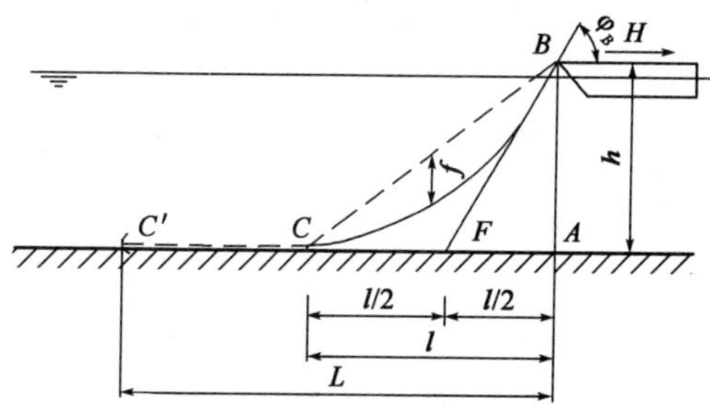

图 9-6 锚和锚纲的正常工作状态

根据悬索基本原理可知,悬索的抗力 H、跨度 l、单位长度重 p_0 和中矢 f 间的关系为

$$H = \frac{P_0 l^2}{8f}$$

由于锚纲悬索 C 点切线水平,悬索斜挂两端点高差为 h,则悬索垂向中矢 f 为

$$f = \frac{h}{4}$$

由此可得:

$$H = \frac{P_0 l^2}{2h}$$

则得投锚线至浮桥系留点水平距离计算式如下

$$L = \sqrt{\frac{2Hh}{p_0}} \tag{9-13}$$

设锚位距离系留点的水平距离为 L,则:

(1)若 $L > \sqrt{2Hh/p_0}$,则锚与河底之间不发生竖向脱离,卧链长度为 $L - \sqrt{2Hh/p_0}$。

(2)若 $L = \sqrt{2Hh/p_0}$,则锚位处于 C' 点,锚位处锚纲的切线呈水平,锚纲恰好全部悬在水中,无卧链。

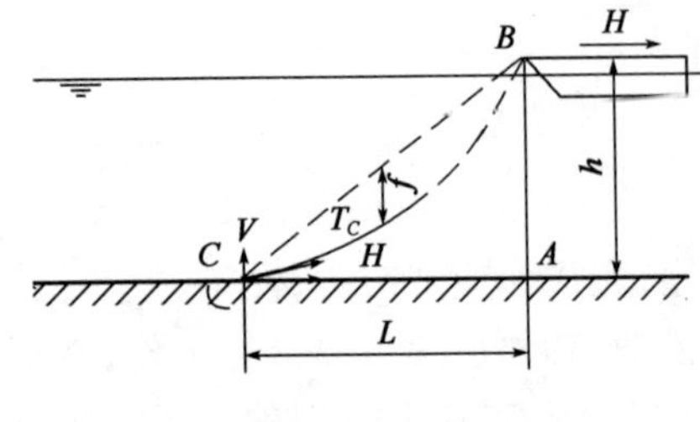

图 9-7　锚承受竖向上拔力

(3)若 $L < \sqrt{2Hh/p_0}$,则锚位处锚纲切线不水平(当锚足够重时),若锚重量较轻,锚与河底之间会发生竖向脱离。

在前两种情况下,锚仅承受水平力,不承受上拔力。在第三种情况下,锚除承受水平拉力 H,还承受竖向上拔力 V 作用,如图 9-7 所示,这是锚和锚纲的不正常工作状态。

二、锚纲的张力计算及锚纲的选择

(1)锚纲张力的计算

由锚纲工作状态图可知,锚纲内张力的水平分力,恒等于系留桥段的水平力 H。此处忽略了水流对锚纲的作用力,忽略了上下游两面锚定的相互影响。

锚纲任意截面中的内力为

$$T = \frac{H}{\cos\phi}$$

式中:ϕ——锚纲任意截面处的切线与水平线的夹角。

显然,最大内张力发生在系留桥段的系留点 B(如锚纲固定铁等)处。由于抛物线的两端点处切线与通过弦中点且平行于抛物线轴(此处为竖轴)的直线交于一点,因此,如图 9-6 所示。

$$\tan\varphi_B = \frac{2h}{l}$$

$$\tan\varphi_B = \frac{l}{\sqrt{l^2 + 4h^2}}$$

$$T_B = \frac{H\sqrt{l^2 + 4h^2}}{l} \approx H\left(1 + \frac{2h^2}{l^2}\right) \tag{9-14}$$

式中:T_B——锚纲 B 点内张力(N);

H——系留桥段的水平力(N);

h——系留桥段处水深(m);

l——锚纲从系留点到卧链端头 C 的水平距离(m)。

$$l = \sqrt{\frac{2Hh}{p_0}}$$

当锚纲材料为钢索时,用公式(9-13)计算锚纲内力较合适;当锚纲用麻绳,尤其是用自重很轻的聚乙烯塑料绳时,由于锚纲在水中每延米重 p_0 值很小,锚纲工作状态不同于悬索,可认

为锚纲沿直线 $C'B$ 受拉,各点内张力均相同,即

$$T_B = \frac{H}{\cos\alpha} = \frac{H\sqrt{L^2 + h^2}}{L} \approx H\left(1 + \frac{h^2}{2L^2}\right) \tag{9-15}$$

式中:T_B——锚纲内张力(N);

H——系留桥段的水平力(N);

h——系留桥段处水深(m);

L——锚位至系留点间的水平距离(m);

α——锚位和系留点间的连线与水平线的夹角。

由式(9-13)、式(9-14)可知,不论锚纲材料如何,只要在投锚时保证投锚线至桥轴线距离不小于桥下水深的 7 ~ 10 倍,锚纲张力(T_B 或 T)可近似认为

$$T = H \tag{9-16}$$

式中:T——锚纲内张力(N);

H——系留桥段的水平力(N)。

依据计算所得锚纲内张力 T 选择锚纲,T 应不大于锚纲的安全拉力$[T]$,即

$$T \leqslant [T] = \frac{S}{K_1} \tag{9-17}$$

式中:S——锚纲破断拉力(N),查附表 3-18,附表 3-22 确定;

K_1——安全系数:钢索 $K_1 = 2$,麻绳和聚乙烯塑料绳 $K_1 = 3$。

(2)锚定力的计算及锚的选择

投锚固定浮桥时,锚和锚纲可能处于正常工作状态,也可能处于非正常工作状态。在正常工作状态下,锚仅受到水平力的作用,没有竖向上拔力,因为卧链部分的张力的方向是水平的,其值等于系留桥段上水平力 H。在非正常工作状态下,锚既受到水平力的作用,又受到竖向上拔力的作用,可以近似把 $C'B$ 看成一条直线,锚纲张力 T 已求出:

$$T = \frac{H}{\cos\alpha} \approx H\left(1 + \frac{h^2}{2L^2}\right)$$

张力 T 在水平方向上的分力 N 即为锚所受到的水平拉力

$$N = T \cdot \cos\alpha = H \tag{9-18}$$

张力 T 在垂直方向上的分力 V 即为锚所受到的竖向上拔力

$$V = T \cdot \sin\alpha \approx T \cdot \tan\alpha \approx H\left(1 + \frac{h^2}{2L^2}\right) \cdot \frac{h}{L} \tag{9-19}$$

不论采用何种材料的锚纲,锚的受力均按非正常工作状态计算。

按照锚的受力,选择锚以及校核现有锚的锚定力时,必须满足以下两个条件:

①锚所受的水平力 N 应不大于锚的安全抓持力$[N]$

$$N \leqslant [N] = \frac{K_2}{1.5}G \tag{9-20}$$

式中:G——锚重(N);

K_2——锚的抓力系数,与锚型及河底土壤性质有关;

1.5——安全系数。

锚的类型有许多种,如图9-8所示。按抓力产生的方式区分,有抓力锚和重力锚(依靠锚自重而产生抓力,如石笼锚和混凝土箱形锚);按锚爪结构区分,有转爪锚(锚爪可以转动,如丹福锚等)和固爪锚(锚爪固定,如海军锚等);按加工制作方法区分,有铸造和焊接锚;按装备情况区分,有制式锚(随渡河器材装备到部队的锚)和应用锚(临时收集到的地方锚及现地加工制作的"锚",如四爪锚、石笼锚等)。

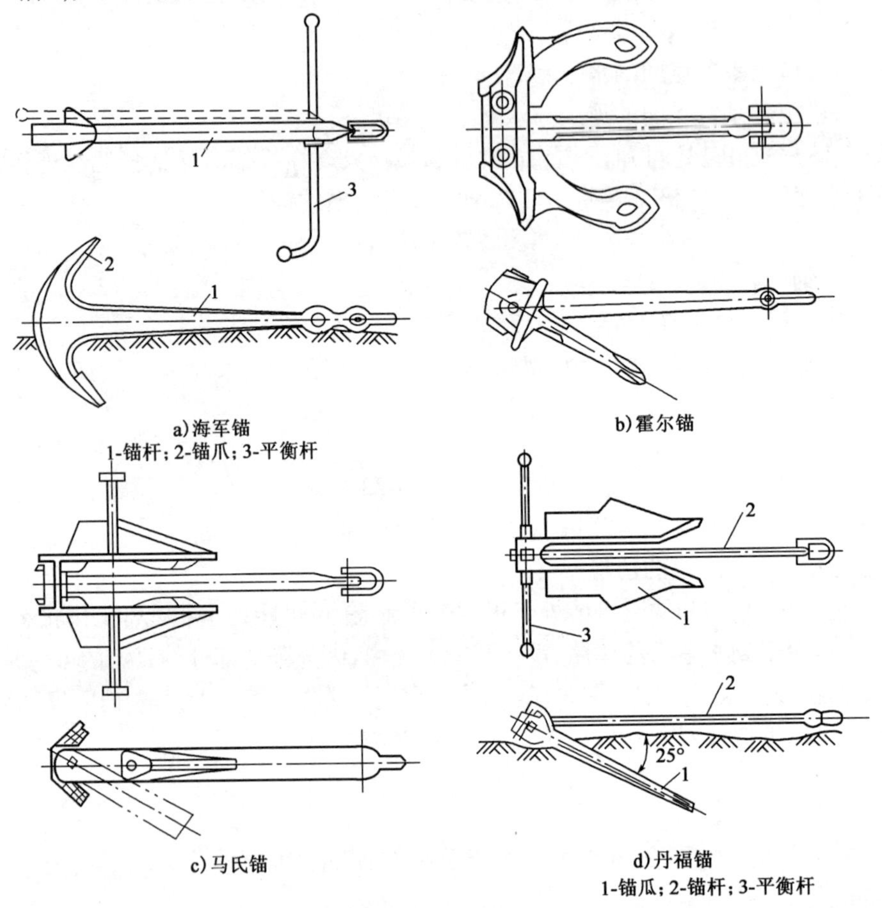

a)海军锚
1-锚杆;2-锚爪;3-平衡杆

b)霍尔锚

c)马氏锚

d)丹福锚
1-锚瓜;2-锚杆;3-平衡杆

图9-8 各种锚

重力锚的抓力主要依靠其巨大的重量对河底产生正压力,从而在锚有滑动趋势时产生很大的摩擦阻力,构成锚的抓持力。若河底松软,锚的沉陷会引起土壤的变形,从而还会引起的土壤的阻力,进一步加大了锚的抓力。其抓力与锚型、锚重及土壤性质有关。

抓力锚在受力时,入土的锚爪推动爪前土壤作缓慢运动,使土壤变形锚受到阻力,因而提供了抓力。此抓力与锚爪因素有关,即与锚爪入土角度、锚爪入土深度、锚爪形式、面积等有关,与锚爪长和锚杆长的比值有关,与土壤性质有关。抓力锚的自重影响锚爪入土深度,也会影响在河底移动中的摩擦作用,因此,其抓力与锚重也密切相关。

锚的抓持力通常由实验确定。在使用制式锚时,应熟悉它们的特点。海军锚锚爪易于抓住河底,在水平力超载时,锚爪划开河底土壤发生蠕动漂移,不会立即丧失承载力。丹福锚锚爪如同犁板,在流速较大及河底坚硬条件下较难抓住河底。但是,一旦抓住河底则可提供较大的抓持力。在水平力超载时,犁板会撕开支持它的棱形土块,突然丧失承载力。因此,丹福锚在使用时其安全可靠程度不及海军锚。霍尔锚介于两者之间。各种制式锚以及应用犁锚的抓力系数 K_2 如表 9-5 所示。

钢质锚的水平抓力系数(K_2) 表 9-5

河底土壤	铸造锚		带轻抓的焊接锚			单犁锚	犁锚组
	海军锚	霍尔锚	重量大于1000N 的海军锚	汽艇锚	重量在 500N 以下的丹福锚		
砂土	2.7~3.3	2.0~2.7	4~8	5.2~9.5	44	23~25	23~25
砾石、卵石	2.0~5.3	2.0~2.7	2.7~4.7	3.3~4.7	30~40	—	6~8
淤泥	1.3~2.7	1.3~2.0	7.3~11.5	3.3~16	20~24	19~20	19~22
石砾土	2.0~5.3	2~4	6~12	9.5~18.5	30~40	—	6~8
黏土	7~10	6~9	3.3~6.0	5~9	40~63	14~19	14~19
腐殖土	4~6	3~5	4~8	5~8	44	—	—
各种土壤平均值	2~4	2.0~2.7	4.0~7.3	4.7~12.0	44	14~16	14~16

注:较大数值适于大粒砂砾(圆滑卵石除外)和密实的河底土壤。

当河底土壤是岩石或淤泥时,可采用下列形式的非钢质应用锚:钢筋混凝土块、混凝土块、石笼锚、用碎石压沉的船或已沉没的船只。当这些锚的总重量在 150kN 以下时,其水平抓力取其在空气中的重量。重量较大的锚或用碎石压沉的船,水平抓力等于它们在水中的重量。带抓板的专用混凝土锚,其水平抓力同样以锚重的倍数(即抓力系数)来表示,抓力系数可查表 9-6。

带爪板的专用混凝土锚抓力系数(K_2)值 表 9-6

河底土壤	锚重(kN)				
	20 以下	40	60	80~100	150 以上
砂土、砂壤土、砂质黏土	2.5	2.0	1.7	1.5	1.2
黏土、砾石、卵石	1.6	1.3	1.1	1.0	0.8

有条件时,重力锚的实际抓力,可通过锚在具体的设置位置进行松弛实验来校核。

②锚所受的竖向上拔力 V 应不大于锚的安全抗拔力$[V]$

$$V \leqslant \frac{K_3}{1.5}G \tag{9-21}$$

式中:G——锚重(N);

K_3——锚的抗拔阻力系数:对海军锚取 1.5,对丹福锚取 3.0,对重力锚取 1.0;

1.5——安全系数。

(3)投锚固定的几个问题

①投锚固定装置的强度条件通常用下列不等式表达:

$$T \leqslant [T];N \leqslant [F];V \leqslant [V] \tag{9-22}$$

当固定装置和系留桥段均已确定时,即按上述不等式校核固定装置,强度不满足时可调整系留桥段长度;当系留桥段已确定,固定装置未确定时,按上述不等式设计或选择固定装置。

②正确投锚、适时调整桥轴线、适度张紧上下游的锚纲,是投锚固定计算设计的基础。因为不正确投锚,会使锚在河底不能正常工作,使锚位至系留桥段的距离大小不能得到保证,甚至会使锚位交错、锚纲交织;适时调整桥轴线,以保证各系留桥段的固定装置均衡、一致地工

作,避免有些松弛、有些超载的情况出现。浮桥的锚固是上下游同时进行的双面锚固。因此,当系留桥段上尚未作用有最不利的水平力 H 时,两面的锚纲和锚均处于预应力状态中。因此在调整桥轴线已达正直之后,不可过度地张紧锚纲,以免过分地加大锚纲的内张力。一般的紧锚纲作业所带来的影响在计算锚固装置时可以忽略不计。因为当一面的锚因固定装置上出现最不利荷载时(例如,出现大风),由于锚固装置的弹性变形,必使一系列系留桥段产生微小的移位,这种移位会减弱甚至消除另一面锚固装置所产生的预抗作用。

③锚纲在系留点的竖向分力,以及水平分力与系留桥段水平力形成的力偶构成系留桥段上的倾覆力矩,加大了舟首(或舟尾)的吃水,使浮桥车行部发生横倾,影响了活载通行性能,改变了系留桥段上水平力(水阻力部分)的大小,降低了浮桥的动水稳定性。为了平衡此倾覆力矩,可视情况采用向桥脚舟下游移动车行部的措施,以便在通载时形成扶正力矩。在计算锚固装置时,不再考虑系留桥段倾斜带来的水平力对 H 值的影响。

④在河水较浅及流速较缓的情况下,锚纲上水压力的作用完全可以忽略不计。但是,当河水较深,尤其是流速湍急时,锚纲上水压力将在锚纲内引起很大的内张力(T'),从而对锚纲抗拉强度、锚的水平抗拉力、锚的抗拔力以及浮桥下的倾覆力矩增大带来的动稳性问题提出了更高的要求,深水急流河流中架桥的实践及有关锚纲上水压力的实验,都充分证明了这个问题。

当考虑水流对锚纲的压力时,不论锚纲采用何种材料,均认为锚和锚纲处于正常工作状态(图 9-9),同时认为作用在锚纲上的水平方向上的水压力集度 p,不随水深变化而变化。水压力集度 p 可按下式计算

$$p = cd\rho \frac{v^2}{2} \qquad (\mathrm{N/m}) \tag{9-23}$$

式中:d——锚纲直径(m);

ρ——水的密度,取 1020Ns/m^4;

v——水流沿深度方向上的平均流速(m/s),取最大表面流速的 85%;

c——锚纲截面形状系数,圆形取 0.8。

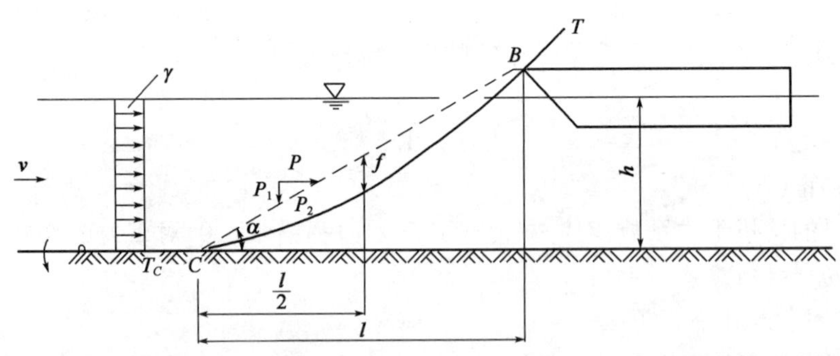

图 9-9　锚纲在水流压力作用下的工作状态

水压力集度 P 可分解为 BC 方向的 P_2 和垂直于水面方向的 P_1 两个分集度

$$P_1 = P \cdot \tan^2\alpha, P_2 = P \cdot \frac{\tan\alpha}{\cos\alpha} \tag{9-24}$$

锚纲中矢度 f

$$f = \frac{l}{4}$$

锚纲每延米垂直荷载 P'（在水中）

$$P' = P_0 + P_1 \tag{9-25}$$

若投放锚纲足够长，锚纲河底有卧链时，则卧链端部至系留点距离 l 为

$$l = \sqrt{\frac{2Hh}{p_0 + p_1}} \tag{9-26}$$

近似计算中可认为

$$\cos\alpha = \frac{l}{\sqrt{l^2 + h^2}};\sin\alpha = \frac{h}{\sqrt{l^2 + h^2}} \tag{9-27}$$

若投放锚纲长度有限，锚纲河底无卧链时，则认为

$$\cos\alpha = \frac{L}{\sqrt{L^2 + h^2}};\sin\alpha = \frac{h}{\sqrt{L^2 + h^2}}$$

式中：L——投锚线至系留点间水平距离。

由系留桥段水平力 H、锚纲每延米水中计算垂直荷载 $P' = P_0 + P_1$ 引起的锚纲内张力 T'_B 及 T'_C：

有卧链时

$$T'_B = T'_C = H\left(1 + \frac{2h^2}{l^2}\right) \tag{9-28a}$$

无卧链时

$$T'_B = T'_C = \frac{H}{\cos\alpha} \tag{9-28b}$$

由 BC 方向上的水压力集度分量 P_2 引起的锚纲内张力 T''_C、T''_B

$$T''_B = 0$$

$$T''_C = \sqrt{l^2 + h^2} \times P_2 \tag{9-29}$$

故锚纲最大内张力为 T_C，可按下式计算

$$T_C = T'_C + T''_C \tag{9-30}$$

锚最大水平拉力 N

$$N \approx T_C \tag{9-31}$$

锚最大竖向上拔力 V

$$V \approx T_C\sin\alpha \tag{9-32}$$

由此可知，锚和锚纲的工作状况和受力大小除与系留桥段水平力 H、水流速 v 有关外，还取决于锚纲投放长度、锚纲材料、直径及每延米自重等。

第五节　浮桥横张纲固定及计算

一、固定装置及特点

在横张纲固定浮桥时，首先在两岸设置锚定座和塔架，然后横跨江河张起主索，在主索上固定一系列系留纲，系留桥段即是用系留纲通过系留点来固定的（图 9-10）。

1. 横张纲固定装置系统的组成部分

横张纲固定装置系统由以下四部分组成。

(1)两岸锚定座：主要承担固定横张的主索及稳定塔架等作用。其形式主要有竖桩锚定座、卧桩锚定座、重力式锚定座及其他一些锚定结构和措施。

(2)两岸塔架：主要起到抬高横张主索的作用。主索被抬高有利于浮桥架设作业，有利于浮桥的固定。塔架可用竖向拼装的金属桁架结构形式，也可用独脚塔架即独根圆木、混凝土柱等形式。塔架四周应设置稳定索。塔架顶部应构筑索鞍部，以便支承和导引跨河主索。

(3)主索：是支承系留索的受力构件，通常使用强度高、承载能力大、弹性变形小的钢索。通常情况下，上游、下游都要张纲，以保证浮桥在水流压力和各种方向风力作用下的稳固。上游可以张单纲(即单纲固定)，如图9-11所示，也可张双纲(即双纲固定)，如图9-12～图9-14所示。

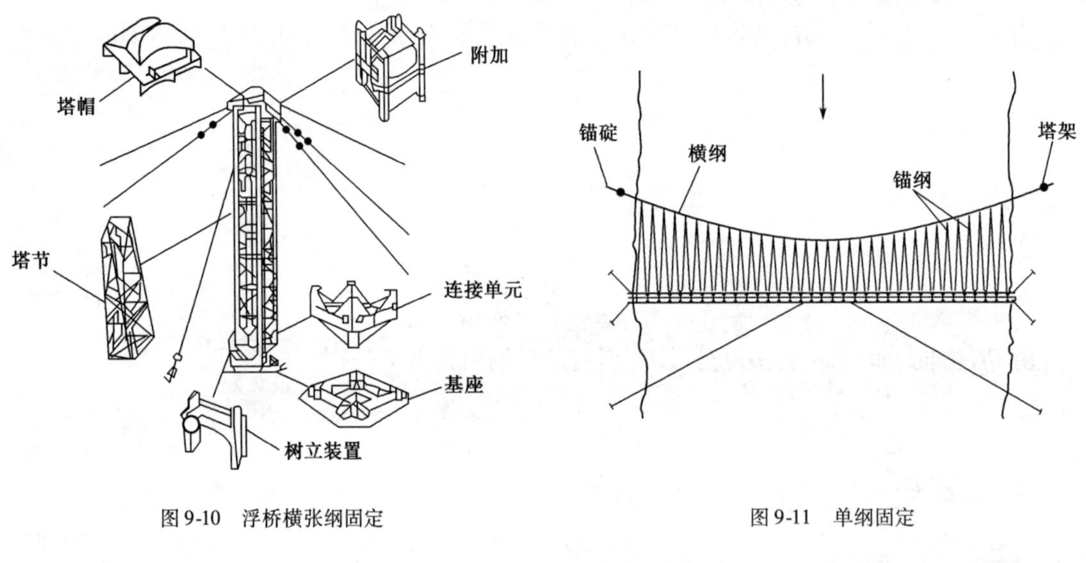

图9-10　浮桥横张纲固定

图9-11　单纲固定

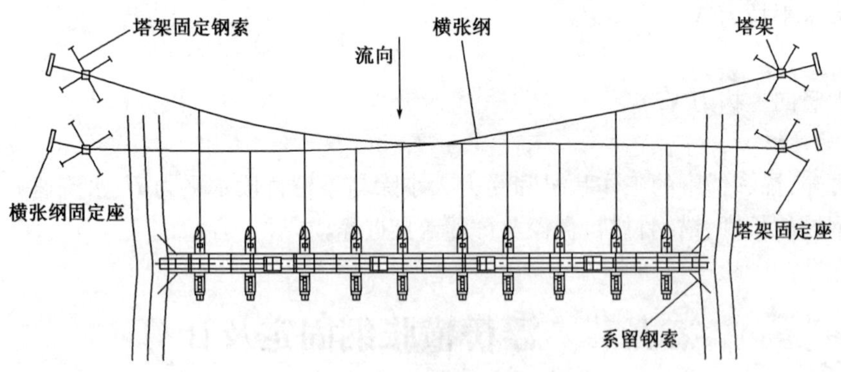

图9-12　双纲固定

当主索有可能垂入水中时，应设置一系列浮体支托主索。用交叉的双纲时，应在交叉点设置浮体。主索垂度由岸边控制，主索在塔架的陆侧部分谓之后拉钢索，后拉钢索与锚定座中引出的锚定钢索用一系列钢丝卡固定。

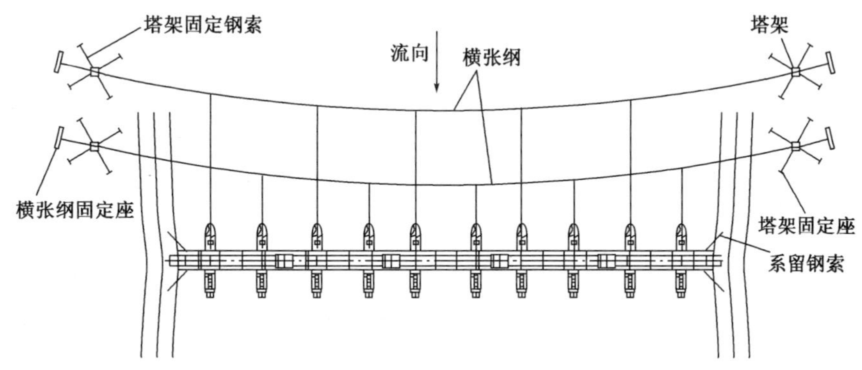

图 9-13　浮桥(平行)多纲固定

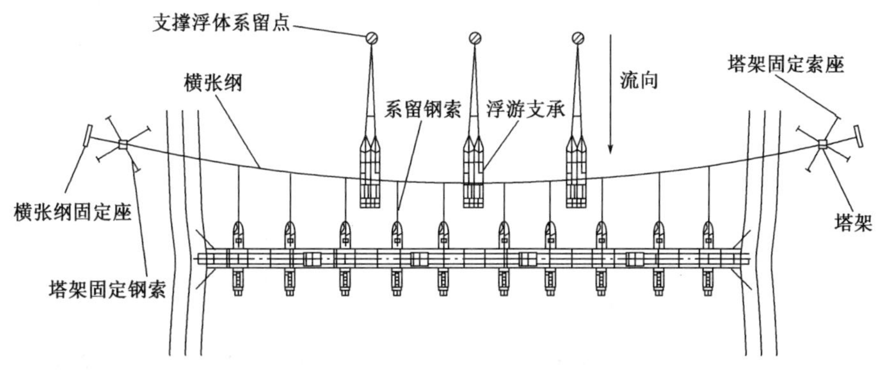

图 9-14　带浮游支座的横纲固定

(4)系留索:一端固定于主索上,另一端固定在系留桥段的系留点上,直接承受系留桥段的水平荷载 H。系留索可用麻索、聚乙烯塑料索或细钢索。系留索可预先固定在主索上并托以浮标顺流漂浮于江面上,待系留桥段就位后,从中捞起系留索,固定在系留桥段上;也可以预先固定在系留桥段上,待靠近主索时,将系留索另一端的挂钩挂在主索上。前一作业法适用于低塔架或无塔架支托抬高主索时,后一作业法更适用于两岸有高塔架抬高主索时。

横张纲固定装置系统可以预先设计制造成制式器材装备部队,也可采用应用器材经设计计算在现场使用。

2. 横张纲固定浮桥的主要特点

横张纲固定浮桥的主要特点:

(1)横张纲固定是依靠张纲固定装置在水面以上对浮桥实施固定,因而它不受河底土质、水深诸因素的影响。在河底情况复杂时,如河底为坚硬的石质或松软的淤泥,投锚固定困难,横张纲固定是非常适宜的。由于张纲作业及设置塔架作业困难,横张纲固定适用于较窄的河幅,河幅最好不超过 300m。

(2)横张纲固定装置在水面上固定浮桥,因而对提高浮桥的动水稳性有利,锚纲上缠绕漂浮物的弊端也可以完全避免。在高流速江河里架设浮桥,最好采用横张纲固定。

(3)横张纲固定比其他固定方法在器材、作业和计算上都复杂,因而采用这种方法固定浮桥必要条件是器材准备充分、现场设计计算熟练、作业队训练有素。在一般情况下,横张纲固定浮桥比投锚固定慢,主要是设置两岸锚定座和塔架,以及张拉主索、调整主索垂度费力费时。

(4)横张纲断绝江河通航，即使浮桥已分解，由于跨河主索未撤，仍无法通航。因此，对于通航要求较高的江河，不宜用横张纲法固定浮桥。

(5)在横张纲固定中，不论是主索，还是塔架、锚定座，器材都是集中受力的，一处遭到破坏，则全桥遭到破坏。因此，必须使结构具有足够的安全系数。在采用横张纲固定时，必须事先根据任务情况、江河条件进行简要的设计计算，以确保固定装置系统安全、可靠地工作。

3. 横张纲固定法的使用时机

横张纲固定法的使用时机：

(1)对于预有准备的横张纲固定装置系统和经过训练的作业队，在无通航要求的情况下，横张纲固定可用于架设浮桥的所有时机。

(2)对于预有准备的张纲固定装置系统和经过训练的分队，专用于石质、泥沙质河底条件下架设浮桥时的固定，即只在投锚固定无效时，才使用横张纲固定。

(3)对于河底及水情复杂的重要渡河方向和预备渡口，可用应用器材或半制式器材设计横张纲固定装置系统，兼作在必要情况下实施滑纲渡的设备。

二、横张纲固定基本假设

1. 基本假设

(1)柔性假设：主索是绝对柔性的，不能承受任何弯矩。

(2)弹性假设：主索材料服从虎克定律。

(3)荷载假设；主索以小垂度柔索形式工作，系留纲较多且分布在主索的大部分长度上，因而可把主索自重及由系留纲传来的集中力全部换算为布满全跨的均布荷载。

(4)共面假设：在系留纲足够短(即主索变形线最低点接近或重合浮桥舟首系留点)以及系留纲张力足够大(即浮桥在设计荷载作用下)的条件下，可以认为：主索和一系列系留纲，张紧在同一平面内，即忽略主索、系留纲自重对主索摆动角度、对系留纲悬吊角度的影响，认为各系留纲悬吊角度均相同，且同处于主索摆动的平面内，该平面与水平面夹角为β。

(5)主索外形假设：主索在张设后架桥前在垂面内或在水平面内呈抛物线形工作；主索在架桥后的设计荷载作用下，在β平面内呈抛物线形工作。

(6)主索截面假设：主索在受力过程中截面不变。在计算中不考虑截面的横向增量，即泊松比$\mu=0$。

运用上述假设进行近似计算，可以大大简化计算过程，同时，其计算精度又可保证实际作业中的要求。

2. 基本参数

(1)主索跨度L

主索跨度即两岸塔架间距离。两岸塔架(其连线即塔架轴线，应平行于桥轴线)间距应尽量减小，通常可按下式确定

$$L = 1.2B \tag{9-33}$$

式中：B——河幅宽度(m)。

具体确定塔架位置时，应在考虑水位变化影响及锚定座设置条件的基础上，尽量靠近河边。

(2)塔架高度 h

当有条件时(河幅较小,岸较高或有可架设高塔架的器材、设备时)可设置高塔架,即横张主索在初垂度 f_0 条件下,主索底部悬吊离水面1m高,以便水上架设作业。此时

$$h = (f_0 + 1) - h_0 \tag{9-34}$$

式中:f_0——主索初垂度(m);

h_0——设塔架点处岸高出水面值(m)。

要求两岸塔架顶部高程相同。由于两岸地形条件不尽相同,所以两岸塔架自身高可不一致。设置高塔架时,系留纲通常比较长。

当设置高塔架不具备条件时,可设置低塔架。为保证横张主索不垂直进入水下,需设置一系列浮标浮托主索。此时塔架高由当时条件(岸边地形条件及塔架器材条件等)具体确定。

(3)塔架轴线至系留点的水平距离 S'

距离 S' 应保证尽可能缩短系留纲的长度,以满足共面假设条件。在采用低塔架方案时,距离 S' 近似等于主索水平终垂度 f_H 加浮桥中央系留索长度,该系留索长度可取1m左右。

$$f_H = \frac{HL^2}{8l'[T]} \tag{9-35}$$

式中:$[T]$——主索容许张力(即主索破断拉力的1/2)或为主索预计达到的张力(小于容许张力);

f_H——一般为主索跨度 L 的5% ~10%,如计算后不能满足要求时,则改变钢索的直径(或根数);

H——系留桥段水平力;

l'——单根系留纲所对应的系留桥段长度值。

(4)主索初垂度 f_0

主索初垂度 f_0 的确定应考虑多方面的因素。垂度小,有利于降低塔架高度,有利于浮桥架设作业,有利于保持桥轴线正直。但垂度过小会造成张紧主索费力、费时以及主索受力过大,要求用直径更大的钢索做主索等问题。应根据当时作业的具体条件和要求确定初垂度的大小。通常初垂度为3% ~7%。可以先定塔架高及终垂度,再反算主索初垂度。

(5)主索弹性模量 E

主索采用钢索材料。钢索在拉伸过程中有钢丝的弹性变形,也有钢索内部的非弹性几何变形,因此其 E 值是个变值。E 值可在 $1.0 \times 10^5 \sim 1.5 \times 10^5$ MPa 范围内取值。

新索、受力较小的索以及未经预拉的索,E 取较小值。旧索、受力较大的索以及经过预拉的索,E 取较大值。

三、横张纲固定装置系统的计算

1. 系留纲张力的计算

系留纲受力简图如图9-15所示。

$$T_1 = \frac{H}{\cos\beta} \leqslant \frac{S_1}{K_1} \tag{9-36}$$

式中:T_1——系留纲内张力(N);

H——系留桥段水平力(N);

S_1——系留纲的破断拉力(N);

K_1——安全系数，钢索取2，麻索及聚乙烯塑料索取3；

β——系留纲的仰角，近似于主索的摆角。

当两岸有塔架时

$$\tan\beta = \frac{h'}{S'}$$

式中：h'——塔架顶点高出系留桥段的系留点的距离；

S'——塔架轴线到系留点的水平距离。

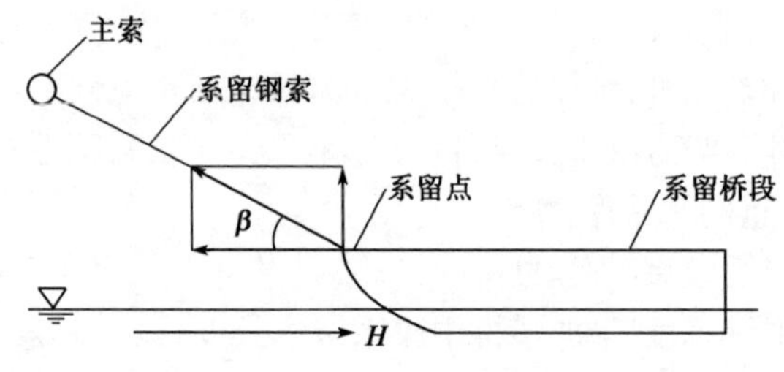

图9-15 系留纲受力简图

2. 横张主索张力的计算

主索在β平面内呈抛物线形式（图9-16）工作。位于β平面内沿跨长均匀分布、作用于主索上的荷载集度q为

$$q = \frac{T_1}{l'} + g_0\sin\beta \tag{9-37}$$

式中：T_1——单根系留纲张力（N）；

l'——单根系留纲对应的系留桥段长度（m）；

g_0——主索每延米自重（N/m）；

β——主索所在平面与水平面的夹角。

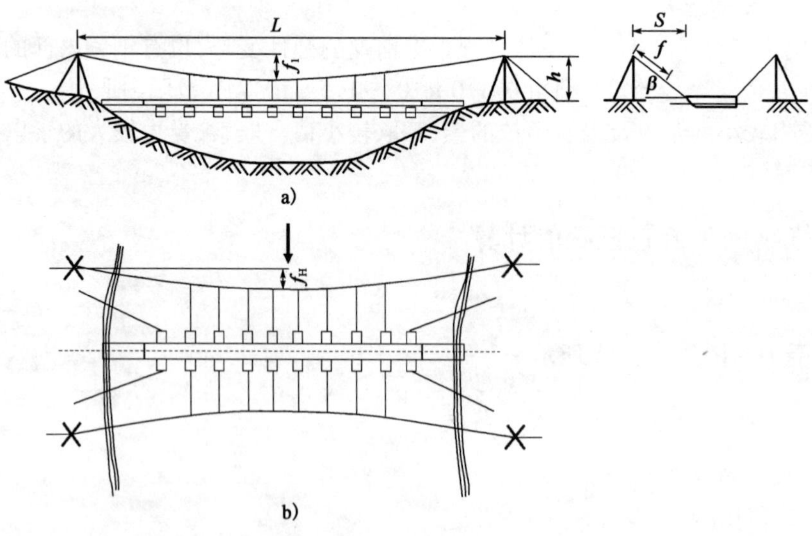

图9-16 横张纲固定系统工作图

则主索最大张 T_{max}发生在塔架鞍部处,即

$$T_{max} = \frac{qL^2}{8f}\sqrt{1 + 16\left(\frac{f}{L}\right)^2} \approx \frac{qL^2}{8f} \tag{9-38}$$

式中:q——主索上在β平面内沿跨长均布的荷载集度(N/m);

L——主索跨度(m);

f——主索在β平面的终垂度(m)。

主索强度条件应满足

$$T_{max} \leqslant \frac{S_P}{K_S}$$

式中:S_P——用作主索的钢索的破断拉力(N);

K_S——安全系数,该值不小于2。

当横张主索中内张力很大时,浮桥采用双纲固定较为适宜,如图9-16所示。图中列出两种双纲固定方式,它们都使每根主索所受的内力比单纲体系减小1/2。其中图9-16a)中是由于计算跨度和垂度减小了1/2;在图9-16b)中是由于主索上的荷载集度减小了1/2。

在式(9-37)中,f值可根据塔高、塔架轴线到系留点的水平距离、初步算出的f_H等因素从几何关系中求出。

根据共面假设的的条件,系留索的长度(在浮桥中央舟上)与f值相比很小,并处于同一平面中(与水平面呈β角)。为了保证横张纲索在设计荷载作用下形成以上的f值,必须在选定的初垂度中予以保证,初垂度应符合计算出的数值。

在初始状态下主索张力为

$$T_0 = \frac{g_0L^2}{8f}$$

索长为

$$L_0 = L\left[1 + \frac{8}{3}\left(\frac{f_0}{L}\right)^2\right] \tag{9-39}$$

在最终状态下主索张力为

$$T_1 = \frac{q_0L^2}{8f_0}$$

索长为

$$L_1 = L\left[1 + \frac{8}{3}\left(\frac{f}{L}\right)^2\right] \tag{9-40}$$

运用虎克定律,则索长差值为

$$\Delta L = \frac{\Delta T}{EF}L_0$$

其中ΔT为最终状态和初始状态的张力差值,即

$$\Delta T = T_1 - T_0 = \frac{L^2}{8}\left(\frac{q}{f} - \frac{g_0}{f_0}\right)$$

$$\Delta L = L_1 - L_0 = \frac{8}{3L}(f^2 - f_0^2)$$

代入后得

$$\frac{8}{3L}(f^2-f_0^2)=\frac{\frac{L^2}{8}\left(\frac{q}{f}-\frac{g_0}{f_0}\right)}{EF}\times L_0$$

在求 f_0 时,上式化简后为(在这里显然可以忽略 L 和 L_0 的差值)

$$f_0^3+\left(\frac{3L^4q}{64EFf}-f^2\right)f_0-\frac{3L^4g_0}{64EF}=0 \tag{9-41}$$

式中:f——主索终垂度(m);

L——主索跨度(两岸塔架间距)(m);

L_0——主索初始状态长度(m);

g_0——主索每延米自重(N/m);

f_0——主索初始垂度(m);

EF——主索抗拉刚度(N);

E——弹性模量;

F——主索横截面积。

主索参数可按下列步骤进行计算。

(1)确定主索跨度 L,计算塔架顶点高出系留桥段系留点距离 h' 及塔架轴线到系留点的水平距离 S',令:

$$S'=f_H+1$$

(2)计算主索摆动平面与水平面的夹角 β 及 β 面内主索终垂度 f:

$$\tan\beta=\frac{h'}{S'};f=\frac{f_H}{\cos\beta}$$

(3)计算系留纲张力 T_1:

$$T_1=\frac{H}{\cos\beta}$$

(4)计算主索上的荷载集度 q

$$q=\frac{T_1}{l'}+g_0\sin\beta$$

(5)计算主索最大张力 T_{max},并校核其强度:

$$T_{max}=\frac{qL^2}{8f}\leqslant\frac{S_P}{K_S}$$

(6)根据式(9-41)计算初垂度,根据式(9-39)计算索长。

3. 塔架的计算

塔架的作用在于支承和抬高主索。主索通过塔架顶部鞍座与锚定座引出的后拉钢索连接。必须保证锚定座、后拉钢索、塔架所形成的立面与主索端部相切(图 9-17),从而使主索在最大受力时不对塔架产生侧向作用,使塔架仅受轴向力的作用。这一点可通过张纲固定装置系统的现场经始作业来保证。

通过系留纲和主索的设计计算,我们已经确定下列因素:桥轴线位置,塔架轴轴线位置,塔架设置点位置,塔架高度 h 及塔架顶点到水面的高程($h+h_0$),主索、系留纲共面且与水平面的夹角 β,主索跨度 L,主索初始垂度 f_0 及终垂度 f 等。这些就是经始作业的基础,通过上述因素准确定出锚定座的位置和方向。

横张纲固定装置系统经始作业,可见图9-17。

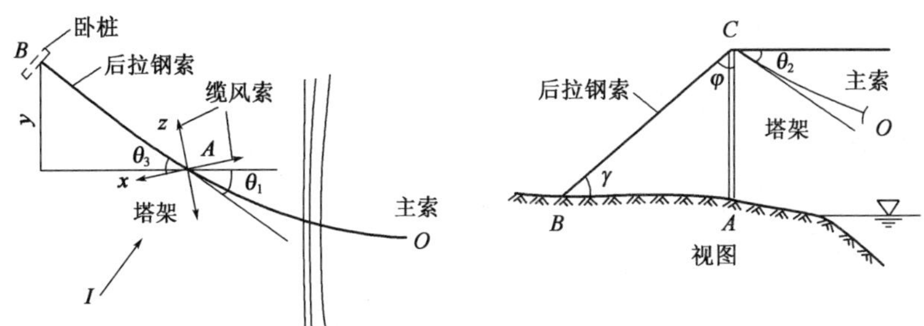

图9-17 横张纲固定装置系统经始作业图

A-塔架位置;*B*-锚定座位置;*C*-塔架顶点;*y*-锚定座偏离塔架轴线的距离;*x*-锚定座位于塔架后的距离;*z*-锚定座与塔架间的距离

BCO为主索,CO段为跨中主索,*BC*段为后拉钢索、γ为后拉钢索倾角,φ为后拉钢索与塔架间的夹角,θ_1为主索端部水平投影与塔架线间之夹角,θ_2为主索端部垂直立面上投影与水平面夹角。

为保证锚定座、后拉钢索和塔架所成的立面与主索端部相切,需使$\theta_1=\theta_3$。

由于

$$\theta_1=\arctan\left(\frac{4f_x}{L}\right)=\arctan\left(\frac{4f\cos\beta}{L}\right);\theta_3=\arctan\left(\frac{y}{x}\right)$$

故锚定座的方向(亦即后拉钢索的方向)必须满足下式要求

$$\frac{y}{x}=\frac{4f\cos\beta}{L} \tag{9-42}$$

锚定座的具体位置视y,x的具体值而定,其选择便于构筑锚定座的地点。

在确定了锚定座的方向和位置后,即已知后拉钢索与塔架间的夹角φ,就可以计算出主索通过塔架顶部索鞍对塔架的压力N。

设后拉钢索张力为T',主索跨端张力为$T_{\max}$,由于C点的各水平方向力的平衡,得

$$T_{\max}\cos\theta_2=T'\sin\varphi$$

$$T'=T_{\max}\frac{\cos\theta_2}{\sin\varphi}$$

式中:

$$T_{\max}=\frac{qL^2}{8f}\sqrt{1+16\left(\frac{f}{L}\right)^2}\approx\frac{qL^2}{8f}$$

$$\varphi=\arctan\frac{z}{h};z=\sqrt{x^2+y^2}$$

$$\theta_2=\arctan\left(\frac{4f_y}{L}\right)=\arctan\left(\frac{4f\sin\beta}{L}\right)$$

塔架正压力N为

$$N=T_{\max}\sin\theta_2+T'\cos\varphi \tag{9-43}$$

常用独根圆木做成独脚塔架。独脚塔架按压杆稳定条件进行校核

$$\sigma = \frac{N}{F} \leqslant [\sigma_1] = \varphi[\sigma] \tag{9-44}$$

式中：N——塔架正压力(N)；

F——塔架横截面积(m^2)；

$[\sigma_1]$——压杆稳定允许应用(MPa)；

$[\sigma]$——塔架材料抗压允许应力(MPa)；

φ——允许压应力折减系数，折减系数φ是压杆的长细比λ的函数。

φ与λ对应关系如表9-7所示。

压杆折减系数φ值 表9-7

λ	φ	λ	φ	λ	φ
0	1.00	70	0.60	140	0.16
10	0.99	80	0.48	150	0.14
20	0.97	90	0.38	160	0.12
30	0.93	100	0.31	170	0.11
40	0.87	110	0.25	180	0.10
50	0.80	120	0.22	190	0.09
60	0.71	130	0.18	200	0.08

$$\lambda = \frac{l_K}{i}$$

式中：i——回转半径$i = \sqrt{J/F}$（J和F分别为塔架横截面的惯性矩和面积），当独脚塔架为圆木时，$i = \frac{r}{2}$（r为圆木半径）；

l_K——塔架计算长度，与塔架两端支持方式有关，顶端因有缆风索牵制，可当铰支端考虑，因此塔架计算长度取决于下端固定情况。

(1)当下端采取埋桩形式，深度1.2~1.5m，并确实嵌固，可按固定端考虑，则塔架为一端铰支、一端固定的压杆。

$$l_K = 0.7h$$

(2)当下端采取支托形式定位固定时，可按铰支端考虑，则塔架为两端铰支的压杆。

$$l_K = h$$

4. 锚定座的形式及设计

在横张纲固定浮桥的作业中，构筑锚定座是最重要的工程之一。横张主索上受到浮桥上全部水压、风压力的综合作用，主索内部产生巨大的张力，这就要求以直径较大的高强度钢索来充当主索，其极限强度达一百多千牛到几百千牛。然而，只有当锚定座也具有与设计所要求的主索同等极限强度时，主索的安全工作才有保证。因此，对锚定座的设计计算对主索和塔架的设计计算具有同样的重要性。此外，锚定座的构筑往往是最费力、费时的，往往由于锚定座工程的拖延，使浮桥迟迟不能架起，影响渡河工程保障任务的完成。因此，合理确定锚定座的结构形式和尺寸，快速确定其承载力，快速进行锚定座构筑作业，是实现横张纲固定的重要要求。

1）横张纲固定装置系统对锚定的要求

（1）锚定座的位置

由塔架的设计计算可知，锚定座应位于塔架与后拉钢索所形成的平面内。后拉钢索延伸线与地面的交点即锚定座位置。

（2）安全锚定力的大小和方向

锚定座的安全锚定力一般取 $2T'$，锚定力的方向即为后拉钢索的张力 T'方向。

2）横张纲固定浮桥时常用的锚定座形式

（1）卧桩锚定座

卧桩锚定座又称水平锚定座。它是由一根或几根圆木捆在一起，水平横置埋入土内当作系留横木（卧桩），在横木上缠绕锚定钢索，并按后拉索同样方向引出地面以提供锚定力的结构物，如图 9-18 所示。卧桩埋入深度应根据锚定受力的大小、方向以及土质情况决定，一般为 1.5 ~ 3.5m，能提供的锚定力为 30 ~ 400kN。当荷载超过 750kN 时，锚定常用水平栅或圆木做成的木壁加强。卧桩锚定座结构简单，使用方便。

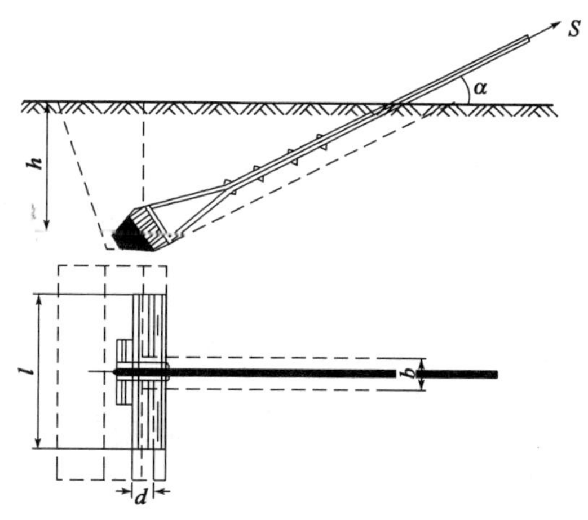

图 9-18　水平锚定座

在实际运用这种锚定座时，可在现地对锚定座进行具体的结构设计。通过对锚定座在垂直力作用下的稳定性、在水平力作用下的土压力以及水平系留横木的强度条件等三个方面的计算，或者也可通过查阅参考资料直接选用合乎锚定力要求的水平锚定座结构标准方案。前一方法虽能灵活处理各种情况，但过于繁琐，很难满足野战条件下的快速设计；后一方法虽然简单快速，但不能灵活机动实行、不能因地制宜。

（2）竖桩锚定座

植入土壤中的桩柱（木桩、混凝土桩等），不仅具有轴向承载能力，而且具有横向承载力，因此，桩顶可对缠绕其上的缆索提供锚定力。

垂直桩的横向承载力问题很复杂，因此，计算结果常与实际情况出入较大，横向承载力取决于桩在土中的嵌固条件、桩与土的变形性质、桩本身的强度条件以及土壤的承压能力。

桩横向承载能力的计算也是以桩的水平荷载实验为基础。在工程中，常常直接用单桩水平荷载实验确定单桩的横向承载力。

竖桩锚定座可分为单桩、并列桩（由系材连接的两个单桩）、桩群以及有支撑圆木加固的桩。其使用时机一般是:单桩用于土壤可植(埋)桩、锚定力要求 10 ~ 30kN 的时机;并列桩用于土壤可植(埋)桩、锚定力要求 30 ~ 50kN 的时机;桩群用于土壤可植(埋)桩、锚定力要求 30 ~ 100kN 的时机;有支撑圆木加固的桩用于松软土壤。

(3)重力式锚定座

任何一个重物都可当作锚定座设施,停下的汽车、拖拉机、巨大的石块都可利用,这称作重力式锚定座,或称压载锚定座。

锚定座需要进行三方面估算:系留缆索点的结构强度(抗弯、抗剪、挤压等强度)估算、压载重物与地面的摩擦力估算、压载重物倾倒的稳定性及竖向稳定性估算。例如,竖向稳定性,一个混凝土块锚定座,其重量应相当于后拉钢索垂直上拔力的 4.8 ~ 6.0 倍,以此来确定混凝土块体积(G/γ)。

若缆索固定点与岩石接触,则岩石承受应力应小于 1MPa。

压载锚定座常与桩式锚定座共同使用,以压载加强桩式锚定座或以桩式锚定加强压载锚定座。

(4)综合措施锚定座

有些锚定座是在多种措施综合使用而形成的。

例如,在沙洲上构筑锚定座,就常将埋设水平桩、植桩、压载等措施综合使用。

因为砂质松散,摩擦角小,所以基坑挖不大、挖不深,在卧桩之前都必须植桩,上部回填必须混合杂草等物,除此之外,上部用砂袋进行压载。

在沙洲上也可用单纯的桩式锚定,但必须植桩很深,数量也较多。

(5)地形、地物的利用

石嘴用作锚定座:突出的生根孤石也可用作锚定座,但石嘴直径需较大且突出较多,钢索缠绕时,为防止岩石割坏缆索,钢索石嘴之间应垫钢钎。

树干用作锚定座:根深叶茂的大树,树干经采取措施保护不被钢索切割时,可用作锚定座。但热带山区江河岸边的大树,木质松软,多无主根,须根多靠近地面,有时河谷中风大,树干摇动厉害,故不宜做锚定座。

建筑物的利用:如桥梁遭破坏后,墩台可供用作锚定使用。

坑洞式锚定座:当渡口进出路受到山地地形的限制,不可能有足够的直线地段,可采用坑洞式锚定座。它的位置可靠近山脚,也可在山腹。坑洞应按后拉钢索倾斜角开掘,并被复(岩石坚硬系数在 8 级以上不用被复),在坑底构筑木质、钢筋混凝土或型钢锚定轴。系留纲在锚定轴上缠绕一周引出坑洞再以索卡固定。坑洞不必回填。洞口开挖尺寸依具体情况确定。

3)锚定座构筑作业

往往由于作业量大和作业正面小展不开兵力,不能快速开设锚定座,拖长了整个架设舟桥(或开设滑纲渡口)的时间。

为解决这个矛盾,必须从以下四个方面深入研究:

(1)机动灵活地决定锚定座的结构形式

根据具体地形、土质、材料、工具所需锚定力及作业时间要求等条件,灵活决定锚定类型。例如适当增大基坑长宽度,减小深度以增大作业面,加速作业进度。

(2)要有标准格式,既要做到心中有数,又要大大简化运算。

(3)采用预制构件,锚定座必须准备质量好的木材、混凝土构件或型钢,必要时可采用桥桁、桥板材料代替。较长时间埋设地下的卧桩必须做防腐处理。最好采用单独的锚定座钢索(15～20m),这样就可在主索张设作业之前(或同时)完成锚定座作业,不必等待主索缠绕卧桩。锚定座钢索绕过卧桩通过索道孔(用木板被复保证钢索不被土掩埋,不被其他物体卡结)引出,与主索卡结。在撤收器材时间紧迫时,可只抽出锚定座钢索而丢弃卧桩。

(4)开设基坑,快速出土。尤其是坚硬土质条件,作业十分困难。基坑位置应及早经始(以便及早投入作业),并尽量选择易于挖的地段,作业中应善于组织作业力突击,并尽可能采用机械工具和爆破技术。

四、横张纲固定系统的架设

(1)前期准备工作:

①主卧锚、塔架基础、岸坡等验收通过,并确认稳定锚的预埋坑是否提前挖好(图9-19)。

②罗列锚碇系统的各属件、绳索、夹具、手要葫芦工具等清单,并将各物品转至架设现场。

③塔架在现场拼装完成。

(2)用转运车将其中一个塔架、主缆绳转运至右岸,利用汽车吊将塔架与塔架基础进行连接,利用绳夹将主缆绳一端与右岸主卧锚进行连接。

(3)在浮桥架通且采用斜张纲固定好的情况下,利用舟车将主缆的另一端牵引至左岸(左右岸主缆长度均应留有富余长度)。

(4)解开右岸主缆与主卧锚的连接,利用汽车吊将主缆吊至塔顶,施工人员在塔顶上将主缆穿过塔顶滑轮后,再与地面主卧锚连接孔紧固连接。

图9-19　锚的预埋坑

(5)利用吊车将左岸主缆吊至塔顶,安装人员将主缆穿过塔顶滑轮后,再穿过地面主卧锚连接孔,将主缆与铲土机连接。

(6)利用铲土机牵引主缆,将主缆水平绕度拉至接近于技术要求的状态,再利用20t手拉葫芦进行主缆张紧。操作细节如下:

①连接索:现场利用主缆余料制作,其中一端采用相匹配的绳夹、套环制作成琵琶头。

②连接索一端与主缆采用绳夹进行连接,另一端琵琶头则利用手拉葫芦的挂钩与葫芦连接。

③手拉葫芦的另一端则利用卸扣与主卧锚连接(图9-20)。

(7)重复(3)～(6)项施工步骤,将另外3根主缆拉好,检查4根主缆绕度,绕度要求保持一致。

(8)由岸锚人员将浮桥中部的浮桥段上游侧的锚机钢丝绳拆下,分别拖至左右塔架处。在塔顶上施工人员依次将锚机钢丝绳的自由端(装有套环的一端)利用卡箍(主缆与横向系留索的连接件)与主缆进行连接。地面施工人员锚机钢丝绳另一端将卡箍沿主缆依次进行拖拽,直到钢丝绳的一端可与原锚机连接为止,最后复装锚机钢丝绳。

(9)由岸锚人员将靠近浮桥两侧的其他河中舟的锚机钢丝绳释放足够的长度,将自由端拉至左右塔架处,在各自塔顶上采用卡箍(主缆与横向系留索的连接件)与主缆进行连接,再利用锚机手柄进行收绳(图9-21)。

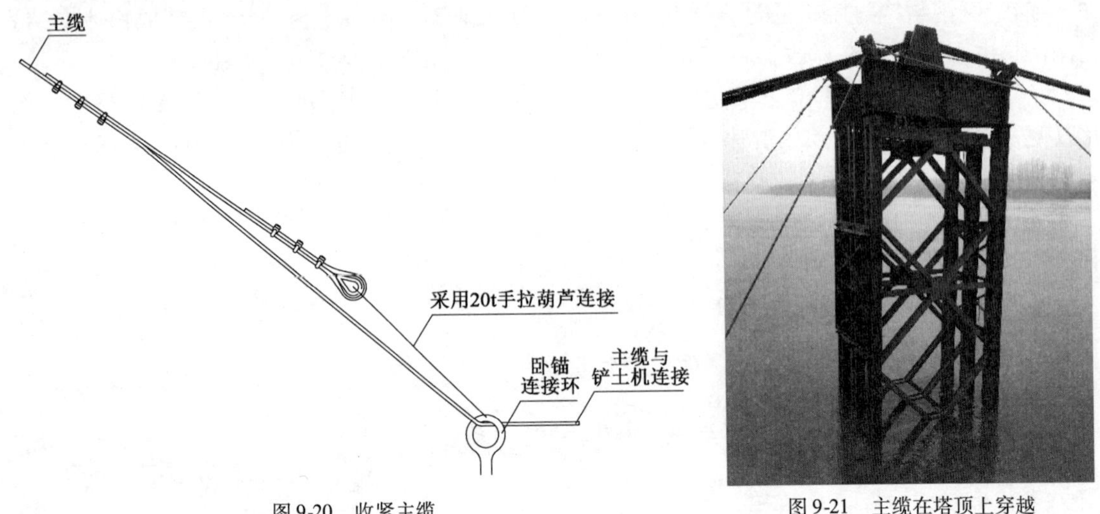

图9-20 收紧主缆

图9-21 主缆在塔顶上穿越

(10)锚机收绳。从浮桥最中部进行收绳,依次往两侧延伸,直到主缆与横向系留张紧符合要求为止。

第六节 浮桥其他固定方法

一、浮桥斜张纲固定

用岸边斜张钢索固定系留桥段,即斜张纲固定法,又称系留固定法,如图9-22所示。斜张纲固定浮桥的器材及作业都比较简单,只要用系留索将系留桥段系在岸边的系留桩柱、锚环或锚定座上并紧定即可。这些作业均在桥头(投掷绳、引系留索)及岸边(固定、紧定系留索)进行。

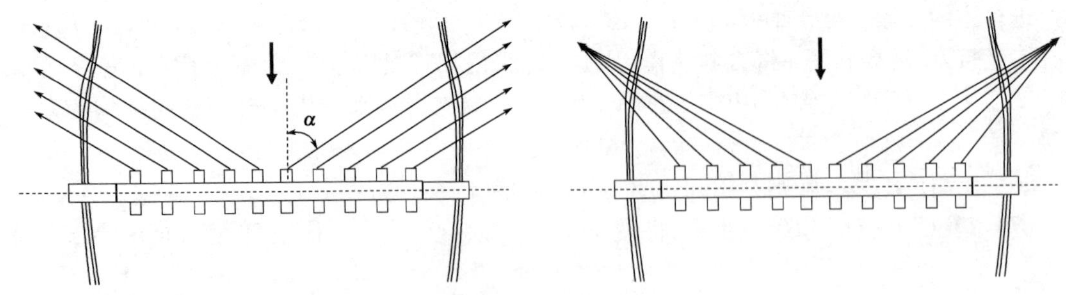

图9-22 斜张纲固定浮桥

系留索的直径大小和数量与系留桥段上的水平力 H 的大小、系留索和桥脚舟轴线间的夹角 α 等有关,系留索内张力按下式计算

$$T = \frac{H}{\cos\alpha} \tag{9-45}$$

α 角应在 30°～60°之间。

得系留索内张力 T 后，即可依下式校核系留索强度

$$T \leqslant \frac{S}{K} \tag{9-46}$$

式中：S——系留索破断拉力(N)；

K——安全系数，麻绳、聚乙烯塑料绳取 3，钢索取 2。

若浮桥短期使用，期间风力作用不大，江河流速较缓、河幅不宽时，一座浮桥可以用少数几根系留索就可有效固定住。例如，固定纵长 100m 的浮桥仅用 4 根上游系留索即可。对具有较大水平刚度的浮桥，例如带式桥，在不宽的河上，可以仅仅采用岸边系留索固定，如图 9-23 所示，浮桥中段可不必固定，但此时必须注意，浮桥横向水平弯矩值不得超过规定的要求。

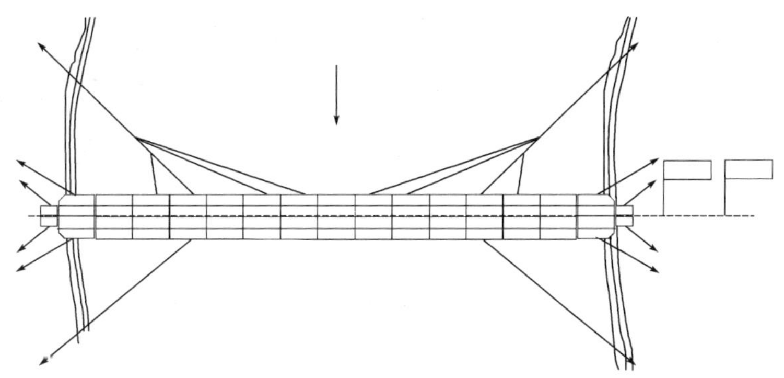

图 9-23　带式桥的斜张纲固定

采用系留固定浮桥时，河面不能过宽，因为浮桥过长则带来系留索过长、过多的问题，系留索与桥轴线的夹角也难以保持在 30°～60°之间，系留索的紧定也是问题。同时，由于系留固定给浮桥带来很大的轴向力以及系留索本身对水上机动造成的障碍，浮桥的架设、撤收作业都比较困难。例如，必须从两岸向河中架设，必须从河中向两岸分解，河中闭塞遇到流速大、岸边部分难以移动的复杂情况。

系留固定多在流速大、石质河底、河幅在 100m 以下的江河上架设浮桥时使用，对于较宽大的江河，系留固定多作为辅助固定方法，用于固定近岸的桥段(20～30m)，这时，系留固定部分只使用原有的锚和锚纲，采用设置陆锚的形式即可，无须增设器材。

二、动力固定

动力固定包括以汽艇逆水顶推系留桥段以及自行舟桥器材桥段依其自身动力发出的推力平衡该桥段上的横向水平荷载，实现浮桥的固定。

动力固定所需的水上摩托器材有效功率 N(hp)是依据系留桥段上的计算横向水平荷载 H(N)及江河平均流速 v(m/s)而定：

$$N = \frac{Hv}{7.50\eta} \quad (\text{hp}) \tag{9-47}$$

式中：η——推进效率系数：对于功率等于或大于 300hp 的，取 0.35；对于功率小于 300hp 的，取 0.30；由车辆装载或拖带运输的汽艇，取 0.20。

若已知摩托器材的牵引力，则按牵引力不小于系留桥段上的总横向水平力 H 来考虑摩托

器材的布置及总数量要求。

三、锚定门桥(舟)固定

锚定门桥(舟)固定法(图9-24)是在浮桥的上流投重达2000~4000N的犁锚或其他重锚,用于固定"锚定门桥(舟)",再用系留纲将30~60m桥段系留于锚定门桥(舟)的固定装置上,以此来固定浮桥。此方法通常在河宽、水深、流速大、河底松软易受冲刷等情况下采用其他固定方法难以奏效时采用。

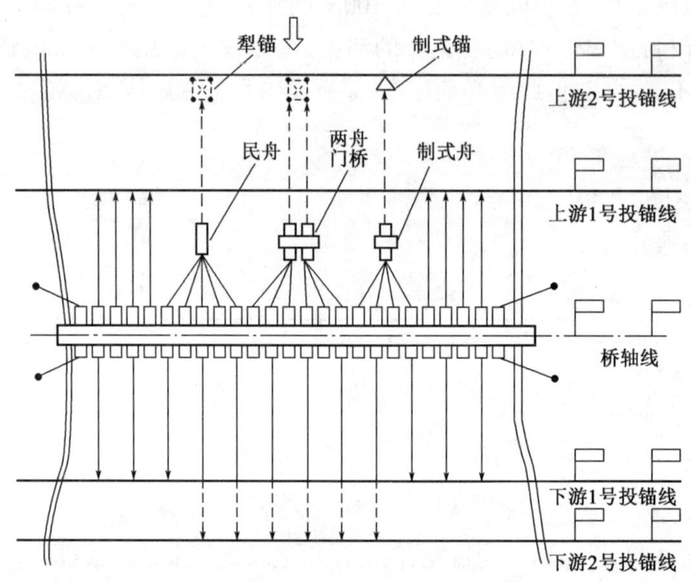

图9-24 锚定门桥(舟)固定法

锚定门桥(舟)的设置距离,应根据固定半门桥的数量和边舟系留纲与桥轴线的夹角(不小于50°)而定,通常在上流离桥轴线60~70m处。锚定门桥的投锚线距离为水深的7~10倍。为了使锚定门桥(舟)有准确的固定位置,不因偏流或风的影响而漂动,可在其两侧各斜投一个上流锚。

锚定门桥(舟)要有足够的浮力、稳定性和作业面。锚定门桥可用制式器材或民用器材结构,其上应设有投起锚机械、吊杆、锚纲和投起锚钢索。如用制式舟桥器材结合锚定门桥时,通常用两个半门桥结合,每个半门桥用2~3个舟。

锚定门桥(舟)固定的计算区分为两部分:一是该门桥(舟)的下游部分,以一系列系留纲系留若干个系留桥段,这是一个斜张纲系留固定计算问题;二是该门桥(舟)的上游部分,以一条或两条锚纲及重锚固定,承受所有系留纲传递到门桥(舟)上的水平力,这是一个投锚固定计算问题,除此之外,还应对若干横向、纵向水平力给门桥(舟)带来的稳性问题进行校核,见图9-25。

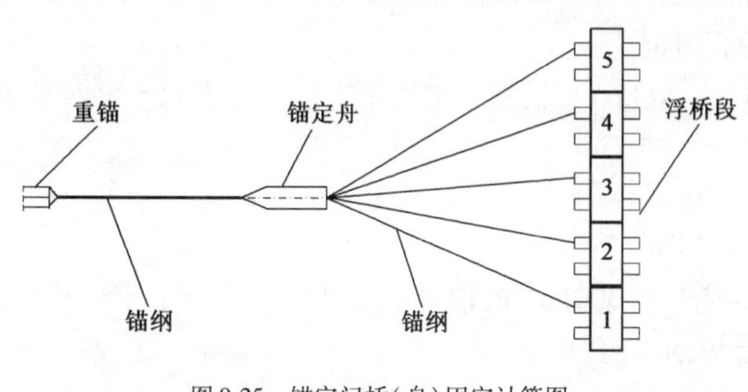

图9-25 锚定门桥(舟)固定计算图

四、混合固定

混合固定是指综合采用多种固定措施加以固定，如投锚与系留综合，投锚与张纲综合，张纲与系留综合，等等。只要依据具体情况灵活运用，就可得到较为合理的舟桥固定方案（图 9-26）。

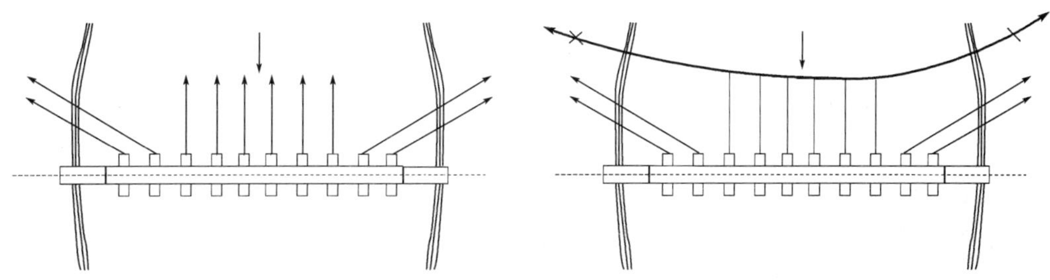

图 9-26　混合固定浮桥

混合固定的计算，依据各系留桥段固定方法的不同，分别按投锚、斜张纲、横张纲固定进行计算，其中横张纲部分，由于承载部分只是一段长度 a，引起的主索最大张力 T_{max} 可按荷载布满全跨 L 时引起的 T 折减计算。可认为：

$\alpha = 0.5L$，则 $T_{max} = 0.75T$；

$\alpha = 0.6L$，则 $T_{max} = 0.84T$；

$\alpha = 0.7L$，则 $T_{max} = 0.91T$；

$\alpha = 0.8L$，则 $T_{max} = 0.96T$。

在较为宽大的江河上架设混合结构体系的浮桥，即河中部分因为水深流速大，架设的桥脚分置式浮桥，而两岸水浅部分的流速小，便可架设带式浮桥。在河中分置式浮桥段采用横张纲固定在主索上，而两岸侧的带式段浮桥的锚定采用斜张纲的方式固定在两侧陆上，以便减少主索的张力和设置难度（图 9-27）。

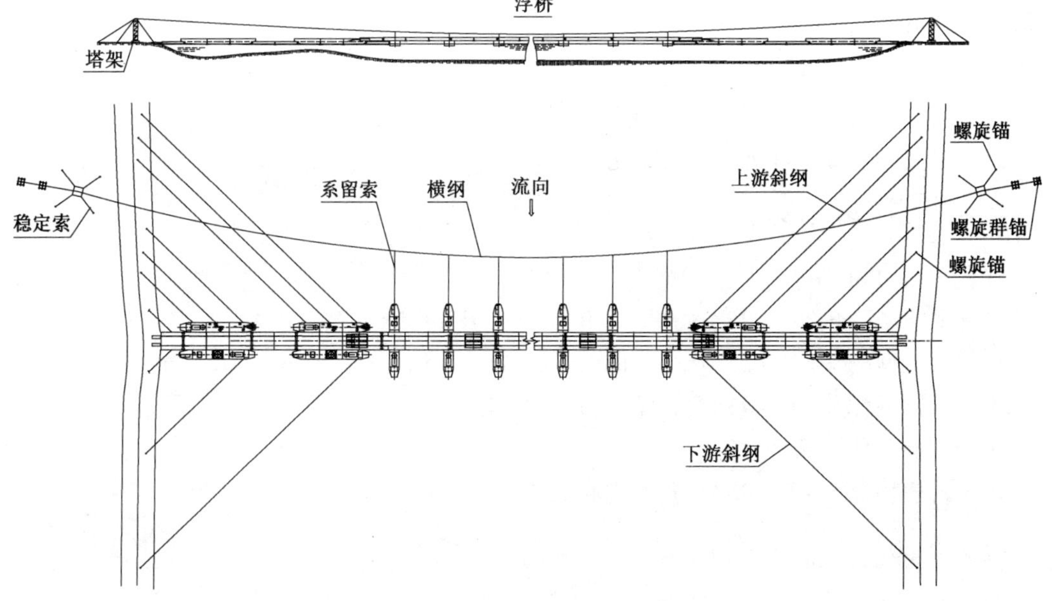

图 9-27　横张纲和斜张纲的混合固定

第七节　浮桥锚定计算示例

(1)重型舟桥500kN大面积漕渡门桥,门桥中心装载重型自行火炮一辆(全重460kN)及战斗人员20名(全重20kN)。装载后门桥边舟平均吃水66cm,中央舟平均吃水72cm,门桥以一艘大马力拖艇顶推。该漕渡门桥为三舟门桥,跨度为5.01m,桥脚舟长15.9m,舟宽2.4m,舟高1.15m,舟型首部为雪橇型,舟尾为垂直封头。

(2)深水航行时航道平均水深3.1m,最大静水航速为2.72m/s。

(3)浅水航行时航道平均水深1.36m,最大静水航速为2.72m/s。

(4)风速为7.1m/s。

(5)该漕渡门桥在水深20m,平均流速2.72m/s,河流中锚定时的锚纲长200m,锚纲为未涂油的麻索,直径为3.18cm,锚为2500N的犁锚组。

计算内容:

(1)漕渡门桥水阻力的计算(深水);

(2)漕渡门桥水阻力的计算(浅水);

(3)风压力的计算;

(4)锚定计算。

计算过程:

(1)漕渡门桥水阻力的计算(深水)

运用公式(9-1)计算,则

$$R = C\frac{\rho v}{2}\Omega_{\mathrm{H}}$$

式中,ρ、v已知,Ω_{H}易于求出

$\rho = 1020\mathrm{N}\cdot\mathrm{s}^2/\mathrm{m}^4, v = 2.72\mathrm{m/s}$

$\Omega_{\mathrm{H}} = B\cdot T = 2.4\times(0.66\times2+0.72) = 4.9(\mathrm{m}^2)$

总水阻力系数C,需用内插法确定三系数C_0、C_l和C_h。

①确定C_0值,根据桥脚舟的长宽比,得

$\dfrac{L}{B} = \dfrac{15.9}{2.4} = 6.6 > 4.5$

查表9-1,可知

舟首雪橇型($\alpha=20°\sim25°$),舟尾垂直封头,$L/B>4.5$时,$C_0=0.42$;

舟首雪橇型($\alpha=20°\sim25°$),舟尾同舟首,$L/B>4.5$时,$C_0=0.38$;

舟首雪橇型($\alpha=40°\sim45°$),舟尾同舟首,$L/B>4.5$时,$C_0=0.50$。

比较以上三种情况,可得:

舟首雪橇型($\alpha=40°\sim45°$),舟尾垂直封头,$L/B>4.5$时

$C_0 = 0.50\times\dfrac{0.42}{0.38} = 0.55$

②确定C_l值

根据桥脚舟的跨宽比

$$\frac{l}{B}=\frac{5.01}{2.4}=2.09$$

查表9-2,可得:

$l/B=2$ 时,$C_l=1$;$l/B=2.5$ 时,$C_l=1.2$

则当 $l/B=2.09$ 时

$$C_l=1+(1.2-1.0)\times\frac{0.09}{0.5}=1.04$$

③确定 C_h 值

由于 $h=3.1\text{m}$,$T=\dfrac{0.66\times2+0.72}{3}=0.68(\text{m})$

则相对水深$\dfrac{h}{T}=\dfrac{3.1}{0.68}=4.56$

查表9-3(内插),得 $C_h=1.81$

故

$$C=C_0C_lC_h=0.55\times1.04\times1.81=1.04$$

$$R=1.04\times\frac{1020\times2.72^2}{2}\times4.9=19228(\text{N})$$

(2)漕渡门桥水阻力的计算(浅水)

因 $h=1.36\text{m}$,$T=0.68\text{m}$

故相对水深$\dfrac{h}{T}=\dfrac{1.36}{0.68}=2.0$

查表9-3,并用内插公式计算

$$C_h=3.8+\frac{4.5-3.8}{3.0-2.5}\times(2.72-2.5)=4.108$$

故

$$C=C_0C_lC_h=0.55\times1.04\times4.108=2.35$$

$$R=2.35\times\frac{1020\times2.72^2}{2}\times4.9=43448(\text{N})$$

由于大马力拖艇最大牵引力约为21000N,因此运用一个大马力拖艇顶推门桥在这条浅水航道中无法达到2.72m/s的静水航速。

(3)风压力计算

漕渡门桥长 $L=16\text{m}$;桥桁为槽钢高30cm;桥板为木质板厚75mm;缘材为槽钢高12cm。

重型炮车体外廓长 $l_1=6.77\text{m}$;车体外廓高 $h_1=2.48\text{m}$。

则

$$C_1=\frac{(1.15-0.66)\times2+(1.15-0.72)}{3}=0.47(\text{m})$$

$$C_2=0.075+0.12+0.30=0.495(\text{m})$$

①门桥上的风压强度

$$\omega=0.8v^2=0.8\times7.1^2=40.3(\text{Pa})$$

②门桥阻风面积

$$\Omega = n\Omega_1 + \Omega_2 + \Omega_3 = nC_1B + KC_2L + 0.7l_1h_1$$
$$= 3 \times 2.4 \times 0.47 + 1 \times 0.495 \times 16 + 0.7 \times 6.77 \times 2.48$$
$$= 3.38 + 7.92 + 11.75 = 23.05(\mathrm{m}^2)$$

人员阻风面积，每人按 $0.3\mathrm{m}^2$ 计（坐姿），20 人共计 $6\mathrm{m}^2$。

③门桥风压力

$$W_1 = \omega \cdot \sum\Omega = 40.3 \times (23.05 + 6) = 1171(\mathrm{N})$$

④门桥航行总阻力

$$H = R + W_l = 19228 + 1171 = 20399(\mathrm{N})$$

(4)锚定计算

①不考虑水流对锚纲的压力：

相对水深

$$\frac{h}{T} = \frac{20}{0.68} = 29.41 > 12$$

可认为不存在浅水影响，$C_h = 1$。

总水阻力系数

$$C = C_0 \times C_l \times C_h = 0.55 \times 1.04 \times 1 = 0.572$$

故得

$$R = 0.572 \times \frac{1020 \times 2.72^2}{2} \times 4.9 = 10575(\mathrm{N})$$

由风速 $v = 7.1\mathrm{m/s}$，得 $\omega = 36\mathrm{Pa}$

则

$$W_l = \omega \cdot \sum\Omega = 36 \times 29.05 = 1046(\mathrm{N})$$

门桥总水平力

$$H = R + W_l = 10575 + 1046 = 11621(\mathrm{N})$$

若锚纲在河底有卧链，则

锚纲每延米重 $p' = 7\mathrm{N/m}$（查附表 3-18）

锚纲每延米水中重 $p_0 = 0.35p' = 2.45(\mathrm{N/m})$

则

$$l = \sqrt{\frac{2Hh}{p_0}} = \sqrt{\frac{2 \times 11621 \times 20}{2.45}} = 436(\mathrm{m})$$

由于投放锚纲长仅 200m，故锚纲处于非正常工作状态。

锚纲张力、锚的水平力、上拔力

$$T \approx H = 11621\mathrm{N}$$

$$V \approx H = 11621\mathrm{N}$$

$$V \approx T\sin\alpha \approx 11621 \times \frac{20}{200} = 1162(\mathrm{N})$$

锚纲强度和锚定力校核

查附表3-22，麻索 $K_1=3$，$S=40130\text{N}$；

则锚的安全拉力 $[T]=S/K_1=40130/3=13377(\text{N})$；

锚纲内张力 $T=11621\text{N}<[T]=13377\text{N}$，锚纲强度有保证。

锚重 $G=2500\text{N}$，查表9-5，得 $K_2=24$；

则锚的安全抓持力 $[N]=\dfrac{K_2}{1.5}G=\dfrac{24}{1.5}\times2500=40000(\text{N})$；

锚的水平力 $N=11621\text{N}<[N]=40000\text{N}$，足够。

锚的抗拔阻力系数 $K_3=1.5$；

则锚的安全抗拔力

$$[V]=\frac{K_3}{1.5}G=\frac{1.5}{1.5}\times2500=2500(\text{N})$$

锚所受的竖向上拔力 $V=1162\text{N}<[V]=2500\text{N}$，足够。

②考虑水流对锚纲的压力：

门桥总水平力 $H=11621\text{N}$；

锚纲在水平方向上的水压力集度：

$$p=c\times d\times\rho\times\frac{V^2}{2}=0.8\times0.0318\times1020\times\frac{2.72^2}{2}=96(\text{N/m})$$

设锚纲呈俯角 α

$$\tan\alpha=\frac{20}{200}=0.1$$

则垂直于水面方向的分集度

$$p_1=p\tan^2\alpha=0.96\text{N/m}$$

顺沿锚纲方向的分集度

$$p_2=\frac{p\tan\alpha}{\cos\alpha}=9.6\text{N/m}$$

若锚纲在河底存在卧链

$$l=\sqrt{\frac{2Hh}{p_0+p_1}}=\sqrt{\frac{2\times11621\times20}{2.45+0.96}}=369(\text{m})$$

由于投放锚纲长度为200m，故锚纲仍处于非正常工作状态。

锚纲强度校核：

锚纲最大内张力

$$T_C=T'_C+T''_C=H+L\cdot p_2=11621+200\times9.6=13541(\text{N})$$

$T_C>[T]=13377\text{N}$，但仅超过1.2%，仍认为锚纲强度有保证。

锚定力校核：

锚最大水平拉力 $N\approx T_C=13541\text{N}<[N]=40000\text{N}$，足够。

锚最大竖向上拔力

$$V=T_C\sin\alpha\approx13541\times\frac{20}{200}=1354(\text{N})<[V]=2500\text{N}$$，足够。

③考虑水流对锚纲的压力与不考虑该压力时的差值见表 9-8。

水流对锚纲压力的影响值 表 9-8

	考虑水流对锚纲的压力	不考虑水流对锚纲的压力	差值	百分比
锚纲张力	13541N	11621N	1920N	16.5%
锚的最大水平力	13541N	11621N	1920N	16.5%
锚的最大竖向上拔力	1354N	1162N	192N	16.5%
系留点到卧链端部水平距离	369m	436m	-67m	15.4%

第十章

就便器材渡河

第一节　民　　舟

我国民舟分布广泛，种类繁多，是良好的就便渡河器材。民舟按制造材料的不同，可分为木质舟、钢丝网水泥船及钢驳等。

一、木质民舟

木质民舟[图 10-1a)]各部名称如下。

舟舷：位于舟的两侧，用圆木或木板制作。用民舟作桥脚舟时，部分舟舷直接承受上部结构传来的压力，要求具有一定的抗压强度和良好的防水性能。

舟底：用木板制作，有尖底和平底两种。舟底直接承受水压力，要求具有一定的抗压强度和良好的防水性能。

肋材：分为舷肋和底肋，用于加强舟舷和舟底，肋材越多，舟越坚固。

隔舱板：一般的舟有 3 ~ 4 道隔舱板，用于加强舟的整体刚度和装载不同货物。隔舱板密封时，当一舱漏水时，仍可减载使用。

二、水泥船

水泥船[图10-1b)]:肋材多为钢结构,舟舷、舟底板、甲板等用钢丝网混凝土制成;可用于结构门桥和架设浮桥。

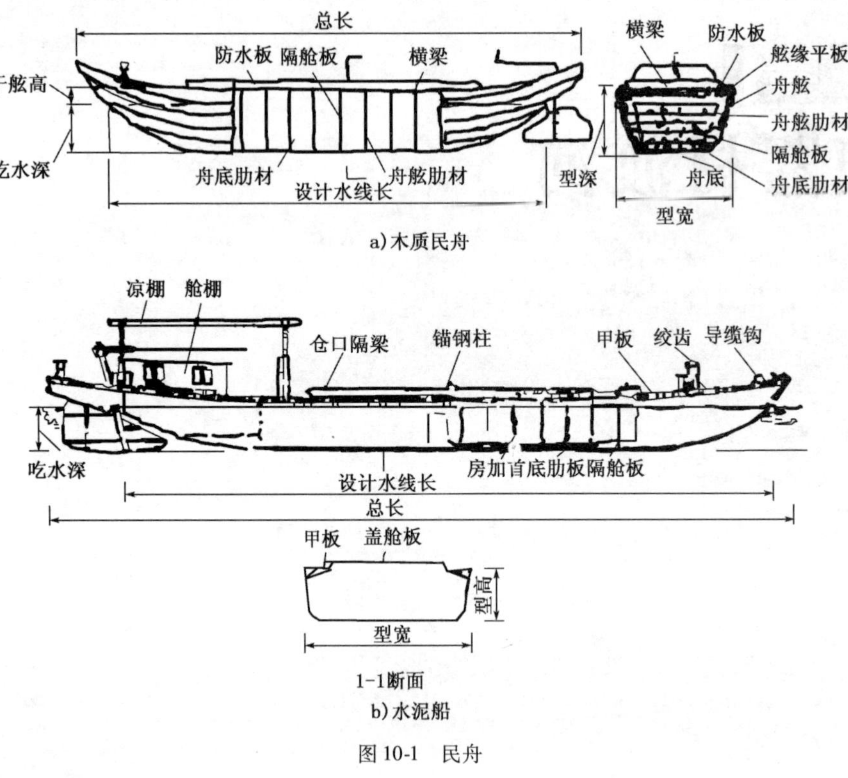

图10-1 民舟

三、民舟技术参数

民舟技术参数见表10-1。

民舟技术参数 表10-1

项目	吨位					
	100kN级	150kN级	200kN级	300kN级	400kN级	600kN级
总长(m)			17.30	18.45	19.55	20.95
设计水线长(m)	13.00	14.70	15.50	15.95	17.25	18.50
型宽(m)	2.65	2.90	3.40	3.95	4.35	4.40
型深(m)	0.90	1.05	1.22	1.38	1.40	1.70
设计吃水(m)	0.60	0.75	0.92	1.05	1.10	1.25
设计载重量(kN)			330.00	458.00	580.00	831.00
载重量(kN)	100.00	150.00	200.00	300.00	400.00	600.00
水线面面积系数			0.680	0.693	0.743	0.836
计算水线面面积(m^2)	25.00	32.00	35.90	43.70	52.70	66.50
舟的自重吃水(m)	0.20	0.28	0.36	0.31	0.34	0.34

注:表内数据为调查资料的统计值,选用时,根据具体情况参照使用。选用舟的水线面面积不得小于表中所列的计算水线面面积。

四、民舟的加强

民舟正常工作时，舱内散装货物，荷载沿舟体分布的长度大致均匀。当用民舟作桥脚时，荷载仅分布在车行道，并通过桥桁集中作用于舟体。当民舟整体纵向抗弯强度、横向抗弯和局部构建的强度不够时，应进行加强。加强时，必须密接、牢固，充分发挥舟体各部构件的作用，使加强的构件与舟体同时受力。民舟门桥尽量使用同一种舟作为桥脚舟，若需要不同的舟结构门桥时，应调整舟的高度使桥脚舟高度一致，保证门桥桥面平整。民舟高度的调整与民舟的加强同时进行，将低的舟用横木、负桁材或框架垫高；高的舟装上重物，使其压低到需要的高度；如高差不大，可将稍高且载重量较大的舟，配置在门桥的中央。

民舟加强的方法主要有以下几种：

(1)设置负桁材。负桁材在门桥上是承托桥桁的构件。当舟体强度满足时，为了减少桥桁对舟舷的接触面压力，最好在舟舷上铺设负桁材，扩大受力面积；对舷缘弯曲的民舟，还可以起垫平的作用。

当舷缘平直时，可将负桁材直接设置在舷缘平板上(图 10-2)。然后用上、下夹木，通过螺栓将其固定。当舷缘弯曲时，先用直径不等的短梁(横木)垫平舟舷，再在短梁(横木)上设置负桁材(图 10-3)，用上、下夹木通过螺栓将其固定。

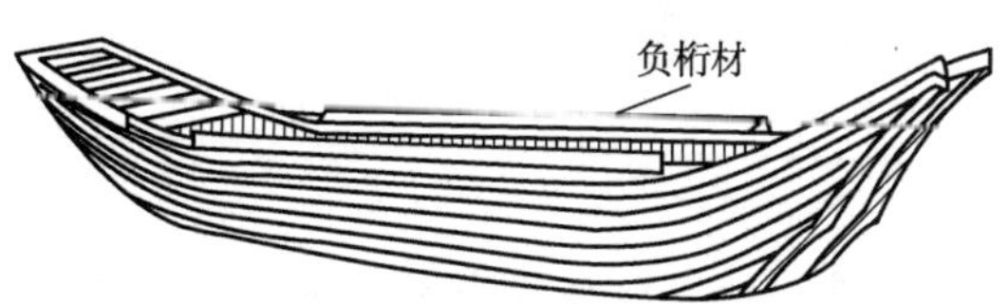

图 10-2　负桁材直接设置在舟舷上

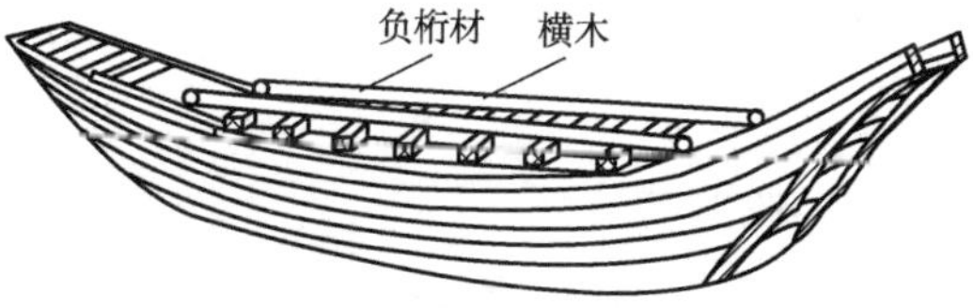

图 10-3　负桁材设置在横木上

当有防水板时，可先在防水板外侧舷缘上设置垫材，再在垫材上设置负桁材(图 10-4)，用上、下夹木通过螺栓将其固定。

(2)设置纵桁(框)架。舟内无隔舱板和舟(横)梁，且舟底强度较差，舟舷不能满足要求时，可用纵桁(框)架加强(图 10-5)。如有隔舱板时，可将框架础材分成几段配置。

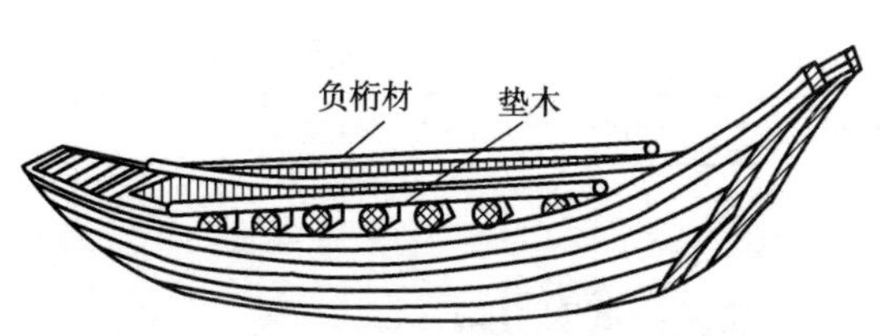

图 10-4　负桁材设置在垫材上

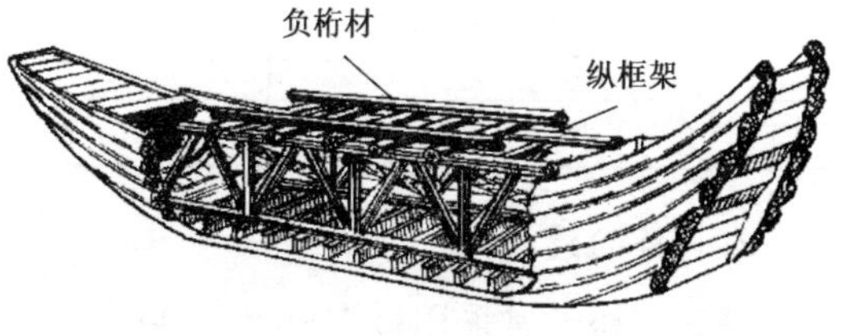

图 10-5　纵框架加强

(3)设置横框架。舟内有隔舱板和舟梁，且舟舷强度较差时，可用横框架加强。框架通常设置在车辙部位的隔舱板之间(图 10-6)。

上述几种方法所使用的负桁材和框架础材，均可用 18 ~ 20cm 的方木制作，其长度应是车行道宽加 0.5 ~ 1m。

设置负桁材可以加强舟的舷缘，设置框架可以使荷载通过车行道较好地传至舟体，从而改善舟舷的工作条件，但这两种方法都是局部加强措施，并不能加强舟的总强度。如果总强度也不够时,就需要考虑整体性较好、能较好地起到分布荷载作用的桁架加强方法。由于舟的加强费时,用料较多,因此,尽量选用强度较大的舟,可避免其加强作业,而仅设负桁材即可使用。

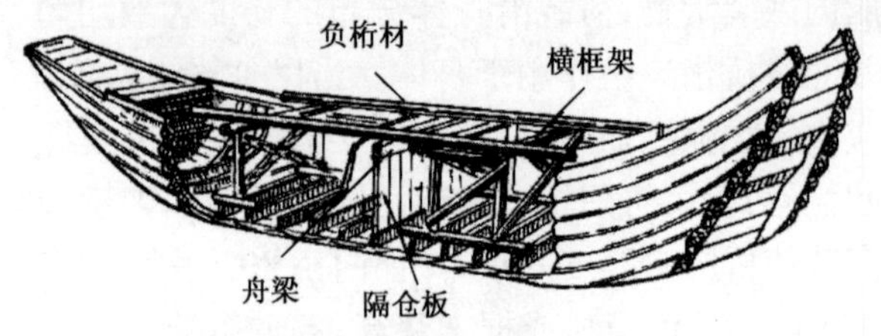

图 10-6　横框架加强

钢质民船、水泥船可参照木质民舟加强方法执行。

第二节　民舟门桥及码头

一、民舟门桥的总体结构

民舟漕渡门桥指使用民舟作桥脚舟,钢材或木材作为上部结构材料结构而制成的漕渡门桥。

1. 门桥的吨位

门桥的吨位根据所渡送的车辆、技术兵器的实际重量确定。根据我军现有装备和发展情况,为了便于部队运用,民舟门桥的常用设计载重量和相关参数可按表 10-2 确定。

门桥常用的设计吨位　　表 10-2

履带式荷载(kN)	车轮式荷载(轴压力)(kN)	车行道宽度(m)
160	70	3.4
250	90	3.6
400	90、120	4.0
500	90、120	4.2
600	130	4.2

2. 门桥的结构

民舟门桥通常采用桥脚分置式结构,总体结构和各部名称见图 10-7。

1)桥脚舟

民舟按制造材料可分为木质舟、钢丝网水泥舟和铁驳等。我国民舟分布广、种类多、数量大,多数可用作桥脚舟。征集民舟时,应根据结合漕渡门桥的载重量选取合适吨位和结构的民舟。民舟的准备应做好以下工作:

(1)检查舟的坚固程度和防水能力

检查舟的坚固程度和防水能力,可从表面观察舟的新旧程度和结构状况,或敲击舟壳和肋材等方法判定其质量,已选用的舟,发现舟损坏的部分,应进行修补。

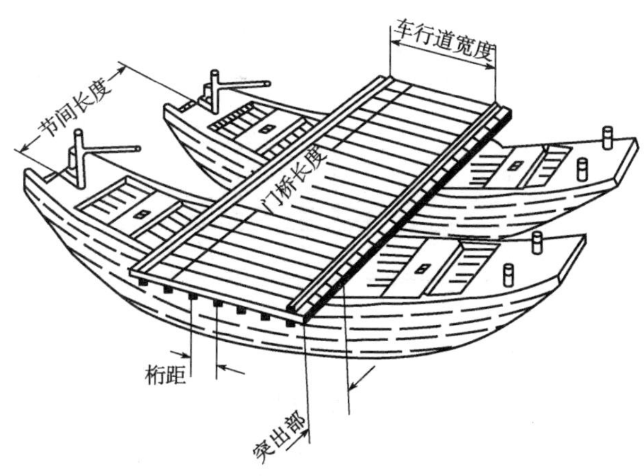

图 10-7 民舟漕渡门桥总体结构

(2)确定舟的安全载重量

舟的安全载重量,是指在规定的安全范围内舟的最大承载量。其大小,可询问船工,查看船舶登记簿,或用计算的方法确定。计算公式如下

$$[A]=\gamma\delta LBT_2 \tag{10-1}$$

式中:$[A]$——舟的安全载重量(kN);

L——舟的设计吃水线长度(m),可现场量取;

B——舟的型宽(m),可现场量取;

T_2——外载引起的吃水深度(m),封闭式舟等于空舟干舷高减 0.2 ~ 0.3m,开口式舟等于空舟干舷高减 0.3 ~ 0.4m,可现场量取;

δ——舟排水量系数,一般取 0.6 ~ 0.8,尖底舟取小值,平底舟取大值;

γ——水的重度,取 $10kN/m^3$。

(3)确定舟的排水中心位置

舟的排水中心位置,即舟的装载重心。结合门桥时,是门桥纵轴线予定在舟上的位置,也是配桁的依据。确定时,可询问船工和寻找舟上原有的标记,通常在舟长4/10(靠近舟尾)的位置。

(4)民舟的加强

根据民舟的质量,架设门桥或者浮桥的载重量,确定是否需要加强以及加强的方法。

2)桥桁的配置和固定

桥桁用于贯通节间,是上部结构的主要受力构件。门桥内的桥桁可以采用圆木和方木制作,宜用于承载力较小的门桥中,可利用钢轨、工字钢、槽钢等金属材料制作。

(1)桥桁的配置

桥桁的配置方法,有均匀式配置和车辙式配置(图 10-8)。均匀式配置对桥脚舟的受力有利,车辙式配置对桥桁的受力有利。结合门桥,通常用均匀式配置。配置桥桁时,可先配置两根外桁,再配中间桁。当桁在车行道内配置不下时,可选用金属桁或制作复合桁。

制作复合桁的两根圆木或方木应重叠安置。圆木的大小头应交错,两层圆木的结合面要进行修整,使其紧密贴合。两层圆木用 2 根长钉和 4 根两爪钉在两端连接。使用复合桁时,在相邻桥桁间要安置横撑材。

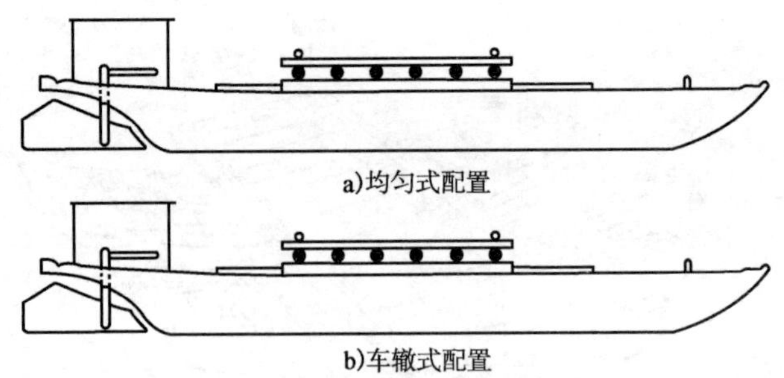

a)均匀式配置

b)车辙式配置

图 10-8　桥桁的配置方法

为了使门桥上部结构能搭在码头支架上,桥桁末端应突出两边舟外舷 0.5 ~ 1m(即突出部长度)。

桥桁成均匀式配置时,相邻两根桥桁轴线间距离(桁距),按式(10-2)计算

$$b = \frac{B_0 + b_1}{n - 1} \tag{10-2}$$

式中:b——桁距;

B_0——车行道宽度;

b_1——一根缘材的概略宽度,取 20cm;

n——桥梁的根数。

(2)桥桁的固定

为了防止桥桁产生位移或与舟体脱离,必须将桥桁与舟体固定。固定的方法是根据桥桁配置位置、舟的加强方法和舟的具体结构而定。通常用绳索、铁丝、螺栓、铁钉等进行固定。

①舟内有框架加强时,桥桁与框架冠材用长铁钉固定,桥桁与负桁材用两爪钉固定(图 10-9)。

②在舟内设置横木,横木两端紧贴在甲板下沿,然后桥桁与横木用绳索(铁丝等)固定(图 10-10)。固定时,尽量靠近横木的末端。

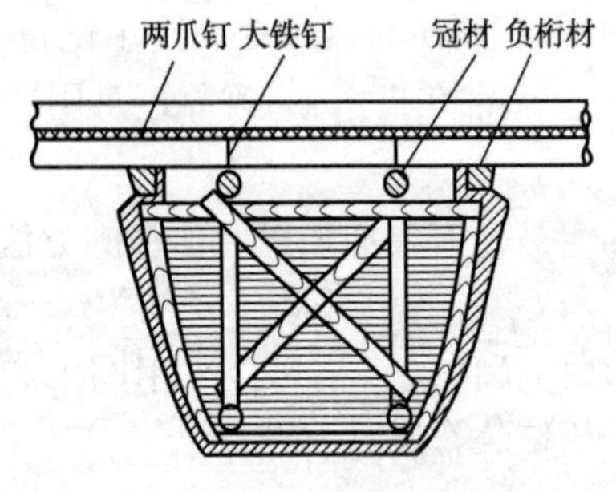

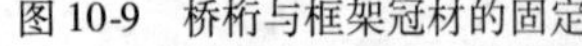

图 10-9　桥桁与框架冠材的固定

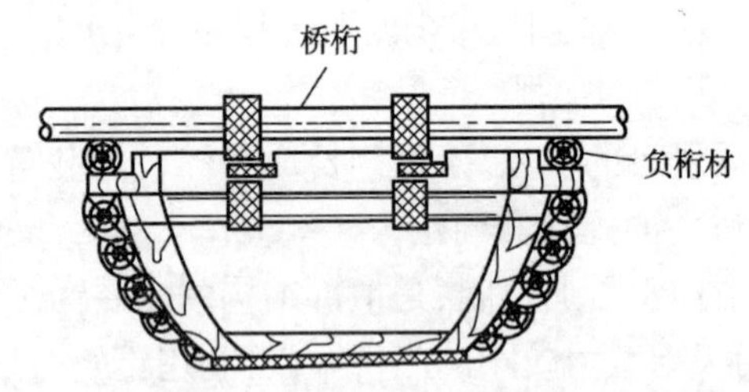

图 10-10　用下连接横木固定桥桁

③设置上下连接横木将负桁材与舟体固定,桥桁再与负桁材固定,若桥桁不能固定在负桁材上,再在上连接横木下沿加下连接横桁,在桥桁上放置 2 块桥板,然后用螺栓连接桥板和下连接横桁将桥桁固定(图 10-11)。

二、桥桁及其接长

结合门桥或者浮桥时,如桥桁长度不够,应采用刚性接头接长桥桁。

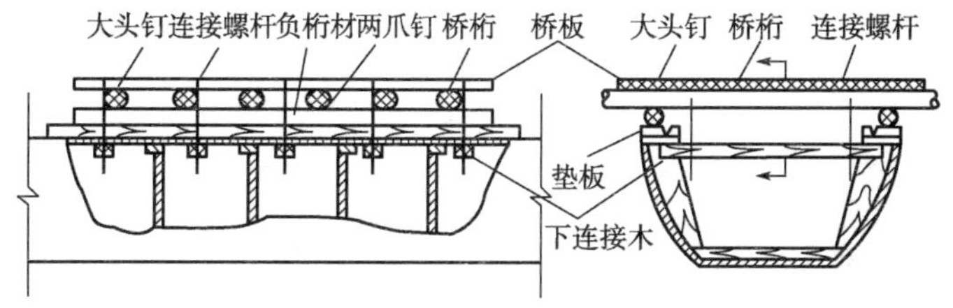

图 10-11 桥桁固定在负桁材

1. 金属桥桁接长

(1)搭接接头

金属桥桁接长可以采用搭接接头(图 10-12)接长,由于接头处受力较大,螺杆一般采用高强度钢制作。搭接接头一般用于槽钢桥桁的接长;也可用于工字形截面的桥桁接头,但此时必须在搭接范围内切去一侧的翼缘使腹板靠紧。同时其折损的截面应通过在腹板上焊上钢板予以补偿。

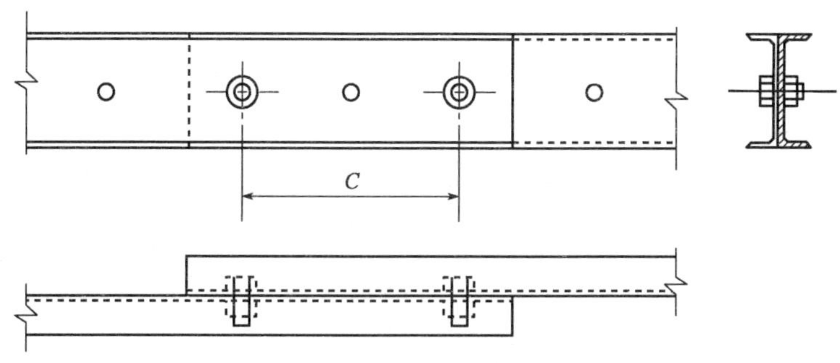

图 10-12 搭接接头

(2)垂直盖板接头

工字钢桥桁可以利用垂直的槽钢盖板(图 10-13)构成接头。此时槽钢用两个螺栓固定在桥桁上。盖板的截面应与所连桥桁截面等强度。本接头结构简单,取下盖板后能迅速将门桥引出桥轴线;但多盖板接头构件,且螺栓的数量要比搭接接头多一倍。

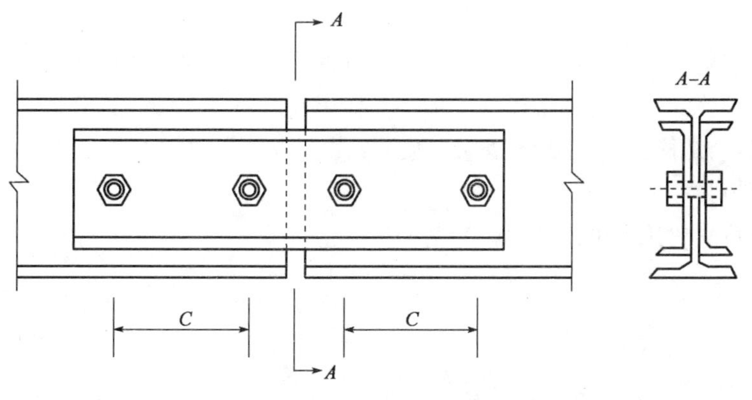

图 10-13 垂直盖板接头

上述两种接头的连接螺栓均承受单截面剪切,其剪切力 s 按桥桁计算的弯矩计算式

(10-3)计算

$$s = \frac{M}{C} \tag{10-3}$$

式中:M———一根桥桁的计算弯矩;

C——桥桁一端两螺栓中心距。

(3)连接横桁接头

金属桥桁也可以采用连接横桁接头(图 10-14)接长。这种接头不要求制造大直径的螺栓和在桥桁腹板上钻孔。桥桁接头由两对连接横桁组成,桥桁为交错搭接,连接横桁布置在被连接桥桁端部上下表面处,并且通过在桥桁之间穿过的垂直螺杆拉紧,螺杆布置如图 10-15 所示,这种形式的接头中螺杆受拉,而横桁受弯。如果桥桁接头布置在桥脚舟上面,可以利用舟舷或负桁材作下连接横桁,此时接头长度等于舟宽。在这种情况下,如果每根桥桁都单独地与这种下连接横桁固定,就可以不设置上连接横桁。

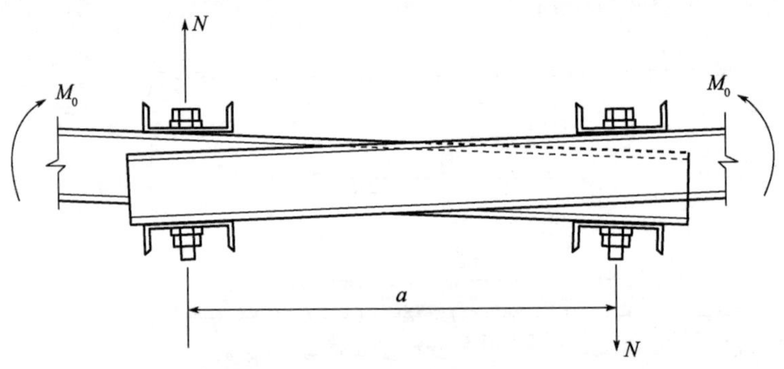

图 10-14　连接横桁接头受力图

横桁一般采用槽钢制作,并以其腹板压紧桥桁。横桁的高度,也是槽钢翼缘的宽度,有时会受到桥板厚度的限制,使横桁截面不够。这时横桁可采用由两根槽钢扣合焊在一起组成箱形截面,或采用在槽钢肢上焊一块与其腹板等厚的钢板所组成的箱形截面。此时为了穿过螺杆,在桥面上作横桁的上槽钢或盖板要钻较大的孔,以使螺杆不突出桥面。为了防止横桁移动,在桥桁上焊上板条作挡铁。

采用连接横桁时接头受力计算应校核边螺杆的内力和连接横桁的应力。

连接横桁螺栓的长度约为桥桁高度加一对横桁高度再加 10cm;其数量可根据桁数和螺栓固定的方法确定,螺栓按图 10-15a)配置,为一个节间内的桁数加 1;按图 10-15b)配置,为一个节间内的 2 倍桁数加 1。

一个螺杆承受的拉力可按式(10-4)计算

$$N = \frac{M_0}{n_0 a} \tag{10-4}$$

式中:M_0——连接处桥跨横断面内总计算弯矩;

n_0——连接每一对横桁的螺杆数量;

a——两横桁间距,一般为 1.0m。

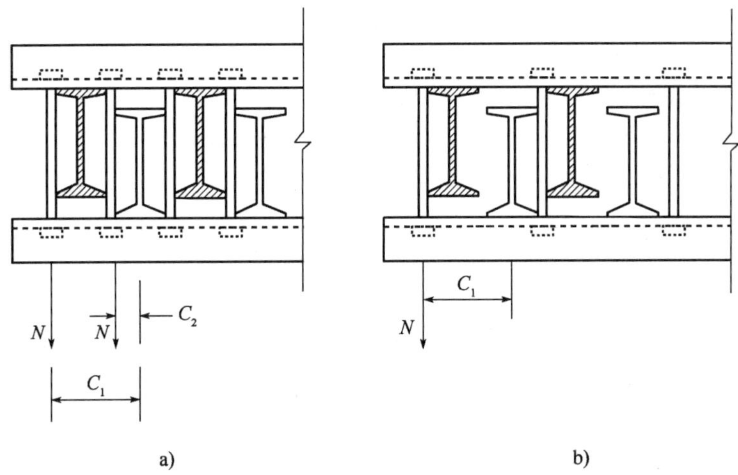

图 10-15 连接横桁接头螺杆布置图

横桁的计算弯矩取决于螺杆间距。当接头在全部桥桁之间布置螺杆时[图 10-15a)],在每个连接横桁中的弯矩按式(10-5)确定

$$M = N(C_1 + C_2) \tag{10-5}$$

而当螺杆布置在成对桥桁之间时[图 10-15b)]上述弯矩按式(10-6)确定

$$M = NC_1 \tag{10-6}$$

式中:C_1、C_2——图 10-15 中所示的力矩的力臂。

2. 木质桥桁接长

木质桥桁接长一般采用连接横桁接头(图 10-16)。主桁在接头处搭接配置时[图 10-16a)],其搭接部的长度一般为桥桁直径(或高度)的 5 ~ 6 倍,但一般不要小于 1.5m。主桁在接头处对接配置时[图 10-16b)],在每根桥桁侧面,设置一根连接短桁(又称副桁),短桁截面应与桥桁截面等强度,其长度一般为 10 ~ 12 倍桥桁直径(或高度)。连接短桁既可采用木质材料,也可采用金属材料(图 10-16),特别是在桥桁数量多,而木质短桁放不下时。当金属短桁低于木质主桁时,可在短桁及连接横桁之间加上垫板。用槽钢作短桁时,应使腹板相靠成对配置,并用焊接或螺杆连接组成工字形,以保证短桁的稳定性。

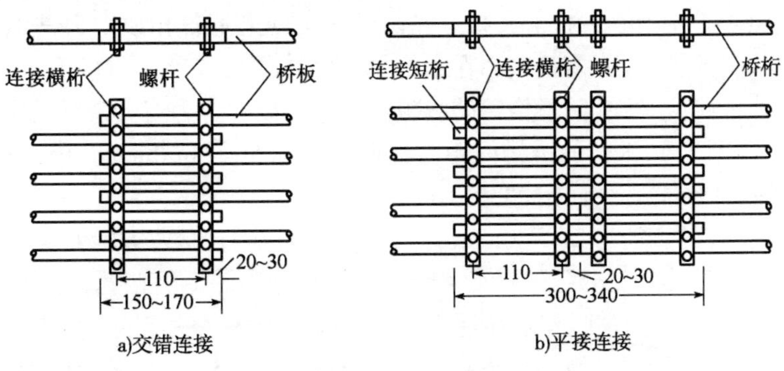

图 10-16 木质桥桁连接横桁接长

上、下连接横桁可以采用金属桥桁中连接横桁的各种形式，也可采用较宽的硬木木板（横桥板也可）等作上连接横桁，而下连接横桁采用方木或两面削平的圆木。螺杆配置方法与金属桁中的连接横桁接头相同（图 10-14），接头中的横桁及螺杆按金属桥桁接长相关公式计算，并需校核垂直连接螺杆垫圈下面木材的挤压。采用金属短桁的连接横桁接头、木质桥桁连接横桁接头螺杆布置分别见图 10-17、图 10-18。

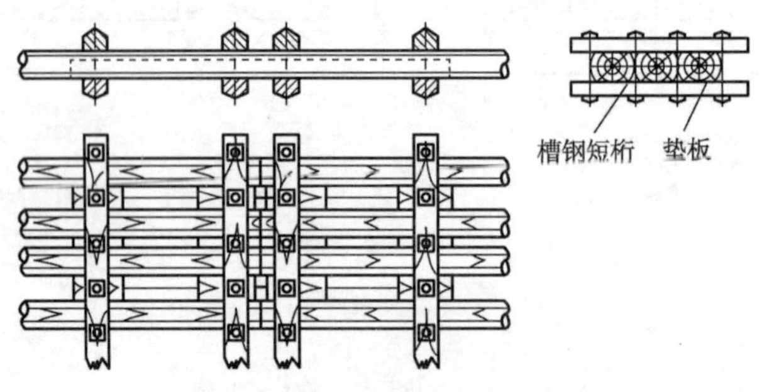

图 10-17　采用金属短桁的连接横桁接头

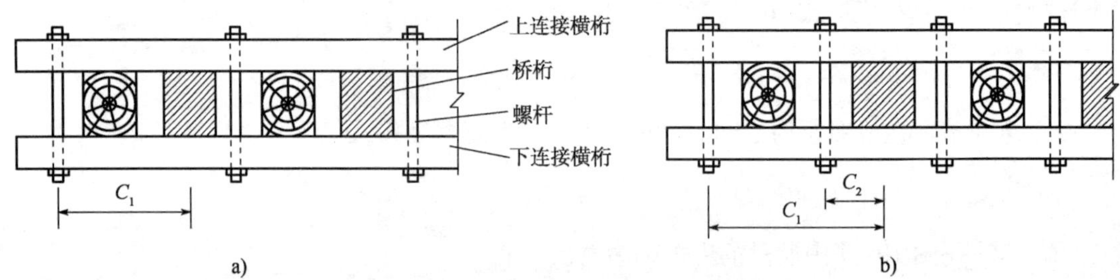

图 10-18　木质桥桁连接横桁接头螺杆布置图

桥桁接长的结合部，通常配置 2 对（交错接长时）或 4 对（对接接长时）连接横桁。连接横桁的中心距桥桁末端通常为 20 ~ 30cm。连接横桁最好使用金属材料或坚硬木材。上连接横桁的高度最好不超过桥板，若超过桥板的高度影响车辆上下门桥时，则应在连接横桁之间铺车辙板，使其与连接横桁同高，在连接横桁外侧，对正车辙板各固定一个三角木或铺车辙板。连接横桁的长度应比桥板长 20cm 左右。

连接板接长是指在两接长桥桁的上、下面，安置槽钢或金属板，再用螺栓将上、下槽钢或金属板连成一体。

槽钢连接板接长是用槽钢夹接。夹接是在两桁接头处上下各扣放一根槽钢，用 4 对螺栓穿过焊在槽钢翼缘上的铁耳，将槽钢夹固在木桁上（图 10-19）。

为了增强接头的刚度和强度，下槽钢的腹板内设有键或钉。为充分发挥槽钢的作用，减轻键对键槽的压力（上载时），木桁的键槽间距可比两键的间距小 4 ~ 8mm。槽钢和螺栓的规格以及键的尺寸，根据木桁的直径而定，见表 10-3。

采用钉加强时，钉的直径为 20 ~ 40mm，钉长为桁高的 2/3，钉数为 4 ~ 6 个，钉孔在下槽钢腹板上错开配置，孔的直径大于钉的直径 4mm；再在木桁的钉位上钻孔，孔径比钉的直径小 3 ~ 4mm。采用钉加强比用键加强作业简便，但不便分解。

采用上下槽钢夹接时，槽钢型号比桥桁（方木）宽度大 2 ~ 3cm，要求两桁端部的断面尺寸一致，结合前需将断面尺寸、键槽加工好，通常是在单桁接长后，再进行结合门桥的作业。

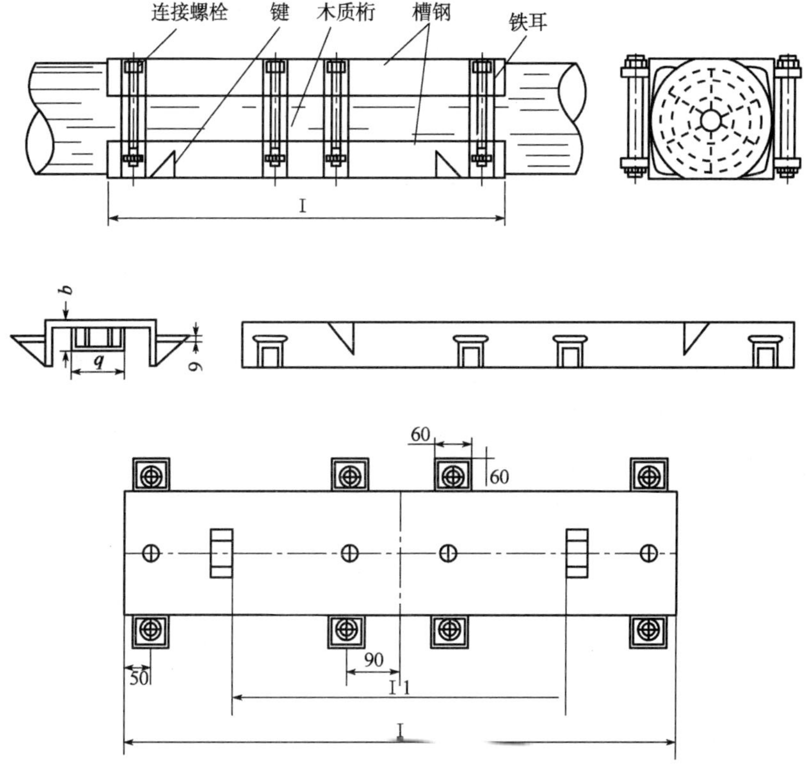

图 10-19　上下槽钢夹接(尺寸单位:mm)

3. 钢板连接板接长

钢板连接板接长是在两桁接头处上下各放一块断面相同而长度不同的钢板,上钢板钻 2 个孔,下钢板钻 6 个孔,用 6 根螺栓穿过钢板和桥桁进行连接(图 10-20)。钢板和螺栓尺寸见表 10-3。

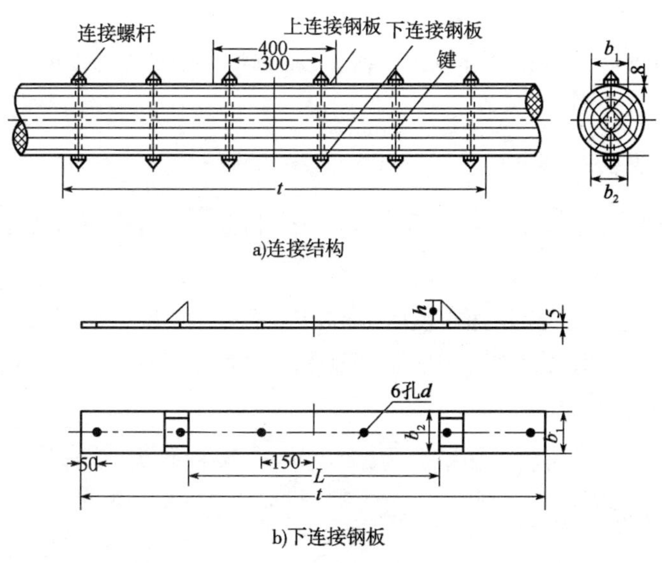

图 10-20　上下钢板连接(尺寸单位:mm)

根据桥桁受载后出现上压下拉的情况，下钢板设有两个键，结合时嵌入木桁内，以保证接头的刚度和强度，键的尺寸见表10-3。这种接长方法，不适宜于连续体系浮桥，接头位置不得放在门桥中央，搬运时须保持顶面朝上。

连接板接长构件规格 表10-3

桥桁直径（桁高）	上下槽钢夹接						上下钢板连接						
	槽钢型号	长度 l_1	键		螺栓		钢板		键		螺栓		
			宽（b）×高（h）	两键距离最小值	外径 d_1	长度	长度 l	宽（b）×厚（δ）	所需净截面积	宽（b）×厚（δ）	两键距离最小值 l_1	外径 d_1	长度
（cm）		（mm）	（mm×mm）	（mm）	（mm）	（mm）	（mm）	（mm）	（mm^2）	（mm×mm）	（mm）	（mm）	（mm）
20	20a	1100	80×50	800	14	190	1450	80×8	364	80×50	800	18	260
22	22a	1140	80×50	840	16	200	1500	80×8	435	80×50	840	20	280
24	25a	1300	100×60	1000	18	220	1650	100×8	526	100×60	1000	22	300
26	25a	1340	100×60	1040	20	240	1700	100×10	616	100×60	1040	24	320
28	28a	1500	120×60	1200	22	260	1850	120×10	715	120×60	1200	27	340
30	28a	1500	120×70	1200	24	280	1850	120×10	820	120×70	1200	27	360

注：1. 本表数值根据试验和近似计算确定。
2. 使用6mm厚钢板或相应的角钢制作。

三、桥面

桥面部分由桥板、缘材、栏杆组成。

（1）桥板，用于构成桥面，是桥面部分的主要受力构件。通常可用木板、圆木、半圆木等制作。如用圆木或半圆木制作时，大小头应交错配置。门桥两端的桥板最好用铁钉固定在外桁上，以免车辆上下门桥时滑动，其余桥板用缘材固定。桥板的长度，通常等于车行道宽度加0.8m。

（2）缘材用于固定桥板和标示车行道宽度；安置在外桁上方的桥板上，用绳索、铁丝、螺栓每隔2～2.5m处与外桁进行固定。

（3）栏杆安置在缘材和外桁的外侧，通常每只桥脚舟一端设1根，下端固定在缘材和外桁上，上端系栏杆绳挂救生圈。

四、就便器材码头

码头是实施门桥渡河时，为使车辆和技术兵器顺利上下门桥而构筑的专门设施。

1. 码头的组成

码头（图10-21）通常由上部结构（包括桥桁和桥面部分）、桥脚（有架柱桥脚、木杆层桥脚、可升降列柱木杆层桥脚和浮游桥脚）、桥础（有础材桥础和活动桥础）和码头支架板组成。

2. 码头的类型和使用时机

常用的码头，可根据其桥脚的类型分为：突堤码头、架柱码头、木杆层码头、可升降的列柱木杆层码头和浮游码头等。

1）架柱码头

架柱码头（图10-21）适用于岸边水较深，河底土质密实的河段上构筑。当桥脚设置处水深大于 1.2m 时，由于平整河底困难，设置桥脚的位置尽量选在河底平坦处。

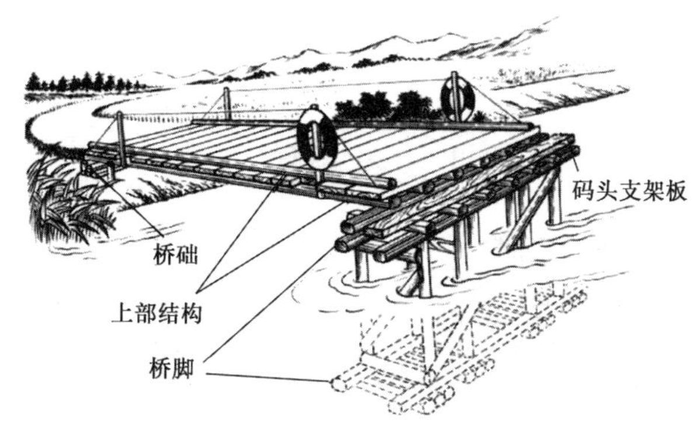

图 10-21 码头的组成

2）突堤码头

突堤码头（图 10-22）适用于岸边水较深、坡度较陡、土质密实，门桥突出部可直接搭在河岸上进行装卸载时采用。岸边水较浅时，可用土、石、砂袋等材料，从岸边向河中延伸构筑一条堤道，直至水深允许门桥靠拢为止，并在水侧打被复桩，设被复板，以防坍塌，然后在突堤前端的上面设置支架板。

图 10-22 突堤码头

3）木杆层码头

木杆层码头（图 10-23）适用于岸边水较浅，岸边河底较平坦，土质较坚硬的河段上构筑。

图 10-23 木杆层码头

4)可升降的列柱木杆层码头

可升降的列柱木杆层码头(图 10-24)适用于水位经常变化,但变化幅度不大,而且河底土质允许打桩时采用。

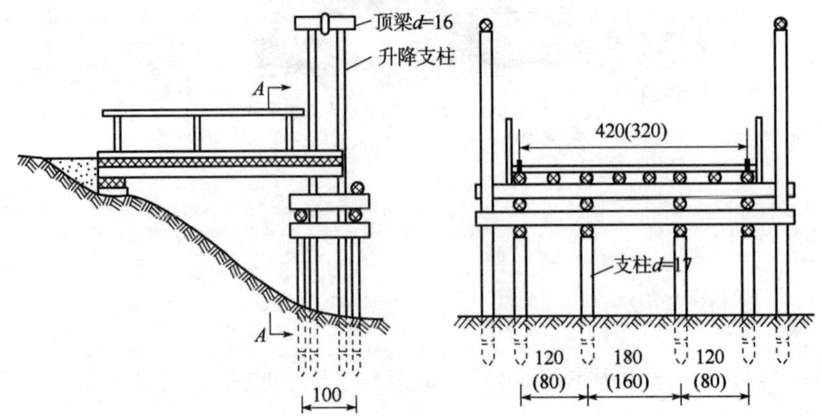

图 10-24　可升降的列柱木杆层码头(尺寸单位:cm)

5)浮游码头

浮游码头(图 10-25)适用于水位经常变化且变化幅度较大,或因岸边水较深,河底土质所限不便构筑其他码头时使用。

图 10-25　浮游码头

3. 桥脚

1)架柱桥脚

架柱桥脚(图 10-26),通常采用复式框架。复式框架由两个单框架用水平系材和斜系材连接而成。在框架的两根冠材上均衡地配置 6 ~ 10 根短木,用长铁钉固定在框架冠材上。在短木的中央固定一根冠材,在冠材水侧的短木上,设置码头支架板。

桥脚冠材、础材的长度为车行道宽度加 1m,支柱的长度可根据当时的水深确定。

如岸边河底土壤松软,可在框架下面固定枕材。

2)木杆层桥脚

木杆层桥脚(图 10-27),是由若干层方木或两面削平的圆木分层直交结构而成。同一层的木材高度应相等,短木间距应不大于1m,交叉处用两爪钉固定。在上层短木中央,配置一根冠材,在冠材水侧的短木上,设置码头支架板。

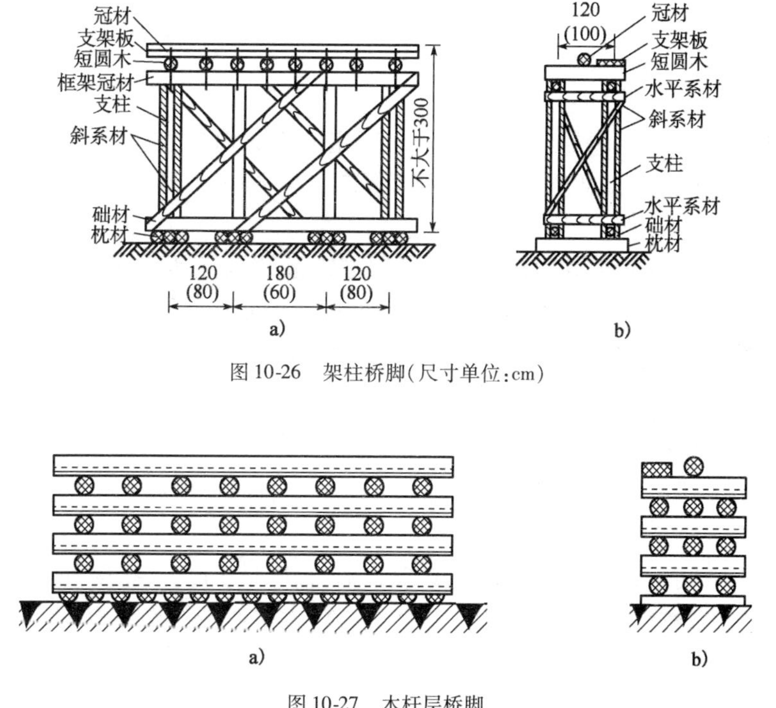

图10-26 架柱桥脚(尺寸单位:cm)

图10-27 木杆层桥脚

由于木杆层桥脚用木材较多,自身浮力较大,故桥脚处水深通常不应大于1m,桥脚高度不大于1.5m。

3)可升降的列柱木杆层桥脚

可升降的列柱木杆层桥脚(图10-24),通常采用复式列柱桥脚。在复式列柱桥脚上设置木杆层,在上层短木上设置冠材和支架板,并用两爪钉简单固定。

升降装置的设置:在桥脚冠材的两端侧各打一对升降桩柱(桩柱与冠材之间应留5cm空隙),每对桩柱的顶端固定一根顶梁,在顶梁上安装升降滑车;再将绳或铁丝固定在桥脚冠材的两端,并留一个圆环挂在滑车的吊钩上。用千斤顶调整码头高度时,不设置升降桩柱。

升降方法:先撬开固定桥脚冠材和支架板的两爪钉,将支架板移至桥面上,再操作升降滑车吊起上部结构的前端,然后根据需要升、降的高度增(减)木杆层,降下上部结构的前端,固定冠材和支架板。用千斤顶升降时,在长木两端,固定两根短木,在短木上各安置一个千斤顶,顶住冠材,然后同时操作两个千斤顶,均匀地升起上部结构,根据需要的高度,在冠材下增(减)木杆层。

桥脚柱上端的构筑高度,为低水位时码头支架高度减支架板高和短圆木的高度。升降支柱上端的构筑高度,为高水位时码头支架高度加1~1.5m。桥脚冠材的长度应为车行道宽度加2m。

上部结构的节间长度l_1,应根据使用期间水位变化的幅度和码头桥面允许纵坡度确定,计算见式(10-7)。

$$l_1 = \frac{\Delta B}{2 \times [i]} \tag{10-7}$$

式中：l_1——上部结构的节间长度(m)；

ΔB——水位变化的幅度(m)；

$[i]$——栈桥桥面允许的坡度。

4)浮游桥脚

浮游桥脚舟的加强和桥桁的断面及其接长、固定的方法均与门桥相同。桥桁的陆侧端支撑在桥础上并用螺杆固定，以便随水位变化移动码头。桥脚舟上、下流必须用锚和岸上打桩斜张纲索牢固固定。

由于浮游桥脚不是固定桥脚也没有支架板，所以当荷载位于码头或门桥的边缘时，使边舟的吃水深度加大。为保证门桥、码头的稳定，浮游桥脚的安全载重量不小于设计荷载的1.5倍，门桥桥脚舟的安全载重量不小于表10-4规定桥脚舟安全载重量的2倍。

4. 码头的上部结构

码头的上部结构与门桥或浮桥的上部结构基本相同，不同的是：

(1)桥桁一般不需接长，其长度为节间长加0.5m，配置时突出冠材轴线0.2m，突出础材轴线0.3m，用两爪钉或铁钉等固定在冠、础材上。

(2)如构筑多节间码头时，桥桁根据上述突出冠材、础材长度，交错配置在冠、础材上。

(3)码头一般不设置栏杆。

5. 桥础

1)桥础的组成、类型和结构

桥础是由支撑部分，挡土壁和进出口组成。

码头的桥础，通常采用础材桥础(图10-28)，有时浮游码头也采用活动桥础(图10-29)。础材桥础的支撑部分是由桥础材、枕材和桥础桩组成，其主要作用是承受垂直荷载；挡土壁由被复板、被复桩(被复桩应与码头桥桁末端顶紧)组成，以巩固进出口填土，抵抗水平推力，加强码头纵方向稳定性；进出口部分由三角跳板或束柴、土、石等填平捣实筑成，用以防止土壤在连续通过荷载后下陷，并使车辆平稳地上下码头。

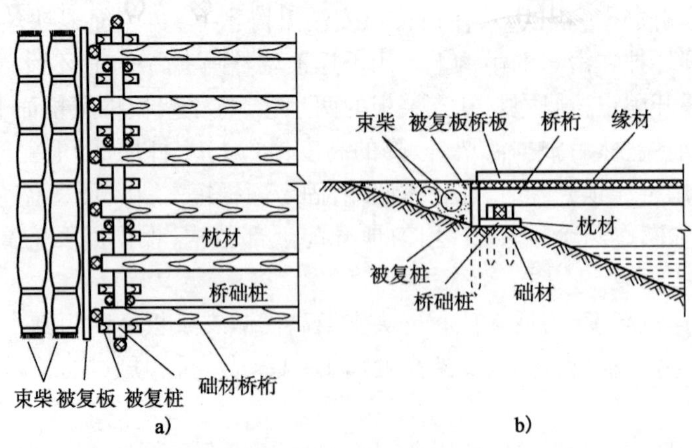

图10-28 础材桥础

桥础材的长度与桥脚冠材同长。

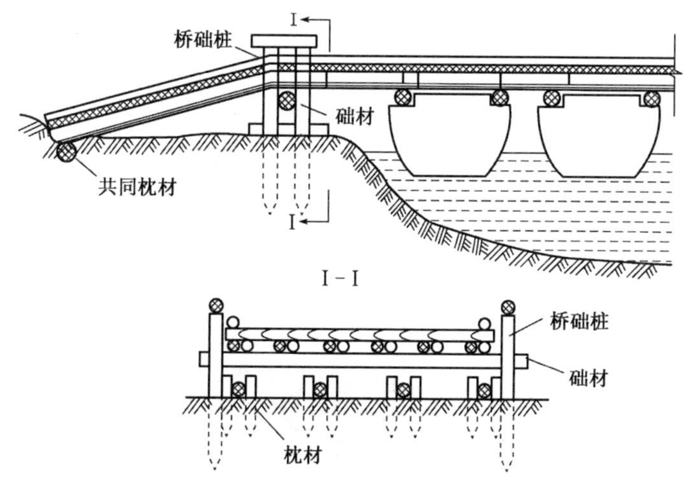

图 10-29　活动桥础

枕材的长度通常为 1.2～1.5m 左右，通常是采用均匀配置，其数量为桁数加 1，枕材之间的距离等于桁距，枕材的中点对正桥础轴线。当土质松软时，可成组配置或密集配置，但不应妨碍植被复桩。如河岸土质密实，也可不设枕材。

活动桥础的桥础材与浮游码头（或浮游栈桥）的桥桁用螺栓连接，并在桥础材两侧各植一对控制桩，防止桥础材前后移动。进出口圆木与桥础材用大铁钉连接，进出口圆木末端砍削成斜面。

2）构筑桥础的要求

（1）桥础应在河岸坡度徐缓，土质较坚硬，距水边 1m 左右的位置构筑。如土壤松软，坡度较陡时，应加固或适当后移。如遇断崖河岸，应离断崖 0.5m 以上。

（2）固定桥脚码头的桥础，其表面高出水面，最好和桥脚冠材同高。如受地形限制或因结构上的需要（如可升降的列柱码头），码头的纵坡度不能大于 10%（图 10-30）。

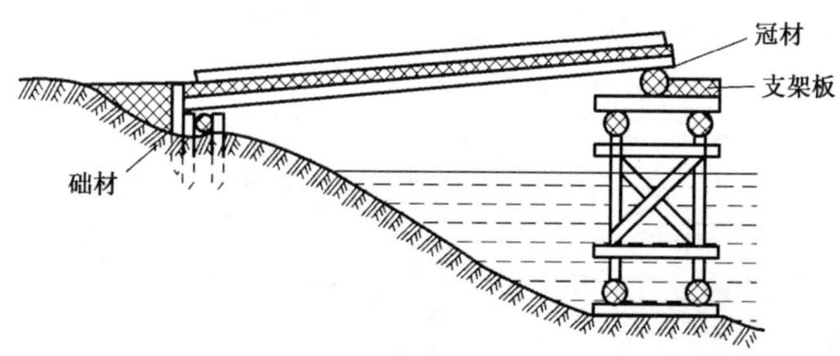

图 10-30　固定桥脚码头的桥础高度

（3）浮游码头的桥础高度（图 10-31），通常是空载时桥桁下缘至水面的高度减去满载时下沉量的 1/2。

6. 支架板

码头支架板供车辆、技术兵器上下门桥时承托门桥突出部，以防门桥倾翻。

支架板设置在桥脚冠材水侧的短木上，支架板的长度等于桥脚的长度，宽度为桥脚宽度的 1/2 减去冠材宽（或中径）的 1/2。码头支架的高度是指支架板上表面高出水面的高度，为了保证门桥满载后能顺利的靠离码头，码头支架的高度应低于门桥满载时桥桁下缘至水面的高度约5~10cm。当水位上涨势时，可略高些；当水位是退势时，可略低些。

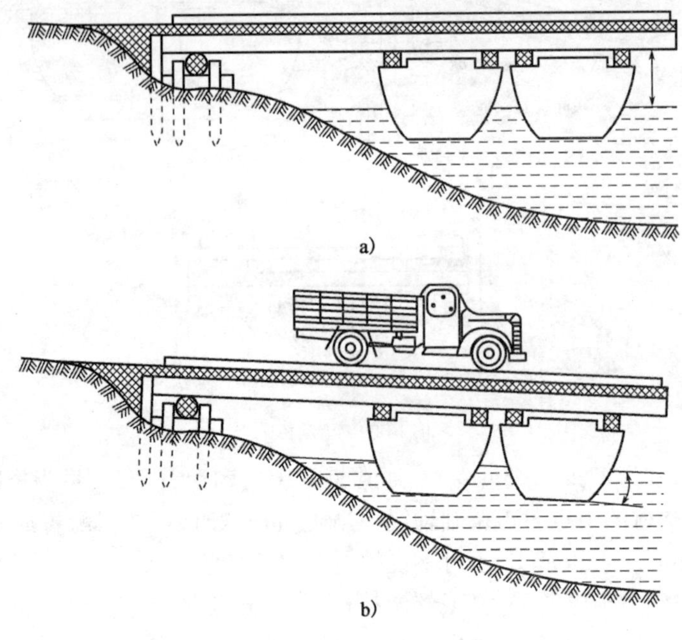

图10-31　浮游码头的桥础高度

第三节　民舟漕渡门桥简便设计

一、民舟漕渡门桥简易设计方法

民舟漕渡门桥设计是准备器材、加工构件和进行结构作业的依据。设计应根据任务、江河情况、现有器材和加工条件等因素，进行综合分析、精心设计。设计时，做到合理用材，保证质量；结构简单，作业方便；便于取材，易于加工，认真细致，准确无误。

设计的内容主要包括：确定门桥的诸元、码头类型、上部结构材料、绘制设计简图、统计材料等。门桥、码头的设计，可用查表法或计算法。

用查表法设计门桥、码头，通常可按下列方法进行。

1. 确定总体方案

确定门桥载重量：根据渡河任务，在160kN、250kN、400kN三种门桥载重量中选定。其原则是门桥的载重量一定要大于或等于所需漕渡的最大荷载的全重。

2. 确定门桥诸元

（1）根据门桥载重量、技术兵器牵引长度和舟的安全载重量，确定门桥桥脚舟的数量、跨度、车行道宽度。

（2）根据舟的宽度、数量和门桥跨度，确定门桥长度，按下式计算：

$$L_0=(m-1)l+B+2C_0 \tag{10-8}$$

式中：L_0——门桥长度（m）；

m——桥脚舟数量；

l——节间长度（m）；

B——舟宽（m）；

C_0——突出部长度（m）。

3. 确定上部结构材料

（1）确定桥桁数量：根据门桥载重量、桥脚舟数量、跨度和现有桥桁断面尺寸查表10-4得出桁数。采用木质桁时，若材料不是东北红松，应将查得的桁数除以材料弯曲应力修正系数（查附表3-2），即得所需的桁数。当出现小数时，一般进为整数。

（2）根据门桥长度和桥桁材料种类、长度，确定桥桁的接长方法。

（3）按照桥桁接长方法，查表10-3、表10-5确定连接材料数量、长度和断面尺寸等。

（4）确定桥板：根据荷载和确定的桥板数量及桥面宽度，查表10-4得所需桥板断面系数。若材料不是东北红松，应将查得的断面系数除以弯曲应力修正系数（附表3-2），即得所需桥板断面系数。根据此断面系数，查表10-4确定桥板断面尺寸。桥板长度通常等于车行道宽度加0.8m。

门桥、浮桥桥板断面尺寸　　表10-4

载重量	车行道宽度（m）	桥桁（桁组）数量（根）	桥板断面			
			圆木直径（cm）	半圆木直径（cm）	木板	
					厚×宽（cm×cm）	断面系数（cm^3）
履带式160kN（轴压力70kN）	3.4	6	14	25	10×21	344
		8	12	21	9×17	224
		10	11	19	8×15	151
		12	10	17	7×15	109
		14	9	15	5.5×16	79
履带式250kN（轴压力90kN）	3.6	6	15	27	10×26	435
		8	13	23	9×20	264
		10	12	20	8×16	171
		12	10	17	7×15	119
		14	9	15	5.5×16	82
履带式400kN（轴压力90kN、120kN）	4.0	8	14	24	10×19	310
		10	12	21	9×16	210
		12	11	18	7×17	140
		14	10	16	6×17	99

注：材料为东北红松。

（5）负桁材的断面尺寸与码头桥脚冠材相同（查表10-6）。

（6）缘材与栏杆的确定：缘材通常用直径20cm的圆木或16cm×16cm的方木制作。其数量根据门桥长度和现有材料长度确定。栏杆，可用长1.5m、直径10cm的圆木或8cm×8cm的方木制作。

门桥材料表

表 10-5

门桥载重量	车行道宽度(m)	门桥舟数(只)	节间长度(m)	桥脚舟安全载重量(10 kN)	桥桁(桁组)数量(根)	木质桁						金属桁					连接材料								
						单桁			复合桁			槽钢		工字钢		钢轨(38 kg)(根)	螺杆		横桁						
						圆木直径(cm)	方木		圆木直径(cm)	方木		1 根	2 根	1 根	2 根		数量(根)	外径(mm)	圆木直径(cm)	方(板)木		金属件			
							宽×高(cm×cm)	断面系数(cm^3)		宽×高(cm×cm)	断面系数(cm^3)									宽×高(cm×cm)	断面系数(cm^3)	金属件			断面系数(cm^3)
																						两根相扣焊接	单根与钢板焊接(钢板与腹板等厚)	单根	
履带式160kN(轴压力70kN)	3.4	2	4	14	6	24	18×22	1465	19	16×17	733	18a	12.6	16	12.6	6	7/13	16/12	17/15	27×12/26×10	635/426	8/6.3	14a/12.6	32a/25a	45.2/30.3
					8	22	15×21	1100	17	15×15	550	16a	12.6	14	10		9/17	14/10	15/13	23×10/19×9	376/258	6.3/5	10/10	22a/18a	26.8/18.4
					10	20	15×19	880	16	14×15	510	14a	10	12.6	10		11/21	14/10	13/12	24×8/17×8	251/175	5/5	8/6.3	18a/14a	17.9/12.5
					12	19	16×17	734	15	12×15	423	12.6	10	12.6	10		13/25	12/10	12/11	23×7/16×7	184/131	5/5	6.3/5	14a/12.6	13.1/9.3
			5	13	6	27	20×25	2064	21	18×19	1032	20a	16a	18	14	6	7/13	18/14	20/17	/27×12	918/630	10/8	16a/14a	40a/32a	65.3/44.8
					8	24	18×23	1550	19	16×17	775	18a	12.6	16	12.6		9/17	16/12	17/15	27×11/23×10	543/381	8/6.3	14a/10	32a/22a	38.6/27.1
					10	23	19×20	1240	18	15×16	620	16a	12.6	14	12.6		11/21	16/12	15/13	25×10/24×8.5	406/284	6.3/5	12.6/10	22a/18a	28.9/20.2
					12	21	18×19	1032	17	15×15	516	16a	12.6	14	10		13/25	14/10	13/11	24×8/17×8	254/179	5/5	8/6.3	18a/14a	18.1/12.5
		3	3	10	6	25	20×22	1591	20	17×17	792	18a	14a	16	12.6	6	7/13	16/12	18/16	29×12/23×11	691/466	10/6.3	14a/12.6	36a/28a	49.1/33.2
					8	22	18×20	1192	18	15×15	596	16a	12.6	14	10		9/17	14/12	15/13	25×10/21×9	411/282	6.3/5	12.6/10	22a/18a	29.2/20
					10	21	16×19	954	17	13×16	548	14a	10	12.6	10		11/21	14/10	13/12	24×8.5/19×8	287/200	5/5	10/8	18a/16a	20.4/14.2
					12	20	15×18	795	16	12×15	458	14a	10	12.6	10		13/25	12/10	12/10	23×7/16×7	188/130	5/5	6.3/5	14a/12.6	13.3/9.2
			4	10	6	28	23×25	2400	22	18×20	1200	22a	16a	20a	14	8	7/13	20/16	21/18		1075/740	12.6/10	18a/16a	40a/36a	76.5/52.7
					8	26	19×24	1800	20	17×18	900	18a	14a	18	12.6		9/17	13/14	18/16	/23×11	653/459	8/6.3	14a/12.6	32a/28a	46.5/32.6
					10	24	18×22	1438	19	15×17	719	18a	12.6	16	12.6		11/21	16/12	16/14	30×10/21×10	492/344	6.3/5	12.6/10	28a/20a	35/24.5
					12	22	18×20	1196	18	15×16	598	16a	12.6	14	10		13/25	16/12	14/12	24×9/21×8	326/217	5/5	10/8	20a/16a	22.2/15.4
			5	10	6	31	25×29	3205	25	20×22	1603	25a	18a	22a	16	10	7/13	22/18	35/30		1480/1040	14a/12.6	20a/18a	/40a	105/74
					8	28	23×25	2400	22	18×20	1200	22a	16a	20a	14		9/17	20/16	20/18		940/665	10/8	16a/14a	40a/32a	66.7/47.2
					10	26	20×24	1923	21	18×18	962	20a	14a	18	12.6		11/21	18/14	17/15	/24×10	577/403	8/6.3	14a/12.6	32a/22a	41/28.6
					12	25	20×22	1603	20	17×17	802	18a	14a	16	12.6		13/25	18/12	15/13	/25×8	388/266	6.3/5	12.6/10	22a/18a	27.6/18.9

续上表

门桥载重量	车行道宽度(m)	门桥舟数(只)	节间长度(m)	桥脚舟安全载重量(10kN)	桥桁(桁组)数量(根)	木质桁 单桁 圆木直径(cm)	木质桁 单桁 方木 宽×高(cm×cm)	木质桁 单桁 方木 断面系数(cm^3)	木质桁 复合桁 圆木直径(cm)	木质桁 复合桁 方木 宽×高(cm×cm)	木质桁 复合桁 方木 断面系数(cm^3)	金属桁 槽钢 1根	金属桁 槽钢 2根	金属桁 工字钢 1根	金属桁 工字钢 2根	钢轨(38kg)(根)	连接材料 螺杆 数量(根)	连接材料 螺杆 外径(mm)	连接材料 横桁 圆木直径(cm)	连接材料 横桁 方(板)木 宽×高(cm×cm)	连接材料 横桁 方(板)木 断面系数(cm^3)	连接材料 横桁 金属件 两根相扣焊接	连接材料 横桁 金属件 单根与钢板焊接(钢板与腹板等厚)	连接材料 横桁 金属件 单根	连接材料 横桁 金属件 断面系数(cm^3)
履带式250kN(轴压力90kN)	3.6	3	4	14	8	29	24×26	2684	23	20×20	1342	22a	16a	20a	16	10	9/17	22/16	21/19		1080/768	12.6/10	18a/16a	40a/36a	77.1/54.8
					10	27	23×24	2147	22	18×19	1074	20a	16a	18	14		11/21	20/14	19/16	/29×10	674/470	10/6.3	14a/12.6	36a/28a	48.1/33.6
					12	25	22×22	1789	20	17×18	894	18a	14a	16	12.6		13/25	18/14	16/14		519/359	8/5	12.6/10	32a/22a	37.1/25.6
					14	24	21×21	1533	19	16×17	767	18a	12.6	16	12.6		15/29	16/12	14/12		329/224	5/5	10/8	20a/16a	23.5/16
			5	15	8	32	28×28	3631	26	21×23	1816	28a	18a	22a	18	14	9/17	24/18	22/20		1350/946	12.6/10	20a/16a	/36a	95.8/67.5
					10	30	26×26	2905	24	20×21	1453	25a	18a	20a	16		11/21	22/16	20/18		995/696	12.6/10	18a/14a	40a/36a	71/49.7
					12	28	24×25	2421	22	19×20	1211	22a	16a	20a	14		13/25	20/16	17/15		568/425	8/6.3	14a/12.6	32a/25a	40.6/30.3
					14	27	22×24	2075	21	18×19	1038	20a	14a	18	14		15/29	20/14	15/14		445/304	6.3/5	12.6/10	/20a	31.8/21.7
		4	3	10	8	29	24×26	2684	23	20×20	1342	22a	16a	20a	16	10	9/17	22/16	21/19		1086/768	12.6/10	18a/16a	40a/36a	77.6/54.8
					10	27	23×24	2147	22	18×19	1074	20a	16a	18	14		11/21	20/14	18/16	/29×10	673/470	10/6.3	14a/12.6	36a/28a	48.1/33.6
					12	25	22×22	1789	20	17×18	894	18a	14a	16	12.6		13/25	18/14	16/14		519/359	8/5	12.6/10	32a/22a	37.1/25.6
					14	24	21×21	1533	19	16×17	767	18a	12.6	16	12.6		15/29	16/12	14/12		329/224	5/5	10/8	20a/16a	23.5/16
			4	12	8	33	28×29	3947	26	23×23	1974	28a	20a	25a	18	14	9/17	27/20	23/20		1470/1030	14a/12.6	20a/18a	/40a	105/73.6
					10	31	26×27	3158	24	20×22	1579	25a	18a	22a	16		11/21	22/18	21/18		1080/755	12.6/10	18a/16a	40a/36a	77.2/53.8
					12	29	24×26	2631	23	20×20	1316	26a	16a	20a	14		13/25	20/16	18/16		662/463	8/6.3	14a/12.6	32a/28a	47.3/33.1
					14	27	24×24	2255	22	19×19	1128	26a	16a	18	14		15/29	20/16	16/14		483/330	6.3/5	12.6/10	28a/20a	34.5/23.6
			5	14	8	36			29	24×26	2605	32a	22a	28a	20a	18	9/17	30/22	26/23		2110/1490		28a/20a		151/111.4
					10	33	28×30	4168	27	22×24	2084	28a	20a	25a	18		11/21	27/20	22/19		1250/872	12.6/10	20a/16a	/36a	89.3/62.3
					12	32	27×28	3473	25	22×22	1737	28a	18a	22a	16		13/25	24/18	19/17		873/610	10/8	16a/14a	36a/32a	62.6/43.5
					14	30	26×26	2977	24	20×21	1489	25a	18a	20a	16		15/29	22/16	17/15		639/436		14a/12.6	32a/25a	45.6/31.1

续上表

门桥载重量	车行道宽度(m)	门桥舟数(只)	节间长度(m)	桥脚舟安全载重量(10kN)	桥桁(桁组)数量(根)	木质桁 单桁 圆木直径(cm)	木质桁 单桁 方木 宽×高(cm×cm)	木质桁 单桁 方木 断面系数(cm^3)	木质桁 复合桁 圆木直径(cm)	木质桁 复合桁 方木 宽×高(cm×cm)	木质桁 复合桁 方木 断面系数(cm^3)	金属桁 槽钢 1根	金属桁 槽钢 2根	金属桁 工字钢 1根	金属桁 工字钢 2根	钢轨(38kg)(根)	连接材料 螺杆 数量(根)	连接材料 螺杆 外径(mm)	连接材料 横桁 圆木直径(cm)	连接材料 横桁 方(板)木 宽×高(cm×cm)	连接材料 横桁 方(板)木 断面系数(cm^3)	连接材料 横桁 金属件 两根相扣焊接	连接材料 横桁 金属件 单根与钢板焊接(钢板与腹板等厚)	连接材料 横桁 金属件 单根	连接材料 横桁 金属件 断面系数(cm^3)
履带式400kN(轴压力90kN 120kN)	4.0	3	4	22	8	33	27×30	4042	26	23×23	2021	28a	20a	25a	18	14	9/17	20/16	22/20		1365/965	14a/10	20a/18a	/40a	97.6/68.8
					10	31	27×27	3234	25	20×22	1617	25a	18a	22a	16		11/21	20/16	19/17	/29×11	845/590	10/8	16a/14a	33a/32a	60.3/42.1
					12	29	24×26	2694	23	20×20	1347	22a	16a	20a	16		13/25	20/14	17/15		545/377	8/6.3	14a/10	32a/22a	38.9/27
					14	28	24×24	2309	22	19×19	1154	22a	16a	18	14		15/29	18/14	15/13	/26×8	397/274	6.3/5	12.6/10	22a/18a	28.4/19.6
			5	22	8				29	25×26	2796	32a	25a	28a	20a	20	9/17	27/20	24/21		1690/1182	14a/12.6	22a/18a		121/84.5
					10	34		4446	27	24×24	2223	32a	20a	25a	18		11/21	24/18	21/19		1085/765	12.6/10	18a/16a	40a/36a	77.5/54.6
					12	32	27×29	3705	26	21×23	1853	28a	18a	22a	18		13/25	22/16	18/16		746/518	10/8	16a/12.6	36a/32a	53.3/37
					14	31	26×27	3175	24	20×22	1588	25a	18a	22a	16		15/29	20/16	17/15		545/375	8/6.3	14a/10	32a/22a	38.9/26.8

注:1. 本表中木材为东北红松。若用其他木材时,表中数值应进行修正。圆木直径为小头直径。圆木断面为两面砍削 $d/3$。金属材料除钢轨以外均为 A3 钢。轨为磨损 9mm。

2. 两对横桁中心距:160kN、250kN:$a=1.1$m;40t:$a=1.5$m。

3. 横桁栏中:已给出的断面尺寸和由表中的断面系数查出的断面尺寸均可作下连横桁;其方木及金属件栏中已给出的断面尺寸均可作上连接横桁(其厚度均不超过桥板表中同类桥板 2cm)。如采用表中圆木及由表中断面系数查出的断面尺寸作上连接横桁,而超过桥板厚度较高时,应进行结构处理。横桁如选用最小边≥15cm 的方木时,表中所列断面系数应除以系数 1.15,然后再查附录第三节,确定断面尺寸。

4. 当桥桁接长采用交锚接长或短桁接长而桥桁在车行道内摆不下时,可采用连接板接长或作结构处理。当桥桁接长采用金属短桁时,金属短桁选用同一横栏中的金属桁型号即可。

5. 连接材料栏中:斜线上面数字是螺杆数为桁数加 1 时所需有关数值;斜线下面数字是螺杆数为 2 倍桁数加 1 时所需有关数值。

码头材料断面表

表 10-6

载重量	车行道宽度(m)	节间长度(m)	桥桁												桥脚			
			桥桁根(组)数	木质桁						金属桁					构件名称	架柱码头	木杆层码头	可升降列柱码头
				单桁			复合桁			槽钢型号		工字钢型号		钢轨(38kg)根				
				圆木直径(cm)	方木 宽×高(cm×cm)	方木 断面系数(cm^3)	圆木直径(cm)	方木 宽×高(cm×cm)	方木 断面系数(cm^3)	一根	二根	一根	二根					
履带式160kN(轴压力70kN)	3.6	4	6	22	19×21	1386	17	15×17	693	18a	12.6	16	12.6	6	冠(础)材	18	18	18
			8	19	17×10	1022	15	14×15	511	16a	12.6	14	10		桩(支)柱	18		15
			10	18	15×18	806	14	11×15	403	14a	10	12.6	10		系材	15/2		15/2
		5	6	25	21×24	1992	19	17×19	996	20a	14a	18	14	6	枕材	13/120	13/120	
			8	22	20×21	1466	17	16×17	733	18a	12.6	16	12.6		短圆木	18	10/15	18
			10	20	18×20	1156	16	14×16	578	16a	12.6	14	10		长圆木		15	15
		6	6	26	24×26	2622	20	18×21	1311	22a	16a	20a	14	8	顶梁			16
			8	23	22×23	1930	18	18×18	965	20a	14a	18	12.6		桥础桩	8	8	8
			10	21	19×22	1522	16	16×17	761	18a	12.6	16	12.6		支架板	18	18	18
履带式250kN(轴压力90kN)	3.6	4	6	25	22×24	2076	20	18×19	1038	20a	16a	18	14	6	冠(础)材	20	20	20
			8	22	20×22	1528	17	16×17	764	18a	12.6	16	12.6		桩(支)柱	20		16
			10	20	19×20	1216	16	15×16	608	16a	12.6	14	10		系材	16/2		16/2
		5	6	28	25×27	3050	22	21×21	1525	25a	18a	22a	16	10	枕材	17/150	17/150	
			8	26	22×25	2248	20	17×20	1124	22a	16a	18	14		短圆木	23	23/18	23
			10	24	20×23	1790	18	17×18	895	18a	14a	16	12.6		长圆木		18	18

续上表

载重量	车行道宽度（m）	节间长度（m）	桥桁												桥脚			
			桥桁根（组）数	木质桁						金属桁					构件名称	架柱码头	木杆层码头	可升降列柱码头
				单桁			复合桁			槽钢型号		工字钢型号		钢轨（38kg）根				
				圆木直径（cm）	方木		圆木直径（cm）	方木										
					宽×高（cm×cm）	断面系数（cm^3）		宽×高（cm×cm）	断面系数（cm^3）	一根	二根	一根	二根					
履带式250kN（轴压力90kN）	3.6	6	6	30	27×30	4056	24	23×23	2028	28a	20a	25a	18	12	顶梁			18
			8	27	25×27	2993	21	19×21	1496	25a	18a	22a	16		桥础桩	10	10	10
			10	25	23×25	2380	19	18×20	1190	22a	16a	20a	14		支架板	20	20	20
履带式400kN（轴压力90kN、120kN）	4.0	4	8	25	22×24	2094	20	18×19	1047	20a	16a	18	14	10	冠（础）材	24	24	24
			10	23	21×22	1652	18	16×18	826	18a	14a	16	12.6		桩（支）柱	21		17
			12	21	19×21	1360	17	16×16	680	16a	12.6	14	12.6		系材	17/2		17/2
		5	8	29	25×28	3190	23	20×22	1595	25a	18a	22a	16	14	枕材	18/150	18/150	
			10	27	24×25	2518	21	19×20	1259	22a	16a	20a	14		短圆木	26	26/20	26
			12	25	22×24	2074	20	18×19	1037	20a	16a	18	14		长圆木		20	20
		6	10	29	27×28	3422	22	20×23	1711	28a	18a	22a	16	18	顶梁			20
			12	27	24×27	2820	21	20×21	1410	25a	18a	20a	16		桥础桩	12	12	12
															支架板	24	24	24

注：1. 本表中木材为东北红松。若用其他材时，表中数值应进行修正。圆木直径为小头直径。圆木断面为两面砍削 $d/3$。金属材料除钢轨以外均为 3 号钢。钢轨为磨损 9mm。

2. 枕材一栏中，分子是直径，分母是长度。160kN、250kN 每两根成一组配置。400kN 是三根一组配置。

3. 短圆木一栏中，分子是上层短圆木，分母是中间短圆木。

4. 冠材的砍削宽度：160kN 为 8cm；250kN 为 8～8.5cm；400kN 为 9.5～12cm（数字范围表示 4～6m 节间范围）。

4. 确定码头类型及其材料

(1)根据江河条件确定码头类型和跨度。

(2)根据码头类型和跨度,确定上部结构和桥脚材料断面尺寸(查表10-5)。若材料不是东北红松,应将查得的桁数除以材料弯曲应力修正系数(查附表3-2)。

(3)按照水位、门桥的高度确定码头支架和桥脚高度。

5. 绘制简图,统计材料

设计简图包括平面图,纵、横断面图,必要时绘出细部结构图;统计所需材料,绘制材料统计表。

二、民舟漕渡门桥简易设计示例

利用就便器材设计渡送轻型坦克(重210kN)的漕渡门桥。获得的资料如下:坚固的平底民舟12只,舟长16.5m(设计水线长14.5m),宽3m,高1.0m,空舟吃水0.26m。湖北金钱松直径28cm、长2.6m的100根;东北红松直径16~25cm、长5~6.5m的200根;小圆木长2~5m若干根;安徽柳杉木板,其断面为10×20cm、长度为4.5m的500块。25a~28a号槽钢(3号钢)一批;直径为15~23mm的钢筋(3号钢)一批。

江河情况:河幅约200m,最大水深约10m,水位变化不大;左岸水深1m处到水沿距离为5m,河岸坡度20%左右;右岸水沿距水深0.85m处为5m,河岸坡度25%;岸与河底均为砂质黏土。

现根据已知条件设计如下:

1. 确定门桥总体方案

(1)确定门桥载重量。

根据任务,选定门桥载重量为履带式荷载250kN级,轮式轴压力90kN,车行道宽为3.6m。

(2)确定舟的安全载重量。

$[A]=LBT_2\delta\gamma$

已知:$L=14.5\text{m}, B=3.0\text{m}$

计算:$T_2=1-0.26-0.3=0.44(\text{m})$

取:$\delta=0.75, \gamma=10\text{kN/m}^3$

则$[A]=14.5\times3\times0.44\times0.75\times10=14.4(\text{kN})$

(3)确定舟的加强方法。

根据船舶的状况,确定采用负桁材加强舟舷。

2. 确定门桥诸元

(1)根据门桥载重量、舟的安全载重量,查表10-5确定门桥内的桥脚舟为3只,节间长度为4m。

(2)确定门桥长度。

门桥突出部长度通常为0.5~1m,取1m。

则门桥长度$=(3-1)\times4+3+2\times1=13(\text{m})$。

3. 确定上部结构材料断面

(1)确定桥桁的断面和数量。

根据门桥载重量250kN，桥脚舟数3只，节间长度4m，桥桁直径28cm，查表10-5，查得桥桁数9根（表内没有直径为28cm的圆木，此数值是取直径为27cm和29cm的圆木之中间值）。

用查得桥桁数9根除以弯曲应力修正系数1.2，即得9/1.2=7.5，所以实际需要桥桁的数，取8根。

（2）确定桥桁的接长方法。

门桥长度13m，桥桁长度6.5m，根据现有材料桥桁接长采用槽钢连接板接长。

（3）按照桥桁接长方法，查表10-3、表10-5确定用28a号槽钢接长桥桁，槽钢长 $L=150cm$，键间距 $L_1=120cm$，键的尺寸 $b \times h=120cm \times 60mm$，连接螺栓直径22mm、长度260mm。

（4）确定桥板。

根据门桥载重量250kN、桥桁8根，查表10-4得知桥板断面系数 $W=264cm^3$。现有柳杉作桥板，修正系数为0.8，则所需断面系数 $W=264/0.8=330(cm^3)$。

10cm×20cm的柳杉板 W 为 $330cm^3$（查附表3-9），故可用。

（5）确定缘材与栏杆材料断面。

缘材用直径20cm、长6.5m的圆木制作。栏杆用1.5m、直径10cm的小圆木制作。

（6）确定负桁材断面。

负桁材用直径为20cm的红松制作（负桁材的断面与码头冠材断面相同也可查表10-8确定）。

4.确定码头类型及其材料

1）确定码头类型和节间

根据江河条件确定两岸均采用复式架柱码头，桥础构筑在水沿陆侧1m处。左岸码头跨度为5m，桥脚构筑在水沿水侧4m处，桥脚处水深0.8m；右岸码头跨度为6m，桥脚构筑在水沿水侧5m处，桥脚处水深0.85m。

2）查表10-6，确定码头材料

（1）桥桁采用东北红松，左岸码头用直径24cm的桁10根；右岸码头，用直径25cm的桁10根。

（2）桥板、缘材与门桥相同。

（3）冠材、础材用直径20cm、长5m的圆木制作。

（4）支柱用直径20cm圆木、枕材用直径17cm圆木、短圆木用直径23cm的圆木制作。

（5）码头支架板用1根负桁材（或两块桥板）制作。

3）码头支架与桥脚高度

门桥满载后桥桁下缘至水面的高度＝舟的干舷高＋负桁材高＝0.3＋0.2＝0.50（m）

码头支架板上表面至水面距离，即码头的支架板高度＝0.50－0.1＝0.4（m）

左岸码头桥脚高度＝0.8＋0.4＝1.20（m）

右岸码头桥脚高度＝0.85＋0.4＝1.25（m）

4）跳板的制作

跳板用直径13cm的小圆木制作，长2m、宽1m，共计4块。

5.绘制门桥、码头设计简图和材料统计表

绘制的相关图表见图10-32和表10-7、表10-8。

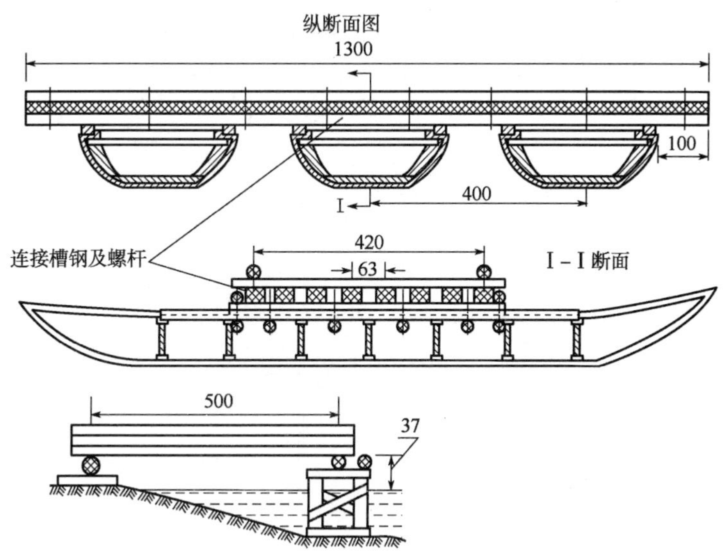

图 10-32 250kN 门桥、码头设计简图(尺寸单位:cm)

注:右岸码头节间 6m。

1 个门桥所需材料统计表 表 10-7

木质构件						金属连接材料				
名称	长度(cm)	高×宽(cm×cm)	直径(cm)	单位	数量	名称	直径(mm)	长度(mm)	单位	数量
民舟	1650	100×300		只	3					
负桁材	500		20	根	6	两爪钉	12	200	个	100
桥桁	650		28	根	16	28 号槽钢		1500	副	8
						连接螺栓	22	260	根	64
桥桁	450	10×20		块	65					
缘材	650		20	根	4	缘材螺栓	16	650	根	16
上横木	320		15	根	6	螺栓	14	500	根	12
下横木	285		15	根	16	螺栓	14	800	根	24

2 个码头所需材料统计表 表 10-8

木质构件						金属连接材料				
名称	长度(cm)	高×宽(cm×cm)	直径(cm)	单位	数量	名称	直径(mm)	长度(mm)	单位	数量
左岸桥桁	550		24	根	10	长铁钉	16	400	个	48
右岸桥桁	650		25	根	10					
桥板	450	10×20		根	60					
左岸缘材	550		10	根	2	螺栓	16	600	根	12
右岸缘材	650		10	根	2					
冠(础)材	500		20	根	12	长铁钉	16	300	个	16

续上表

木质构件						金属连接材料				
名称	长度（cm）	高×宽（cm×cm）	直径（cm）	单位	数量	名称	直径（mm）	长度（mm）	单位	数量
支柱	50		20	根	16	倒刺钉	16	350	个	32
系材	400		16/2	根	12	铁钉	6	200	个	160
枕材	120		17	根	48	长铁钉	12	250	个	48
短圆木	120		23	根	16	长铁钉	16	300	个	32
支架板	500		20	根	2	长铁钉	16	300	个	16
桥础桩	150		10	根	24					
跳板	200	13×100		块	4					

注：本表未加预备数。

第四节　民舟浮桥结构

一、简体体系浮桥河中部分

简支体系浮桥是静定结构，是支撑在浮游桥脚上的多跨简支梁，一般只在就便器材中使用。简支体系浮桥有各种不同的型式（图10-33），其中应用最广泛的是桥跨末端中央支撑在浮游桥脚上，浮游桥脚中央一般设置负桁材，桥跨结构和活载的重量通过负桁材传到桥脚上，使桥脚在沿桥梁轴线方向能是中心吃水，因此桥跨结构强度计算与刚性桥脚上的多跨桥类似（如低水桥），桥脚则必须计算吃水和强度，两相邻桥脚由于吃水不同产生桥面纵坡度。此外，活载在桥面上的横向偏心，不仅产生了桥跨结构各承重构件的不均匀分配，还会引起桥脚舟的纵倾。

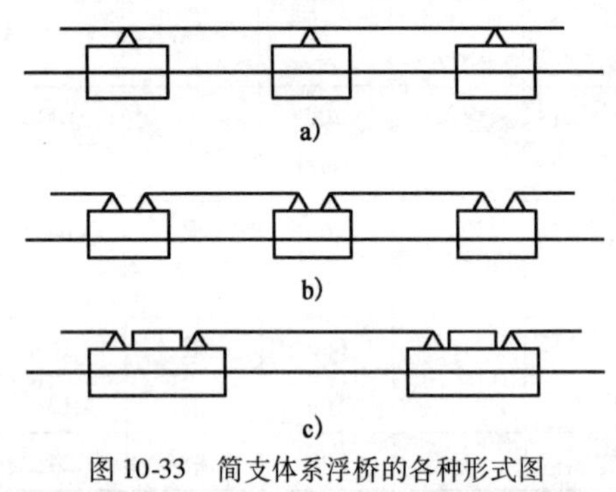

图10-33　简支体系浮桥的各种形式图

二、铰接体系与连续体系浮桥河中部分

1. 桥节门桥

桥节门桥，是浮桥河中部分划分成门桥形式的桥节。闭塞门桥是一种特殊的桥节门桥，用于最后浮桥的闭合。桥节门桥的结构同漕渡门桥的结构，区别在于漕渡门桥单独承受单个或多个荷载，并便于离、靠岸，从码头装卸载；而桥节门桥不是单独承载的结构物，需要互相之间连接成浮桥进行通载。实际应用中，特别是铰接体系浮桥，桥节门桥通常设计成与浮桥载重吨级相对应的漕渡门桥结构形式，在不适宜浮桥渡河时可以快速转换成门桥渡河（直接或加装部分离靠岸设备）。

制式舟桥器材架设浮桥时，应先根据浮桥渡口载重要求、江河条件按照器材设计和操作规范,结合若干相应的桥节门桥,依序引入桥轴线连接构成浮桥的河中部分。

就便器材架设浮桥时,应根据征集的民舟的结构特点、各种结构材料的承载性能、渡口载重量要求进行结构、结合作业设计,在岸边预先结合成若干桥节门桥,再依序引入桥轴线连接构成浮桥的河中部分。

2. 桥节门桥之间的连接

桥节门桥依次连接构成浮桥河中部分,根据浮桥体系,铰接体系浮桥的各桥节之间为铰接,连续梁体系浮桥各桥节之间为刚接。

1)刚接接头

桥节门桥之间的刚接接头通常采用门桥中桥桁接长相应的接头形式,可参考第十章第二节相关内容。

2)铰接接头

铰接接头主要用于就便器材两门桥之间的连接。

对于搭接、垂直盖板刚接接头,取掉一个连接螺栓(桥桁连接器去掉一对插栓)时即可组成铰接接头,接头能容许桥桁相对转动。如工字钢桥桁的铰接接头如图10-34所示,此接头在连接和分解桥桁时必须拆开部分桥面,作业不太方便。

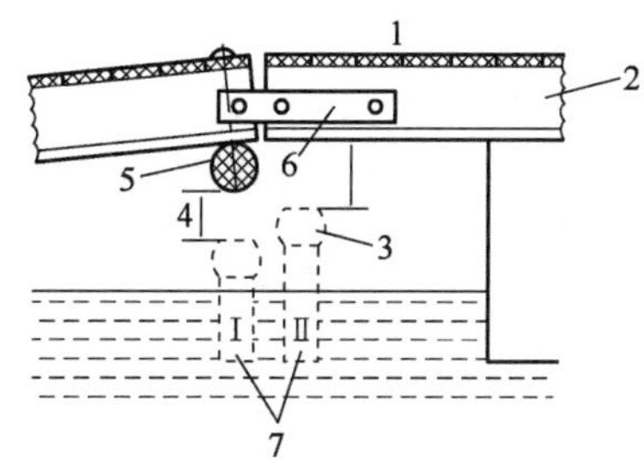

图10-34 工字钢桥桁的铰接接头
1-桥板;2-桥桁;3-桥脚冠材;4-预留间隙;5-下连接横桁;6-铰连接器;7-限制桥脚

由于铰力在桥桁中引起的弯矩不大,因此可只连接两根边桁,并将连接件布置在缘材中(图10-35)。

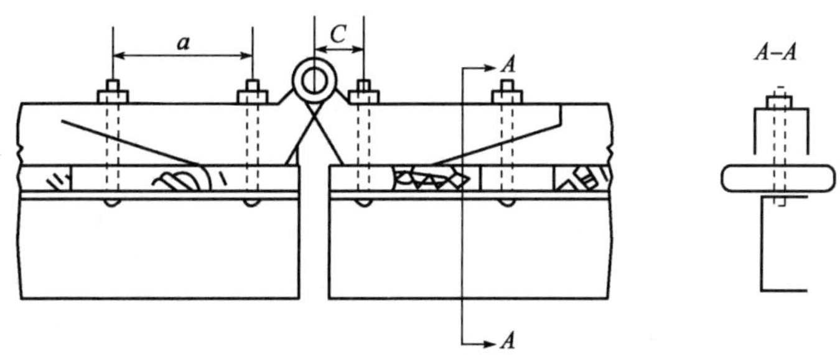

图10-35 铰接接头(设置在缘材上)

铰接接头构件按计算铰力及其引起的力矩计算,该力矩按式(10-9)确定

$$M = XC \tag{10-9}$$

式中:X——作用在一个接头上的铰力;

C——从铰的中心到第一个螺杆轴线之间的距离(图10-35)。

作用在靠近铰的连接螺杆上的拉力按式(10-10)确定

$$S = \frac{M}{a} + X \tag{10-10}$$

式中:a——接头一个肢上的螺杆轴线间距。

当只在边桁上布置铰接接头时,必须预先采取在浮桥横截面内的全部桥桁之间分配铰压力的措施。如果舟舷的位置很接近桥桁末端,那么桥脚舟的舟舷可以起到分配的作用。当桥脚舟的舟舷到桥桁末端的间距大于0.5m时,就必须在距桥桁末端0.2~0.3m处设置辅助横梁,可以用“U”形垂直螺杆固定在桥桁下面(图10-35),或者用垂直螺杆连接的上下两根辅助圆木(方木)夹紧全部桥桁(图10-36)。

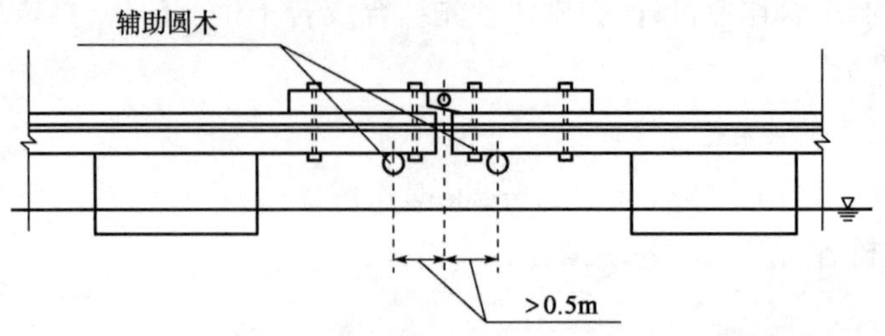

图10-36　铰接接头附近的横梁布置简图

边桁通过辅助横梁和连接螺杆将它所承受的铰力均匀地传给其他的桥桁。此时辅助横梁可看作是两端简支梁,其跨度等于边桁间距,边桁间各螺杆的拉力可认为是分布在辅助横梁上的均布荷载。在这种情况下,辅助横梁的计算弯矩为

$$M=\frac{Xb_{\max}}{8} \tag{10-11}$$

式中:X——作用于两根边桁上的铰力;

$b_{\max}$——边桁间距。

边螺杆内力N(图10-37),可用式(10-12)计算,即

$$N=\frac{X}{n_0} \tag{10-12}$$

式中:n_0——连接辅助横梁的螺杆数目。

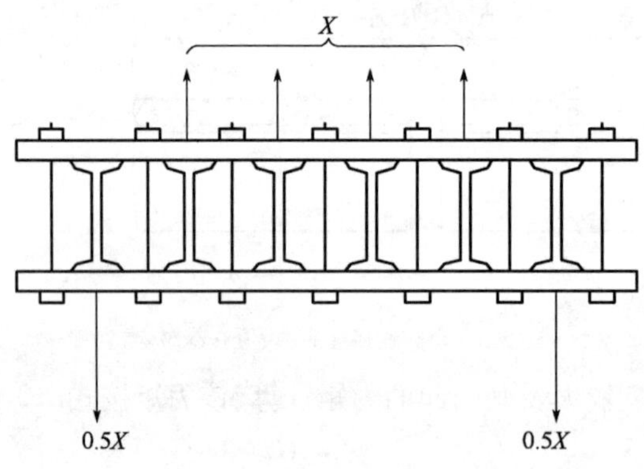

图10-37　辅助横梁计算简图

当有两根辅助横梁上下夹住桥桁时可认为两辅助横梁为一复合梁。其中最高的横梁的应力按式(10-13)校核

$$\sigma=\frac{MI_1}{W_1\sum I} \tag{10-13}$$

式中:I_1、W_1——被校核横梁的惯性矩和截面断面系数;

$\sum I$——两根辅助横梁的惯性矩之和。

用一根圆木(或方木)通过螺杆将每个桥桁相连接而成的辅助横梁的应力按通常的公式校核。

三、连岸部分的结构

1. 简支体系的连岸部分

简支体系的连岸部分一般采用梁式过渡桥跨(图 10-38),上部结构的水侧一端配置在浮游桥脚上,另一端配置在桥础或固定栈桥桥脚冠材上,栈桥采用的跨度与桥节门桥相同。

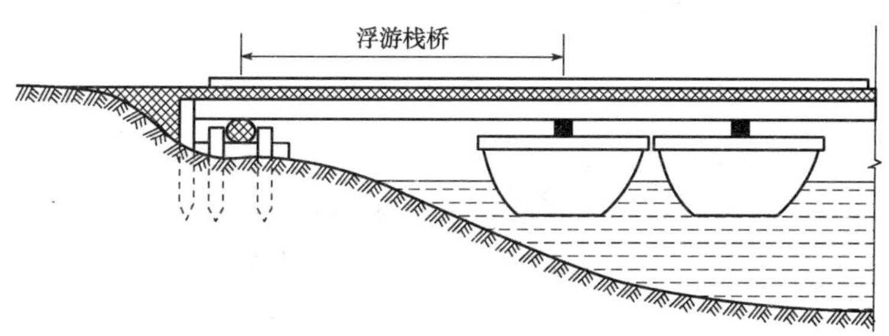

图 10-38 简支体系浮桥的连岸部分

2. 铰接体系浮桥的连岸部分

铰接体系浮桥的连岸部分可以单独由浮游栈桥构成,也可以由固定栈桥和浮游栈桥联合组成,这主要取决于浅滩的长度和桥础基面与河中部分浮游桥脚顶面的高差。

3. 连续体系的连岸部分

连续体系通常只能在制式舟桥器材架设的浮桥中采用。浮桥的连岸部分有三种基本形式构成,即固定栈桥、一端固定的岸边浮游桥节和梁式过渡桥跨。浮桥固定栈桥的结构与固定码头基本相同,其不同点是:栈桥可采用单式桥脚;配桁时,桥桁突出冠材、础材轴线的长度为30cm,冠材水侧不设支架板。但是,河中部分末端与上述连岸部分的连接样式是多种多样的,形成了连岸部分与河中部分末端的多种样式的支承,其目的是为了使连续体系河中部分末段由活载引起的吃水和弯矩小于或等于河中部分中段的相应值,从而使河中部分全部采用相同的结构形式。

1)刚性支承河中部分末端的固定栈桥连岸部分

刚性支承河中部分末端的固定栈桥连岸部分(图 10-39、图 10-40)中,河中部分末端与连岸部分的连接最简单。固定栈桥的水侧固定桥脚是河中部分末端的刚性支点,河中部分末端直接支承在此固定桥脚上。当岸边水深比较大,河中部分末端可以直接达到桥础位置时,这种连岸部分具有最简单的样式,连岸部分内只有桥础和跳板,而河中部分末端直接支承在桥础上。这种连岸部分和连接样式的缺点在于:活载 P 行驶到末段上时,末段承重结构由于一端刚性支承而具有很大弯曲度,承重结构由活载引起的弯矩会超过河中部分中间段。从而要求末段的承重结构比中间段的承重结构刚度更强,两部分不能采用组成形式相同的承重结构。这种连岸部分只能在河中部分中间段承重结构的强度有较大富余时,例如浮桥上通行的活载小于设计活载时采用,此时末段采用和中间段相同的承重结构组成形式,其强度上也是足够的。在水位变化时,如果不调整固定桥脚(桥础)的高度,会导致末端出现较大的附加弯矩,因此固定栈桥的水侧固定桥脚(桥础)应在高度上可以调整,以便适应水位的变化,保证浮桥不间断使用。

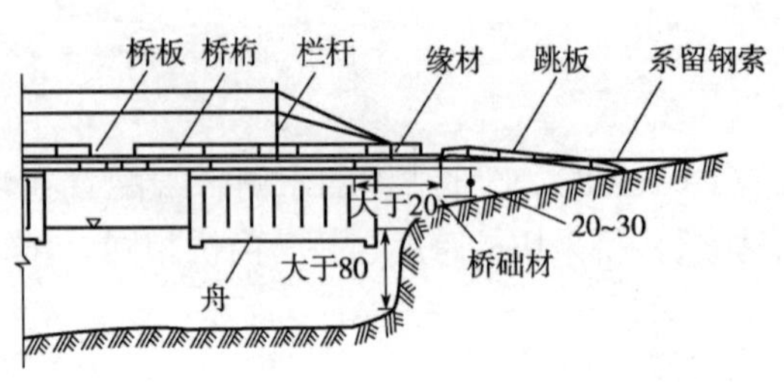

图10-39 河中部分末端刚性支承的连岸部分(尺寸单位:mm)

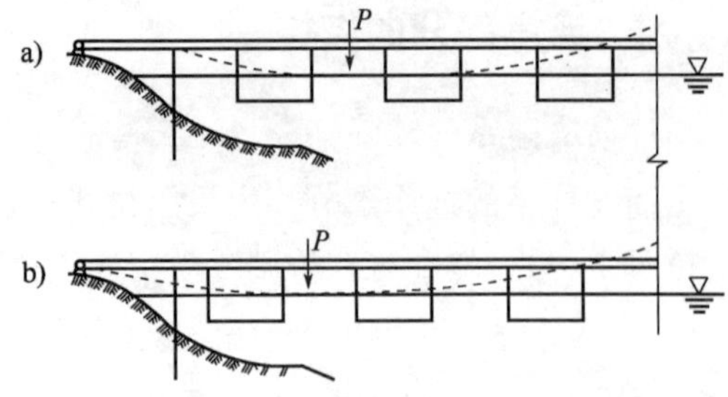

图 10-40 河中部分末端刚性支承时的变形

2)带预留垂直间隙的固定栈桥连岸部分

将固定栈桥的桥跨承重结构用铰与河中部分末端桥跨承重结构连接起来,在固定栈桥水侧固定桥脚上表面与河中部分末端承重结构的下表面之间预先留有间隙 z(图 10-41),就构成了这种连岸部分。当岸边水深较大,河中部分末端可以直接达到桥础位置时,连岸部分具有最简单的样式,只有桥础和跳板,河中部分末端与跳板连接,末端与桥础上表面之间预留间隙 z。在这种情况里,水侧固定桥脚(桥础)起到限制末端过大沉降的作用,被称作限制桥脚。

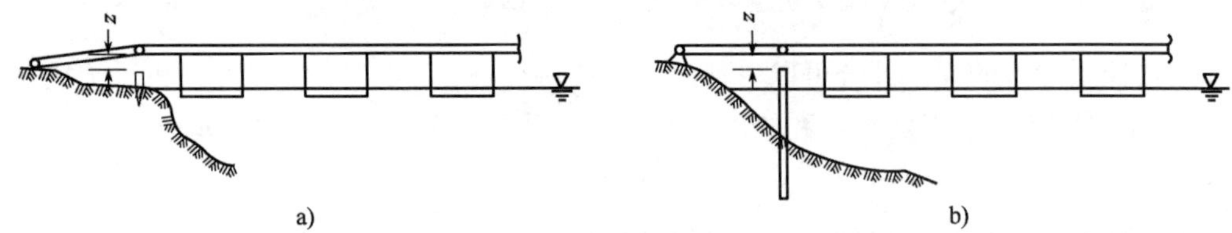

图 10-41 带预留垂直间隙的连岸部分

这种连岸部分和连接样式不仅在制式器材里使用,而且在就便器材浮桥里也广泛使用,这首先是由于其结构和设置起来都比较简单,其次是正确选择预留间隙 z 值以后,河中部分末段由活载引起的浮游桥脚吃水和承重结构的弯矩值都不会超过河中部分中段的,因而末段和中段可以采用完全相同的结构组成。这是因为与无预留间隙的刚性支承末端比较(图 10-41),限制桥脚上预留间隙的存在将导致固定桥脚由活载引起的压力会大大减小,而末段几个浮游桥脚的吃水和反力增大,以浮游桥脚的充分吃水换取了固定桥脚的压力(或反力)减小,因而这种情况下河中部分末段某一断面的弯矩将比相同条件下无预留间隙连岸部分中的小,而某一浮游桥脚的吃水却相应地要大。正确地选择预留间隙值,将会使河中部分末段的最大弯矩、最大吃水和河中部分中间段的相应值基本相同。

在水位变化时,限制桥脚应保持上述预留垂直间隙值不变,因此限制桥脚应在高度上可以调整。

3)带限制角的梁式过渡桥跨连岸部分

梁式过渡桥跨的承重结构用铰与河中部分末端连接,过渡桥跨的一端伸向末段范围内,和末段组成角度 φ(图 10-42),末段上设置一根限制过渡桥跨承重结构转动时超过夹角的横梁,就构成了这种连岸部分。当末段在活载作用下沉降到一定程度时,限制角 φ 闭合,梁式过渡桥跨与末端的铰接转变为刚性接头,梁式过渡桥跨变成末段桥跨延长部分,使河中部分末段直接支承在河岸上,从而起到限制末段浮游桥脚吃水过大的作用。这种连岸部分和带限制桥脚固定栈桥连岸部分一样,也能使河中部分末段最大弯矩和最大吃水被限制在中间段的相应值以内,从而使末段和中间段采用同一的结构组成。这点可通过正确选择预留限制角 φ 值来实现。

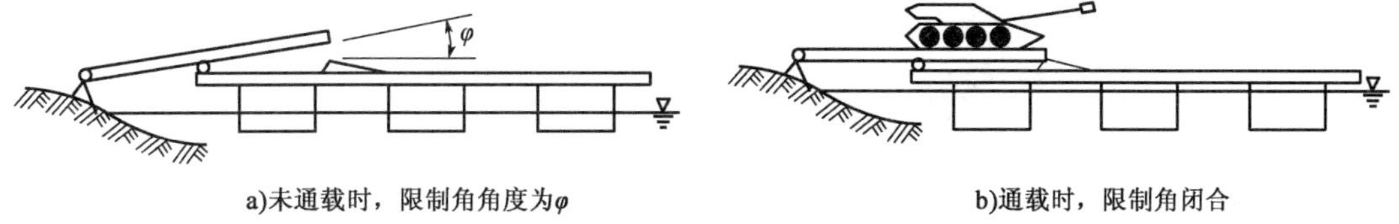

图 10-42　带限制角的梁式过渡桥跨连岸部分

采用这种连岸部分可以不需要构筑固定桥脚,避免了比较困难的作业,这是它的另一个优点。但是,限制角 φ 的构成需要一些诸如限制横梁和调整 φ 角用的千斤顶一类辅助构件,并且过渡桥跨承受的弯矩值较大,需要增加承重结构的抗弯能力,使广泛采用受到一定的限制。

4)梁式过渡桥跨简支在末端部分上的连岸部分

采用这种连岸部分时,应在过渡桥跨支承点下增设辅助桥脚(图 10-43),支承点也应尽量离开河中部分的端部,以减少末端的吃水。它的优点是结构简单。其缺点是要增设辅助舟,不能充分利用河中部分长度,且在河岸较低的情况下使用也有一定的困难,通常只在河岸高于桥面较多时采用。

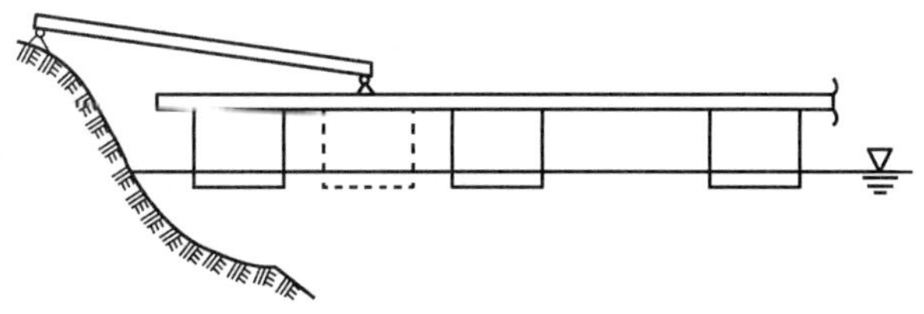

图 10-43　带辅助舟的梁式过渡桥跨连岸部分

5)浮游栈桥连岸部分

它和铰接体系的浮游栈桥连岸部分相同,浮游栈桥的水侧一端用铰与河中部分末端连接,岸侧一端支承在岸边的桥础上。在连续体系浮桥中浮游栈桥不和固定栈桥联合使用,因为既然设置了固定栈桥,那么完全可以用第二种连岸部分来解决河中部分末端与岸边的连接,没有必要再设置浮游栈桥。

6)用带限止器铰连接的岸边舟连岸部分

用带限止器铰连接的岸边舟连岸部分中的制式岸边舟,用安装在下弦的铰接接头与河中部分末端连接,而岸边舟和河中舟的上弦用限止器保持一定的距离,构成限制角,岸边舟的一端直接支承在河岸上(不需设置桥础),用跳板和此端部连接,以便于车辆上下浮桥。

在活载作用下,连岸部分中的预留限制角 φ(图 10-44)会逐渐减小。当 φ 角尚未完全闭合时,岸边舟的工作情况与浮游栈桥相类似,起到弹性支承河中部分末端的作用;当 φ 角完全闭合、结合部的上弦顶紧承压时,整个结合部转变成刚性接头,岸边舟成为河中部分末段的延长部分。通过它,河中部分末段得以支承在河岸,此时连岸部分的工作情况又类似于带限制角的梁式过渡桥跨。

它和完全铰接的连岸部分相比,限制角的存在,限制了河中部分末段吃水过大,限制角闭合后可以使活载的一部分被传递到河岸上,从而减轻河中部分末段的负担。

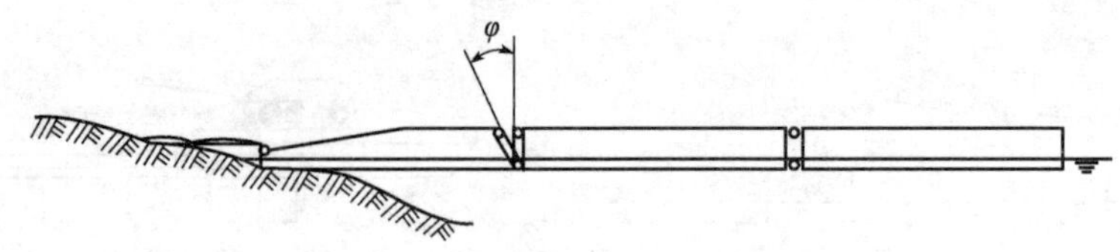

图 10-44　用带限止器铰连接的岸边舟

它和刚性结合部相比，预留限制角 φ 又会减少岸端的支反力，而使河中部分末段的浮游桥节多承受一点活载，获得比较充分的沉降吃水，其结果是使末端部分由活载引起的弯矩值比刚性结合部连岸部分的末段弯矩要小。

适应这种连岸部分时，正确地选择限制角 φ 的大小，完全可以使河中部分末段的最大弯矩、最大吃水不超过河中部分中间段，整个河中部分可以采用相同的河中舟组成，不必对末段采用特殊的河中舟。岸边舟的浮游性和与河中部分末端的连接简单也是这种连岸部分的优点，它使架设岸边桥节的作业既方便又迅速，在岸边桥节和河中部分同时开始架设的情况下不会影响河中部分的架设作业。应当指出，随着水位的变化，原有限制角会增大或减小，因此结合部上弦的距离应该能进行调整，使水位变化时限制角保持不变，这通常是用带螺纹的顶紧装置限止器来实现的。

7）河中部分末端与河底有预留垂直间隙的跳板连岸部分

在这种连岸部分内，河中部分末端的舟底与河底之间预留有一定的间隙值 z（图 10-45），此值小于浮桥只有静载时的水上舷高。当活载作用在末段上时，河中部分端部的舟底会直接被河底支承，并将活载的一部分传递至河底，因此河底应进行加固。为了使活载便于上下浮桥，还要用跳板和岸边相连。这种连岸部分的工作情况和桥脚分置式浮桥的第二种连岸部分简单形式相同，它既简化了架桥作业，又使整个河中部分可以采用相同的河中舟组成。但是，由于舟底的端部要直接承压在河底上，带式浮桥每个河中舟的两端必须加强，在某种程度上增加了每个河中舟的重量。

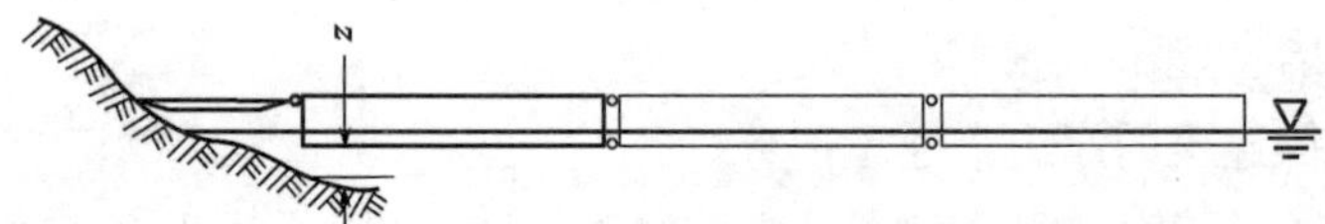

图 10-45　有预留垂直间隙的跳板连岸部分

8）河中部分末段直接支承在岸边河底的跳板连岸部分

河中部分末段直接支承在岸边河底的跳板连岸部分（图 10-46）和桥脚分置式浮桥第一种连岸部分工作原理相同，只在河中舟强度有较大富余时采用。

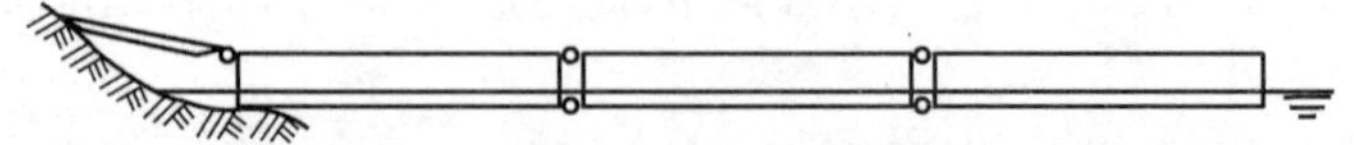

图 10-46　河中部分末段直接支承在岸边河底的跳板连岸部分

第五节 简易设计浮桥示例

一、计算参数

用民舟架设铰接体系浮桥，通过履带式 160kN，履带接地长度 $s=3.1\text{m}$，轮式（轴压力）70kN 荷载。设计主要构件的断面尺寸、铰接连接器，并验算桥脚舟载重量及浮桥纵坡度。

已知条件：民舟安全载重量$[A]=230\text{kN}$，计算水线面面积 $F_0=38.4\text{m}^2$，可使用的东北红松和一批 3 号钢材。

初步确定使用二舟桥节门桥，其中节间 $l=4\text{m}$，每个节间内配置桥桁 8 根，车行道宽度 $b_0=3.4\text{m}$，桁距 $b=0.25\text{m}$。

二、桥桁计算

（1）动载对全部桥桁所引起的最大弯矩：

$$M_2=\frac{Q}{8}\left(\frac{4L_0 l}{L_0+l}-s\right)\times 0.9=\frac{160}{8}\left(\frac{4\times 8\times 4}{8+4}-3.1\right)\times 0.9=136.2(\text{kN}\cdot\text{m})$$

（2）桥桁所需断面系数

圆木

$$W=\frac{K_n K_H M_2(1+\mu)}{n\cdot[\sigma]}=\frac{1.1\times 1.45\times 13.62\times 1.0\times 10^5}{8\times 190}=1430(\text{cm}^3)$$

方木

$$W=\frac{1.1\times 1.45\times 13.62\times 1.0\times 10^5}{8\times 167}=1630(\text{cm}^3)$$

（3）查附表 3-7，桥桁可用直径 25cm 两面砍削 $d/3$ 宽的圆木，或查附表 3-8，用 19cm × 23cm 的方木。

三、桥板计算

（1）桥板的最大弯矩：

$$M=\frac{P_1}{16}(2b-c)=\frac{70}{16}(2\times 0.52-0.3)=3.24(\text{kN}\cdot\text{m})=324000\text{N}\cdot\text{cm}$$

（2）桥板所需的断面系数：

$$W=\frac{M}{[\sigma]}=\frac{324000}{1450}=224(\text{cm}^3)$$

（3）查附表 3-9，桥板可用 8cm × 12cm 的木板，或查附表 3-7，用直径 21cm 的半圆木。

四、铰接连接器计算

取 $a_1=0.6\text{m}$，$a_2=0.2\text{m}$

(1)连接器槽钢的计算

①浮桥铰力:

$$X=\frac{Q}{2}\left(1-\frac{s}{1.6L_0}\right)\times g=\frac{160}{2}\times\left(1-\frac{3.1}{1.6\times 8}\right)\times 10=606(\mathrm{kN})$$

动载在浮桥横方向上的最大偏心距

$$e_x=\frac{b_0-B_0}{2}=\frac{4.4-2.8}{2}=0.3(\mathrm{m})$$

铰力横向分配系数

$$K=\frac{1}{2}+\frac{e_x}{b_0}=\frac{1}{2}+\frac{0.3}{3.4}=0.59$$

铰接连接器所受的最大铰力

$$N=X\cdot K(1+\mu)=60.6\times 0.59\times 1.3=46.5(\mathrm{kN})$$

连接槽钢的最大弯矩

$$M=N\cdot a_2=46.5\times 0.2=9.3(\mathrm{kN\cdot m})=930000\mathrm{N\cdot cm}$$

槽钢所需的断面系数

$$W=\frac{M}{[\sigma]}=\frac{93000}{20400}=45.6(\mathrm{cm^3})$$

②查附表3-12,可用12.6号槽钢,腹板厚度δ为5.5mm。

(2)铰接螺栓的计算

根据受剪计算螺栓直径

$$d=\sqrt{\frac{4N}{\pi[\tau]}}=\sqrt{\frac{4\times 46500}{3.14\times 11500}}=2.7(\mathrm{cm})$$

根据挤压计算螺栓直径

$$d=\frac{N}{[\sigma_c]\cdot\delta}=\frac{46500}{28800\times 0.55}=2.94(\mathrm{cm})$$

按挤压选择螺栓直径,查附表3-19,铰接螺栓直径为33mm。

(3)连接螺栓的计算

连接螺栓承受的拉力

$$S_1=\left(1+\frac{a_2}{a_1}\right)\cdot N=\left(1+\frac{0.2}{0.6}\right)\times 46.5=62(\mathrm{kN})$$

查附表3-19,取直径为27mm的螺栓。

五、桥脚舟载重量的验算

(1)静载对1个桥脚舟的压力

$$A_1=\frac{gL_0}{m}=\frac{7.5\times 8}{2}=30(\mathrm{kN})$$

(2)动载对1个桥脚舟的压力

$$A_2=\frac{QL_0}{L_0+l}\left(1-\frac{s}{3L_0+l}\right)\times1.1=\frac{160\times8}{8+4}\times\left(1+\frac{3.1}{3\times8+4}\right)\times1.1=104(\text{kN})$$

(3)一个桥脚舟所受的总压力验算

$A=A_1+A_2=30+104=134(\text{kN})<[A]=230\text{kN}$

安全。

六、浮桥纵坡度的验算

$$i=\frac{QL_0}{\gamma F_0 l(L_0+l)}\left(1-\frac{s}{2L_0+l}\right)=\frac{160\times8}{10\times38.4\times4\times(8+4)}\times\left(1-\frac{3.1}{2\times8+4}\right)$$

$$=0.0587=5.87\%<[i]=6\%$$

满足要求。

空载时浮桥桥脚舟的吃水深度估算见表10-9。

空载时浮桥桥脚舟的吃水深度估算值 表10-9

荷载(kN)	吃水深度(m)	荷载(kN)	吃水深度(m)
160	0.33	400	0.50
250	0.40		

第十一章
动力舟桥

第一节　概　　述

一、用途

动力舟桥适用于在流速不大于3m/s的江河上架设60吨级浮桥，保障履带载630kN或轮式轴压力130kN以下的荷载通过江河。动力舟桥还可结合200kN、400kN、650kN、850kN的漕渡门桥。

动力舟桥的全套器材由8个河中舟、2个岸边舟、10辆舟车及辅助器材组成。

动力舟桥的主要特点：河中舟为四折结构，舟体泛水后利用扭力杆和水的浮力自动展开。舟体是能够直接承载的密封箱体，每个河中舟就是浮桥的一段。舟体两侧配有舷外机，具有水上机动能力。浮桥用岸边舟连岸，岸边舟也作为漕渡门桥的首舟。

二、技术性能

1.舟桥主尺度

舟桥的主尺度见表11-1。

舟桥的主尺度(m) 表 11-1

项 目		尺 寸
舟桥宽度		8.30
车行道宽度		5.00
舟体型深		0.74
吃水	空载吃水(包括舷外机)	0.50
	满载吃水(包括舷外机)	0.80

2. 容许通行荷载

舟桥容许通行荷载见表 11-2。

舟桥的容许通行荷载 表 11-2

项 目	数 值	项 目	数 值
履带载(kN)	630	车辆荷载间距(m)	30~60
轮式轴压力(kN)	130		

3. 适应水流流速

舟桥适应水流的流速见表 11-3。

舟桥适应水流的流速(m/s) 表 11-3

项 目	数 值	项 目	数 值
架设状态	3.0	满载漕渡状态	3.0
通载状态	3.0		

4. 浮桥的主要技术性能

全套动力舟桥器材架设浮桥的主要技术性能见表 11-4。

全套动力舟桥器材架设浮桥的主要技术性能 表 11-4

浮桥类型	履带载(kN)	轮式轴压力(kN)	行车道宽(m)	浮桥长度(m)	作业人员(名)		架设时间(min)
					作业手	驾驶人员	
60 吨级	630	130	5.0	104	30	10	25

5. 门桥的主要技术性能

全套动力舟桥器材结合漕渡门桥进行门桥漕渡的主要技术性能见表 11-5。

全套动力舟桥器材结合漕渡门桥进行门桥漕渡的技术性能 表 11-5

门桥类型	载重量(kN)	车行道宽(m)	门桥组成(个)		门桥长度(m)	漕渡门桥数量	作业人员(名)		结合时间(min)
			河中舟	岸边舟			作业手	驾驶人员	
20t	200	5	1	0	10	8	3	1	5.0
40t	400	5	2	0	20	4	6	2	8.0
65t	650	5	3	1	40	2	9	3	12.0
85t	850	5	4	1	50	2	12	4	15.0

注意事项：

(1)架设浮桥、结合门桥的作业时间是指从结合门桥起至作业完毕。夜间作业时间应增加0.5～1倍。

(2)浮桥的长度是指两岸边舟跳板末端之间的距离。

(3)作业人数是按每个河中舟3人，每个岸边舟3人、每辆舟车1名驾驶员计算。

(4)一座60吨级浮桥的最大通载能力为每小时200辆坦克，一般情况下为每小时100～150辆坦克。

第二节　器材的组成

动力舟桥的主要器材由河中舟、岸边舟、舟车及全桥辅助器材组成。架设104m长的浮桥需要舟车10辆、河中舟8个、岸边舟2个。

一、河中舟

河中舟用于结合桥节门桥和漕渡门桥。一个河中全形舟由两个河中方舟和两个河中尖舟连接而成(图11-1、图11-2)，总重约100kN。展开后的河中舟长10m、宽8.3m、高1.3m，车行道宽5m。

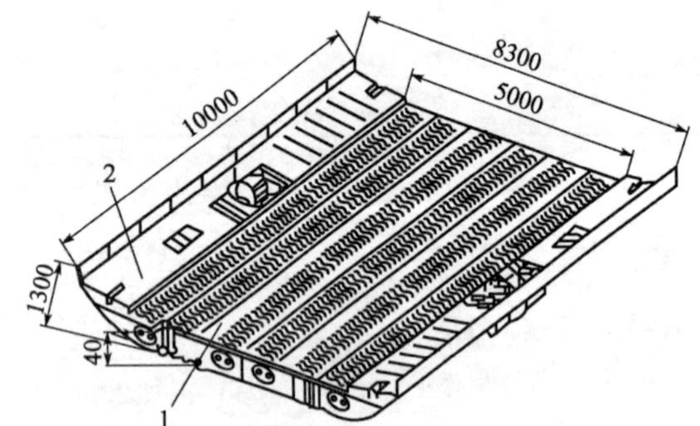

图11-1　展开后的河中舟(尺寸单位：mm)
1-河中方舟；2-河中尖舟

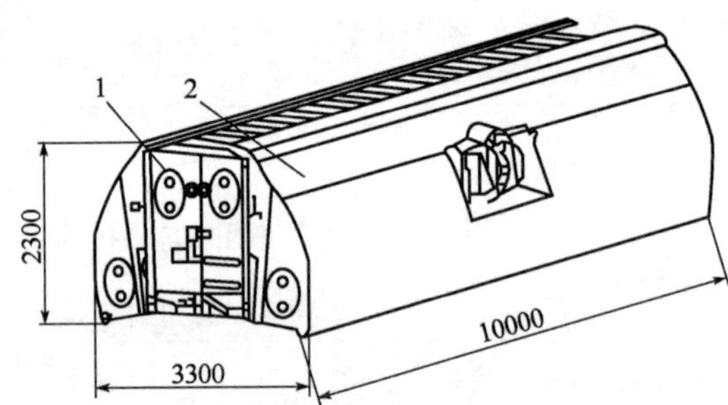

图11-2　折叠后的河中舟(尺寸单位：mm)
1-河中方舟；2-河中尖舟

1.河中尖舟

尖舟是一个由纵、横梁和舷缘角钢作骨架，外用钢板焊接的密封体，长10m、高0.74m(尖端高1.3m)；上部为厚甲板和薄甲板，两端部的斜面为端板，底部为底板。厚甲板上焊有防滑条。舟首尾高起带压筋的平面为薄甲板。厚甲板与薄甲板间的垂直面为缘材。侧板与底板之间设有滑道，供舟体泛水和装载时滑动用(图11-3)。

2.河中方舟

方舟长10m、宽2m、高0.74m，是浮桥和门桥的主要承重部分；是一个内有舷缘角钢和主龙骨等纵向加强构件，外用钢板焊接而成的矩形箱体，内部中央设有一道横向舱壁板，将方舟分为两个密封舱，以提高舟体强度和抗沉性(图11-4)。

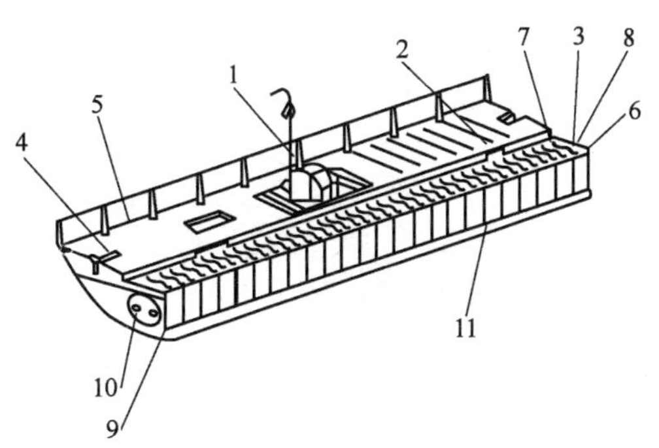

图 11-3 河中尖舟

1-动力系统;2-吊杆槽;3-吊杆座;4-纵向拉紧装置;5-羊角;6-甲板铰链;7-抽水孔;8-跳板挂座;9-扣座圆钮;10-舱孔;11-滑道

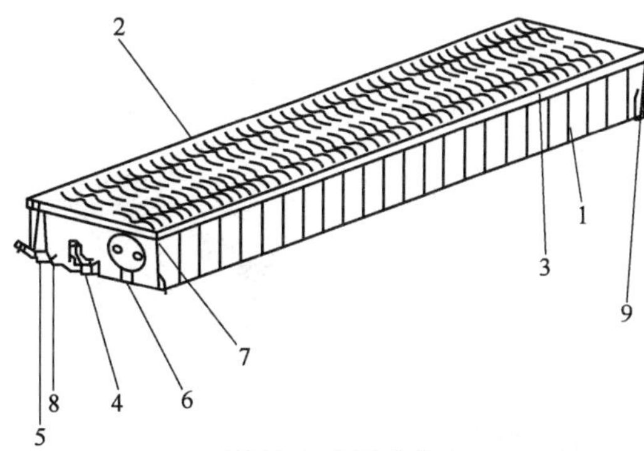

图 11-4 河中方舟

1-甲板扣环;2-扭力杆;3-栏杆孔;4-纵向接头及操纵装置;5-舟间挂钩;6-导向轮组;7-承压板;8-折叠固定钩;9-底板铰链

3. 河中舟辅助器材

河中舟辅助器材包括吊杆、锚机、锚、拼舟具、多用扳手、抽水孔扳手、投索、浮标索、护舷球、钩篙、河中舟量规。

二、岸边舟

岸边舟用于构成浮桥的岸边部分或漕渡门桥的靠岸部分。展开后的岸边舟长 10m、宽 7.24m,尖舟高 1.0m,方舟高 0.74m,车行道宽 5m,总质量约 10t。构造与河中舟基本相同,但不能分解使用。其高端是舟尾,矮端是舟首。岸边舟由两个岸边尖舟和两个岸边方舟组成。两尖舟边缘高起的箱体是缘材,舟首端板垂直,舟尾端板倾斜(图 11-5、图 11-6)。

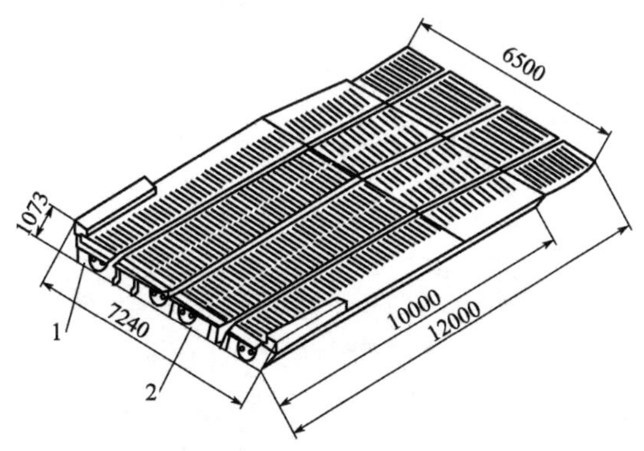

图 11-5 展开后的岸边舟(尺寸单位:mm)

1-岸边尖舟;2-岸边方舟

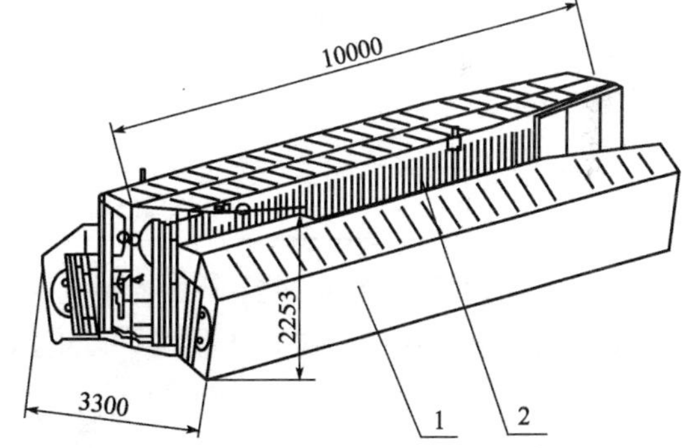

图 11-6 折叠后的岸边舟(尺寸单位:mm)

1-岸边尖舟;2-岸边方舟

1. 岸边尖舟

岸边尖舟与河中尖舟有较明显的区别,不同之处是:岸边尖舟上设置有提升器(含液压泵站)、系留环、尖舟跳板、尖舟搭板等(图 11-7)。

2. 岸边方舟

岸边方舟与河中方舟有较明显的区别,不同之处是:岸边方舟上设置有螺杆承压座、闭锁销、方舟跳板、方舟搭板等(图 11-8)。

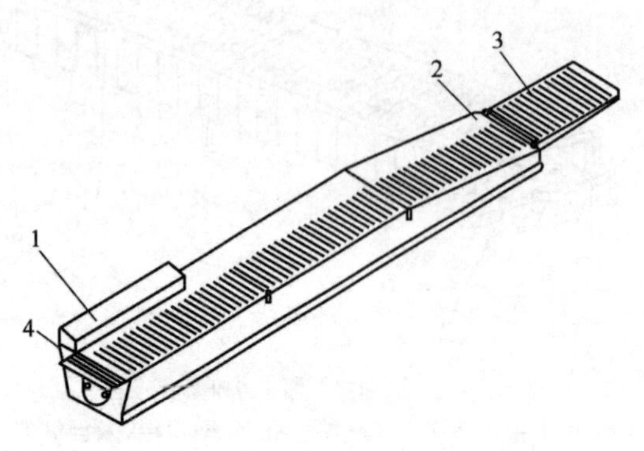

图 11-7　岸边尖舟

1-提升器;2-系留环;3-尖舟跳板;4-尖舟搭板

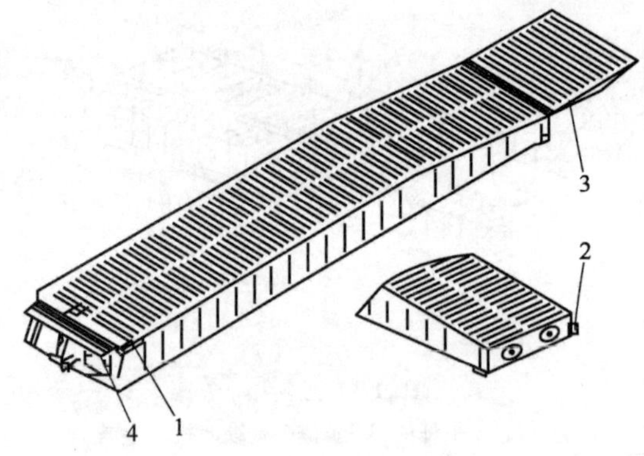

图 11-8　岸边方舟

1-螺杆承压座;2-闭锁销;3-方舟跳板;4-方舟搭板

3. 岸边舟辅助器材

岸边舟辅助器材包括拼舟具、多用扳手、抽水孔扳手、投索、浮标索、护舷球、钩篙、岸边舟量规、间隙规。

三、舟车

1. 舟车基本性能

舟车的基本性能见表 11-6。

舟车性能参数表　　表 11-6

项　目	参　数	项　目	参　数
空载(长×宽×高)	≤12m×3.3m×3.1m	越野总重量	≤300kN
装载河中舟(长×宽×高)	≤13m×3.3m×4m	最高车速	≤85km/h
装载岸边舟(长×宽×高)	≤13m×3.3m×4m	最大爬坡度	≥50%
底盘车	8×8 轮式越野车		

舟车是由 8×8 轮式越野车改装而成,舟车装有翻转架、移动平台、稳定支腿、吊架、液压系统及电气控制系统。舟车用于折叠、装卸及运输舟体,也可运输和架设跳板(图 11-9)。

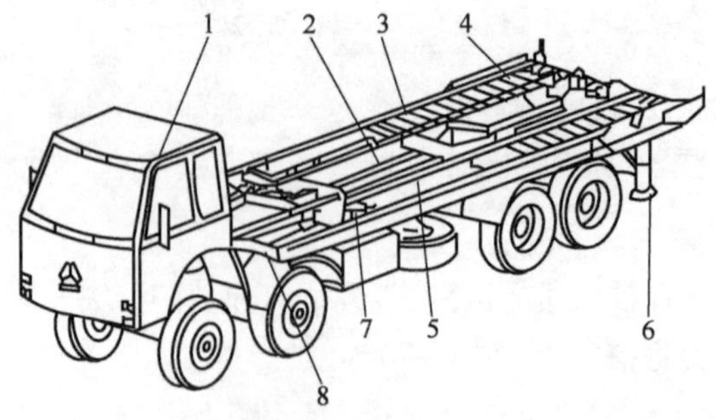

图 11-9　空载舟车

1-底盘车;2-翻转架;3-移动平台;4-吊架;5-牵引装置;6-稳定支腿;7-液压系统;8-电气控制系统

它既可装河中舟(图 11-10),也可装岸边舟(图 11-11),完全通用,用于折叠、装卸及运输河中舟和岸边舟。

图 11-10 河中舟车　　图 11-11 岸边舟车

2. 底盘车

舟车选用的底盘车是 8×8 轮式越野车,主要性能参数见表 11-7。

底盘车性能参数表　　表 11-7

项　　目	参　　数	项　　目	参　　数
驱动形式	8×8	最高车速(km/h)	≤85
越野总重量(kN)	≤300	最大爬坡度(%)	≥50

3. 泛水装车机构

(1)翻转架

翻转架是由高强度低合金钢组焊成的框架结构,其上装有翻转支座、油缸支座、链传动系统和滚轮组。翻转架在翻转油缸的顶推下绕翻转支座的铰点翻转。

(2)移动平台

移动平台是由高强度低合金钢组焊成的框架结构,其上安装有吊架、绞盘系统、紧定具以及平台滚轮、后滚轮、限位导板等构件。移动平台及其上的系统和构件保障了舟体的泛水、撤收以及运输等功能。移动平台在链传动系统的牵引下,沿滑道前后移动。

(3)吊架

吊架用于折叠和起吊舟体,吊架底部设有与移动平台连接的销轴,吊架中部设有与油缸活塞杆头部铰接的油缸轴,吊架中部还设有两个对称布置的斜向滑轮,吊架顶部有一个双槽滑轮。

(4)牵引装置

牵引装置用于牵引移动平台在翻转架上移动。牵引装置由链条、链轮、液压马达及导向轮等组成。液压马达动力输出至主动链轮,实现移动架与翻转架、移动平台与移动架的相对移动。

(5)稳定支腿

在高岸泛水卸载、高岸装载时,稳定支腿用于稳定舟车,防止发生侧翻,保证作业的安全性。稳定支腿由横梁、支腿油缸及底座等组成。

(6)液压系统

液压系统用于操纵吊架的升降、翻转架的旋转、移动平台的移动、绞盘的正反运转及稳定支腿的伸缩。液压系统由油箱、油泵、组合阀、滤油器、双向平衡阀、双向液压锁、油缸及管系组成。

(7)电气控制系统

电气控制系统是舟车进行装载于卸载作业的指令系统,由控制箱、作业灯、接近开关、分线盒、电喇叭、有线/无线控制系统、油门控制器及电缆束等组成。

4. 辅助器材

舟车辅助器材包含跳板、稳定支腿垫木、钩篙及工具箱。

全桥辅助器材包括系留钢索、油枪、系留桩、手用筑头、手抬机动泵、救生衣等。

第三节　舟车的卸载与装载

舟车在装卸载时,通常选择在岸边土质坚硬、地面平坦、岸坡不超过18%(10°)、流速较低、水深适宜处进行,并力求多点作业,以提高作业速度。但在特殊条件下,也可在垂直河岸上进行陡岸泛水。

一辆舟车载一个河中舟(岸边舟),每辆舟车有一名驾驶员和三名作业人员(其中一人为舟车长)组成,四人互相配合完成舟体的装卸作业。

一、卸载(泛水)

卸载分为舟体自动下滑卸载、强制舟体下滑卸载和陡岸卸载三种。

1. 舟体自动下滑卸载

当岸坡坡度较大时,经常使用自动下滑的卸载舟体。

(1)操作员操纵绞盘放钢索,作业人员从折叠圆钮上取下钢索,操作员再操纵绞盘,钢索至钢索回圈位于摆动滑轮下方(图11-12)。

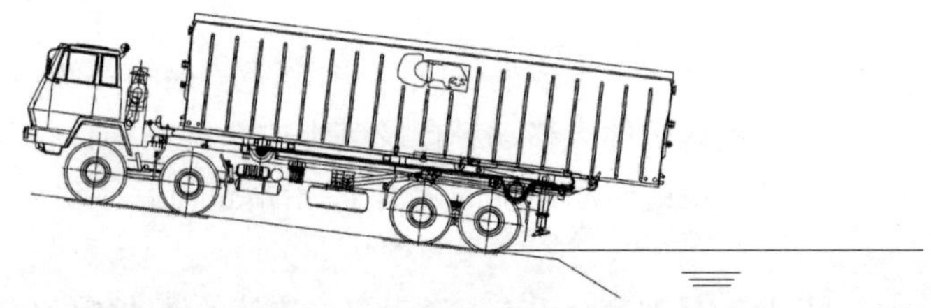

图11-12　自由下滑过程1

(2)将车倒至泛水点停稳,作业人员松开两边舟体紧定具,操作员操纵舟体挡销油缸,使舟体挡销下行收回,脱离舟体,舟体即可靠自重分离下滑泛水(图11-13)。

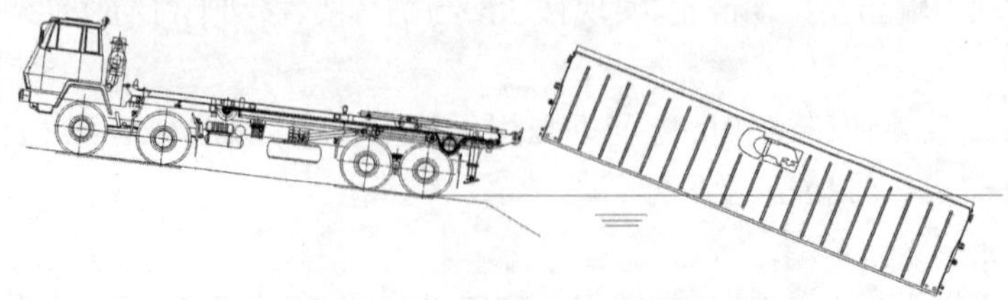

图11-13　自由下滑过程2

2. 强制舟体下滑卸载

当无岸坡或岸坡坡度较小,舟体自重分力不足以使舟体自动下滑卸载时使用。

(1)操作员操纵绞盘放钢索,作业人员从折叠圆钮上取下钢索,操作员再操纵绞盘,钢索至钢索回圈位于摆动滑轮下方(图 11-14)。

(2)将车倒至泛水点停稳,作业人员松开两边舟体紧定具,操作员翻转移动平台至一定角度(图 11-15)。

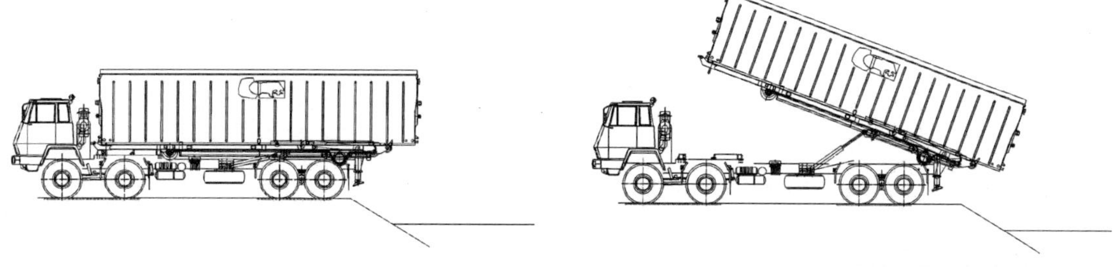

图 11-14 强制下滑过程 1

图 11-15 强制下滑过程 2

(3)操作员收回舟体挡销,舟体自动下滑泛水(图 11-16)。

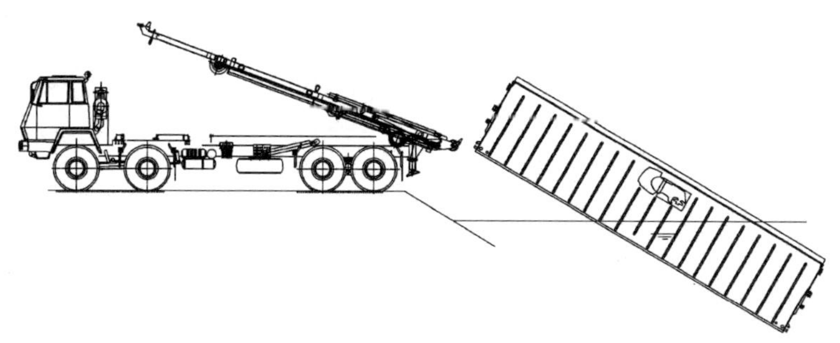

图 11-16 强制下滑过程 3

3. 陡岸卸载

舟车可以在 3m 的陡岸卸载舟体。

(1)操作员操纵绞盘放钢索,作业人员从折叠圆钮上取下钢索,操作员再操纵绞盘,钢索至钢索回圈位于摆动滑轮下方(图 11-17)。

(2)将车倒至泛水点停稳,操作员放下舟车稳定支腿,使舟车后轮刚好离地,作业人员松开两边舟体紧定具和移动平台紧定具,操作员收回移动平台锁定插销(图 11-18)。

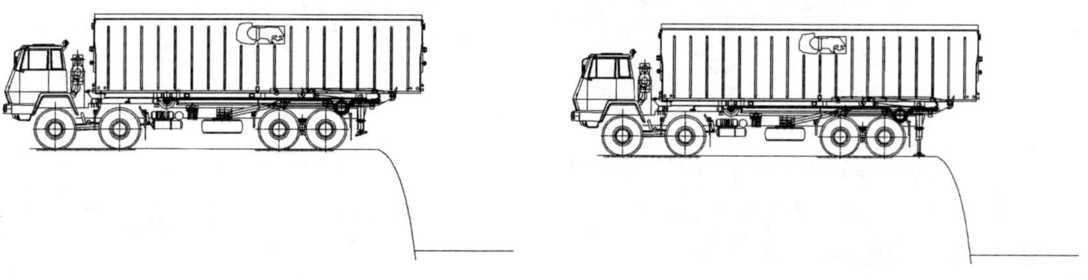

图 11-17 陡岸卸载过程 1

图 11-18 陡岸卸载过程 2

(3)操作员翻转移动平台到一定角度后,向后移动平台一段距离,使舟体尽量接近水面(图 11-19)。

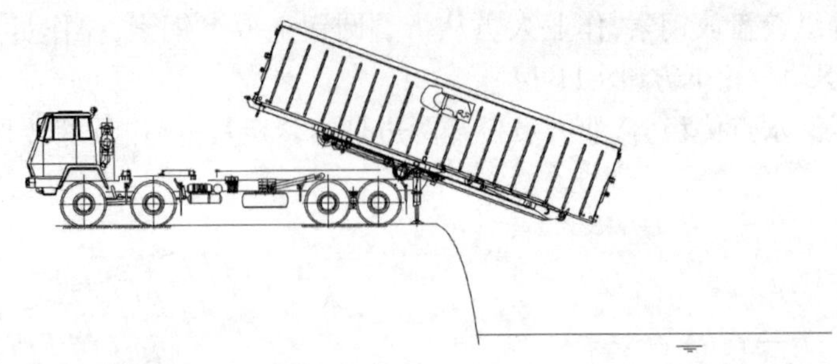

图 11-19　陡岸卸载过程 3

(4)操作员收回舟体挡销,舟体靠自重分离下滑入水(图 11-20)。

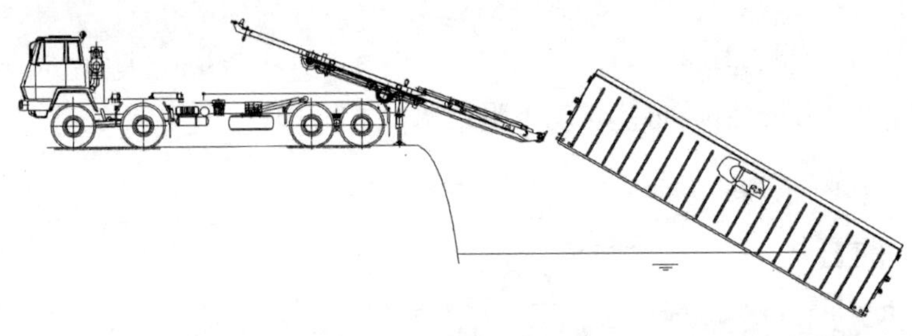

图 11-20　陡岸卸载过程 4

二、装载

装载分为低岸装载和陡岸装载两种。

1. 低岸装载

在岸差 2m 以下时,移动平台不需移动,可直接用绞盘和吊架完成舟体的装载。

(1)将吊架翻转,作业人员拉出绞盘钢丝绳,舟车倒至岸边,将钢丝绳挂在舟体上(图 11-21)。

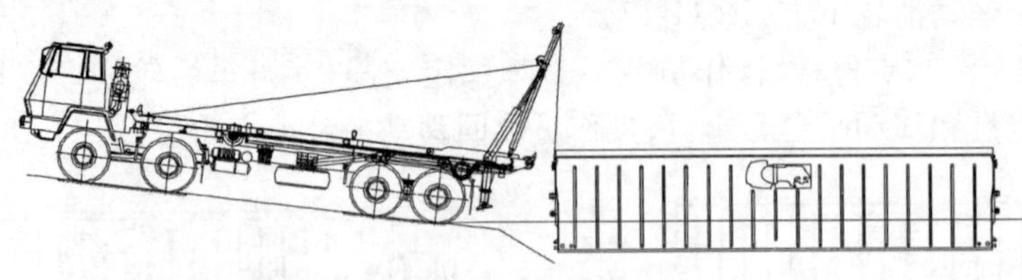

图 11-21　低岸装载过程 1

(2)收紧钢丝绳,使舟体上升并折叠(图 11-22)。

(3)调整吊架翻转角度和舟体提升高度,让舟体滑道落在舟车尾滚轮上,用限位导板挂住舟体端部限位圆钮(图 11-23)。

(4)将钢丝绳抽出,挂在舟体的牵引圆钮上,再收回吊架(图 11-24)。

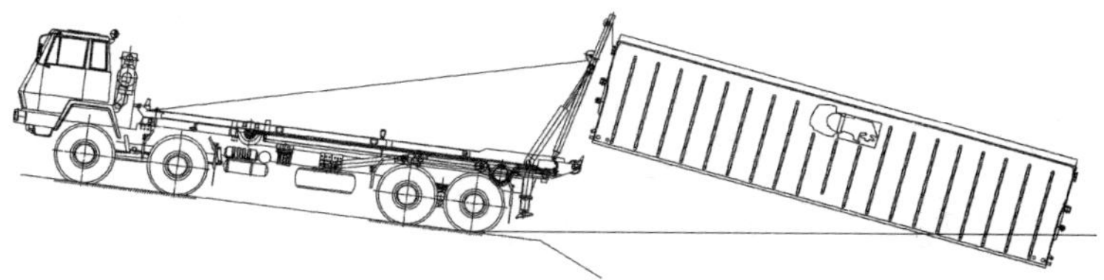

图 11-22　低岸装载过程 2

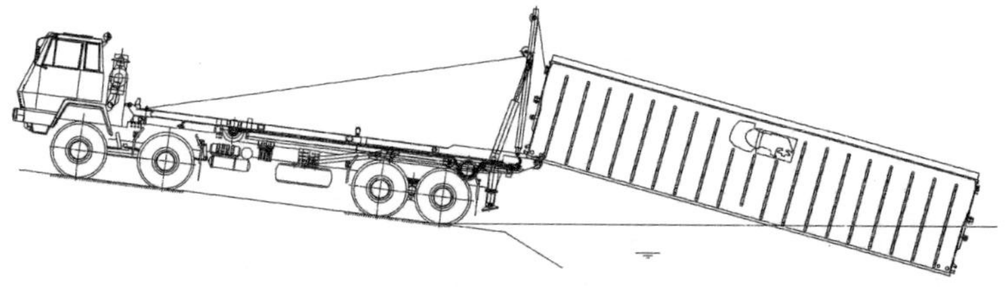

图 11-23　低岸装载过程 3

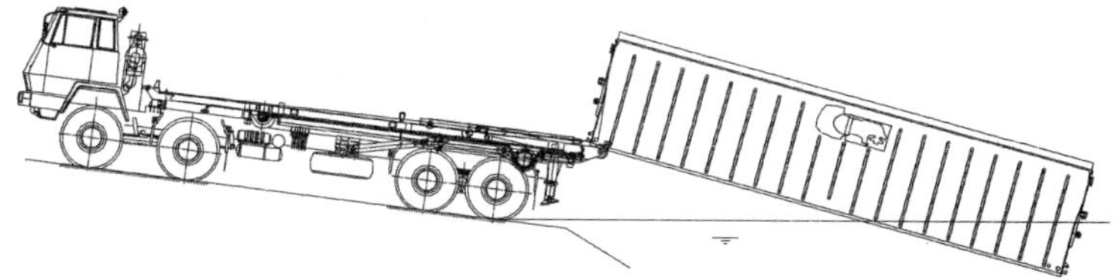

图 11-24　低岸装载过程 4

(5)收紧绞盘钢丝绳,将舟体牵引到设定位置,并完成固定(图 11-25)。

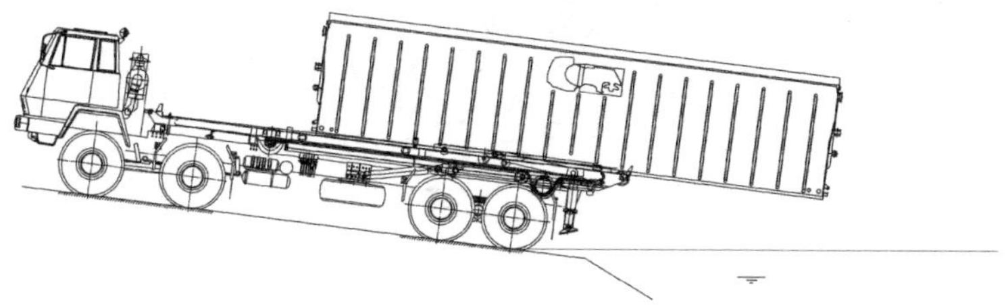

图 11-25　低岸装载过程 5

2. 陡岸装载

舟车还可以利用移动平台的移动能力在 3m 高的岸坡上撤收舟体。

(1)舟车倒车至岸边,翻转吊架,穿好钢丝绳并落下稳定支腿(图 11-26)。

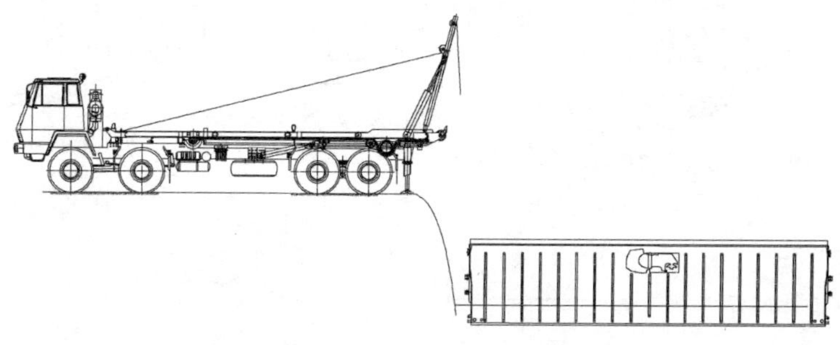

图 11-26　陡岸装载过程 1

(2)翻转架旋转并将移动平台伸向舟体,舟体上的作业手挂好钢丝绳(图11-27)。

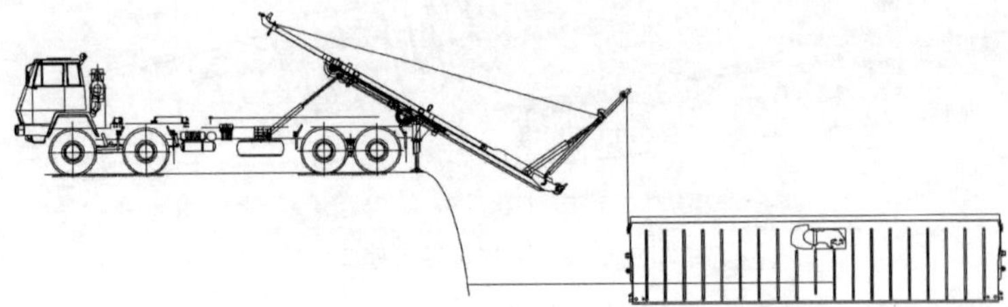

图11-27　陡岸装载过程2

(3)收紧钢丝绳,折叠并提升舟体(图11-28)。

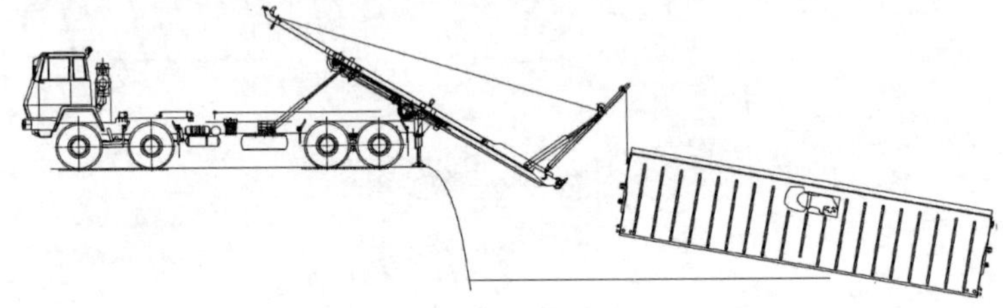

图11-28　陡岸装载过程3

(4)将舟体挂在移动平台尾部,收回吊架,并用钢丝绳牵引住舟体(图11-29)。

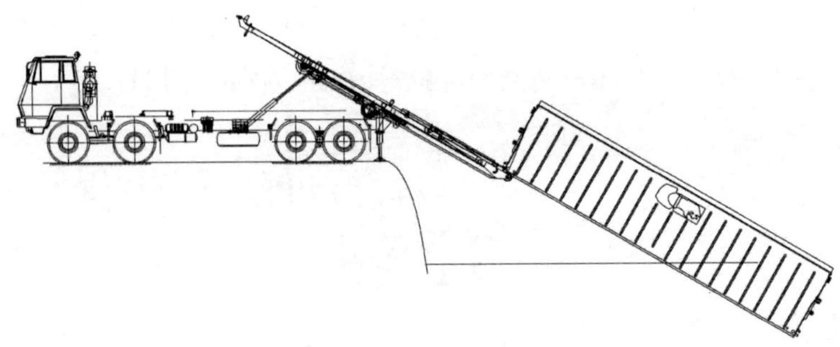

图11-29　陡岸装载过程4

(5)收紧钢丝绳并将舟体牵引到设定位置(图11-30)。

(6)收回移动架的同时翻转架向下旋转至敲定位置,固定舟体(图11-31)。

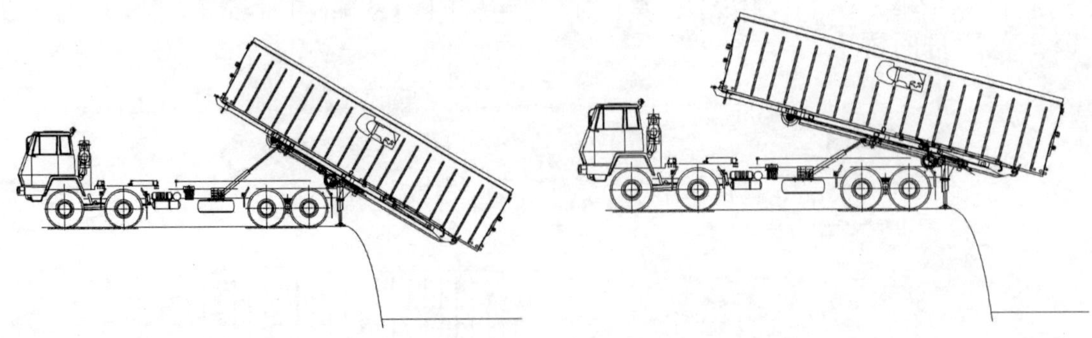

图11-30　陡岸装载过程5　　图11-31　陡岸装载过程6

第四节 漕渡门桥

门桥,用于漕渡人员、车辆,由漕渡门桥和进出口组成。

门桥通常是在敌火威胁严重、缺乏架桥器材、架设时间不足时采用。当浮桥载重量不够时,可用门桥来渡送超载车辆;强渡江河时通常用于渡送第一梯队。门桥渡口与浮桥渡口相比,有以下特点:目标小,便于疏散隐蔽和转移,受敌方火力破坏的可能性小;使用器材少;构筑渡口的作业速度快;是强渡宽大江河时的基本手段。

结合漕渡门桥的场地,应尽量选择在岸边流速较小,河底无突出的木桩、礁石等障碍物的地方。

作为漕渡门桥时,河中舟可提供200kN浮力,岸边舟可提供50kN浮力。可以根据使用需求,结合20t、40t、65t及85t等各种形式的漕渡门桥。

一、单舟门桥

单个河中舟可配两个跳板形成单舟门桥,装载200kN(图11-32)。

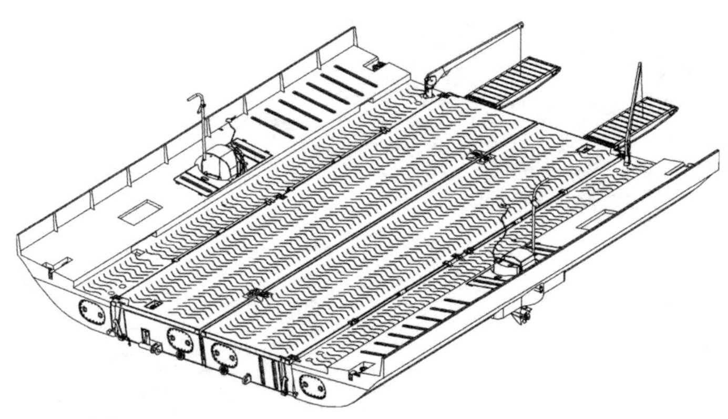

图11-32 单舟门桥

二、双舟门桥

两个河中舟可配四个跳板形成双舟门桥使用,装载400kN(图11-33)。

三、三舟门桥

两个河中舟和一个岸边舟外加两块跳板形成三舟门桥,装载450kN(图11-34)。

四、四舟门桥

三个河中舟和一个岸边舟外加两块跳板形成四舟门桥,装载650kN(图11-35)。

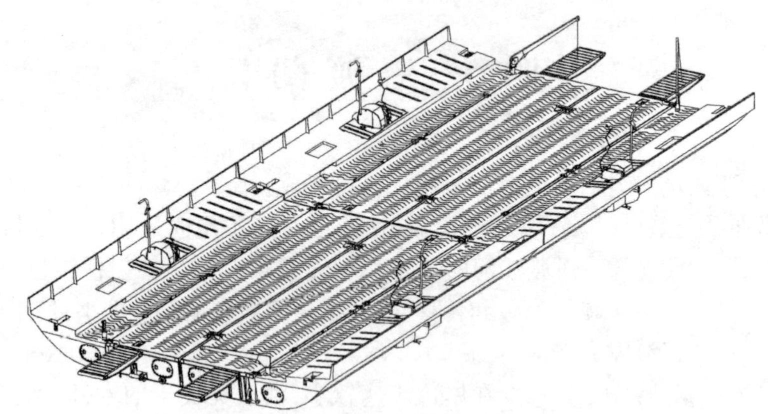

图 11-33　双舟门桥

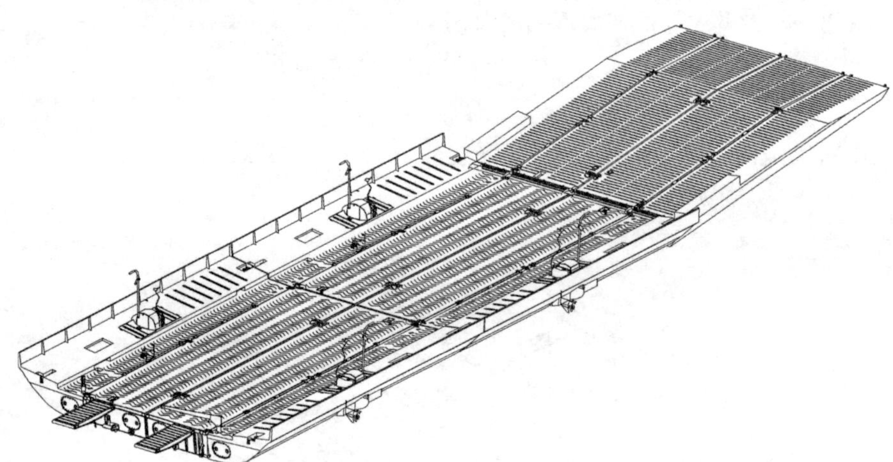

图 11-34　三舟门桥

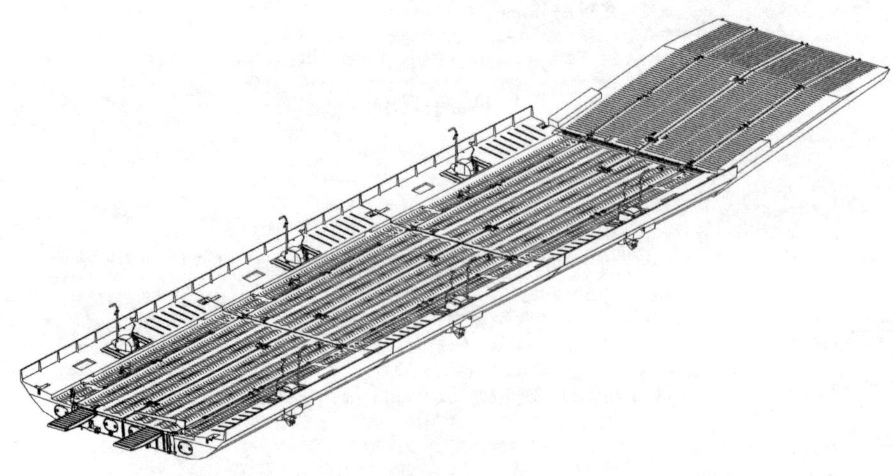

图 11-35　四舟门桥

第五节 架设浮桥

浮桥主要用于强渡江河时保障主力渡河，也可用于后方江河上保障部队机动。其特点是通行能力大；但构筑所需人员、器材多，时间较长；目标大，伪装较困难，易遭敌方火力破坏。在受敌火威胁较大时，可采取黄昏架设，夜间通行，拂晓撤收的办法。

每套器材可以架设104m的浮桥，如果需要克服的河流宽度大于一套器材所能架设的长度，则可以增加河中舟的数量，以达到要克服的河流宽度。浮桥主要由河中部分和岸边部分组成。

一、岸边部分

岸边部分由岸边舟和跳板组成，是浮桥的接岸部分。岸边舟与河中舟连接处的水深不得小于0.4m。在地面上的支承长度可在1～2.5m范围内变化。跳板陆侧一端接岸长不小于0.5m（土质坚硬时）或1m（土质较松软时）。当岸边水深0.4m处距水沿线在2m之内而岸边舟数量不足时，可不使用岸边舟而直接利用河中舟的跳板与河岸搭接；也可一岸用岸边舟，另一岸用河中舟跳板。

二、河中部分

由若干个河中舟连接而成，是浮桥的主要组成部分。在流速较高的江河上，河中部分水深一般不应小于1.5m。局部浅水处的水深可减到0.8m，对局部浅水，但河底松软处可减到0.4m。

第六节 其 他

一、运输性

公路运输可以直接开往目的地。需要铁路运输时，可以舟、车分运，以降低总体高度，使之适应铁路桥涵对高度的限制。水运时，可以用滚装船运输。

二、配套表

全套器材配套见表11-8。

全套器材配套表　　表11-8

序号	名称	数量	说明
1	河中舟	8个	含河中舟辅助器材
2	岸边舟	2个	含岸边舟辅助器材
3	舟车	10辆	含舟车辅助器材
4	全桥辅助器材	1套	
5	备件		根据使用要求配备

第十二章

其他渡河方法

渡河方法除了前面介绍的门桥渡河、浮桥渡河外，有时根据江河情况、季节情况以及装备情况，可以分别采用轻便器材渡河、冰上渡河、徒涉渡河、泅渡、两栖装备渡河、气垫船渡河和装甲车辆潜渡等。后三种方法与装备性能密切相关，在此不过多介绍。

第一节　轻便器材渡河

轻便器材渡河是指用舟、筏、轻型门桥和徒步浮桥等器材渡送人员、车辆及物资通过江河的行动。

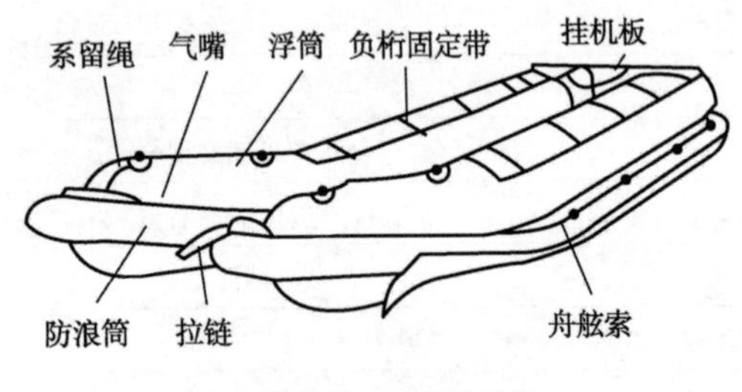

图 12-1　浮筒橡皮舟

一、轻便舟

1. 轻便舟介绍

我军现装备的制式舟主要有橡皮舟和冲锋舟，配上舷外机后具有自重轻、操作简便、漕行快、机动性能好等特点。

浮筒橡皮舟（图 12-1）：主要用于人员渡河，搭乘人员为11名(含舷外机操作员),也可结构成筏、架设徒步浮桥和用于执行水上勤务。可单舟使用,也可结构成筏和架设徒步浮桥。

班用橡皮舟(图12-2):主要用于人员渡河,搭乘人员为9名(含舷外机操作员),也可用于执行水上勤务。

侦察橡皮舟(图12-3):主要用于江河侦察,搭乘人员为5名(含舷外机操作员),也可用于执行水上勤务。

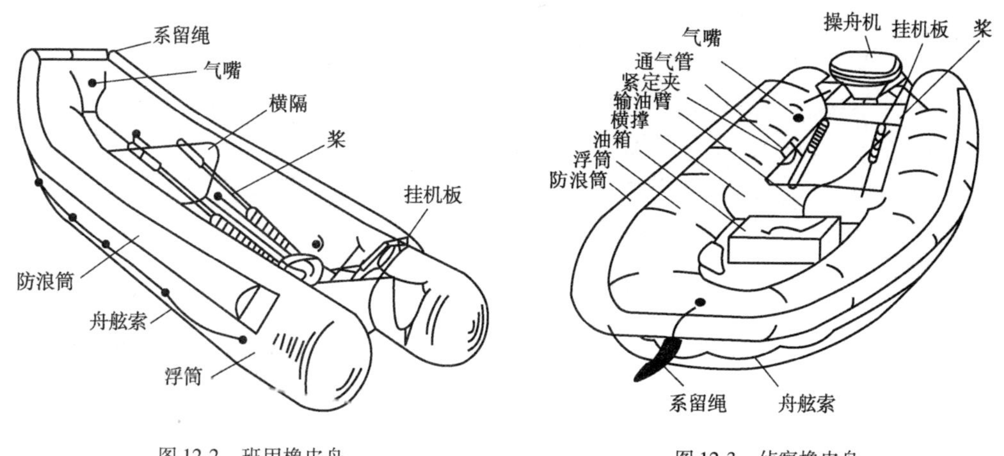

图12-2 班用橡皮舟

图12-3 侦察橡皮舟

班用冲锋舟(图12-4),为折叠式结构,主要用于渡送人员和轻型便携式装备(最大载重量13kN),可以搭乘人员12名(含舷外机操作员),也可用于执行水上勤务。

抗沉性班用冲锋舟(图12-5):主要用于人员及轻型便携式装备渡河,可以搭乘人员12人(含舷外机操作员),也可用于执行水上勤务。最大载重量为10kN,具有抗沉性质。

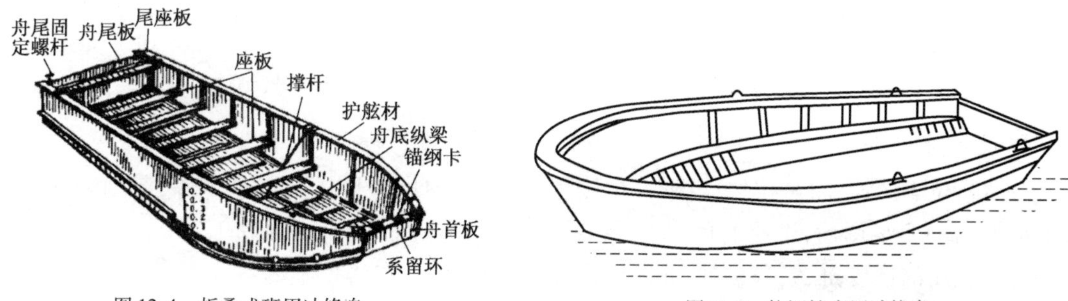

图12-4 折叠式班用冲锋舟

图12-5 抗沉性班用冲锋舟

2. 轻便舟的使用

(1)制式舟使用准备

各类橡皮舟的准备:先将舟展开(浮筒橡皮舟需连接两浮筒之间的拉链),打开紧定夹,拧松气嘴2~3圈,充气后拧紧气嘴,夹紧紧定夹,把桨放入舟内;如用舷外机漕行,应在舟泛水后,将舷外机安装在挂机板上,并将油箱放入舟内,然后接通输油管。

折叠式班用冲锋舟的准备:先将舟体放平,打开折叠固定插销,拉起舟舷板和舟尾板;安装护舷材、舟底纵梁、座板和尾座板;放入钩篙和桨。如用舷外机漕行时,待舟泛水后,安装舷外机。

(2)制式舟搬运

各类轻便舟的搬运所需人数由其重量确定,浮筒橡皮舟和班用橡皮舟需要 4 人搬运,侦察橡皮舟只需要 2 人,折叠式冲锋舟和抗沉性冲锋舟需要 8 人搬运。

搬运时,作业人员在舟的两侧。舟首向前,提舟舷索搬运(图 12-6、图 12-7)。

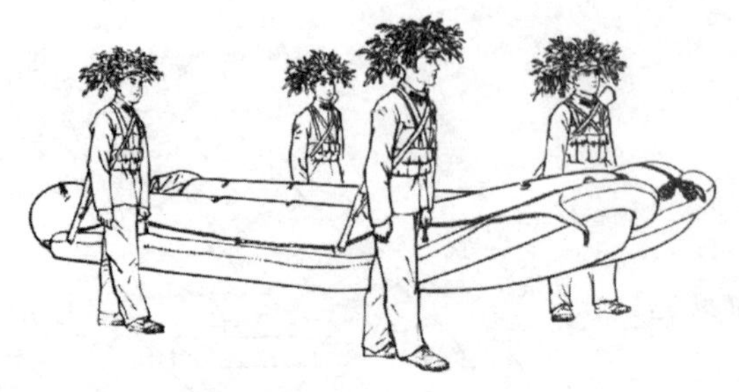

图 12-6 浮筒橡皮舟的搬运

图 12-7 侦察橡皮舟的搬运

折叠冲锋舟的搬运:需搬运距离近时,可提护舷材(图 12-8);搬运距离远时,需用肩扛(图 12-9)。

图 12-8 折叠冲锋舟近距离提运

图 12-9 折叠冲锋舟远距离抬运

(3)制式舟的搭乘

系留员位于岸边,将舟拉住;搭乘人员按顺序迅速上舟,并按搭乘姿势坐好;起动舷外机,系留员推(撑)舟离岸后,迅速上舟。人员搭乘姿势分别见图 12-10 ~ 图 12-12。

各种民用的橡皮舟、铝合金舟、玻璃钢舟等,其使用方法参考以上内容。

图 12-10 人员搭乘浮筒橡皮舟舷外机漕行

图 12-11 搭乘班用橡皮舟划行

图 12-12 搭乘折叠式班用冲锋舟舷外机漕行

二、筏

1. 筏的基本要求

筏是用离散的浮游材料或浮具结合成的浮游结构物，通常在缺乏舟或单舟载重量不足时采用。筏的结构形状和大小，可根据筏的用途和使用材料确定。要求结构坚固、简单，具有足够浮力，水中漕行阻力小和稳定性好。

2. 汽油桶筏

汽油桶筏的结构是将若干个汽油桶连接在圆木或圆竹框架内，再在上面固定座板而成。其浮力大小由汽油桶的数量多少而定。

用 12 个汽油桶、4 根长 5m、7 根长 4m、中径为 10～12cm 的圆木或竹结构的筏（图 12-13），其安全载重量为 14kN。结构时，先在圆木或竹子上标示出固定的位置，用绳索连接成框架，然后，将汽油桶固定在框架内，再在框架上面固定 4 块 5cm × 20cm 的座板。

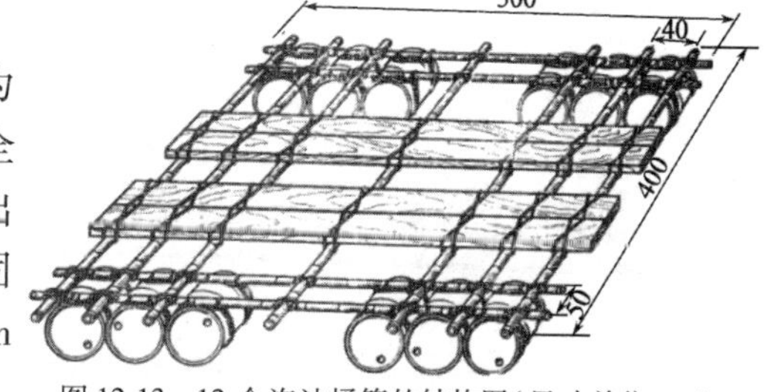

图 12-13 12 个汽油桶筏的结构图（尺寸单位：cm）

用 33 个汽油桶结构的筏（图 12-14），其安全载重量约为 40kN，能渡送 40kN 以内的车辆和技术兵器。渡送轮式载重时，在筏上增加车辙板，以便载重物的装载。为防止轮式载重物在渡河时滑动，应用绳索、三角木进行固定。

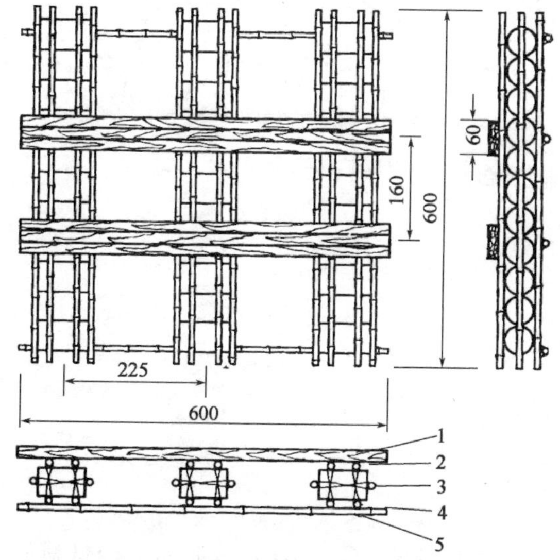

图 12-14 33 个汽油桶筏的结构图（尺寸单位：cm）

1-车辙板 600 × 20 × 9；2-上连结构 600 × 12；3-侧系板 600 × 12；4-下连接材 600 × 12；5-垫材 600 × 12

3. 木、竹筏

木、竹筏是将若干根圆木或竹并列成单层或数层配置在上、下横系材之间，用绳索、铁丝或竹篾连接而成，浮力大小由材料种类和数量而定。木、竹筏通常做成尖头形状，以减小水阻力。

(1)尖头齐尾单层竹筏，是用15根长7～8m、中径10～15cm的圆竹结构的筏(图12-15)，其安全载重量约为5kN。

(2)尖头鱼尾双层竹筏(图12-16)，用32根长7.5～8.5m、中径10～15cm的圆竹结构的筏(上层为15根，下层为17根，表面铺一层四开竹片)，其安全载重量约为1.3kN。

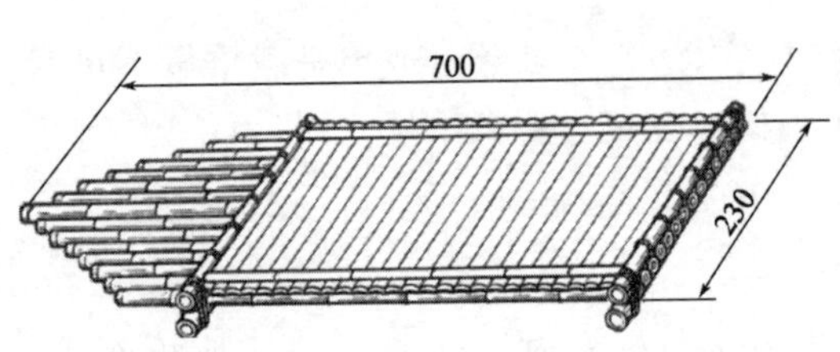

图12-15 尖头齐尾单层竹筏(尺寸单位:cm)

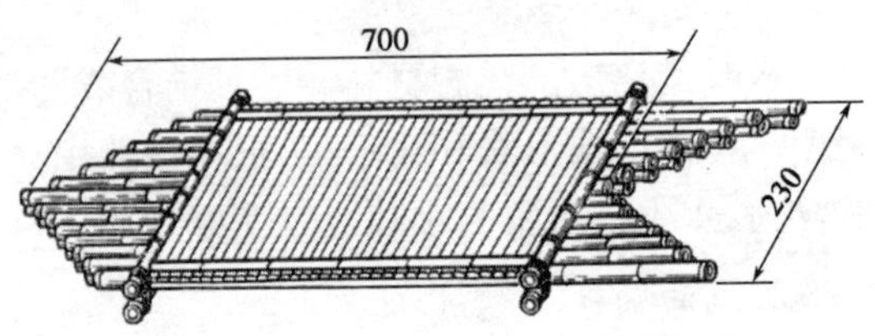

图12-16 尖头鱼尾双层竹筏(尺寸单位:cm)

4. 浮囊筏

浮囊筏(图12-17)是用各种雨衣、雨布、塑料布等捆包稻草、干草等密度小的材料制成浮囊，并将浮囊固定在木(竹)材结构的框架下面而成，其浮力大小由浮囊的浮力大小和数量多少而确定。

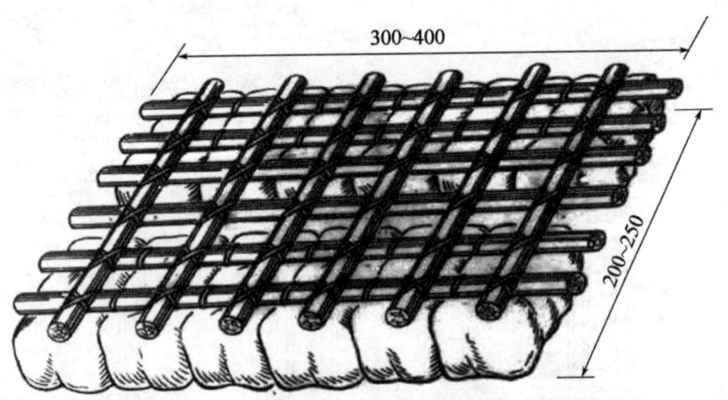

图12-17 12个浮囊筏的结构图(尺寸单位:cm)

5. 筏的安全载重量计算

(1)桶筏的安全载重量

$$A_0 = A \times m - G \tag{12-1}$$

式中：A_0——桶筏的安全载重量(kN)；

A——1个桶的安全载重量(kN)；

m——桶的数量(个)；

G——上部结构材料的重量(kN)，$G = VD$(V是上部结构材料的总体积；D为木材重度，其值按表12-1确定)。

木材重度(kN/m³) 表 12-1

种类	松、柳	白杨	枞	桦	杉	竹材
新伐材	7.5	8.0	7.0	9.0		7.2~7.0
干燥材	5.0	5.0	4.5	6.5	5.0	4.0
放入水中几天后的干材	6.3	6.5	5.5	8.0		

一个桶的安全载重量按下式计算

$$A = 0.875 \times d^2 HK\gamma \tag{12-2}$$

式中:d——桶的平均直径(m);

H——桶的高度(m);

K——安全系数:敞开式,木桶为 0.4,金属桶为 0.45~0.51;封闭式,木桶为 0.6,金属桶为 0.7~0.8;

γ——水的重度,取 10kN/m³。

(2)木(竹)筏的安全载重量

$$A_0 = Am \tag{12-3}$$

式中:A_0——圆木(或竹)筏的安全载重量(kN);

A——一根圆木(或竹)的安全载重量(kN);

m——圆木(或竹)的数量(根)。

一根圆木的安全载重量按下式计算

$$A = VQK \tag{12-4}$$

式中:Q——单位体积木材(或竹材)的载重量(kN/m³),按表 12-2 查得;

V——一根圆木的体积(m³),可用 $V = 0.875d^2L$ 计算(其中,d 为平均直径;L 为圆木长度);

K——安全系数,通常采用 0.85~0.9。

单位体积木材的载重量(kN/m³) 表 12-2

种类	松、柳	白杨	枞	桦	杉	竹
新伐材	2.5	2.0	2.7	5.0		2.8
干燥材	5.0	5.0	4.6	3.2	5.0	5.4
放入水中几天后的干材	3.5	3.5	4.1	1.8		

三、轻型门桥

1. 玻璃钢舟轻型门桥

1)玻璃钢舟轻型门桥简介

轻型门桥在长距离时利用车辆运输,短距离或者车辆不便到达的位置时,可以采用人工搬运的方式到达保障区域,其主要用于结合漕渡门桥(图 12-18),保障 160kN 以下的轻型装备和人员克服中小江河障碍,也可用作架设浮桥或结构水上作业平台,桥脚舟可作为冲锋舟使用。轻型门桥载重量为履带式 160kN,轮式轴压力为 70kN,适应水深为 0.6m 以上,适应风力为四级;配备 2 台 55hp 的舷外机,满载最大航速为 11.5km/h,作业人员为 10 人(含一名指挥员),作为冲锋舟使用时载重量为 10kN(12 名人员),满载最大航速为 45.9km/h,适应风力为五级风、2级海浪,整套器材主要由桥脚舟(4只首舟、4只尾舟)、上部结构(6块车辙板、4块跳板)、运输作业车(2台运输车)以及水上配套动力(2台55hp舷外机)等组成。

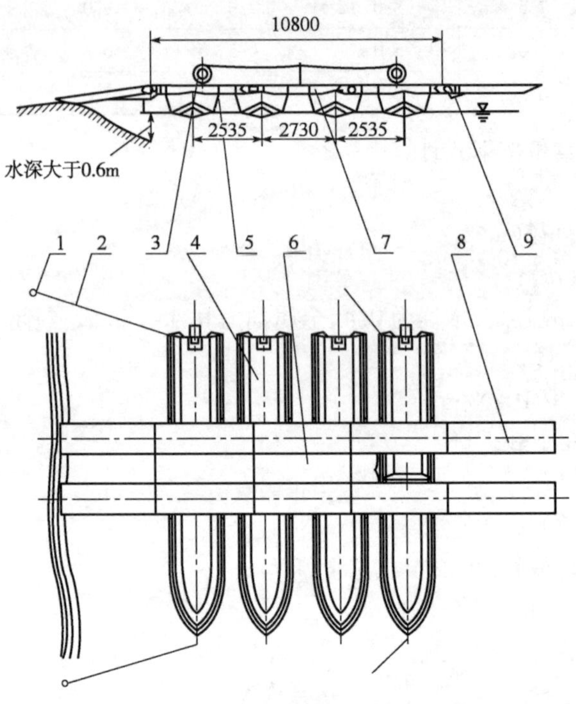

图12-18 玻璃钢舟轻型门桥的四舟门桥(尺寸单位:mm)

1-系留桩;2-系留绳;3-救生圈;4-舟;5-舟舷螺杆;6-加隙板;7-车辙板;8-跳板;9-跳板升降装置

2)漕渡门桥结合

一套器材可结合成一个载重160kN的四舟门桥,如图12-18所示。门桥结合作业人员包括:1名指挥员(门桥长),2组作业人员(Ⅰ组、Ⅱ组,每组4名作业人员,编号为1~8名),1名机动员,按以下步骤和口令实施:

(1)卸载。运输车将器材整体卸载到地面。

(2)搬运。作业人员将器材搬运到指定位置,舟泛水系留,挂舷外机。

(3)连接全形舟。Ⅰ、Ⅱ组负责全形舟的连接,机动员负责桥脚舟的系留。

(4)配车辙板。机动员和第1、2名作业人员依次引入4~1号全形舟至桥轴线,第3~8名作业人员搬运车辙板配置在护舷材上。

(5)设置跳板。第1、2名作业人员设置门桥,其余作业人员设置第1、2块跳板和安装升降螺杆;将门桥旋转180°,按上述作业步骤设置第3、4块跳板,安装升降螺杆。

(6)设置加隙板。作业人员协同将5块加隙板置于两车辙道之间。

(7)设置栏杆。作业人员协同设置栏杆柱、栏杆绳和救生圈。

(8)设置舷外机。每2名作业人员组成一组,在靠近外侧的两个舷外机挂板上,设置舷外机并固定可靠,连接舷外机与油箱的输油管。

2. 橡皮舟浮筒轻型门桥

浮筒轻型门桥,主要用于渡送重量为履带式200kN(轴压力为100kN)以下的荷载。

1）浮筒轻型门桥的组成

浮筒轻型门桥由3个浮筒橡皮舟、6组桥板（每组10块）结构而成（图12-19）；用舷外机漕行，也可用桨操行。

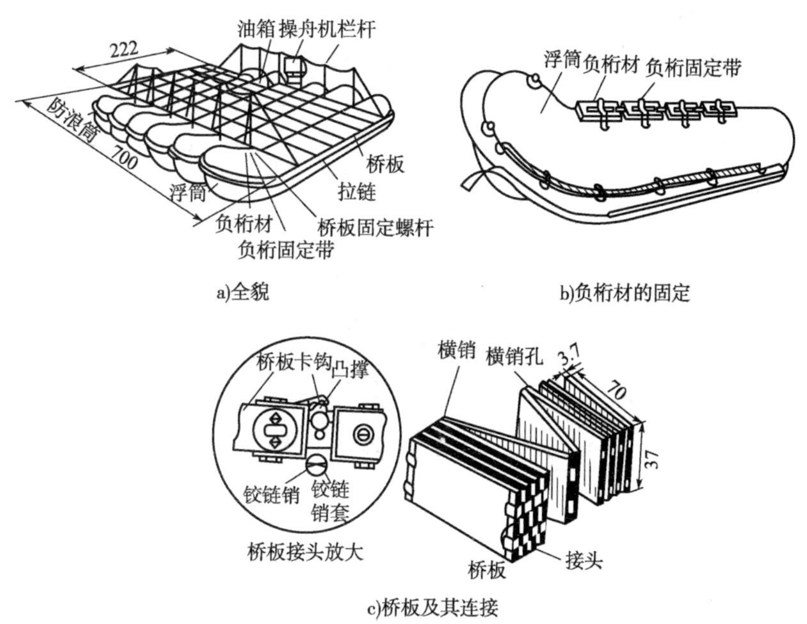

图12-19 浮筒轻型门桥（尺寸单位：cm）

2）浮筒轻型门桥结合作业的口令和动作

（1）准备舟。先将6个浮筒展开，用拉链将其相互连接，然后进行充气。

（2）配负桁材。先将负桁材分为4块一组，每组用弹簧插销连接好，再将其配置在浮筒上，并用负桁带固定，然后搬运泛水。

（3）铺板。将桥板分为10块一组，每组用弹簧插销连成一体，然后将其铺设在负桁材上，用桥板螺杆固定。

（4）安装舷外机。将舷外机安装在挂机板上。

3. 轻型门桥渡河应注意的事项

（1）上载前，应检查各部连接是否可靠。

（2）荷载的重量不得超过门桥载重量，荷载在门桥上须均衡配置，漕行时不得任意移动。车辆上、下门桥时，不得变速、紧急制动或转向。

（3）装、卸载时，系留、植桩必须坚实牢固。钩篙员应精力集中，密切注意车辆上、下情况，协力撑住门桥，确保安全。只有当荷载完全装好后，门桥方可离岸漕行。

（4）乘员一律在车辆上门桥前下车，驾驶员在门桥上将车停好后下车，按指定位置坐好。

四、徒步浮桥

1. 徒步浮桥基本要求

徒步浮桥是供人员通过的轻便浮桥，通常在河幅较小、流速不大的江河上使用，分为制式和就便两种类型。用制式器材架设而成的徒步浮桥称为制式徒步浮桥，有69式浮筒徒步浮桥、轻型门桥徒步浮桥、快速充气徒步浮桥等;用就便器材架设而成的徒步浮桥称为就便徒步浮桥。就便徒步浮桥取材广泛,容易制作,凡是具有一定浮力和强度的材料均可架设成徒步浮桥。

徒步浮桥使用的材料有木板、圆(方)木、竹材、束柴、浮囊、汽油桶、浮筒、冲锋舟和连接材料等。供一路纵队人员通过的桥面宽为0.5~0.7m,二路纵队为1.5~2m。为保证横方向的稳固,桥脚长度为2.5~4.0m。跨度大小须根据每个桥脚安全载重量的大小和材料强度确定。战时,特别是在紧急情况下必须灵活运用。架设时,可参照以下几种类型进行。

2. 徒步桥种类

1)浮筒橡皮舟徒步浮桥

利用浮筒橡皮舟结构而成徒步浮桥,用浮筒作桥脚,用小圆木或木板(图12-20)作桥板,用绳索将桥板与浮筒上的负桁材固定,跨度为3~4m。

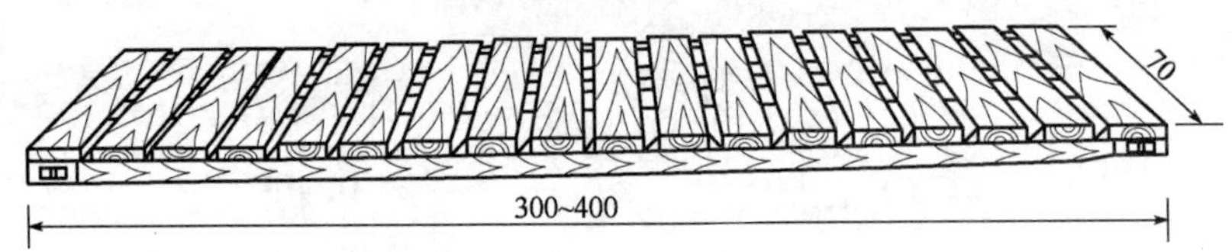

图12-20 桥板的结构(尺寸单位:cm)

2)玻璃钢舟轻型门桥架设徒步浮桥

用玻璃钢舟轻型门桥结构而成的徒步浮桥,如图12-21所示。

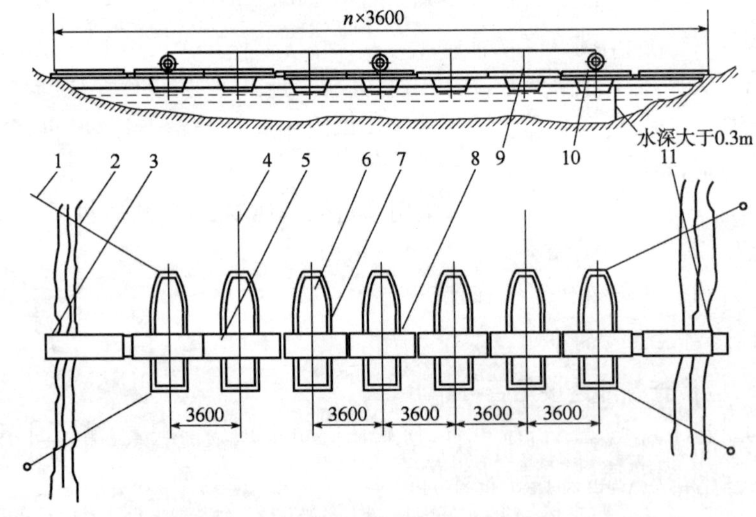

图12-21 轻型门桥的徒步浮桥(尺寸单位:cm)

1-固定桩;2-系留绳;3-端跳板;4-锚钢;5-车辙板;6-舟;7-护舷材;8-缘材;9-栏杆柱;10-救生圈;11-固定桩

结构作业方法:

第一步:将单舟依次泛水,使舟首都朝向岸边并系留好。

第二步:在每只舟的护舷材上横放一块车辙板,使护舷材的限位卡插入车辙板的第2、3号缺口中。

第三步:将舟上的车辙板依次纵向连接。

第四步:徒步浮桥的岸边部分设置一块跳板,其设置方法同四舟漕渡门桥。

徒步浮桥的分解按架设的相反顺序实施。

3)木板徒步浮桥

木板徒步浮桥(图 12-22)是利用木板提供的浮力承受荷载,用绳索连接而成。

4)汽油桶徒步浮桥

汽油桶徒步浮桥(图 12-23)是利用汽油桶作桥脚,用长 3 ~4m 的圆木(或方木、木板)2 根和 1 ~1.1m 的短圆木 4 根捆扎成框架,用绳索将汽油桶固定在框架的两端,用木板构成桥面而成。

架设木板徒步浮桥、汽油桶徒步浮桥时,应该注意以下事项:

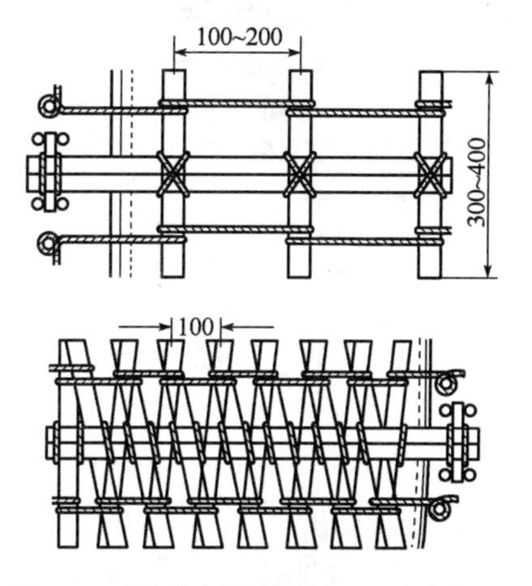

图12-22 木板徒步浮桥的结构(尺寸单位:cm)

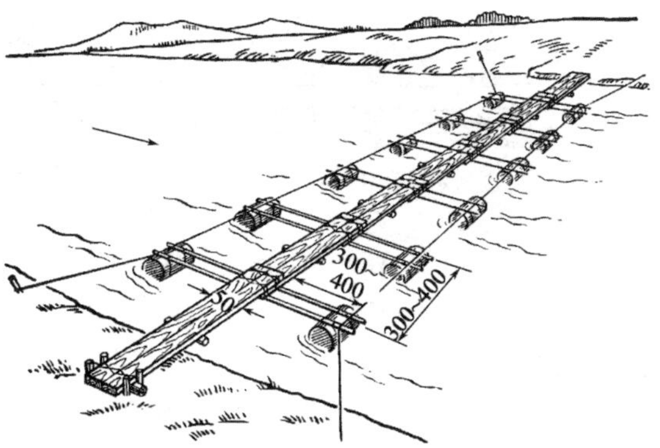

图 12-23 汽油桶徒步浮桥的结构(尺寸单位:cm)

(1)桥节互相连接时,桥板可以平接或重叠连接。平接时,桥板的接头处要错开;重叠连接时,桥板向对岸的一端压在另一块桥板的末端,以便于人员通过。

(2)当徒步浮桥用锚固定时,桥面由于受锚纲的压力而容易倾斜,故应在桥节上游增加浮体。

3. 徒步浮桥的架设

架设徒步浮桥时,可根据河幅和流速的大小,采用推出架设法和旋转架设法。

(1)推出架设法(图 12-24)。适用于河幅不超过 60m、流速 0.7m/s 以下的江河。架设时,将结构好的徒步浮桥搬运到水边,使桥头斜向上游与流线成适当角度,迅速向前推出;随着浮桥的推进,在桥头和中间桥节上,配置若干名钩篙员,掌握推进的方向,并担任对岸桥头的固定作业。

(2)旋转架设法(图 12-25)。适用于河幅不超过 100m,流速在 1m/s 以下,岸边便于旋转架设作业的江河。架设时,将结构好的徒步浮桥顺沿河岸配置在渡口上游 20 ~25m 的水中,在桥上每隔 6 ~10m 配置 1 名钩篙员,然后撑开上游桥头,顺着水流向对岸方向旋转(投锚固定时,在旋转过程中投锚),直到桥头抵达对岸为止。

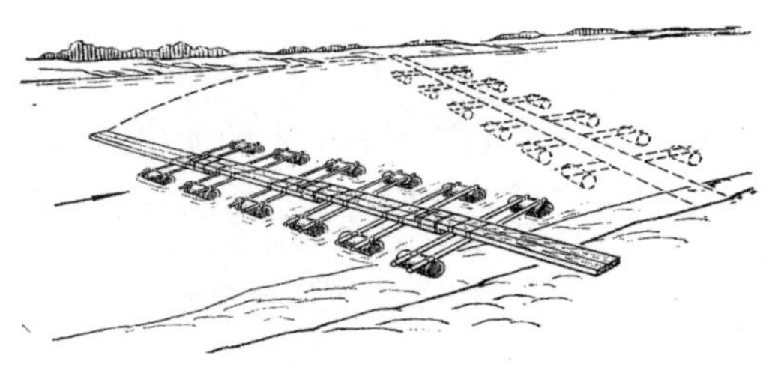

图 12-24 推出架设法

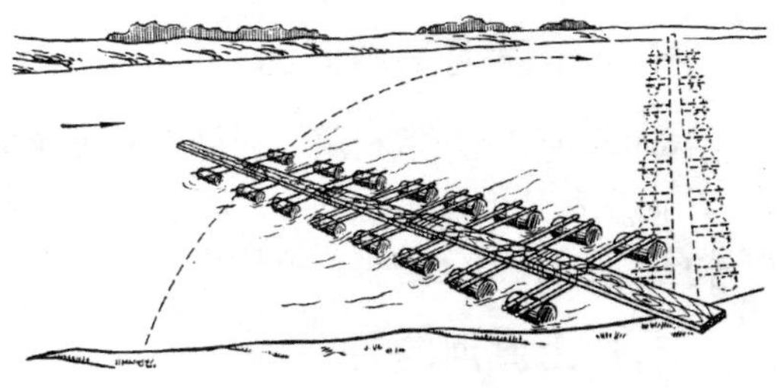

图 12-25 旋转架设法

4. 徒步浮桥的固定

徒步浮桥的固定方法,根据架设方法、河底土壤性质和流速大小而定,可采用系留纲固定或投锚固定。

(1)用系留纲固定

用系留纲固定徒步浮桥(图12-26):将纲索的一端牢固地固定在岸上,另一端在架设时系在桥脚或系材上,纲索与桥轴线约成45°。

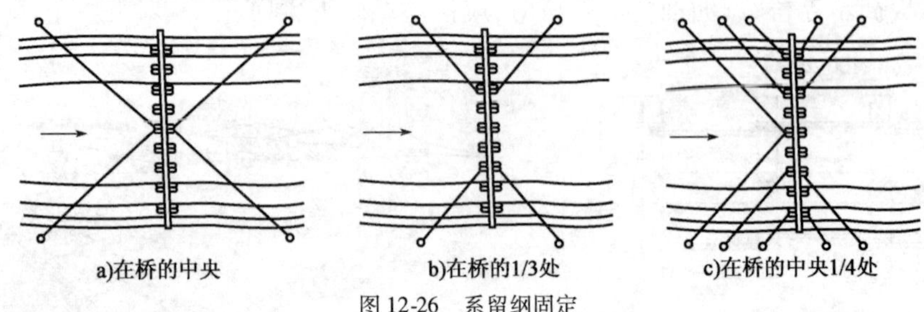

图12-26 系留纲固定

纲索连接的位置:桥长30m以内时,在桥的中央;桥长30~60m时,在桥的1/3处;桥长大于60m时,在桥的中央和1/4处。

(2)投锚固定

用锚固定徒步浮桥(图12-27),应在用旋转架设法架设徒步浮桥时采用。徒步浮桥的长度在60m以内时,锚的位置在桥长1/3处各投1个锚;桥长大于60m时,每隔25~30m投1个锚。

5. 架设徒步浮桥的注意事项

(1)经常检查并保持桥轴线的顺直。

(2)随时检查徒步浮桥的结合部,发现损坏、松动或脱开时,应及时加以修复或更换。

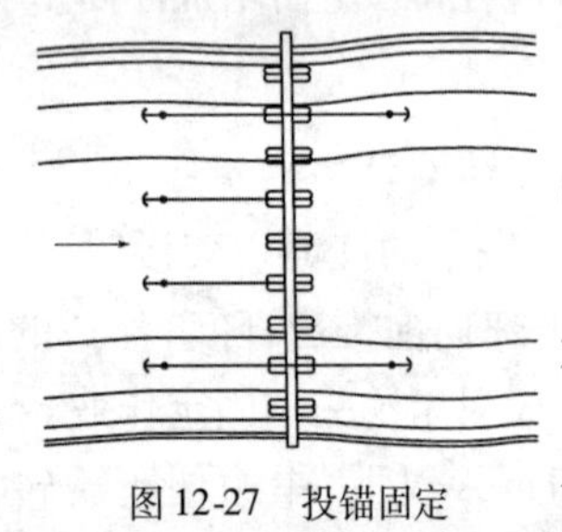

图12-27 投锚固定

(3)舟有漏水、进水现象时,应排水和补漏,严重时应将其更换。

(4)通过徒步浮桥时,人员要保持适当距离,便步通过,重武器(如重机枪等)应分解携带。

(5)通过徒步桥时,只考虑单向通行,而不要双向同时通行,一是承载量不足,二是会影响徒步桥的稳定性。

(6)徒步桥无论是利用水中锚定还是陆上锚定,一定要锚固可靠。

第二节 冰上渡河

一、冰上渡河基本概念

冰上渡河,就是指利用江河湖泊上冬季的冰层(或者加强后的江河湖泊上的冰层)通过人员、车辆或者其他载重物的方法,一般在气温零摄氏度以下气候时实施,但是冰上渡河前要检验冰层的厚度、强度是否符合要求。

二、冰上渡河的要求

冰上渡河在严寒冬季进行。冰层的厚度和强度应足以承受通行荷载的重量。冰上渡河前，必须对渡口进行侦察，主要查明冰的厚度、质量、雪冰层的厚度以及冰与岸边的连接状况等，以确定是否需要加强及加强的方法等。

在选择冰上渡河的位置时，应使冰上的通行路线附近没有冰穴和地下水出入口，并应避开热水排水口的汇集点。若有冰穴时，其上的通行路线到冰穴边缘的距离不得小于100m，冰上路线应尽量缩短，并不宜有曲线段。

针对不同人员、车辆的渡河要求，对冰层厚度有相应的规定，可以查表或通过计算确定。

1. 查表法确定冰层厚度

各种人群、车辆对冰层厚度的要求见表12-3。

各种人群、车辆等对冰层厚度的要求 表12-3

种类	荷载(kN)	使用渡河前3昼夜空气的平均温度(℃)			荷载之间最小距离(m)
		-10以下	-10~0	0以上	
		所需冰层厚度(cm)			
一路纵队的人员		4	4	5	5
二路纵队的人员		6	7	8	5
四路纵队的人员		9	10	11	5
一路纵队的骡马		12	13	15	10
二路纵队的骡马		15	17	19	10
轮式车辆:汽车、运输车	20	16	18	20	15
	40	22	24	28	15
	60	27	30	34	20
	80	31	34	39	32
	100	35	39	44	35
履带式荷载	60	22	24	28	15
	100	28	31	35	20
	160	36	40	45	25
	200	40	45	50	30
	300	49	54	61	35
	400	57	63	71	40
	500	64	70	80	40
	600	70	77	88	45
牵引车辆(含拖车)	60	20	22	31	15
	80	36	40	45	20
	100	25	28	31	20
	200	36	40	45	30
	300	44	48	55	35
	400	51	56	64	35

注:1. 表内冰层厚度是指透明层，其浑白层按50%折算成透明层。

2. 表内的冰层是指淡水冰，若为咸水冰，厚度需增加1~2倍。

3. 表内的牵引车辆是指全重，包括牵引车辆和拖车，如果牵引车辆的重量占30%以上时，表中的冰层厚度应增加30%。

2. 计算法确定冰层厚度

荷载通过时所需冰层的厚度，也可以用公式(12-5)进行计算。

$$H = K\sqrt{\frac{P}{10}} \tag{12-5}$$

式中：H——所需冰层的厚度(cm)；

P——荷载的重量(kN)；

K——系数，履带式荷载为9，轮式荷载为11、拖式荷载为8。

此公式是根据使用前3昼夜的平均温度为－10℃以下时，各种荷载通过纯净淡水的冰层进行大量试验获得的经验数值的回归公式得到的。在－10℃～0℃时，冰层厚度应增加10%；在0℃以上时冰层厚度应增加25%；若为咸水冰时，冰层厚度应增加1～2倍。

三、冰层厚度的测定

冰层的结构如图12-28所示。测量时先在两岸各设置一对标杆标识渡河路线(渡口轴线)，再在渡河路线的上、下游若干米处(图12-29)凿孔，用测冰器测量冰层的厚度，并鉴定冰层的分层和质量。

分层	结　构	特　征	抗力系数
h_1		雪冰层	0
h_2		浑白色冰层	0.5
h_3		透明的冰层	1.0
h_4		水	0

图12-28　冰层结构

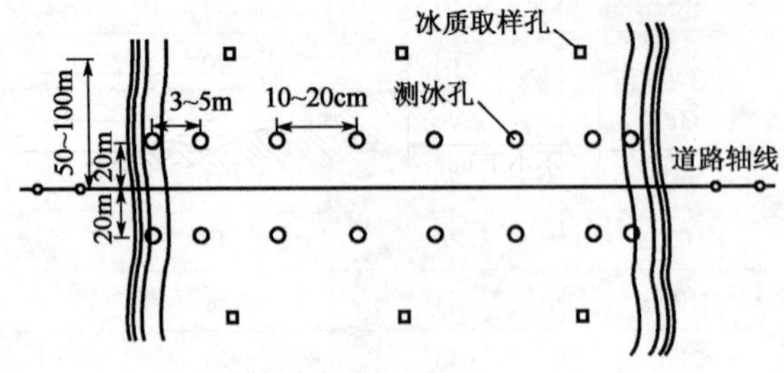

图12-29　测冰孔的配置

冰层(图12-28)通常由两层组成，上层为浑白层，下层为透明层，有时冰层表面有雪冰层，冰层结构厚度＝透明的冰层厚度＋0.5×浑白色冰层厚度。

根据冰层的抗力系数、浑白层和透明层的厚度，计算冰层的厚度。

$$H = K_1 \times h_1 + K_2 \times h_2 \tag{12-6}$$

式中：h_1、h_2——浑白层和透明层的厚度；

K_1、K_2——浑白层和透明层的抗力系数，取0.5和1.0。

冰层厚度的测量包括测量浑白层、透明层的厚度和鉴定冰的质量。测量时，先在两岸各设一对标杆标示渡口轴线，再在渡口轴线上、下流各20m，每隔3～5m（岸边）和10～20m（河中）穿凿一个孔（图12-29），用测冰器（图12-30）测量冰的厚度（图12-31）；在渡口轴线的上、下流各50～100m的地方，挖取30cm×30cm的冰块，进行详细察验，鉴定冰的质量并确定其结构。

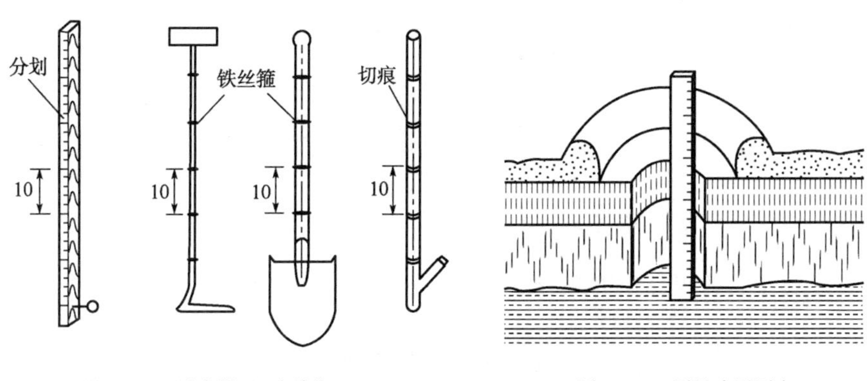

图12-30　测冰器（尺寸单位：cm）　　　　图12-31　测量冰层厚度

四、冰层加强

当冰层厚度不能符合要求、不能承受所通过的荷载时，应予以加强。

1.冰面与岸边部分连接处的加强

（1）岸边冰层有裂缝、折断时，可设置上部结构予以加强（图12-32）。

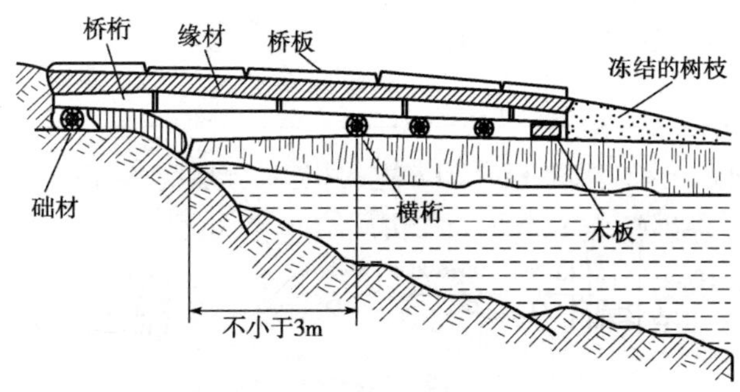

图12-32　设置上部结构加强岸边冰

（2）岸边冰层不坚固，冰层与水脱离时，可构筑列柱桥脚的桥跨予以加强（图12-33）。

2.河中冰的加强

1）冻结法

在气温较低，并有足够的冻结时间时，可用除雪法和浇水法冻结冰层。其冻结的厚度不能超过原冰层的60%。所需冻结冰层的厚度可按式（12-7）计算。

$$h_0 = \frac{H - H_0}{0.7} \tag{12-7}$$

式中：h_0——所需冻结的冰厚(cm)；

H——荷载所需的冰厚(cm)；

H_0——原有冰的折算厚度(cm)；

0.7——冻结冰的折减系数。

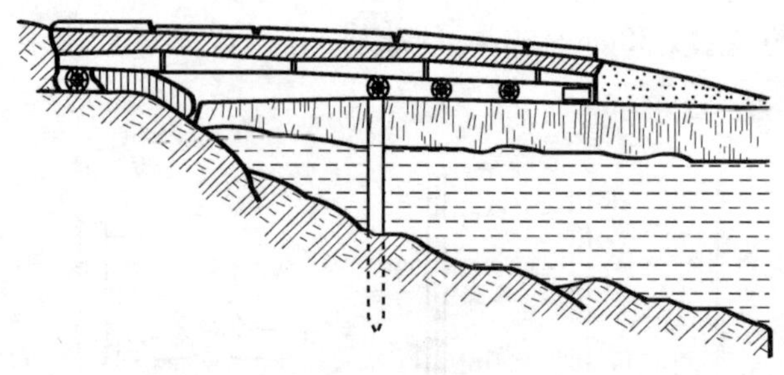

图 12-33　构筑列柱桥脚的桥跨加强岸边冰

(1)除雪法。清除通路及其两侧的积雪(20～30m 宽)，以加速冰层下的水自然冻结，增加冰层厚度。除雪后一昼夜冰层自然冻结增加的厚度见表 12-4。

除雪后一昼夜冰层自然冻结增加的厚度　　表 12-4

一昼夜平均气温(℃)	初始厚度(cm)					
	10	20	30	40	50	60
	增加厚度(cm)					
-10	3.6	2.8	2.1	1.5	1.1	0.7
-15	5.2	2.9	2.8	2.0	1.4	1.0
-20	6.5	5.0	3.6	2.5	1.6	1.2
-25	8.1	5.9	4.2	2.9	1.8	1.4
-30	9.2	6.8	4.8	3.3	2.1	1.6
-35	10.1	7.3	5.2	3.7	2.3	1.7

(2)浇水法。沿通路全长，清除 15～20m 宽的积雪，分层浇水冻结，每次约浇 1cm 深的水，一昼夜浇水冻结冰层的厚度见表 12-5。为加快冻结速度，可用外形尺寸在 10cm 以下的碎冰，分层密实铺填(每层厚 10～15cm)，然后浇水，使冰冻结。冰层冻结后，上面应敷设防护木板和缘材(图 12-34)。

一昼夜浇水冻结水层厚度　　表 12-5

一昼夜平均气温(℃)	一昼夜冻结冰层厚度(cm)	一昼夜平均气温(℃)	一昼夜冻结冰层厚度(cm)
-10	7～8	-30	16～17
-20	11～12		

2)设置上部结构加强河中冰(图 12-35)

其适合在受到气温限制(气温在 -10℃以上)或渡口需要迅速渡河时采用。设置时，先在冰上设置横桁(横桁与冰的接触面要平、宽)，横桁的长度应比车辙道宽 2～4m。车辙道板可参照门桥渡河中桥板的规格。用这种方法加强河中冰,通过轮式荷载时,按所需的冰厚可减少15%;通过履带式荷载时,可减少10%;在春季融冰期,轮式荷载只能减少10%,履带式荷载只能减少7%。

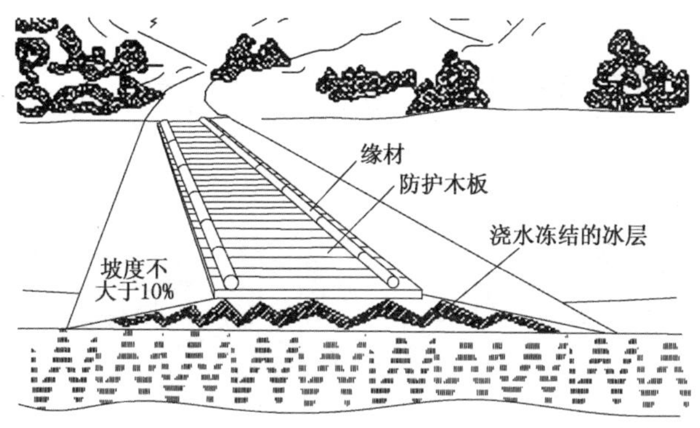

图12-34 浇水冻结法加强河中冰

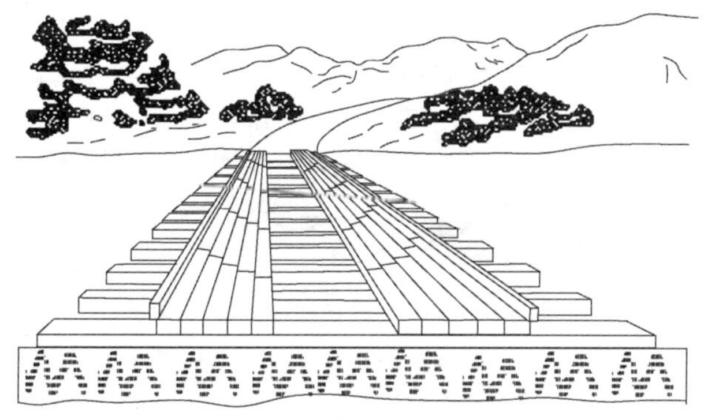

图12-35 设置上部结构加强河中冰

五、冰上渡河注意事项

(1)冰上渡河,只准构筑单行道渡口。若需要多路渡河通过时,应构筑多个渡口,而且渡口的距离应在100m以上。

(2)加强冰层时,禁止使用易使冰融化的材料。

(3)人群和骡马应呈纵队,用便步(不得齐步)通过,为了防止滑倒,冰面上可以铺设防滑材料(稻草、麻袋等)。

(4)车辆应该按规定的距离,以5~8 km/h的速度稳定行驶,不得在冰面上变速、制动、转向,不得在冰面上持久停留。

(5)若冰层厚度正好为容许荷载通过的厚度时,应该限制通车次数,每条通路通常在通过10~15辆后,应停止2~5h;若原有的冰层厚度小于所需冰厚度的15%~20%时,可勉强通过,但要拉大车距,且不得连续通过3辆车。

(6)春季,应该在通路两旁保存一些积雪,并在通路的表面上撒一层薄雪,以延缓冰的融化;较重的车辆,可以安排在早晚期间通行。

(7)渡口附近的冰遭到敌人炮弹的袭击破坏,对通行影响较大时,应当适当降低通行的荷载或者停止通行。

(8)当各类人员、车辆等荷载在冰面上通行时,一旦发生冰面呈波状起伏、裂缝、冒水时,应立即禁止通行。

第三节 徒涉渡河

一、徒涉渡河基本概念

徒涉渡河方法简单,作业迅速,不使用或较少使用器材。因此在江河条件允许时,应广泛采用。

徒涉渡河的地段,称为徒涉场(图12-36)。

图12-36 徒涉场

在渡口要设置标牌和标示牌,其中标牌上应写明通过的队形、江河状况等;标示牌上应写明该处危险情况。

二、徒涉场的判定

徒涉场的位置,可根据事先获得的资料初步判定,然后进行现地侦察。徒涉场的外部征候如下:

(1)在不是船只渡口的两岸,有通往江河的道路。

(2)水面上有像浅滩所特有的微波。

(3)水面上出现由高处转入低处的水位差。

(4)在直线地段上,河幅扩展且河岸坡度徐缓的地方。

各兵种及各种车辆能徒涉的最大水深如表12-6所示。

能徒涉的最大水深 表 12-6

种类	徒涉场最大水深(m)		
	流速在 1m/s 以下	流速在 1 ~ 2m/s	流速在 2 ~ 3m/s
人员	1.00	0.80	0.60
骡马	1.25	1.00	0.80
骡马牵引的车辆	0.70	0.60	0.50
载重 15 ~ 25kN 的汽车	0.60	0.50	0.40
载重 30 ~ 35kN 的汽车	0.80	0.70	0.60
载重 50kN 的汽车	0.90	0.80	0.70
有履带式牵引车	1.00	0.90	0.80
轻型坦克	1.30	1.20	1.10
中型坦克	1.40	1.30	1.20
重型坦克	1.50	1.40	1.30

注:1. 车轮式装甲输送车和用汽车牵引的火炮徒涉的最大水深,按汽车的徒涉深度计算。

2. 坦克密封后,可以在水深不超过 5m,流速不大于 1 ~ 1.5m/s,河底平坦、坚硬,两岸坡度不超过 15% 的江河进行潜渡。

三、徒涉场的构筑

1. 排除及处理岸边和水中的障碍

对徒涉影响较大的凹坑或深槽等,可用砖、树枝、砂袋、束柴等材料填平(图 12-37);对徒涉影响不大的凹坑或深槽,如情况不允许填平或排除时,则应在其周围用标杆和木桩(也可在桩上拉绳)标示,必要时,还应设置标牌。

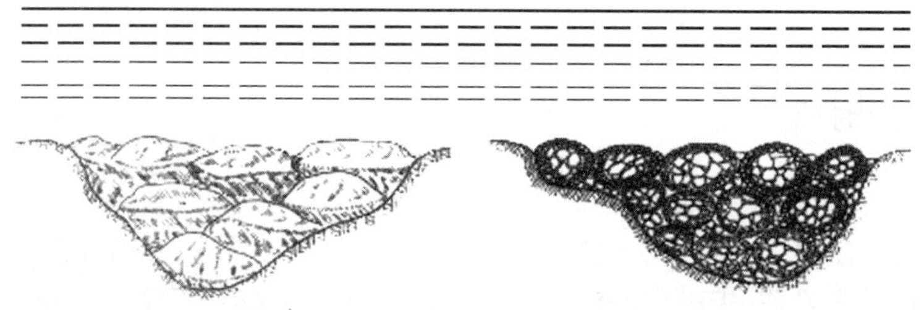

图 12-37 填平凹坑、深槽的方法

2. 徒涉场的加固

为了保证车辆和技术兵器通过,河底土质松软的徒涉场,应用砖石、包有砖石的束柴或土袋等材料加固。

3. 两岸坡度的修整

两岸的坡度:轮式载重,不大于 8% ~10%;履带式载重,不大于 12% ~15%。

4. 通路标示

通常在通路两边缘的全长上,用标杆或木桩标出其宽度和方向;为供夜间通行,应用灯光(只能从我岸看到)、白布条或涂石灰的木桩等标出。

5. 标牌的设置

在道路交叉点,应设置指示牌,指示各兵种前往渡口的路线。在渡口离开岸边的接近路上,应设置标牌。标牌上应注明准许通过的兵种(当几个兵种同时使用一个渡口时,应标明通过的顺序)和江河的情况(河幅、流速、水深和河底土质)等。

6. 防险设备

在急流江河上人员徒涉时,应在主流部分设置扶手(打木桩并张上绳索),或在下流 20 ~ 50m 处构筑固定的或浮游的护栏。

四、徒涉渡河应注意的事项

(1)一个徒涉场同时设置数个渡口时,应根据各渡口的水深和流速情况,按各兵种、车辆的特点和徒涉能力,适当分配,最好从上游起,按人员、轮式车辆和履带车辆的顺序排列。在一个徒涉渡口通过几个兵种时,通常按人员、轮式车辆和履带车辆的顺序通过。

(2)人员徒涉时,根据通路的宽度,成纵队或横队,并适当放大间隔和距离。骑兵在徒涉前,应先饮马,并使驯服、不怕水的马先行;徒涉中禁止马匹停留或饮水。

(3)牵引车辆、坦克和车辆徒涉时,应增大车间距离,减低速度,中途不要变速。车辆只单向行驶时,通路应斜向下流。

(4)在徒涉地段内,如有放射性物质时,应在采取防护措施并清除后,人员、车辆和技术兵器方能通过。通过后进行检查和洗消。

第四节　泅　　渡

一、泅渡使用时机

泅渡是指部队以游泳方式通过江河的行动,一般适用于气温适宜、河幅较小和流速不大的江河,是少量人员和侦察人员在中、小江河上强渡与偷渡时,经常采用的渡河方法。泅渡不需要专门渡河器材,便于隐蔽、正面实施渡河,受两岸地形限制较小,不受水深和河底土壤性质的限制;但受河幅、气温和流速的限制,需要一定的游泳技能和体力。

二、泅渡的方法

人员泅渡,如游泳训练较好的人员和游水技能好的人员,可以直接进行泅渡,着装见图 12-38。在通过较宽江河或实施较大规模泅渡时,应利用随身携带的装具,或在现地收集具有一定浮力的就便器材制成单人使用的浮具。浮具的浮力,游泳技能较好的人员需 50 ~ 100N,游泳技能差的人员需 200 ~ 300N。各种浮具的浮力见表 12-7。

(1)用军用雨衣或塑料布捆包个人装具而成的浮具,其浮力为 80 ~ 120N。使用时,两手抓浮具,两脚蹬水前进(图 12-39)。

(2)竹、木段制成的浮具(图 12-40),浮力一般为 100 ~ 150N。

各种浮具的浮力 表 12-7

名　称	单位	数量	使用材料	自重(N)	浮力(N)
背包浮具	个	1	1 件(块)雨衣(布)包自身背包或 3kg 稻草		200
水壶浮具	个	1	12 个军用水壶捆扎成救生圈		120
行军锅浮具	个	1	1 个行军锅用雨衣包裹		200
钢盔浮具	个	1	2 个钢盔用雨衣(布)捆包	30	120
脸盆浮具	个	1			80
卫生包浮具	个	1	1 个卫生包用雨衣(布)捆包	15	120
铁子弹盒浮具	个	1	2 个铁子弹盒装入雨衣袖内	50	150
木子弹箱	个	1		35	100
防毒靴套	双	1	内装 9 个挂包、2 套军服	25	150
解放鞋	双	9	用雨衣(布)捆包	60	90
军用雨布浮具	个	1	用雨衣(布)捆包稻草	60	500 ~ 600

图 12-38　个人泅渡的着装

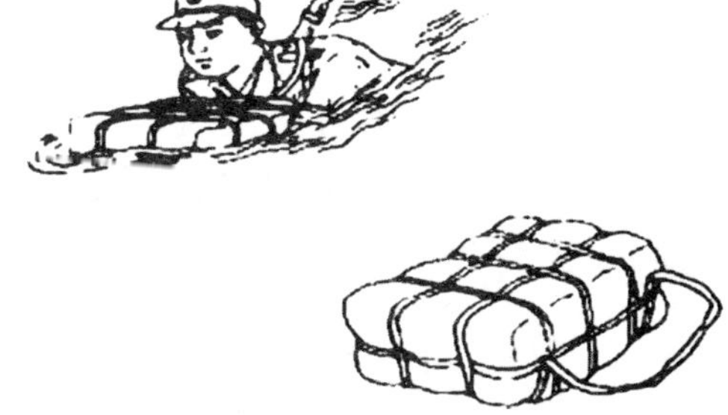

图 12-39　利用个人装具制成的浮具

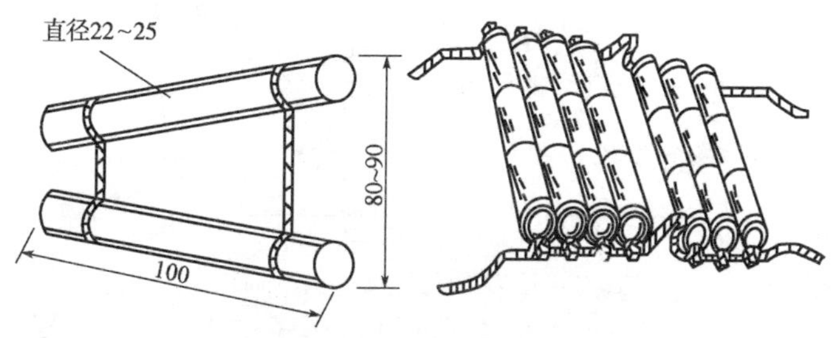

图 12-40　木、竹段浮具(尺寸单位:cm)

(3)张纲泅渡(图 12-41)所用的绳索直径视河幅而定,河幅在 100m 以内时,通常为 2 ~ 4cm。将绳索贯通江河,绳索的两端必须固定在岸边木桩或树上,河中绳索上每隔一定距离系一圆木(竹)段。渡河时,人员在绳索的下游,两手交互抓住绳索前进,人员的距离为 8 ~ 10m。

(4)班组的较重设备,可用各种材料结构成浮具载运。

①三角形竹浮具(图 12-42),用中径 10cm 的圆竹制作而成,其自重为 135N,浮力约为 130N。浮渡时,可 1 ~ 2 人用手脚分别划水(蹬水)前行。

②阶梯形竹浮具(图 12-43),用 7 根长 3.5 ~ 4m、中径 10 ~ 12cm 和 4 根长 2.5m、中径 8 ~ 10cm 的圆竹制成,能浮送一重约 560N 的设备过河。

图 12-41　张纲泅渡

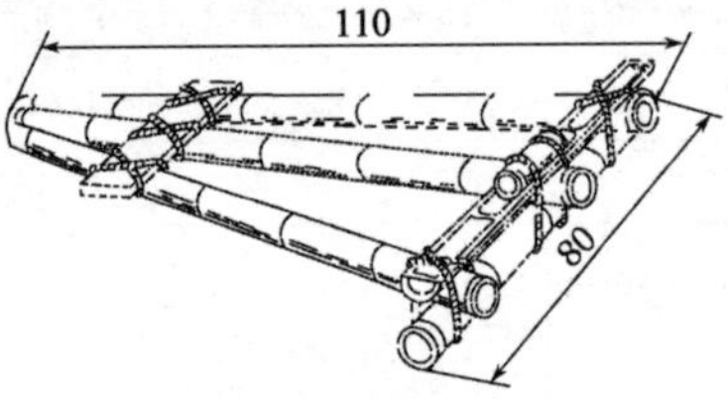

图 12-42　三角形竹浮具(尺寸单位:cm)

③尖头齐尾竹浮具(图 12-44),用 7 根长 1.2 ~ 2m、中径 10cm 的圆竹制作而成,能浮送 500N 重的设备过河。浮渡时,可 3 ~ 4 人用脚蹬水前行。

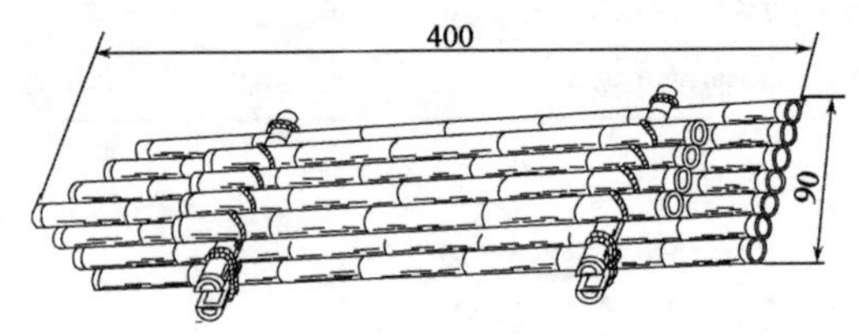

图 12-43　阶梯形竹浮具(尺寸单位:cm)

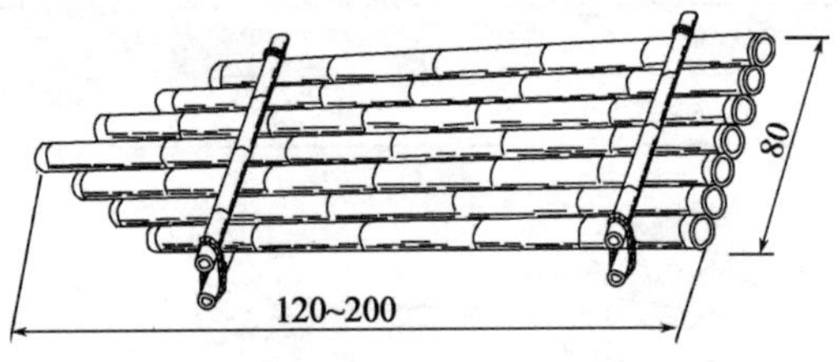

图 12-44　尖头齐尾竹浮具(尺寸单位:cm)

④浮囊浮具(图 12-45),用长 2m、中径 10cm 的四开竹片和 3 个雨衣浮囊捆扎成三角形制作而成,当自重为 300N 时,其浮力约为 600N。

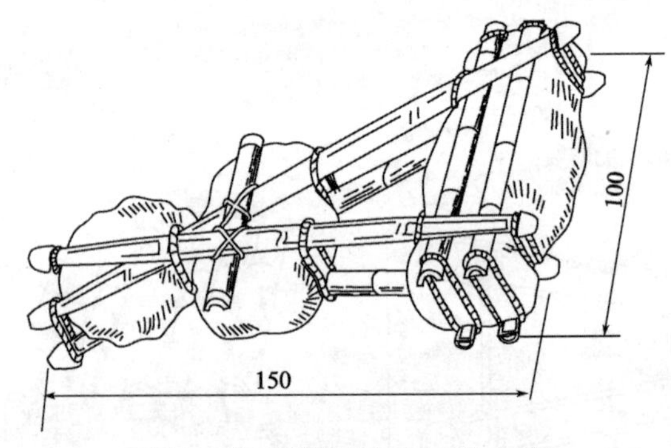

图 12-45　浮囊浮具(尺寸单位:cm)

三、泅渡注意事项

(1)泅渡前要隐蔽、迅速地做好准备。应检查浮具的结构和人员的着装是否牢固,特别要检查封闭式的浮具和不能受潮的装备密封是否良好;必要时,可先进行试验。

(2)渡河的队形,应根据敌情、江河特点、渡河部队的多少而定。编成原则是便于指挥、前进迅速和利于进行登陆战斗。

(3)起渡位置,应根据登陆地点和可能产生的偏流距离选择。

(4)必须严密组织,严格纪律,发扬团结友爱精神,组织好救护勤务。通常每个班应挑选 1 ~ 2名游泳技能好的人员,携带救护器材,在班的后面跟进。

(5)泅渡前要开展训练,达到一定程度并经过考核的人员才能进行泅渡。

第十三章

特殊地区渡河

第一节　长江流域渡河

一、长江流域的概况

长江水系是我国内河最大江河，水运资源丰富，航运条件优越。战时也是构成南北交通的最大自然障碍。长江干流发源于青藏高原的唐古拉山主峰各拉丹冬雪山南侧的沱沱河，流经青海、西藏、四川、重庆、云南、湖北、湖南、江西、安徽、江苏、上海等11个省、市、自治区，注入东海，全长6300km，在世界上仅次于南美洲的亚马孙河和非洲的尼罗河，居第三位。流域面积达到180万km^2。流域内山区最多，占总面积的65%，丘陵区占22%，平原和湖泊占13%。流域形状东西长，南北短。地势西部高、东部低，总落差5400m，平均比降0.086%。

长江源头为沱沱河，长为358km。其与当曲汇合后至青海省玉树巴塘河口，称为通天河，长815km；玉树至重庆宜宾称为金沙江，长2308km；宜宾至长江口称为长江，长2813km。有些河段还有习惯称呼，如宜宾至宜昌河段，大部分流经重庆和四川境内，又称为川江；湖北枝城至湖南城陵矶河段，大部分流经湖北荆州地区，又称为荆江；江苏镇江以下，又称为扬子江。

水利部门划宜昌以上河段为长江上游，宜昌至江西湖口为长江中游，湖口以下至入海口为长江下游。航运部门根据水上运输特点,称宜宾至宜昌为上游,宜昌至武汉为中游,武汉至吴淞口为下游。

长江水系支流众多,有700余条。其中主要有雅砻江、岷江、嘉陵江、乌江、沅江、湘江、汉江和赣江等。年平均流量都在1000m^3/s以上。长江中、下游湖泊密布,较大的湖泊有洞庭湖、洪湖、梁子湖、鄱阳湖、华阳湖、巢湖和太湖等,其面积均超过500km^2。全流域的湖泊总面积达到20000余平方公里。

长江流域气候分别属于青藏高寒区、西南热带季风区和华中亚热带季风区,2/3地区属于华中亚热带季风区。

二、长江流域江河的特点

长江源头为青藏高原的高寒区,其特点是风大、日照长、气温低、干燥,季节性雪山多,无明显的暴雨,冰冻期长,多年平均气温在0℃以下,极端最低气温在-40℃以下。

西南区为热带季风区,夏半年受西南季风控制,冬半年受热带大陆气团控制,冬暖夏凉,四季如春,温度年温差小而日温差大,一些海拔4000~4500m高山为永久结雪区,有现代冰川,气温垂直差也很大:

华中区为亚热带季风区,冬夏季风明显交替,四季分明。长江中、下游年平均气温16~19℃,夏季炎热,最高气温平均在34℃以上。

流域内雨量充沛,年平均降雨量约1100mm,一般年份大致自西北向东南递增。通天河以西地区,降雨量最少,年降雨量250~500mm;金沙江流域稍多,年降雨量600~900mm;重庆、四川区域年降雨量600~1400mm,长江中、下游地区年降雨量800~1800mm,江南多于江北。

降雨量多集中在5~10月,雨带自东南向西北移动,雨季中、下游早于上游,江南早于江北,鄱阳湖、洞庭湖一带为4~6月,清江、乌江流域为5~7月,金沙江下段和四川盆地为7~9月,汉江为7~10月。

长江中、下游流域的主要特点:

(1)江河宽阔。从武汉段到吴淞口的长江段,江河宽阔,执行渡河时需要的人力、物力多,费时费工。

(2)季节性雨量大。受亚热带季风及上游水量的影响大,夏季江河水量多,流速大,对执行渡河任务不利。

(3)江河上目标明显。目前长江上有大桥近百座,但战时将成为敌人打击的重点目标,而在长江宽大江河上执行渡河任务,目标明显,隐蔽困难。

(4)江河水深。长江的中下游区域,水深达到20~50m,给浮桥锚定带来困难。

(5)两岸适合渡河的场地少。尤其是长江中下游区域是经济发达地区,沿河两岸的港口、码头众多,能够直接用来开设渡口的场地少。

(6)下游风浪大。在长江下游由于河面开阔、水面无障碍,因此风浪较大,对渡河器材和设施的威胁大。

(7)下游受潮汐影响。在镇江以下河段,受到东海潮汐的影响,江河水位也有涨落现象,该现象越是靠近吴淞口越明显。

(8)水上建筑物多。随着三峡大坝、葛洲坝等建筑物的投入使用,其大坝水闸的调节功能对下游江河性质有明显改变。

(9)长江支流多。便于渡河器材的泛水、提前准备,一旦需要执行任务,及时到达桥轴线以提高渡河效率。

(10)长江江心洲多。长江上的江心洲,有时有人居住,也有交通设施。

(11)渡口众多。渡口中的设施、设备可以用于执行渡河任务,包括港口、码头中的原材料、设备、机械等。

(12)长江船运发达。各种吨位的高质量船舶,既可以直接用于两岸渡河,也可以用于架设民舟浮桥或者开设门桥渡口。

三、长江流域渡河的主要对策

针对长江中下游的主要特点,在战时采用以下主要对策:

(1)在有敌情的条件下渡河,宜采用分散的门桥渡河,而较少采用浮桥渡河,尽管后者的渡河效率是前者的数倍,但是浮桥的损伤概率比门桥渡河的要大十几倍。

(2)尽量利用原有的港口、码头开设渡口,可以充分利用原有港口码头的设备和设施,减少修筑接近道路、下河坡路的工程量。

(3)广泛采用民舟渡河,充分利用长江丰富的船运资源,架设浮桥、构筑门桥,并且民舟渡河具有一定的隐蔽性。

(4)浮桥采用锚定门桥固定法,一是减少投入河底的锚的数量,利用上游的锚定门桥固定一段浮桥,提高锚定效率;二是利用民舟作为锚定门桥具有一定的隐蔽性;三是可以提前设置锚定门桥,加快浮桥架设作业。

(5)选择渡口时,要远离大型的水工建筑物,无论是在长江主干江河上,还是在长江支流上执行渡河任务,都不宜受到上游水闸的直接影响。

(6)充分利用支流,在支流上提前准备渡河器材,例如进行民舟加固、材料加固、门桥结合等,一旦需要渡河则迅速出击,到达桥轴线快速架设浮桥。

(7)充分利用江心洲渡河,江心洲将宽阔的长江分成较窄的两个航道,架设的浮桥即使战时受到敌人打击后的损失也较小。

(8)充分利用长江的各种渡船。当前随着跨江大桥修建得越来越多,各种渡口营运困难,但是一到战时其作用和地位不可替代。

(9)要建设预设渡口。在未来可能渡河的河段,开展预设渡口建设,以防不测。预设渡口包括接近道路、下河坡路、码头设施、固定设施等,也可以储存一些用于渡河得预制构件和预制器材。

(10)指定预案。针对宽大江河得渡河任务、组织、力量、方法、措施、器材、设备、设施等,指定可执行的预案,并开展演习和操练。

四、青藏高原地区渡河的特点与对策

1. 青藏高原地区的环境特点

青藏高原位于我国西南,广义的青藏高原是指海拔在3000m以上的区域。其东西相距3000km,南北最宽处约为1600km,面积达2.9×10^6km^2。高原高寒地区,水系众多、雪融性水灾多、地势复杂、冻土沼泽面广;气压低、年平均气温低、日温差大;太阳辐射强度大、冬季干冷大风多,不同地区或同一地区不同海拔高度的气候变化梯度大等,恶劣的气候条件和复杂地理环境对渡河桥梁装备遂行工程保障任务的影响大,应该引起高度重视。

1)气候特点

我国青藏高原气候的主要特征是空气稀薄、氧气稀少、雨水少、相对湿度小、气压低、气温低、太阳辐射量大、气温变化大、水分蒸发量大。海拔高度、大气压力、环境温度、空气密度的关系见表13-1,高原海拔高、空气稀薄、尘埃和水汽含量少、透明度高,故阳光透过大气层时能量损失少,是全国太阳总辐射量最多的地区。

海拔高度、大气压力、环境温度、空气密度关系 表13-1

海拔高度(m)	大气压力(kPa)	环境温度(℃)	空气密度(kg/m³)
0	101.3	15	1.2255
1000	89.9	8.5	1.1004
2000	79.5	2.0	1.0074
3000	70.1	-4.5	0.9097
4000	61.3	-11.0	0.8179
5000	54.1	-18.0	0.7378

2)水文特点

西藏高原水资源极为丰富。西藏自治区的年平均水径流量为$4.4\times10^{11}m^3$,占全国的16.5%,是中国河流最多的省区之一,亚洲的著名河流如长江、黄河、布拉马普特拉河、恒河、湄公河、萨尔温江、印度河、伊洛瓦底江等,都源于或流经西藏高原。西藏高原冰川面积和它的储量分别占全国的48.2%和53.6%,冰川总水资源量约$3.0\times10^{11}m^3$,每年冰川融水径流量$3.25\times10^{10}m^3$。西藏的湖泊面积$4\times10^{15}km^2$,占全国湖泊总面积的30%。

西藏水资源和水能资源十分丰富,多项指标全国领先。地表水资源量为$4.5\times10^{11}m^3$,约占全国的1/7,地下水资源总量$1.1\times10^{11}m^3$,水资源总量、人均水资源拥有量、亩均水资源占有量、水能源理论蕴藏量4项指标位居全国第一。

3)地质特点

高原冰川的快速消融和退缩不仅给当地的生态和社会带来严重影响,也为下游带来了巨大的负面影响。青藏高原北部和念青唐古拉山部分山脉的融雪水被澜沧江、怒江、黄河、长江等河流带人南海、安达曼海、黄海和东海;冈底斯山东部和念青唐古拉山脉西、南地区的融雪水经雅鲁藏布江流入孟加拉湾;冈底斯山的融雪水通过象泉河和狮泉河到达安达曼海;喜马拉雅南麓地区的融雪水被孔雀河、朋曲和洛扎曲带入孟加拉湾。藏北羌塘地区和喜马拉雅北麓的部分融雪水经过众多内陆河流流入高原湖泊中,如唐古拉、念青唐古拉以及羌塘中部冰川的融雪水流入色林错、纳木错、当惹雍错等湖泊;宁金岗桑的融雪水流入羊卓雍错等。

由于高原冰川的快速消融和退缩,融雪性洪灾已经成为高原和周边地区的主要自然灾害之一。研究表明,喜马拉雅南麓不丹地区的冰川以每年30~40m的速度在消融和萎缩。融雪水形成堰塞湖,多数堰塞湖有冰碛支撑,当水量和压力达到一定程度时很容易溃坝。20世纪以来,在喜马拉雅地区冰川融化形成了诸多冰川湖(堰塞湖),尼泊尔的戈西盆地有159个冰湖,在阿伦地区有229个,其中24个具有潜在的高威胁。

2.西藏高原地区渡河工程保障存在的主要问题

1)水系众多,渡河工程任务繁重

西藏水资源的主要组成部分包括河流、冰川、湖泊、湿地以及地下水。全区有350多条河流，其中流域面积超过 $1\times10^{15}km^2$ 的河流有20余条。西藏的河流分为内流河和外流河，内流河又分为藏南和藏北内流水系。其中，藏南内流水系的流域总面积为 $2.67\times10^5km^2$，占西藏内流水系总面积的4.36%；藏北内流水系的流域总面积超过 $5.9\times10^6km^2$，占西藏内流水系总面积的95.64%。西藏外流河流也分为两大水系，即太平洋和印度洋水系，太平洋水系由金沙江和澜沧江组成；印度洋水系的主要河流有雅鲁藏布江和怒江。（表13-2）。

来自青藏高原的亚洲十大水系 表13-2

序号	河流名称（中文）	长度（m）	流经国家	流入
1	澜沧江	4500	中国、越南、老挝、柬埔寨、泰国	南海
2	怒江	2800	中国、缅甸、泰国	安达曼海
3	鲁藏布江	2900	中国、印度、孟加拉	孟加拉湾
4	黄河	5464	中国	黄海
5	长江	6380	中国	东海
6	孔雀河	1600	中国、尼泊尔、印度	孟加拉湾
7	象泉河	1450	中国、印度、巴基斯坦	安达曼海
8	狮泉河	3100	中国、印度、巴基斯坦	安达曼海
9	朋曲	1200	中国、尼泊尔、印度	孟加拉湾
10	洛扎曲	380	中国、不丹、印度、孟加拉	孟加拉湾

众多的高原江河湖泊以及季节变化，对渡河工程保障提出更高的要求，相应的保障任务更加繁重。

2）高原环境，机电设备受到影响

（1）对发动机功率的影响

在海拔1000m以下、气温30℃以下时不用考虑其对发动机功率的影响，但超过1000m时，必须结合海拔高度和气温变化对发动机功率进行换算，表13-3以某型号发动机为例，列举了其在海拔高度3000～5000m时发动机功率的变化情况。可知，在气温40℃、海拔4000m时，发动机功率下降至66%；气温40℃、海拔5000m时，发动机功率下降至59%。

发动机在不同海拔高度、不同温度条件下的功率折算系数 表13-3

海拔高度（m）	气温					
	0	10	20	30	40	50
3000	0.960	0.900	0.850	0.780	0.730	0.680
3500	0.925	0.870	0.820	0.750	0.700	0.650
4000	0.880	0.830	0.775	0.720	0.660	0.610
4500	0.850	0.780	0.730	0.675	0.625	0.575
5000	0.810	0.755	0.700	0.640	0.590	0.530

此外，低温是高原气候的另一个显著特点，随着海拔升高，气温呈线性下降，高原的最低气温一般都在－30℃以下，内燃机的低温起动问题与平原寒冷地区基本相似，但加上高原地区的缺氧和低气压使内燃机的着火起动性能较平原差。

低温对电机的散热有利，但对小型电机的起动有一定的影响。由于气温低使润滑脂稠度增大或凝固冻结，引起静态阻力增加，使起动变得困难。当润滑脂低温冻结后，丧失润滑能力，起动时与轴承摩擦发出尖哨声，加速轴承磨损。

(2)对电子设备的影响

研究还表明，高原地区海拔高、气压低、空气密度小，导致电子产品空气绝缘耐压降低，容易产生故障，对电器设备的性能影响很大，特别是对电子设备而言，低气压对其影响尤为显著。一般情况下，在海拔0~5000m范围内，气压每降低10%(相当于海拔增高1000m)，电晕电压和外绝缘强度降低8%~13%。表13-4给出不同大气压条件下，空气抗电强度变化的几种典型情况。

环境气压值与空气抗电强度的关系(kV) 表13-4

大气压(kPa)	绝缘距离(mm)			
	10.0	5.0	1.0	0.2
75(海拔2000m)	22.00	16.00	5.00	2.00
60(海拔4000m)	18.70	13.50	4.20	1.70
45(海拔6000m)	15.00	11.80	3.40	1.35

由表13-4可知，随着气压的下降，高压绝缘距离会大幅度下降，可能会出现高压部件绝缘下降，出现打火、放电现象，导致设备工作异常。

(3)对柴油机的影响

高原低温环境下柴油机也难于启动，其主要原因：

①高原地区冬季极限温度在-40℃左右，柴油机进气温度相应地要比常温下低30~60℃，因此，柴油机气缸内压缩终了时的空气温度达不到启动时的必需温度，且气缸内压缩空气的压力也明显低于正常启动时所要求的压力，柴油机难以启动。

②蓄电池的最佳工作温度在20~40℃范围，随着环境温度的降低，蓄电池的输出能力也相应地下降，表13-5列出不同环境温度下，蓄电池20h放电率(%)输出情况。由于上述原因，导致柴油机启动系统功率下降，使柴油机起动转速低于启动必需的最低转速。

不同环境温度下蓄电池20h放电率 表13-5

温度(℃)	27	15	0	-10	-18	-30	-40
放电率(%)	100	90	73	60	49	34	21

③低温时润滑机油黏度加大，各摩擦副之间的阻力加大，使柴油机起动转速下降。

④高原地带空气中氧气的含量随着海拔高度的升高而降低，海拔高度每升高1000m，大气压力下降10%，空气密度下降梯度为6%~10%，含氧量下降10%，可见海拔高度越高，空气含氧量越少，柴油机越难启动。

⑤低温条件下，柴油黏度增加，表面张力加大，导致喷油的雾化质量变差，延长了着火滞后期。

3)地质复杂，克服障碍任务多样

研究表明，喜马拉雅南麓不丹地区的冰川以每年30~40m的速度在消融和萎缩。融雪水对羌塘等平原湖泊的影响包括湖泊溢出、冲淡盐湖、淹没湖中岛屿和草场等。色林错是羌塘中部地区最大湖泊之一，面积 1640km^2，湖面海拔 4530m，最大水深超过 33m。古色林错面积曾达 1 万 km^2，后因气候变干，湖泊退缩。由于周边冰川的退缩和非寻常的融雪水的汇入，色林错水位在最近 10 年内不断增长，使得四周大片草场被淹没，严重影响了局部环境。1985 年 6 月 18 日，发生最大的泥石流，导致 17 人死亡、5 户被淹、79 辆汽车被毁，造成超过 500 万元的经济损失。统计显示，1993—2005 年，西藏共发生地质灾害 1604 起，伤亡 274 人。

4）含氧量少，人员作业效率低下

根据人机工程的各种因素和以往的经验，单人作业质量有一定的限制，在平原地区，单人作业时搬运、挑抬、肩扛的构件数量较少时（1 ~ 2 件）最大质量宜为 45kg 左右，数量较多时常规作业质量不超过 40kg 左右，当两人配合作业时，构件数量较少时最大作业质量宜为 80kg 左右，数量较多时常规作业质量宜为 75kg 左右。但是随着海拔的增加、含氧量减少，人员的作业质量也要随之减少。

5）经济落后，技术保障十分困难

（1）经济落后，不便于维修器材就地筹措

高原高寒地区道路施工因处于地域广阔、人烟稀少、技术落后、人才奇缺、经济条件差，工业基础几乎为零，不具备零配件加工制作条件，工程机械在完成施工作业等任务过程中所消耗的维修器材必须依托内地保障供应。

（2）驻地分散、点多线长、运杂费高、损耗大

每个维修器材保障点相距几百甚至上千公里，因此在维修器材保障过程中的表现：①运杂费较高，其占器材金额的 6%（含保险费）；②运输损坏增加，由于装卸次数增多、运距长、路况差，器材运到目的地可能会造成损坏和丢失，仅以运输到拉萨为例，损耗器材金额就占运输器材总额的 2% ~3%。

（3）自然条件恶劣、增加了维修器材的消耗

气温低、温差大、道路施工在 4000m 以上的高原，冬季气温一般在 –20℃，最低可达到 –40℃，渡河桥梁装备在这种情况下运行将使零部件磨损加剧；春夏季同地昼夜温差一般在 20℃左右，气温急剧变化加剧了机械磨损，轮胎、密封件等橡胶制品老化，蓄电池容易破裂。

日照长，紫外线强。高原地区年日照时间长，且紫外线强烈、是内地的 3 倍以上，机械外表容易褪色、脱漆，还将缩短轮胎的使用寿命。

（4）受高原高寒气候影响，技术保障时交通不便

受气候条件影响无法进行运输特别是冬季，一旦大雪封山人员行动受阻；夏季又极易发生洪水、泥石流等自然灾害，一年中只有 5 ~7 个月正常运输，不便于维修器材随时保障。

3. 西藏高原地区渡河工程保障的技术对策

通过上述分析可知，低气压、低温等是对装备性能造成影响的主要因素。目前，武器装备普遍按照海拔 3000m 的作战高度设计，通过采取一定的技术措施基本能够满足海拔 3000m 的高原环境条件的作战要求。但考虑可能出现的极端气候环境和有可能在 4000m 以上的环境下进行作战使用，因此有必要对武器装备采取相应措施。

1）增加装备的高原适应性试验

各种工程装备大多经过寒区试验，但是很少进行过高原高寒地区的试验，因此在这些装备正式向高原高寒地区列装前，应该增做适应性试验，尤其是考核以下几个方面的性能：①舟车

桥车的动力性能；②水上动力（汽艇、舷外机、动力舟）等的性能；③人员操作作业的适应性能（单个构件的重量、连续作业时间等）；④燃油消耗性能（包括最大行驶里程、最大续航里程）；⑤各种充气结构的使用性能（包括理想气压、充气时间等）；⑥电磁环境适应性试验；⑦高原低温（高寒）条件下机械动力（液压）性能等。

2）对渡河桥梁装备改进建议

建议对渡河桥梁装备采取如下改进措施：

（1）强化舟桥渡河装备中密封件的检验和抗低温性能适应性检验；对相关设备的交流电源电缆插头、插座加灌绝缘胶。

（2）对渡河桥梁装备的高强度合金钢材进一步研究低温适应性研究（包括材料低温脆性、低温变形性能、高低温变化时效）等。

（3）对渡河桥梁人工作业的构件重新进行优化调整，减少单人作业重量。

（4）对渡河桥梁装备中的液压系统进一步进行改进，加装抗低温性好的液压油，做好液压缸、液压管路中的抗低温措施。

（5）对渡河桥梁装备中其他非金属材料，进一步采取在高辐射、高原高寒的环境下的抗老化性能措施。

第二节　黄河流域渡河

黄河作为我国第二大河，横贯祖国北部，既是我国防御外来侵略的天然屏障，又是我军南北机动的一大障碍，在军事上具有重要的战略地位。平时必须加强对渡黄工程保障的研究，尽快研制和储备适合黄河特点的渡河器材。

一、黄河中下游的基本特点

黄河是中华民族的摇篮，她发源于我国青海省巴颜喀拉山的约古宗列渠，流经青海、甘肃、四川、宁夏、内蒙古、陕西、山西、河南、山东等九个省区，沿途汇集了40多条主要支流和1000多条溪川，形成了年水量约480亿m^3的洪流，于山东省垦利县泻入渤海，全长5464km，流域达75万km^2，为我国第二大河。

1. 黄河上游山地起伏，河道狭窄

潼关至孟津河段，河底多为卵石层。以前由于三门峡大坝的调节，大坝上游水流平缓，下游湍急，自小浪底水利枢纽建成后，流速已趋于平缓。由于此段多为山区，落差大，两岸陡壁挺立，山峰耸峙，河面狭窄，河底多暗礁险滩，较之下游流速偏大。1983年，我军某部队受命在小浪底水利枢纽开设500kN浮桥渡场，当时小浪底流量就达2100m^3/s，流速2.94m/s。

2. 黄河河水混浊，含沙量大

黄河流经黄土高原，水土流失严重（流失面积达43万km^2），每年约有16亿t泥沙顺流而下（其中，1/4淤垫下游河床，3/4被送到河口），使黄河成为世界上含沙量最大的河流，对渡河工程保障影响较大。例如，由于汽艇的艇外滤清器小泥沙大时易被沉沙堵塞，使发动机过热而无法工作。

3. 下游河宽水浅、岸滩众多

黄河自孟津向下游，流入豫东平原，流速平缓，泥沙淤积量大，河底多为沙壤质，河床呈逐年上升趋势，两岸堤防较高，及至开封段已变成地上悬河（黄河俗称“铜头铁尾豆腐腰”，豆腐腰指的就是此段）。此河段主流水位多高于支流水位，河宽水浅，主槽极不稳定，河中多沙滩、易变迁，水流散乱。

从实地勘测情况来看，近二十多年来，郑州至下游在河南境内的河段，主河槽已平均向北偏移2km左右。此河段河面宽阔，水流平缓，泥沙大量淤积，其典型特征是：河宽水浅，流线多变，沙洲罗列，岸滩宽阔。开设渡场时，克服岸浅滩任务繁重。

4. 洪水期流量大，水位涨落快

黄河在洪水期往往是流量骤增骤减，水位涨落很快。1984 年，在河南汜水进行克服黄河岸浅滩试验性演练期间曾出现这种典型情况。在 1984 年 6 月底以前，由于降雨量小，流量为 800 ~ 1500m^3/s，河幅宽 500 ~ 600m，流速 1. 6m/s 以下，河水主流线紧靠南岸，嫩滩宽 1100m 左右，浅滩紧靠北岸，宽 200m。到 7 月、8 月、9 月，水位涨落急剧，浅滩、嫩滩变化无常。

7 月底至 8 月初第一次涨水，流量达 4100m^3/s，流速达 4m/s，北岸 1100m 嫩滩全部淹没，河幅增至 2000m；河水主流线由南岸移至河中，南岸出现 120m 宽左右嫩滩。洪水持续 7 天，8 月 8 日，河水流量猛落至 1500m^3/s。在落水过程中，主流线又移至南岸，在 3 小时内，南岸嫩滩全部被冲刷掉，使河床恢复原来状态。9 月 6 日至 9 月 13 日第二次涨水，流量增至 3300m^3/s，主流线移至河中，靠近南岸 70m 的河中部分，出现宽约 100m、长约 2000m 的细长浅滩。

9 月 13 日后，再次落水。9 月 20 日至 9 月 30 日，河水第三次上涨，流量由 1700m^3/s 猛增至 5400m^3/s，主流线全部北移，并猛烈冲刷北岸嫩滩，使河幅宽增至 2100m，北岸嫩滩再次全部淹没。10 月 2 日，雨过天晴，流量猛落至 2700m^3/s 左右，主流线偏向南岸，河中浅滩再次北移，与北岸嫩滩相接并增宽 280m，嫩滩再次全部露出，河幅由原宽 2100m 缩短到 920m 左右。

岸浅滩时露时没、时北时南，流量时大时小，水位猛涨猛落，这是黄河在洪水期的典型特征。在这种情况下架设浮桥往往会使岸边的门桥和锚纲由于水位的跃落而被淤埋，失去锚定力；当高水位上升时，就产生锚纲失效和门桥下滑现象。另外，汛期黄河漂流物多，如芦草根、树木等在水下流动，当遇到锚纲时便存积压挂，使锚纲压力增大，压迫舟首，影响舟首露出水面的高度，威胁浮桥的安全。

5. 黄河特有的水文地貌

黄河除一年四汛（凌汛、桃汛、伏汛、秋汛）外，还有一些特殊现象。

淦。当河水流速大、含沙量大，河床起伏不平时，形成沙浪，水面也相应有波状起伏，称之为淦。淦浪高 1 ~ 3m，波长约 15m，开设渡场应避开。

涟子水。当河水流经沙洲、沙垄波峰时或两个深槽间的浅滩、沙嘴前后，水面造成局部跌落，从远处看似一带状，水呈红色，出现波浪，时而冒出气泡，称为涟子水。涟子水引起的漩涡，对门桥特别是单艇的航行影响很大。

行阵水。当水流遇到河岸的丁字坝、引水闸等凸凹型建筑物时，河水急剧改变方向逆流而上，形成回流，后渐消失，这样形成主流周期性地来回摆动，称为行阵水。对投起锚作业影响较大，浮桥投锚线应尽量避开。

另外,因黄河下游河道平面摆动大,大量泥沙沉积,滩地不断变化,又有老滩、新滩、嫩滩之分。

二、黄河渡河的主要对策

1. 针对黄河流速大的情况,提高水上动力的功率

提高水中机动能力,增加其适应较大流速的能力,保证渡河器材的正常使用。水上牵引机械应装备大动力机械,保证牵引力在 2500kg 以上,功率不小于 250hp,适应流速在 4m/s 以上,以保证在繁杂条件下的渡河工程保障任务。

2. 加强工程侦察,科学确定渡河位置

浮桥都有一定的适应流速,黄河水浅但是局部区域流速大,因此既要考虑陆上岸浅滩的克服工作量,也要选择在浮桥能够稳定的河段。

3. 采取综合有效的锚定措施

黄河由于河底多为泥沙,一般制式锚的锚定效果不佳,因此多采用石笼锚、混凝土重力锚等多种锚定措施,在河道较为狭窄的河段,还可以设置斜张纲锚定和横张纲锚定,以提高锚定措施。

4. 建设预设渡口

在未来需要渡河的河段,建设若干个预设渡口,可以提高应急时的渡河工程保障能力。预设渡口主要可以结合现有民用渡口来构筑,修建到渡口的接近路、铺设两岸的下河坡路,建设泛水场地、作业场地,根据需要可以修建岸上的锚定设置,如果是张纲固定,还可以预建张纲的塔架和锚定坑,以便应急时快速使用。

三、岸(浅)滩的特点及对策

江河的岸(浅)滩,是根据渡河工程保障时的需要,一般可以区分为浅滩、嫩滩和老滩。

(1)浅滩。是指渡河器材及一般船舶不能通行的浅水区。其表面水深 40cm 左右,根据其流速可以分为静水浅滩和活水浅滩,前者无流速,后者流速在 1.0m/s 以下。

(2)嫩滩。是指高出水面 1 ~ 2m,年内被水淹没过,表面 20m 内的土壤比较潮湿,但是含水量未达到饱和的滩地。嫩滩须经过加固后才能通行车辆。

(3)老滩。是指高出水面 2 ~ 3m 以上,一年前形成且未被淹没的滩地。老滩一般靠近堤岸较远,表面 30 ~ 50cm 厚的土壤干燥坚固,车辆可以通行,但是一旦坚固层破坏,则需要进行加固。

克服岸(浅)滩的主要方法有制式器材和就便器材。就便器材主要有沙石、束柴、竹材、钢材等。

老滩一般情况下先通载,待翻浆、破碎,出现泥泞后再加固,嫩滩在通载前便应加固,克服浅滩和嫩滩,须重点采取措施保护土壤的承载能力。具体方法有:

(1)改变土壤的粒径级配,加大土壤的密实度和相互间的联结作用。可以用铺砂石层的办法加强滩地的表面结构;用束柴、竹材等垫底,上面再铺土石;挖排水沟排除饱和水,或者先用轻载压实,再通行重载。

(2)充分利用土工合成材料克服岸(浅)滩。在岸(浅)滩上先铺设一层土工合成布,该材

料具有隔离泥透水的功能,在土工布上再铺设一层细沙防止履带、碎石刺破土工布,再根据情况铺设砂石等加强滩涂的路面强度。车辆通行时,滩涂中的水分被挤压出来,而土工布下面的土壤密度不断增加,以便车辆通行。

(3)架设低水桥,浅滩的特点可以架设低水桥来克服。桥脚部分可以根据条件采取简易的结构形式,如础材桥脚、钢质三角桥脚、束柴沙袋桥脚、沙袋枕材桥脚等。

(4)利用化学固化的方法,加固滩地土壤结构。

第三节 高寒地区渡河

一、高寒地区江河特点

高寒地区江河一般河幅宽阔,河床稳定,岸滩坚固;江河水位季节性变化很大,夏汛期有的河水泛滥而形成宽阔的河谷沼泽;在低洼湖沼地区解冻时和封冻前泥泞难行,冬季严寒期漫长、多风雪,我国寒区每年 11 月下旬至翌年 3 月中旬为封冻期,冰层厚度可达 0.8 ~ 1.5m,每年 4 月和 11 月为流冰期,对渡河的影响较大。

高寒地区渡河,作业条件艰苦,作业难度大,作业效率低。各种工程机械装备容易发生故障和损坏,机动困难,操作不便;缺少人力、物力资源。

二、流冰期江河的特点及对渡河的影响

秋季河春季流冰对构筑和维护渡口及组织实施渡河有很大影响,但影响不尽相同。

秋季流冰前,通常形成岸边冰,水面出现薄冰和冰凌,有时结成大冰块。但天气持续寒冷时,水面首先出现个别冰块,然后开始流冰。秋季流冰的特点是强度不大,持续时间不长。因此可以按照常规构筑各种渡口,包括进行浮桥渡河。

春季流冰通常伴随江河泛滥,流速明显增大,出现大、小冰块,有时还形成冰坝,需要人工破除或者炸除,否则会对河道产生危险,冰坝突然崩塌对下游产生严重影响。在多数情况夏春季流冰常常发生两次,开始是当地的流冰,然后是上游湖泊和支流的流冰。因此,在春季流冰期间执行渡河工程很困难,要避开强流冰期间实施渡河。

三、流冰期渡河应该采取的对策

(1)在水上警戒的编成,设置数个爆破组,配备快艇和火工品、炸药以及钩篙、土木工具和救生器材。在渡口上流较远距离(1 ~ 2km)处对大冰块实施拦截爆破,但流冰量较大时可以在不同距离上分批次实施爆破,以便前面爆破组未能炸碎的大冰块再次爆破;浮桥上要派爆破手值班,负责炸碎漂向浮桥的大冰块。

在冰坝可能形成的地点,要设置观察哨,携带通信器材随时报告冰坝情况,可使用爆破组进行爆破,也可以申请上级派飞机轰炸冰坝,以消除隐患。

(2)设置防冰栅。在码头上游靠近岸边处设置防冰栅,防冰栅应斜向下游,把流冰引向河中间,防止流冰撞击门桥和码头,在浮桥上游设置防冰栅,浮桥在使用中定期和不定期分解浮桥和防冰栅,排除积聚的冰块,减少流冰对浮桥和锚定的压力,防止流冰撞击桥脚舟和割断

锚纲。

(3)门桥漕渡中,遇到来不及炸碎的大冰块时应绕行,避免直接撞击,若遇到大快流冰无法绕行时,漕渡动力因迅速减速或者改变方向,作业人员可以用钩篙顺势推开流冰。门桥漕渡通常采用汽艇顶推法。

(4)流冰期间渡河,应该对汽艇、门桥或者浮桥采取特殊的防护措施。如舟舷、艇舷安装护板、轮胎等减震材料。在汽艇的首部、底部和舟的首部安装防护罩,或者在门桥两侧安装排冰器,以防止流冰撞击。

四、流冰期渡河的注意事项

(1)加强侦察。流冰期渡河时,应对江河状况、冰的流动、被冰冲走各种物体(筏、船、驳船等)组织系统侦察,以便采取积极有效的渡河措施。

(2)渡口位置。在流冰的江河上渡口通常选择在河幅较宽÷水较深的直线河段。渡口上游没有可能聚集流冰的急弯、浅滩和较窄河床。避开带沿岸冰的地段或者冲到岸上的积冰。

(3)码头位置。码头位置应选择在没有冰块流动积聚、流速不大的地段。

(4)慎用浮桥。流冰期不宜架设浮桥,只有在江河上漂流薄冰、冰凌和小冰块时可以架设浮桥。为防止出现冰坝,浮桥位置应选择在远离被破坏的桥梁、沙洲、浅滩或有其他水障碍的地方。

(5)两岸交通。流冰期两岸构筑进出路非常困难,渡口应尽量选择在两岸有纵向道路的附近,使构筑接近路作业量尽量减少。对于最困难的泥泞地段应使用各种路面器材进行加强。道路的上下坡应采取防滑措施。

第四节　山林重丘渡河

一、山地重丘江河的特点

山地重丘江河河幅狭窄,迂回曲折,谷深,两岸陡峻;水流湍急,落差大;河床较陡,多暗滩,险滩,河底多为石质;水位、流量受季节影响大,枯水期流速缓慢,上游汛期易突发山洪,流量剧增,河幅加宽,水深流急,漂流物多。

山地重丘江河适于构筑的渡口地点较少,作业场地狭窄,接近路难选;工程作业量大,技术难度高,工程装备难以充分发挥作用,作业速度慢、效率低。但是有良好的隐蔽条件和就便器材可供利用。

二、山地重丘江河渡河时应采取的措施

(1)渡口位置。渡口位置应选择在原有渡口的附近,或者距离原有道路较近,构筑进出路比较容易的地段。且便于渡河器材泛水作业,流速不应该超过3m/s,避开峡谷和两岸陡峭的位置。

(2)架设浮桥。在山地重丘地区架设浮桥时,要特别注意浮桥固定。江河流速大,河底多为石质,投锚固定较为困难,浮桥宜采用张纲法固定。当江河较宽不适宜张纲固定时,或者时

间紧迫来不及张纲时,可以用重力锚或就便石笼锚固定浮桥。

(3)其他渡河方法。山地重丘地区江河渡河时,应尽量采用吊桥、索道桥、斜撑桥等,架设低水桥应加固桥脚。

(4)门桥渡河。门桥渡河时,必须标示漕渡的航线,避免汽艇、门桥互撞损坏。在水较浅、河底情况复杂的河段,不宜使用汽艇、舷外机漕渡,可以采用滑纲渡、系留渡和操纲渡等方法。

(5)开设渡场。开设渡场时,应采取措施,防止山洪、山体崩塌、滑坡、漂流物等。两岸的进出路应采取防滑措施。

三、热带山岳丛林地江河特点以及应采取的措施

热带山岳丛林地区江河密度大,河道弯曲,河中多礁石、沙洲,岸坡陡,流速大,受季节影响大,原有渡口少。对交通机动影响大。但是有大量就便器材可利用,隐蔽性较好。

热带山岳丛林地区渡河应采取以下措施:

(1)开设门桥、浮桥渡口时,应尽量选择在原有渡口或有原有下河坡路的地段。

(2)架设浮桥,应采取防洪、防漂流物措施,两岸进出路应采取防滑措施。

(3)热带山岳丛林地区竹材很多,收集方便,可以广泛利用。

(4)其他可以参照山地重丘地区江河渡河实施。

四、洪水期江河特点及应采取的措施

洪水期江河河水泛滥、淹没岸滩,水位急剧上涨、流速显著增大,漂流物增多,河幅增宽,洪水甚至改变河床断面。

雨水引起的洪水,江河水位升降较快,持续时间短;结雪融化引起的洪水,江河水位升降较慢,持续时间长;水库堤坝破坏引起的洪水,江河水位突然升高,持续时间随水库容量、破坏口大小及江河情况而定。

洪水期实施渡河应采取以下措施:

(1)洪水期渡河时,要对水位、流速的变化河漂流物组织严密的观察。加强水上警戒,设置拦截漂流物(建筑物碎片、树木、其他物体等)的防护栏,以保障渡口的使用。

(2)实施轻便器材渡河、门桥渡河时,应准确计算偏流距离,恰当确定登陆点、舟泛水位置和码头位置。构筑码头和卸载点应选择在江河弯曲部,突出的沙洲和导流堤后面。应避开下流的沙洲、浅滩、被破坏的桥梁及其他水工建筑物。

(3)构筑码头和栈桥时,应考虑到水位的变化,采用的码头和栈桥结构应便于调整桥脚(桥础)高度。岸边系留要可靠,设置要坚固,并在桥脚周围、桥础的水侧用束材和沙袋进行加固,采取防冲刷措施。

(4)架设浮桥时,应正确标定桥轴线、投锚线,加强浮桥的固定措施,不断清除锚纲上积存的漂流物,采取舟首设动水板等措施,提高浮桥的适应大流速性能。

(5)在水库影响的江河河段上实施渡河时,渡口位置尽量选择距离水库较远的地方,以便发生险情时有足够的时间撤收器材、撤离人员。当条件受到限制时,应保证容许的最小距离。在水工建筑物上流实施渡河时,应注意关闭水闸时造成河水水位上涨使得渡河困难。必要时在水库堤坝附近建立观察预报站,与渡口保持密切联系,发现问题及时采用有效对策。

第五节　水网地区渡河

一、水网地区江河的特点

水网地区江河一般河幅窄、流速小，水深，水位变化小，河床多淤泥，两岸多黏土。河流密、桥梁多、地势低洼，地下水位高，稻田泥泞。

水网地区江河渡河任务繁重复杂，需要连续克服江河障碍的任务重，渡河器材需要量大，难以伪装，工程机械机动和作业不便。

二、水网地区江河渡河应采取的主要措施

（1）河幅窄、流速小、水浅的江河，可采取修筑过水路面和填塞的方法克服。广泛利用就便器材，如稻草捆、束柴捆、砖石、树枝、木材等预制构件，填塞河道或者修筑过水路面。器材便于搜集，作业方法简单，容易维护、渡口便于伪装。

（2）在水网地区江河构筑码头、栈桥时，桥础位置必须加强，并有防水、排水设施。进出路使用制式路面器材或者就便器材加固。

（3）接近路应选择河堤和地势较高的地形，尽量避开稻田和泥泞地段。必须经过稻田地时，应选择泥泞层浅的地段，挖掉泥泞层并使用路面器材或者就便器材加强路面。

（4）需要连续渡河时，应及时采取就便渡河器材替换制式渡河器材，保障制式渡河器材伴随主力部队机动。广泛利用地方交通航运部门的技术力量和船只，保持连续克服江河障碍的能力。

（5）气垫船、自行渡河器材、坦克潜渡等器材，主要用于保障一线部队。在后方江河上要广泛利用民船、渡船、车客渡船、码头等实施渡河。

第六节　沿海地区渡河

一、沿海地区江河的特点

沿海地区江河受潮汐影响大，潮差在 0.5～1m，春季潮差最高达到 3m 左右，退潮后形成大片的潮间带、沼泽地。河流沟渠纵横河底多沙砾和淤泥。

沿海地区江河潮汐变化大、海水腐蚀性强，克服泥泞滩涂难度大，而且影响渡河工程设施的耐久性和稳定性。渡河工程保障难度较大。

二、沿海江河潮汐

潮汐是月球和太阳引潮力的作用下，引起的海水水位上涨和下降的周期性现象，白天由于太阳影响的涨落称为潮，晚上由于月亮引起的涨落称为汐。

江潮亦称为河口潮，它是江河入海口地段的潮汐现象。随着离开河口距离的增远，潮汐的

时间和潮差也逐步推迟和减弱。

涌潮亦称为暴涨潮。涨潮时，海水涌进海湾、河口，因为河床或海湾急剧缩窄，引起水位暴涨，形成陡立的水墙凶猛向前推进。这种情况一般在天文大潮时才出现。

三、沿海江河克服潮汐的措施

（1）使用浮游码头（栈桥）时，为了保持浮游码头（栈桥）的稳定性，应投上游锚和下游锚。因为对同一个码头（栈桥）来说，涨潮时是顺流，落潮时就是逆流。浮游码头（栈桥）的桥脚舟用两根八字形斜张纲固定于岸边，以便浮游码头（栈桥）在河岸垂直方向移动。浮桥根据水位涨落情况，适当增投下游锚。

（2）码头（栈桥）应采取防浮措施。当水位涨落时不至于破坏结构并能够继续保持使用状态。在木结构的码头（栈桥）上部结构中适当增加一些钢梁，并保持上部结构于桥脚或桥础的连接牢固。

（3）在潮汐影响的江河三构筑码头（栈桥）时，应正确确定码头的数量和位置，原则是在不同的潮汐水位下，在规定的期限内不间断地使用渡口，保障渡河的连续实施。排列顺序从上游至下游为低水位、中等水位、高水位码头。码头之间的距离：汽艇牵引门桥时不小于30m，其他渡河方法时不小于20m。

（4）渡口应构筑良好的进出路，当水位下降时不需要修复或者构筑即可使用。

（5）码头应设置明确的标记，防止被潮汐淹没后码头与门桥相撞。夜间各码头应该用发光器材标示。

（6）重视长期使用的沿海江河口码头（栈桥）器材的防腐问题。

第十四章

渡河组织实施

第一节 渡河地点选择

选择渡河地段和渡河地点时,应考虑以下的要求。

(1)敌人防守比较薄弱的地方(如敌人防守的接合部;战斗力弱的部队防守的地段等),或敌人预料不到我军进攻的方向上。

(2)江河凸向我方的弯曲地段,且我岸地形较高,便于瞰制敌岸和组织侧射、斜射。

(3)对岸地形便于我军登陆和战斗,易于建立和巩固登陆场,且利于后续进攻。

(4)两岸地形较平坦,土质较坚硬,便于各兵种,特别是火炮和坦克的运动。

(5)我岸有隐蔽的渡河器材集结场及道路,且便于防空、防毒;尽量避开沾染地区,如不能避开,则应尽量选择在沾染程度轻的地区。

(6)避开车站、道路交叉点及高大建筑物等明显目标,以减少敌人炮兵、航空兵的损害。

(7)选择河幅窄、流速缓、河岸平坦坚实、河中没有浅滩和暗礁的渡河地段;若有适合的支流可以利用,则更为有利。

(8)构筑和设置渡口的土工作业量尽量小。

(9)有便于器材卸载、泛水和进行结构作业的河岸。

（10）有徒涉场和可以利用的原有渡口及沙洲等，以节省人力、器材和时间。

（11）渡口附近没有引起水位急剧变化的水工建筑物，如水闸、坝、堰、堤等。

上述要求，在选择渡河地段时，通常很难全部满足，但必须满足当时的主要要求。

第二节 渡河侦察

一、河幅的测量

河幅通常用测绳、工兵测远器、相似三角形法、交会法等进行测量。

（1）用测绳测量

用测绳测量河幅适用于测量河幅较窄的江河。测量时，将测绳（或细钢索、电话线等）一端固定于我岸，然后拉向对岸并张紧，即可从测绳上直接量出河幅宽度。测量时，应尽量将测绳拉直，如垂度很大，可利用浮体支持测绳。

在夜间或浓雾中进行测量时，应在测绳上系结明显的标明距离的物体（如白布条等）。

（2）用工兵测远器测量

工兵测远器（图14-1）的测量范围为50～2000m，用其测量河幅的方法如下：

①在对岸水边选择一明显的物体（如树木等）为目标。

②左手持测远器（或固定于三脚架上），由目镜向目标测视（如目标不清楚，可转动视距调整环，使目标清晰）。

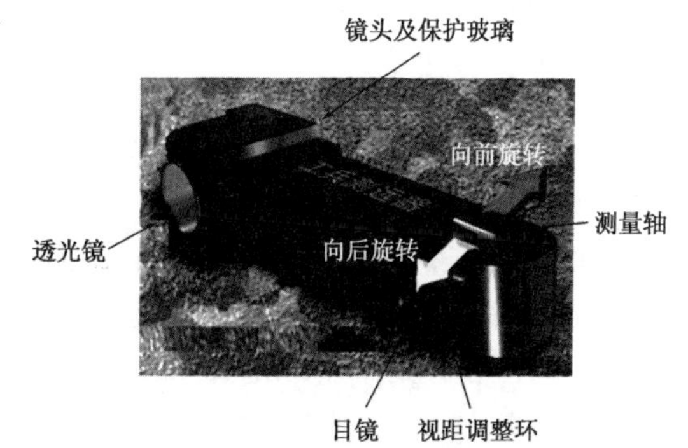

图14-1 工兵测远器

③右手食指转动测量轴，使被半分线截为两段的目标，在半分线上完全接合，并与半分线垂直（图14-2）。

④通过放大透光镜读出分划尺上左边的数字，即为河幅（m）。若目标不在水边，还应减去目标到水边的距离。

a)对准前

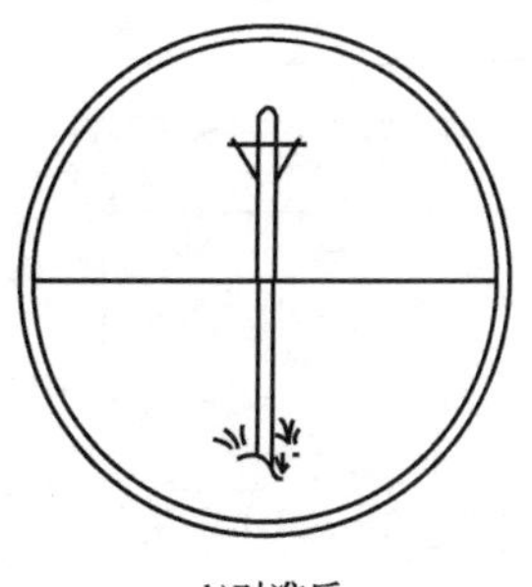

b)对准后

图14-2 物象在半分线上的位置

若对岸为水平目标（如水沿线、河岸等）时，应将工兵测远器垂直使用。夜间测量，可利用照明弹照明的瞬间进行。

(3)用相似三角形法测量

用相似三角形法测量河幅(图 14-3)的方法如下:

①先在对岸找一固定目标 B 点,在我岸打一木桩或插一标杆为 A 点,A、B 两点尽量靠近水边,并使 AB 直线与流向垂直。

②在我岸 A 点,向左(或右)引一直线 AD(用十字定规确定 AD),并使其与 AB 线垂直;

③在 D 点打一木桩,并引一直线 DE 与 AD 垂直。

④在 AD 线上靠近 D 点的 1/5 ~ 1/4 处设一标杆为 C 点,然后由一名作业人员持标杆沿 DE 线走动,直到 B、C、E 三点在一直线上为止,在 E 点打一木桩,即得到 ABC 和 CDE 两个相似三角形。根据相似三角形定理,则有式(14-1)

$$AB:DE = AC:CD$$

$$AB = \frac{AC \times DE}{CD} \tag{14-1}$$

AC、DE 和 CD 的长度,可在现地量出,然后将其代入公式即可求得河幅。若 A、B 两点不在水边,还应减去两点至水边的距离。

(4)用交会法测量

用交会法测量河幅(图 14-4)的方法如下:

①在对岸水边附近选择一个明显的物体或打木桩 B,在我岸边打木桩 A,AB 线与流线垂直,再在 A 点的上(下)游确定 C 点位置(AC 约等于河幅的 1/2)。

②将图板设在 A 点,利用指北针标定图板方位,从 A 点照准 B 点,并将 AB 线描绘在图上,再照准 C 点,同时量出 AC 两点的实际距离,按比例画在图上,并确定 C 点在图上的位置。

③在将图板移到 C 点,先照准 A 点,再照准 B 点,描绘 BC 线。确定 B 点在图上的位置(即两线的交点)。

④量取 A、B 两点在图上的长度,按比例算出 AB(河幅)两点的实地距离。若两点不在水边时,则应减去 A、B 两点至水边的距离。

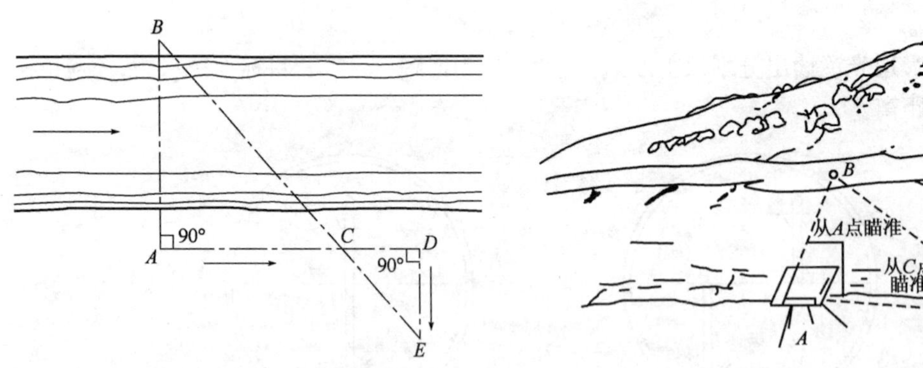

图 14-3 利用相似三角形法测量河幅

图 14-4 用交会法测量河幅

二、水深的测量

水深通常用测深杆和测深球(或铅球、石块)等工具测量。水深可与河幅同时进行测量。测量时,通常每隔 3 ~ 5m 或 10m 测量一次,当岸边水浅或河底起伏变化较大时,可每隔 1m 测量一次。

(1)用测深杆测量

用测深杆测量水深,适用于水深在3m以内的江河地段。测量时,将测深杆(或标杆,或带分划的竹杆、钩篙等)垂直插到河底,水面下的杆长即为水深。夜间测量,可在测杆上做出切痕,以便量出尺寸。

(2)用测深球测量

用测深球测量水深,适用于水较深、流速不大的江河地段。测量时,先在球绳上系结布条标记距离,然后将球放入水中,直至球接触河底,使球绳与水面垂直,水面下的绳长即为水深。

三、流速的测量

流速通常用浮标和流速仪等在流线上进行测量。用浮标可测量河水表面的流速;用流速仪可测量不同深度的流速;测量时间一般不少于2min,最多不超过10min。

(1)用浮标测量

用浮标测量流速(图14-5),适用于无风浪的江河。测量时,先在我岸与主流方向平行的直线地段上插两对垂直主流方向的标杆(两对标杆间的距离,根据流速情况,通常采用50~100m,标杆间的距离,视河岸情况而定,通常采用10~15m),然后利用木片或装有半瓶水的瓶子(夜间可用涂有白漆的木片或装有灯泡的物体)等作浮标,投放到第一对标杆上流,使其顺流而下,记下浮标通过两对标杆所需的时间,再按式(14-2)计算出表面流速

$$v = \frac{L}{T} \tag{14-2}$$

式中:v——表面流速(m/s);

L——两对标杆之间的距离(m);

T——浮标通过两对标杆之间的时间(s)。

(2)用旋桨式流速仪测量

用旋桨式流速仪(图14-6)测量流速,适用于流速为0.04~5.0m/s的江河,其测量误差不超过±1.5%,测量方法如下:

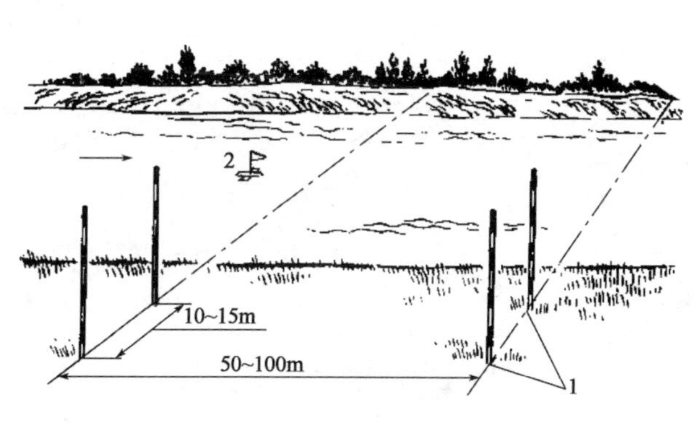

图14-5 用浮标测量流速

1-标杆;2-浮标

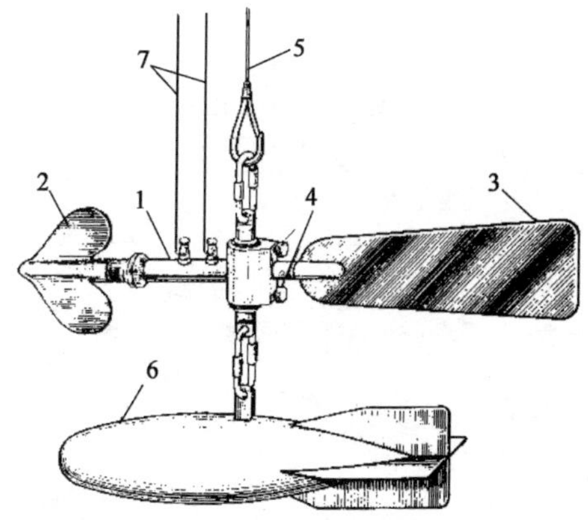

图14-6 旋桨式流速仪

1-身架;2-桨叶;3-尾翼;4-尾翼固定螺丝;5-悬索;6-铅鱼;7-电线

①从箱中取出身架，将桨叶连同轴套插入身架的孔中，用固定螺丝固定。

②装上尾翼，用尾翼固定螺丝固定。

③将仪器装上悬索（或悬杆），接上电线，检验桨叶转动时是否能发出信号。

④将仪器浸入水中，观测再次信号间的时间，再按下计算流速：

$$v=\frac{5}{S}\quad 使用一号螺距时$$

$$v=\frac{10}{S}\quad 使用二号螺距时$$

式中：v——流速（m/s）；

S——两次信号间的时间（s）；

5——1 号螺距（250mm）乘以两次信号间的桨叶转数（20 次）之积；

10——2 号螺距（500mm）乘以两次信号间的桨叶转数（20 次）之积。

旋桨式流速仪，也可先求出每秒的转数，再从仪器箱内的表中查出流速。

使用仪器，必须按要领轻拿轻放，仪器的各部分都不得挤压和碰撞。作业后，将仪器擦拭干净，涂上油脂，防止生锈，以免影响仪器的灵敏度，然后按一定的位置装在仪器箱内。

四、坡度的测量

河岸坡度，通常用水平器和坡度计进行测量。

(1)用水平器测量

用水平器测量河岸坡度（图 14-7）的方法如下：

①先在水边和岸顶各插一根标杆，标定测线，再将水平板（或标杆）置于测线上，一端选择一标杆，另一端放在斜坡上，并在该点再插一根标杆。

②将水平器放在水平板上，校正水平，测量其高差和水平距离，以后按此方法逐次测量，直到岸顶为止。

③将逐次测得的高差和水平距离分别相加，再按式（14-3）求出坡度值：

$$i=\frac{H}{L}\tag{14-3}$$

式中：i——坡度值（通常用百分比表示）；

H——高差之总和（m）；

L——水平距离的总和（m）。

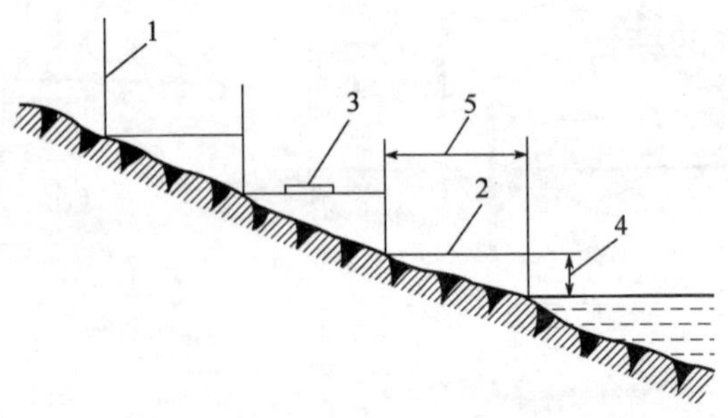

图 14-7 用水平器测量河岸坡度

1-标杆；2-水平板（或标杆）；3-水平器；4-高差；5-水平距离

(2)用坡度计(图 14-8)测量河岸坡度的方法

①先在水边插一根标杆,并在标杆上做一明显标记(或系白布条)。标记的高度与作业人员眼睛同高。

②作业人员站在岸顶,手握坡度计,松开制动卡,压下制动定位杆,由视孔通过视野窗,瞄视标记。

③松开制动定位杆,读出目标的坡度值。其读数方法如图 14-8 所示,按指标线的位置读出整读数 14,"零"读数 0.5,全读数 14.5/100 =0.145。

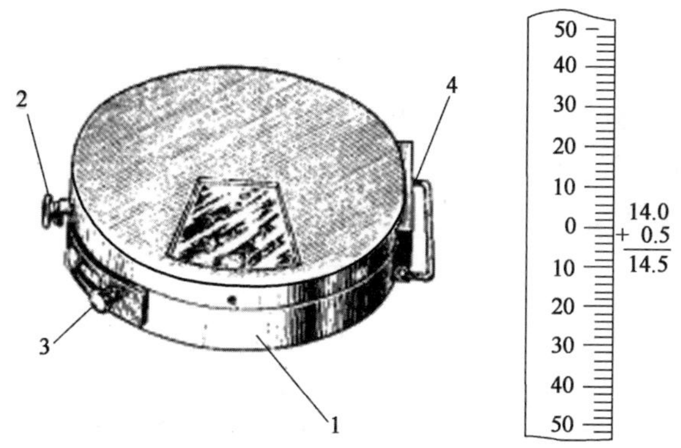

图 14-8 坡度计

1-视孔;2-制动定位杆;3-制动卡;4-提柄架

五、土壤性质的探知

土壤性质,常用观察、钻探、挖掘等方法探知。

(1)两岸的土壤性质,可用圆锹、十字镐、取土器等工具挖洞或从表面察看等探知。

(2)河底的土壤性质,可用测杆或铅锤探知。水浅时,将测杆插到河底探知,水深时根据铅锤底部所黏着的土壤判知其性质(淤泥、泥沙、砂质土、砾石、卵石等)。若上述方法无法进行,可根据两岸的土壤性质判定。

第三节 门桥渡河实施

一、民舟漕渡门桥的结合

1. 结合的时机与地点

门桥的结合作业,通常是炮火准备的同时在渡口附近进行;如利用支流起航,可提前进行作业;有风浪时,最好在渡口附近的支流内进行作业;在水网地区条件许可时,可在后方结合半门桥或门桥,再漕行到渡口使用。

2. 准备与标定

1)场地的准备

结合门桥的位置,通常应选择在河岸低缓、平整、土质坚实、流速较小的位置。条件允许时，最好对场地进行一下清理，必要时应加以平整或改造。

2）器材的准备

作业使用器材，应按使用先后顺序分别放在河岸上预定门桥轴线的两侧，各班所用的连接器材和作业工具，应放在本班的桥脚舟上。所用器材均应放置整齐，然后根据舟的结构形式和坚固程度进行加强作业。

3）器材的标定

班长在门桥长的指导下，根据门桥的结构形式进行标定作业：

(1)在舟上标示排水中心位置。

(2)在舟梁（或上横木）上，标示舟的轴线位置。

(3)根据桁距，在负桁材（或加强框架的冠材）上标示桁的位置。

(4)根据节间的长度，在桥桁上标示节间位置。

夜间作业，凡标示的位置均应用白色或其他明显的记号。

3. 作业组织

结合门桥的作业组织，应根据门桥的载重结构形式、完成时间和现有兵力等条件确定。结合一个门桥，通常有门桥长 1 名，作业班按桥脚舟的数量而定，每舟有 1 名班长，作业人员 6 ~ 10 名（载重 160 ~ 250kN 门桥）或 8 ~ 12 名（载重 250 ~ 400kN 门桥）。

4. 两舟门桥的结合作业步骤和方法

1）作业分工

作业人员应面向上（下）流成二列横队，分工时通常为一班在陆侧舟作业，二班在水侧舟作业；各班 1 ~ 4 名在舟上作业，1 ~ 2 名在舟首（尾）侧，3 ~ 4 名在舟尾（首）侧，单数在水侧，双数在陆侧；5 ~ 8 名在岸上运送桥桁。二舟门桥结构与作业人员位置如图 14-9 所示。

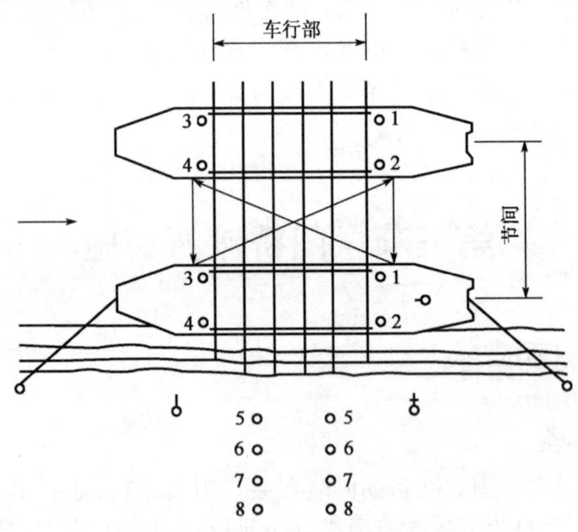

图 14-9　二舟门桥结构与作业人员位置

2）步骤与方法

两舟门桥按下列口令和动作进行作业。

(1)准备舟

听到准备舟的口令后，第一班 2、4 名人员（以下简称“2、4 名”，余类同）持钩篙，1、3 名带十字绳;第二班1、3名持钩篙,2、4名带平行绳,按分工位置迅速上舟就位;然后第二班2、4名作业人员,在舟的陆侧舷上拴平行绳,第一班1、3名作业人员在舟的水侧舷上拴十字绳;绳拴好后,第一班的十字绳手将绳头给第二班的平行绳人员(1名交给4名,3名交给2名),第二班的平行绳人员将绳头交给一班的十字绳人员(2名交给1名,4名交给3名)临时固定。岸上的5~8名作业人员,分成两组,在桥桁一侧列队,准备运送桥桁。

(2)配桁

听到配桁的口令后,先配外桁,将外桁水侧端固定在水侧舟上。第一班的5~8名搬运上流桁,第二班5~8名搬运下流桁,舟上作业人员协同运桁作业人员,将桥桁传送到位置,使标在外桁上的水侧节间线对正水侧舟的纵轴线,并各自对正其桁距线,由第二班的1~4名进行固定。

校正门桥轴线,将外桁陆侧端固定在陆侧舟上。平行绳和十字绳作业人员放松临时固定的绳端,5~8名抱起各自外桁,推开水侧舟,钩篙员撑钩篙控制推出方向,当标在外桁上的陆侧节间线,对正陆侧舟纵轴线时,放下桥桁并各自对正桁距线。作业时,第一班1、3名将平行绳拉紧并固定;第二班的2、4名拉十字绳,1、3名撑钩篙,在门桥长的指挥下校正门桥轴线使水侧舟的排水中心线与陆侧舟的排水中心线重合,固定十字绳;第一班的1~4名将外桁陆侧端固定在陆侧舟上。

配置固定中间桥桁。当门桥轴线校正好,各班5~8名作业人员应迅速到位运送中间桁,中间桁可边配边固定,也可先配一起固定。一起固定时,应注意固定的位置,使其水侧端与两外桁水侧端平齐,并且各自对正桁距,尽量保证陆侧舟的桥桁快于水侧舟桥桁的固定,以不误铺板。

(3)铺板

听到铺板的口令后,第一班的1、2名站在桥桁上,担任铺板人员,其余作业人员运送桥板。首先铺一块桥头桥板,并将其固定在外桁上,然后由陆侧向水侧铺设,并注意留出固定缘材的位置。最后一块桥板为桥头桥板由铺板人员将其固定在外桁上。

(4)固定缘材、栏杆

听到固定缘材的口令,第一班1~4名负责设置上流缘材和本班所用的辅助器材,第二班1~4名负责下流缘材和本班的辅助器材。缘材固定后各班5~8名即可设置栏杆。缘材比较短时,门桥长可根据铺板的进度,适时地指挥固定缘材。缘材固定的位置:距缘材两端末0.5m各固定一处,中间每隔2~2.5m固定一处。

栏杆的固定应用异向两爪钉、"U"形钉或铁丝等将栏杆柱固定在外桁和缘材上,然后在栏杆柱上系、挂栏杆绳、救生圈。

配备辅助器材:将准备的锚、锚纲、操舟工具、救生器材、三角木放到位置;准备挂牵引钢索。其余人员清理工具、器材上岸。

5.三舟门桥的结合作业步骤和方法

三舟门桥的结合作业与两舟门桥的结合作业基本相同:

1)作业分工

结合三舟门桥的作业分工与结合两舟门桥的作业分工方法基本相同。各班与作业人员的就位如(图14-10)。

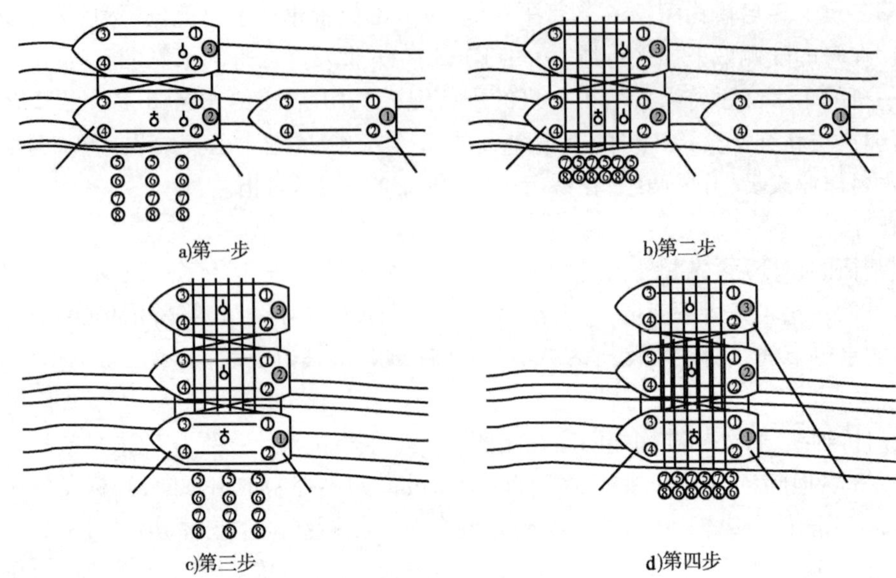

图 14-10 三舟门桥的结构与作业手位置

2)步骤与方法

结合三舟门桥,按下列口令和动作进行作业:

(1)准备舟

与两舟门桥的准备舟作业基本相同。不同的是并列②、③号舟、固定平行绳十字绳时,②号舟由 2、4 名作业人员在陆侧舷上,还各固定 1 根十字绳,①号舟留在上流适当位置,在水侧舷由 1、3 名作业人员各固定 1 根平行绳。

(2)配桁

配桁作业分为四步进行:

第一步配置第一节桥桁,与两舟门桥配桁作业相同。

第二步引入①号舟。第一班 1 ~4 名作业人员在第二班 1 ~4 名作业人员的协同下,将舟引到第二班舟的陆侧,与第二班交接平行绳、十字绳。

第三步配置第二节桥桁。与两舟门桥配桁作业相同。

第四步连接固定桥桁。各班在自己舟上固定桥桁。交错接长时,两对连接横桁由第二班负责配置固定;平接接长时,第一、三班还应各配置固定一对连接横桁。

为了便于作业,下连接横桁通常在配桁作业之间就应搬运到配置位置。

三舟门桥的配桁作业除上述方法外,为了加快作业进程,3 个作业班同时进行配桁作业时,可将 3 只舟并列平行河岸。按二舟门桥配桁作业的方法,先配水侧舟与中间舟的两外桁,调整固定;再配中间舟与陆侧舟的两外桁,调整固定;再配中间桁时,作业人员一起上舟,共同固定。

(3)铺板与结合两舟门桥的铺板作业方法相同。

(4)固定缘材和栏杆与结合两舟门桥固定缘材和栏杆的作业方法相同。

结合门桥采用复合桁时,为减轻搬运重量,可先配下层桁,然后再配上层桁。用 2 ~3 根螺栓(螺栓孔要预先钻好,并编号)连接成复合桁。为了保证横向稳定,桥桁之间应设置横撑材。

二、码头的构筑

1. 码头位置的选择

(1)要有隐蔽的地形,尽可能利用原有道路,如需要构筑接近路时,应选择在土工作业量小的路线。

(2)码头水侧的水深,通常不小于 80cm。为保证门桥满载后,使其顺利地靠离,其舟底距河底应不小于 10 ~ 20cm。

(3)岸边河底平坦、坚硬、无损坏门桥的物体。

(4)两岸码头的位置,应考虑漕渡时产生的偏流距离。

(5)在受潮汐影响的江河上,可根据潮汐涨落水位变化的规律选择几个位置,构筑几对不同高度的固定桥脚码头(图 14-11),保证渡口不间断的使用。除最高水位的码头外,其余的码头均应设置标示,在码头被淹没后知其位置,防止碰撞门桥。

图 14-11 潮汐影响的江河上构筑码头

2. 码头构筑的要求

(1)码头轴线应尽可能与进出路中心线一致;并垂直于岸边流线,下河坡路顺沿河岸开设或垂直河岸开设而形成路堑时,其接触河岸部分,均需构筑成喇叭口(图 14-11)。为满足门桥靠离岸和技术兵器上下门桥的需要,进出口应有不小于 10m,坡度不大于 10% 的直线地段。

(2)码头桥脚设置的位置,遇断崖应离断崖边缘 1m 以上。码头桥脚高度为设置处水深加上码头支架板上表面到水面的高度。

(3)码头的车行道宽度与门桥车行道的宽度相同。

(4)码头的桥脚和桥础要坚实稳固,要有牢固的控制和系留装置。

3. 码头的构筑作业

1)构筑的时机

强渡江河时,我岸码头通常在炮火准备的同时进行构筑;当不实施炮火准备时,可在第一航次分队登陆后进行。构筑对岸码头的工程兵分队,应与第一航次分队同时渡到对岸,清除码头附近的障碍物后,迅速构筑码头。

2)准备与标定

(1)器材、工具的准备

构筑前应将加工好的器材和作业所需的工具,按使用的先后顺序放置在便于使用而不妨碍作业的位置。桥脚若是架柱(木杆层)桥脚时,可在准备作业时结合好。

制作好三角定规,三角定规用以标定桥础和桥脚轴线,三角定规用细绳制成等腰三角形,底边应比冠(础)材长 1m,腰应比底边稍长,在底边中点做上记号。

(2)器材的标定

根据桁距,在桥脚冠材和桥础材上标示出桥桁的位置。在桥桁上标示出节间长度。

3)作业的组织

构筑码头的作业,应根据码头的类型、结构形式、完成时间、现有的兵力和进出口作业量等确定。构筑一岸码头,通常有作业队长(或码头排长)1 名;两个作业班组成,每班设班长 1 名,作业人员一般不少于 8 名。根据情况也可组织三个作业班,其中,桥础班 1 个,班长 1 名,作业人员 8 ~ 12 名;桥桁班 1 个,班长 1 名,作业人员 8 名;桥脚班 1 个,班长 1 名,作业人员 8 ~ 12 名(若桥脚是浮游桥脚时,应根据舟的数量而定,通常每只舟一个班)。

4)作业步骤和方法

构筑架柱(木杆层)桥脚码头,按下列口令和动作进行作业:

(1)标定

①标定码头轴线

码头轴线由队长标定。标定时,带 2 根标杆先在桥础轴线陆侧 3 ~ 5m 处插 1 根标杆,然后向陆侧移动 8 ~ 10m 再插 1 根标杆,2 根标杆所形成的直线即为码头轴线。码头轴线尽可能与进出路中心线一致,并垂直于岸边流线。

②标定桥础、桥脚轴线

a. 先确定桥脚、桥础中心桩位置

一班长在岸上拿皮尺带一小木桩,一把石工锤,二班长拉皮尺的一端,带一根标杆走向河中予定的桥脚位置,在作业队长的指挥下对正码头轴线插一根标杆,即为桥脚中心桩;然后将皮尺的末端紧靠标杆,一班长拉皮尺量取码头的节间长度,在作业队长的指挥下对正码头轴线植一个小木桩,即为桥础中心桩。

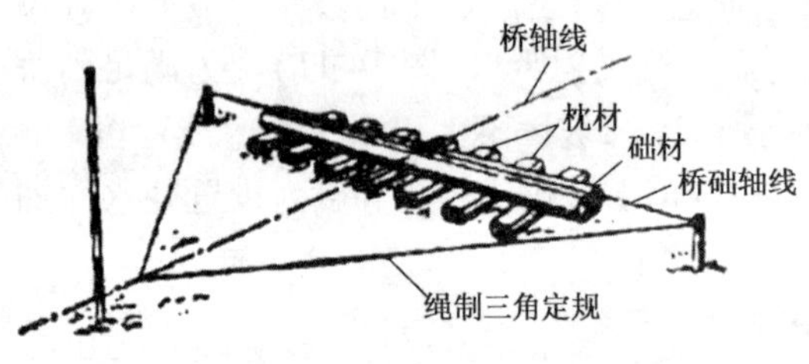

图 14-12　三角定规标定桥础轴线

b. 再标定桥础、桥脚轴线

各班长和本班 1、2 名作业人员用三角定规分别标定桥础和桥脚的轴线(图 14-12)。

标定时,班长拉定规的顶角,两名作业人员带标杆(小木桩、石工锤)拉底角;将三边拉直,使顶角位于码头轴线上,底边中点位于桥础或桥脚的中心桩上;两名作业人员在底角处各插一根标杆或植一小木桩,即为桥脚或桥础的轴线。然后将桥础和桥脚的中心桩拔掉。

(2)平整基础

平整基础即平整桥础和桥脚的地基,对将要设置的桥础和桥脚的位置进行挖掘平整,平整的长度不小于础材的长度,宽度不小于枕材的长度,高度应为码头支架高度减去础材和枕材的高度;当土质松软或有深坑时,应用束柴、木材或石块等材料加固或填平。

(3)构筑桥础和设置桥脚

2 个作业班分成桥础班和桥脚班,在班长的带领下同时作业。

①构筑桥础

a. 设置枕材。每名人员搬运 1 根枕材,使其中点对正桥础轴线,均匀配置整齐。

b. 设置桥础材。4 名作业人员搬运桥础材,将桥础材放在枕材上,使其中心对正桥础轴线,础材的中点对正码头轴线。

c. 植桥础桩。植桩时,分成两个组,上半班植上流桩,下半班植下流桩。先在础材的两末端各植一根桥础桩,然后在础材的两侧相对地植 3 ~ 5 对桥础桩。桥础桩应紧贴础材,桩顶应与础材上表面平齐，入土深度为0.8～1m。

②设置桥脚

a. 全班协力将桥脚泛水，并浮送至桥脚设置位置，竖起桥脚并压至河底。

b. 加修桥脚地基，使桥脚垂直，冠材水平，码头支架高度符合要求。

c. 校正桥脚，使冠材中心对正桥脚轴线，冠材中点对正码头轴线。

(4)配置上部结构

桥脚设置后由4名作业人员，将其扶好，其余作业人员与桥础班共同配置上部结构。

①配置桥桁。配桁时，按先外桁后中间桁的顺序配置，并用两爪钉固定在冠、础材上。

②铺设桥板、设置缘材的作业与门桥相同。

(5)构筑进出口和控制桥脚

①构筑进出口

构筑挡土壁：先在每根桥桁的末端植一被复桩，并在木桩的陆侧钉被复板。

加固进出口：协力在挡土壁的陆侧，用束柴、土、石夯实，并与桥面同高。

②控制桥脚

在河岸码头轴线的上、下流约10m处各植一控制桩(或埋一个锚)，然后将控制索(锚纲)的一端固定在桥脚冠材上，再拉紧控制索并固定在控制桩上。

(6)准备漕渡器材

在码头桥面的前部放置2块跳板；在2缘材的外侧各放1根钩篙；在支架板的两端各设1个护舷球；在两控制桩的外侧各植1根系留桩，拴1根锚纲，锚纲的头上系1掷绳。

三、门桥漕渡的方法

门桥漕渡方法可按漕渡时所用动力分为非机械动力漕渡(人力漕渡、风力漕渡、水力漕渡)和机械动力漕渡(舷外机漕渡、汽艇漕渡等)。

1. 非机械动力漕渡

1)人力漕渡

人力漕渡是作业手用划桨、撑篙、摇橹或牵引纲索等方式驱动舟、筏或门桥进行的漕渡。桨、橹适用于水较深的河段；撑篙适用于浅水河段；人工牵引纲索漕渡称为操纲渡，适用于河幅较窄、水流缓慢的河段。

2)风力漕渡

风力漕渡是借助风力推动帆船进行的漕渡，适于在宽大江河上有较大风力时采用。

3)水力漕渡

水力漕渡是利用水流的冲力推动舟、筏或门桥进行的漕渡，通常分为系留渡和滑纲渡。

(1)系留渡是将长度为河幅的1.6～2倍的系留纲一端系于上游牢固的系留点上，另一端接两根纲索分别与舟、筏或门桥上的两个点相连，使其轴线与水流方向成一适当夹角，从而借助水流的冲力驱动舟、筏或门桥进行漕渡。

(2)滑纲渡是横跨江河张紧一根纲索，将一双滑轮的上滑轮套在该纲索上，而从下滑轮穿过一根系留纲，将其两端分别固定在舟、筏或门桥的两个点上，使其轴线与水流方向成一适当夹角，以借助水流的冲力驱动舟、筏或门桥进行漕渡。水力漕渡适用于河幅较窄、流速较高的河段。

上述漕渡方法，渡河速度慢，所需时间长，主要是在缺乏渡河机械的条件下使用。

2. *机械动力漕渡*

机械动力漕渡是利用机械装置驱动舟、筏、门桥或两栖车辆进行的漕渡。这类机械装置包括舷外机、舟桥汽艇和器材本身的动力装置及动力绞盘等。机械动力漕渡受条件限制少、速度快，是现代战争中，尤其是渡江河进攻作战中广泛采用的渡河方法。

1）舷外机漕渡

舷外机漕渡门桥在汽艇不能航行或不便于泛水的江河上使用。舷外机漕渡，门桥长与驾驶员的指挥联络方便；但需人力较多，多机使用时协同较困难，装载后位于中间的驾驶员观察不便。装机时应均衡、对称地安装在门桥尾部舷外机挂架上（图 14-13）。

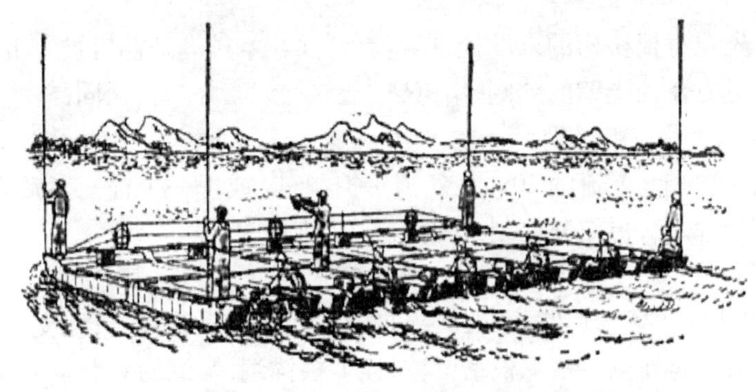

图 14-13　用舷外机漕渡门桥

漕渡时，一个门桥应安装两部舷外机，以便控制方向。若只用一部大功率舷外机时，应安装在门桥中央。如果一个门桥安装三部舷外机时，若门桥在原地转弯，中央的舷外机可空转或熄火。

2）汽艇漕渡

用汽艇漕渡门桥航行速度较快，适用于在宽阔的江河上进行。汽艇可在门桥前面牵引也可从门桥后面顶推。在流速较大的江河上，可同时用两部汽艇固定在门桥两边进行旁带。

（1）汽艇牵引门桥

用汽艇牵引门桥（图 14-14）时，将牵引钢索挂在门桥首部两侧，其钢索长度为门桥长度的 1.5～2.0 倍。驾驶员的视野开阔，转弯灵活但转弯半径较大；汽艇推进器推出的水冲击门桥，直接影响航速。

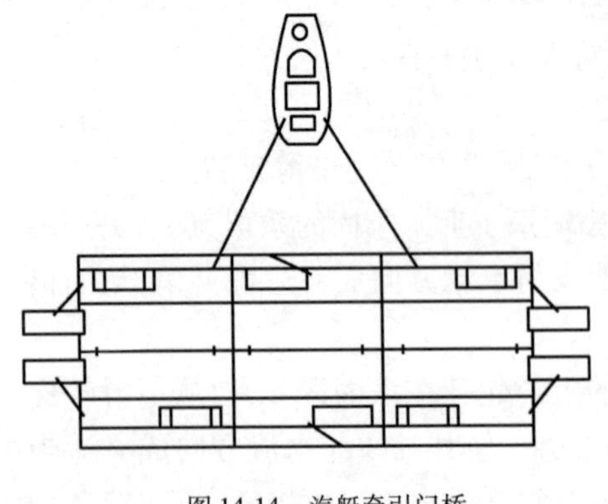

图 14-14　汽艇牵引门桥

（2）汽艇顶推门桥

用汽艇顶推门桥（图 14-15）时，将汽艇固定在门桥尾部中央，汽艇与门桥相接的位置加垫护舷物，以防磨损。此方法能充分发挥汽艇的动力，可提高门桥航速；门桥靠码头时可操纵汽艇使门桥倒退。但门桥装载后，载重会遮挡驾驶员视线造成观察不便，故应加强指挥；单艇顶推时转弯不灵活。

(3)汽艇牵引、顶推门桥

用汽艇牵引和顶推相结合漕渡门桥(图 14-16)时,分别将汽艇按牵引和顶推的方法固定在漕渡门桥的首尾部,其优缺点介于汽艇牵引和汽艇顶推之间。

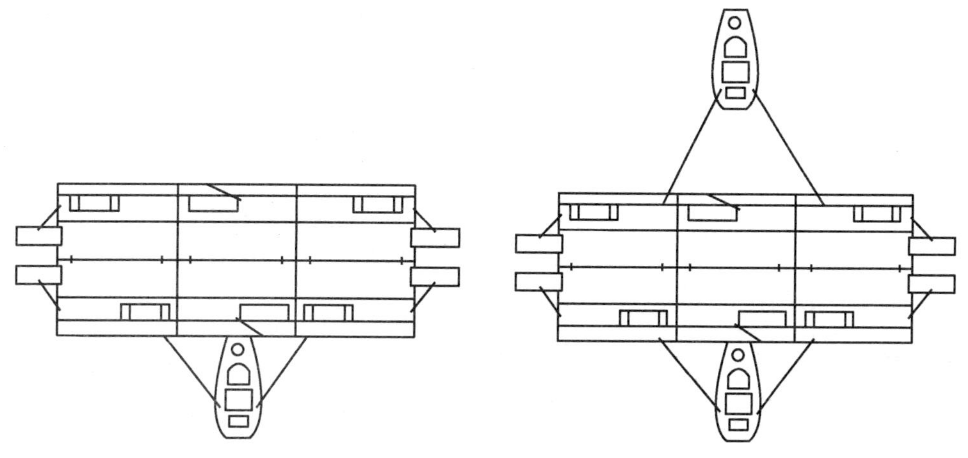

图 14-15 汽艇顶推门桥

图 14-16 汽艇顶推、牵引门桥

(4)汽艇旁带门桥

用汽艇旁带门桥(图 14-17)适用于带式舟桥器材。漕渡时,将两部汽艇固定在门桥中央两舟的两侧,钢索一端固定在汽艇甲板的固定绞盘上,另一端固定在尖舟的羊角上。汽艇与门桥相接的位置加垫护舷物,以防磨损。此方法水阻力小、航行速度快、门桥长与驾驶员协同方便。但漕渡时的转弯半径大,且由于门桥较长,靠岸时尾部易被水流冲击。

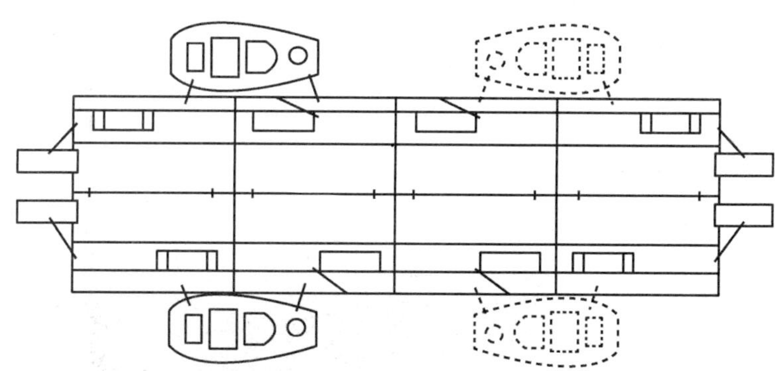

图 14-17 汽艇旁带门桥

四、漕渡航线

漕渡航线有“8 字形”、三角形、直线形(图 14-18)三种。

(1)“8 字形”航线:通常是在江河宽、流速较高,用汽艇顶推(牵引)门桥漕渡时使用[图 14-18a)]。

(2)三角形航线:通常在流速较高且主流线靠近一岸的江河上,以及敌火威胁下,对岸有死角地带可利用时采用。如我岸流速较高,则采用后三角[图 14-18b)]。对岸流速较高,则采用前三角[图 14-18c)]。当对岸受敌火威胁且有死角地带可利用时,则采用后三角航线。

(3)直线形航线[图 14-18d)]:通常是在航速大于流速以及系留渡、滑纲渡和操纲渡时采用。

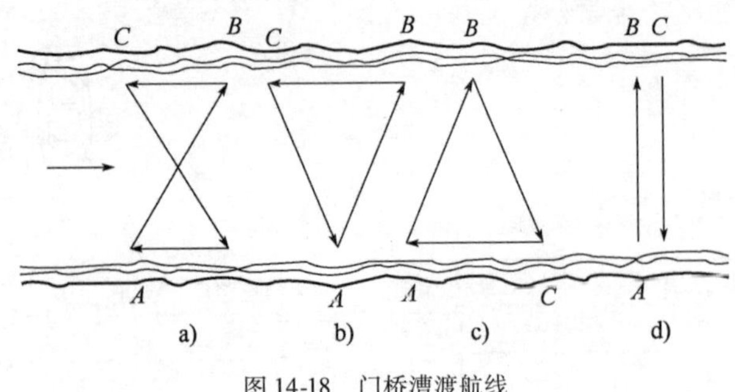

图 14-18　门桥漕渡航线

五、漕渡计算

漕渡计算通常包括计算偏流距离、一个循环航次所需时间、一对码头可容纳漕渡门桥的数量、全部渡过时间和所需码头对数。

门桥漕渡一般按照"8 字形"航线(图 14-19)来进行计算,而"三角形"航线(图 14-20)与"8 字形"的计算结果也是一致的。

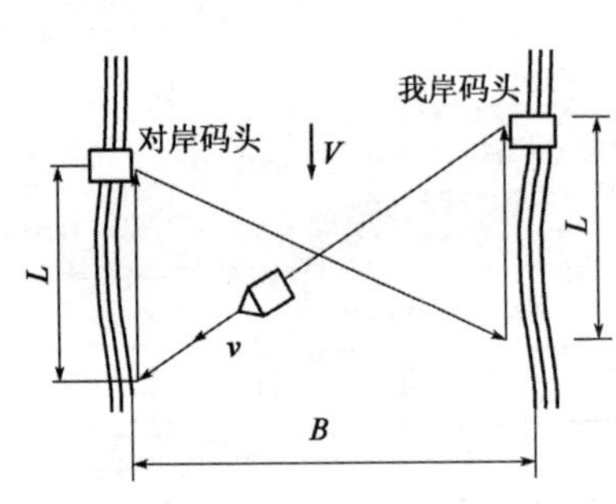

图 14-19　"8 字形"漕渡航线计算

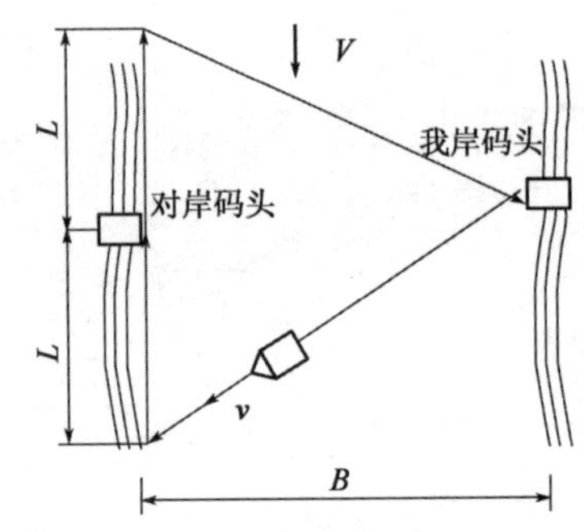

图 14-20　三角形漕渡航线

(1)偏流距离(L)可按式(14-4)计算

$$L = \frac{B}{V_1} \cdot V \tag{14-4}$$

式中:B——河幅(m);

V_1——门桥航速(m/s);

V——流速(m/s)。

(2)一个循环航次所需时间(T)近似按式(14-5)计算

$$T = \frac{B + L}{30V_1} + e \tag{14-5}$$

式中:e——一个航次中装、卸载,靠、离岸时间,min。通常拖式荷载为 12 ~ 15 min,单个履带式荷载和轮式荷载为 7 ~ 10min,人员为 2 ~ 4 min,当一个门桥装、卸数个荷载时应适当增加时间。

（3）一对码头可容纳漕渡门桥的数量（N）按式（14-6）计算

$$N=\frac{T}{e}\times1.5 \tag{14-6}$$

当出现小数时，小数值等于或大于0.75时，进为1；小数值小于0.75时，舍去。

（4）一对码头渡过全部荷载所需时间（T_t）

全部渡过各漕渡门桥所需航次数（n）按式（14-7）计算

$$n=\frac{M}{m\times N} \tag{14-7}$$

式中：M——荷载总数（个）；

m——一个漕渡门桥可容纳的荷载个数。

当出现小数时进为1。

一对码头渡过全部荷载所需时间（T_t）由式（14-8）计算

$$T_t=n\cdot T \tag{14-8}$$

如果每个漕渡门桥上容纳的荷载数量不等，可分别计算。

（5）所需码头对数（N_0）按式（14-9）计算

$$N_0=\frac{T_t}{T'} \tag{14-9}$$

式中：T'——上级要求全部渡过的时间。

【例14-1】 已知某渡口河幅为300m，流速为2m/s，用400kN漕渡门桥保障80辆履带式荷载渡河，门桥航速为2m/s，试计算所需时间。若要求在2h内渡完，试计算所需构筑码头对数（装载、卸载，靠离岸的时间为7min）。

（1）计算偏流距离（L）

$$L=\frac{B}{V_1}\cdot V=\frac{300}{2}\times2=300(\mathrm{m})$$

（2）计算一个航次所需时间（T）

$$T=\frac{B+L}{30V_1}+e=\frac{300+300}{30\times2}+7=17(\mathrm{min})$$

（3）计算一对码头容纳门桥数（N）

$$N=\frac{T}{e}\times1.5=\frac{17}{7}\times1.5=3.6\quad（取3个）$$

（4）计算一对码头渡过全部坦克所需同时间（T_t）

全部渡过所需航次（n）

$$n=\frac{M}{m\cdot N}=\frac{80}{1\times3}=26.6\quad（取27航次）$$

一对码头渡过全部荷载所需时间（T_t）

$$T_t=n\cdot T=27\times17=459(\mathrm{min})$$

（5）计算所需码头对数（N_0）

$$N_0=\frac{T_t}{T'}=\frac{459}{120}=3.8\quad（取4对）$$

六、漕渡作业的组织

门桥漕渡时，每个门桥由1名门桥长，若干名作业人员实施。某四折带式舟桥400kN漕渡门桥的漕渡作业由10名作业人员实施，其分工是：第1、2、5、6名为钩篙员（并兼三角木设置员），第3、4、9、10名为锚纲系留人员（其中第9、10名在岸边系留桩处），第7、8名为跳板设置员。

400kN漕渡门桥漕渡作业需准备如下器材：①某四折带式舟桥400kN漕渡门桥一个（由2个河中全形舟结合而成）；②指挥员旗一副，口哨一只；③三角木4块；④救生衣16件；⑤400kN以下车辆一辆；⑥某汽艇一艘（驾驶员2名、锚钢员2名）；⑦护舷球2只；⑧系留桩4根。

作业开始前，门桥应停放在岸边，系留好；牵引漕渡时，将汽艇上的牵引钢索分别挂在门桥首部外侧的尖舟“羊角”上，顶推漕渡时，将汽艇固定在门桥尾部中央，顶推柱与门桥之间加垫护舷球，并将汽艇上的固定钢索固定在门桥尾部尖舟两端的“羊角”上。

门桥长带领10名作业人员出列，作业人员成一列横队面向河面站好，门桥长面向作业人员在队伍前站好。

作业开始时，门桥长须明确作业组织和任务区分。通常先整队，下达课目，作业人员从左至右报完数后，双数作业手向前一步，自行对齐，门桥长进行作业分工和任务区分。然后门桥长下达“就位”口令，两列作业人员向右转，成两路纵队跑步至各自就位位置：第1、2名位于水侧半门桥中部，第3、4名位于水侧锚机处，第5、6名位于陆侧半门桥中部，第7、8名位于陆侧跳板处，第9、10名位于岸边系留桩处。其中钩篙人员（第1、2、5、6名）和跳板设置人员（第7、8名）面向陆侧，第3、4名面向锚机，第9、10名面向水侧。单数作业人员在门桥尾部，双数作业人员在门桥首部。门桥长（左手持红旗，右手持绿旗）上门桥。如在门桥上下达课目并就位时，作业人员就位位置同上。

漕渡作业的指挥步骤

（1）靠岸。门桥长指挥门桥从下游低速靠岸，适时向汽艇发出“停止”的信号。当门桥接近岸边时，钩篙员用钩篙使门桥靠岸；锚纲系留人员（第3、4名）将锚机的换挡手柄推向快挡，拉锚纲上岸并交给第9、10名在系留桩上固定，然后，返回锚机处将换挡手柄推向慢挡，摇动手柄使锚纲张紧；跳板设置人员（第7、8名）放松吊索将跳板搭在岸坡上。

（2）装载。门桥固定后，门桥长发出“装载”口令（信号），第1、2名作业人员将三角木放在停车位置的前端，然后钩篙员撑住门桥，车辆分队的指挥员协助门桥长指挥驾驶员低速将车辆开上门桥至停车位置，并熄火、刹车。第5、6名作业人员垫上三角木，挡住后轮或履带。门桥底部与岸边支承点之间应留间隙，当门桥满载时此间隙不得小于3～5cm，以保证门桥能自由离岸。但此间隙不能太大，即靠岸处水不能太深，不得超过0.7m，以防水上甲板，或产生负弯矩，破坏门桥。这一点门桥长尤应注意。

（3）离岸。车辆固定好后，门桥长发出“离岸”口令（信号），汽艇驾驶员启动汽艇，第9、10名解脱锚纲，锚纲系留员（第3、4名）将换挡手柄推向快挡，摇动手柄使锚纲收回卷筒，也可将放松的锚纲放在甲板或锚机处盘好（为便于下一次作业，也可将放松的锚纲收放在甲板或锚机处盘好）。跳板设置人员（第7、8名）摇动吊杆手柄使跳板升起。钩篙人员（第1、2、5、6名）用钩篙使门桥离岸。

（4）漕行。门桥长指挥驾驶员按预定的漕行路线漕行。漕行时，作业人员面朝航向站在甲板上，钩篙员手持钩篙。第3、4名跑到卸载一侧半门桥的锚机处，并放松锚纲至适当长度，准备靠岸时固定门桥。夜间漕行时，利用灯光指挥，并在两岸进出口处设置导航灯、门桥到达对岸后，按"靠岸"的方法进行。

(5)卸载。门桥靠岸并固定好后，门桥长发出"卸载"口令(信号)。第1、2名作业人员移开三角木，钩篙员撑住门桥，车辆指挥员协助门桥长指挥驾驶员低速开车上岸。

七、漕渡注意事项

(1)荷载的总重不得超过门桥载重量。

(2)装、卸载时，锚纲必须固定牢固并张紧。

(3)车辆上门桥前，乘员一律下车。驾驶员刹车后下车，按指定位置坐好，不得将手、脚伸出舷外，不准站在门桥边缘的甲板上和吊起的跳板上。

(4)马匹上门桥时，不得拖带物资，在桥面上应放草袋，减轻马蹄踏桥面的声音，以防马匹受惊。上门桥后，应使马头朝向舟尾，驯马放在门桥边缘，驭手抓住缰绳。

(5)技术兵器和车辆上、下门桥时，不得变速、急刹车和转向。

(6)大吨位门桥同时装载几个荷载，当各荷载上、下门桥时，应保持车距均匀，不超过10~15m。

(7)荷载在门桥(400kN、600kN)上的位置，应稍向尾偏(约20cm)，不得首偏。风浪大时，可将荷载固定在门桥上。只有当荷载完全装好后，门桥方可离岸航行。

(8)放置和折叠岸边舟跳板时，距铰链3m以内禁止站人。

(9)水位升降时，应及时整修进出口和调整系留固定装置。

第四节 浮桥渡河实施

一、浮桥渡河组织机构

架设浮桥的作业组织，应根据架设的方法、浮桥长度、江河及兵力状况等确定，通常设浮桥长1名、副浮桥长1~3名、桥段长若干名。

(1)浮桥长

浮桥长负责指挥浮桥架设的全部作业。在组织指挥中，应切实抓住影响架桥速度的关键作业，恰当处理各作业阶段间的衔接，及时组织指挥排除重大故障，根据情况变化适时调整部署，并充分发挥其他指挥员的作用，以提高架桥的速度。

(2)副浮桥长

副浮桥长的任务是协助浮桥长工作，根据浮桥长的分工，负责某项作业的组织指挥。

(3)桥段长

一般在分段架设时设立，桥段长在浮桥长指挥下，负责组织指挥一个浮桥段的架设作业。

(4)门桥长

门桥长根据浮桥长的信号，及时指挥本门桥按规定路线进入桥轴线和与本门桥有关的架设、检查作业，并适时指挥作业人员撤离浮桥。

(5)门桥班

每个门桥设一个门桥班,负责引门桥进入桥轴线并进行连接、固定和浮桥架设完毕的检查工作。

(6)岸边班

每岸组织一个岸边班,负责协助与岸边舟相连接的门桥班将岸边舟与门桥共同引入桥轴线,并负责岸边舟的升降、固定和浮桥闭塞时牵引装置的设置;通载前使承压座处于工作状态,通载中不断检查各承压座处的间隙是否保持一致。

(7)动力班

动力班由汽艇驾驶员和投锚人员组成,负责顶推桥段(桥节门桥)进入桥轴线,协助门桥班投、起锚并担任动力固定作业。

(8)观察组

观察组主要负责观察张纲、河中锚的受力、固定等情况,并及时报告浮桥长。

(9)水上巡逻组

水上巡逻组主要负责浮桥上、下游的警戒,及时排除漂流物和阻止来往船只通过。

二、架设方法

通常采取门桥架设法、旋转架设法、单舟架设法和混合架设法。

1. 门桥架设法

门桥架设法是将桥节门桥逐次引入桥轴线架设的方法,可自一岸架设或两岸同时架设,通常在流速较高或江河状况复杂时采用。这种方法机动灵活,受地形、流速限制较小,因此是一种常用的方法。

(1)一岸架设法(图14-21)

是将桥节门桥自一岸引入桥轴线并逐次接长成浮桥。通常在河幅不宽或流速较高的情况下采用。当桥节门桥分别系留在桥轴线上、下游岸边时,按先上游后下游,先近后远的顺序顶推(牵引)门桥进入桥轴线,最后移动岸边舟闭塞浮桥(闭塞位置选择在对岸流速较低处);当桥节门桥都系留在桥轴线下游时,按先近后远的顺序顶推(牵引)门桥进入桥轴线。闭塞门桥应在带有岸边舟的桥节门桥进入对岸桥轴线后再进入桥轴线,最后移动岸边舟使浮桥闭塞。

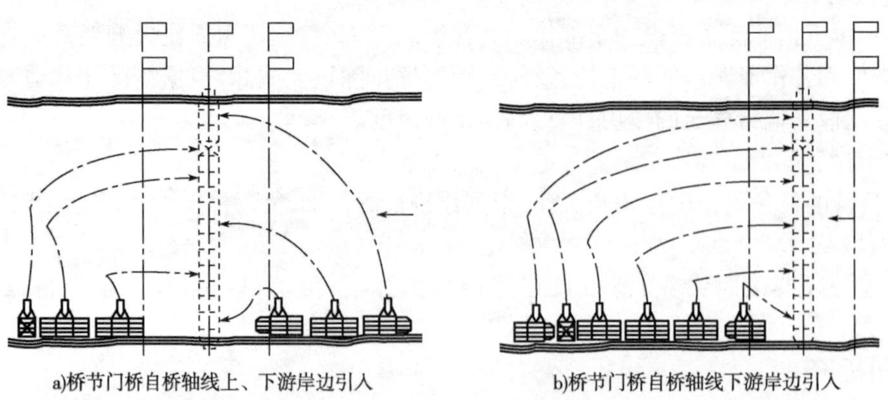

a)桥节门桥自桥轴线上、下游岸边引入　　b)桥节门桥自桥轴线下游岸边引入

图14-21　一岸架设法

(2)两岸架设法(图 14-22)

是将桥节门桥自两岸引入桥轴线向河中接长成浮桥。通常在河幅宽大、流速较高、泛水条件好的江河上采用。

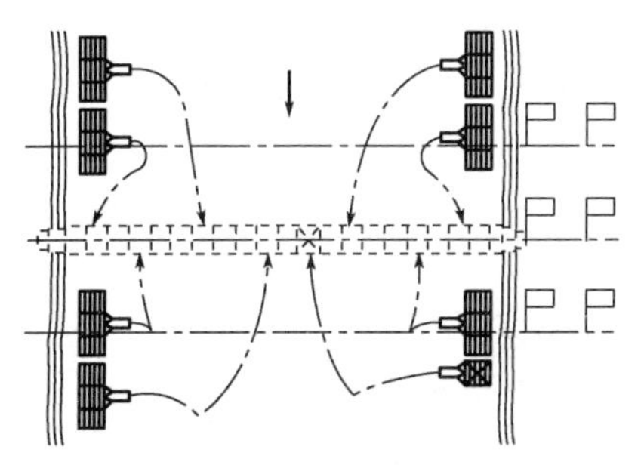
a)桥节门桥自桥轴线上、下游岸边引入

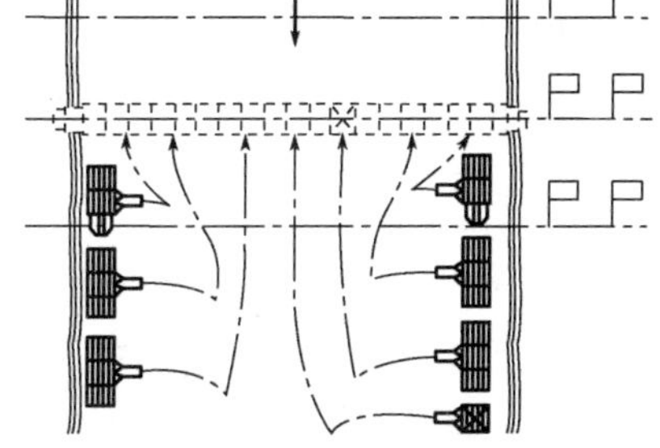
b)桥节门桥自桥轴线下游岸边引入

图 14-22　两岸架设法

(3)门桥架设法的作业组织

①门桥班:通常由门桥长 1 名、钩篙员 1 名、投锚人员 1 名、连接员 4 名组成(桥段每增加一个舟应增加 1 名投锚员),

②岸边班:每岸一个班,每班作业员 3 名(第 1 名为班长),其中升降员 2 名、系留员 1 名。

③动力班:根据桥节门桥的数量、流速高低决定所需汽艇数量。通常流速在 2.5m/s 以下时,每个三舟桥节门桥一艘汽艇(流速低时可适当增加门桥长度)。每艘汽艇由驾驶员、副驾驶员(兼投锚员)各 1 名组成。

(4)桥节门桥进入桥轴线的方法

桥节门桥由下游引入桥轴线时,门桥长按下述顺序(口令)指挥作业:

①离岸准备。汽艇靠上门桥后,门桥班接过汽艇上递过来的固定钢索,挂在两个边舟的内侧羊角上,再将下游锚交给汽艇上的投锚员。

②离岸。门桥长指挥钩篙员和汽艇(倒车)使门桥离岸,汽艇顶推门桥按规定路线驶向上游投锚线的位置。在流速高、流向紊乱的江河上架桥时,主流线附近的数个门桥不能超过桥轴线到上游去投锚,以免门桥失控冲垮架好的桥段,应在架桥前将锚从锚机上卸下连上尼龙或麻索锚纲投到相应处,锚纲用浮标(救生圈)漂至桥轴线,待门桥引入桥轴线后再与锚机上的锚纲用卸扣相连。

③投锚。当舟首到达投锚线时,门桥长下达“投锚”口令,投锚员将上游锚投下,同时松锚纲,汽艇减速使门桥下滑。

④对正。门桥滑到桥轴线时,投锚手停放锚纲,门桥长指挥钩篙员和汽艇使门桥靠拢码头,下达“松(紧)锚纲”口令,投锚员调整锚纲,使门桥对正桥头并进行固定;然后,门桥上两名作业人员将汽艇固定钢索从尖舟羊角上解脱,汽艇副驾驶员将钢索收回放好,汽艇到下游投锚线投下游锚。

⑤连接。门桥对正桥头后,门桥长下达“连接”口令,连接手迅速取下纵向拉紧装置绞盘上的钢索回圈,从方销导孔中将钢索回圈引出,挂在相连方舟方销头部的挂钩上(事先将方销头拨出舟外),用并舟具操纵绞盘旋转,将方销拉入导孔,直到完全定位,再拨出横销,将方销固定,用定位销将横销定位;然后,按结合动力舟桥的桥节门桥方法结合纵向接头,其他作业人

员整理器材、固定下游锚纲,准备连接随后进入桥轴线的门桥。

⑥闭塞。应根据浮桥组成的确定中规定的方法或根据闭塞间距的大小,两岸向水侧或陆侧移动。移动前,岸边班将牵引装置固定在岸边舟的陆侧端,将牵引装置上的圆环放在舟车的牵引钩内,浮桥长指挥向水侧或陆侧移动,使浮桥闭塞。闭塞后,岸边班将岸边舟的固定钢索与埋在岸上的锚(桩)相连,并张紧钢索,使浮桥的纵向固定。

桥节门桥由上游引入桥轴线的方法与下游相同,可采取汽艇牵引法,但闭塞门桥必须放在桥轴线下游。

(5)桥轴线的校正

浮桥闭塞后,门桥长持标杆位于门桥中央,投锚员就位,浮桥长指挥投锚人员松紧锚纲,使浮桥轴线与标定的桥轴线重合。然后,检查浮桥各部分是否连接好,作业人员将吊杆插入尖舟首部插孔内,将吊钩钩在羊角上并张紧钢索。架设200kN浮桥时还应将缘材插入插座内,然后将栏杆(并舟具)插入栏杆内,并设置栏杆绳。浮桥夜间通载时,应在浮桥下游设置缘材,再在缘材上装设夜光浮标。

(6)岸边舟的岸侧支承

岸边舟的岸侧应有1~2.5m着地支承,不可浮起。浮桥架好后,提升器链环应予以放松。

2.旋转架设法

旋转架设法,通常在河幅较小,流速不高,且河中无浅滩、暗礁的江河上采用。先在上游投锚线的上游20~30m处沿一岸或两岸将结合好的桥节门桥连接成桥段,然后将其旋转引入桥轴线架设浮桥,可自一岸旋转或两岸旋转。

(1)一岸旋转架设法[图14-23a)]:是将桥节门桥在一岸(通常在我岸)连接,然后旋转引入桥轴线进行架设。自一岸架设时,对岸的岸边舟同两个河中舟连接成桥段,在浮桥架到对岸前设置好;浮桥的闭塞在对岸进行。

(2)两岸旋转架设法[图14-23b)]:先将桥节门桥在两岸连接成桥段,两岸同时旋转将桥段引入桥轴线,最后用闭塞门桥进行浮桥闭塞。

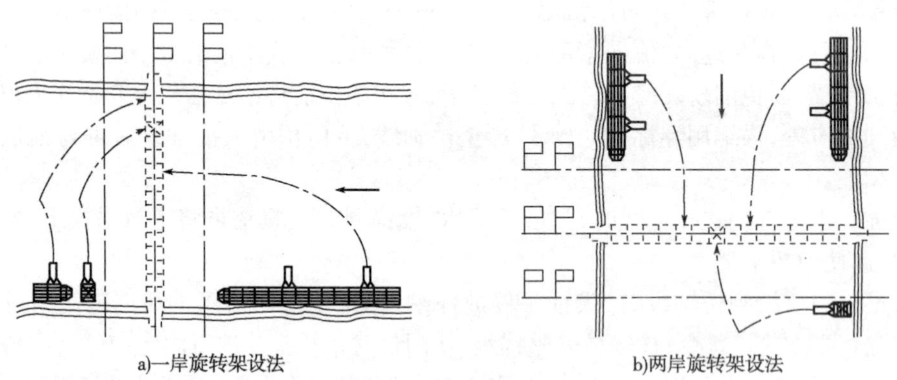

a)一岸旋转架设法　　b)两岸旋转架设法

图14-23　旋转架设法

(3)旋转架设法的作业组织。

①岸边班:两岸各设1个班,每班作业人员3名(第1名任班长),其中升降员2名、系留员1名。

②投锚班:投锚班的数量和作业人员的数量应根据上游锚的数量和投锚汽艇数量确定,通

常每个上游锚设投锚员1名。

③系留班:两岸各设1名外,每班由班长1名、作业人员4名组成。

④动力班:一般每个桥段设1个,人员根据使用的汽艇数量确定,每艇有正、副驾驶员各1名。

(4)浮桥段旋转进入桥轴线的方法。

桥段旋转进入桥轴线,浮桥长按下述顺序(口令)指挥作业:

①离岸准备。作业人员在桥段两端舟陆侧的羊角上各固定1根系留绳。靠下游的系留绳递给岸上的系留班;上游的系留绳整理好,准备在旋转过程中投给另一岸的系留班。上游用1艘汽艇牵引,将钢索挂在桥段靠上游的第1个河中舟的羊角上,其他汽艇顶推,将钢索挂在顶推舟的"羊角"上。再将下游锚交给汽艇上的投锚人员。用斜张纲固定时,可将靠岸门桥的钢索和斜纲预先设置好。

②旋转。当浮桥长发出桥段旋转的信号时,桥段长迅速指挥钩篙员和汽艇驾驶员,使桥段上游离岸旋转;在旋转过程中,钩篙人员和所有汽艇驾驶员协力控制桥段的速度和方向;待桥段旋转到与主流线垂直时,向对岸系留班投系留绳。然后,浮桥长指挥两岸系留班和岸边班,校正桥段位置,当接近投锚线时,浮桥长下达"投锚准备"的口令,投锚人员投下浮标并作好投锚的准备。

③投锚。当舟首到达上游投锚线时,浮桥长下达"投锚"口令,投锚人员将上游锚投入河中,同时放松锚纲,汽艇减速使桥段下滑。此时,桥段上的作业人员将牵引汽艇的钢索取下,汽艇离开,副驾驶员收回钢索。

④对正。桥段到达桥轴线时,浮桥长指挥投锚人员停放钢索,下达"松(紧)锚纲"的口令,投锚人员调整锚纲使桥段对正桥轴线。然后,桥段上的作业人员将汽艇的固定钢索取下,汽艇副驾驶员收回钢索,到达下游投锚线投下游锚。

⑤闭塞。按门桥架设法的闭塞方法进行。

(5)校正桥轴线。

校正桥轴线与门桥架设法相同。

3. 单舟架设法

通常在岸边作业场地狭窄,只能一辆舟车泛水;舟桥器材陆续运到渡口或破冰架桥时采用。其方法是将陆续泛水的河中舟结合好后,由一岸引入桥轴线进行架设。这种方法所需作业人员少,但架桥时间较长。

4. 混合架设法

通常在江河流线偏于一岸和河幅较宽时采用。其方法是靠一岸或两岸的桥段采用旋转架设法,河中或一岸的桥段采用门桥架设法。

5. 陡岸架设浮桥

当河岸陡峭且修整困难时,可考虑采用以下方法架设浮桥。

(1)当岸高 $h \leqslant 2\text{m}$ 时,舟桥器材可直接由舟车泛水,再用其他机械化桥的桥跨作岸边过渡跨,架设混合浮桥(图14-24)。

(2)当 $2\text{m} < h < 3.5\text{m}$ 时,舟桥器材可用吊车泛水,再用制式桥桥跨作岸边过渡跨,架设混合浮桥。

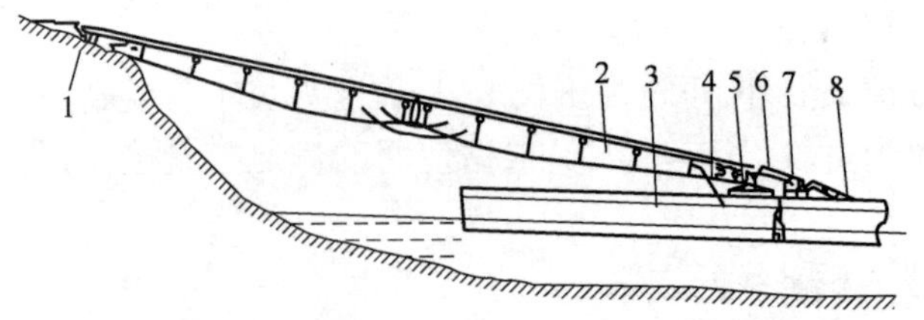

图 14-24　混合浮桥

1-老虎头;2-固定桥的桥跨;3-带式舟桥;4-系紧索;5-础板;6-跳板;7-支座;8-衬垫物

三、浮桥的固定

浮桥的固定包括纵向固定和横向固定。

(1)纵向固定。主要是利用岸边舟上的系留纲索或靠岸边的河中舟上的锚纲成“八”字形固定在岸边设置好的系留桩或埋设的锚上来实现的,固定纲索与桥轴线的夹角一般不超过30°。

(2)横向固定。分为投锚固定、张纲(斜、横)固定、动力固定和混合固定。

1. 投锚固定法

投锚固定法,通常在河底土质允许、流速不大于 2m/s 时采用。这种方法作业简单,投(起)锚速度快。投锚数量应根据流速高低、浮桥的载重量、风向、风力、河底土质等情况而定。为便于浮桥的固定和撤收,当河底土质松软难以固定时,可投并联锚或串联锚。靠岸边的锚可埋在岸上。

2. 斜张纲固定法

斜张纲固定法(图 14-25):是将纲索的一端与卧桩的手扳葫芦固定,另一端通过分纲将拉力分散到河中舟的 2 ~4 个“羊角”上,斜张纲与桥轴线的夹角为 45° ~50°。在河宽 250m 以下的中小江河上当流速不大于 2m/s、河底难以投锚等情况下采用。一般只在上游张设,在流速较小、逆风较大或有回流的江河上,下游也应张设。这种方法具有作业简单,固定、调整及撤收速度快等特点。

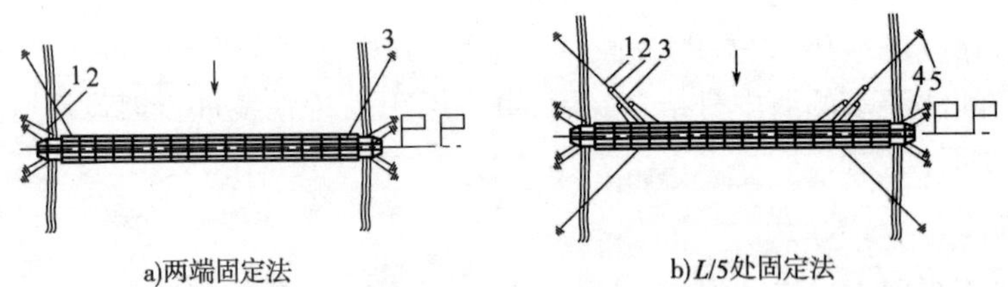

图 14-25　斜张纲固定法

1-锚纲;2-固定纲索;3-卧桩;4-斜纲;5-滑轮

(1)斜张纲固定法的种类,可分为两端固定法、L/5(桥长)处固定法。

①两端固定法[图 14-25a)]:是将斜张纲固定在浮桥两端的河中舟的羊角上。

②L/5 处固定法[图 14-25b)]:是将两根斜纲分别固定在浮桥距两岸各 L/5 处的一种方法。

(2)确定斜张纲固定的方法如下:

①确定斜张纲固定的类型。

根据架设浮桥的长度，确定斜张纲固定的类型。

②确定斜纲的直径。

$$[R] \geqslant \frac{1.2 \times R_z}{n_g \sin\alpha} \tag{14-10}$$

式中：$[R]$——斜纲的容许拉力；

1.2——斜纲受力不均匀系数；

α——斜纲与桥轴线的夹角；

R_z——浮桥的总阻力，浮桥总阻力 = 浮桥每延米阻力 × 桥长(m)；

n_g——固定点数。

根据单根斜纲的容许拉力的界限的原则，再由纲索的容许拉力确定斜纲的直径。

③卧桩位置的确定。

选择卧桩位置时，应考虑下列因素：斜纲与桥轴线夹角(α)应为45°～50°；浮桥使用期间，如水位上升，卧桩不被淹没，通常选择在离水沿线10～15m的岸上。

3. 动力固定法

动力固定法是指在浮桥下游配置数艘汽艇利用汽艇的顶推力来固定浮桥的方法。通常在流速较稳，河底不易投锚的江河上短时间(一般不超过4h)固定浮桥。浮桥使用时间较长时，应在动力固定的同时，设置张纲以代替动力固定。动力固定所需汽艇数按下式计算

$$n_1 = \frac{n}{n_0} \tag{14-11}$$

式中：n_1——所需汽艇数；

n——浮桥的桥脚舟数量；

n_0——一艘汽艇能固定的桥节舟数。

计算所需汽艇数时，根据流速高低可分段计算。

4. 混合固定法

当浮桥采用一种方法固定力量不足时，可采用两种以上的方法进行固定，以保证浮桥的稳定可靠性。

四、浮桥渡口的维护

1. 浮桥渡口的技术检查和应采取的措施

(1)浮桥通过一定数量的荷载后，应检查进出路的状况。当出现凹陷、崩塌时应及时填平和消除；当发现岸边冲刷严重时，应用装沙的草袋等加以保护。

(2)应经常检查桥轴线是否顺直，如产生弯曲应及时加以校正。

(3)检查岸边舟的提升器链条，使其保持充分松弛，以免通载时受到损坏。

(4)定期检查浮桥各固定部位的连接状况，发现松动时要及时加以处理使其固定牢固。

(5)舟有无漏水，当发现漏水时应排水和补漏，严重时应将其更换。

(6)岸边舟承压螺杆的螺杆帽与河中舟的承压板是否保持规定的间隙，并根据浮桥的载重量和荷载的不同，随时加以调整。四个承压座间隙应保持一致。

(7)观察水位变化的情况，当变化超过允许范围时应加以调整。

(8)检查固定系统的情况,发现纲索有损坏现象时及时更换;发现有的锚滑移较大时要起锚重投。

(9)在河底流水较大的江河上,应定时起、投锚,以防锚入土太深,撤收时难以起出。

(10)流速在1m/s以上时,浮桥上游500m以内禁止汽艇驶入。

2. 开放桥门

当浮桥受到漂雷、漂流物、洪水的威胁或船只等需要通行时,通常在航道位置上引出几节桥节门桥,形成桥门(图14-26)。

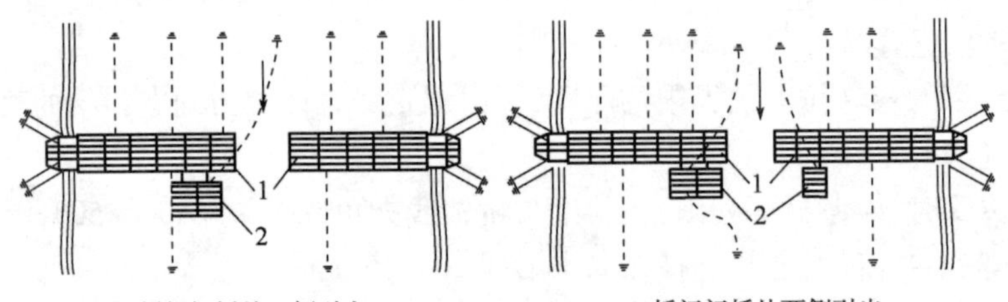

a)桥门门桥从一侧引出　　b)桥门门桥从两侧引出

图14-26　开放桥门

1-门边门桥;2-桥门门桥

被引出桥轴线的桥节门桥称为桥门门桥,与桥门门桥相邻的门桥称为门边门桥。

开放桥门时,应组织作业人员先将桥门门桥的拉紧装置和纵向接头分解,分解后,一岸用提升器升起岸边舟。再用汽车将桥段向岸侧移动40~50cm;然后,桥门门桥和两个门边门桥班将引出的门桥系在桥门一侧的下游,并将上游锚纲放松,使之从门边门桥上面通过[图14-26a)]。

桥门门桥的长度应根据通过物的情况而定。当桥门门桥较长时,可将桥门门桥分为两个门桥,并分别引到两个门边门桥下游系留固定[图14-26b)]。

3. 维护分队的任务

浮桥渡口构筑好后,应派出维护分队,保证渡口的正常使用。维护分队的任务:

(1)适时开放桥门。

(2)对渡口进行技术检查,采取有力措施,保证浮桥处于良好的状态。

(3)及时清除桥面上的泥沙、积雪等,保持桥面整洁。

(4)在浮桥上和两岸进出口路设置夜间通行标志和指挥信号。

(5)桥头值班勤务负责两岸桥头的警戒,指挥车辆、人员通过浮桥。

(6)水上巡逻组通常在离渡口1.5~3km,下游0.5~1km处,负责排除漂流物,维护通航秩序。

(7)水位测量哨负责测量、记录水位变化情况,对受潮汐影响的江河,应掌握潮汐变化的规律。在流冰季节,应注意冰汛情况。

(8)桥上哨负责桥上的警戒,并监督车辆在桥上按通行规则行驶。

4. 浮桥的分解与撤收

(1)浮桥的分解分为正常分解和紧急分解两种

①正常分解:通常是在撤收、转移浮桥渡口和定期分散隐蔽等时使用。分解前,浮桥长应勘察地形,区分任务,指定分解后的隐蔽措施。

②紧急分解:通常是在浮桥遭受敌人袭击和受到洪水、漂流物等威胁时采用。分解时浮桥

上、下游的锚可暂不收起，利用锚机的紧急脱索装置把钢索从舟上解脱，系一浮标投入河中将全部门桥（桥段）同时引出桥轴线，移向预定的位置待命。

（2）浮桥的分解方法分为门桥分解法和旋转分解法两种。

①门桥分解法（图 14-27）。按照门桥架设法的相反顺序进行。分解时，先将闭塞门桥引出桥轴线，其余门桥分批或同时上、下交错引出，转移到岸边的装载或隐蔽位置。

②旋转分解法（图 14-28）。按旋转架设法的相反顺序进行。分解时，先将闭塞门桥引出桥轴线，然后自一岸将整个桥段或自两岸将两个桥段旋转到上游岸边隐蔽或继续分解。

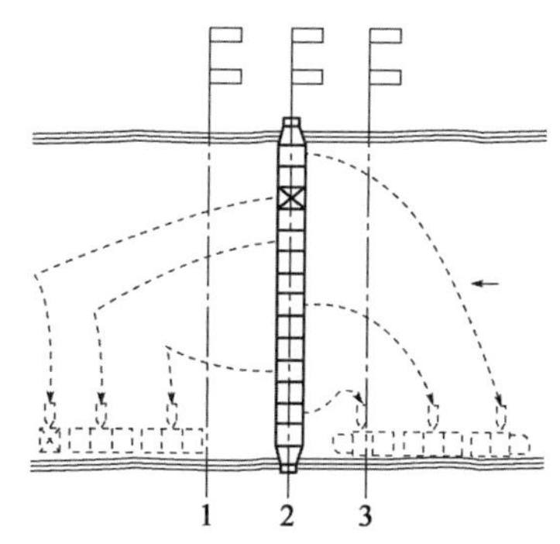

图 14-27 门桥分解法
1-下游投锚线；2-桥轴线；3-上游投锚线

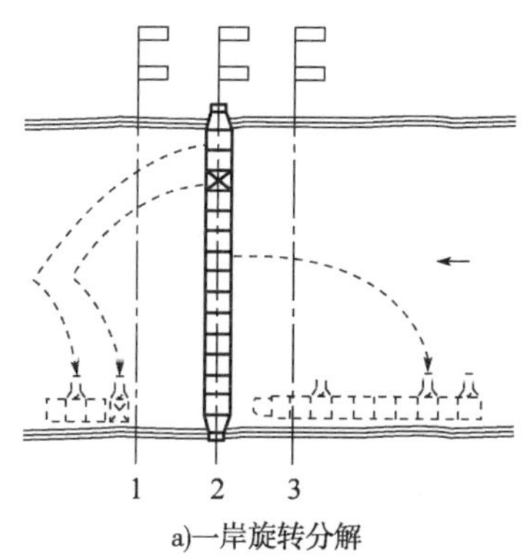

a)一岸旋转分解

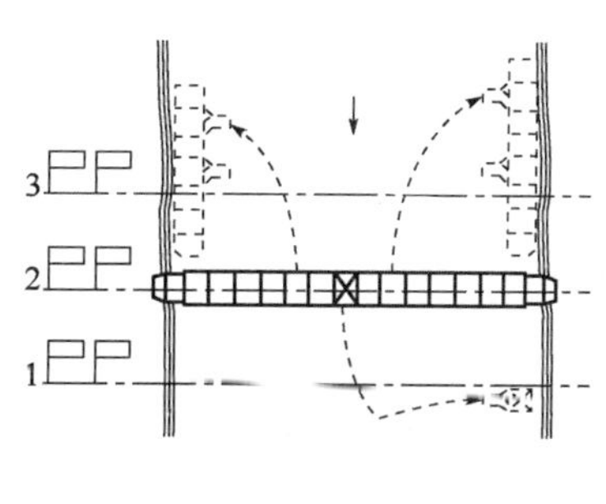

b)两岸旋转分解

图 14-28 旋转分解法

（3）浮桥的撤收

浮桥完成使用任务后，应根据上级的指示进行撤收。撤收作业包括分解浮桥、装载器材等内容，通常按架设浮桥的相反顺序撤收。

撤收中应注意如下事项：

①浮桥长应明确撤收方法、区分任务、分解顺序，并具体规定门桥（桥段）的靠岸位置、装载地点。

②各门桥（桥段）必须严格按规定的分解、离开桥轴线的顺序，航行路线、靠岸位置进行分解撤收，以防由于混乱相互碰撞而发生事故。

③在各项作业中，均不得因抢时间而违反操作规程。

④起锚时要随着起锚门桥的前进收紧钢索，当钢索接近垂直时再用力起锚；若由于泥沙的淤积而起不动锚时，起锚门桥可在投锚位置的上方稳定数分钟，使锚受到冲刷，再起锚。

五、浮桥渡河注意事项

（1）超过浮桥载重量的车辆严禁通行。

（2）人员和车辆禁止在桥上停留，禁止车辆在桥上紧急制动、变速、转向。

（3）只有浮桥载重量 1/2 的荷载通过时，允许最高车速为 20km/h；达到浮桥载重量的荷载通过时，车速应小于 10km/h；通过轮式车辆时可不限速，荷载间距为 20 ~ 40m。

附录

附录一　长征途中的渡河典型案例

（陈龙坤同志整理并在校园网上发布）

由于第五次反“围剿”失败，中央红军被迫于 1934 年 10 月进行战略转移，开始了二万五千里长征，一路上既要面对敌人重兵的围追堵截，又要面对万水千山的艰难险阻。军委工兵营、各军团和各师所属的工兵连等工兵部队也一起踏上了长征的征途。长征中，红军工兵常常被编入先遣队，担负“开路先锋”的任务，他们逢山开路、遇水架桥，开设渡场协同步兵斩关夺隘，充分显示了无坚不摧、无险不克、无往不前的革命精神和战斗风貌。以下为长征途中几个传奇渡河故事，反映了工兵战斗历程和英雄业绩。

一、强渡于都河

1934 年 10 月 10 日，中央红军开始长征。出发前一天，红军总司令朱德、总政委周恩来命令：军委工兵营第 1 连在军委纵队第一梯队行动之前两小时出发，侦察和修缮道路，并在道路分岔处设置路标。10 月 12 日，军委工兵营、干部团工兵连和其他工兵分队奉命在江西雩都县的南口、龙门山、门欧石、法桥、梓山、白口、孟山开设渡场，架设浮桥，以保障部队在雩都、瑞金间的地段上跨过于都河(附图 1-1)。周恩来亲自到各架桥点巡视,并同工兵指战员一起研究敌机袭击时人员与浮桥紧急疏散的办法。经过 4 天的艰苦奋战,7 个渡场、5 座浮桥全部开设架成(附图 1-2)。

附图 1-1 红军长征于都纪念碑

附图 1-2 强渡于都河

1934 年 10 月 16 日深夜,干部团工兵连又紧急受命,要求天亮出发,晚上赶到 75km 外的于都,连夜架桥,保证第二天拂晓前让主力按时过河。然后再急行军约 75km 到白口,黄昏再架座桥,让“红章纵队”顺利过河。干部团政委宋任穷说:“一个夜晚,两个白天,行程近 150km,还要架起两座桥,任务是十分艰巨的,也是非常光荣的。”工兵连的战士是迎着朝霞、踏着浓霜、携重前进,披星戴月、不知疲倦、全力架桥,有的固定船只,有的运送架桥器材,发挥快、猛、稳的老作风,出色完成了架桥任务,保证了部队顺利通过。

“红章纵队”副司令员邓发同志专程看望工兵连的同志,给予了充分肯定和鼓励,并告诉大家“我们要离开中央根据地了!”李维汉政委给大家作了一些解释,再三嘱咐:“在任何情况下,都要坚定不移地跟党走。”当最后一批人员过去之后,工兵连根据命令,将浮桥彻底破坏。连指导员张永清对大家说:“现在我们还在中央根据地的土地上,往后就要在敌占区行动了,我们要相信党,要永远跟党走。”于是,他们跟上部队踏上了二万五千里的漫长征途。

二、强渡湘江

红军南渡于都河后,工兵部队又先后在信丰河开设渡场、在铁石口和石村圩等处架桥,保障部队渡河前进,顺利突破敌第一道封锁线。之后,朱德命令各军团将工兵分队置于各军团前面行进,修补道路不良地段。中央红军一路向西推进,突破第二、第三道封锁线,并在道州以南的九井渡、薛家厂、莲花塘、葫芦岩等渡口通过工兵部队架设的浮桥,渡过潇水奔赴湘江(附图 1-3)。

附图 1-3 强渡湘江

1934 年 11 月 27 日,红 1、红 3 军团工兵保障先头部队一部分渡过湘江,控制了界首至觉山铺之间地域,但后续部队因辎重过多,道路狭窄,未能及时赶到渡口。28 日,国民党军在飞机支援下,向湘江两岸的红军发起全面进攻,企图夺回渡口,围歼红军于湘江两岸。为了架桥和保卫渡口,保障后续部队渡过湘江,红军工兵进行英勇搏斗。

11 月 28 日夜,干部团工兵连接到命令,要求"于明天拂晓前,在广西境内的湘江界首渡口,架设一座浮桥,保障部队迅速过江。"时间只有一昼夜,路程大约 120km。光行军,每小时也得赶 5km 以上,还要架桥。这是一个从未有过的任务,这是一次近乎拼命的行军。朱德总司令一路随行,一路鼓励。大家士气高昂,腿肿得厉害不愿上担架,脚上血泡破了不愿意停,有的累得睡着了腿还在走。经过艰难的行军,工兵连终于赶到界首湘江边,随即投入到紧张的架桥战斗。他们在一个避风的江湾里找到了七八十条船,迅速架起了一座浮桥。守候在江边的部队和中央纵队急速跨上浮桥,安全过江。天刚亮,敌人发现了浮桥,派了两架飞机轮番轰炸。为了保住眼前唯一可以突破敌人封锁的通道,保住与红军命运休戚相关的浮桥!工兵连的同志几乎全都下了水,在冰冷的江水中用身体稳住浮桥,让战友们顺利通过。在鲜血染红的江面上,浮桥被炸断了,马上又连上新的船只,一个倒下了,又会出现新的身影。

为了更快渡过湘江,在干部团工兵连接到抢架浮桥的同时,红 9 军团第 22 师工兵连也接到命令,要求他们在 30 日晚到达屏山渡下游渡口,12 月 1 日凌晨前架好桥,保障大军过江。他们迅速赶到湘江,不顾寒冷和疲倦,连夜在 100 多米宽的江面上架设浮桥。正当大家准备架设最后一个桥节时,先头部队已经赶到江边。却在这时,除了几块门板,再无其他材料可用。有人建议搭人桥让部队通过,几十名战士一齐跳入湘江,面对面站在刺骨的江水里,肩扛碗口粗的竹竿,上面再铺桥板,犹如一个个钢铁铸成的桥脚,在湘江上架起了一座用工兵战士身体架起的人桥。看着部队踩着人桥过江,工兵连指战员们感到无比的欣慰。

三、突破乌江

中央红军经过与敌人殊死拼杀,付出很大的伤亡代价,突破了湘江第四道封锁线,到达湘西南。后又攻克通道县城进入贵州境内,一路未遇强敌,很快直抵乌江,准备进军遵义。工兵部队在步兵的有力支持下,战胜水流湍急的天险,架设了 4 座浮桥,保证了大军顺利过江(附图 1-4)。

附图 1-4　突破乌江

12 月 30 日,军委工兵营接到命令,要求于 1935 年元旦拂晓前赶到乌江江界河渡口架设浮桥。全营连夜出发,急行军一天两夜,按时到达指定地点,并抓紧时间搞侦察、筹物资、砍竹子、扎竹排、找木板。经勘察,架桥点河宽近 300m,我岸地势平坦,对岸地势陡峭,敌人有江防设施,居高临下,便于封锁。加上架桥工具简单,天气由雨转雪,架桥难度非常大。工兵们刚开始架桥,就被敌人发现,步枪、机枪一起朝他们开火,迫击炮弹呼啸而来,一些战士被炮弹击中英勇献身,一些竹排被炸坏漂向下游,架桥很快受阻。工兵营的官兵非常着急,这时一支步兵部队利用工兵架桥吸引敌人大部分火力时机,在敌人火力较弱的上游乘竹排强渡成功,迅速控制了对岸。工兵营一面用竹筏漕渡部队过江,一面抓紧架桥。为了克服水深流急,他们编扎桥节门桥,制作巨石笼锚,在步兵火力支援下,舍生忘死,经过 36 小时连续战斗,一座可供两路纵队和骡马辎重通行的浮桥终于架成,军委纵队当即跨过乌江。

红 1 军团在袁家渡渡口准备横渡乌江,要求工兵连架设浮桥。这次架桥困难更大,架桥点地势险恶,江河水文情况不清楚,对岸敌情摸不准,工兵连没有架设浮桥的充分把握。他们商定组织夜间偷渡,消灭对岸敌人后再组织架桥。可是江水太深,水流太急,几次偷渡都未成功,竹筏不是反被冲回我岸,就是连人带筏一起冲走。红 1 团长杨得志决定转移到下游的回龙场渡口架设浮桥。前卫营强渡过江后,驱赶了据险扼守的敌人。工兵连通过在江中奋力漂流,山上背负物资,把架桥器材从袁家渡运到了这里,采用张纲架设法,很快在河宽近 250m 的江面上架设了一座浮桥,保障了红军克服天险,先敌跨过乌江。

1931 年 1 月 6 日,在茶山方向由第 4、第 6 师工兵连突击架设两座浮桥,确保了红 3 军团和军直等部队顺利渡江。几路大军通过 4 座浮桥渡过乌江,直下遵义,赢得了宝贵时间。几天后,中共中央在遵义召开政治局扩大会议,确立了以毛泽东为核心的党中央的正确领导,革命从此转危为安。

四、四渡赤水

遵义会议后,中央红军在毛泽东的指挥下,机动灵活四渡赤水,迅速改变了长征以来的被动局面,取得了战略转移中具有决定意义的胜利(附图 1-5)。在四渡赤水中,红军领导人运用工兵保障部队机动,则是出奇制胜布局中的重要一环。

1935 年 1 月 19 日,中央红军兵分 3 路向土城开进,准备由赤水北上过长江,27 日,部队刚到土城就遭到了川军的进逼,战斗打得十分激烈,我军伤亡很大。28 日,根据敌情变化,毛泽东提出轻装前进,从猿猴场、土城两个方向于 29 日凌晨西渡赤水河,向古蔺、叙永地区前进。周恩来负责指挥工兵拂晓前架好浮桥。赤水河最窄处也有 200m,要在一夜之间架起能渡几万人的浮桥,谈何容易!周恩来亲自带领干部团工兵主任谭希林和几位工兵营连长徒步向下游侦察,选定在浑溪口架设浮桥。工兵连立即征集民船,收购架桥器材,采取两岸同时架桥、向河中心合拢的办法,几百人全力拼搏、精心作业、彻夜奋战,一座能供 3 路纵队通过的浮桥提前 1h 架通。当部队有条不紊地组织渡河时,毛泽东高兴地说:"全军能按预定的时间过河,幸亏我们的工兵过得硬,你们立了功啊!"其他部队也从元厚场、土城下游渡过赤水河。中央红军渡河后,工兵破坏了浮桥,敌人只好望河兴叹!

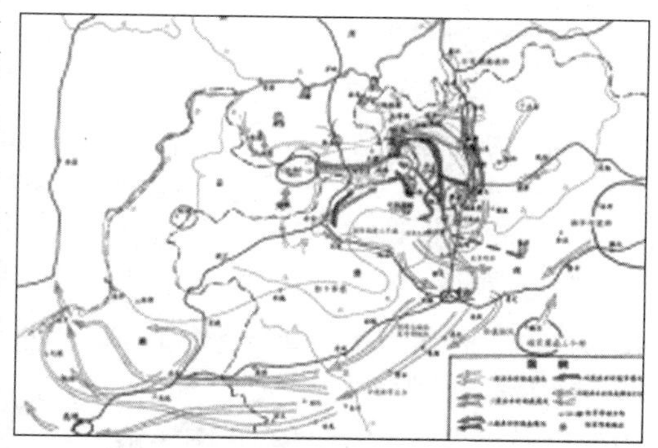

附图 1-5　四渡赤水示意图

蒋介石发现我军西渡赤水,便重新调整部署,企图围歼我军于长江以南、叙永以西、横江以

附图 1-6　四渡赤水

东地区。2 月 7 日,党中央、中革军委决定暂缓执行北上长江计划,同时对红军进行再次精简整编,工兵部队也调整成几个连配属几个师以上部队和干部团。2 月 10 日,中革军委决定东渡赤水河,并兵分 3 路向赤水河前进。刘伯承让谭希林等人详细研究强渡乌江和一渡赤水的经验,并拟写了《在无船无锚情况下架桥之办法》的电报,供各军团参考。由于行动迅速、渡河点选择适当、思想和物资准备充分,工兵分队于 2 月 18 日在太平渡、二郎滩再次架桥成功,红军顺利东渡赤水河(附图 1-6)。

中央红军出敌不意,二渡赤水,回师黔北,蒋介石急忙调整部署。我军则乘机发动遵义之战,在 5 日内连续攻下桐梓、娄山关、遵义。歼灭敌人 2 个师又 8 个团,俘敌 3000 多人,取得了撤离苏区以后最大的一次胜利。在遵义之战中,工兵参加坚守娄山关,这是长征途中唯一参加的一次阻击战。2 月 26 日,干部团工兵连赶到红 3 军团攻占的天险娄山关。娄山关北通桐梓,南接遵义,两边都是悬崖绝壁,中间这条大路是敌人必经之路。他们准备在战斗中展示工兵的拿手好戏,利用连队还有千余斤炸药,用炸药加石头,接上电线做成电发地雷,电线通到手摇马达上,布下地雷阵。第二天,敌人发动了多次进攻都未成功,第一次进攻被工兵连和上干队掷出的石块雨砸得头破血流,狼狈败逃;第二次进攻在地雷场被炸得鬼哭狼嚎,四处乱窜;第三次进攻被放到地雷阵后,霎时间爆炸声惊天动地,火光迸射,烟雾漫天,碎石乱飞,伤亡惨重。三天后,工兵连协同上干队完成了守关任务。

遵义战役后,蒋介石亲自策划新的围攻。3 月 15 日,我军果断向仁怀、茅台地区转移,准备再渡赤水河。工兵部队于 16 日拂晓赶到茅台镇,并于当天架设 3 座浮桥,保障红军第三次顺利渡过赤水河。在茅台镇,朱总司令要战士用军用水壶灌满酒,用以消毒和消除疲劳。为了利于工兵部队完成工程保障任务,总部让各军团工兵多带一些茅台酒,以供架桥时抵御寒冷、消除疲劳之用。

中央红军三渡赤水后,蒋介石命令其所有部队向川南进击,全力围歼我军于古蔺地区。中革军委决定,除派一部佯攻外,大部队于 21 日在二郎滩、九溪口、太平渡东渡赤水河。工兵部队这次架桥比较顺利。我军四渡赤水后,从东岸向南寻求机动,甩掉了蒋介石的重兵围追。

五、巧渡金沙江

中央红军四渡赤水后,于 1935 年 3 月 27 日派红 9 军团佯动,把敌人引向北方。主力部队继续向南急进,集中所有工兵赶至江口、大塘、梯子崖等渡口架桥,我军于 31 日全部南渡乌江,把蒋介石的几十万大军甩在乌江以北,从而争取了主动权。随后工兵部队又先后在清水江、新渡、顺岩河等地架桥迷惑敌人,配合主力部队佯攻贵阳、假装东进。国民党的空军飞行员从空中侦察后报告,清水江搭有 2 座浮桥,附近有红军 2000 多人,有东进模样。蒋介石急调滇军入黔东援。中央红军急转向南,乘机奔向屯据空虚的云南。4 月中旬进抵北盘江。工兵在马口洞、百层、罗炎架设了 4 座浮桥(附图 1-7),保障大军进逼昆明。中央红军在昆明城郊又虚晃一枪,即向西北方向的金沙江挺进。

附图 1-7　巧渡金沙江

金沙江江面宽阔，水流湍急。如果中央红军不能北渡，则有被敌人压在深谷歼灭的危险。4 月 29 日，中革军委命令干部团为军委纵队先遣队，带建制工兵抢占皎平渡。红 1 军团直取龙街渡，红 3 军团夺取洪门渡，均要求工兵先行架桥。因龙街渡、洪门渡江宽流急，架桥均没成功。红 1 、红 3 军团又昼夜兼程转至皎平渡。刘伯承总参谋长率领干部团 1 个营、军委工兵连和 29 分队强行军，赶到皎平渡南岸，开设渡河指挥部。

5 月 3 日夜，干部团一部在皎平渡偷渡成功，控制了渡口。军委工兵连和当地的 36 名船工一起，用收集到的 6 只渡船，日夜漕渡。工兵连挑出技术较高的同志担任渡船水手，3 个人一班轮流上船摇橹撑篙，同时请有经验的老艄公在船上掌舵。第一批船载满步兵，冲进急流不停地和浪涛搏斗，与漩涡周旋，有惊无险地到达北岸。可是 6 只船漕渡，每次只能渡 200 多人。为了争取时间，他们停人不停船，日夜加速漕渡。夜晚江面一片漆黑，工兵连就在两岸生起篝火，作为南岸上游上船点和北岸下游登岸点的目标。就这样，6 只船在金沙江上来回穿梭，与风浪漩涡搏斗了 6 个昼夜，保证了中央红军安全渡江。

六、大渡河和泸定桥

中央红军渡过金沙江后，经理会继续北上。中革军委组成了以刘伯承为司令员、聂荣臻为政委、红 1 团为主力并配属红 1 军炮兵连和军委工兵连的先遣支队，担负抢占大渡河南岸安顺场渡口的任务。5 月下旬，先遣支队运用党的民族政策与彝族同胞盟誓修好，顺利通过彝民区，直逼安顺场。5 月 25 日，军委工兵连在安顺场水流稍缓的地段试着打桩，可是木桩插到水中扶都扶不住，稍一松手就被冲走。正当大家焦急之时，红 1 团从俘虏口中了解到，敌人为阻止红军过江，在附近河中沉了两条船。工兵连根据俘虏提供的线索，很快找到了 4 条沉船，其中 3 条是坏船。工兵连的同志立即组织抢修，很快把船修好，加入渡江行列。虽然有 4 条渡船漕渡，但因水流太急，船只来往一趟要被水冲下去两三里地才能靠岸，渡送速度非常慢。这时，敌人的追兵分两路沿大渡河逆流而上，前锋很快接近安顺场。中革军委果断决定：红 1 师和军委干部团在安顺场继续渡河，过河后沿大渡河左岸北上，主力以红 4 团为前锋沿大渡河右岸北上，两路大军夹江而上，以最快的速度赶到并夺取泸定桥（附图 1-8）。

由安顺场到泸定桥有 160 公里，两路红军冒雨火速前进，途中几次与敌遭遇，展开激战。红 2 师工兵连随前卫红 4 团先期到达泸定桥西端桥头。这时的泸定桥，只有十几根铁索悬在飞流直泻的大渡河上。敌人以为抽掉桥板，红军就过不了泸定桥，过不了大渡河。他们做梦没有想到，红 4 团突击队的勇士们抱着九死一生的决心，冒着枪林弹雨，攀着铁索，冲过火障，夺占了桥头阵地。工兵分成两个分队，每人抱着一块木板，紧跟在突击队勇士们的身后，顾不上枪林弹雨,在摇摆不定的铁索上铺桥板,3 名工兵战士被敌人子弹击中掉进了滔滔的大渡河。经过 1 个多小时的战斗,桥板终于铺成固定好。步兵踏上桥板冲了过去,很快歼灭守敌,攻占泸定城。中央红军通过大渡河后,工兵部队又在青衣江上游用竹排成功架设了一座水面下桥,有效避开了敌机轰炸,保证了部队顺利过河,突破敌人防线,北上翻过终年积雪的夹金山与红四方面军胜利会合。

附图 1-8　飞夺泸定桥

结束语:“红军不怕远征难、万水千山只等闲”。在红军长征途中,工兵部队共保障四路红军(一、二、四方面军和红 25 军)渡过大江大河 24 条,翻越大山 20 多座,穿越了 15000 多平方公里荒无人烟的草地,为红军主力迅速开进和机动作战,摆脱敌人几十万大军的围追堵截,实现战略转移,胜利完成长征作出了突出贡献。长征结束时,全部红军的工兵力量仅剩一个工兵连,正所谓“炼狱之熬煎,烈焰之涅槃”。工兵战士们用生命诠释了什么叫作“开路先锋”,他们逢山开路,遇水架桥,斩关夺隘,探险破障,敢叫高山低头、河水让路,为红军长征蹚出一条生命通道;什么叫作“白龙马精神”,他们牢记毛主席的教导,一心向党,信念坚定,特别能吃苦,特别能战斗,特别能忍耐,特别能创新,甘做红军的一匹骏马,驮着革命走向胜利!长征中工兵创造的不可磨灭的英雄业绩、精神意志和优良传统,值得我们认真学习、永远铭记和大力弘扬,激励我们在改革强军新的长征路上传承薪火,争当先锋,勇往直前。

附录二　民 船 资 料

一、驳船

各种驳船的形状、外表见附图 2-1 ~ 附图 2-8。部分运输驳船、工程驳船主要性能,见附表 2-1、附表 2-2。

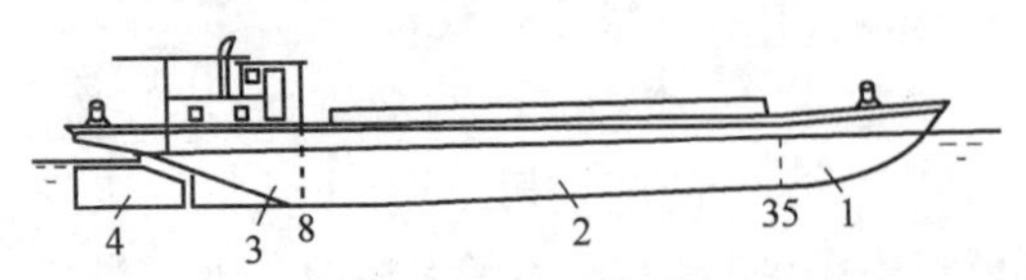

附图 2-1　1000kN 舱口驳

1-船艏;2-船舯;3-船艉;4-舵

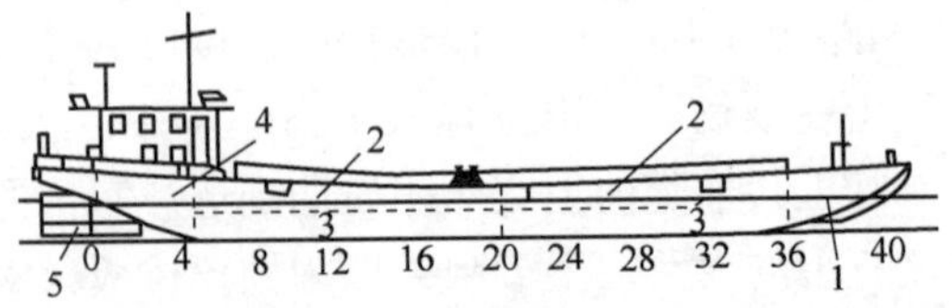

附图 2-2　1000kN 半甲板驳

1-船艏;2-甲板;3-船舷;4-船艉;5-舵

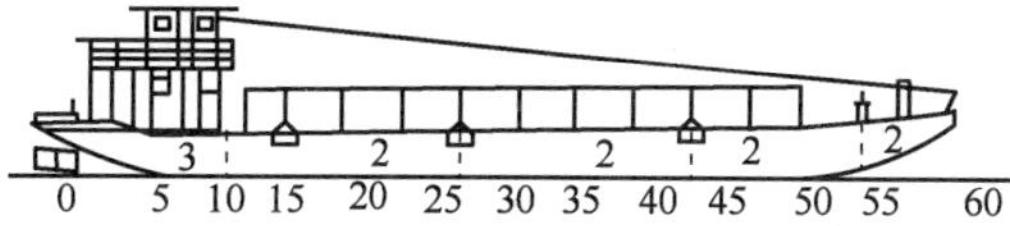

附图 2-3 1200kN 甲板驳

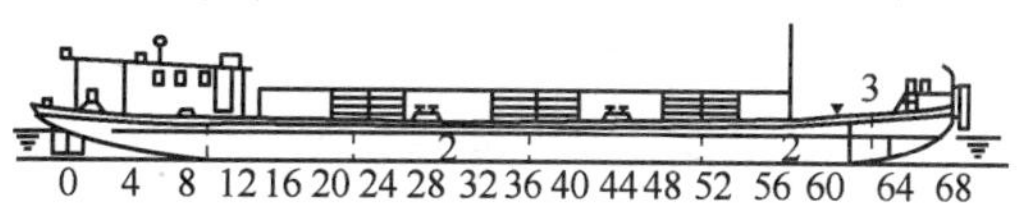

附图 2-4 1500kN 甲板驳

附图 2-5 2000kN 甲板驳

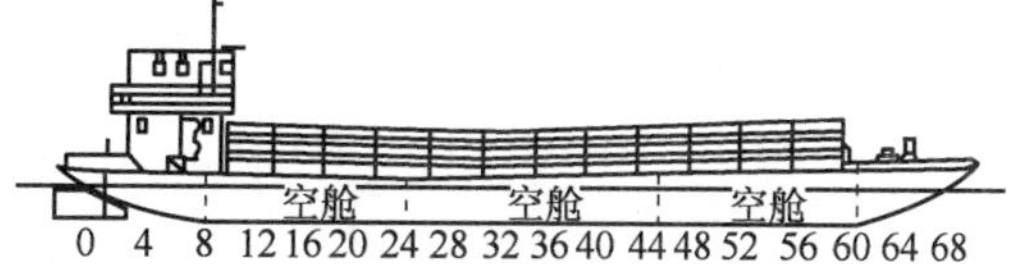

附图 2-6 2500kN 甲板驳

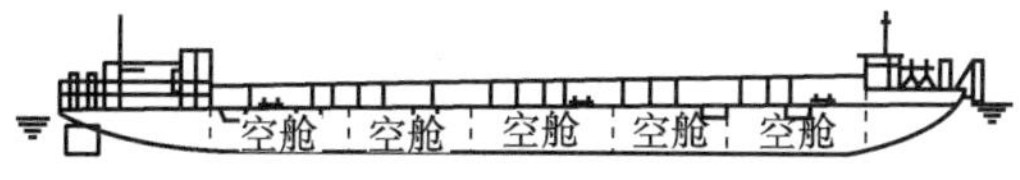

附图 2-7 10000kN 甲板驳

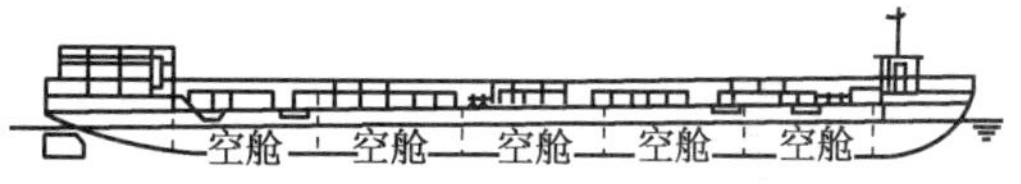

附图 2-8 15000kN 甲板驳

各种驳船的外形如附图 2-9、附图 2-10 所示。

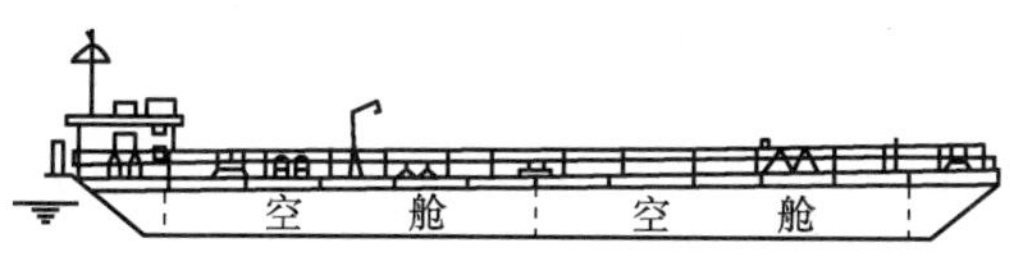

附图 2-9 4000kN 方驳

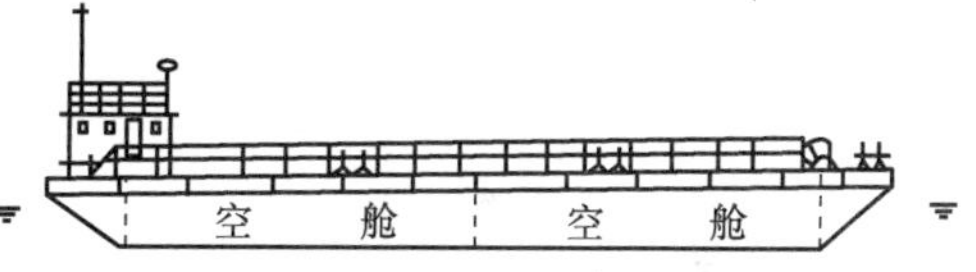

附图 2-10 6000kN 方驳

二、拖船

拖船顶推拖拉功率为

$$N = \frac{R \cdot V}{45\eta} \times 100$$

式中：N——功率(hp)；

R——风压力及水阻力之和(kN)；

V——速度(m/s)；

η——功率有效系数，顶推时 $\eta = 0.4 \sim 0.5$，拖拉时 $\eta = 0.25 \sim 0.3$。

部分拖船主要尺度与性能，见附表 2-3。

附表 2-1

部分运输驳船主要性能

参数	单位	1000kN 舱口驳	1000kN 甲板驳	1000kN 半甲板驳	1500kN 甲板驳	2000kN 甲板驳	2500kN 甲板驳	3000kN 甲板驳	参数	单位	3000kN 内河 甲板驳	3000kN 长江 甲板驳	3300kN 甲板驳	5000kN 甲板驳	10000kN 甲板驳	15000kN 甲板驳
总长	m	24.3	27.5	32	38.05	37.5	36.89	40.15	总长	m	44.95	45	44.38	47	75	75
型宽	m	5.2	5.7	7.0	7.8	7.6	9.0	7.7	型宽	m	10.0	10.5	10	9.4	10.5	13
型深	m	1.85	1.6	1.4	1.45	1.5	1.8	2.5	型深	m	1.82	2.1	1.82	2.5	3.5	3.5
平均吃水	m	1.45	1.15	1.0	0.87	1.4	1.27	2.0	平均吃水	m	1.1	1.3	1.2	2.0	2.4	2.6
满载排水量	kN	1240	1300	1630	2040	2860	3300	4120	满载排水量	kN	4040	4200	4380	6950	14520	18500
载重量	kN	1000	1000	1200	1500	2000	2500	3000	载重量	kN	3000	3000	3300	5000	10000	15000
方形系数	—	—	0.805	0.776	0.853	0.768	0.847	0.743	方形系数	—	0.88	0.77	0.86	0.817	0.80	0.75
棱形系数	—	—	0.82	—	0.858	0.782	—	0.805	棱形系数	—	0.885	0.782	0.87	0.82	0.803	0.757
载货甲板面积	kN /m²	—	780	1035	1190	1350	1700	—	载货甲板面积	kN /m²	2020	2250	2000	—	4000	6000
人员铺位	个	4	4	4	4	5	8	5	人员铺位		5	6	10	6	9	10
水线长	m	—	24.5	30	35.5	35	34	36	水线长	m	42.1	40	42.33	45	72	75
航区		B	B	B	C	B	B	B	航区		C	—	A	—	A	A
甲板负荷		—	3	3	2	4	3	—	甲板负荷		2	3	—	—	8	8
舵面积	m²	—	3.03	3	1.25	4	2.92	4.35	舵面积	m²	2.23	2.74	5.13	6	6.07	6.83
舵面积系数	%	—	10.7	10	4.05	8.9	6.76	6.04	舵面积系数	%	4.8	5.27	10.1	—	—	—
中剖面系数	—	—	—	0.904	0.995	0.981	0.99	0.92	中剖面系数	—	0.995	0.985	0.99	0.996	0.997	0.99

工程驳船主要性能 附表 2-2

项目	单位	4000kN 方驳	6000kN 方驳	4000kN 工程驳	8000kN 工程驳	300m^3 砂石驳	120m^3 开底泥驳	280m^3 双开底泥驳	90m^3 双开底泥驳
总长	m	40.0	33.0	40.25	47.0	43.0	29.0	45.27	28.3
型宽	m	9.30	12.00	9.20	11.95	9.20	6.70	8.00	7.40
型深	m	2.50	2.70	2.40	3.00	2.10	2.20	2.60	2.40
水线长	m					42			
满载排水量	kN	5910	8200	4970	10120	4360	2880	6800	3220
满载吃水	m	1.50	2.10	1.50	1.80	1.30	1.83	2.20	2.00
载重量	kN	4000	6000	4000	8000	3000	1920		
船员铺位	个	6	8	6	6		10	6	6
载沙石容积	m^3					190	120	280	90

部分拖船主要尺度与性能表 附表 2-3

项目		单位	云南 2-150	四川 2-80	四川 2-150	湖北 1-120	湖北 2-120	湖南 2-120	湖南 2-150	湖南 2-2000
主尺度	总长	m	22.8	19.5	26	19.5	22.62	26	26.7	25.2
	型宽	m	4.5	3.8	4.8	4.6	5.8	4.8	5.0	5.6
	型深	m	1.6	1.3	1.4	1.6	1.6	1.4	1.4	1.7
平均吃水		m	1.1	0.75	0.65	1.25（艉 1.3）	0.85（艉 0.9）	0.55（艉 0.6）	0.72（艉 0.8）	1.3（艉 1.4）
满载排水量		kN	466	290	483	480	650	410	534	94
航速	自由航速	m/s	20	17	18	18	16	19.5	18.7	18.0
	拖航速	m/s	17	16	10	8	8	10	8.7	8
船员铺位	铺位	个	14	17	17	10	10	12	15	16
	定员	名	12	13			16		13	
机组	型号		6135ACa	4135	6135ACa	6135	6135	6135Ca	6135ACa	6E150C
	台数	台	2	2	2	1	2	2	2	2
	功率	hp	150	80	150	120	120	120	150	200
强度、稳性满载长江的等级			—	C	C	B	C	B	B	B

续上表

项目		单位	江西 1-180	江西 1-150	安徽 1-120	安徽 1-135	江苏 1-72	江苏 1-72	江苏 1-135	江苏 1-150
主尺度	总长	m	19.05	20.25	17.53	21	1355	15.7	19	18
	型宽	m	3.6	4	3.9	4.4	3	3.8	4.2	3.8
	型深	m	0.95	1.5	1.3	1.7	1.25	1.5	1.9	1.6
平均吃水		m	0.6 （艉0.63）	0.7	0.55 （艉0.6）	1.19 （艉1.3）	0.875 （艉1.12）	1.1 （艉1.3）	1.45 （艉1.75）	1.2 （艉1.56）
满载排水量		kN	202	300	215	417	165	267	428	34.0
航速	自由航速	m/s	14	17.5	15.7	18.0	16.5	15.0	18.0	17.0
	拖航速	m/s		11.1	8	8		8	8	8
船员铺位	铺位	个	10	10	12	11	9	10	13	11
	定员	名			18		7		11	
机组	型号		4135	6135ACa	6135Ca	6160A-1	695	695C	6160A-1	6135ACa
	台数	台	1	1	1	1	1	1	1	1
	功率	hp	80	150	120	135	72	72	135	150
强度、稳性满载长江的等级			C	B	B	B	C	B	B	B

项目		单位	江苏 3-150	浙江 1-80	浙江 1-135	浙江 1-250	广西 2-120	广西 2-135	广西 2-185	广东 1-120
主尺度	总长	m	27.5	17	19.65	23	22.94	22.84	22.74	20.5
	型宽	m	6.1	3.4	4.2	4.7	5.0	5.0	5.0	4.0
	型深	m	2.4	1.6	1.9	1.9	1.45	1.45	1.5	1.0
平均吃水		m	1.75 （艉2.05）	1.2 （艉1.4）	1.45 （艉1.75）	1.5 （艉1.8）	0.79 （艉0.8）	0.85 （艉0.9）	0.93	0.5
满载排水量		kN	1380	285	442	718	470	500	565	26.1
航速	自由航速	m/s		15		18	19.6	18	19.2	16.7
	拖航速	m/s		6.5		7	11	10	10	9
船员铺位	铺位	个	20	9	14	16	15	20	20	10
	定员	名	16	7	13	14	13	16	18	

续上表

项目		单位	江苏 3-150	浙江 1-80	浙江 1-135	浙江 1-250	广西 2-120	广西 2-135	广西 2-185	广东 1-120
机组	型号		6160A-1	4135Ca	6160A-Ⅰ或Ⅱ	6160A-Ⅱ	6135 Ca	6160A	6160A-Ⅱ	6135
	台数	台	2	1	1	1	2	2	2	1
	功率	hp	135	80	135(185)	250	120	135	180	120
强度、稳性满载长江的等级			A	B	C	B	B	B	B	C

项目		单位	福建 1-135	河北 1-120	河北 1-120	河北 1-135	河北 2-120	天津 1-120	辽宁 2-120	河南 1-120
主尺度	总长	m	22.6	18.4	18.3	17.9	20.2	18.6	24.65	18.3
	型宽	m	5.15	3.8	3.5	3.8	3.8	3.7	5.0	3.9
	型深	m	1.5	1.1	1.4	1.5	1.5	1.4	1.85	1.2
平均吃水		m	1.0(艉1.05)	0.5(艉0.6)	0.8(艉0.88)	0.95(艉1.1)	0.975(艉1.1)	0.8(艉0.9)	1.3(艉1.4)	0.6
满载排水量		kN	528	210	210	260	405	210	776.7	26.3
航速	自由航速	m/s	16	16.21	17.3	17.5	17	17	17.8	16
	拖航速	m/s	12	8.5	8.5	8	8	8		
船员铺位	铺位	个	14	6	7	10	12	6	9	8
	定员	名			6	7	7			
机组	型号		6060A-Ⅰ	6135 Ca	6135 Ca	6060A-Ⅰ	6135 Ca	6135 Ca	6135 Ca	6135 Ca
	台数	台	1	1	1	1	2	1	2	1
	功率	hp	135	120	120	130	120	120	120	120
强度、稳性满载长江的等级			C	C	可拆	B	B	B	沿海	不够灵活

项目		单位	河南 2-120	山东 1-80	山东 1-120	山东 1-135
主尺度	总长	m	26.0	15.7	19	18.53
	型宽	m	4.8	3.0	3.8	3.8
	型深	m	1.4	1.17	1.5	1.6

续上表

项目		单位	河南 2-120	山东 1-80	山东 1-120	山东 1-135
平均吃水		m	0.55(艉0.6)	0.9(艉1.0)	1.0(艉1.1)	1.2(艉1.3)
满载排水量		kN	410	150	306	356
航速	自由航速	m/s	19.5	15	17	16
	拖航速	m/s	10	6	6	7
船员铺位	铺位	个	12	7	9	9
	定员	名		6	8	8
机组	型号		6135 Ca	6135 Ca	4135	6060A-Ⅰ
	台数	台	2	1	1	1
	功率	hp	120	80	120	135
强度、稳性满载长江的等级			B	C	C	—

附录三　部分渡河材料性能资料

使用在渡河上的木材，不许有死节、漏节（朽节）、腐节、虫眼（表面虫眼除外）等疵病。门桥、浮桥受弯构件（如横桁、桥桁等）用二等材，其他部分用三等材。

东北红松容许应力见附表 3-1，针叶树种木材、阔叶树种木材容许应力的修正系数分别见附表 3-2、附表 3-3。

东北红松容许应力(MPa)　　附表 3-1

应力种类	浮桥、门桥桥桁及桥面构件	
	圆木	方(板)材
弯曲应力	19.0	14.5
顺木纹压应力	13.0	12.0
横木纹全部表面的压应力	3.0	3.0
有剪裂危险时横木纹局部表面的压应力(在接榫内、栓内)	5.0	5.0
无剪裂危险时横木纹局部表面的压应力(负桁材、冠材、础材)	6.0	6.0
受弯时顺木纹剪应力(最大值)	3.0	3.0
顺木纹剪应力(在接榫内、栓内)，当受剪的长度不超过缺口深度 10 倍时	1.5	1.5

续上表

应力种类	浮桥、门桥桥桁及桥面构件	
	圆木	方(板)材
横木纹剪应力	1.0	1.0
跨木纹剪应力	7.5	7.5

注:1. 表列圆木的应力,系指湿材(含水率23%以上);如使用半干材(含水率18%~23%),弯曲应力和顺木纹压应力可增加10%,但在水中或埋设土中的构件,应力不得增加。

2. 方(板)木的容许应力,系指半干材;如使用风干材,弯曲应力和顺木纹压应力可增加10%;但在水中或埋设土中的构件以及使用湿材时,则容许应力减少10%。

3. 由1根大圆木仅锯削成1根矩形木或高、宽均大于15cm的矩形木组合构件,表中锯料的弯曲容许应力可提高15%。

4. 计算应力,不允许超过容许应力的5%。

5. 木材弹性模量 E 见《木结构设计规范》。

针叶树种木材容许应力的修正系数 附表3-2

主要产地	树种	弯曲应力	顺纹拉应力	顺纹压应力	顺纹剪应力(弦向)	横纹压应力(径向)
东北区	落叶松	1.30	1.50	1.00	0.90	0.90
	衫松、臭松	1.00	1.10	0.70	0.95	0.70
	红皮云杉	0.90	1.00	0.75	0.90	1.00
内蒙古	樟子松	1.00	1.00	1.00	1.00	
南区	马尾松、华山松	1.00	1.00	0.80	0.80	0.90
	柏树	1.30	1.40	0.90	1.50	2.00
山东	黑松	1.20	1.00		1.20	1.40
湖北	金钱松	1.20	1.20	1.10	0.85	0.70
海南岛	南亚松	1.20	1.10		1.40	1.30
	罗汉松	1.30	1.20		1.00	2.00
湖南(江华、会洞、洞口)贵州(锦屏)	杉木	1.00	1.20	0.70	0.60	0.60
	杉木	0.80	1.00	0.60	0.40	0.55
安徽	杉木	1.00	1.00	0.80	0.70	
	柳木	0.80	0.90		0.75	0.70
福建	油杉	1.30	1.40	0.75	1.00	0.95

续上表

主要产地	树种	弯曲应力	顺纹拉应力	顺纹压应力	顺纹剪应力（弦向）	横纹压应力（径向）
福建	柳杉	0.55	0.55	0.45	0.50	0.35
	柏木	1.10	1.00	0.95	1.00	1.20
四川	红杉	0.90	1.00		0.55	1.00
	云杉	1.20	1.30	0.80	0.75	1.00
	杉木	1.00	1.20	0.90	0.85	0.85
云南	苍山冷杉	1.10	1.20	0.80	0.45	1.10
	怒江红杉	1.20	1.30	0.85	1.00	1.30
	油杉	1.30	1.50		1.20	1.20
甘肃	冷杉	0.80	1.00		0.85	1.10
新疆	雪山云杉	0.90	1.10		1.00	1.10

注：表中是以东北红松容许应力修正为1作标准的其他木材容许应力的修正系数。

阔叶树种木材容许应力的修正系数 附表3-3

主要产区	树　　种	弯曲应力	顺纹压应力	顺纹剪应力	横纹压应力
新疆	胡杨	0.7	1.0	0.75	2.0
湖南	樟木	1.0	1.1	1.2	1.0
河南	水曲柳				
河南	白榆				
陕西	箭杆杨				
东北	白皮榆	1.1	1.1	1.6	1.1
安徽	白榆				
安徽	枫杨	1.2	1.0	1.1	1.0
新疆	杨木				
北京	毛白杨	1.3	1.7	1.2	1.2
福建	大钩栗				
广东	大钩栗				

续上表

主要产区	树种	弯曲应力	顺纹压应力	顺纹剪应力	横纹压应力
湖南	栎木	1.4	1.4	1.5	1.4
河南	栎木				
安徽	茅栎				
东北	色木槭	1.6	1.6	2.0	1.6
山东	槐树				
河南	桦木				
安徽	麻栎	1.8	1.6	1.8	1.6
东北	水曲柳				
湖南	槠木				
安徽	青冈栎	2.0	2.0	2.0	2.0
安徽	石栎				
福建	槠木				

一、圆木的容许缺陷

圆木的容许缺陷见附表 3-4。

构件的容许缺陷(圆木)　　附表 3-4

缺陷名称		缺陷容许的程度		
		一等材	二等材	三等材
		受拉或拉弯构件	受弯或压弯构件	受压构件
腐朽		不容许	不容许	不容许
木节	在构件任何 15cm 长度内,沿周长所有木节尺寸的总和不得大于所测部位圆木周长的	1/4	1/3	不限
	每个木节的最大尺寸不得大于所测部位圆木周长的	1/10(连接部位为 1/12)	1/6	1/6
扭纹:每米平均斜度不得大于(cm)		8	12	16
髓心		应避开受剪面	不限	不限

注:1. 木节尺寸按垂直于构件长度方向测量,直径小于 1cm 的木节不量。
2. 对于圆木的裂缝,应通过调整方向(使裂缝尽量垂直于构件的受剪面)予以使用。
3. 对于松软和腐朽节,除按一般木节测量外,尚应按缺孔验算。若其腐朽可能发展,则该部位应经防腐处理后使用。
4. 容许使用有表面虫蛀的木材。若虫眼中有活虫,应经杀虫处理后使用。

二、方(板)材的容许缺陷

方(板)材的容许缺陷见附表3-5。

构件的容许缺陷[方(板)材] 附表3-5

缺陷名称		缺陷容许的程度					
		一等材		二等材		三等材	
		受拉或拉弯构件		受弯或压弯构件		受压构件	
		方木	板材	方木	板材	方木	板材
腐朽		不容许	不容许	不容许	不容许	不容许	不容许
木节:在构件任一面任何15cm长度内,所有木节尺寸的总和不大于所在面宽的		1/3(连接部位1/4)	1/4(连接部位1/5)	2/5	1/3	1/2	2/5
斜纹:每米平均斜度不大于(cm)		5	5	8	8	12	12
裂缝	在连接的受剪面上	不容许	不容许	不容许	不容许	不容许	不容许
	在连接部位的受剪面附近,裂缝深度(有对面裂缝时用两者之和)不大于材宽的	1/4		1/3		不限	
	在连接部位的受剪面的附近		不容许		不容许		不容许
髓心		避开受剪面	不容许	不限	不容许	不限	不容许

注:1. 同附表3-4的注1、3、4。

2. 对二、三等材制作的构件,根据现场的经验,在不削弱连接的承载能力的前提下,在选材时允许受剪面上稍有微裂。

三、渡河材料物理力学性能

渡河相关的材料性能,见附表3-6~附表3-25。

钢材容许应力(MPa) 附表3-6

种类	屈服限 σ_s	拉压 $0.8\sigma_s$	弯曲 $0.85\sigma_s$	剪切 $0.6[\sigma]_{拉}$	挤压 $1.5[\sigma]_{拉}$	焊缝			螺杆	
						拉 $0.8[\sigma]_{拉}$	压 $0.9[\sigma]_{拉}$	剪 $0.6[\sigma]_{拉}$	拉 $0.8[\sigma]_{拉}$	剪 $0.6[\sigma]_{拉}$
A_3	240	192	204	115	288	153	172	115	153	115
45号(调质)	360	288	306	172	432	230	259	172	230	172
902	400	320	340	192	480	256	288	192		
901	350	280	297	168	420	224	252	168		
16Mn	350/330	280/264	297/280	168/158	420/396	224/211	252/237	168/158	224/211	168/158
40Cr(调质)	800/550	640/440	680/467	384/264	960/660				510/352	384/264
钢轨		250	250	150	375					

注:1. 表中所列容许应力是计算后经过整理的数据。

2. 16Mn一栏,分子为构件直径(厚度)≤16mm时的容许应力,分母为构件直径(厚度)等于17~25mm时的容许应力。

3. 40Cr一栏,分子为构件直径(厚度)<25mm时的容许压力,分母为构件直径(厚度)等于25~100mm时的容许应力值。

4. 钢材弹性模量 $E=2.1\times10^5$ MPa。

附表 3-7

圆木和半圆木的断面积 F、断面系数 W、惯性矩 I

圆木直径	断面形状														
	圆木			一面砍削 $d/3$ 宽的圆木			两面砍削 $d/3$ 宽的圆木			两面砍削 $d/2$ 宽的圆木			半圆木		
	断面诸元														
	断面面积 (cm^2)	断面系数 (cm^3)	惯性矩 (cm^4)	断面面积 (cm^2)	断面系数 (cm^3)	惯性矩 (cm^4)	断面面积 (cm^2)	断面系数 (cm^3)	惯性矩 (cm^4)	断面面积 (cm^2)	断面系数 (cm^3)	惯性矩 (cm^4)	断面面积 (cm^2)	断面系数 (cm^3)	惯性矩 (cm^4)
10	79	98	491	78	96	476	77	98	461	74	91	395	39	24	70
11	95	131	719	94	128	697	93	130	675	90	121	578	48	32	102
12	113	170	1018	112	166	987	111	169	956	107	158	819	57	41	143
13	133	216	1402	132	211	1360	131	215	1317	125	200	1128	66	52	197
14	154	269	1886	153	263	1829	151	268	1771	145	250	1517	77	65	265
15	177	331	2486	175	324	2410	174	330	2334	167	308	2000	88	80	349
16	201	402	3213	199	393	3115	198	401	3017	189	374	2585	101	98	452
17	227	482	4101	225	472	3976	223	480	3850	214	448	3299	113	117	576
18	254	573	5154	252	560	4997	250	570	4839	240	521	4147	127	139	724
19	283	674	6399	281	658	6203	279	670	6008	267	614	5148	142	164	899
20	314	786	7856	312	768	7616	309	782	7376	296	730	6320	157	191	1104
21	346	909	9549	344	889	9257	341	906	8966	326	845	7682	173	221	1342
22	380	1046	11502	377	1022	11151	374	1041	10799	358	971	9253	190	254	1616
23	415	1195	13740	412	1168	13320	409	1190	12901	392	1110	11054	208	290	1931

续上表

圆木直径	断面形状														
	圆木			一面砍削 $d/3$ 宽的圆木			两面砍削 $d/3$ 宽的圆木			两面砍削 $d/2$ 宽的圆木			半圆木		
	断面诸元														
	断面面积 (cm^2)	断面系数 (cm^3)	惯性矩 (cm^4)	断面面积 (cm^2)	断面系数 (cm^3)	惯性矩 (cm^4)	断面面积 (cm^2)	断面系数 (cm^3)	惯性矩 (cm^4)	断面面积 (cm^2)	断面系数 (cm^3)	惯性矩 (cm^4)	断面面积 (cm^2)	断面系数 (cm^3)	惯性矩 (cm^4)
24	452	1358	16290	449	1327	15793	445	1352	15295	426	1261	13105	226	330	2290
25	491	1534	19180	487	1500	18594	483	1528	18008	463	1425	15430	245	373	2695
26	531	1726	22438	527	1687	21752	522	1719	21067	500	1603	18051	265	419	3153
27	572	1933	26094	568	1890	25297	563	1925	24499	540	1795	20992	286	469	3667
28	615	2156	30180	611	2107	29258	606	2147	28336	580	2002	24279	308	523	4241
29	660	2395	34727	655	2341	33667	650	2385	32606	622	2224	27938	330	581	4880
30	707	2651	39771	701	2592	38556	695	2641	37341	666	2462	31995	353	644	5589
31	754	2925	45345	749	2860	43960	742	2914	42574	711	2717	36479	377	710	6372
32	804	3218	51485	798	3146	49912	791	3205	48339	758	2988	41419	402	781	7235
33	855	3529	58229	848	3450	56450	841	3515	54671	806	3277	46844	428	857	8183
34	907	3860	65614	901	3773	63610	893	3844	61605	856	3585	52785	454	937	9221
35	962	4210	73681	954	4116	71430	946	4193	69179	907	3910	59275	481	1022	10354
36	1017	4582	82469	1010	4479	79950	1001	4563	77430	959	4255	66345	509	1112	11570
计算公式	$h=d$　$W=0.0982d^3$　$F=0.785d^2$　$I=0.0491d^4$			$h=0.971d$　$W=0.096d^3$　$F=0.779d^2$　$I=0.0476d^4$			$h=0.9426d$　$F=0.7726d^2$　$W=0.0978d^3$　$I=0.0461d^4$			$h=0.866d$　$F=0.7401d^2$　$W=0.0912d^3$　$I=0.0395d^4$			$h=0.5d$　$F=0.03927d^2$　$W=0.038d^3$　$I=0.0069d^4$		

方木的断面面积、断面系数和惯性矩

附表 3-8

高度(cm)	15			16			17			18			19			20			21			22		
断面诸元 宽度(cm)	断面面积(cm^2)	断面系数(cm^3)	惯性矩(cm^4)	断面面积(cm^2)	断面系数(cm^3)	惯性矩(cm^4)	断面面积(cm^2)	断面系数(cm^3)	惯性矩(cm^4)	断面面积(cm^2)	断面系数(cm^3)	惯性矩(cm^4)	断面面积(cm^2)	断面系数(cm^3)	惯性矩(cm^4)	断面面积(cm^2)	断面系数(cm^3)	惯性矩(cm^4)	断面面积(cm^2)	断面系数(cm^3)	惯性矩(cm^4)	断面面积(cm^2)	断面系数(cm^3)	惯性矩(cm^4)
11	165	412	3094	176	469	3759	187	529	4510	198	594	5346	209	662	6298	220	733	7337	231	808	8490	242	887	9768
12	180	450	3374	192	512	4099	204	577	4912	216	648	5826	228	722	6861	240	800	8000	252	882	9260	264	968	10650
13	195	487	3653	208	554	4449	221	626	5320	234	702	6319	247	782	7445	260	866	8667	273	955	10020	286	1048	11544
14	210	525	3935	224	597	4781	238	674	5725	252	756	6800	266	842	8001	280	933	9333	294	1029	10810	308	1129	12432
15	225	562	4230	240	640	5120	255	722	6145	270	810	7281	285	902	8578	300	1000	10000	315	1102	11590	330	1210	13310
16	240	600		256	682	5452	272	770	6549	288	864	7775	304	963	9155	320	1066	10667	336	1176	12330	352	1290	14200
17	255	637		262	725		289	818	6951	306	918	8260	323	1023	9720	340	1133	11333	357	1249	13120	374	1371	15100
18	270	675		288	768		306	866		324	972	8746	342	1083	10290	360	1200	12000	378	1324	13900	396	1452	15990
19	285	712		304	810		323	914		342	1026		361	1143	10880	380	1266	12667	399	1396	14680	418	1532	16850
20	300	750		320	853		340	963		360	1080		380	1203		400	1333	13333	420	1470	15450	440	1613	17750
21	315	787		336	896		357	1011		378	1134		399	1263		420	1400		441	1543	16200	462	1694	18620
22	—	—		—	—		374	1059		396	1188		418	1324		440	1466		462	1617		484	1774	19521
23	—	—		—	—		391	1107		414	1242		437	1384		460	1533		483	1690		506	1855	
24	—	—		—	—		—	—		432	1296		456	1444		480	1600		504	1764		528	1936	
25	—	—		—	—		—	—		450	1350		475	1504		500	1666		525	1837		550	2016	
26	—	—		—	—		—	—		—	—		494	1564		520	1733		546	1911		572	2097	
27	—	—		—	—		—	—		—	—		513	1624		540	1800		567	1984		594	2179	
28	—	—		—	—		—	—		—	—		—	—		560	1866		588	2058		616	2258	

方木的断面面积、断面系数和惯性矩

续上表

高度（cm）	23			24			25			26			27			28			29			30		
断面诸元 宽度（cm）	断面面积（cm^2）	断面系数（cm^3）	惯性矩（cm^4）	断面面积（cm^2）	断面系数（cm^3）	惯性矩（cm^4）	断面面积（cm^2）	断面系数（cm^3）	惯性矩（cm^4）	断面面积（cm^2）	断面系数（cm^3）	惯性矩（cm^4）	断面面积（cm^2）	断面系数（cm^3）	惯性矩（cm^4）	断面面积（cm^2）	断面系数（cm^3）	惯性矩（cm^4）	断面面积（cm^2）	断面系数（cm^3）	惯性矩（cm^4）	断面面积（cm^2）	断面系数（cm^3）	惯性矩（cm^4）
11	253	970	11150	264	1056	12672	275	1146	14323	286	239	16111	297	1336	18152	308	1437	20123	319	1542	22356	330	1650	24750
12	276	1058	12167	288	1152	13824	300	1250	15625	312	1352	17576	324	1458	19683	336	1568	21952	348	1682	2438	360	1800	27000
13	299	1146	13180	312	1248	14976	325	1354	16927	338	1464	19041	351	1580	21323	364	1699	23781	377	1822	26421	390	1950	29250
14	322	1234	14200	336	1344	16130	350	1458	18229	364	1577	20505	378	1701	22963	392	1829	25616	406	1962	28453	420	2100	31500
15	345	1322	15220	360	1440	17280	375	1562	19531	390	1690	21970	405	1822	24603	420	1960	27440	435	2102	30486	450	2250	33750
16	368	1411	16220	384	1536	18450	400	1666	20833	416	1802	23434	432	1944	26244	448	2090	29269	464	2243	32518	480	2400	36000
17	391	1499	17250	408	1632	19600	425	1771	22135	442	1915	24899	459	2065	27884	476	2221	31098	493	2383	34551	510	2550	38250
18	414	1587	18250	432	1728	20730	450	1875	23437	468	2028	26364	486	2187	29524	504	2352	32928	522	2523	36583	540	2700	40500
19	437	1675	19280	456	1824	21900	475	1979	24749	494	2140	27828	513	2308	31164	532	2482	34757	551	2663	38615	570	2850	42750
20	460	1763	20300	480	1920	23040	500	2083	26040	520	2253	29293	540	2430	32805	560	2613	36587	580	2803	40648	600	3000	45000
21	483	1851	21300	504	2016	24200	525	2187	27343	546	2366	30758	567	2551	34438	588	2744	38416	609	2943	42680	630	3150	47250
22	506	1940	22300	528	2112	25344	550	2291	28645	572	2478	32223	594	2673	36084	616	2874	40245	638	3084	44713	660	3300	49500
23	529	2028	23320	552	2208	26500	575	2396	29947	598	2591	33687	621	2794	37725	644	3005	42074	667	3224	46745	690	3450	51750
24	552	2116		576	2304	27648	600	2500	31250	624	2704	35153	648	2916	39366	672	3136	43904	696	3364	48778	720	3600	54000
25	575	2204		600	2400		625	2604	32552	650	2816	36617	675	3037	41006	700	3266	45733	725	3504	50810	750	3750	56250
26	598	2292		624	2496		650	2708		676	2929	38081	702	3159	42646	728	3397	47562	754	3644	52842	780	3900	58500
27	621	2380		648	2592		675	2812		702	3042		729	3280	44286	756	3528	49417	783	3784	54875	810	4050	60750
28	644	4269		672	2688		700	2916		728	3154		756	3402		784	3658	51221	812	3925	56907	840	4200	63000

木板的断面面积和断面系数　　附表 3-9

宽度(cm)	15		16		17		18		19		20	
断面诸元 厚度 (cm)	断面 面积 (cm^2)	断面 系数 (cm^3)	断面 面积 (cm^2)	断面 系数 (cm^3)	断面 面积 (cm^2)	断面 系数 (cm^3)	断面 面积 (cm^2)	断面 系数 (cm^3)	断面 面积 (cm^2)	断面 系数 (cm^3)	断面 面积 (cm^2)	断面 系数 (cm^3)
2.5	37	15	40	17	42	18	45	19	47	20	50	21
3.0	45	22	48	24	51	25	54	27	57	28	60	30
3.5	52	30	56	33	60	35	63	37	66	39	70	41
4.0	60	40	64	43	68	45	72	48	76	51	80	53
4.5	67	50	72	54	77	57	81	61	85	64	90	67
5.0	75	62	80	67	85	71	90	75	95	79	100	83
5.5	82	75	88	81	93	86	99	91	104	96	110	101
6.0	90	90	96	96	102	102	108	108	114	114	120	120
6.5	98	106	104	113	111	120	117	127	124	134	130	141
7.0	105	122	112	131	119	139	126	147	133	155	140	163
8.0	120	160	128	170	136	181	144	192	152	202	160	213
8.5	127	180	136	193	145	204	153	217	161	229	170	241
9.0	135	202	144	216	153	229	162	243	171	256	180	270
9.5	143	226	152	241	162	236	171	271	181	286	190	301
10.0	150	250	160	266	170	283	180	300	190	316	200	333

宽度(cm)	21		22		23		24		25		26	
断面诸元 厚度 (cm)	断面 面积 (cm^2)	断面 系数 (cm^3)	断面 面积 (cm^2)	断面 系数 (cm^3)	断面 面积 (cm^2)	断面 系数 (cm^3)	断面 面积 (cm^2)	断面 系数 (cm^3)	断面 面积 (cm^2)	断面 系数 (cm^3)	断面 面积 (cm^2)	断面 系数 (cm^3)
2.5	52	22	55	23	57	24	60	25	62	26	65	27
3.0	63	31	66	33	69	34	72	36	75	37	78	39
3.5	73	43	77	45	80	47	84	49	87	51	91	53
4.0	84	56	88	59	92	61	96	64	100	67	104	69
4.5	94	71	99	74	103	77	108	81	112	84	117	88
5.0	105	87	110	92	115	96	120	100	125	104	130	108
5.5	115	106	121	111	126	116	132	121	137	126	143	131
6.0	126	126	132	132	138	138	144	144	150	150	156	156
6.5	137	148	143	155	150	162	156	169	163	176	169	183
7.0	147	171	154	180	161	188	168	196	175	204	182	212

续上表

宽度(cm)	21		22		23		24		25		26	
断面诸元 厚度 (cm)	断面 面积 (cm^2)	断面 系数 (cm^3)	断面 面积 (cm^2)	断面 系数 (cm^3)	断面 面积 (cm^2)	断面 系数 (cm^3)	断面 面积 (cm^2)	断面 系数 (cm^3)	断面 面积 (cm^2)	断面 系数 (cm^3)	断面 面积 (cm^2)	断面 系数 (cm^3)
8.0	168	224	176	234	184	245	192	256	200	266	208	277
8.5	178	253	187	265	195	277	204	289	212	301	221	313
9.0	189	283	198	297	207	310	216	324	225	337	234	351
9.5	200	316	209	331	219	346	228	361	238	376	247	391
10.0	210	350	220	367	230	383	240	400	250	416	260	433

宽度(cm)	15		16		17		18		19		20	
断面诸元 厚度 (cm)	断面 面积 (cm^2)	断面 系数 (cm^3)	断面 面积 (cm^2)	断面 系数 (cm^3)	断面 面积 (cm^2)	断面 系数 (cm^3)	断面 面积 (cm^2)	断面 系数 (cm^3)	断面 面积 (cm^2)	断面 系数 (cm^3)	断面 面积 (cm^2)	断面 系数 (cm^3)
11	165	302	176	323	187	343	198	363	209	383	220	406
12	180	360	192	384	204	408	216	432	228	456	240	480
13	195	422	208	451	221	479	234	507	247	535	260	563
14	210	490	224	523	238	555	252	588	266	621	280	653

宽度(cm)	21		22		23		24		25		26	
断面诸元 厚度 (cm)	断面 面积 (cm^2)	断面 系数 (cm^3)	断面 面积 (cm^2)	断面 系数 (cm^3)	断面 面积 (cm^2)	断面 系数 (cm^3)	断面 面积 (cm^2)	断面 系数 (cm^3)	断面 面积 (cm^2)	断面 系数 (cm^3)	断面 面积 (cm^2)	断面 系数 (cm^3)
11	231	423	242	444	253	464	264	484	275	504	286	524
12	252	504	264	528	276	552	288	576	300	600	312	624
13	273	591	286	620	299	648	312	676	325	704	338	732
14	294	686	308	719	322	751	336	784	350	817	364	849

宽度(cm)	27		28		29		30	
断面诸元 厚度 (cm)	断面 面积 (cm^2)	断面 系数 (cm^3)	断面 面积 (cm^2)	断面 系数 (cm^3)	断面 面积 (cm^2)	断面 系数 (cm^3)	断面 面积 (cm^2)	断面 系数 (cm^3)
10	270	450	280	467	290	483	300	500
11	297	544	308	565	319	585	330	605
12	324	648	336	672	348	696	360	720
13	351	760	364	789	377	817	390	845
14	378	882	392	915	406	947	420	980

圆 木 的 体 积　　附表 3-10

长度(m)	小头直径(cm)															
	10	12	14	16	18	20	22	24	26	28	30	32	34	36	38	40
	体积(m^3)															
2.0	0.017	0.026	0.03	0.04	0.06	0.07	0.08	0.10	0.12	0.14	0.17	0.19	0.21	0.24	0.26	0.29
2.5	—	—	—	0.06	0.07	0.09	0.11	0.13	0.15	0.18	0.21	0.23	0.26	0.30	0.33	0.36
2.7	—	—	—	—	0.08	0.10	0.12	0.14	0.17	0.19	0.22	0.25	0.29	0.32	0.36	0.39
3.0	0.026	0.038	0.055	0.07	0.09	0.11	0.13	0.16	0.19	0.22	0.25	0.28	0.32	0.36	0.40	0.43
3.5	—	—	—	0.08	0.10	0.13	0.15	0.18	0.22	0.25	0.29	0.33	0.37	0.42	0.46	0.51
4.0	0.037	0.053	0.08	0.10	0.12	0.15	0.18	0.21	0.25	0.29	0.34	0.38	0.43	0.48	0.53	0.59
4.5	—	—	—	0.11	0.14	0.17	0.20	0.24	0.28	0.33	0.38	0.43	0.49	0.54	0.60	0.66
5.0	0.051	0.073	0.10	0.12	0.16	0.19	0.23	0.27	0.32	0.37	0.43	0.48	0.54	0.61	0.67	0.74
5.5	—	—	—	0.14	0.18	0.22	0.26	0.30	0.36	0.41	0.47	0.54	0.60	0.67	0.75	0.82
6.0	0.066	0.098	0.13	0.16	0.19	0.24	0.28	0.33	0.39	0.45	0.52	0.60	0.66	0.74	0.82	0.91
6.5	—	—	—	0.17	0.21	0.26	0.31	0.36	0.43	0.49	0.57	0.65	0.72	0.81	0.90	0.99
7.0	0.083	0.114	0.15	0.19	0.23	0.28	0.34	0.40	0.47	0.54	0.62	0.70	0.79	0.88	0.98	1.08
7.5	—	—	—	0.21	0.26	0.31	0.37	0.43	0.51	0.58	0.67	0.76	0.85	0.96	1.06	1.16
8.0	0.10	0.14	0.19	0.23	0.28	0.34	0.40	0.47	0.55	0.63	0.72	0.82	0.92	1.03	1.14	1.26
8.5	—	—	—	0.25	0.30	0.36	0.43	0.51	0.59	0.68	0.78	0.88	0.99	1.11	1.22	1.35
9.0	0.122	0.17	0.22	0.27	0.33	0.39	0.47	0.55	0.63	0.73	0.83	0.94	1.06	1.19	1.31	1.45

注:表内所列的数值已考虑到圆木的直径变化率(变化率为 1:100)。

土壤的容许压应力　　附表 3-11

土 壤 种 类	土 壤 湿 度	
	干土壤	水下土壤
	容许应力(10^2kPa)	
淤泥(厚度超过 30cm)	0.3	—
密实的植物土	1.0	—
砂质土壤:		
密实的	2.5	1.5
中等密实的	2.0	1.0
细纱(d 小于 0.5mm):		
密实的	3.0	2.5
中等密实的	2.0	5.5
中等颗粒的细砂(d=0.5~1mm):		
密实的	3.5	3.5
中等密实的	2.5	2.5
粗砂(d=1~2mm)		
密实的	4.5	4.5
中等密实的	3.5	3.5

续上表

土 壤 种 类	土 壤 湿 度	
	干土壤	水下土壤
	容许应力(10^2kPa)	
砾石、卵石： 密实的 中等密实的	 6.0 5.0	 6.0 5.0
轻度风化的岩石 （石灰岩、砂岩、白云石等）	2.0	2.0
龟裂岩石（碎石、砂砾） （由风化的程度决定）	2.5 ~ 10	2.5 ~ 10
没有浸湿的黄土或黄土状砂质黏土	2.5	—
土砂质黏土	3	1.5
黏土	5.0	1.5

注：1. 土壤的种类应根据军用道路教范规定的方法测定。

2. 土壤的密实程度应利用捣土锤测定。

3. d 为沙粒的最大粒径。

热轧普通槽钢诸元 附表 3-12

型号	断面尺寸(mm)			X-X 轴(垂直腹板)				Y-Y 轴(平行腹板)		
	高度	翼缘宽度	腹板厚度	断面面积(cm^2)	理论重量(kg/m)	惯性矩(cm^4)	断面系数(cm^3)	惯性矩(cm^4)	断面系数(cm^3)	长度(m)
5	50	37	4.5	6.93	5.44	26	10.4	8.3	3.55	5 ~ 9
6.3	63	40	4.8	8.444	6.63	50.786	16.123	11.872	4.50	5 ~ 19
8	80	43	5	10.24	8.04	101.3	25.3	16.6	5.79	
10	100	48	5.3	12.74	10	198.3	39.7	25.6	7.8	
12.6	126	53	5.5	15.69	12.37	391.466	62.137	37.99	10.242	
14a	140	58	6	18.51	14.53	563.7	80.5	53.2	13.01	6 ~ 19
14b	140	60	8	21.31	16.73	609.4	87.1	61.1	14.12	
16a	160	63	6.5	21.95	17.23	866.2	108.3	73.3	16.3	
16	160	65	8.5	25.15	19.74	934.5	116.8	83.4	17.55	
18a	180	68	7	25.69	20.17	1272.7	141.4	98.6	20.03	
18	180	70	9	29.29	22.99	1369.9	152.2	111	21.52	
20a	200	73	7	28.83	22.63	1780.4	178	128	24.2	
20b	200	75	9	32.83	25.77	1913.7	191.4	143.6	25.88	
22a	220	77	7	31.84	24.99	2393.9	219.6	157.8	28.17	
22	220	79	9	36.24	28.45	2571.4	233.8	176.4	30.05	
25a	250	78	7	34.91	27.47	3369.619	269.597	175.529	30.607	
25b	250	80	9	39.91	31.39	3530.035	282.402	196.421	32.657	
28a	280	82	7.5	40.02	31.42	4764.587	340.328	217.989	35.718	
28b	280	84	9.5	45.62	35.81	5130.453	366.46	242.144	37.929	
32a	320	88	8	48.7	38.22	7598.064	474.879	304.787	46.473	
32b	320	90	10	55.1	43.25	8144.179	509.012	336.332	49.157	
36a	360	96	9	60.89	47.8	11874.2	659.7	455	63.54	

续上表

型号	断面尺寸(mm)			X-X 轴(垂直腹板)				Y-Y 轴(平行腹板)		
	高度	翼缘宽度	腹板厚度	断面面积(cm^2)	理论重量(kg/m)	惯性矩(cm^4)	断面系数(cm^3)	惯性矩(cm^4)	断面系数(cm^3)	长度(m)
36b	360	98	11	68.09	53.45	12651.8	702.9	496.7	66.85	6 ~ 19
40a	400	100	10.5	75.05	58.91	17577.9	878.9	592	78.83	
40b	400	102	12.5	83.05	65.19	18644.5	932.2	640	82.52	

槽钢组合连接横桁的断面系数

附表 3-13

槽钢型号	h 槽钢高度(cm)	b 槽钢翼缘宽(cm)	d 槽钢腹板厚(cm)	组合形式		
				单根 W(cm^3)	两根相扣焊接 W(cm^3)	单根与钢板焊接(钢板与腹板等厚) W(cm^3)
5	5	3.7	0.45	3.55	25.18	9.04
6.3	6.3	4	0.48	4.50	35.36	12.88
8	8	4.3	0.5	5.79	46.95	17.92
10	10	4.8	0.53	7.80	67.78	26.29
12.6	12.6	5.3	0.55	10.24	95.81	37.68
14a	14	5.8	0.6	13.01	125.13	49.64
16a	16	6.3	0.65	16.30	164.38	66.12
18a	18	6.8	0.7	20.03	211.93	85.92
20a	20	7.3	0.7	24.20	256.07	103.31
22a	22	7.7	0.7	28.17	300.34	120.62
25a	25	7.8	0.7	30.61	339.42	138.06
28a	28	8.2	0.75	35.72	416.77	172.35
32a	32	8.8	0.8	46.47	545.20	225.46
36a	36	9.6	0.9	63.54	745.17	310.48
40a	40	10	1.05	78.83	964.96	411.21

热轧普通工字钢诸元

附表 3-14

型号	尺寸(mm)			断面面积(cm^2)	理论质量(kg/m)	X-X 轴(垂直腹板)		Y-Y 轴(平行腹板)		长度(m)
	高度	翼缘宽度	腹板厚度			惯性矩(cm^4)	断面系数(cm^3)	惯性矩(cm^4)	断面系数(cm^3)	
10	100	68	4.5	14.3	11.2	245	49	33	9.72	5 ~ 19
12.6	126	74	5	18.1	14.2	488.434	77.529	46.907	12.677	
14	140	80	5.5	21.5	16.9	712	102	64.4	16.1	
16	160	88	6	26.1	20.5	1130	141	93.1	21.2	
18	180	94	6.5	30.6	24.1	1660	185	122	26	
20a	200	100	7	35.5	27.9	2370	237	158	31.5	6 ~ 19
20b	200	102	9	38.5	21.1	2500	250	169	33.1	
22a	220	102	7.5	42	33	3400	309	225	40.9	
22b	220	112	9.5	46.4	36.4	3570	325	239	42.7	

续上表

型号	尺寸(mm)			断面面积 (cm^2)	理论质量 (kg/m)	X-X 轴(垂直腹板)		Y-Y 轴(平行腹板)		长度(m)
	高度	翼缘宽度	腹板厚度			惯性矩 (cm^4)	断面系数 (cm^3)	惯性矩 (cm^4)	断面系数 (cm^3)	
25a	250	116	8	48.5	38.1	5023.54	401.883	280.046	48.283	6~19
25b	250	118	10	53.5	42	5283.965	401.883	309.297	52.423	
28a	280	122	8.5	55.45	43.4	7114.14	508.153	345.051	56.565	
28b	280	124	10.5	61.05	47.9	7480.006	534.286	379.496	61.209	
32a	320	130	9.5	67.05	52.7	11075.525	692.202	459.929	70.758	
32b	320	132	11.5	73.45	57.7	11621.378	726.333	501.534	75.989	
36a	360	136	10	76.3	59.9	15760	875	552	81.2	6~19
36b	360	138	12	83.5	65.6	16530	919	582	84.3	
40a	400	142	10.5	86.1	67.6	21720	1090	660	93.2	
40b	400	144	12.5	94.1	73.8	22780	1140	692	69.2	
45a	450	150	11.5	102	80.4	32240	1430	855	114	
45b	450	152	13.5	111	87.4	33760	1430	894	118	
50a	500	158	12	119	93.6	46470	1860	1120	142	
56a	560	166	12.5	135.25	106.2	65585.566	2342.31	1370.163	165.079	
56b	560	168	14.4	146.45	115	68512.499	2446.69	1486.75	174.247	
63a	630	176	13	154.7	121.6	93916.18	2981.47	1700.549	183.244	
63b	630	178	15	167.5	131.5	98083.63	3163.98	1812.069	203.603	

注:常用材料为三号钢。

普通低合金钢热轧轻型槽钢诸元　　附表 3-15

型号	断面尺寸(mm)			断面面积 (cm^2)	理论质量 (kg/m)	X-X 轴(垂直腹板)		Y-Y 轴(平行腹板)	
	高度	翼缘宽度	腹板厚度			惯性矩 (cm^4)	断面系数 (cm^3)	惯性矩 (cm^4)	断面系数 (cm^3)
10Q	100	45	4	9.63	7.56	155	31	17.65	5.66
12Q	120	55	4.2	12.52	9.83	297	49.4	34.26	8.95
14Q	140	60	4.4	14.68	11.52	472	67.4	47.41	11.18
16Q	160	65	4.6	16.97	13.32	710	88.7	63.51	13.66
18Q	180	70	4.8	19.54	15.34	1030	114.4	83.97	16.66
20Q	200	75	5	22.86	17.94	1500	149.9	113.9	21.13
22Q	220	80	5.4	26.64	20.91	2102	191.1	149.85	25.97
25Q	250	85	5.8	31.48	24.71	3176	254.1	198.97	32.2
28Q	280	90	6	35.32	27.73	4434	316.7	247.63	37.41
32Q	320	95	6.2	40.12	31.49	6504	406.5	306.45	43.34

注:常用材料为 16 锰、16 锰铜。

普通低合金钢热轧轻型工字钢诸元　　附表 3-16

型号	断面尺寸(mm)			断面面积 (cm^2)	理论质量 (kg/m)	X-X 轴(垂直腹板)		Y-Y 轴(平行腹板)	
	高度	翼缘宽度	腹板厚度			惯性矩 (cm^4)	断面系数 (cm^3)	惯性矩 (cm^4)	断面系数 (cm^3)
10Q	100	55	4.2	11.4	8.95	189	37.8	16.7	6.08
12Q	120	65	4.4	14.2	11.15	344	57.4	28.3	8.72

续上表

型号	断面尺寸(mm)			断面面积(cm²)	理论质量(kg/m)	X－X 轴(垂直腹板)		Y－Y 轴(平行腹板)	
	高度	翼缘宽度	腹板厚度			惯性矩(cm^4)	断面系数(cm^3)	惯性矩(cm^4)	断面系数(cm^3)
14Q	140	75	4.6	17.2	13.5	573	81.9	44.7	11.92
16Q	160	80	4.8	19.6	15.39	852	106.5	56.0	14.00
18Q	180	85	5.0	22.2	17.43	1209	134.3	69.6	16.37
20Q	200	90	5.2	25.8	20.25	1741	174.1	91.6	20.35
22Q	220	100	5.5	30.4	23.86	2498	227.1	133.0	26.58
25Q	250	110	6.0	36.8	28.89	3896	311.6	192.0	34.89
28Q	280	120	6.5	43.9	34.46	5803	414.5	269.0	44.77
32Q	320	130	7.0	52.7	41.37	9064	566.5	373.0	57.33

注：常用材料为 16 锰、16 锰铜。

国产钢轨诸元 附表 3-17

钢轨类型(kg/m)		高度(mm)	轨底宽度(mm)	轨顶宽度(mm)	轨腰厚度(mm)	自轨底至断面重心的距离(mm)	断面系数 W_x (cm^3)	惯性矩 I_x (cm^4)	轨顶磨损后的诸元					
									磨损 3mm		磨损 6mm		磨损 9mm	
									断面系数(cm^3)	惯性矩(cm^4)	断面系数(cm^3)	惯性矩(cm^4)	断面系数(cm^3)	惯性矩(cm^4)
重轨	50	152	132	70	15.5	7.10	251.3	2037	242	1946	230	1827	264	1702
	48	140	114	70	14.5	6.90	208.3	1489	207	1426	193	1334	182	1245
	38	134	114	68	13.0	6.67	178.9	1204.4	171	1136	161	1050	148	972
轻轨	33	120	110	60	12.5	5.76	131.8	821.9						
	24	107	92	51	10.9	5.305	90.12	486						
	18	90	80	40	10.0	4.29	51.0	240						

注：国产钢轨 30kg、43kg 和 50kg 的标准长度为 12.5m(1、2 级品)和 15m(3 级品)，也生产其他长度的钢轨。

D 型钢丝绳诸元 附表 3-18

GB355-64 6×19			GB359-64 6×37			GB362-64 7×19			GB363-64 7×37			GB358-64 8×19			GB360-64 8×37		
直径(mm)	每延米的质量(kg)	最小破坏拉力(N)	直径(mm)	每延米的质量(kg)	最小破坏拉力(N)	直径(mm)	每延米的质量(kg)	最小破坏拉力(N)	直径(mm)	每延米的质量(kg)	最小破坏拉力(N)	直径(mm)	每延米的质量(kg)	最小破坏拉力(N)	直径(mm)	每延米的质量(kg)	最小破坏拉力(N)
7.7	0.21	28500	6.7	0.16	20600	7.5	0.23	33200	6.51	0.17	24000	11.5	0.42	54700	10.5	0.37	45700
9.3	0.31	41000	7.4	0.19	24700	8.25	0.28	40200	7.14	0.21	28900	12.5	0.49	64200	13.0	0.57	71400
11.0	0.42	55900	8.0	0.23	29300	9.0	0.33	47900	7.77	0.25	34200	13.5	0.57	74500	16.0	0.83	102500
12.5	0.53	73000	8.7	0.26	34200	9.75	0.39	56200	8.40	0.29	40000	15.0	0.75	97300	18.5	1.13	140000
14.0	0.69	92400	11.0	0.41	53500	10.5	0.45	65200	10.5	0.45	62500	17.0	0.95	123000	21.0	1.47	182500
15.5	0.85	114000	13.0	0.59	77100	12.0	0.59	85100	13.0	0.64	90000	19.0	1.17	152000	23.5	1.86	231000
17.0	1.03	138000	15.5	0.80	105000	13.5	0.75	107500	15.0	0.88	122500	20.5	1.42	184000	26.5	2.31	285500
18.5	1.22	164000	17.5	1.05	137000	15.0	0.93	133000	17.0	1.14	160000	22.5	1.68	219000	29.0	2.79	345500
20.0	1.43	192500	19.5	1.33	173500	16.5	1.12	161000	19.0	1.44	202500	24.5	1.98	257000	31.5	3.32	411500

续上表

GB355-64 6×19			GB359-64 6×37			GB362-64 7×19			GB363-64 7×37			GB358-64 8×19			GB360-64 8×37		
直径(mm)	每延米的质量(kg)	最小破坏拉力(N)	直径(mm)	每延米的质量(kg)	最小破坏拉力(N)	直径(mm)	每延米的质量(kg)	最小破坏拉力(N)	直径(mm)	每延米的质量(kg)	最小破坏拉力(N)	直径(mm)	每延米的质量(kg)	最小破坏拉力(N)	直径(mm)	每延米的质量(kg)	最小破坏拉力(N)
22.0	1.66	223500	22.0	1.65	214000	18.0	1.33	191500	21.0	1.97	250000	26.0	2.29	298000	34.0	3.90	483000
23.5	1.90	256500	24.0	1.99	259000	19.5	1.56	224500	23.5	2.17	302500	28.0	2.62	342000	36.5	4.52	560000
25.0	2.17	292000	26.0	2.38	308500	21.0	1.81	260500	25.5	2.58	360000	30.0	2.99	389000	39.5	5.16	643000
26.5	2.45	329500	28.5	2.77	362000	22.5	2.07	299000	27.5	3.03	422500	32.0	3.38	439500	42.0	5.89	731500
28.0	2.74	369500	30.5	3.22	420000	24.0	2.37	340500	29.5	3.51	490000	33.5	3.78	492500			
31.0	3.39	456000	32.5	3.68	482000	25.5	2.68	384500	31.5	4.01	562500	37.5	4.68	608500			
34.0	4.11	552000	35.0	4.21	548500	27.0	2.99	431000	34.0	4.58	640000	41.0	5.66	736000			
37.0	4.88	657000	37.0	4.75	619000	30.0	3.70	532000	36.0	5.17	722500						
40.5	5.74	771000	39.0	5.31	694000	33.0	4.48	644000	38.0	5.79	810000						
43.5	6.64	894500	43.5	6.57	857000	36.0	5.33	766500	42.0	7.15	1000000						
46.5	7.64	1025000	47.5	7.94	1035000	39.0	6.26	899500	46.5	8.69	1210000						
			52.0	9.45	1230000	42.0	7.25	1040000	50.5	10.29	1440000						
			56.5	11.10	1445000	45.0	8.33	1195000	55.0	12.09	1690000						
			60.5	12.85	1680000	48.0	9.47	1360000	59.0	14.00	1960000						
			65.0	14.77	1925000				63.0	16.04	225000						

注：钢丝公称抗拉强度为150kg/mm²。

螺杆诸元 附表3-19

螺杆草图	直径(mm)		断面面积(螺纹底)(mm²)	容许拉力(kN)	容许剪力(kN)	方型垫板尺寸(cm×cm×cm)
	外径	螺纹底				
	10	8.376	52.3	8.0	6.0	4×4×0.35
	12	10.106	76.3	11.7	8.8	4.5×4.5×0.4
	14	11.835	104.7	16.1	12.1	5.5×5.5×0.5
	16	13.835	144.1	22.1	16.6	6.5×6.5×0.6
	18	15.294	174.4	26.8	20.1	7×7×0.6
	20	17.294	225.2	34.6	25.9	8×8×0.7
	22	19.294	281.5	43.2	32.4	9×9×0.8
	24	20.752	324.3	49.8	37.4	9.5×9.5×0.9
	27	23.752	427.1	65.6	49.2	11×11×0.9
	30	26.211	518.9	79.7	59.8	12×12×1.1
	33	29.211	633.0	97.2	72.9	13.5×13.5×1.2
	36	31.670	759.5	116.7	87.5	14.5×14.5×1.3
	39	34.670	912.9	140.2	105.2	16×16×1.5
	42	37.129	1045.2	160.5	120.4	17×17×1.5
	45	40.129	1224.0	188.0	141.0	18.5×18.5×1.7

倒刺钉的尺寸和质量 附表 3-20

直径(mm)	长度(mm)					
	150	200	250	300	350	400
	质量(kg)					
12	0.151	0.196	0.240	0.286	0.330	0.375
14	0.210	0.270	0.330	0.390	0.450	0.510
16	0.279	0.359	0.439	0.519	0.599	0.679
18	0.360	0.460	0.560	0.660	0.760	0.860
19	0.400	0.510	0.622	0.733	0.845	0.956

两爪钉的尺寸和质量 附表 3-21

直径(mm)	钉爪长度(mm)	长度(mm)						
		200	250	300	350	400	450	500
		质量(kg)						
12	80	0.310	0.355	0.400	0.445	—	—	—
14	100	0.467	0.527	0.587	0.647	0.707	—	—
16	100	0.606	0.686	0.766	0.846	0.926	1.006	1.086
18	120	—	0.943	1.043	1.143	1.343	1.243	1.443

麻 绳 的 诸 元 附表 3-22

直径(cm)	周长(cm)	未涂焦油的麻绳		涂焦油的麻绳	
		100 延长米的质量(kg)	拉断力(N)	100 延长米的质量(kg)	拉断力(N)
1.11	3.5	8.75	6100	10.3	5750
1.27	4.0	11.7	7750	13.8	7350
1.43	4.5	14.6	9450	17.2	8950
1.59	5.0	17.4	11200	20.5	10650
1.91	6.0	24.8	15700	29.3	14900
2.07	6.5	29.3	17550	34.6	16650
2.39	7.5	39.5	23930	46.6	22260
2.87	9.0	57.2	34330	67.5	32230
3.18	10.0	70.0	40130	82.6	37670
3.66	11.5	92.0	51150	108.6	48510
3.98	12.5	110.0	58250	130.0	55250
4.78	15.0	156.0	83900	184.1	79600
5.57	17.5	216.0	107400	255.0	101850
6.37	20.0	280.0	138050	330.4	130900
7.96	23.0	440.0	201800	519.2	191400

国产镀锌铁丝诸元 附表 3-23

号　次	直径(mm)	断面面积(mm^2)	1000m 长的质量(kg)	最小拉断力(N)
4	6.0	28.27	220.5	9895
5	5.5	23.76	185.3	8316
6	5.0	19.64	153.2	6874
7	4.5	15.90	124.0	5565
8	4.0	12.57	98.05	4400
9	3.5	9.62	75.04	3367
10	3.2	8.02	62.73	2815
11	2.9	6.61	51.52	2312
12	2.6	5.31	41.41	1858
13	2.3	4.16	32.41	1458
14	2.0	3.12	24.51	1100
15	1.8	2.55	19.85	891
16	1.6	2.01	15.69	704

聚乙烯塑料绳诸元 附表 3-24

直径(mm)	破坏拉力(N)	标距长(cm)	标距断长(cm)	总伸长(cm)	延伸率(%)
12	9120	10	20.3	10.3	130
14	13100	10	23	13	130
16	16300	10	23	13	130
20	25300	10	23	13	130
24	33700	6	14	8	133
32	58300	10			
36	63400				130
40	68800				130

注：适用温度在 -20 ~ 50℃。

常用钢材焊条选用表 附表 3-25

钢　　号	焊条的选用	施 焊 条 件
A_3	结 421 结 422	一般不预热
A_4	结 423 结 424 结 425	一般不预热，厚板结构预热 100℃以上
A_5 08、10、15、20、25	结 426 结 427 结 422 结 423 结 424 结 425	厚板结构预热 100℃以上 一般不预热
30、35、40、45	结 426 结 427	厚板结构预热 150℃以上
16 锰	结 502 结 503 结 506 结 507	一般不预热
15 锰钒 901、902	结 506 结 507 结 553 结 556 结 557	一般不预热或预热 100 ~ 150℃
40 铬	结 857 结 857 铬	预热 250℃以上(钢板厚 10 ~ 25mm)

注：1. 焊接电源：结 427、结 507、结 607、结 557、结 857，用直流电源，其他均用交流电。

2. 焊条直径：焊体厚度 2mm 焊条直径 2mm；焊体厚度 3 ~ 4mm 焊条直径 3.2mm；焊体厚度 5 ~ 12mm 焊条直径 4 ~ 5mm；焊体厚度 13mm 以上焊条直径 4 ~ 6mm。

附录四 风区、航道资料

一、风力

风力等级见附表4-1。

风力等级表 附表4-1

风级	名称	参考浪高(m)	风力		风速		海面征状	陆地征状
			(kg/m^2)	(N/m^2)	(nmile/h)	(m/s)		
0	无风	—	0~0.003	0~0.03	1以下	0~0.2	海面如镜	静,炊烟直上
1	软风	0.1(0.1)	0.06~0.141	0.6~1.41	1~3	0.3~1.5	鱼鳞状涟漪,没有浪花	烟能表示风向,但是风向标不动
2	轻风	0.2(0.3)	0.160~0.681	1.60~6.81	4~6	1.6~3.3	小波、尚短,但波形显著,波峰呈玻璃色,未破碎	人面感觉有风、树叶微响、风向标转动
3	微风	0.6(1.0)	0.723~1.823	7.23~18.23	7~10	3.4~5.4	较大的小波,波峰开始破碎,出现玻璃色浪花,间有稀疏白浪	树叶与树枝摇动不息,旗帜展开
4	和风	1.0(1.5)	1.891~3.901	18.91~39.01	11~16	5.5~7.9	小浪,波长变长,白浪成群出现	能吹起地面灰尘与纸张,小树枝摇晃
5	清劲风	2.0(2.5)	4.000~7.156	40.00~71.56	17~21	8.0~10.7	中浪,具有较显著的长波形状,许多白浪形成(间有飞沫)	有叶的树枝摇晃,内河的水面有小波
6	强风	3.0(4.0)	7.290~11.903	72.90~119.03	22~27	10.8~13.8	大浪开始形成,带有白色浪花的波峰遍地都是(可能有飞沫)	大树枝摇晃,电线呼呼有声,撑伞困难
7	疾风	4.0(5.5)	12.076~18.276	120.76~182.76	28~33	13.9~17.1	大浪,破碎的白色浪花开始沿风向被吹成带状	全树晃动,迎风步行感觉不便
8	大风	5.5(4.5)	18.190~26.780	181.90~267.80	34~40	17.2~20.7	较长的中长浪,波峰边缘开始破碎成为浪花,沿风向形成很显著的带状	小枝折断,迎风步行感觉风力很大
9	烈风	7.0(8.0)	27.04~37.21	270.4~372.1	41~47	20.8~24.5	狂浪,沿风向出现密集的白色浪花带,波峰开始摇动,翻滚,飞沫影响能见度	烟囱顶部及屋瓦被吹掉,小屋有损坏

续上表

风级	名称	参考浪高(m)	风力		风速		海面征状	陆地征状
			(kg/m^2)	(N/m^2)	(nmile/h)	(m/s)		
10	狂风	9.0(12.5)	37.52～50.41	375.2～504.1	48～55	24.5～28.4	狂涛,波峰长而翻转,白色浪花大片地被风削去,沿风向形成条条密集的白带,整个海面呈白色,海面翻转动荡更加猛烈,影响能见度	陆地上少见,可将小树连根拔起或建筑物吹毁
11	暴风	11.5(16.0)	50.77～66.42	507.7～664.2	56～63	28.5～32.6	异常狂涛,沿风向伸展的大片白浪花完全覆盖海面,视线所及浪峰边缘被吹到空中,影响能见度	陆地上很少,有时将树连根拔起或建筑物吹毁
12	飓风	14.0	>66.42	>664.2	64 以上	32.6 以上	空中充满了白色的浪花和飞沫,被风驱赶的飞沫使海面完全呈白色,严重影响能见度	陆地上极少,其摧毁力极大

二、航区

(一)以波浪划分航区

河流的波浪情况划分,见附表4-2。

河流的波浪情况划分　　附表4-2

航区	波高×波长(m×m)	航区	波高×波长(m×m)	航区	波高×波长(m×m)
A	2.0×20.0	B	1.20×12.0	C	0.5×5.0

考虑上下限,进一步划分,见附表4-3。

河流的波浪情况细化划分　　附表4-3

航区	波高(m)	航区	波高(m)	航区	波高(m)
A	1.2 以上～2.00	B	0.5 以上～1.20	C	0.5 以下

(二)两个风区

以17.19m/s等速线外为8级风区,以17.19m/s等速线内为7级风区。

(三)各级航区

(1)八级风地区(附表4-4)

八级风地区　　附表4-4

航区	水面宽	水深	航区	水面宽	水深	航区	水面宽	水深
A	4.3～11.5km	7.0m 以上	B	220m～4.3km	3.0m 以上	C	220m 以下	3.0m 以下

（2）七级风地区（附表4-5）

七级风地区 附表4-5

航区	水面宽	水深	航区	水面宽	水深	航区	水面宽	水深
A	5.9～20.5km	7.0m以上	B	570m～5.9km	3.0m以上	C	570m以下	3.0m以下

（四）全国河流航区划分

1. A级航区

长江：自江阴至吴淞口，为实用起见，可以江阴为分界线，即自江阴至吴淞口（包括经崇宝沙至堡镇）及长江北口五条港。

2. B级航区

长江：自江阴至重庆；
赣江：自南昌至吴城入湖；
湘水：自衡阳至洞庭湖；
黄河：自喇嘛湾至河口；
红水河：自迁江至石龙；
柳江：自柳州至石龙；
黔江：自石龙至桂平；
浔江：自桂平至梧州；
西江：自梧州至磨刀口；梧州以下经三水至各门主要路线（其中包括珠江及狮子洋等）；
黄浦江：自分水龙王庙经闵行至吴淞口；
淮河：自新城口至许嘴子；
灌河：自响水口至灌河口；
渭河：自渭南至潼关；
辽河：自三岔河至辽河口；
鸭绿江：自榆树林子至江口；
乌苏里江：兴凯湖；
黑龙江：自爱珲以下至国境；
海拉尔河：自牙克石至扎赉诺尔；
太湖、邵伯湖、高邮湖、殿山湖、微山湖、洞庭湖、鄱阳湖、洪泽湖、加里湖、石臼湖、洮湖、巢湖。

3. C级航区

其他A、B两级没有提到的小河流均属C级。

（五）其他

（1）由于大部分水库尚未建成，缺乏推算波浪资料，因此暂缺水库标准，待今后资料收到后陆续公布。

（2）对于水流湍急或经过显著滩防因而影响船舶强度者（以及东北地区在冬季用抬举法修船影响船舶强度者）另在有关建造规范中考虑之。

（3）自莲花山水道以外，出虎门后南至垃圾尾岛，东至香港，西至澳门的珠江口区域系属我国内河范围，但在外伶仃岛附近推测被高达3.9m以上与长江南口的情况类同，要作为出海标准对待，应在有关规范中另行考虑之。

注意：水面宽及深不以洪水或枯水为准，而以自然河道的常水或一般面宽与水深为准。

三、水上过河建筑物通航净空尺度

水上过河建筑物通航净空尺度见附表4-6。

水上过河建筑物通航净空尺度 附表4-6

<table>
<tr><th rowspan="2">航道等级</th><th rowspan="2">驳船吨级(10kN)</th><th rowspan="2">船型尺度(总长×型宽×设计吃水)(m×m×m)</th><th rowspan="2">船队尺度(长×宽×吃水)(m×m×m)</th><th colspan="4">天然及渠化河流(m)</th><th colspan="4">限制性航道(m)</th></tr>
<tr><th>净高 H_M</th><th>净宽 B_M</th><th>上底宽 b</th><th>侧高 h</th><th>净高 H_M</th><th>净宽 B_M</th><th>上底宽 b</th><th>侧高 h</th></tr>
<tr><td rowspan="4">Ⅰ</td><td rowspan="4">3000</td><td rowspan="4">75.0×16.2×3.5</td><td>350×64.8×3.5</td><td>24</td><td>160</td><td>120</td><td>7.0</td><td rowspan="4">18</td><td rowspan="4">130</td><td rowspan="4">100</td><td rowspan="4">7.0</td></tr>
<tr><td>271×48.6×3.5</td><td>18</td><td>125</td><td>95</td><td>7.0</td></tr>
<tr><td>267×32.4×3.5</td><td>18</td><td>95</td><td>70</td><td>7.0</td></tr>
<tr><td>192×32.4×3.5</td><td>18</td><td>85</td><td>65</td><td>8.0</td></tr>
<tr><td rowspan="3">Ⅱ</td><td rowspan="3">2000</td><td rowspan="2">67.5×10.8×3.4</td><td>316×32.4×3.4</td><td>18</td><td>105</td><td>80</td><td>6.0</td><td rowspan="3">10</td><td rowspan="3">65</td><td rowspan="3">50</td><td rowspan="3">6.0</td></tr>
<tr><td>245×32.4×3.4</td><td>18</td><td>90</td><td>70</td><td>8.0</td></tr>
<tr><td>75.0×14.0×2.6</td><td>180×14×2.6</td><td>10</td><td>50</td><td>40</td><td>6.0</td></tr>
<tr><td rowspan="4">Ⅲ</td><td rowspan="4">1000</td><td rowspan="4">67.5×10.8×2.0</td><td>243×32.4×2.0</td><td rowspan="4">10</td><td>70</td><td>55</td><td>6.0</td><td></td><td></td><td></td><td></td></tr>
<tr><td>238×21.6×2.0</td><td>70</td><td>55</td><td>6.0</td><td></td><td></td><td></td><td></td></tr>
<tr><td>167×21.8×2.0</td><td>60</td><td>45</td><td>6.0</td><td></td><td></td><td></td><td></td></tr>
<tr><td>160×10.8×2.0</td><td>40</td><td>30</td><td>6.0</td><td>10</td><td>50</td><td>40</td><td>6.0</td></tr>
<tr><td rowspan="3">Ⅳ</td><td rowspan="3">500</td><td rowspan="3">45×10.8×1.6</td><td>160×21.6×1.6</td><td rowspan="3">8</td><td>60</td><td>50</td><td>4.0</td><td></td><td></td><td></td><td></td></tr>
<tr><td>112×21.6×1.6</td><td>50</td><td>41</td><td>4.0</td><td>8</td><td>80</td><td>66</td><td>3.5</td></tr>
<tr><td>109×10.8×1.6</td><td>35</td><td>29</td><td>5.0</td><td>8</td><td>45</td><td>37</td><td>4.0</td></tr>
<tr><td rowspan="3">Ⅴ</td><td rowspan="3">300</td><td rowspan="3">35×9.2×1.3</td><td>125×18.4×1.3</td><td>8</td><td>46</td><td>38</td><td>4.0</td><td></td><td></td><td></td><td></td></tr>
<tr><td>89×18.4×1.3</td><td>8</td><td>38</td><td>31</td><td>4.5</td><td>8</td><td>75</td><td>62</td><td>3.5</td></tr>
<tr><td>87×9.2×1.3</td><td>8.5</td><td>28~30</td><td>25</td><td>5.5~3.5</td><td>8.5</td><td>38</td><td>32</td><td>5.0~3.5</td></tr>
<tr><td rowspan="4">Ⅵ</td><td rowspan="4">100</td><td>35×9.2×1.8</td><td>361×5.5×2.0</td><td></td><td></td><td></td><td></td><td></td><td></td><td></td><td></td></tr>
<tr><td>32×7.0×1.0</td><td>154×16.4×1.0</td><td>4.5</td><td>22</td><td>17</td><td>3.4</td><td></td><td></td><td></td><td></td></tr>
<tr><td>32×6.2×1.0</td><td>65×6.5×1.0</td><td>6</td><td>18</td><td>14</td><td>4.0</td><td>6</td><td>25~30</td><td>19</td><td>3.6</td></tr>
<tr><td>30×6.4(4.5)×1.0</td><td>74×6.4(4.5)×1.0</td><td>6</td><td>18</td><td>14</td><td>4.0</td><td>6</td><td>28~30</td><td>21</td><td>3.4</td></tr>
<tr><td rowspan="3">Ⅶ</td><td rowspan="3">50</td><td>21×4.5×1.75</td><td>273×4.8×1.75</td><td></td><td></td><td></td><td></td><td>3.5</td><td>18</td><td>14</td><td>2.8</td></tr>
<tr><td>23×5.4×0.8</td><td>200×5.4×0.8</td><td>3.5</td><td>14</td><td>11</td><td>2.8</td><td>3.5</td><td>18</td><td>14</td><td>2.8</td></tr>
<tr><td>30×6.2×0.7</td><td>60×6.5×0.7</td><td>4.5</td><td>18</td><td>14</td><td>2.8</td><td>4.5</td><td>25-30</td><td>19</td><td>2.8</td></tr>
</table>

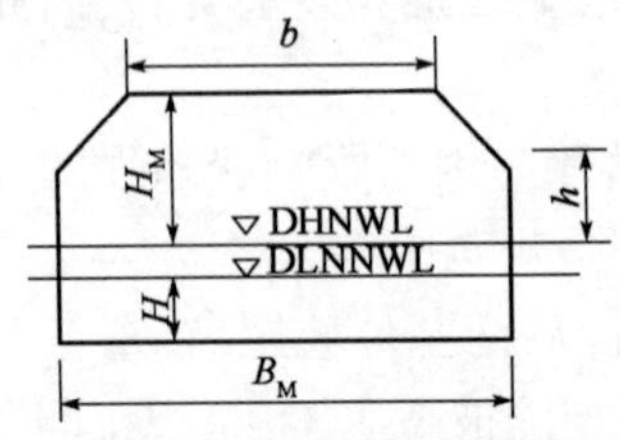

注:1. 在平原河网地区建桥遇到特殊困难时,可按具体条件研究确定。
2. 桥墩(或桥柱)侧如有显著的紊流,则通航孔桥墩(或墩柱)间的净宽值应为本表的通航净宽加两侧紊流区的宽度。
3. 当不得已将水上过河建筑物建在航行条件较差或弯曲的河段上,其净宽应在表列数值基础上,根据船舶航行安全的需要适当放宽。

附录五 动力舟桥(GB/T 33197—2016)

(湖北华舟重工应急装备股份有限公司制定)

前言

本标准按照《标准化工作导则 第1部分:标准的结构和编写》(GB/T 1.1—2009)的规则起草。

本标准由中国船舶重工集团公司提出。

本标准由全国海洋船标准化技术委员会归口。

本标准由湖北华舟重工应急装备股份有限公司起草。

本标准主要起草人:余文明、卢康、潘海峰、刘刚、田春明、解应梅、黄新磊。

1. 范围

本标准规定了动力舟桥的要求、试验方法、检验规则、标志、运输及储存等。

本标准适用于采用舷外机推进的动力舟桥的设计、制造、验收。

2. 规范性引用文件

下列文件对于本文件的应用是必不可少的。凡是注日期的引用文件,仅所注日期的版本适用于本文件。凡是不注日期的引用文件,其最新版本(包括所有的修改单)适用于本文件。

《标准轨距铁路机车车辆限界》(GB 146.1)

《公路工程技术标准》(JTG B01)

3. 术语和定义

下列术语和定义适用于本文件。

3.1 舟桥 (pontoon bridge)

由舟构筑的漕渡门桥或浮桥。

3.2 动力舟桥 (pontoon bridge with power)

自带水上推进动力的舟桥。

3.3 半桥节舟 (half bridge bay)

由方舟和尖舟横向连接组成的浮桥最小节段单元。

3.4 桥节舟 (bridge bay)

由两个半桥节舟横向连接组成的浮体单元,分为河中桥节舟和岸边桥节舟。

3.5 漕渡门桥 (ferries)

由桥节舟结合而成,用于渡送车辆、设备和人员的浮式结构物。

4. 要求

4.1 结构与设计

4.1.1 结构组成

由动力舟桥构筑的漕渡门桥和浮桥结构示意图见附图 5-1、附图 5-2 。

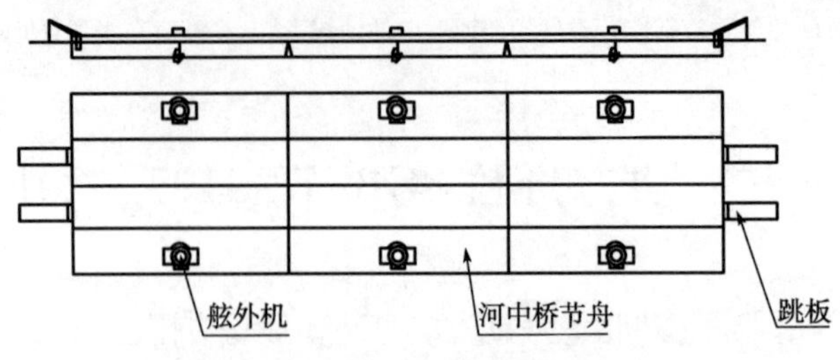

附图 5-1 漕渡门桥示意图

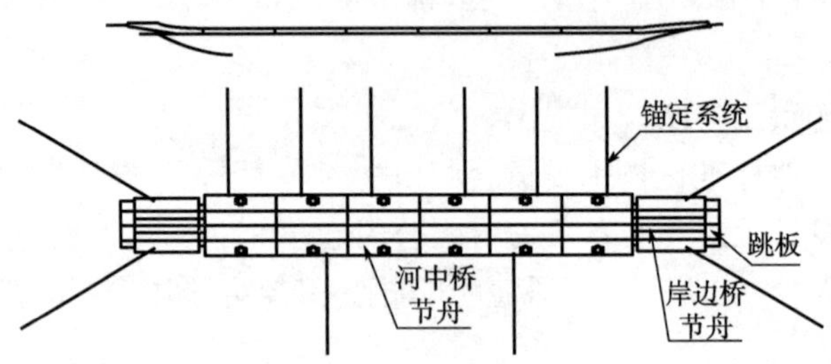

附图 5-2 浮桥示意图

4.1.2 漕渡门桥

4.1.2.1 漕渡门桥在设计满载状态应能利用自带舷外机推进动力完成车辆、设备和人员的渡送。

4.1.2.2 漕渡门桥应能利用自带跳板满足车辆、设备、人员上下。

4.1.3 浮桥

4.1.3.1 浮桥承载能力应不低于《公路工程技术标准》(JTG B01)公路—Ⅱ级,重载车车距应不小于 30 m,通载重载车车次应不少于 10000 次。

4.1.3.2 浮桥适应流速应不小于 2.5m/s。

4.1.3.3 浮桥适应河岸高度应不小于 1.5m。

4.1.3.4 架设 100m 长浮桥时,从全部河中桥节舟、岸边桥节舟泛水展开,至可通行状态所需作业时间应不大于 30min;超出 100m 部分,每增加 100m,架设时间增加不超过 20min。

4.1.4 河中桥节舟

4.1.4.1 单个河中桥节舟设计可提供有效载重浮力,有效载重浮力应不小于 200kN;满载干舷不小于 0.1m。

4.1.4.2 河中桥节舟折叠运输时,铁路运输外廓尺寸应符合《标准轨距铁路机车车辆限界》(GB 146.1)的规定;公路运输总宽应不超过 4m,总高应不超过 4.5m。

4.1.4.3 折叠状态的河中桥节舟在卸载泛水后应能自动展开呈水上架设状态。

4.1.4.4 河中尖舟上应设有舷外机安装架,用于安装舷外机。

4.1.5 岸边桥节舟

4.1.5.1 单个岸边桥节舟设计可提供有效载重浮力,有效载重浮力应不小于 50kN。

4.1.5.2　岸边桥节舟应能坐滩承受浮桥设计通行荷载。

4.1.5.3　岸边桥节舟箱体应能横向折叠,折叠状态铁路运输时外廓尺寸应符合《标准轨距铁路机车车辆限界》(GB 146.1)的规定。

4.1.5.4　折叠状态的岸边桥节舟在卸载泛水后应能自动展开呈水上架设状态。

4.1.5.5　岸边桥节舟上应安装提升装置,与河中桥节舟结合后用于提升岸边桥节舟以适应岸坡。

4.1.6　材料

4.1.6.1　动力舟桥结构件材料应为焊接性能良好的优质碳素结构钢、低合金结构钢,屈服强度 σ_s 不小于 235MPa 。

4.1.6.2　主要连接接头材料应为合金结构钢,屈服强度 σ_s 不低于 750MPa 。

4.2　航速

河中桥节舟、漕渡门桥空载航速应不小于 3m/s。

4.3　岸边桥节舟提升性

岸边桥节舟与河中桥节舟连接后,利用安装在岸边桥节舟上的提升装置应能将岸边桥节舟提升,提升到达极限位置时,岸边桥节舟岸端底面距水面应不小于 1.5m。

4.4　强度

舟体纵向骨架和接头在试验荷载(1.2 倍设计荷载)作用下应无永久变形。

4.5　密性

所有力舟、尖舟在使用状态下应保持水密。舟体气密试验内气压达 0.02MPa 时,焊缝及橡胶密封圈等部位不得漏气,持续 20min 后舟体内气压不得低于 0.015MPa。

4.6　互换性

4.6.1　所有河中桥节舟之间、河中桥节舟与岸边桥节舟之间应能纵向互换连接。

4.6.2　所有河中半桥节舟之间应能纵向、横向互换连接。

4.7　锚机操作性

4.7.1　锚机在低速挡应满足浮桥锚定要求;在高速挡应满足投起锚要求。

4.7.2　锚机应制动可靠,换挡灵活,具有紧急脱索功能。

4.8　舷外机操作性

4.8.1　舷外机应能在河中桥节舟上安装和拆卸。

4.8.2　舷外机应能进行 360°回转操作。

5. 试验方法

5.1　航速

河中桥节舟、漕渡门桥航速测定按以下方法进行:

a)试验场地水深不小于 3m,风力不大于蒲氏三级,流速不大于 1m/s,能见度良好;试验水域直线段不小于 1000m,周围没有其他船舶或障碍物;

b)舷外机以最大转速推进河中桥节舟、漕渡门桥通过测速段,进行正反航向三个连续单航次的试验;

c)采用测速仪测量航速,平均航速按公式(1)计算:

$$v = (v_1 + 2v_2 + v_3)/4 \tag{1}$$

式中： v——平均航速的数值（m/s）；

v_1、v_2、v_3——各航次航速的数值（m/s）。

结果应符合 4.2 的规定。

5.2 岸边桥节舟提升性

岸边桥节舟提升试验按以下方法进行：

a）将一个岸边桥节舟同两个河中桥节舟按附图 5-3 结合组成门桥；

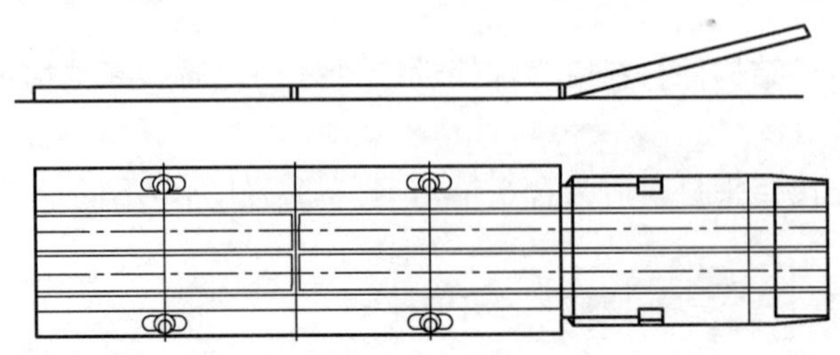

附图 5-3 提升试验简图

b）操纵提升装置提升岸边桥节舟至极限高度，测量并记录附图 5-3 端部底板距水面的高度；

c）操纵提升装置放下岸边桥节舟，重复两次，高度取平均值。

结果应符合 4.3 节的规定。

5.3 强度

强度试验按以下方法进行：

a）选取四个河中方舟作为试验舟，标识舟体纵向骨架和接头的初始状态；

b）按附图 5-4 连接和架设试验舟；

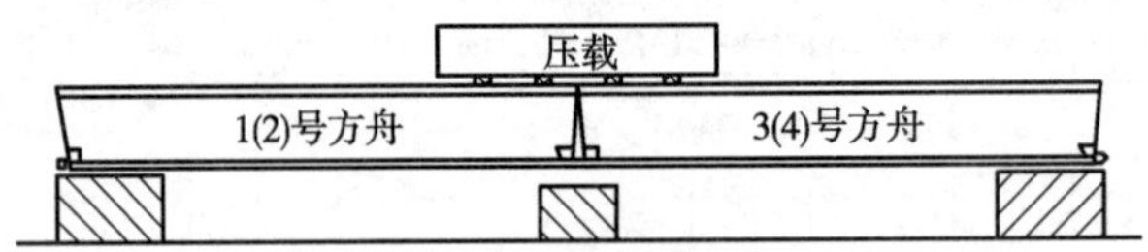

附图 5-4 试验装置简图

c）按试验荷载（1.2 倍设计荷载）的 30%、60%、100% 分三级加载，每级加载间隔时间 10min；

d）加载完毕后保持 15min 以上；

e）卸载完毕 15min 后，测量舟体舷缘角钢和下部纵向接头的变形情况。

结果应符合 4.4 节的规定。

5.4 密性

采用气密试验进行检测。试验前，舟体应不涂油漆并保持清洁干燥；气密试验时，将肥皂水涂在焊缝和各种塞、盖接缝处，将冒气泡部位作标示，进行焊补和修整。试验时，加压应当缓慢，不许超过规定的气压。试验结果应符合 4.5 节的规定。

5.5 互换性

互换性试验按以下方法进行：

a）选取四个河中半桥节舟，将其编号为 1 号、2 号、3 号、4 号，按附图 5-5 进行水上纵向连接和互换。

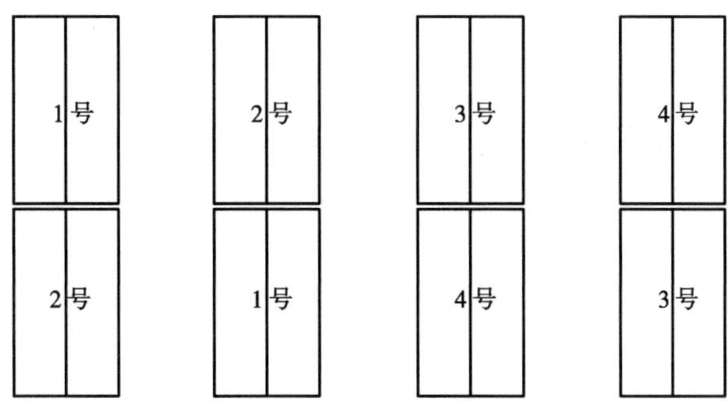

附图 5-5　河中半桥节舟连接互换情况

b)选取四个河中桥节舟,将其编号为 1 号、2 号、3 号、4 号,连接成两个一组的门桥,按附图 5-6 进行门桥内部的四种水上互换连接。后按附图 5-7 进行门桥分组,并分别重复进行上述的四种不同方式的水上连接试验。

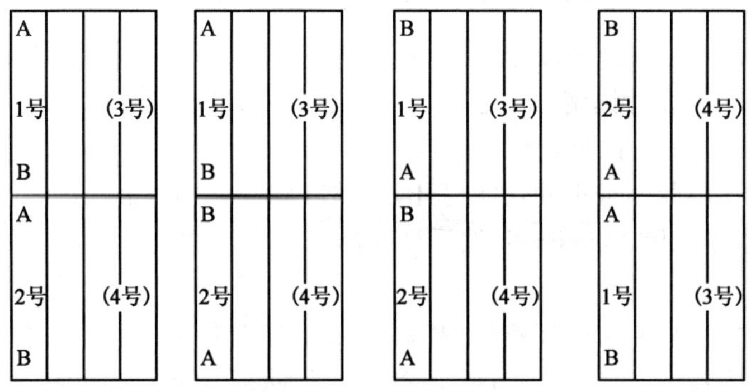

附图 5-6　每个门桥内部的四种连接情况

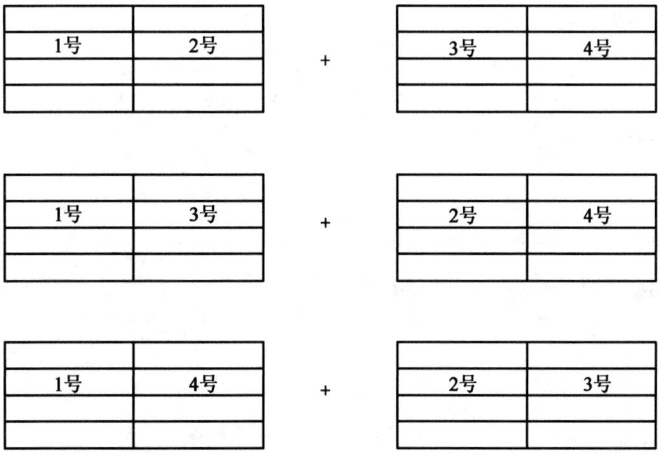

1号　2号　+　3号　4号

1号　3号　+　2号　4号

1号　4号　+　2号　3号

附图 5-7　门桥分组方法

c)选取两个河中桥节舟,一个岸边桥节舟。岸边桥节舟分别与两个河中桥节舟共进行四个连接面的水上连接。

结果应符合 4.6 节的规定。

5.6 锚机操作性

锚机的试验按以下方法进行：

a)锚机经清洁和润滑后按附图 5-8 安装在试验设备上。

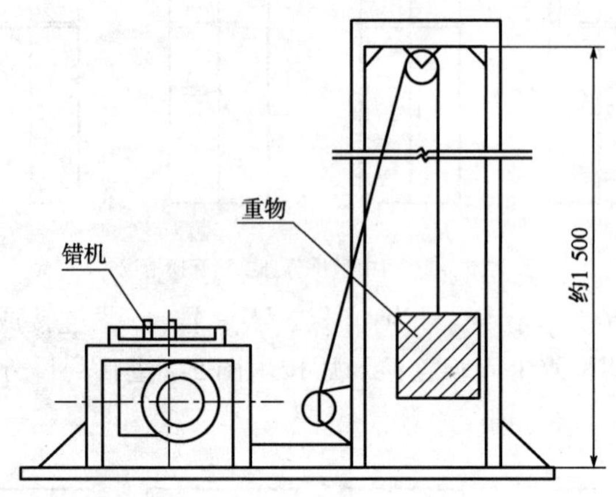

附图 5-8 锚机试验简图(尺寸单位:mm)

b)用低速传动挡将设计锚定力相应的重物提升 2m,然后平稳放下,重复进行三次。在重物离地 0.3m 处,悬停 5min,以检查锚机的自锁力。

c)用高速传动挡将相当锚重的物体提升 2m,然后平稳放下,重复进行两次。每次提升过程中制动一次,使重物悬停 1min 时间,然后继续提升。

d)来回换挡 10 次。

e)在锚机上固定一根专用的短钢索,用高速传动挡提升相当锚重的物体,物体应事先垫高 0.5m,升起后将垫物移去,随即使用紧急脱索装置,使钢索脱离锚机。

结果应符合 4.7 节的规定。

5.7 舷外机操作性

舷外机安装和操纵试验按以下方法进行：

a)桥节舟展开状态下,可方便地进行舷外机安装和拆卸；

b)将舷外机翻转固定成水上推进状态,进行 360°回转,无卡滞。

结果应符合 4.8 节的规定。

6. 检验规则

6.1 检验分类

动力舟桥的检验分型式检验和出厂检验。

6.2 型式检验

6.2.1 检验时机

有下列情况之一时应进行型式检验：

a)产品鉴定或定型；

b)连续生产满八年；

c)停产五年后再生产；

d)出厂检验结果较型式检验结果差距较大,影响安全；

e)结构、材料、工艺的改变足以影响性能。

6.2.2 检验项目

型式检验的项目见附表5-1。

型式检验和出厂检验的项目 附表5-1

检验项目	型式检验	出厂检验	要求的章条号	试验方法的章条号
航速	●	●	4.2	5.1
岸边桥节舟提升性	●	●	4.3	5.2
强度	●	—	4.4	5.3
密性	●	●	4.5	5.4
互换性	●	●	4.6	5.5
锚机操作性	●	—	4.7	5.6
舷外机操作性	●	—	4.8	5.7

注:"●"为必检项目;"—"为不检项目。

6.2.3 检验样品数量

动力舟桥型式检验的样品数量为:四个河中桥节舟、一个岸边桥节舟。

6.2.4 判定规则

动力舟桥样品全部检验项目符合要求,判为型式检验合格;若强度不符合要求,判型式检验不合格;其他检验项目若不符合要求,应进行整改后复验;若复验符合要求,仍判型式检验合格;若复验仍有不符合要求的项目,则判型式检验不合格。

6.3 出厂检验

6.3.1 检验项目

出厂检验项目见附表5-1。

6.3.2 检验数量

动力舟桥应逐套进行出厂检验。

6.3.3 判定规则

动力舟桥全部出厂检验项目符合要求,判为出厂检验合格;若互换性试验不符合要求,判出厂检验不合格;其他检验项目若不符合要求,应进行整改后复验;若复验符合要求,仍判出厂检验合格;若复验仍有不符合要求的项目,则判出厂检验不合格。

7. 标志

在每个桥节舟的醒目部位设置产品标牌,其上文字、数字应清晰、耐久,内容包括:

a)产品名称和标准号;

b)制造厂名;

c)产品代号;

d)整备质量;

e)外廓尺寸;

f)制造编号;

g)制造年月。

8. 运输及储存

8.1 运输

动力舟桥可由专用舟车(含水上装、卸载功能)或通用车辆进行公路运输,也可采用铁路、水路等方式运输。运输时桥节舟呈折叠状态且紧固,用通用车辆公路运输或铁路运输时每个桥节舟下部与车平面间应垫两根垫木,桥节舟对称、均衡装在垫木上,桥节舟前后端与车辆平板间用铁丝股拴牢,铁丝与车板棱角接触部位采取防磨措施。

8.2 储存

8.2.1 动力舟桥应在有顶棚的库房内储存。

8.2.2 储存时应避免与酸、碱及其他有害物质接触。

8.2.3 长期储存时,舷外机应从桥节舟上拆下单独储存,并按舷外机的储存要求进行定期保养。

附录六 渡河作业常用信号

渡河作业常用信号见附表6-1~附表6-3。

渡场长旗语及灯光信号 附表6-1

编号	浮桥渡河(桥节门桥)用语		门桥、轻便器材渡河用语	旗语信号	灯光信号
1	架桥开始		门桥和码头结合开始;舟、筏泛水,开始漕渡	红白旗高举,直到作业开始后落下	红白灯,直到作业开始后熄灭
2	桥节门桥进入桥轴线	下游门桥		面向下游,红旗向前平举,白旗高举向上游摆动	红灯在上,白灯在下左右摆动
		上游门桥		面向上游,白旗向前平举,红旗向下游摆动	白灯向上,红灯在下左右摆动
3	校正桥轴线	上紧下松		白旗向上、下游摆动	白灯向上、下游摆动
		上松下紧		红旗向上、下游动	红灯向上、下游摆动
		好		红白旗交叉	熄灭
4	浮桥开始通行		门桥开始漕渡	白旗高举,左右摆动	白灯断续开关
5	停止通行		停止漕渡	红白旗从两侧举起,在头顶交叉	红断续开关
6	变浮桥渡河为门桥渡河		变门桥渡河为浮桥渡河;变舟、筏渡河为门桥漕渡	红白旗左右平举不动	白灯划圆圈
7	桥门开放			白旗高举不动	白灯不动
8	紧急分解浮桥		疏散门桥,分解码头	红白旗向前平举,并向左右分开,连续数次	两手各持红灯,向外划圆圈
9	转移渡口		转移渡口	红旗高举,白向左或右平举	红白灯左右摆动
10	分解浮桥在各种结构物、器材装车		分解门桥和码头、器材装车,撤收渡口	红白旗先左、右平举,然后高举,反复数次	白灯不动,红灯划圆圈

门桥长使用的信号 附表 6-2

编号	渡河用语	旗语信号	灯光信号
1	需要汽艇	红旗高举划圆圈	红灯划圆圈
2	前进	绿旗向前平举	绿灯高举不动
3	高速前进	红绿旗上、下摆动	红绿灯上下摆动
4	低速前进	绿旗上、下摆动	绿灯上下摆动
5	左转弯	绿旗向左指	右手红灯不动 左手绿灯左摆
6	右转弯	绿旗向右指	左手红灯不动 右手绿灯右摆
7	后退	红绿旗向左右后下方摆动	红绿灯向左右后下方摆动
8	停止	红绿旗高举交叉不动	红灯上下摆动
9	投锚准备	红绿旗高举	红绿灯左右摆动
10	投锚	红绿旗下落	红绿灯熄灭
11	浮桥(桥节门桥)、舟发生损坏	红旗高举不动	红灯断续开关
12	汽艇(舷外机)发生损坏	红旗高举向左右摆动	红灯左右摆动

注:信号 8 也可供渡场指挥员用信号灯发出;信号 11 也可供桥梁值班分队使用。

勤务人员使用的信号和标示信号 附表 6-3

区分	编号	信号的意义	旗语信号	灯光信号	说明
勤务人员使用的信号	1	呼救	红绿旗一起高举划圆圈	红绿灯一起划圆圈	所有人均可使用此信号
	2	桥上可以通行	绿旗摆动	绿灯	
	3	我岸车辆停止,让对岸车辆通过	红旗高举,绿旗指向对岸	红灯在上,绿灯在下不动	
	4	知道了	绿旗划圆圈	绿灯划圆圈	所有通行方,均可使用
	5	复诵	(重复对方信号)	(重复对方信号)	与“知道了”的信号互用,有时可先发,“知道了”,然后“复诵”。有时直接“复诵”
标示信号	1			桥轴线两岸各用一红一绿	
	2			桥节门桥快进桥轴线时,在中心线上挂红灯	
	3			码头和靠岸地点,设红灯	
	4			漕渡时在车行道两端,右挂绿灯,左挂红灯。单舟漕行,舟首设红灯	

参 考 文 献

[1] 易光湘,樊自建. 渡河教范[M]. 北京:解放军出版社,2015.

[2] 王建平,黄亚新,程建生. 浮桥工程[M]. 北京:人民交通出版社,2012.

[3] 王建平,程建生. 舟桥设计理论[M]. 北京:国防工业出版社,2012.

[4] 程建生,王建平. 舟艇原理与强度[M]. 北京:人民交通出版社股份有限公司,2015.

[5] 王景全,沈庆. 渡海登陆特种浮式结构工程[M]. 北京:国防工业出版社,2003.

[6] 王家麟,李志刚,等. 浮桥结构与计算[R]. 徐州:工程兵工程学院,1995.

[7] 李志刚,郑峰. 舟桥装备与运用[R]. 徐州:解放军理工大学工程兵工程学院,2006.

[8] 吴培德,刘建成,等. 带式舟桥[M]. 北京:国防工业出版社,2005.

[9] 吴德馨. 浮桥施工技术[M]. 北京:中国建材工业出版社,2000.

[10] 张增勤,辛实,等. 铁路浮桥[M]. 北京:中国铁道出版社,2001.

[11] 徐练. 遵义革命文化资源的开发与利用研究[D]. 济南:山东大学,2008.

[12] 中国人民解放军 89001 部队. 外军舟桥器材[R]. 无锡:工程兵科研一所,1979.

[13] B. И. 吉洛夫(苏联), И. M. 卡努柯夫(苏联). 浮桥、门桥和冰上渡河[M]. 陈定华,译. 北京:解放军出版社,1985.

[14] 中华人民共和国国家标准. GB/T 33197—2016 动力舟桥[S]. 北京:中国标准出版社,2017.